庆祝首都师范大学建校六十周年

中国古代史论文选萃

（上卷）

郝春文　李华瑞　主编

中国社会科学出版社

图书在版编目(CIP)数据

中国古代史论文选萃/郝春文,李华瑞主编. —北京：中国社会科学出版社，2013.7

ISBN 978-7-5161-2551-9

Ⅰ.①中… Ⅱ.①郝…②李… Ⅲ.①中国历史—古代史—文集 Ⅳ.①K220.7-53

中国版本图书馆 CIP 数据核字(2013)第 084762 号

出 版 人 赵剑英
选题策划 郭晓鸿
责任编辑 郭晓鸿
特约编辑 周冰心
责任校对 邓晓春
责任印制 戴 宽

出 版 中国社会科学出版社
社 址 北京鼓楼西大街甲 158 号（邮编 100720）
网 址 http://www.csspw.cn
中文域名:中国社科网 010-64070619
发 行 部 010-84083685
门 市 部 010-84029450
经 销 新华书店及其他书店

印刷装订 三河市君旺印装厂
版 次 2013 年 7 月第 1 版
印 次 2013 年 7 月第 1 次印刷

开 本 787×1092 1/16
印 张 45.25
字 数 939 千字
定 价 128.00 元(上下卷)

凡购买中国社会科学出版社图书,如有质量问题请与本社联系调换
电话:010-64009791

总　目

上　卷

下 卷

目　录

（上卷）

中国封建社会的专制主义中央集权制度

宁　可

中国封建社会的国体即国家政权的阶级性质是地主阶级专政，政体即政权形式是专制主义中央集权制度。

中国封建专制主义中央集权制度始于战国，成于秦汉，一直延续到清，历时两千多年，大体上与中国封建社会相始终，这在世界历史上是仅见的，对中国历史发展的影响也是巨大的。中国的专制主义中央集权制度何以形成，具有什么特点，在两千多年中有何发展变化，其发展变化的原因是什么，对中国历史起了什么作用，即是在本文里所要介绍的内容。

专制主义中央集权制度的形成

什么是专制主义中央集权制度，它的基本特征是什么？简单地说，它是把国家的一切政治权力，诸如行政权、军权、司法权、立法权、财政权、监察权、选拔用人权等，高度集中到中央政府，最后集中到封建国家的最高统治者和代表——皇帝的手中，形成最高的、唯一的、绝对的政治权力即皇权。皇帝任命各级官僚机构的人员，令他们秉承皇帝的旨意命令办理政事、统治人民。

自然，这仅是概约言之，在长达两千多年的封建社会，由于历史条件的变化，皇权有时强大，有时软弱，专制主义中央集权制度有时严密，有时松弛，其各个方面也有变化发展，总的趋势是逐步严密、强化，最后是僵化。

中国封建社会的政权组织形式同中国奴隶制社会不一样，中国奴隶制社会的政治制度或政权组织形式也是王国，但其基本特征是基于宗法血缘关系的贵族政治而非王权政治，政治权力相对分散在各级奴隶主贵族手中，西周可以说是它的典型形式。

为什么中国奴隶制社会的政治制度或政权形式是贵族政治呢？这里简单地叙述一下。

中国奴隶制社会的生产关系的基本形态即土地所有制形式，是奴隶主贵族领有农村公社形式的土地，即井田制。农村公社是原始社会末期的土地所有制形式及基本的社会组织形式。土地归村社所有，定期分配给成员的家庭耕作，村社成员并需集体耕种村社公共土地——公田，收获即应付村社公共活动的开支。到了奴隶制社会，氏族贵族演变成了奴隶主贵族，攫取了村社的权力，公共土地的收获，也归了他们，而村社成员除负担公田劳动外，还要负担力役、军役和其他需索，成了集体奴隶。其他被征服或归附的部落氏族则也以村社为单位，成了集体奴隶，土地集体经营色彩突出，所有权相对稳定，各级贵族则以贡赋的形式，把自己剥削来的财物一部分上缴到上一级贵族，层层递缴直到天下的共主——周王，所谓共主，即共同的主子，其下还有各级贵族，即下级的主子，这就是井田制。

这种实在的社会关系在形式上却倒了过来，即贵族们共同尊奉周王为天下的共主，土地名义上为王有（或国有），“普天之下，莫非王土；率土之滨，莫非王臣”。土地和土地上的劳动者是紧密联系在一起的，这正是农村公社的特点。周王把这种土地连同土地上的人民中的相当大一部分封给贵族——诸侯，诸侯就成了分封给他的土地及土地上的人民的最高领有者。诸侯又把他领有的土地人民按级分封给卿、大夫，卿大夫又把自己领有的土地人民分封下去，一直到士、庶人，土地人民层层分割，这就是分封制。

从原始社会末期所形成的氏族贵族沿袭下来的奴隶主贵族，还保留着父系氏族公社以宗法血缘关系为社会纽带的传统，即据宗法血缘关系。这些贵族既是统治者、首领，又是大家长，与属下既是统治与被统治的关系，又有家族的尊卑关系。被征服的氏族部落也同样以宗法血缘关系与统治的贵族结合起来（以婚姻关系或远亲血缘关系）集体受统治的贵族（周族）的奴役，血缘亲疏关系也就是政治上的贵贱关系。血缘离周王越近，地位越高，反之则越低。这样从周王开始，形成了一个经济、政治、血缘、社会相结合的严格的奴隶制等级制，这种等级由于宗法血缘关系是世袭的，是长子继承制，这就使它严格而且稳定。贵族及其子弟无论贤愚不肖，甚至废疾、痴呆均不能改变他在等级制中的地位与权力。具体地说，周王是全国人民的最高统治者（共主），又是土地的最高所有者，又是宗法制长子继承制下的长子、最高家长（大宗）；诸侯是周王最近的亲属、兄弟、儿子，对周王家族而言，是小宗，但在他领有的人民面前，诸侯又是他领有的人民的最高统治者，土地的最高领有者，还是他领有的人民的最高家长（大宗），诸侯的兄弟儿子卿大夫则是小宗；但卿大夫等在他领有的人民面前，又是大宗。以此类推，上级贵族对下级贵族既是统治者又是家长，下级贵族对上级贵族既是臣属又是子弟。政治地位的贵贱与家族关系的尊卑是一致的，而且也取决于领有土地臣民的多少，即经济权力的大小。经济、政治、社会地位三者不可分，经济权力的层层分割带来政治权力的层层分割及在大家族内的权力的层层分割。井田制、分封制、宗法制，就是中国奴隶制社会的三大基本特征。如果仅从政治制度的角度看，可以称之为贵族政治。

西周中期以后，封建生产关系开始在奴隶制社会内部出现，由领主分封制逐步嬗变的地主制，经过春秋到战国，地主土地所有制终于占据了统治地位。与此相对应，奴隶制的政治制度也发生了巨大变化，在战乱兼并中，周王朝瓦解，井田制、分封制、宗法制无法维持了。周王、诸侯、卿大夫的权力一层层逐次瓦解，到了战国，终于初步形成了与中国封建生产关系——地主制经济相适应的专制主义中央集权制度。

这种专制主义中央集权制度与奴隶制的贵族政治有什么不同呢？

(1) 地主阶级把政治权力集中到中央（中央集权），中央再集中到皇帝（专制主义），而非层层分割。皇权是最高的、唯一的、绝对的。

(2) 皇权或皇帝通过各级官僚机构和官僚来行使自己的政治权力。各级官僚机构和官僚对皇帝负责，地方行政制度是所谓的郡县制，由皇帝任命官僚去统治管理，可随时调换。中央机构亦然。贵族当然也有，但基本上排除在核心权力之外。如果要有权力，则要参加到官僚机构中去而起作用。他们参与权力机构有便利之处，可以掌握大权，但需作为高官，才能掌握大权。

(3) 除皇帝仍是以长子继承制以维持政权的连续性、稳定性，官僚是任命的，而非世袭的，随时可以调换罢免。官僚的选拔权原则上归皇帝掌管，而由官僚机构来执行，即原则上凭才能德行而非血统家世。

(4) 家务和国事分开。皇帝和各级官僚不像过去的周王和贵族，国家就是家庭，家事也是国事，即所谓的“家国同构”。

第（1）、（2）条与分封制不同，第（3）、（4）条与宗法制不同。自然，这也是概略言之，并非事事如此，也有一定的发展过程，但大的方面应当是这样。

那么，为什么中国的封建社会的政治制度是专制主义中央集权制度呢？我们说，它的经济基础或者根源是封建土地所有制——地主经济，这是一种与井田制很不相同的生产关系和经济体系。

为什么在地主经济的基础上形成了专制主义中央集权制度呢？这需要先看看地主经济具有什么样的基本特征，当然也只能是概略的和主要的。这些特征在和西欧中世纪领主制经济（保留村社形式）的对比中，可以看出来（见下表）。

至于为什么中国封建社会开始不久即以地主经济为主，这应当从当时生产力性质的特点去探索，即春秋战国已形成了以精耕细作为特征的大陆集约型农业。那么为什么出现这样的耕作制度而不是其他形式的耕作制度，而且一直成为两千年来中国传统农业的特征呢？这涉及中国的地理环境、人口以及冶铁技术及铁工具使用等诸多问题，这里不便展开，我们还是专门来看看为什么在地主经济基础上形成了专制主义中央集权制度。

由下表列的地主经济特征可知：

	中国封建社会地主制	西欧中世纪领主制
(1) 所有权	地主对土地享有比较完全的土地所有权(与资本主义土地所有权也不完全一样)。正因为如此,倒不甚稳定	土地层层分配,领主只有占有权,然而世袭,却相当稳定
(2) 经营形式	土地分散经营——地主尽管占有大量土地,但一般不直接经营,而是分散给农民租种,农民生产有相对独立性,个体小生产性质相当突出,一家一户为一个生产—经营单位	相对集中经营,庄园农奴制,有分散有集中,定期调整份地。森林牧场集中使用,庄园管理较强,个体小生产性质不如中国突出
(3) 剥削方式	租佃制——地主与农民是个人之间的租佃关系,带有契约性质(当然与近代资本主义契约也有所不同),可租给私人,也可随时收回转租	定期分配式的份地制,土地由庄园统一分配调整,相对稳定
(4) 地租形式	实物地租为主——收获分成,这与个体经营方式有关,农户独立经营视同自己的土地,地租与自己的投入时间空间上不分,收获后实物才加以划分	劳役地租为主,耕领主的田,收获全归领主,与耕地分配给自己的田在时间和空间上及收获物上,完全划分开来
(5) 依附关系	农民对地主的人身依附关系相对较弱,经济关系较强	人身依附关系较强,往往成为农奴
(6) 土地权转移	土地可以自由买卖(相对地,与近代不同)土地所有权转移相对迅速,地主与农民的地位相对地不稳定,可以互相转化。贫富分化明显,分化转移也快	一般不买卖

(1) 许多个别的地主把自己所有的土地分散租佃给个别个体农民耕种,个别地主与农民的关系更多的是一种租佃的经济关系,甚至是含有很大成分的契约关系。而由于中国传统农业的特色,佃农在自己租佃的土地上的生产活动是独立经营的。因此,农民对地主的人身依附关系较为薄弱。或者换句话说,地主对农民的超经济的强制较弱。这样,一个一个分散的地主对一个一个分散的佃农,难以进行直接的政治统治。自耕农由于自己有土地独立性更大,个别地主对之更难办了。

(2) 地主阶级自身也是分散的,一般没有互相统属的经济关系与统治关系,这自然不是说封建社会没有等级制,但这种等级制常常不是表现为直接的统属,而只是身份的高低与特权多少的一种表征,至少,中国封建社会中的等级制不如西欧封建社会那样强烈。

(3) 由于土地所有权可以通过土地买卖及其他非经济手段或经济手段与非经济手段相结合而随时予以转换,因此地主对土地的所有权及随之而来的权力保持不那么稳定(宋代有所谓"千年田换八百主"之说)。而由于分散经营,土地买卖、贫富分化较易。地主中有一部分因破产失去土地下降为农民,而农民中富裕的人有一小部分通过土地购入也可以上升为地主。

(4) 在地主—佃农关系之外,还存在着相当数量的自耕农。他们自有小块土地,也是分散的,而且更为分散。这批农民一般非地主所能直接控制,尤其是政治控制。他们的经济地位上升下降也很容易,下降,即失去土地尤其容易。他们常常是地主土地兼并的主要对象。

由于上述原因,中国的地主不可能像西欧庄园主那样在自己领有的土地上把对农民的经济剥削加上经济强制相结合，而对领有农民直接行使政治的统治或政治权力，不可能像西欧庄园主那样，在自己领地上将军权、行政权、司法权、财政权等集于一身，而是相反，中国的封建地主是把政治权力交出来，集中起来交给代表他们的皇帝及其下属的各级官僚机构，由皇帝通过其属下官僚机构代表整个地主阶级来行使政治权力，用这种办法来统治农民，其中包括自耕农；也用这种方式来协调地主之间的各种矛盾。单个地主的土地所有权及其地位尽管不稳定，各级官僚出处及其地位尽管不稳定，变化大，但这种方式却可以有利于整个地主阶级及整个政治体制的稳定与延续。

正因为这样，中国的政治出现了一些特点，例如：

（1）皇权是最高的、唯一的、绝对的，在皇帝之下，似乎一切人包括地主农民都处在一种平等地位，全是皇帝的子民，属下，“王子犯法与庶民同罪”、“白衣卿相”；但是在皇帝面前，他们却全是一样的，“天皇圣明，臣罪当诛”（皇帝永远没有过错，错只是臣下的）之类的说法也流行起来。好像一切决定于皇帝，除了皇帝，大家全一样。这自然只是一种假象，然而也有其传播与信仰的基础。

（2）皇帝是皇权的代表，皇权是最高的、唯一的、绝对的，代表皇权的皇帝也就是最高的、唯一的、绝对的，因此，皇帝在政治中作用很大。然而，制度、权力同代表这个权力的人之间还是有差别的。皇帝是人不是神，本来皇帝集中这么多的权力，就是人治，这样一来，人治、法治的问题就更突出了。有圣君、明君、贤君，有守成之君、庸君，有昏君，还有暴君。不同的皇帝在不同的历史条件下行使皇权自然不一样，而谁当皇帝却往往又无可选择。于是，中国政治史出现了许多波澜。另一方面，正由于皇权集中于一人之手，制约的机制不多，公开性也不大，因此，皇权有很大可能被权臣、近臣、佞臣、奸臣、亲贵等窃取。所谓“挟天子以令诸侯”是历史上时常出现的现象，而其极致则是皇宫中为皇帝服役地位卑贱的宦官的擅权专权，他们假皇帝之名把持政事，乃至挟持皇帝、废立皇帝、杀掉皇帝。这种情况使得一方面由于前述的专制主义中央集权制度本身的特点，而具有稳定性与延续性；另一方面，则由于皇帝的不同及掌权的官僚集团的不同，包括贤相、奸相、近臣、佞臣以及宦官窃权，等等，而致封建政权跌宕起伏，一会儿是××之治（文景之治、贞观之治），一会儿又是政治大败坏，演出一幕幕不同的活剧，甚至是离奇怪诞的活剧。

（3）由于地主阶级对国家的统治是由中央经过各级官僚机构来进行的。地方官僚机构主要设在城市，城市成了政治网络中的节点。因此中国的封建城市的起源和职能更多的是政治和军事的，而非经济的。经济的职能、作用，一般往往是随着政治军事作用而发展起来的。在西欧中世纪，农村与城市对立，城市是逃亡农奴与工商业者建立的，而中国则不然。西欧资本主义生产关系首先在与农村对立的城市中发展起来，中国的商品经济与资本主义因素虽然也是在城市中产生并以城市为据点，但却不那么与农村经济（地主经济）对立，而且是在封建的控制管理下，这也可以说是中国资本主义因素发展缓慢的一个重要因素。

(4) 国家是分工的产物，也是阶级对立不可调和的产物。国家的职能是统治阶级专政的工具，但也有管理的职能。专政从某种意义上说也是管理的一种形式，而且是重要的形式，其中包括管理经济的职能。中国一个一个的地主阶级权力并不算大，而作为地主阶级的代表的专制主义中央集权制度权力却很集中，很强大，因此，中国专制主义中央集权制度组织管理经济的职能，由于非个别地主所能实行而显得很突出，如兴修水利、劝农、防灾抗灾、救灾、赈灾，重要物资的专卖（盐、铁、茶、酒等），公共工程的兴设（长城、城隍、道路、桥梁、宫室、衙署、驿站等），官工商业的经营，以及对工商业的管理、控制等等。这也是其他国家历史上所少见的。中国的专制主义中央集权政权对社会包括对经济的控制管理作用，对社会生活特别是经济生活的影响是巨大的。

此外，对教育文化思想的管理控制的作用也是巨大的。

(5) 专制主义中央集权制对汉民族的形成，对汉民族与其他民族特别是北方民族的关系，对我国统一多民族国家的形成与繁荣的作用，这里就不多讲了。

总体来说，中国封建专制主义中央集权制度是在地主经济的基础上形成的，而地主经济的一个基本特征是土地私有制。有一种意见认为，专制主义中央集权制度的经济基础是封建土地国家所有制，这是一个可以争论的问题。我的看法也只是一种看法而已。但我认为，无论如何，宋以后很难说占统治地位的是封建土地国有制，而专制主义中央集权制却越来越加强了。但不管怎样，从经济基础的特点的角度去分析专制主义中央集权制，特别是延续了两千多年的这个制度是如何形成的，方向还是对的。

专制主义中央集权制度的发展演变

中国的封建专制主义中央集权制度的结构与机制大体上如下：

皇帝所代表的皇权是最高的、唯一的、绝对的，在它之下，有各级官僚组成的中央和地方各级行政机构以及选拔官僚的选举制度和监察官僚（也包括皇帝）的台谏制度。另外还有一套军事机构制度及选兵的制度。立法权在于皇帝诏旨、法令，真正形成条文的法律不多，也简单。司法权在地方基层往往即由行政官僚执行，到上一级地方政府和中央才在政府中有专门的机构如提刑按察使司（臬台），刑部、大理寺，但与西方独立的法院、法官不能相比（其实西方封建社会司法立法权起初也是不分的，到后来议会渐渐地起作用，才有改变，那是资产阶级兴起以后的事了）。

这些机构和制度在两千多年中有所演变。一方面，这个制度本身不断调节以适应封建社会的变化与新出现的情况和问题，也把地主阶级积累起来的统治经验添加了进去。另一方面，这个专制主义中央集权制度本身就存在着矛盾，即皇权和相权的矛盾及中央集权和地方分权的矛盾。这些矛盾发展的结果常常反映到制度本身的变化上来。

以上这两个方面的变化常常是结合在一起的，有时不太好分。例如，魏晋南北朝时期，尚书省下的分曹治事，最终形成六个行政职能部门（吏户礼兵刑工六部），就是封建社会变化，地主阶级统治经验积累以及专制主义中央集权制度本身皇权与相权的矛盾带来的制度上的变化。

上述两种变化尽管很复杂，但一个总趋势是专制主义中央集权制度越来越严密，越来越强化，也越来越僵化。

先说第一个方面。

早期的专制主义中央集权制度可以西汉为代表，可以称之为三公九卿制度（不大确切，暂时借用）。所谓三公，即丞相主政，事无不统；太尉主兵；御史大夫（副丞相）司刑法监察（包括监督丞相）。实际上称三公是丞相、太尉、御史大夫，在东汉演变为司徒、司空、司马。这时的三公已是虚位，而政事归于尚书台了。

九卿分掌各种具体事务，是习惯的称呼，多属秦定制。汉承秦制，名称有所改动。实数不一，超过九数，有说达到十二的，计有：

太常（掌宗庙礼祭）。

郎中令（武帝改为光禄勋，掌宫掖门，出充车骑）。

卫尉（掌宫门卫屯兵）。

太仆（掌舆马）。

廷尉（掌刑狱）。

典客（武帝改为大鸿胪，掌蛮夷降者）。

宗正（掌皇室亲属）。

治粟内史（武帝改名大司农，掌谷货、外财政）。

少府（掌山、海、池、泽之税、内财政）。

中尉（武帝改名执金吾，掌宫外与京城警卫）。

水衡都尉（武帝置，掌上林苑）。

将作大匠（掌治宫室）。

地方政府则行郡县制，比较简单。郡守县令（长）主政，郡尉县尉主兵。

这种制度的特点，第一，还保留着奴隶制贵族政治的残留。贵族政治时期经济、政治、家族结合，因此家事、国事不分，管家也就是治国。许多官员原先本是贵族的家臣或奴仆，他们管的事原来就是贵族的家事，如伙食、衣服、车马、看门、守卫、迎宾等等。像宰相，在贵族政治时期原是低级家臣或奴仆，宰是厨师，相为司仪相礼者，这种情况到西汉还保留着。皇帝家事国事不分，如少府是国家官，却管皇室财政收支（如皇家所有园林田地收入），同时又管国家财政，如铸钱。御史大夫原司监察，但也管皇帝家务，等等。正因为这样，中央各官僚机构职责不清、设置重叠，九卿尤其如此。其管的事有时很少（本来是管把门、警卫、驾车，礼乐队头，排宴等），现在成了九卿之一，实在没有管什么大事。而另外一些重要的事又没有机构和人去管，有事临时设官，放在当时的编制之中，只能重叠又混乱。

第二，制度不严密。例如，选官制度，西汉初是所谓“郎选”，即从贵族官僚子弟中弄一批人及入赀（交钱）的人当郎，即候补官，随在皇帝身边，经考察后使用。这当然不严密，以至有些人老了头发白了，还是郎官。后来行察举，由地方官或中央高级官僚根据自己了解或舆论而推荐人。高级官僚任用属员采辟除办法，即自行招聘，然后向朝廷推荐。这种做法无具体标准，只有茂才、孝廉等名目，实际推荐的人水平出入很大，上下其手也很容易。人事权分散，不集中于中央，而提拔的官员多是上层及贵族子弟、门生故吏之类，用人私人色彩浓厚。到曹魏以后发展为九品中正制，比较进步，也制度化了。设专门官（中正）管，地方人才分九品，作为任用的根据（实际上九品中正只是取得为官的资格，实际任官则还有一套，而且自由度很大）。这样一方面用人权相对集中，但另一方面，却是根据门第定等第，所谓“上品无寒门，下品无势族”，形成门阀士族地主垄断政权的局面。总之，官僚的选拔还不足以反映皇权的绝对权威，也不够严密。又如军队，这是专制主义中央集权制度的最重要保障，反击外敌，镇压人民，清除异己，往往都靠它。但它又像一把双刃剑，权臣叛将也可以利用它来反对消灭现有的皇帝及其政权，既是皇权的一个工具，也成了一个威胁。在西汉以后的一段时期里，对这个问题似乎还没有充分的认识和有效的办法。一般把军队分成保卫皇帝的中央禁军和由官僚政府所指挥的军队两部分，而以加强前者作为维护皇权的主要手段。另外，对地方兵和东汉以后出现的私人武装似乎也没有什么好办法。至于士兵，西汉以来，义务兵（控制人丁，自耕农，兵役徭役不分）与职业兵（招募）交替。魏晋以降，私人军队发展，而且后来专门有一批当兵的家庭，世代当兵，称为士家，府兵也有此意。士兵和武人的地位，除了三国以后有一段时期的士家制度地位低外，也不低下。总之，这个时期中国的专制主义中央集权制度还不那么严密。

唐宋，中国封建社会从前期向后期转化，专制主义中央集权制度更形严密化、强化，乃至僵化。

政府机构，从三公九卿制到唐时转变成三省六部制，奴隶制贵族政治的痕迹消除了。说它是三省六部制也不甚确切，因为六部一直维持下来，三省却有许多变化。六部职能比较完善，职权分割比较适当，一直延续到清末。但问题是决策与执行脱节，六部是执行机构，渐渐变成了机构臃肿、办事拖沓、效率很低、不承担重大责任的衙门。

官僚的选拔，出现了科举制，即通过考试。选拔人才权力集中到中央，中试者成为所谓的“天子门生”，而且任官时由吏部铨选，用人之权集中到了中央。加强了皇权对官僚选拔的控制，不再是士族垄断的局面这是一大进步。但行之既久，也发生问题，最主要的是考试内容与做官所需的学识才能脱节。唐代取士科目主要有明经和进士，经书加诗赋，明经录取数额大，进士录取数额小。礼部试了，吏部还要试身言书判，举士与选官分开了。每年举士额大，选官额小。科举并没有包括所有做官途径，在前的九品中正制也是如此。唐代新进士最高也只先做低级官如县尉之类。到宋之后，进士科名额大大扩大，考试内容与做官要求更脱节，科举成了敲门砖。考试录取就做县官。统治阶级选拔人才的面扩大了，但也控制严了。

军队，从宋以后出现的情况是，第一，基本上是募兵制，职业兵，终身制，兵农分离，兵成了社会特殊阶层，便于控制。第二，军权分割，军政、军令分开，前者由枢密院或兵部负责，后者是皇帝任命的将领，主要由文官主兵，武将具体打仗。军权削弱，由皇帝掌握。第三，重文轻武，士兵及武将社会地位低，政治地位低。总之，一是兵士成了特殊职业、阶层，二是兵权由皇帝掌握。果然，从宋开始，武将造反、藩镇割据的局面不再出现，即使有些亲王造反，消灭起来也容易（明初回去了一些，亲王主兵，出现靖难之变，此后亲王再造反就无胜利者了，都很快失败）。军队对皇权不再构成威胁，但是军队战斗力也因此大为削弱，镇压农民起义还可以，镇压大规模起义也不成功。对边疆民族，王朝初期还可以，后来就不行了。对外国侵略者几乎一触即溃，更不行了。

总之，后期专制主义中央集权制度趋于严密、强化，但也走向僵化，终于随封建社会的崩溃而结束了。

这个方面的问题可以讲很多，我们这里只是粗略地介绍一下，只能说是提个头而已。

中国专制主义中央集权制度第二个方面的演化，来自于这个制度本身的矛盾，带有一种重演、循环的特色，颇为有趣。这种制度本身就存在的矛盾，一是在中央，是皇权和相权（官僚制度）的矛盾；二是在中央与地方关系上，则是中央集权与地方分权的矛盾。

先看中央的皇权与相权的矛盾。

皇权是至高无上的，一切权力都应当集中到皇帝那里，然而皇帝也是人，不可能处理一切政事。秦始皇的衡石量书，朱元璋的通夜处理奏疏，是很少有的。就这样，也还是不能处理一切政事，遇到庸君或懒君、昏君，就更不可能了。皇帝不仅精力有限，能力也有限，不可能事事独断，都有主意，了解情况，需要有人提供意见，参与决策，更需要有办事执行的人，这就需要有一个官僚机构来执行。中央政府的官僚首领就是宰相。宰相是通称。其实秦汉以后，任何具有这个职权的绝大多数官员都不称宰相，而是有其他名称。历史上真正叫宰相或丞相的时候并不多，其权限有大有小，其名目有各式各样。但这个职能及官职始终是存在的，因为这是封建专制主义中央集权制度所必需的。

宰相在奴隶制时期本是王的家臣或奴仆，所谓调和鼎鼐，施用盐梅，是厨子的职称。也反映当时治庖与治国的关系（治大国如烹小鲜），家事与国事不分。在贵族政治家国不分的情况下，宰相逐渐成了帝王以下的官僚机构的最高长官，所谓一人之下，万人之上。在专制主义中央集权制度下，丞相应当是秉承皇帝意旨办事的，但由于参与决策，下边又有一套执行机构，即具有议政与执行及监督百官执行两大职能，带有相当大的独立性，也有相当大的权力。西汉初年的丞相，如萧何、曹参、陈平等，都是与汉高祖一起起兵的开国功臣，权力都相当大，逐渐形成一个以丞相为中心的政治集团，甚至与皇帝分庭抗礼，乃至可以拥立和废立皇帝。皇权与相权本应互相配合、协调，但有时不免产生矛盾。汉武帝即位以后，开始抑制丞相的权力，丞相更换频繁，甚至杀掉一些，选一些不大中用而听话的人来干，如公孙弘，简直是傀儡一个。此后，历代有些皇帝也采取这种办法。但是更主要的抑制相权的办法是采用选拔内朝官来与外朝的丞相及其政府相抗衡乃至取代其权力。内朝官多为侍奉小臣、外戚、宗室，最坏的情况则是宦官。

所谓内朝是指皇帝宫内的办事服役的机构，这些机构的官员的职责原来都很小，官员品级也很低，甚至轻贱。如管书记、负印玺，侍奉皇帝起居之类。但因常在皇帝左右，有时亦能参与机要，传达诏旨。汉武帝把这些近身小臣扶植起来，让他们参与政事机要。首先是尚书，这本来是管皇帝文书文牍的，因让他参与机要，遂成为参与决策宣达诏令的重要职掌，位卑而权重。由决策到宣达到监督执行，最后到具体参与执行，尚书令就逐渐成了朝廷中重要的官职而渐渐成了政令执行者。为了执行，其下不免设置各种曹职，司各方面的事（到魏晋南北朝时达二十四曹），机构越来越庞大，执掌越来越宽。尚书职无不统，成为宰相，但也离皇帝越来越远了，尚书从原来的内朝小官变成了外朝大官。这样，曹氏父子时的内朝的中书官（操时称秘书令，丕时称中书令、中书监），取代了尚书原先的内廷职司，成为皇帝左右最亲信的人。侍中，即侍从，本是负玺或护卫皇帝的小官，迄南朝时，渐为皇帝信用，且以士大夫充之，权力渐大，梁时侍中掌禁令，颇为宰相。然而，又同尚书一样，中书令、门下侍中也逐渐转成了外朝官，这样，到隋唐时，外朝的官僚机构，遂正式形成了三省六部制度。三省是尚书省、中书省、门下省，三省长官共议政事，奏请皇帝施行。分工是中书起草诏令（定旨出令）（主官是中书令），门下管封驳（主官是侍中），尚书执行（主官是尚书令、尚书左右仆射）。尚书之下设六部（吏户礼兵刑工），即为执行的具体机构。这六部一直延续到清朝，大约应当算是最适合中国封建社会官僚机构体制的机构了，尚书、中书、门下已经完全成了外朝官，成了集体的宰相，宰相不再是一个，而是几个，即三省共行一相之权，互为分工，也互相制约。相权分割了，以后遂成定制。有几个宰相，后来入政事堂议事必须带“同中书门下平章事”或“同中书门下三品”衔，才为真宰相，不管原来是什么官。至于中书令、黄门侍郎，如不带那些衔，反而与宰相脱节，以后也成了虚衔而非实职了（尚书令因为李世民干过，以后不再设，由副长官即尚书左右仆射主事）。

这样，由隋唐时的宰相的职权可以看出，（1）决策与执行分割，（2）决策之权亦分割，（3）进一步制度化、官僚化。

尽管如此，皇帝仍需内朝官。唐朝后来皇帝身边的翰林学士掌制诰，所以诏敕称为内制，而中书舍人拟的制诰称外制，前者更重要。另外，更重要的则是宦官执掌的枢密院，原来管机要文书，后来由于宦官掌握中央禁军，枢密院、枢密使逐渐变成了军政机构。到了宋代，司军政的枢密使与中书门下平章事及参知政事（副相）并称二府，又成了外朝官。元代独重中书省，主官称丞相，明太祖因之。由于胡惟庸谋反案，干脆废掉丞相一职，由皇帝直接指挥六部，但实际皇帝身边的近臣又少不了，于是皇帝身边的大学士又承担了议政及宣达的职司，形成所谓内阁。但其权柄已不能同宋相比，更比不上西汉。到了清代，大学士又被皇帝身边掌握军事机要在皇帝指挥下办理军务的军机处所代替，大学士成为虚衔，而军机大臣遂成了实际上的宰相，但同过去宰相权柄相比要小多了。

由此可见，从西汉以来，中央官僚机构大体经历了三公九卿制及三省六部制这样两个阶段，而执行机构六部在唐已大体完备，一直沿袭到清。唯宰相一职迭经变更，其趋势大体是以皇帝的内朝官代替外朝的宰相，掌宰相之权，但因需要又逐渐变成外朝官，原来宰相的官职成为虚衔，由此而又出现了新的内朝官，新内朝官又嬗变成了外朝官。这种循环式的变化主要是专制主义制度内部皇权与相权的矛盾的表现。在这变化中，相权逐步削弱，且被分割，但又不能没有，所以历代宰相，官衔繁多，变化繁复，职事不一。皇权与相权要结合要协调，若非如此，宰相可不要。既要，又有矛盾，就出现了上述的局面。与之相较，具体行政的六部，一千多年来，一直是比较稳定的。

专制主义中央集权制度的另一个由内部矛盾引起的演变，是在中央与地方的关系上，中央集权与地方分权的矛盾。

中国是一个大国，封建地主阶级本身又带有地方性与割据性，因此，中央皇权不可能是真正绝对的。为了统治各个地方，中央的权力要贯彻下去，要经过各地的政府机构。为此，中央的权力必须下分一些给地方，但又不能使地方权力过大，形成尾大不掉或割据的局面。这样一个矛盾，遂使得中央与地方的关系上也出现了类似中央政府中内朝官向外朝官转化的那种循环式的变化。即中央为了监督地方官或者专门办某些事，由中央派代表到地方去，先是临时性的，然后转成长期性的派出机构。这些由中央派到地方去的官逐渐参与地方具体事务的处理，有了专门的衙门和人员，逐渐变成了正式的地方官，然后又需再派新的代表去地方监察或办事，逐渐又成了新的地方官。

与此同时，地方行政区划的层次也不断发生变动，除了最基层的县以外，上面各级行政区划都经历了一个由大到小然后再行叠加的过程。秦朝开始，专制主义中央集权制度的地方行政体制是郡、县两级制。全国设若干郡，郡下属若干县（郡县在战国时起源于各国边境地区的军事据点，后来成为政区单位）。县是基层政权（其下乡里，所谓乡官不入品秩）。两千年来没有变化，但在它之上的政区却经历了不少变化。大体上是在两级制与三级制之间变化，而这种变化跟前述的中央对地方派官进行监督或专门办事有关。

秦有四十多郡，中央直接管理问题不大，西汉疆域逐渐开拓，郡国的设置日益增多，汉武帝时达到了一百多个，中央直接管理就有些麻烦。于是武帝时全国设十三部(后亦称州)，设部刺史，再加上京城的司隶校尉，共十四个。刺史是代表中央监督地方的，秩禄虽低（六百石，郡守是二千石)，但权限很大。到东汉以后，州刺史逐渐参与管理地方行政事务，乃至领兵。州也就成了一级地方政区了。东汉末年，军阀割据，州刺史或州牧成了地方割据势力，从此，魏晋南北朝的地方行政机构变成了州、郡、县三级。

然而，东晋南北朝时期全国分割为好些政权，州的设置越来越多，更有所谓侨置州郡，分割了原来的州郡。弄得到了南北朝末年，全国有三百多个州（一说 284 个州)，每个州下设几个郡，每个郡下设几个县。机构重叠，人员膨胀，所谓“十羊九牧”，十分不便。于是隋又撤销郡，重新确立地方行政机构为州县两级制。隋炀帝即位仍设郡县两级，唐则改郡为州，即州县两级制。我们可以注意到，原来辖地很大（相当于今天的省）管好多郡的州，现在已降为与郡相当的一级了。

然而，中国是个大国，州郡数量多，直接归中央管辖有许多不便，还需有中间一级。唐朝初年又在全国依“山河形势便”即自然地理区划分成十道，不久后改为临时监察区，派官员巡察。又不久，增为十五道，道设采访处置使、观察使，有了固定的驻所和官员，主要司监察，而在一些边境军事要地（十道）则设节度使（或同时兼观察使)。本是统军，后来由于边防及战争需要，变成军政民政一起统，其中最有名的是玄宗时身兼河东范阳卢龙三道节度使的安禄山。其统兵之多，权力之大，一时无与伦比，最终导致了安史之乱的大爆发。安史之乱后，唐朝出现了藩镇割据的局面，不管是藩镇割据地区还是中央直接控制的地区，道成了地方行政一级。节度使、观察使成了地方官，统军、统民、统财，下统州郡。这样，州县两级制又成了道州县三级制。

唐代地方行政机构的设置也是承前启后的时期，同中央政府机构一样，前期向后期转化。这种转化表现为：

(1) 道州县——三级制成为基本上固定的制度，当然也有变化。

(2) 中央派遣官下去的职权除去监察外，还有总揽一切军政诸事的节度使观察使或主管一事的使职，如盐铁、财务、军事等。

(3) 临时性的差遣官及其僚属代替了原先固定的职事官。如节度使、观察使、盐铁使等，均有固定的衙门僚属，不在原来的职官铨叙系统之内。

(4) 地方职权分散，往往司一职而兼管他务（后来更明显)。总的情况是从行政机构体制上看中央对地方的控制加强了。当然，因为有一段藩镇割据及五代十国，实际情况并非如此。但体制所反映的趋向却是清楚的。

宋代为了加强中央集权，重新把地方行政体制改为两级即（1）府州军监（2）县。府原是军事要地；军是军事据点；监是矿产手工业产品之类产地，但均与州属同一级。另外，则把地方官一律改为差遣。原来的州刺史、节度使、县令等一律成为一些官吏所加的虚衔，无须到任。而实际的地方官则称知府、知州、知县。知即权知，即派去代理之意，随时可调走，即所谓“名若不正，义若不久”。但这只是名称上的改换，实际意义并不大。然而后来一直到明清都这么叫了。另外，不久之后，又在府州之上设路，最多达二十三路。这些路有的是军事上的划分，称帅司（安抚使、经略使），有的是赋税征集的需要，称漕运司（转运使），有的是司刑狱，称宪司（提点刑狱司）。每路辖境也不完全一样。不管怎样，它们慢慢地也成了一级地方政权，或多少起着地方一级政权的作用。

路一多，地位又下降了。元朝中央政府——中书省，只直接管辖所谓的“腹里”（河北、山西、山东）。之外在全国设十个行中书省，作为中央政府在地方的派出机构，简称行省。今天的省之一名，即由此而来。

行中书省也有丞相等职，而路则下降到行中书省下的一级了。从此以后，省稳定为地方行政区划的一级。

明代，省设布政使（民）、都指挥使（军）、提刑按察使（刑），以布政使为最高长官。省下有道，道是省的派出机构。道分两类，一是由布政使副手参政、参议分管一部分府州县的民政，称分守道；一是由按察使副手副使、佥事分管一部分府州县的刑名按劾之事，称分巡道。此外还有兵备道、水利道、盐谷道等专有职司，不普遍设置，不作为行政区划。省下有府，下统州县，而州则与县成为同一级了。布政使本为省的最高长官。然而不久，由于军事的需要，又派巡抚统军。然后，军民无不统，并司监察官吏，然后长设常驻，再无所谓“巡抚”，成了一省最高长官了。而布政使却降为一省管理民政的副职。以后，又派总督下去，军民无所不统，位在巡抚之上，又成了地方最高长官，一省或两三省派一个，初无定制，后来又渐固定，到清朝遂成定制，成了省（总督、巡抚），布政使司（藩台）、提刑按察使司（臬台）成为巡抚下属。府、州县三级罢参政、议政、副使、佥事等职，统称道员，但仍有分守、分巡之分。民国废道，改为省、县二级，不久，又分一省为数道，取消分守分巡等名称，设置道尹，成了省道县三级制。1928年取消道制，恢复省县二级制，又在省与州县之间设行政督察专员公署，作为省的派出单位，辖区即称专区。新中国成立后，也是如此。当然我们不能再说是什么专制主义中央集权了，但地区、专员是省的派出机关，管的事也不少。实际上还是省、地、县三级制。目前许多省实行地改市，下辖县区，三级制更明显了。

总起来看，专制主义中央集权制度两千多年来，在地方行政机构上变化的特点是：

一、两级制变三级制，三级制又变两级制，然后又回到三级制，即郡县州县或府县之上再加一级，相当于今天的省。专制主义中央集权国家总想直接控制地方，加一级层次多了，管的地方大了，地方权力也大了，政务繁杂，中央不好控制，甚至容易形成割据。东汉末，唐后期，清末乃至民国均是如此。因此，相当于省一级的机构总不愿意设，设了也想取消。但中央直辖的地方行政单位太多，州郡又管不过来，也不好控制，于是总是由中央直接派官员去监督。然而久了，这种监察官不免直接参与管理地方行政，成了一级，然后又要把它降格贬低，但又不免要再派官去监督，如此循环不已。在宋以前，维持郡县二级，把郡县之上的州、道、路，或设或降或裁，宋以后，特别是元明清，省作为地方行政一级固定下来，各省的区划也大体上定了下来。只有历史上的两淮与江南从来是分开的，元分属河南江北行省与江浙行省。明太祖时由于家在凤阳初据南京，才人为地把淮北淮南与江南划到一起。今天的江苏安徽两省就是这样形成的。长江南北风土人情经济很不一样，统一管理麻烦得很。但今天已成定局，苏北与苏南，皖北与皖南，在经济上似乎也能收互补之效。历史证明少不了省这一级，往往事实上成了省、府、州县三级。而省与府县之间的中间有道，道成了派出机构，或者在省的长官之上再加中央派出长官，即巡抚、总督。结果到了清朝，省有巡抚，有总督（有的省如山东、河南有巡抚无总督，直隶、甘肃、四川三省无巡抚，由总督摄巡抚事，晚清又增设或抑裁了若干巡抚），总督巡抚职权一样，巡抚地位略低。总督多半管两三个省也有管一个省的，总之出现了总督与巡抚，巡抚与藩台（民政长官）、臬台（刑法长官）并立的奇怪的重叠局面。

二、两千多年地方行政制度变化的另一个现象或特点是原来一些高一级的相当于省的行政机构所辖区域逐渐变小。汉代的州，有些疆域比现在的省还大一些，唐宋，缩小的州相当于秦汉的郡，州之上又有了相当于省即原来称州的道、路。而明清时的州又下降为与县同级，原相当于省的道、路，与府一起成了过去的州、郡一级，而在道、路、府之上则是省。这也反映了专制主义中央集权制度力图限制地方政府的权力，但又不得不运用地方政府来进行统治的矛盾，即中央集权与地方分权的矛盾。

当然，这种地方行政机构的变化还只是就形式而言，关键问题在于中央与地方究竟各具备多大权力，权力如何划分，有冲突时如何办。如果从这个角度考虑的话，地方的权力一般情况下是有限的，要服从中央的。割据时期，如东汉末，唐末，清末民初，则是另一种情况了。

专制主义中央集权制度的演变中还有一些问题，也反映了一些这个体制内部的分工、协调与矛盾。如皇权与官僚、军队三者关系问题，台谏问题（监察官吏与监督皇帝），选拔官僚问题，官弱吏强的问题，随之而来的幕僚，即师爷（小内朝）问题，官僚的俸禄数量与冗滥的问题，机构的设置与效率问题，等等。这些应当是对中国政治制度史作专门研究的题目，我们这里不多讲了。

专制主义中央集权制度的历史地位

关于专制主义中央集权制度的历史地位，前些年讲得很不少，肯定者有之，否定者更多。有不少论者把它同封建主义和儒家思想一起当作一切罪恶的本源，如禁锢人的思想，残暴，没有自由，阻碍社会经济的发展，使中国无法进入近代社会等等。直到今天，其流毒仍然无穷无尽。今天要现代化，就要反封建，要反掉专制主义中央集权制度、皇权思想等的一切在现实中生活中的流毒。曾几何时，风水倒转，打着传承优秀文化的旗号，又大讲国学、宣扬孔子、儒家，提倡读经，背弟子规，甚至制作了一座不怎么被认同的孔子标准像。这两类趋于极端的看法不能说没有一点依据。但我们要评价专制主义中央集权制度的历史地位，不能脱离当时的历史条件，要看它在当时的具体历史条件下究竟起什么作用，而不能用今天的衡量事物的标准去衡量历史的事物在历史上的作用。有些东西今天看来不对甚至可恶可恨，但历史上却是正当的、可行的和必要的，有些东西在今天看来是十全十美，但历史上却不免起着消极作用。

因此，我们在谈到专制主义中央集权制度的历史作用时，需要注意到以下几点：

第一，国家政权包括政体，归根到底是经济发展到一定阶段的产物，并且是为经济基础服务的。它一旦产生以后，就相对独立于经济之外，而对经济起着巨大的作用，有时甚至在一定时期里和一定条件下起着决定性的作用。但是，归根结底，它的作用还是由经济决定的。恩格斯讲过，国家对于经济的反作用有三种，一是其政策措施适应经济规律的需要，则经济得到发展，政权也能巩固；二是逆经济规律而行，结果是经济受到破坏，国家政权也无法维持下去；三是与经济的发展要求偏离，而最终则归结为前两种情况中的一种。因此，我们不能把封建社会的一切问题和弊病都简单地归之于国家制度，特别是一些根本性的、长时期的问题。例如，中国封建社会长期延续，中国资本主义萌芽，中国近代落后问题等。像一般认为的中国封建社会到明清以后发展缓慢或停滞，这样几百年长过程的历史之所以如此，恐怕还是要到中国封建经济本身的特点及其到明清时的具体发展情况中去找原因。全归之于封建专制主义中央集权制度或儒家思想的扼制，至少是不全面的。人们要问，在明清以前，中国封建经济有无发展，何以那时中国封建专制主义中央集权制度及儒家思想并没有阻碍中国封建经济的发展呢？如果说中国封建经济一开始就停滞不前，不发展，那么人们不禁要问，中国封建经济是不是比奴隶制经济优越些？中国封建经济的产生在当时是否具有进步意义。而几乎从一开始就是在封建经济基础上形成的政治制度即专制主义中央集权制度当时是否有保障并且促进封建经济的作用。如果是这样，那么，为什么后来起了反动作用呢？恐怕还是封建经济有发展变化，中间出现了生产力和生产关系的发展和局部变化，而原来的经济基础和上层建筑阻碍了它的发展的缘故。如果认为封建政治制度从一开始就没有进步积极作用，就是反动的，那么它何以能产生呢？所以要说的不是简单地把专制主义中央集权制度、儒家思想、理学、八股文之类当成祸乱之源，而是要问一下，这些东西形成的历史条件或经济根源是什么，何以到明清时形成阻碍社会发展的力量。是专制主义中央集权制度或儒家思想变了呢，还是中国的社会经济条件变了呢（如商品经济、资本主义萌芽）？如果是前者，就要问问何以变了，原因是什么，变了后的作用是什么。如果是后者，那么可以问问，经济变了，原本的上层建筑何以和为何阻碍它。如果二者都变了，那前者为什么变，如何变，向哪个方向变；而后者又如何变，为何变，向哪个方向变。二者方向一致还是相反，或者有一致有不一致的地方。它们各自代表了哪种社会力量或阶层力量，它们的关系互动又是如何。这样才可能有个结果。总之，不能简单抽象地对待问题，对封建主义的义愤并不能代替科学，而是要历史地具体地分析。

第二，专制主义中央集权制度是国家政权形式，换句话即政体，而国家政权的内容即国家的阶级性质即国体是更根本的、具决定性的。中国封建国家是地主阶级专政，其形式是专制主义中央集权制度，因此谈专制主义中央集权制度的历史作用，归根结底是讲地主阶级国家或地主阶级在历史上的作用，不能抽象地讲制度的作用，在历史上地主阶级出现的时候是必要的，是生产力发展到一定阶段的产物，比起奴隶制社会来它是一个进步。为这种生产关系服务的政治上层建筑，有其产生的历史原因，不是偶然的。总的来说，专制主义中央集权制度的产生是适合中国封建地主经济这样的经济基础的，它的形成起着巩固封建经济基础的作用，因此其形成是历史的进步。当然，历史发展到后来，地主阶级走向没落，而社会内部出现了新生产力与生产关系时，封建生产关系从生产力发展的形式，变成了生产力发展的桎梏，这种维护封建生产关系的政权形式也就走向僵化。而由于其强大严密的组织与控制能力，它也就对新的经济发展起着强大的阻碍作用，这种制度也就必须要推翻和打破了。鸦片战争前夕，中国经济是否已经到了旧生产力完全不适应的程度，打破它的任务是否已经提到日程上来，光凭内部的因素是否能打破，这些问题都是需要研究的。

第三，从以上基本的两点我们可以进一步看中国的专制主义中央集权制度具有何种历史作用。专制主义中央集权制度组织严密，控制强烈，各级机构层次分明，统属清楚，互相制约，而权力最后集中到一个人即皇帝身上。因此：

(1) 它有利于统一。不是说统一一切都好，有时不统一倒可能发挥地方的作用，使地方能不受限制地发展。像春秋战国就是这样，互相争霸，百家争鸣，互相竞争。南北朝时南方相对安定，五代十国割据一方的诸多小国对南方的发展也有好处。等等。但总的说来，中国的统一还是对中国历史起了好的作用，统一有利于国力的加强、经济文化的发展与交流，有利于抵抗边疆游牧民族的侵扰，有利社会的安定等等。统一是中国历史发展的主流，其所以如此，有经济的民族的文化的诸多因素，而经济是主要的。这个问题不能多讲了。专制主义中央集权制度何以有利于统一这个问题也很清楚，也不多讲了。中国这样一个长久统一的多民族大国，世界历史上绝无仅有，不管怎样，960 万平方公里的土地、13 亿人口、56 个民族的大国，是历史留给我们的丰富珍贵遗产，也是我们近代没有沦为殖民地的一个条件。这一点，谁也不会反对，也不应当反对，个别的当然有。而专制主义中央集权制度对维护历史上的统一，确实起过作用。这里清朝前期在建立多民族统一国家的作用是不能抹杀的。

(2) 它的统治力量是强大的，对人民的统治是严密的。例如户籍制度，从先秦就有，秦汉以后非常严密，把人民编成里伍，保甲，组织和调动人民打仗，服役，一次动员几十万甚至几百万人，这是一股很强大的物质力量，长城、运河、驿路、陵墓、战争等等，规模之大，世界少有。其中一些历史作用之大，如大运河、长城，也是世界少有的。这种情况激起的中国封建社会农民起义，其规模之大、次数之多、时间之长，多次推翻封建王朝，这也是世界少有的，是中国古代历史的一个特点。

(3) 它对社会生活包括经济生活与思想意识的干预是强烈的。西欧中世纪政权对前者的干预很弱，后者则由教会进行，比中国差多了。社会主义以前的国家，一般职能主要是镇压，实际上仍有管理经济的职能。资本主义时期国家似乎对经济放任不管(其实也不都是如此)。而第二次世界大战后，国家干预管理经济的情况就越来越多了。在中国，专制主义中央集权制度管理干预经济的职能是相当强大的，在封建社会前期更是如此，其对经济生活的管理干预是多方面的，如劝农、水利、赈灾、备荒、移民、工商业的直接经营与专卖，管制物价、度量衡、市场交易、统一发行货币、物资调剂、外贸统制，等等。这种对经济的管理和干预，在前期较多，抑商思想也较重，后期商品经济发展，思想、措施均有变化，趋势是放松了。意识形态和文化教育方面，如尊崇儒术，禁书和文字狱，提倡末流理学，把佛道纳入中国封建社会轨道，三教同源，三教归一，科举以经义取士及官学，统一经书注疏，修大部头官书等等。对于专制主义中央集权制度的这些经济文化职能措施要具体分析，如传播文化，限制不利于国计民生的经济等。有的起了积极的作用，有的则是消极的，像压制商品经济市场经济，禁锢人民思想等。不仅不同方面的作用要具体分析，即不同时期的作用也要具体分析。大体上说，越到后来，它越不适应中国历史发展、社会经济发展的趋势，其消极的反动的作用就多一些。但也不能一概而论，如康雍乾时期，奠定了中国多民族国家版图的基础，而这三朝“盛世”，社会经济也有所发展，但缺少质的变化，而思想禁锢、末流理学、文字狱、四库全书，也于此时为盛。总之，要具体分析。

(4) 它有相当严密与完备的制度、规章、法令、机构，真正好好运作的话，行政效率相当高。如西汉，从西北的金城到长安，两千多里，紧急公文七天可回报。唐初规定，公文二十天不处理，主管官员要受到处罚。但多数情况是机构重叠，职责不清，人员冗滥，办事效率低，遇事推诿搪塞，而且有些徒具形式，内容猥琐颟顸，不起任何作用。例如，科举采用考试的办法，比察举或无制度要好，但考试内容后来却僵化为经义，规定只能代圣人立言，即揣摩圣人的意思作文，不得有自己的见解，而且只许用朱注四书，文章形式也规定为八股，这样写作和评判有一定规范和标准。然而形式僵化的东西也就了无生气了，在实际生活中完全无用。

(5) 由于权力层层集中到中央，最后集中到皇帝手中，因此各级官僚只对上级负责。尽管有法有制度，基本上是人治，人在位即有权，权大于法，权超过法，缺少监督的机制。这样，人民只能寄希望于明君清官。但明君清官少，庸君庸官多，而昏君暴君贪官酷吏也不少，有些庸君昏君之权被近臣宦官奸臣所窃，这些人的作为对社会起着很大的破坏作用，后果是很严重的。如果腐朽势力占了上风，即使有几个明君、清官、有识有为之士，也没有用，无能为力也维持不长，所谓“人存政举，人亡政息”。因此，封建社会的危机往往由于专制主义中央集权政权的强大而又腐败，不仅不能自我调节改革，反而加剧扩大引起社会的破坏崩溃。相反，时势和政权都好一点的时候，经济的发展也是很快的，如文景之治、贞观之治。

总之，专制主义中央集权制度对历史的作用是一个复杂的问题，需要联系到经济基础、历史条件（包括民族的条件）、不同时期、不同方面来进行具体分析，不能简单地一刀切。这里我们只是大致讲一讲，如果继续展开深入说下去，就成了一部政治史，或者政治制度史了。

中国的专制主义中央集权制度已经过去了，它留给我们的遗产特别是思想方面的遗产到今天还是一个消极的有害的历史包袱，应当清理、批判。比较起来，资产阶级民主制度要进步些，然而不能忘掉，二者有共同之处，即少数人对多数人的统治，是阶级的专政，其弊病有不少是共同的。我想，专制主义中央集权制度的影响今天要清除，但也不应把西方资产阶级民主制度当成最好的和万能的，完全照搬。要知道，从历史上看，资产阶级民主制度搞成今天这个样子，经过了大约四百年，当初为了发展资本主义，其不择手段、贪婪、欺诈、残暴是十分厉害的，学过世界史大概都有印象。经过人民几百年的斗争，西方才到了今天这个样子。但是其根本的弊病并不能根除。社会主义制度才搞了几十年，过去没有经验，实际上是试验，本身并不完善。而封建的或资本主义的东西也必然借着社会主义的旗号留下来或带进来，但不能认为这就是社会主义本身的罪恶、弊病，而且制度是要人执行的，如果人不行，也做不好，歪嘴和尚把真经念歪。最核心的问题是发展生产力，在生产发展与改革中，改革政治，完善制度，提高人口素质，力求做到公开公正和公平。社会主义制度完善或基本完善，恐怕要几百年才行。在中国初级阶段就要几十年，逐步来。当然，也存在着失败的可能性，那就看我们怎么干了。

《宁可史学论集》，中华书局 2008 年版

新石器时代晚期鄂豫陕间文化交流通道的初步研究[①]

马保春　杨　雷

文化性质相异，而地域上临近的诸考古学文化或族群间的文化交流与往来，当依赖一定的地理通道。自人类进入新石器时代以来，特别是新石器时代晚期文明诞生前后的时段内，这种文化的地域间交流空前活跃。苏秉琦先生关于中国文明起源“满天星斗”的观点[②]，为早期文化的地域间交流提供了理论上、客观事实上的依据，即不同区域诸考古学文化的并存，为它们之间的交流创造了客观前提。按照苏秉琦先生的意见，文明起源的方式有三种，裂变、撞击和融合，三者的共同点是都反映出不同考古学文化之间、不同族群之间在地理区域划分上的空间位次关系。而这些不同的地域之间无疑存在着相互交流的地理通道。

在各文化群体之间沿着习惯性的地理通道碰撞、交流的时候，也一定受着自然地理的构成形态诸如山脉、河流、森林等因素[③]的影响和限制，在这种既有通道便于扩散与传播、但又不可避免地在地理形势上受着限制的情况下，就形成了实际的考古学文化的分布范围。本文试图以鄂豫陕间新石器时代晚期诸考古学文化的分布、扩散、交流为研究对象，通过研究这一地区各文化间交流的具体通道，来探讨早期该地区文化碰撞、交流过程中表现在地理上的特征。

一　新石器时代鄂豫陕间文化交流通道之概况

从大范围来看，今鄂豫陕三省的交界地区，正处于作为我国南北方分界线的秦岭淮河一线及其两侧。汉水流域的主干是连通鄂、陕两省的天然通道；伏牛山、桐柏山、大别山之间的南北通道，特别是唐白河流域的南阳盆地是鄂、豫间文化往来的良好途

---

①　国家自然科学基金项目（40271031）研究成果之一。

②　苏秉琦：《中国文明起源新探》，生活·读书·新知三联书店1999年版，第118—125页。后来赵诚先生在《中国文明起源研究的一个基本问题》（严文明、安田喜宪编：《稻作、陶器和都市的起源》，文物出版社2000年版，第135—142页）一文中赞同苏秉琦先生的意见，把中国文明起源的多中心论，或者多元论、多源论也形象地比喻成“满天星斗”。

③　郭立新：《石家河文化的空间分布》，《南方文物》2000年第1期。

径。总体来看，鄂豫陕三省交界地区在地理位置上是多个区域之间的过渡地带，分布着重要的文化交流通道，因此历史上这里一直是军事枢纽[①]。实际上，早在新石器时代中晚期，这种文化的交流就已经在这里显露了出来。

在新石器时代早期，鄂、豫、陕交界地区文化交流还处于比较原始的状态，因为各文化群体本身的分布范围相对较小，因此彼此之间可能还存在着间隙地。例如，新石器时代早期，在今鄂中偏北的钟祥平原、襄宜平原、随枣走廊、南阳盆地还未见已发表的有关新石器时代的遗存，因而可将这些地区视为此期鄂西南的彭头山文化与河南南部裴李岗文化、关中老官台文化之间的间隙地，它们彼此之间的交流甚微。新石器时代中期以来，鄂境考古学文化的分布范围开始逐渐扩大，到大溪文化时期，各地区的文化、族群开始有了碰撞与接触，相互之间的间隙地开始缩小并开启了与周围地区越来越强的文化交流。

如在仰韶文化的二期阶段，长江中游地区受到庙底沟类型的强烈影响，影响的通道是沿“汉水、丹江、白河、唐河而下，至襄阳附近分两路，一支经随枣走廊，顺溳水而下，后沿长江北岸往东，影响到黄岗附近。……另一路线是顺汉水而下，后沿江汉平原北部边缘往西，到枝江、枝城一带”[②]。可见中原文化向南影响到今鄂境的通常路线就是经过南阳盆地，至南阳盆地的南端就又分出东、西两条道路。至屈家岭文化时期，在鄂境已形成了一个较为统一的文化区，并在此基础上开始与更远的周围地区（如豫南、陕南、关中等地）有了文化间的较多交流与往来。

鄂豫间的文化交流，其中最为主要的一条通道是鄂北的南襄隘道，再由南阳北连伊洛，东向通豫中平原。早在仰韶时代早期，从南阳一带向北、向东的文化交流就很明显，有学者认为，淅川下王岗早一期遗存的直系渊源应与年代更早、地理位置紧邻、文化特征一脉相承的裴李岗文化（分布于北至安阳、南达淮河以北、西到洛阳以东、东抵开封）有关是可以确认的[③]。说明南阳盆地与豫北、豫中、豫南有联系，而自南阳地区南向经南襄隘道，进入襄宜平原、钟祥平原，再东至应城平原；或东南进入随枣走廊，都是相当容易的。可见这里是鄂豫间文化交流的主要通道。

就在这种考古学文化之间的交流中，桐柏山和大别山两侧就成为“仰韶文化、河南龙山文化与屈家岭文化、湖北龙山文化（石家河文化，引者）的交流融合地区。大溪文化和屈家岭都吸收了仰韶文化的因素，仰韶文化的影响已经南到长江沿岸。在河南禹县谷水河、郑州大河村仰韶文化遗址中都发现有屈家岭文化的遗物，屈家岭文化的影响已北至黄河南岸。由此可见，长江与黄河之间是仰韶文化和屈家岭文化相互影响的地区”[④]。

---

① 张力仁：《古代中国的军事枢纽区域——南阳盆地》，《文史知识》1994年第4期。

② 王红星：《新石器时代长江中游地理研究》，武汉大学博士论文（k928），1998年，第24页。

③ 同上书，注释14，第85页。

④ 罗彬柯：《略论河南发现的屈家岭文化——兼述中原与周围地区原始文化的交流问题》，《中原文物》1983年第3期。

我们可以通过研究新石器时代晚期以来屈家岭、石家河文化的分布与扩缩特征以及与周围地区的交流情况，来探求文化交流的地理通道和自然地理状况对人文地理格局的影响。

二 屈家岭文化的北播路径

某一考古学文化从诞生、发展到壮大，在地理上通常表现为由起源地向周围地区的扩散。所以，周围地区的遗址在文化分期上通常要晚于中心区，而且会受到边缘地区它系文化的影响。根据这一原理，我们可以对某一考古学文化的遗址分布进行考察，如果在某一考古学文化分布范围以内的各次级小区域之间，文化内涵存在早晚关系（即处于不同的分期），我们就可以推断文化内涵较晚的区域是在总体上有相同文化内涵，且又是相对较早区域的影响与传播下形成的。一旦确定了区域之间的早晚关系，我们就找到了文化扩散与传播的方向性；另一方面，从较早区域到较晚区域的传播与扩散，无疑不是经由一定的地理通道来实现的。这样，结合地理环境我们也就找到了考古学文化在一定方向上扩散与传播的通道。

有关典型屈家岭文化的分期以前的学者作过不少研究，如张云鹏、王劲两位先生把屈家岭文化分为早期、晚一期、晚二期共三期①；何介钧先生则划分为早、中、晚三期②。樊力先生主张屈家岭应该分二期三段③。张绪球先生认为典型的屈家岭文化可分为早、晚两期④。可见大家的意见并不一致，但是由于张云鹏、王劲、何介钧所认为的早期屈家岭文化被张绪球归于大溪文化晚期，所以，实际上他们都是将典型的屈家岭文化分为前后两期的。

屈家岭文化从早到晚区系类型的划分，最初，何介钧先生认为典型屈家岭文化可以分为以汉水流域为中心的屈家岭类型和洞庭湖地区的划城岗类型⑤；后来，沈强华先生则区分出四个地方类型，即分布于汉水以东、大洪山以南的鄂中地区，以京山、天门、应城、钟祥为其核心的屈家岭类型；鄂西枝江、宜都、当阳和宜昌等县一带的关庙山类型；鄂西北、豫西南的郧县、均县、淅川地区的青龙泉类型；分布于湖南北部安乡、澧县、华容等地的划城岗类型。而且认为涢水以东的孝感、黄冈等地可能是屈家岭文化的又一个地方类型⑥。祁国钧先生建议将沈强华先生所划分的鄂西关庙山类型

① 中国科学院考古研究所：《京山屈家岭》，科学出版社 1965 年版；王劲：《江汉地区新石器时代文化综述》，《江汉考古》1980 年第 1 期。

② 何介钧：《论屈家岭文化华城岗类型的分期》，《考古》1989 年第 4 期。

③ 樊力：《论屈家岭文化青龙泉二期类型》，《考古》1998 年第 11 期。

④ 张绪球：《长江中游新石器时代文化概论》，湖北科学技术出版社 1992 年版，第 185—201 页。

⑤ 何介钧：《长江中游原始文化初论》，《湖南考古辑刊》第 1 集，岳麓书社 1982 年版。

⑥ 沈强华：《试论屈家岭文化的地域类型》，《考古与文物》1986 年第 2 期。

和洞庭湖地区划城岗合起来作为一个地域类型，可称之为关庙山类型[①]。在关庙山类型的鄂西地区，近年来于宜昌清水滩[②]、中堡岛[③]、巴东李家湾[④]等地发现了不少屈家岭文化遗址，大大拓展了屈家岭文化分布的西界。

就屈家岭文化的形成与发展来看，林邦存先生曾指出：屈家岭文化存在相对中心区，这是屈家岭文化研究中很多学者比较一致的认识。如王劲先生在《江汉地区新石器时代文化综述》中说："屈家岭文化集中分布在汉水中下游和长江交汇的江汉平原上，……是这一文化的发展中心。"[⑤] 何介钧先生认为长江中游的屈家岭文化至少可以分为两个类型，一是长江沿岸的洞庭湖区，可称为划城岗类型；二是汉水流域，可称为屈家岭类型，而后者比前者在文化特征上"发展得更充分"[⑥]。沈强华先生认为，屈家岭文化晚期是屈家岭文化发展的繁荣期和成熟期，这一时期的屈家岭文化分布范围更广，按照不同地域的不同文化特征，至少可把屈家岭文化划分为四个不同类型，鄂中的屈家岭类型、湘北的划城岗类型、鄂西的关庙山类型、鄂西北豫西南的青龙泉类型。其中屈家岭类型是典型的屈家岭文化，是屈家岭文化的中心地区[⑦]。张绪球先生把汉江从襄樊至潜江河段以东、涢水以西、桐柏山以南这一地域范围简称为"江汉东部地区"或"汉东地区"，而汉东地区是屈家岭文化的中心区域[⑧]。

林邦存先生还指出：大家一致公认的屈家岭文化中心区，也就是《山海经·海外南经》所载"三苗国在赤水东"之"赤水东"。根据目前的考古资料，其具体分布范围除了西部以汉江为界比较明确外，北部是否只到今钟祥市境内的大洪山南麓，东部是否只到涢水还是应包括涢水以东的部分地区，南部是否已至长江北岸而抵达今武汉市黄陂县境内，则还有待于今后进一步考证[⑨]。周围地区的屈家岭文化都是在这个中心区的影响下逐渐形成的，所以在时间断面上多是晚期的遗存。

在仰韶文化王湾类型分布区以南和屈家岭文化中心类型（或仰韶文化边畈类型）分布区之间的仰韶文化分布区，是否为屈家岭文化的北部"发展区"呢？林邦存先生认为因考古资料较为缺乏，尚难以完全肯定，只是从不同"区"中的不同"系"，可以认为已发现了三个由原仰韶文化发展为屈家岭文化的不同"类型"[⑩]。它们是：鄂北随

---

① 祁国钧：《试论屈家岭文化的类型与相关问题》，《江汉考古》1986 年第 4 期。

② 马继贤：《西陵峡考古亲历记》，《四川文物》2003 年第 3 期。

③ 湖北省宜昌地区博物馆、四川大学历史系：《宜昌中堡岛新石器时代遗址》，《考古学报》1987 年第 1 期；国家文物局三峡考古队：《湖北中堡岛新石器遗址发掘》，《文物》1989 年第 2 期；国家文物局三峡考古队：《朝天嘴与中堡岛》，文物出版社 2001 年版。

④ 湖北省文物考古研究所：《湖北省巴东县李家湾遗址发掘简报》，《江汉考古》2004 年第 3 期。

⑤ 王劲：《江汉地区新石器时代文化综述》，《江汉考古》1980 年第 1 期。

⑥ 何介钧：《长江中游原始文化初论》，《湖南考古辑刊》第 1 辑，岳麓书社 1982 年版。

⑦ 沈强华：《试论屈家岭文化的地域类型》，《考古与文物》1986 年第 2 期。

⑧ 张绪球：《汉江东部地区新石器时代文化初论》，《考古与文物》1987 年第 4 期。

⑨ 林邦存：《关于屈家岭文化区、系、类型问题的初步分析》，《江汉考古》1997 年第 1 期。

⑩ 在这里，林邦存先生所谓的不同的"区"和"系"是指把它们都归属于屈家岭文化范畴之内的基础上划分的次一级类型。

枣走廊地区由仰韶文化雕龙碑类型直接发展起来的屈家岭文化雕龙碑—曹家楼类型。主要遗址由枣阳雕龙碑、随州西花园、宜城曹家楼[①]等。林先生认为，雕龙碑第三期遗存的陶系开始变化，应是屈家岭文化中心类型发明的快轮制陶技术向北传播已抵该"类型"分布区的结果，应属由"仰韶文化雕龙碑类型"直接发展起来的"屈家岭文化初期"遗存，其内涵和相对年代都与典型的屈家岭文化屈家岭类型早二期相当；1988年报道的宜城曹家楼遗址第一、第二期遗存，都以灰陶系为主，其中曹家楼第二期的遗存中出现高圈足杯这种屈家岭文化晚二期的标准器物，可知曹家楼第一、二期的相对年代约当屈家岭类型的屈家岭文化晚一、二期，可以上接雕龙碑第三期。所以，随枣走廊地区由仰韶文化雕龙碑类型直接发展起来的"屈家岭文化发展时代"的文化遗存，可命名为"屈家岭文化雕龙碑—曹家楼类型"[②]。

把鄂北随枣走廊地区定为典型的屈家岭文化、也就是屈家岭类型的屈家岭文化向北的发展区是很正确的，但还有一点需要说明：既然雕龙碑遗址的陶器与屈家岭类型早二期的陶器有相同的因素，那么说明在后来所谓的屈家岭文化第二期的时候，其向北的影响已经达到了今随枣走廊的北部地区；而宜城曹家楼遗址陶器中所包含的屈家岭文化的因素是屈家岭文化晚一、二期的因素，则说明曹家楼所在的地区受到屈家岭文化影响在时间上要晚于随枣走廊地区，那么我们能不能就此推测，屈家岭文化向北方的传播，先是到达随枣走廊，而后到达今宜城平原一带。这就是屈家岭文化在北播路线上的一种选择。

从地理位置上看（参考地图一），从今襄樊一带直接南进鄂西不是更便捷吗？为何偏爱东南部的随枣走廊呢？我们的推测是，或许是因为今襄樊之南，存在着一个地理上的关口，这个关口是由东南部大洪山的最西北端与西北方武当山的东南端头相对峙形成的，我们可以叫作武当—大洪关或襄南隘口。汉水流经此关口，在关口以北是向东南方流行的，由于受到大洪山西北端头的阻推，突然改变流向而自两山相对的峡口南下，这在交通工具不发达的石器时代、在与此处以东并无高山阻隔的随枣走廊相比而言，自南襄隘道继续南进无疑是受到了明显的阻隔。加之由于新石器时代晚期屈家岭文化时期这里气候温暖湿润[③]，武当、大洪诸山很可能有原始森林，而汉江也水大流急、不宜横渡，故选择了较易行走的随枣走廊。

实际上，在后来的商周时期，历史的重演更能说明我们上述的推测。据杨权喜先

① 武汉大学历史系考古教研室、襄樊市博物馆、宜城县博物馆：《湖北宜城曹家楼新石器时代遗址》，《考古学报》1988年第1期。由肖元达、王然、向绪成等执笔。

② 林邦存：《关于屈家岭文化区、系、类型问题的初步分析》（续），《江汉考古》1997年第2期。

③ 徐馨、沈志达：《全新世环境——最近一万年以来环境变迁》一书认为我国东部全新世早中期距今9000年以来的气候变化可划分为四个阶段：（1）8500—7000a. B. P，气候转冷，为第二次新冰期；（2）7000—5800a. B. P，气候转暖，为第二次新高温期；（3）5800—5000a. B. P，气候转冷，为第三次新冰期；（4）5000—4000a. B. P，气候转暖，为第三次新高温期。屈家岭文化的年代是5000—4500a. B. P，正位于上述第三个新高温期，高温气候必带来丰沛的雨量，河流径流量会明显增大，河床表现为下切侵蚀，给渡河带来一定难度。贵州人民出版社1990年版，第73页。

生研究，商周时期，鄂境汉水以东深受中原青铜文化的影响，“而汉水以西的鄂西地区却是另外一种情况，商、西周时期的文化遗存在此较罕见，有大片地区甚至没有发现。”[①] 中原青铜文化对汉东地区的影响，事实上就是中原青铜文化通过随枣走廊到达那里的。这种现象的重现，除了鄂西地区地理位置相对较远，或被强悍异族所占据等因素外，和中原地区南下鄂西地区没有便捷的地理通道的事实不无关系。

在大洪山的西北部，即今枣阳、宜城、襄樊交界的喜山、新集和平林等村镇一带，存在着一个山脉的中断，将与武当山西南端头共同形成襄南隘口的大洪山西北顶端和东南部大洪山的主体割断，因此在中断处似乎又有一条南北向的次级走廊，这条小型走廊把随枣走廊的西北段和汉水以东、大洪山西麓的南北通道连接了起来，从而形成了一条随枣走廊的辅助通道。屈家岭文化在北进的过程中，这条辅助的通道相信也是必选的。

此外，虽然自南襄隘道稍西处南渡汉水，然后沿汉水以西的荆山东麓南来，似乎也是可以行走的，但是从今襄樊以西的汉水河段南渡，越河即面对的是前述形成襄南隘口的武当山东南端的山脉，向南翻过此山脉，方才可以进入较为平坦的荆山东麓，所以与东向行走随枣走廊相比，还是较为不便。由此可见，自豫西南南阳盆地进入鄂境，最便利因而也被先民长期使用的通道便是随枣走廊。而屈家岭文化在这里的分布情况也正好印证了这一点（参考地图一）。但是需要说明的是，我们的意见并不是说南来北往都不走襄南隘口之道，只是与东部的随枣走廊相比，不如随枣走廊便捷而已。所以这里同样是文化交流的一条不十分便利的通道。那么自南而北扩散的屈家岭文化，要走这条道路，一方面要西渡汉水，另一方面又要翻越襄南隘口西端的山脉，相对来说就艰难一些了。直到屈家岭文化晚期，才先西渡汉水，再沿鄂西山地东麓、汉水以西北上进入南阳盆地。

屈家岭文化要通过汉水以西、鄂西山地东麓北上，则首先要解决西进的问题。关于这一点，沈强华先生通过比较鄂西屈家岭文化、大溪文化以及鄂中屈家岭文化的文化因素，认为“鄂西屈家岭文化的主体不是从大溪文化发展而来，它的主源来自鄂中屈家岭文化”，“鄂西地区大溪文化消亡和屈家岭文化的出现表明，不是大溪文化发展为屈家岭文化，而是屈家岭文化”从鄂中扩展至鄂西，“取代融合了大溪文化”[②]。由此，屈家岭文化西进取代大溪文化，为其下一步沿汉水以西的通道北上打下了基础。刘辉先生的论文《两湖平原史前聚落的初步研究》也指出：屈家岭文化早期分布范围远小于晚期，沮漳河以西尚未发现屈家岭文化早期聚落遗址，晚期时，沮漳河东西两岸均有分布。[③] 另外，清水滩、中堡岛和李家湾诸遗址的文化遗存表明，屈家岭文化确

① 杨权喜：《试谈鄂西地区古代文化的发展与楚文化的形成问题》，《中国考古学会第二次年会论文集》，文物出版社1980年版，第21—32页。

② 沈强华：《鄂西地区大溪文化的去向和屈家岭文化的来源》，《江汉考古》1994年第4期。

③ 刘辉：《两湖平原史前聚落的初步研究》，南京大学硕士论文，2001年。

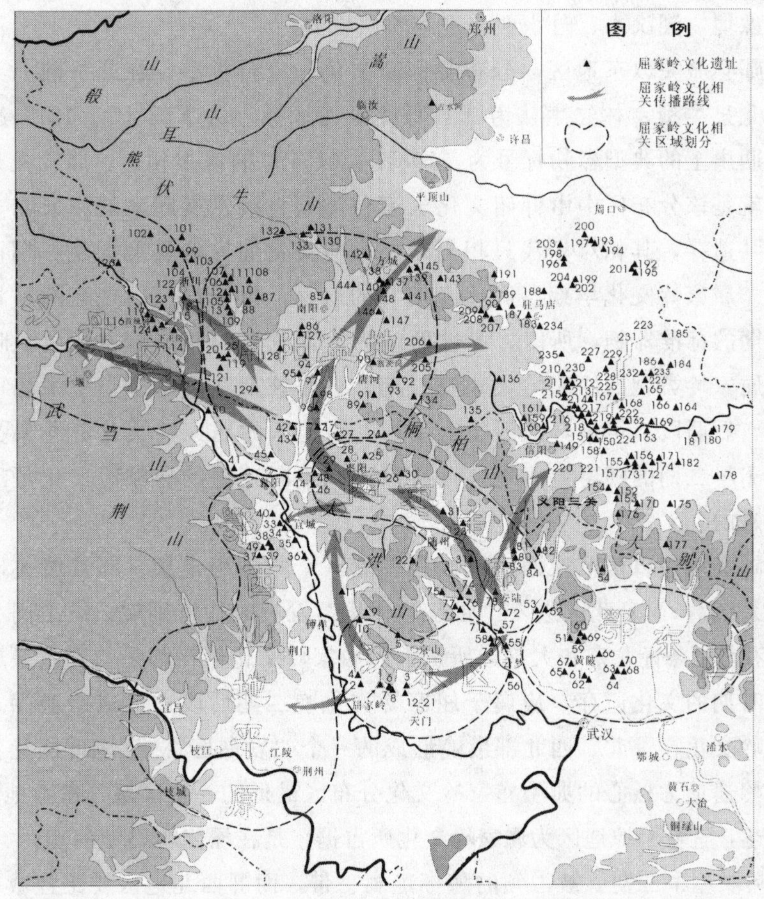

地图一　鄂豫陕间屈家岭文化分布及传播路线示意图

实继续向西抵达鄂西的三峡地区，但均是屈家岭文化的晚期遗存①。说明在屈家岭文化晚期以前并没有大规模地从中心区域的汉东、大洪山南向西发展至沮漳河流域。那么早期也就无从自沮漳河流域沿鄂西山地东麓北上至南阳盆地了。郭胜武先生也有类似的看法，认为"屈家岭文化晚期"才在取代鄂西大溪文化后，"迅速向北发展，直达南阳盆地"②。

当随枣走廊地区在屈家岭文化早期晚段为屈家岭文化所占据后，其随即就可以向西进入南阳盆地和汉水中游，形成屈家岭文化的青龙泉类型。高崇文先生也认为距今5000年前后的屈家岭文化，已遍布整个长江中游大部分地区，并向北进入原仰韶文化区的汉水中游和南阳盆地③。青龙泉类型的屈家岭文化由南阳盆地沿三垭路、夏路（方

① 冰白：《三峡新石器时代至商周时期考古的新局面和新课题》，《武汉大学学报》（人文科学版）2004年第6期。

② 郭胜武：《屈家岭文化来龙去脉浅探——从划城岗遗址的发现谈起》，《考古》1986年第1期。

③ 高崇文：《试论长江中游原始文化的变迁与古史传说》，载《稻作、陶器和都市的起源》，文物出版社2000年版，第190页。

城路）北通豫境，溯汉水、丹水西北进入陕西境内。

鄂西北郧县城关以东地区，分布着仰韶文化朱家台类型，在此基础上又发展为屈家岭文化青龙泉类型。林先生认为郧县青龙泉遗址标号为 T52HG：121① 缸，和屈家岭文化晚一期出土的典型器物标号为 T108：4（45）② 的锅很相似，原青龙泉仰韶文化的遗存似乎就是该分布区中由仰韶文化朱家台类型直接发展起来的屈家岭文化青龙泉中的"初期"遗存，其相对年代只相当于屈家岭文化屈家岭类型的晚一期；至于青龙泉遗址中的"屈家岭文化早期"和"晚期"的遗存，由于都已出现高圈足杯这种屈家岭文化晚二期的标准器物，所以，可进而认为，青龙泉的屈家岭文化早、晚期的遗存都只相当于屈家岭类型的屈家岭文化晚二期，只是该期在青龙泉类型中还可以更明确地划分为前、后两段。可见，南阳盆地及其以西地区的屈家岭文化青龙泉类型，在时间上又要晚于早二期的随枣走廊地区，所以可以推断这里的屈家岭文化是经由随枣走廊向西北传入的。

鄂西北郧县城关以西至豫西南地区存在着一个与随枣走廊、郧县城关以东地区不同的"文化系统"，而且此区进入"屈家岭文化"发展时代特别晚。下王岗"屈家岭文化"一期遗存③和《青龙泉和大寺》所谓大寺屈家岭文化遗存都是与青龙泉屈家岭文化晚期大体同时期的文化遗存，应属于屈家岭文化晚二期后段才形成的遗存。从时间上看，是屈家岭文化在鄂北、西北部最晚形成的一个"发展区"；从地理位置看，也是离以京山屈家岭遗址为核心的典型屈家岭文化分布区最远的一个区域（参考地图一）。

如前所述，宜城平原地区为屈家岭文化所占据，是在屈家岭类型的晚一、二期阶段，晚于在屈家岭类型早二期就被占领的随枣走廊一带，而鄂西北地区要比宜城平原一带更晚一些才由屈家岭文化所占据。在鄂西北，郧县城关以西地区比以东地区，又要晚一些成为屈家岭文化的分布地区。由此可以看出，屈家岭文化在大洪山南麓兴起后，通过鄂北几条主要的传播通道，向北部、西北部传播的动态轨迹，也正是鄂豫陕间文化交流的重要组成部分。当然，屈家岭文化还有在别的方向上的传播（见地图一）。

三 龙山时期石家河文化北播与中原龙山文化南下的途径

关于石家河文化的发展脉络，前人有不少研究，郭立新先生曾作过总结④。就分期而言，目前普遍流行的分法就是张绪球先生的三期五段说⑤和何介钧先生的三期说⑥。在地域分布和区系类型的划分方面，郭立新先生认为石家河文化"北至汉水中游、丹

① 中国社会科学院考古研究所：《青龙泉与大寺》，科学出版社 1991 年版。
② 中国科学院考古研究所：《京山屈家岭》，科学出版社 1956 年版。
③ 河南省文物研究所：《淅川下王岗》，文物出版社 1989 年版。
④ 郭立新：《探索与论争：长江中游新石器时代晚期的文化谱系》，《江汉考古》2004 年第 3 期。
⑤ 张绪球：《石家河文化的分期分布和类型》，《考古学报》1991 年第 4 期。
⑥ 何介钧：《石家河文化浅析》，《纪念城子崖遗址发掘 60 周年国际学术讨论会文集》，齐鲁书社 1993 年版。

江下游、南阳盆地、桐柏山、大别山一线，东至麻城、蕲春、大冶、通城一线，南至洞庭湖南岸乃至湘中丘陵北部一带，西至大巴山、武陵山、巫山山脉一线”[①]。方酉生先生将石家河文化分为青龙泉、季家湖、西花园三个类型[②]；李龙章认为有青龙泉、季家湖、尧林家和西花园四个地方类型[③]。而张绪球先生划分了六个类型，就是在李龙章先生意见的基础上增加石家河类型，从季家湖类型中再分出一个划城岗类型[④]。何介钧则主张不应把划城岗和季家湖两个类型分开，而应该合而为一，再另外增加一个岱子坪类型[⑤]。此外，随着近年考古工作的深入，巫峡以东的巴东、秭归和荆门一带还有一个庙坪类型的石家河文化[⑥]。

龙山时代，“在石家河文化的早中期……陕南、汉中和中原地区对长江中游地区的影响分别通过汉水、丹江、淮河上游至白河、唐河而进行，长江中游地区对中原地区的影响则主要是通过白河、唐河至淮河上游地区，直至中原腹地。石家河文化晚期主要是河南龙山文化对长江中游地区的渗透，具体途径是由淮河上游地区经白河、唐河至汉水，往东过随枣走廊至涢水上游地区；往西跨今沮漳河入峡区。还有一条途径是通过广水、大悟境内的小河、竹杆河连接淮水支流水系与滠水、澴水上游地区”[⑦]。后者也就是王红星先生在另一篇文章中所说的河南龙山文化向南传播的“涢水、水（即澴水）等通道”[⑧]。

由此可见，石家河文化时期，鄂豫陕间文化互相推进的通道。一条是经由汉水下游、随枣走廊向北进入南阳盆地，再由此到豫西南或陕南，我们可以称其为石家河文化时期鄂境通北的西道，另外，还有一条当是经过大别山和桐柏山之间的隘口（所谓义阳三关）来通行的，我们可以称之为东道。大别—桐柏间有三处最易通行的山间豁口，即今湖北广水北的平靖关、武胜关，大悟县北的九里关。西晋以来，三关属于山北的今河南信阳地区义阳郡、县，固有“义阳三关”之称。三关一带分布着新石器时代至商周的考古遗址，说明这里确为地理通道（参考地图二）。

通过对屈家岭文化与石家河文化遗址分布的对比分析，发现石家河文化的北播又较多地依赖东道进入豫南，当然屈家岭文化也走过此道，只是与石家河文化相比，稍少一点，这可以从豫南、豫东南石家河文化的遗址明显多于屈家岭文化遗址的现象得

① 郭立新：《石家河文化的空间分布》，《南方文物》2000 年第 1 期。

② 方酉生：《论湖北龙山文化》，《江汉考古》1985 年第 1 期。

③ 李龙章：《浅议石家河文化》，《江汉考古》1985 年第 3 期。

④ 张绪球：《石家河文化的分期分布和类型》，《考古学报》1991 年第 4 期。

⑤ 何介钧：《石家河文化浅析》，《纪念城子崖遗址发掘 60 周年国际学术讨论会文集》，齐鲁书社 1993 年版。

⑥ 孟华平、周国平、王成武：《秭归庙坪遗址发掘的主要收获》，《江汉考古》1997 年第 1 期；湖北省文物考古研究所：《荆门团林叉堰冲遗址发掘简报》，《江汉考古》2001 年第 3 期；湖北省文物考古研究所：《湖北秭归何家坪遗址发掘简报》，《江汉考古》2002 年第 3 期。

⑦ 王红星：《新石器时代长江中游地理研究》，武汉大学博士学位论文（k928），1998 年 6 月，第 24 页。

⑧ 王红星：《石家河文化形成和发展过程中的外力作用问题》，《中国考古学会第九次年会论文集》，文物出版社 1997 年版，第 151—160 页。

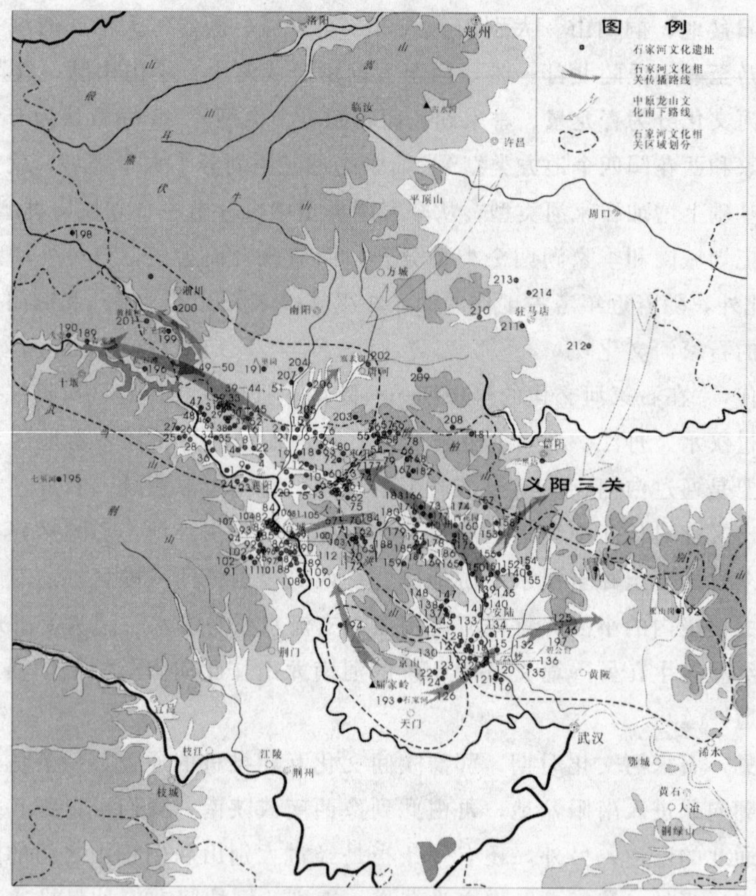

地图二　鄂豫陕间石家河文化时期交流通道示意图

到推论。高崇文先生也指出：龙山时期的石家河、季家湖诸文化……分布范围进一步扩大，在原来屈家岭文化的基础上又向东北扩展到淮河上游的豫东南地区①。

关于东道，桐柏山与大别山之间很早就有文化交流的通道，从不同时期，两山南北文化的共性上看，山之南北之间存在这样的文化交流通道是可能的。例如，湖北随州西花园—庙台子遗址位于随州市东北 40 里，正好在后来“义阳三关”之南，“这里的屈家岭文化与江汉流域的文化面貌大体相同（是中心区域的屈家岭文化向北经大别—桐柏山隘道传播的证明——引者按），这里的湖北龙山文化，带有部分中原地区河南龙山文化的色彩，这里的商代文化与郑州二里岗期的大体类同。这类的西周、东周文化也都和中原地区的大体相同”②。

从考古学文化上看，在石家河文化晚期，中原龙山文化表现出强劲的南进势头，

① 高崇文：《试论长江中游原始文化的变迁与古史传说》，载《稻作、陶器和都市的起源》，文物出版社 2000 年版，第 190 页。

② 吴力：《西花园——庙台子遗址考古发掘喜获硕果》，《武汉大学学报》（社会科学版）1984 年第 4 期。

这时长江中游地区原本繁荣的原始文化，又突然衰落了下去，土著传统文化中断，新的文化进入，新文化从什么地方进入，在推进的过程中又走什么路线？是我们所关心的问题。据高崇文先生研究："大洪山以南、汉水以东以天门石家河文化为代表的文化区，……石家河文化早中期的地方特征很强，是典型的土著文化体系。然而到了晚期，虽然有些器类如舌形瓦状足盆形鼎、红陶杯以及釜、钵、缸等，还是由石家河早中期文化发展来的，但由相当一部分器类如侧装足釜形鼎、带箍细把豆、高领广肩罐等，不论是器形、纹饰、陶色以及制法均与石家河早中期的文化系统有别，而与河南龙山文化晚期者几乎没有区别，显然是一种新的文化系统的突然进入。"那么在新的文化系统进入此区时，必定要依赖一定的地理通道。可能主要是从南襄隘道和以义阳三关为代表的大别—桐柏山间隘道进入的（参考地图二）。

这次中原文化的南进可与文献记载的传说相对应。按照考古学区系类型的划分，屈家岭至龙山时期的两湖平原正好有三大土著文化体系，即江汉平原东部以石家河遗存为代表的文化体系；江汉平原西部以季家湖遗存为代表的文化体系，澧阳平原以泰山庙、划城岗晚期遗存为代表的文化体系，三大文化体系都出现了作为文化中心、聚落中心的规模巨大环壕形土城。高崇文先生认为：这样显赫的三大文化体系、三大部族聚落中心，与史称"三族之苗裔"的"三苗"不会是偶然的巧合吧[①]。苗裔集团在尧舜禹时期与中原有过冲突，这似乎也可从考古学上略窥一斑。龙山时期，就随枣走廊和汉东大洪山南两地区而论，前者文化面貌已与河南龙山文化相差无几，后者的土著文化突然中断，新文化突入。又从鄂西只成为南北文化的融合体，澧阳平原土著文化发展比较稳定的不同情况来分析，中原龙山文化正是通过随枣走廊和义阳三关向鄂境推进的，上述大洪山南、汉东与随枣走廊地区恰位于东西两条通道的前沿。

在推进的过程中，首先被影响和取代的地方当是随枣走廊和与随枣走廊东南端紧密相接的汉东、大洪山南一区，而较这两个地区更远的鄂西与江南澧阳平原，则受到中原龙山文化的影响，或者说尧舜禹集团的打击逐渐减小。由此亦可看出北方中原文化南下鄂境往往走南阳盆地，再走随枣走廊，而进入鄂中汉东平原（或称应城平原），再由汉东进入汉水以西鄂西山地。有意思的是相对不走汉水一线，恃别是汉水以西的路线，如果不是这样，鄂西的三苗之一苗的情况也应该是如同汉东一样为新的文化所取代，但是事实上这里只是南北文化的融合体，可见其所受中原的影响就小多了，究其原因，可能与到达这里的中原部族的人较少有关，少的原因不外乎道路难行或路途遥远。走汉水以西荆山东麓，可谓难行；自南阳盆地经随枣走廊或豫南由大别山—桐柏山间隘口进入涢水下游、澴水一带，再西南到达大洪山南的汉东地区，然后再由此西渡汉水，来到鄂西地区，可谓路途遥远。即使在商代早期，中原对汉东的影响要大

---

① 高崇文：《试论长江中游原始文化的变迁与古史传说》，载《稻作、陶器和都市的起源》，严文明、安田喜宪主编，文物出版社2000年版，第191—192页。

于对鄂西的影响①，这一点也能说明这个问题。

综上所述，南阳通道至迟在仰韶时代就已经开通，屈家岭文化在北播过程中，多循此线，随枣走廊作为南阳通道的分支，自不待言。石家河文化时期，在原有通道的基础上，又增加了桐柏山—大别山之间的重要通道。石家河文化早期北进和中原龙山文化的南下偏好以义阳三关道为代表的东道，这与中原舜禹集团在南阳一带的堵截和进一步南进有一定的关系，三关道至此才开始兴盛起来。

附录：地图一、地图二所标相应考古学文化遗址的名称及出处

湖北、河南两省部分地区新石器时代屈家岭文化遗址

京山市

1. 屈家岭　五三农场园艺分场屈家岭村西 100 米，见《文物参考资料》1955 年第 2、4、5 期，1956 年第 10 期；《考古通讯》1956 年第 3 期；《京山屈家岭》，科学出版社 1965 年版；《考古学报》1992 年第 1 期。

2. 大牛房　五三农场长滩分场龙潭队 200 米。

3. 油子岭　钱场镇钱场村桥头湾西南 150 米，《考古》1994 年第 10 期。

4. 季河桥　五三农场长滩分场北 500 米。

5. 清树岭　孙桥镇清树岭村北。

6. 杨湾　雁门口镇高墩村东湾西北 1 公里。

7. 钟家岭　雁门口镇高墩村东湾西边 700 米，《江汉考古》1998 年第 2 期。

8. 殷家岭　雁门口镇高墩村，《江汉考古》1998 年第 2 期。

钟祥市

9. 赖家庙　东桥镇黄集村黄集老街北 100 米。

10. 马家寨　东桥镇金店村土房湾东北 500 米，《文物参考资料》1955 年第 8 期。

11. 石人台　洋梓镇汪李村西 1 公里。

天门市

12. 肖家屋脊　土城村肖家屋脊，《中国文物报》1990 年第 4、5 期；《文物》1990 年第 8 期；《肖家屋脊》，文物出版社 1999 年版。

13. 谭家岭　土城村谭家岭，《江汉考古》1985 年第 3 期；《文物》1990 年第 8 期。

14. 三房湾　土城村三房湾。

15. 王家台　土城村王家台。

16. 罐山　土城村罐山。

17. 畜树岭　土城村畜树岭。

---

① 湖北省文物考古研究所：《盘龙城——一九六三年—一九九四年考古发现报告》，文物出版社 2001 年版，第 501—504 页。该书认为位于汉东的盘龙城是商王朝在江汉地区的政治中心，汉水以西的鄂西地区是受其影响的地区。

18. 京山坡　土城村京山坡。

19. 昌门冲　土城村昌门村。

20. 罗家柏岭　土城村罗家柏岭（在土城村西），《湖北石家河罗家柏岭新石器时代遗址》，《考古学报》1994 年第 2 期。

21. 邓家湾　土城村邓家湾。

随州市

22. 冷皮垭　三里岗镇革家畈村冷皮垭，《江汉考古》1985 年第 2 期。

23. 西花园　浙河镇蒋家寨村西花园，《江汉考古》1984 年第 3 期，1991 年第 2 期；《西花园与庙台子》，武汉大学出版社 1993 年版。

枣阳市

24. 雕龙碑　鹿头镇西花园村南 250 米，《江汉考古》1984 年第 3 期；《江汉考古》1997 年第 4 期；《考古》1992 年第 7 期，2000 年第 3 期。

25. 上古城　吉河乡刘社村上古城北 250 米。

26. 孙家湾　兴隆镇灵庙村孙家湾北 300 米，《江汉考古》1995 年第 4 期。

27. 古城　罗岗镇潘岗村古城湾北 50 米。

28. 王庄　琚湾镇二王村二王庄东 50 米，《江汉考古》1995 年第 4 期。

29. 陈大堰　琚湾镇阎家岗村陈大堰西侧。

30. 窑湾　滏水西岸的冲击平原上，东南临随州唐县肖畈林窑湾，316 国道在北。

31. 长堰湖　随州城北 22.5 公里的长堰湖湾，为历山镇古城村所辖。

32. 周家古城　随州市府河镇孔家畈村周家古城。第 29—32 见襄樊市博物馆《随枣走廊几处新石器时代遗址调查》，《江汉考古》1995 年第 4 期。

宜城市

33. 曹家楼　小河镇詹营村东 250 米，《考古学报》1988 年第 1 期。

34. 东棚　小河镇杨岗村东棚西 200 米。

35. 团山寺　龙头街道办事处腊树村腊树园西 600 米。

36. 胡家湾　璞河镇王州村胡家湾西北 10 米。

37. 关家屋场　刘猴镇红岗村北大屋场南 300 米。

38. 大坟场　朱市石灰村赵旗营西北 200 米。

39. 沈家湾　雷河街道办事处七里村沈家湾北 250 米。

襄阳县

40. 三步两道桥　法龙镇赵山村南 1 公里，《江汉考古》1984 年第 2 期。

41. 王家堤　太平店镇王家堤村西北 1 公里。

42. 张洼　黄渠河镇张洼村北 500 米。

43. 石庄　石驿镇李岗村石庄东南 600 米。

44. 肖家寨　王河乡沈营村肖家寨东北 300 米，《文物参考资料》1958 年第 1 期。

45. 西岗　伙碑镇马庄村西南 400 米。

46. 罗岗　黄龙镇罗岗村南 200 米。

47. 石羊集　埠口镇七房村石羊镇东 500 米。

48. 老坟坡　张家集镇宋营村韩家营西 1.1 公里。

南漳县

49. 罗家营　安集镇邓家咀村罗家营东 120 米，《江汉考古》1986 年第 2 期。

老河口市

50. 新滩　光化街道办事处徐家滩村新滩北。

孝昌县

51. 港边程湾　丰山镇港边程湾村东 50 米，《考古》1994 年第 9 期。

52. 凤凰台　华园镇顺水村上付家湾南 50 米，《考古》1994 年第 9 期。

53. 殷家墩　花园镇黄家沙湾西北 70 米，《考古》1994 年第 9 期。

大悟县

54. 吕王城　吕王镇，位于吕王城西北，东临吕王河。

云梦县

55. 胡家岗　城关镇建新村胡家岗南 100 米，《考古》1987 年第 2 期。

56. 斋神堡　下羊店镇陈坝村东南 250 米，《考古》1987 年第 2 期。

57. 好石桥东城　义堂镇好石桥村南 70 米，《考古》1987 年第 2 期。

58. 龚寨　胡金店镇龚寨村，《考古》1987 年第 2 期；《江汉考古》1990 年第 2 期。第 55—58 见云梦县博物馆《湖北云梦新石器遗址调查简报》。

武汉市黄陂区

59. 祝家店　泡桐店镇东方村祝家店湾南 30 米，《江汉考古》1987 年第 2 期。

60. 肖家湾　泡桐店镇肖家湾北。

61. 张黄湾　横店镇张黄湾西南 50 米，《中国考古学年鉴》1987 年。

62. 湛家湾　横店镇湛家岗村。

63. 城头岗　六指店镇汪家大湾村南 300 米。

64. 神龙岗　六指店镇五湖村。

65. 汪家畈　祁家湾镇廖岗村。

66. 城门潭　王家河镇东南 500 米，《江汉考古》1987 年第 2 期。

67. 涂家山　土庙镇红强村龚家岗湾东北 300 米，《江汉考古》1987 年第 2 期。

68. 面前畈　甘裳铺镇楼子田湾西 150 米，《考古》1986 年第 7 期；《江汉考古》1987 年第 2 期。

69. 矮子墩　泡桐店镇素刘湾。

70. 神墩岗　蔡家榨镇宫河村桥头湾南 300 米，《江汉考古》1987 年第 2 期。

安陆市

71. 胡家山　巡店镇程畈村胡家山湾，《考古》1986 年第 7 期；《江汉考古》1993 年第 4 期。

72. 夏家寨　李店镇杨棚村下家寨湾南，《江汉考古》1980 年第 2 期；《文物》1982 年第 7 期；《考古》1986 年第 7 期。

73. 陈徐湾　辛榨乡张傅村陈徐湾西南，《江汉考古》1993 年第 4 期。

74. 王石溜　烟店镇双庙村大李湾，《考古》1990 年第 11 期。

75. 汉堰台　王义贞店镇六益村戴家湾，《江汉考古》1993 年第 4 期。

76. 八字坟　雷公镇王榨村八字坟，《江汉考古》1993 年第 4 期。

77. 熊家嘴　双河镇曹岗何家湾北 400 米，《江汉考古》1993 年第 4 期。

78. 余家岗　洑水镇洑水港村余家岗湾，《考古》1986 年第 2 期；《江汉考古》1993 年第 4 期。

79. 大台子　汉河镇六坡村赵家湾西 100 米，《江汉考古》1993 年第 4 期。

广水市

80. 水河庙湾　城郊乡星原村水河庙湾西 50 米。

81. 观音畈　城郊乡鹰咀山村观音畈湾，《考古》1995 年第 2 期。

82. 邓家湾　广水街道办事处农营村邓家湾东南 50 米。

83. 么湾　陈巷镇吴氏祠村东湾西北 600 米。

84. 窝窝墩　李店乡群兴村东北 400 米，《考古》1995 年第 2 期。

河南南阳县

85. 黄山　蒲公镇黄山村北。

86. 王营　青华乡王营东。

镇坪县

87. 冢上寺　卢医庙乡寺南村北。

88. 冢洼　曲屯乡冢洼村南。

唐河县

89. 湖阳　湖阳镇仝庄南。

90. 寨茨岗　城郊乡萧庄东北。

91. 许河　祁仪乡许河村南。

92. 回龙寺　毕店乡回龙寺村南。

93. 陈马庄　陈马庄南。

新野县

94. 凤凰山　歪子乡寺门村北。

95. 邓禹台　王集乡西赵庄西。

96. 西高营　王庄镇西高营东。

97. 翟官坟　沙堰镇响水滩村东北。

98. 马鞍山　城郊乡王营村东。

西峡县

99. 马家营　五里桥乡马家营村北。

100. 上营　五里桥乡上营村南。

101. 小水　蛇尾乡小水村西。

102. 秧地　陈阳坪乡秧地村东南。

103. 牛王村　阳城乡牛王村。

104. 南塘岗　县城西南南塘岗。

内乡县

105. 茶庵　县城北茶庵村。

106. 杨营　赤眉乡杨营村东。

107. 小河　赤眉乡小河村东南。

108. 朱岗　马山口镇朱岗村南。

109. 香花寨　大桥乡香花寨村。

110. 岗堤　赵店乡岗堤村东南。

111. 小寨　赤眉乡西小寨。

112. 李南村　赵店乡李南村。

113. 黄龙庙岗　城郊乡黄龙庙岗村东。

淅川县

114. 下王岗　盛湾乡下王岗,《淅川下王岗》,文物出版社 1990 年版。

115. 马岭　盛湾乡马岭村东北。

116. 龙山岗　滔河乡黄楝树村西龙山岗。

117. 门伙　滔河乡门伙村东。

118. 沟湾　上集乡沟湾村东。

119. 东庄　厚坡乡东庄村。

120. 李寨　厚坡乡李寨村南。

121. 张河　九重乡张河村东。

122. 金河　蒿坪乡路下村东。

123. 双河镇　老城镇双河镇北。

124. 马山根　盛湾乡马山根村西。

125. 大寨　厚坡乡大寨村张营庄。

126. 庙岭　荆紫关镇庙岭村东。

邓州市

127. 太子岗　穰东镇东南太子岗。

128. 老龙冢　夏集乡高台村苏营东。

129. 下岗　林扒乡下岗村黑龙庙南。

南召县

130. 二郎岗　南河店镇柴岗村东南。

131. 寨上　城郊乡董店村西寨上。

132. 小余坪　板山坪乡小余坪村西。

133. 庙坡　县城南庙坡北地。

桐柏县

134. 陡坡嘴　新集乡王寨村南陡坡嘴。

135. 闵岗　月河镇闵岗村。

136. 回龙　回龙乡回龙村南。

方城县

137. 油房庄　券桥乡油房庄。

138. 枣庄　赵河乡枣庄东北。

139. 金汤寨　古庄店乡金汤寨村。

140. 平高台　赵河乡平高台村北。

141. 徐庄　二郎庙乡徐庄村北。

142. 汉王台　柳河乡汉王台村东北。

143. 东楼庄　小史店乡东楼庄村东。

144. 孟河　博望乡孟河村东北。

145. 一里坡　古庄店乡一里坡南。

社旗县

146. 谭岗　城郊乡谭营村西南。

147. 茅草寺　兴隆乡大杨庄村西南。

148. 潘庄　唐庄乡潘庄村东北。

信阳市

149. 阳山　信阳市区火车站北阳山与虎头山之间，《文物参考资料》1955 年第 2 期。

罗山县

150. 堰嘴　高店乡李上湾西南。

151. 小罗湾　高店乡阎河村。

152. 庙岗　周党乡中山村。

153. 杨树　周党乡杨树庄。

154. 宋畈　潘新乡宋畈北。

155. 周桥　庙仙乡周店村。

156. 杨寨　庙仙乡杨寨。

157. 姜嘴　庙仙乡姜嘴村。

158. 刘台　龙山乡刘台村。

信阳县

159. 台子湾　平昌关乡台子湾。

160. 台子湖　长台关乡台子湖庄。

161. 周庄　明港镇周庄。

息县

162. 秦楼　孙庙乡秦楼南。

163. 张庄　城关乡张庄北。

164. 龙岗　夏庄乡肖楼西南。

165. 兴泰寺　杨店乡张庄东北。

166. 前王沿　张陶乡前王沿村。

167. 赵庄　彭店乡赵庄。

168. 许冢　路口乡吴庄东北。

169. 黄围孜　项店乡黄围孜村。

光山县

170. 徐畈　南向店乡徐畈村。

171. 陈乡　寨河乡陈乡村。

172. 卧龙台　卧龙台乡卧龙村。

173. 翁岗　仙居乡翁岗村。

174. 古城村　寨河乡古城村。

175. 小易畈　泼陂河乡小易畈村。

新县

176. 南墩　苏河乡苏河村。

177. 天亮寺　新集乡陈湾南。

潢川县

178. 后盘龙岗　江集乡姚楼村北。

179. 刘冢　上油岗乡李堰头村。

180. 钟冢　上油岗乡李堰头村。

181. 凉马台　来龙乡来龙村。

182. 新印堆孜　付店乡新胜村西南。

驻马店市

183. 双高楼　刘阁乡双高楼村西南。

新蔡县

184. 郭冢　关津乡郭冢村东北。

185. 小侯寨　孙召乡小侯寨北。

186. 冢子怀　关津乡李庄西北。

遂平县

187. 杨台寺　诸市乡杨楼村西南。

188. 唐岗　车站乡唐岗村北。

189. 梅庄　张台乡梅庄村西北。

190. 魏湾　文城乡魏湾村东北。

191. 陈庄　槐树乡陈庄西北。

上蔡县

192. 高岳集　杨集乡高岳村东南。

193. 航寨　朱里乡段寨村西北。

194. 杨庄　东岸乡杨庄东北

195. 邝庄　杨集乡邝庄村西北。

196. 张卜楼　芦岗乡张卜楼村东。

197. 李湾　乐岸乡李湾村西北。

198. 蟾虎寺　芦岗乡绳李村西南蟾虎寺。

199. 十里铺　邵店乡小高庄村东。

200. 叶王　小岳寺乡土屯村东。

201. 太子庙　杨集乡戚楼村西南。

202. 土屯　邵店乡土屯村东。

203. 玄武寺　百尺乡大谢庄村北。

204. 瞿庄　黄埠乡瞿庄村西南。

泌阳县

205. 唐瓷岗　赊湾乡赵庄村东北唐瓷岗。

206. 蒋庄　官庄乡蒋庄村西

207. 太子岭　老河乡太白堂村西南太子岭。

208. 板桥　板桥乡水库东。

209. 荆树坟　板桥乡板桥村西。

正阳县

210. 王家冢　熊寨乡大王庄西。

211. 刘岗　梁庙乡刘岗村东。

212. 黄刘庄　梁庙乡黄刘庄西。

213. 楼台　梁庙乡李庄东北。

214. 台子坡　兰青乡肖庄西。

215. 台子堆　兰青乡张庄西。

216. 老母洼　陡沟乡坡底下村北。

217. 西夏湾　陡沟乡西夏湾村东。

218. 卢庄　陡沟乡卢庄南。

219. 八里庙　陡沟乡赵庄西。

220. 小唐庄　皮岩乡小唐庄。

221. 大黄庄　皮岩乡大黄庄东。

222. 卧牛堆　大林乡寇庄东北。

223. 七门村　大林乡七门村南。

224. 潘庄　大林乡潘庄北。

225. 黎台　彭桥乡台平后村南。

226. 清凉寺　雷寨乡张伍店村西南。

227. 李台　傅寨乡双屯村李台东。

228. 任庄　袁寨乡任庄水库东。

229. 李楼　寒冻乡李楼西北。

230. 寨庄　梁庙乡寨庄东北。

231. 鲁庄　陡沟乡鲁庄南。

232. 薛寺　汝南埠乡薛寺。

233. 姜黄庄　岳城乡姜黄庄。

确山县

234. 朱庄　古城乡朱庄村北。

汝南县

235. 曹寨　常兴乡西王庄北。

湖北、河南两省部分地区石家河文化的分布

襄阳县

1. 三道两步桥　太平店王家堤村西北 1 公里。

2. 张洼　黄渠河镇张洼村北 500 米。

3. 肖家寨　王河乡沈营村肖家寨东北 300 米,《文物参考资料》1958 年第 1 期。

4. 西岗　伙牌镇马庄村西南 400 米。

5. 罗岗　黄龙镇罗岗村南 200 米。

6. 石羊集　埠口镇七房村石羊集东 500 米。

7. 大吕庄　埠口镇大吕庄村北 100 米。

8. 凤凰咀　龙王镇阎营村东北 800 米。

9. 卢冲　竹条镇黄庄村卢冲东北 300 米。

10. 老坟坡　张家集镇宋营村韩家营西 1.1 公里。

11. 邵家棚　张家集镇邵棚村西北 400 米。

12. 刘寨　张家集镇刘寨村西北 400 米。
13. 楚王城　黄龙镇高明村油坊湾东北 300 米。
14. 宋家营　肖集乡杨庄村北 100 米。
15. 上陈　朱集镇上陈村西。
16. 大井地　石桥镇杨营村东北 700 米。
17. 沈营　王河乡沈营村东 50 米。
18. 石羊岗　双沟镇陈湾村南 1 公里。
19. 客落湾　双沟镇黄营村相公庄北 500 米。
20. 洪山头　东津镇陈坡村东北，《江汉考古》1999 年第 4 期。
21. 李坡遗址　朱集镇李坡村东 300 米。
22. 中郭家　马集乡中郭村东南。
23. 尤家湾　泥咀镇魏湾村尤家湾西南。
24. 寨家垭子　泥咀镇寨家垭子村北。

古城县

25. 丁家塘　大峪桥镇水星台村东 1.2 公里。
26. 简沟　大峪桥镇下新店村北 101 公里。
27. 简土山　大峪桥镇下新店村南 600 米。
28. 洞峙　北河镇洞峙村西北 500 米。

老河口市

29. 长尺地　孟楼镇小黄营村东北 600 米。
30. 李家河　孟楼镇柴岗村陈家坡北 200 米。
31. 徐家庄　孟楼镇柴岗村徐家庄东。
32. 梁子上　孟楼镇韩堂村东南 700 米。
33. 鳖盖地　孟楼镇孟楼村南 500 米。
34. 仙人渡　仙人渡镇南岗村北 600 米。
35. 江坟　仙人渡镇安家岗村西 160 米。
36. 团堆子　仙人渡镇黄家庄村南 1 公里。
37. 三道沟　张集镇江营村朱家岗北 400 米。
38. 孔林岗　张集詹冲村孔林岗东南 500 米。
39. 马集　竹林桥镇马湾村马集北 20 米。
40. 揪树地　竹林桥镇竹林桥村北 350 米。
41. 陈家营　竹林桥镇陈家营村东南 1 公里。
42. 大南地　竹林桥镇陈家营村邓家营北 500 米。
43. 阴岗　竹林桥镇小贺营村东南 500 米。
44. 冢子岗　竹林桥镇苏家店村西北 1 公里。

45. 陈家楼　秦集镇徐家营村陈家楼东。

46. 监生坡　光化街道办事处槐树湾村监生坡东。

47. 查营　光化街道办事处查营村北 300 米。

48. 新滩　光化街道办事处徐家滩村新滩北。

49. 瓦茬地　孟楼镇曹营村西南 500 米。

50. 任家营　孟楼曹坡村任家营西南 300 米

51. 汪营　竹林桥镇竹林桥村汪营西 200 米

52. 下寨　薛集镇上寨村下寨西南 250 米。

53. 亢家营　李楼街道办事处亢家营村。

枣阳市

54. 王应村　鹿头镇寨庙村王应村西 100 米。

55. 大张村　钱岗乡钱岗村大张庄南 500 米。

56. 白露　钱岗乡钱岗村白露湾南 50 米。

57. 唐庄　新市镇肖庄村唐庄东 50 米。

58. 李庄　新市镇肖庄村李庄南 50 米。

59. 小张巷　新市镇张巷村小张巷南 600 米。

60. 陈大堰　琚湾镇阎家岗村陈大堰湾西 50 米,《江汉考古》1995 年第 4 期。

61. 西赵湖　吴店镇西赵湖村西北 25 米。

62. 唐家祠堂　吴店镇西赵湖村唐家祠堂东 50 米。

63. 许坡　七方镇李湖村西北 500 米。

64. 上古城　吉河乡刘张村上古城北 250 米。

65. 毛沟洞　梁集镇梁坡村南郑洼西 100 米,《江汉考古》1988 年第 3 期。

66. 小河口　新市镇赵庄村西 400 米。

67. 泉桥寺　熊集熊河村泉桥寺东北 300 米。

68. 孙家湾　兴隆镇灵庙村孙家湾北 300 米,《江汉考古》1995 年第 4 期。

69. 古城　罗岗镇潘岗村古城湾北 50 米。

70. 二王庄　琚湾镇二王村二王庄东 50 米,《江汉考古》1995 年第 4 期。

71. 高庄　环城街道办事处崔庄村高庄东 500 米。

72. 柿子园　西城经济开发区西园村。

73. 黄楝树　吴店姚岗村黄楝树东南 150 米

74. 严家楼　吴店镇周寨村严家楼东 20 米。

75. 吴庄　吴店镇肖家湾村吴庄南 150 米。

76. 陈寨　罗岗镇潘岗村陈寨北 100 米。

77. 梅家湾　兴隆赵灵庙村梅家湾东 300 米。

78. 象弓河　新市镇赵庄村象弓河湾北。

79. 邬庄　梁集镇董岗村邬庄北 400 米。
80. 官府楼　北城街道办事处东园村官府楼西 100 米。

宜城市

81. 东棚　小河镇杨岗村东棚西 200 米。
82. 桑家营　小河镇高庄村桑家营北 60 米。
83. 高花楼　小河潭家湾村周家岗北 300 米。
84. 双坟　小河镇湖村北 1.3 公里。
85. 西杨家　小河镇尉营村西 400 米。
86. 团山寺　龙头街道办事处腊树村腊树园西 600 米。
87. 胡家湾　璞河镇五州村胡家湾西北 10 米。
88. 赵家岗　璞河镇王州村赵家岗东南。
89. 孙家岗　璞河镇石孙村孙郑岗东 100 米。
90. 南冈上　璞河镇护洲村南 500 米。
91. 关家屋场　刘猴镇红岗村北大屋场南 200 米。
92. 大坟场　朱市石灰村赵旗营西北 200 米
93. 袁家湾　朱市镇杨河村袁家湾南 100 米。
94. 屈家营　朱市镇曾庙村屈家营北。
95. 瓦碴子坡　雷河街道办事处七里村唐家湾东南 200 米。
96. 上刘家营　雷河街道办事处新集村上刘家营西。
97. 下岗　郑集镇余营村下岗南 240 米。
98. 西营　郑集镇双龙村西营西。
99. 熊家湾　南营乡土城村熊家湾西北。
100. 庙家岗　南营乡土城村肖家湾西 300 米。
101. 李家岗　上大堰王埇村李家岗北 400 米。
102. 沈家湾　雷河镇街道办事处七里村沈家湾北 250 米。
103. 张家坑　雷河镇街道办事处官堰村张家坑北。
104. 杨家台　朱市杨河村杨家台西南 400 米。
105. 朱家湾　小河新庙村郭家祠堂南 100 米。
106. 老鸹仓　小河镇胡湾村卢家湾北 400 米。
107. 周家岗　小河镇潭湾村周家岗南 150 米。
108. 窑坡　璞河镇郭海村。
109. 庙台子　璞河镇石孙村黄家岗南 400 米。
110. 赤湖岗　璞河镇赤湖村赤湖岗南 10 米。
111. 王家坪　李垱乡赵咀村王家坪西 300 米。
112. 杜家坡　郑集镇魏岗村杜家坡西 50 米。

113. 方家岗　刘猴镇长东村方家岗南。

大悟县

114. 土城　三里镇土城湾。

云梦县

115. 胡家岗　城关镇建新村胡家岗南 100 米。

116. 斋神堡　下羊店镇陈坝村东南 250 米。

117. 好石桥东城　义堂镇好石桥村南 70 米。

118. 龚寨　胡金店镇龚寨村。(以上第 115—118 见《考古》1987 年第 2 期)

应城市

119. 门板湾　城北街道办事处星光村门板湾，《江汉考古》1980 年第 2 期，1989 年第 2 期，1991 年第 1 期；《考古》1986 年第 7 期；《中国文物报》1999 年 4 月 4 日。

120. 苏家台　长江埠街道办事处三里村苏家台北 10 米。

121. 花园坡　长江埠街道办事处三里村北 300 米。

122. 泗龙河　汤池镇方集村西陶家湾北，《考古》1990 年第 11 期。

123. 董井湾　杨岭镇董井村西南 800 米。

124. 塔地　杨岭镇吴集村南 800 米。

125. 罗家湾　杨河镇大堰村罗家湾北 10 米。

126. 啥子地　陈河镇余祠村西 30 米。

127. 肖家坟　巡检镇巡检村肖家坟湾 20 米。

128. 台子周　巡检镇周岗村台子周湾 20 米。

129. 保丰　四里棚街道办事处保丰村北 500 米。

130. 何家山　三合镇周杨村北 500 米。

131. 老虎台　黄滩镇木行村北 70 米，《江汉考古》1989 年第 2 期。

132. 大墩子　城北街道办事处孙堰村史家畈湾北 300 米。

133. 鹰嘴岩　巡检镇巡检村西南 800 米。

134. 乱葬岗　巡检镇肖廖村廖家巷北 100 米。

135. 么儿山　巡检镇磨盘村东 300 米。

136. 张家台　三合镇两河村南 200 米。

安陆市

137. 熊家嘴　双河镇曹岗何家湾北 400 米。

138. 瓦子地　双河镇白鹤村张家湾西 400 米。

139. 余家岗　洑水镇洑水港村余家港湾，《考古》1986 年第 7 期；《江汉考古》1993 年第 4 期。

140. 汤家寨　赵棚镇河西杨村汤家寨湾。

141. 解放山　府城街道办事处河西村东 200 米，《江汉考古》1993 年第 4 期。

142. 朱家湾　北城街道办事处何岗村王家湾东 50 米。

143. 张家畈　木梓乡天然村北 800 米。

144. 神墩　桑树乡周胡村南。

145. 庙墩　北城街道办事处张巷村付家湾北 50 米，《江汉考古》1993 年第 4 期。

146. 牌楼　辛榨乡牌楼村。

147. 四股台　王义贞店镇汝南村四股台湾南 100 米。

148. 女儿台　双河镇刘坡村刘坡湾，《考古》1993 年第 6 期。

广水市

149. 梧桐湾　陈巷镇梧桐村西 360 米。

150. 鸦雀湾　长岭镇李家大桥村鸦雀湾东南 600 米。

151. 熊家河　太平乡东红村熊家河湾。

152. 墩子畈　李店乡群兴村纯武湾南 30 米。

153. 柏树巷　蔡河镇柏树巷子村柏树巷子湾北 50 米。

154. 西边畈　杨寨镇刘畈村南 250 米。

155. 墩子山　杨寨镇仁寨村吴家湾北 50 米。

156. 榨屋山　城郊乡吴家榨村榨屋山，《考古》1995 年第 2 期。

157. 吴家店　吴家店镇南 50 米，《考古》1995 年第 2 期。

158. 匡家湾　郝店镇金朱村匡家湾南 50 米。

159. 冷皮垭　三里岗镇革家畈村冷皮垭，《江汉考古》1985 年第 2 期。

160. 西花园　淅河镇蒋家寨村西花园西，《江汉考古》1984 年第 3 期；《西花园与庙台子》，武汉大学出版社 1993 年版。

161. 瞿家湾　淅河镇大庙村瞿家湾东南 400 米。

162. 小跃武台　洪山镇寺山村小跃武台东 150 米。

163. 寺山坡　洪山镇寺山村小跃武台东南 400 米。

164. 桃园　均川镇包家巷村包家巷湾南 350 米。

165. 周家古城　府河镇孔家畈村周家古城东 200 米，《江汉考古》1995 年第 4 期。

166. 周家湾　南郊街道办事处擂鼓墩村周家湾西 50 米。

167. 李家大湾　唐县镇群联村李家大湾北 100 米。

168. 高台　吴山镇联宏村东 450 米。

169. 王店　何店镇王店村西。

170. 二河山　双河镇周家湾村沈家湾北 150 米。

171. 红毛寨　双河镇郭集村红毛寨东 10 米。

172. 郭集　双河镇郭集村小寨湾北 100 米。

173. 珍珠台　新街镇杨家河村白鹤湾西南 10 米。

174. 曹家庙　新街姚庙村曹家西湾南 50 米

175. 苏家糟坊　新街镇苏家湾村。

176. 庙台子　淅河镇蒋家寨村张家湾东，《江汉考古》1993 年第 2 期；《西花园与庙台子》，武汉大学出版社 1993 年版。

177. 长堰胡　厉山镇古城村长堰湖湾西北 50 米，《江汉考古》1995 年第 4 期。

178. 庙儿台　均川镇珍珠庙村西 400 米。

179. 潭坡　安居镇范家岗村刘家垱沟西 50 米。

180. 赵家庙　新街镇胡堂村赵家庙，《江汉考古》1985 年第 2 期。

181. 熊家集　淮河镇东红村熊湾东北 150 米，《江汉考古》1985 年第 2 期。

182. 窑湾　唐河镇肖畈村窑湾西北，《考古》1959 年第 11 期；《江汉考古》1995 年第 4 期。

183. 黄家湾　安居镇和睦村黄家湾西南。

184. 王家店　涢阳乡涢阳村西 150 米。

185. 陈家岩　均川镇陈家岩村陈家岩西北。

186. 刘家台　均川镇宋畈村。

187. 黄土岗　均川镇架氏祠村贺家畈西 200 米。

188. 大碑店　澴潭镇大碑店村。

郧县

189. 青龙泉　郧县老城区东 5 公里。

190. 大寺　郧县城西约 10 公里。

邓州市

191. 八里岗　邓州东郊白庄八里岗（邓州市东约 3 公里处）。

麻城市

192. 栗山岗　麻城松鹤乡（南距麻城城关 2.5 公里）。以上第 189—192 见郭立新《石家河文化的空间分布》，《南方文物》2000 年第 1 期。

天门市

193. 石家河　石家河镇（今石河镇）北，东南距天门县城约 15 公里。

钟祥市

194. 六合

房县

195. 七里河　房县县城西 3.5 公里的二级台地。

均县

196. 乱石滩　均县城东 7.5 公里的汉江北岸香炉碗小山南麓缓坡上。见中国社会科学院考古研究所长江工作队《湖北均县乱石滩遗址发掘报告》，《考古》1986 年第 7 期。

孝感市

197. 碧公台　孝感市龙店乡启安村，见湖北省 1992 年文物保护单位。

陕南东部

198. 商南过分楼　商洛地区考古调查组《丹江上游考古调查简报》，《考古与文物》1981 年第 3 期。

淅川县

199. 下王岗　见河南省博物馆、长办考古队河南分队《河南淅川下王岗遗址的试掘》，《文物》1972 年第 10 期。

200. 下集　原长办考古队河南分队《淅川下集新石器时代遗址发掘报告》，《中原文物》1989 年第 1 期。

201. 黄楝树　长江流域办公室考古队河南分队：《河南淅川黄楝树遗址发掘报告》，《华夏考古》1990 年第 3 期。

202. 唐河寨茨岗　河南省文化局文物工作队：《河南唐河寨茨岗新石器时代遗址》，《考古》1963 年第 12 期。

203. 唐河影坑　樊力：《论石家河文化青龙泉三期类型》，《考古与文物》1999 年第 4 期。

204. 新野凤凰山。

205. 新野西高营。

206. 新野翟官坟。

207. 新野（邓）禹台。

208. 桐柏闵岗　北京大学考古系、南阳地区文化局：《1991 年唐白河流域及淮源史前遗址的考古调查》，《江汉考古》1996 年第 2 期。

209. 泌阳三所楼

210. 泌阳荆树坟　河南省文化局文物工作队：《河南泌阳板桥新石器时代遗址的调查和试掘》，《考古》1965 年第 9 期。

211. 驻马店杨庄　北京大学考古系、驻马店文物保护管理所：《驻马店杨庄——中全新世淮河上游的文化遗存与环境信息》，科学出版社 1998 年版。

212. 汝南詹庄　在南余店詹庄。

213. 遂平马台寺。

214. 遂平唐岗。以上从第 198 开始，未注明出处者，均据樊力《论石家河文化青龙泉三期类型》，《考古与文物》1999 年第 5 期。

以上所有考古遗址或遗存，凡未注明出处者，均据《中国文物地图集——河南分册》、《中国文物地图集——湖北分册》。

原载于《江汉考古》2007 年第 2 期

补记：原文发表时，限于篇幅，未能将地图一、二所标考古学文化遗址的名称与出处列出，今补出，以便查考。

2013 年 2 月 21 日

作者

论郑州商城内城和外郭城的关系

袁广阔　曾晓敏

郑州商城外城的发现早于内城，1953年秋，郑州市文物工作组在发掘二里岗商代遗址和战国墓群时，发现了一段夯土墙，通过考古钻探和发掘，得知只是一段呈东北——西南向的夯土墙基遗址，推测这段夯土墙基的时代可能属于商代二里岗期。[①] 1955年，郑州商城内城被发现，该城面积较大，夯土城垣周长近7公里。[②] 此时，学术界的研究重点主要集中在内城的年代、性质等方面的研究上。近年来，随着新的考古发现的增加，特别是1996年国家重大科研项目"夏商周断代工程"启动以后，笔者参加了商前期课题的研究工作，除了能认真观察二里岗文化在偃师、郑州的陶器外，还比较详细地、反复地对郑州商城内、外郭城墙夯土内的包含物进行了考察，同时又对内城宫殿区出土的洛达庙时期的大量遗物进行了整理，产生了外郭城为一周的想法。通过查阅20世纪50年代以来的钻探、考古发掘资料，访问当年参加商城钻探和发掘的一些老同志，结合全面细致的整理和分析商城的资料，并对郑州商城的外郭城进行了考古钻探[③]等一系列工作，我们认为郑州商城是一座拥有宫城、内城和外郭城的规模庞大的城址。

一　商城外围的地理形势

从古代遗址、古墓葬的分布状况看，商城外围的地势是西部、北部、南部较高。仰韶文化时期商城西北分布的遗址有中原路林山寨遗址，龙山文化时期有西北有火车站[④]、二七塔[⑤]、南阳路[⑥]、工学院遗址[⑦]，南有二里岗龙山遗址[⑧]。此外，外郭城南二

---

① 河南省文化局文物工作队：《郑州二里岗》，科学出版社1959年版。

② 河南省文物考古研究所：《郑州商城》，文物出版社2001年版。

③ 河南省文物考古研究所：《郑州商城外郭的调查与试掘》，《考古》2004年第3期。

④ 河南省文物考古研究所资料。

⑤ 河南省文物考古研究所：《郑州二七路新发现三座商代墓》，《文物》1983年第3期。

⑥ 郑州市文物考古研究所资料。

⑦ 同上。

⑧ 河南省文物考古研究所：《郑州商城》，文物出版社2001年版。

里岗陇海铁路以南发现战国墓群[①]，西北郊的岗杜一带也发现战国墓群[②]，这两个高地因位于郭城外，无商代遗存。依据我们的调查和试掘，可知郑州商城外围的地势是西部、南部较高。现在郑州市的地形表明，商城东南部的二里岗、凤凰台、二七塔、岗杜一带的地势稍高，为海拔86米，这里商代文化层在距离地表0.5—1米可以见到。钻探和考古发掘表明，郭城内东南一带地势较高，如近年的发掘在河南省电机厂、郑州毛巾被厂、郑州皮鞋厂等地[③]都发现较丰富的商代文化层，而商城本身以及东面的白家庄、北部的黄河路一带海拔高度为85米，东部地势明显变低是在今107国道以东，海拔高度为84米。通过考古钻探，得知外郭城在北部健康路以东地区商代文化层在距离地表4.5—5米，花园路以东文化层可能更深，东墙中北段郑州棉麻厂院内曾经是一处湖泊，探出地青灰色淤泥13米仍然没有到底[④]。关于郑州东部的湖泊问题，古代文献早有记载，如《诗·小雅·车攻》载："东有蒲草"，蒲草即浦田之草。在郑州商城的东面蒲田一带，郑州棉麻厂院内探明的湖泊在商代是否属于浦田泽，我们已无法知道，但商城东外郭城的东端凤凰台一带在清代还有湖泊，名曰"城湖"。清乾隆《郑州志》记载："城湖即濮射陂也，在州东五里堡南，广可十余顷，水光如鉴，前对凤凰台。北魏以此赐濮射李冲因名。"由此向东，《郑州志》记载的还有"梁家湖"、"螺蛳湖"等。依据我们考古钻探再结合古代文献记载，可知郑州商城东部商代存在大面积的水域。

二　外郭城内文化层的分布与外郭城墙

20世纪80年代以来，围绕商城内城考古工作开展较多。如二里岗、南关外遗址及铸铜遗址[⑤]、烟厂墓地[⑥]，以及货栈街、客运公司、河南省商业储运公司、河南省木材公司、火车东站、河南省客运公司、郑州服装总厂、郑州十五中、紫荆山南路等地[⑦]的发掘，表明南部大面积地区的文化层同东南部河南省电机厂、郑州毛巾被厂、郑州皮鞋厂等地的商代文化层已经连为一个整体。在西南二七纪念塔、德化街、火车站三德里、银基商贸城[⑧]、振兴商场等地[⑨]的钻探和发掘，表明这一带的商文化层也可连为一体。西北部的杜岭街、黄泛区园艺场、人民公园、金博大商场、大石桥、九州城等地

---

① 河南省文化局文物工作队：《郑州二里岗》，科学出版社1959年版。

② 同上。

③ 郑州市文物考古研究所资料。

④ 河南省文物考古研究所：《郑州商城外郭的调查与试掘》，《考古》2004年第3期。

⑤ 河南省文物考古研究所：《郑州商城》，文物出版社2001年版。

⑥ 河南省文化局文物工作队：《郑州二里岗》，科学出版社1959年版。

⑦ 河南省文物考古研究所资料。

⑧ 郑州市文物研究所：《郑州市银基商贸城商代外夯土墙基发掘简报》，《华夏考古》200　年第4期。

⑨ 河南省文物考古研究所钻探公司调查资料。

点[①]的发掘，也表明这一带的商代文化层是连为一体的。北部紫荆山铸铜遗址、制骨作坊、河南省电信局、河南省政协经五路河南省保险公司、经五路第八中学、省委大院、纬三路省委家属院[②]、军区幼儿园[③]等地的发掘，以及我们在经五路西部钻探的商代文化层，同与其平行的经六路、经七路钻探发现的商代文化层是连为一体的。西北经七路的以西地区考古发掘的地点有经八路的河医二附院[④]、文化路河南省二轻厅、河南省豫剧三团[⑤]、河南省图书馆[⑥]、郑州市儿童医院南[⑦]，这些地点的商文化层与我们在健康路、东三街进行的考古钻发现的商代文化层也是连为一片的。商城内东、西、南、北四面的考古发掘证明，这里都有丰富的文化层，一般厚达0.5—2米。历经数千年的破坏，至今仍有大面积文化层和遗迹的发现，说明当时堆积之丰厚，文化之发达。这些文化层均分布于内城以外1100多米之内，西、南、北三面文化层边缘的堆积情况一致，但北部在文化层北部边缘地势陡然变低，深度都在6米以上，尔后出现淤土，结合经五路发现的夯土和城河的状况，我们推测北部也存在外郭城墙。考古发掘的面积有限，内外城之间大量的遗迹，如墓地、青铜器祭祀坑、制铜、制陶作坊，至今尚未发掘。商城内城外四面发现的重要遗迹表明，当时不仅只是南部有，北部、西部都应该有外城墙。依据上述地势以及文化层的分布，可知郑州商城外郭城的南部、西部和东北部的地势较高，这里都有郭城墙；北部外城墙向东的长度目前不清楚，通过考古钻探资料，推测很可能在紫荆山制骨作坊以北，即在现在的纬三路向北约100米处；已发现西墙的长度有1600多米，根据其向西北延伸的走势，最宽处可到铭功路西部的制陶作坊，向北应到达东三街北的儿童医院；东部为湖泊，凤凰台为其最东界，向北经玻璃厂、皮鞋厂至城北路，距内城东墙外约200米向北经白家庄、司家庄。西、南、北三面外墙与内城的距离最宽处为1100米左右。郑州商城的防御体系是通过城墙和护城河与东部湖泊内的大面积水域构成的，我们推测郑州商城的面积约13平方公里。

三　外郭城与内城的关系

外郭城墙基的筑法是在夯土墙的下面先挖一口部略宽于底部、深达1—1.8米的基础槽，然后夯筑地上部分的墙体，而内城是平地起建的，四面城墙没有真正的基槽，二者不同点可以说明，外墙兴建时的所考虑的坚固程度要远远大于内城。目前外郭墙

---

① 郑州市文物考古研究所资料。

② 同上。

③ 同上。

④ 郑州市文物工作队：《河医二院等处商代外夯遗址发掘简报》，《中原文物》1986年第4期。

⑤ 河南省文物考古研究所资料。

⑥ 河南省文物考古研究所：《郑州商城外郭的调查与试掘》，《考古》2004年第3期。

⑦ 郑州市文物考古研究所资料。

基长度已达6000余米，而内城总长度不足7000米。外郭城墙的走向是围绕内城依照地势而设计，防御的性质十分明显；而内城内部保护均为宫殿，因此规划的比较规整。二者的关系应该是唇齿相依，相辅相成的。

近年来的考古资料表明，内城内的宫殿基址不仅仅分布在东北部，此外在商城路、东西大街、红旗大楼、河南省电力技校都发现有夯土基址①，这些表明内城内主要为宫殿区。除宫殿基址外，城内还发现有宫城墙、大型壕沟、规模宏大的蓄水池、排水沟、大型夯土水井等②。从这些夯土基址的规模以及宏大的蓄水池等设施，我们可以知道内城是当时统治阶级生活的主要场所。

外郭城内则不同，主要为手工业作坊和墓地、祭祀坑等遗迹。如在南墙内有南关外铸铜作坊遗址，二里岗一带发现当时12处祭祀坑，在郑州烟厂发现墓葬区1处；北墙内也有紫荆山制骨遗址；在内城西墙外有人民公园墓葬区，在顺城街、杜岭街有青铜器祭祀坑、制陶作坊；外郭城东南部有向阳食品厂青铜器祭祀坑、东南部的杨庄墓葬区；在东北部有白家庄墓地等。

内城与城外的商代文化层紧密相连，表明它们为一个整体，但二者功用有所不同。

四　郑州商城内外城的始建年代

(一) 内城的年代

关于郑州商城内城的年代，学术界主要有三种观点：一种认为始建于二里岗下层二期③，一种认为始建于二里岗下层一期早段④，一种认为始建于南关外期⑤。要研究郑州商城的年代问题，就必须弄清楚城墙和城内宫殿的地层叠压关系。为此，发掘者在郑州商城四面城墙上开挖了22条探沟，其中在12条探沟中发现有商代二里岗下层文化层，呈倾斜状覆盖在商代城墙内侧下部的夯土层上，上部堆积薄，向下则堆积加厚，并和城内分布的同时期文化层相连。下面我们根据城墙解剖的情况，来分析郑州商城城墙的年代。

1. 郑州商城直接叠压洛达庙文化

《郑州商城》报告中指出，在5条探沟内的夯土城墙下面，压有洛达庙文化的文化层、灰沟和窖穴，压有商代早期南关外期的文化层、壕沟和窖穴，压有龙山文化层。

这些洛达庙文化地层单位内主要出土的陶器有花边口沿的圆腹罐，刻槽盆，深腹盆，甑、大口尊、大口缸、深腹罐等，南墙CST4中的大口尊的形制与商城内青年公

---

① 河南省文物考古研究所资料。

② 河南省文物考古研究所：《郑州商城》，文物出版社2001年版。

③ 安金槐：《郑州商代城址及其相关问题》，《安金槐考古文集》，中州古籍出版社1999年版。

④ 杨育彬、孙广清：《郑州商城的考古学研究》，《河南考古探索》，中州古籍出版社2002年版。

⑤ 陈旭：《郑州商城宫殿基址的年代及其相关问题》，《中原文物》1985年第2期。

寓洛达庙二期文化的同类器一致。圆腹罐、刻槽盆、深腹盆等器物的形体纹饰特征都与青年公寓洛达庙一期文化的同类器一致[①]。因此，压在夯土城墙下面洛达庙文化的文化层，不会晚于商城内青年公寓洛达庙二期文化的年代，即此时郑州商城还没有兴建。

至于《郑州商城》发掘报告中所提到的2条探沟内发现商代夯土城墙的下面，压有商代二里岗期下层文化的小沟的年代，我们认为可能为青年公寓洛达庙二期。这是由于商城内洛达庙二期已蕴藏有少量的二里岗期下层文化因素，近年的考古发掘资料可以证明，二里岗期下层文化主要来源于商城内的洛达庙文化。商城的发掘是在20世纪70年代初期进行的，当时学术界还有郑州商城是否为商代城址有疑问，因此发掘者的主要目的是证明它为商城。虽然商代夯土城墙下小沟中出土的陶片中有接近二里岗期下层同类器，但将其定为二里岗期下层时期是很自然的，事实上青年公寓洛达庙一、二期文化中的鬲、深腹罐等纹饰、质地与二里岗期下层同类器物十分接近。

2. 内城墙夯土内的包含物

在已发掘的23条探沟内，商代早期夯土墙中，夯土层内夹杂的陶片多呈灰色、褐色；可辨器型有花边罐、深腹罐、卷沿鬲、三足盘、短颈大口尊、平底盆等；器表纹饰有篮纹、方格纹、附加堆纹和划纹，绳纹等。这些陶片一部分是属于龙山文化，另一部分属于洛达庙文化期的。其中的细绳纹鬲因纹饰与二里岗期的同类器接近，故同城墙下面压的小沟一样都被误认为二里岗期。近年来，郑州商城城墙的主要发掘者也认为城墙的始建年代可早到二里岗下层一期偏晚阶段，这表明发掘者对城墙内二里岗下层二期陶片的年代已有新的认识[②]。

3. 郑州商城被直接叠压的情况

在北墙C8T27中，直接叠压城墙内侧的地层是第3层，平均厚度约80厘米。时代为二里岗期下层文化，其内出土大量陶器、石器、骨器和蚌器。

在南墙CST3、T4中，直接叠压城墙内侧的地层是第3层，厚度为10—50厘米。该层下还有一长方形灰坑，坑及文化层的时代为二里岗期下层文化，其内出土陶器、石器、骨器。

在东墙CET7中，直接叠压城墙内侧的地层是第4中、下层，厚度为25—110厘米。该层的时代为二里岗期下层文化，其内出土较多陶器、石器和骨器。

在西墙CWT5中，直接叠压城墙内侧的地层是第4层，厚度约80厘米。该层被二里岗期下层的灰坑（H1）打破。坑内出土大量陶片。

在10条探沟内，分别发现有5座商代二里岗期下层土坑墓直接或间接打破城墙，在5条探沟内的商代城墙内侧的二里岗期文化层中，发现9个商代二里岗下层的窖穴

---

① 河南省文物研究所：《郑州黄委会青年公寓考古发掘报告》，《郑州商城考古新发现与研究》，中州古籍出版社1993年版。

② 杨育彬：《郑州商城的考古学研究》，《河南考古探索》，中州古籍出版社2002年版。

直接或间接地压着商代城墙夯土层。①

从东、西、南、北四面城墙的发掘资料中可知，二里岗期下层文化层普遍直接叠压城墙内侧，其厚度在 80 厘米左右，这些文化层内出土一定数量陶片及石、骨、蚌器，有的地层内还有完整器物出土。在西墙 CWT5 中，直接叠压城墙内侧的地层又被二里岗期下层的灰坑（H1）打破。由此可知，直接叠压城墙内侧的地层不是一次短时间的，当地层形成之后，二里岗期下层的人们仍然在这里活动了一定时间。另外，通过对打破城墙内侧地层墓葬、灰坑的出土物来分析，得知叠压城墙的遗迹单位早期的鬲为卷沿，细绳纹；中期的鬲沿部微折，绳纹变粗；晚期的鬲口沿起棱，绳纹更粗。这表明夯土城墙筑成后，形成的叠压它的二里岗下层堆积时代比较长，而城墙的时代要早于学术界所认识的商代二里岗期下层的整个的年代。

4. 宫殿的地层关系

1998 年在东里路发掘的宫殿地层关系表明，二里岗下层的基址下仍有多层夯土基址。如 F1 为二里岗下层二期建筑，它向下打破 F3，F3 下面又叠压着 F4，F4 下面才是洛达庙时期的灰坑，灰坑内出土的陶片的同青年公寓洛洛庙期的陶器特征一致②。由此可见，宫殿的兴建和废弃至少已经历三次。宫殿同内城的情况基本一致，再次证明内城和宫殿都是在二里岗下层之前兴建。因此，从内城普遍存在洛大庙文化层的状况，结合城墙和宫殿被二里岗下层一期文化叠压的事实，我们认为内城兴建年代可能接近洛大庙期。

（二）关于外郭城的始建年代

比较内外城墙的夯土，可知二者的夯窝筑法、形制、大小基本相同。

从已发现的几段外郭城夯土墙基的夯土层包含的少量陶片特征看，它们基本上与郑州商城夯土城墙的夯土层内出土的陶片类同，都有少量龙山晚期陶片和较多洛达庙期陶片。

至于为什么郑州商城内城夯土城墙的夯土层内包含有较多的洛达庙期陶片，而郭城的夯土层较少发现洛达庙期的陶片，这可能与郑州商城内存在有洛达庙期遗址，而郭城附近没有或很少有洛达庙期遗址有关。但二者夯土层内包含的最晚的陶片，就目前已发掘的资料看，都是属于洛达庙期的。内、外城内侧均发现大量二里岗文化层，如二里岗遗址可以延伸到外城墙边，但外城墙夯土内却没有这一期的陶片，这也反过来证明此时城墙已经建成。

护城河中出土的二里岗下层陶片，可以证明该河在二里岗下层陶片石器以前就存在。③

关于郑州商城始建年代的证据，我们可以从其他遗物的信息中得出。如二里岗的

① 河南省文物考古研究所：《郑州商城》，文物出版社 2001 年版。

② 河南省文物考古研究所：《郑州商城北大街商代宫殿遗址的发掘与研究》，《文物》2002 年第 3 期。

③ 河南省文物考古研究所：《郑州商城宫殿区夯土墙 1998 年的发掘》，《考古》2000 年第 2 期。

H9，南距外城墙约 80 米，坑内有大量夹砂粗红陶缸残片。《郑州二里岗》报告中指出："当发掘 T5 时，发现 H9 粗砂陶缸较多。随向南开了 T12，又发现 H10，发现这类陶器也就更多，这类陶器在其他灰层和灰坑中是很少的，而在这 51 平方米范围之内，就这样集中呢？显然有着它特殊的意义。"我们不难想象，发掘面积扩大时会出土更多的夹粗砂陶缸。[①] 邹衡先生对夹砂粗陶缸片做过统计，说至少有 400 个个体。郑州地区小双桥遗址也出土这种夹砂红褐陶大口，深腹、厚胎，底部多带有小圈足或圆饼状足的缸，可以说该遗址的宫殿区内多数的祭祀坑和所有的商代地层中都出土有夹砂厚胎缸片，另外伴出的还有铜炼炉、铜炼渣、孔雀石块等。小双桥的夹砂厚胎缸分大型和小型两类，两类缸的口沿下都有朱书文字的现象[②]。从伴出物来分析，这些夹砂厚胎缸一般形体较大，陶胎较厚，并非一般百姓日常使用之物，加之有些的口沿下朱书文字，我们认为这应该与当时宫殿区的祭祀有关，而且极可能与从事冶铜的祭祀活动有关。二里岗遗址发掘区的东部，也出土大量的夹砂粗红陶缸片，说明它们早已在这里被使用，由此推断该地区也应当存在冶铜或祭祀遗迹。这些缸不是一般平民使用的，它应与王室的祭祀活动有关，这也从一个侧面说明，外城墙的时代都应早于或相当于商代二里岗期下层 H9 所在的时期。

另一个信息是南关外发现的那条沟。该沟长为 36 米，为东南—西北向，两端未到边，沟西有一方形水池。该沟可能为南关外铸铜作坊的东部边缘，因为该作坊南部也有一条东西向的沟，二者的深度一致，可能均为作坊的防御设施。南关外沟内出土的形制特殊的爵、斝、鬲式鼎等构成南关外文化的特色器物，并且均与盘龙城遗址早期的同类器一致[③]。此外，南关外发现的那条沟内还出土有印纹硬陶、原始瓷片[④]，这些来自南方的遗物在郑州商城是最早在这里出现的。郑州商城已经过 50 余年的考古发掘，文化面貌基本清楚。南关外文化只分布在南关铸铜遗址附近，这是因为该遗址在商城早期已经被使用，而商代初年都城的铸铜技术或同盘龙城铸铜、运输的密切联系有关。因此，商城外城在南关外的沟存在之前也已建成。南关外铸铜遗址本身的地层分二里岗上、下两层，下层又可以分为四个小层，其厚度在 0.4—2 米之间，可见最下层的年代与最上层的年代之间会有很长一段时间。铸铜遗址报告中发表的部分陶器如大口尊、鼎、圆腹罐、红褐陶罐的特征与洛达庙期的同类器很接近，年代至少是二里岗下层一期。关于铸铜遗址可早到南关外期，以前也有学者提出[⑤]。因此，我们从外郭城内南部、西部存在二里岗下层一期文化层的事实，认为外郭城的年代可能略晚于内城，其年代应接近或略早于二里岗下层一期 H9。

① 邹衡：《试论夏文化》，《夏商周考古论文集》，文物出版社 1980 年版。

② 河南省文物考古研究所：《1995 年郑州小双桥遗址的发掘》，《华夏考古》1996 年第 3 期。

③ 湖北省文物考古研究所：《盘龙城》，文物出版社 2001 年版。

④ 河南省博物馆：《郑州南关外商代遗址的发掘》，《考古学报》1973 年第 1 期。

⑤ 陈旭：《郑州商代铸铜遗址的年代及其相关问题》，《中原文物》1992 年第 3 期。

关于二里岗下层的绝对年代，近年来发表不少资料，如洛达庙晚期 VT155G3 兽骨的碳十四年代为公元前 1680—前 1670 年，公元前 1630—前 1540 年，郑州商城洛达庙遗存 T232H231 骨头的碳十四年代为公元前 1740—前 1630 年，T231H230 为公元前 1690—前 1610 年，T155G3 为公元前 1640—前 1605 年，T232H233 木炭为公元前 1640—前 1605 年，二里岗下层一期 T166G2 兽骨碳十四年代为公元前 1580—前 1490 年，T323 夯土出土木炭为公元前 1600—前 1540 年，公元前 1600—前 1525 年，C1H9 卜骨为公元前 1600—前 1530 年，C1H9 骨匕为公元前 1600—前 1530 年，T166G2 骨头为公元前 1600—前 1540 年[①]。郑州商城洛达庙遗存的碳十四测年为公元前 1670—前 1640 年，二里岗下层一期为公元前 1600 年。而目前的情况看，商城应始建于二里岗下层之前，因此郑州商城应建于公元前 1640—前 1600 年之间。

五 结语

从内城普遍存在洛达庙文化层的状况，以及城墙和宫殿被二里岗下层一期文化叠压的事实，我们认为内城兴建年代可能接近洛达庙期。依据郭城内南部、西部存在二里岗下层一期文化层的事实，以及内城为平地起建、外郭城为挖有较深基槽的建筑方法的不同，结合洛达庙文化层普遍存在于内城的状况，我们认为郭城的年代可能略晚于内城，其年代应接近或略早于二里岗下层一期，也就是说外郭城是在内城发展的基础上建立的。从已经发表的碳十四测年推测郑州商城应建于公元前 1640—1600 年之间。

《吴越春秋》云："鲧筑城以卫君，造郭以守民。"目前，历史、考古学界都承认夏商时期出现了城，但一般认为郭城是在东周才出现，郑州商城外郭城的发现，表明商代是存在郭城的。郑州商城外郭城的确定，使郑州商城为商代早期都城进一步得到明确。目前发现的规模较大的商城主要有：安阳花园庄洹北商城，总面积为 4.7 平方公里；偃师商城的面积不足 2 平方公里。郑州商城与偃师商城相比，二者为同时期的商城，但郑州商城内城的面积不足 3 平方公里，但加上外郭城总面积约 13 平方公里。郑州商城外郭城是中国目前最早具有郭城的都城城址，它证明了《吴越春秋》的记载是可信的，同时也为其他商城寻找郭城提供了依据。

原载于《考古》2004 年第 3 期

① 夏商周断代工程专家组：《夏商周断代工程 1996—2000 年阶段成果报告》，世界图书出版公司 2000 年版。

山西绛县横水西周倗国大墓的相关历史地理问题*

马保春

《中国文物报》2005 年 12 月 7 日第一版首次详细报道了山西省绛县横水镇横北发现的西周大墓。随后，田建文、宋建忠、吉琨璋三先生联名发表了《横水墓地的发现与晋文化研究》一文，该文讨论了横水墓地对于研究晋国疆域发展的意义、倗国的族属姓氏、倗国与古曲沃的关系等三个方面的问题[①]，拉开了对绛县横水西周大墓研究的序幕。2005 年 12 月 30 日，李学勤先生在《中国文物报》上发表了题为《绛县横北村大墓与鄘国》的文章，认为“从倗伯及其夫人大墓的规模看，显然具有国君身份。这个倗国，我以为就是文献中的鄘国”[②]。

2006 年 8 月，《山西绛县横水西周墓发掘简报》（下省称《简报》）一文在《文物》上刊发。据介绍，自 2004 年秋以来，绛县横水镇一带发现了多座大、中型墓。从 2004 年 12 月 19 日至 2005 年 7 月，相关文物考古部门对北距绛山仅 5 公里的今山西绛县横水镇横北村北带墓道的 M1、M2、M3 进行了正式考古发掘。《简报》根据 M1、M2 的墓葬形制、出土器物组合及青铜器铭文等方面的信息，认为“这两座墓葬（M1、M2，引者）的年代应为西周中期的穆王时期或略晚”[③]。

关于墓主与国属，《简报》据两墓所出带铭青铜器，认为：“M2 是倗伯之墓，M1 是其夫人。倗国不见于史籍。”紧接着，吉琨璋、宋建忠、田建文三位先生又发表了《山西横水西周墓地研究三题》，从荒帷、倗伯及倗国、西周时期的王畿范围等三个方面讨论了绛县倗伯墓地对历史研究的价值[④]。

从地理位置看，除了倗国本身的地理问题外，这一墓区还关涉晋国都邑——曲沃之地望、晋初封地范围及早期疆域状况、晋国早期民族关系等问题，对于这些论题，

---

* 国家自然科学基金项目（40271031）；北京市哲学社会科学“十一五”规划项目（06BdLS010）。

① 田建文、宋建忠、吉琨璋：《横水墓地的发现与晋文化研究》，《中国文物报》2005 年 12 月 16 日第 7 版。

② 李学勤：《绛县横北村大墓与鄘国》，《中国文物报》2005 年 12 月 30 日第 7 版。

③ 山西省考古研究所、运城市文物工作站、绛县文化局：《山西绛县横水西周墓发掘简报》，《文物》2006 年第 8 期。

④ 吉琨璋、宋建忠、田建文：《山西横水西周墓地研究三题》，《文物》2006 年第 8 期。

《横水墓地的发现与晋文化研究》和《山西横水西周墓地研究三题》两文已不同程度地均有涉及。今就上述相关问题试作补充，分述于下。

一　倗伯、倗国及倗氏族的地理问题

据《简报》，横水 M2 的墓主是倗伯，共出土鼎 3、簋 1、尊 1、觯 1、盉 1、爵 1、卣 1、甗 1、盘 1、甬钟 5 件，总数 16 件，其中 8 件有铭文。见于报道的带有“倗”字的有铭器是三件鼎（M2：57、M2：58、M2：103），其铭文分别是：

横北 M2：103 鼎铭拓片

（1）倗伯作毕姬隮鼎，其万年宝。M2：57 鼎铭。

（2）倗伯肇作隮鼎，其万年宝用享。M2：58 鼎铭。

（3）唯五月初吉。倗伯肇作宝鼎，其用享考于朕文考，其万年永用。M2：103 鼎铭

M1 的墓主是倗伯夫人，出土青铜礼乐器计鼎 5、簋 5、甗 1、鬲 1、盂 1、盘 2、盉 2、提梁壶 1、贯耳壶 1、觯 1、甬钟 5 件，凡 25 件，其中 8 件有铭文。报道有“倗”

字的有铭器为3件（M1：212、M1：199、M1：205）。三器铭文分别为：

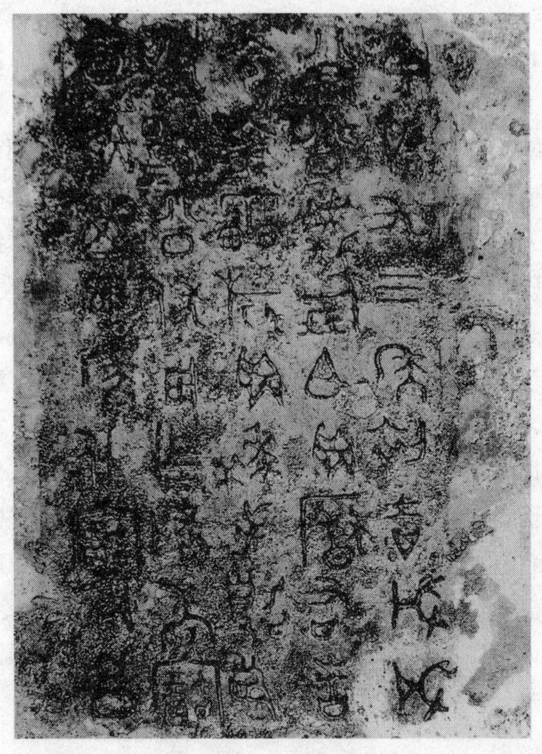

横北 M1：205 簋铭照片

（1）倗伯作毕姬宝旅鼎 M1：212 鼎铭。

（2）倗伯作毕姬宝旅簋 M1：199 簋铭。

（3）唯廿又三年，初吉戊戌。

益公蔑倗伯爯历右，告令金车、旅，爯拜手稽首，对扬公休，用作朕考宝[①]障。爯其万年永宝用享。M1：205 簋铭

由所出青铜器铭文看，M2、M1 为倗伯及其大人墓是没有问题的，所以这一墓区当是西周倗国的墓地。有关倗国，文献难检，似乎缺载，但是传世和出土的与倗国、倗氏相关的青铜器为数不少。如《山西横水西周墓地研究三题》一文所举倗丏鬲（《殷周金文集成》3·586）、倗仲鼎（《集成》4·2462）、倗伯簋（《集成》7·3847）、楚簋（《集成》8·4246—4249）、格伯簋（《集成》8·4262—4264，实8·4265亦是，引者）、望簋（《集成》8·4272）、倗卣（《集成》10·5366）、倗尊（《集成》11·5955）、真仲壶（《集成》12·6511）、冒鼎（《上海博物馆集刊》，第150—153页）、虎叔作倗姒簋（保利艺术博物馆藏，见《保利藏金》，第83—85页）、倗季鸟尊（保利艺术博物馆

① 《简报》释文漏“宝”字。

藏，见《人民日报（海外版）》2004 年 5 月 14 日第 4 版）、倗鼎（《天马—曲村（1980—1989）》）等。

这些作为人名、地名或国族名的“倗”组青铜器，大多是传世品，有几件是新近上海博物馆和保利艺术博物馆从海外追回的盗掘器，如冐鼎、虎叔作倗姒簋、倗季鸟尊[1]等。从“倗”组青铜器的时代看，从西周早期一直延续到西周晚期，说明倗国在西周时期可能一直存在或后来即使是从属于它国，但政治地位仍是相当高的。今在绛县横水发现倗伯及其夫人的墓葬，则西周倗国的地望就在于此。西周中期穆、恭之间[2]的冐鼎铭文云：“晋侯令冐追于倗，休又（有）禽（擒）”[3]，铭文中的“晋侯”据《晋世家》所载晋侯世系，可能是晋成侯或其前后，此时晋国仍然国小力弱，疆域并不广大，所以，铭文的“倗”地当是指倗国所在的地方。身在峨嵋岭（侯马盆地与运城盆地之间近北东东向的分水岭）以北浍河流域的晋侯，命令臣下冐追敌于“倗”，当是向南翻过峨嵋岭至于今绛县地区。

倗、剻同为《广韵》“等”部字，故可相通。而“倗”或作“傰”，《集韵·登韵》：“傰，姓也，前汉有南山群盗傰宗。”《汉书·王尊传》亦云：“会南山群盗傰宗等数百人为吏民害”。而《广韵·登韵》下有：“倗，姓。《汉书·王尊传》云：‘南山群盗倗宗等’。”可见“倗”、“傰”亦相通假。所以，《路史》卷二九《国名纪六》“剻”条下云：“剻，傰也。”如是，则有以下通假关系：

倗

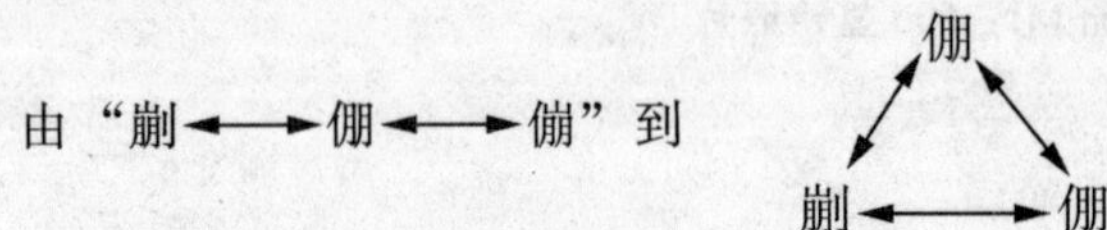

与“倗”相通的“剻”，在文献中看，可以作地名、古国名，这个时候，它又与“𨞏”相通。《集韵·尤部》：“𨞏，乡名。在沛城父，或作剻。”又《集韵·等韵》：“𨞏，国名，或作剻。”又《万姓统谱·拯韵》：“𨞏，𨞏伯絮之后，国在虞、芮之间。”又《万姓统谱·蒸韵》：“剻，剻伯綮之后。”则“剻”与“𨞏”相通。

“𨞏”字又可同“蒯”相假。《汉书·樊郦滕灌傅靳周传》载“更封緤为𨞏城侯”，服虔曰：“（𨞏）音菅蒯之蒯。”又《汉书·高惠高后文功臣表》作“𨞏成制侯”，而《史记·高祖功臣侯者年表》作“蒯成侯”。《说文·邑部》有𨞏字，许慎解为“右扶风鄠乡”。桂馥《义证》云：“𨞏，右扶风鄠乡者，通作蒯。”由此，“𨞏”、“蒯”相通假可

① 吉琨璋、宋建忠、田建文等先生认为，倗季鸟尊很可能是于 2004 年秋以前盗于横水墓地。见《山西横水西周墓地研究三题》，《文物》2006 年第 8 期。

② 马承源：《新获西周青铜器研究二则》，《上海博物馆集刊》第六期，上海古籍出版社 1992 年版，第 150—153 页。

③ 同上马承源先生释“倗”为“蒲”，谓：“蒲，即西周晋北疆的蒲……从地望看，蒲在晋的西北疆，若猃狁东侵，则首当要冲，此当是晋侯命击伐来犯之敌，追之于蒲地，赶出晋疆。”今在绛县横水发现了倗国大墓，此地北去晋都不远，则冐鼎铭文“倗”当即今横水镇一带较为妥当。

定。上引《万姓统谱·拯韵》云："（鄘）国在虞、芮之间。"虞国在今山西省平陆县北运城市、夏县一带，芮国在永济县、大荔县一带①，两国在中条山南北一线或附近，而今绛县横水镇虽不在两国之间，但位于它们的北部，位置很相近。所以"虞、芮之间"的鄘，很可能就是横水镇的倗国。

晋国有蒯姓大夫蒯得。《左传》文公八年："先克夺蒯得田于堇阴。"杜注："七年，晋御秦师于堇阴，以军事夺其田也。"则"堇阴"是蒯得的属地。鲁文公八年于晋为灵公时期，蒯得因其田被夺曾与当时失去提拔机会的晋卿箕郑父、先都、士縠、梁益耳合谋发动叛乱，事败后被杀，蒯得于《传》文不见有被提拔的迹象，且在《左传》文公九年记载被杀的"五大夫"中，位列最后，所以孔颖达正义云："《传》蒯得居下，知其以位次也。"知蒯氏在晋灵公时期政治地位并不显赫。

关于"堇阴"之地望，《左传》文公七年："先蔑将下军，先都佐之，步招御戎，戎津为右，及堇阴。"杜注："堇阴，晋地。"孔疏云："此时未至令狐，令狐犹是晋地，知堇阴亦是晋地也。"杨伯峻先生认为："堇音谨，一音靳。堇阴，晋地，当在今山西省临猗县东，与令狐相距不甚远。"② 令狐在今临猗县嵋阳乡东北的令狐村一带③。则堇阴更在今临猗县东北。这个地理方位似乎和位于绛县横水的倗伯大墓可相联系，因为绛县横水正位于今临猗县的东北方位。倗国与峨嵋岭北的早期晋国一山之隔，至迟在晋献公灭虞、芮之前，倗国灭于晋国，倗氏成为了晋国的大夫，在文献中作"蒯"、"鄘"等，其拥有离早期倗国故地不远的"堇阴"之地就很容易理解了。

《殷周金文集成引得》将铭文为"[illegible]"、"[illegible]"、"[illegible]"或"[illegible]"的商代至西周早期的青铜器族徽径释为"倗"④。照此，商代带"倗"字族徽的青铜器有《集成》4·1838倗舟父丁鼎、《集成》6·3068辛倗簋、《集成》10·4842倗舟卣、《集成》11·6189倗舟觯、《集成》12·7037倗舟觚、《集成》12·7038倗舟觚、《集成》12·3039倗舟觚、《集成》13·7384倗爵、《集成》13·7385倗舟爵、《集成》13·7789亚倗爵、《集成》14·8840爵倗祖丁爵、《集成》15·9478亚倗壶、《集成》16·10039倗父乙盘、《集成》17·10838亚倗戈、《集成》18·11449倗舟矛等。

带"倗"字的商末周初的徽号铜铭有《集成》4·1510倗祖丁鼎、《集成》11·5683倗兄丁尊、《集成》13·8165倗舟◇爵、《集成》14·8604倗父辛爵、《集成》15·9350

---

① （汉）司马迁：《史记·周本纪》"于是虞、芮之人有狱不能决"下"集解"、"正义"，中华书局1959年版，第117页。

（清）陈鹏：《春秋国郡爵姓考正补》，见《丛书集成初编》3479，中华书局1991年版，第2页。

② 杨伯峻：《春秋左传注》，中华书局1990年版，第560页。见《山西横水西周墓地研究三题》，《文物》2006年第8期。

③ 《左传》文公七年："戊子，败秦师于令狐，至于刳首。"杜注："令狐在河东，当于刳首相接。"《路史》卷二八《国名纪五》有"令狐"，其下云："魏颗邑，晋惠公济河，围令狐，今猗氏西十五有故令狐城。"宋猗氏县治乃今山西省临猗县城，其西有嵋阳乡，该乡东北有令狐自然村，东去临猗县城不足十五里。

④ 张亚初编著：《殷周金文集成引得》，中华书局2001年版，第261—262页。

倗父丁盉等。

西周早期的“倗”字族徽铸铭有：《集成》4·1592倗父丁鼎（负贝父丁鼎）、《集成》6·3214倗父癸簋、《集成》6·3138倗祖丁簋、《集成》10·5002·（1、2）同铭倗兄丁卣、《集成》10·5003倗兄丁卣等，《集成》18·12012倗史车銮铃是西周时期的。

郭沫若在考释甲骨文“朋”字时指出：“朋字骨文作，若、若、以三或二之贝玉为一系，连二系以成左右对称。金文亦如之。如《孝卣》之廿朋作，《匽侯鼎》作，《吕鼎》之卅朋作，《剌鼎》作是也。案此实即颈饰之象形。故骨文朋字更有连其下作环，如（《前》第六卷第廿六页第七片）若（《前》第五卷第四页第七片）者，宝字之或体亦从此作。此更显而易见矣。事之尤显者，乃殷彝文中有以朋为颈饰之图形文字。如

《母鼎》，《殷文存》上卷第三页　　《祖癸爵》，同下卷十一页

《父丁鼎》，同上卷三页　　　　　《父乙盘》，同下卷卅四页

按：此即象人著颈饰之形，当为倗之初字。倗乃古国名。周金有《倗伯鬳敦》、《倗仲敦》，当即其后。”①

如果郭沫若的考释不误，徽号铭文的“”、“”、“”、“”等与西周时期表示人名、族名、国名或姓氏的“倗（金文字形）”当有前后相沿的关系，都可隶定为“倗”，且与“崩”、“鄘”、“蒯”等相通。准此，则说明“倗”族的历史相当久远。至少可以上推至商代晚期。就文献而言，似乎也不是一点踪迹都没有。

《穆天子传》卷一云：“甲午，天子西征，乃绝隃之关隥。已亥，至于焉居禺之平。辛丑，天子西征，至于鄘人，河宗之子孙鄘栢絜，且逆天子于智之□……癸酉，天子舍于漆，乃西钓于河，以观□智之□。甲辰，天子猎于滲泽，于是得白狐、玄貉焉，以祭于河宗。丙午，天子饮于河水之阿，天子属六师之人于鄘邦之南，滲泽之上。”② 郭璞注：“隥，阪也。疑谓北陵西隃西，已亥隃雁门山也，音俞。鄘，国名，音叵肯切。伯，爵。絜，名。古伯字多从木。一宿为舍。属，犹会也。”

“鄘人”即鄘栢絜之国，为“河宗”的后代。《穆天子传》卷一“是惟河宗氏”下郭璞注云：“河，四渎之宗，主河者因以为氏。”《史记·赵世家》“奄有河宗”下正义云：“（河宗）盖在龙门，河之上流，岚、胜二州之地也。”唐代胜州治今内蒙古托克托西南黄河对岸；岚州辖今山西兴县、苛岚、岚县、静乐诸县③。杨宽《西周史》第六章“穆天子传真实来历的探讨”认为：“鄘人之所在，既是周穆王自隃之关隥（雁门山）西

① 郭沫若：《甲骨文字研究》之“释朋”，《郭沫若全集·考古编第一卷》，科学出版社1982年版，第107—109页。

② （晋）郭璞注，（清）洪颐煊校：《穆天子传》卷一，《丛书集成初编》，中华书局1985年版，第2—3页。

③ 谭其骧主编：《中国历史地图集》第五册，中国地图出版社1982年版，第40—41页“京畿道 关内道”、第46—47页“河东道”。

行，首先到达之地，又是周穆王西征归来，最后结束之处，引导者河宗栢尧由此‘归于其邦’的。当时‘鄘栢絮觞天子于澡泽之上（‘澡’当是‘滲’字之误），鄘多之汭，河水之所南还’。这分明是北河由东而向南转弯的弯曲之处，当即在今内蒙古托克托一带，正当后来赵武灵王胡服骑射之后向西攻取胡地而建立的云中郡的南部。”① 正是唐代胜州治所附近。

从甲午日到第八天的辛丑日，穆王自“隃之关隥”至于今托克托一带的“鄘人”，也就是“河宗之子孙鄘伯絮②”国。这个鄘国和今绛县横水的倗国可能都是河宗的后裔，或属于不同的支系，或是地域上的前后变迁，而河宗或许是倗氏族共同的早期酋长或首领。由《万姓统谱·拯韵》：“鄘，鄘伯絮之后，国在虞、芮之间”的记载看，似乎说明今绛县横水的倗国乃是“鄘伯絮”之国南迁的结果，抑或是随着穆王的回归而内迁的。如果是这样，横水倗国墓的年代也能印证这一点。

另外，关中西部似有倗族的踪迹。《史记·傅靳蒯成列传》“蒯成侯緤者”，索隐云：“案：《三苍》‘蒯乡在城父县，音裴’。《汉书》作‘鄘’，从崩，从邑。今书本并作‘蒯’，音‘菅蒯’之‘蒯’，非也。……《楚汉春秋》作‘凭成侯’，则裴凭声相近，此得其实也。”清洪颐煊在校《穆天子传》时，于卷一“天子西征，至于鄘人”下云：“（《史记》）蒯即鄘字之讹。”③ 所以蒯、鄘相讹以互借。正义又曰：“《舆地志》云蒯成县故城陈仓县之故乡聚名也。周緤所封也。晋武帝咸平四年，分陈仓立蒯成县，属始平郡也。”汉陈苍即今宝鸡一带。《路史·国名纪六》“蒯”条下云：“蒯，倗也，蒯伯綮国。穆天子西征于蒯。河宗之子孙蒯伯綮逆天子郭。……《地记》陈仓有蒯城。云河宗之子孙，则宜在此。非沛之鄘。”可见，罗泌是将“蒯伯綮”之国置于今陕西西部的宝鸡一带。但这个地望无法解释《穆天子传》“天子饮于河水之阿”的记载。

值得注意的是，有迹象表明，今宝鸡一带的倗氏似乎更为古老，1958 年，在宝鸡地区的清姜河桑园堡发现过一件带有“亣”族徽的西周早期青铜簋④，同年在武功县滹渟村也出土了带“亣”族铭的晚商青铜簋⑤，这说明倗族人曾在今宝鸡一带活动过是可以确定的。但目前还没有资料证明它与内蒙古托克托一带的倗国之间的关系，如果单从时间尺度上看，关中西部的倗族要早于托克托一带的倗族。

至于《说文·邑部》“鄘”条下“沛城父有鄘乡”，则可能是被汉高祖封为“蒯成侯”的周緤为沛人，乡人为追念其功烈而改称他的出生地为“鄘乡”，地在今安徽省亳县东南七十里城父村⑥。

---

① 杨宽：《西周史》，上海人民出版社 1999 年版，第 612 页。
② （宋）罗泌以为“《姓纂》作鄘伯綮，《穆传》今作鄘伯絮，讹。”《路史》卷二九《国名纪六》古国。
③ （晋）郭璞注，（清）洪颐煊校：《穆天子传》卷一，《丛书集成初编》，中华书局 1985 年版，第 2 页。
④ 程学华：《宝鸡扶风发现西周铜器》，《文物》1959 年第 11 期。
⑤ 段绍嘉：《介绍陕西省博物馆的几件青铜器》，《文物》1963 年第 3 期。
⑥ 《说文·邑部》“鄘”条下段注。

又《左传》昭公二十三年：“（尹辛）攻蒯，蒯溃。”杜注：“河南县西南蒯乡是也。”清梁履绳《左传补释》：“蒯在河南府洛阳县西南。”即今洛阳市区西南。此地的蒯氏，很有可能是晋国的大夫蒯得在鲁文公九年（前618）被杀后，蒯氏之一部分自晋西南南徙到伊洛地区的。而至王子朝之乱，蒯氏被攻破的鲁昭公二十三年（前519），周畿内的蒯氏已经在这里生活了近一个世纪。

另外，在河南淅川出土过春秋晚期的带“[illegible]”字的青铜器，如《集成》9·4471倗之簠、《集成》16·9988倗缶等。据此可否推测这些器物就是周畿内的蒯氏被尹辛攻破后，其一部分继续南迁，经过熊耳、伏牛、外方诸山的山间通道，至今南阳地区的淅川一带，从地理方位看，是很可能的，而且所出青铜器的时代为春秋晚期，也进一步加强了这种可能性。可见，晋西南的倗族，是“鄘伯綮”之后，由于政治、军事等诸多方面的原因，曾有过渐次南迁的过程。而今宝鸡一带的倗氏，至汉代又有族人渐次东移。《汉书·王尊传》：“会南山群盗傰宗等数百人为吏民还。”“南山”是终南山，即今秦岭山脉。“傰宗”当是自关中西部东来的倗族的后人。

二 由横水倗国墓地看晋都邑——曲沃之地望

古曲沃是晋国重要都邑之一，关于它的地望，历史上有两种意见，一种意见认为在峨嵋岭南今山西省闻喜县县城一带；另一种意见认为在峨嵋岭北今曲沃县境内。关于这个问题，笔者曾做过一些讨论，提出了早期古曲沃在峨嵋岭北今曲沃县境内，大约至曲沃武公时期，其政治中心（即曲沃）南移至峨嵋岭南今闻喜县一带的观点①。这次在峨嵋岭南的绛县横水发现了约西周中期穆王时期倗国大墓，为笔者提出的上述观点增添了一个旁证。

文献上所记载的古曲沃，最早见于西周时期的晋成侯（唐叔虞之曾孙）迁都一事。据《诗经·唐谱》所记，“成王封母弟叔虞于尧之故墟，曰唐侯……至曾孙成侯，南徙居曲沃，近平阳焉。”至春秋初期的晋昭侯时期（公元前745—前740），由于晋国宗族内部的矛盾，昭侯封其叔桓叔于曲沃。夏商周断代工程课题组将西周穆王在位的年岁推定在公元前976—前922年②。《史记·晋世家》云：“（晋）靖侯以来，年纪可推。自唐叔至靖侯五世，无其年数。”又云：“靖侯十七年，周厉王迷惑暴虐，国人作乱，厉王出奔于彘，故曰‘共和’。十八年，靖侯卒，子釐侯司徒立。”晋靖侯十七年是共和元年，即前841年，那么，前857年就是靖侯元年。

从叔虞封唐至晋靖侯十七年（前841），《晋世家》所记晋侯凡六位（唐叔虞、晋侯燮父、晋武侯、晋成侯、晋厉侯和晋靖侯），而叔虞是于成王初立时被封于唐地的。夏

① 马保春：《晋曲沃考》，《晋阳学刊》2005年第2期。

② 夏商周断代工程专家组著：《夏商周断代工程1996—2000年阶段成果报告》（简本），世界图书出版公司2000年版，第88页。

商周断代工程组把周成王在位年数定为公元前1042—前1022年。那么从公元前1042—前841年的202年中，宗周王室经历了从成王到厉王的9位天子，但是在相同的时间段内，见于记载的晋侯仅有上述的6位。如果除去晋靖侯在位的17年时间，则前面五位晋侯在位共185年，平均每位有37年，似略显多了些。所以，学者多以为《晋世家》所记靖侯之前的晋国世系，或许有缺漏[①]。但是连续5位晋侯，平均每人在位37年，也不是完全没有可能。所以另外一些学者认为《晋世家》所记晋靖侯以上世系是可信的[②]。如此一来，上述五位晋侯可以大体上反映靖侯之前的晋国世系。照此推算，西周穆王时期当为晋武侯时期和晋成侯的初期。可见，至晋成侯时期，峨嵋岭南边的倗国仍然存在。

晋成侯曾南徙居曲沃，西周早、中期，在峨嵋岭之南绛县、闻喜一带，目前已知的国族不唯独倗国，还有位于倗国西南、今闻喜县城东北一带的董国[③]，则晋成侯先翻越山岭、再穿过这两国族南徙居曲沃是不可想象的。所以，成侯所徙之古曲沃，当在峨嵋岭北较为符合常理。而这个曲沃和后来晋昭侯封桓叔的曲沃当是同一地点。且《唐风·扬之水》序云："昭公（即昭侯，引者）分国以封沃"，而昭侯时期，晋国可能还未将今闻喜一带兼并为直接统辖的区域，"分国以封"的曲沃也就不可能在这里。这也可以从一个侧面说明桓叔所封的曲沃也是在峨嵋岭北。

只是在后来曲沃旁支渐渐强大，向南拓展，并相继攻灭了董、倗等国族，占有了

① 马承源：《晋侯苏编钟》，《上海博物馆集刊》第七期，上海书画出版社1996年版；朱凤翰：《关于北赵晋侯诸墓年代与墓主人的探讨》，《文化的馈赠——汉学研究国际会议论文集》（考古学卷），北京大学出版社2000年版；刘克甫：《北赵晋侯墓地性质问题管见》，《古今论衡5》，（台北）"中研院"历史语言研究所2000年版；刘克甫：《"北赵晋侯墓地即晋侯墓"一说质疑》，《晋侯墓地出土青铜器国际学术研讨会论文集》，上海书画出版社2002年版。

② 北京大学考古系、山西省考古研究所：《天马——曲村遗址北赵晋侯墓地第五次发掘》，《文物》1995年第7期，由徐天进先生执笔；李伯谦：《晋侯苏钟的年代问题》，《中国文物报》1997年3月9日；李伯谦：《从晋侯墓地看西周公墓墓地制度的几个问题》，《考古》1997年第11期；李伯谦：《晋侯墓地墓主之再研究》，《文化的馈赠——汉学研究国际会议论文集》（考古学卷），北京大学出版社2000年版；李伯谦：《晋侯墓地发掘与研究》，《晋侯墓地出土青铜器国际学术研讨会论文集》，上海书画出版社2002年版；李伯谦：《眉县杨家村出土青铜器与晋侯墓地若干问题的研究》，北京大学中国考古学研究中心、北京大学震旦古代文明研究中心编《古代文明》第三卷，文物出版社2004年版，第313—317页。

③《左传》昭公二十九年："（晋太师蔡墨）对曰：'曰昔有飂叔安，有裔子曰董父，实甚好龙，能求其耆欲以饮食之，龙多归之，乃扰畜龙以服事帝舜，帝赐之姓曰董。'氏曰豢龙，封诸鬷川，鬷夷氏其后也。"杜注："飂，古国也，叔安其君名。豢龙，官名，官有世功则以官氏。鬷水上夷皆董姓。"正义曰："《郑语》云黎为高辛氏火正，命之曰祝融，其后八姓，董姓鬷夷豢龙则夏灭之矣，是也。"《仓颉篇》卷上云："三㚇山在闻喜"，孙星衍注云："《文选》注云郭璞注。"鬷、㚇相通。又《左传》宣公十二年："厨房子怒曰，非子之求，而蒲之爱。董泽之蒲，可胜既乎？"杜注："蒲，杨柳可以为箭。董泽，泽名，河东闻喜县东北有董池陂。"西晋闻喜乃今山西闻喜县，其东北近绛县。又《山西通志》卷二八"山川"闻喜县下云："三嵕山，《上林赋》：'凌三嵕之危。'郭璞《三苍》注：三嵕山，在闻喜，今县东五十里有焦山、高埒、汤寨，疑即三嵕。"可见封于"鬷川"的董国当在今闻喜县东北、涑水以东地区。又《水经·涑水注》："涑水西迳董泽，陂南即古池，《春秋》文公六年蒐于董，即斯池也。"《元和郡县志》闻喜夏下云"董泽，一名董泽陂，在县东北十四里"。谢鸿喜先生指出："唐元和十年以前，闻喜县治东镇，东镇东北十四里正今湖村以南。"（见谢鸿喜《〈水经注〉山西资料辑释》，山西人民出版社1990年版，第95页。）

今峨嵋岭以南的绛县、闻喜等涑水上游地区①，才把其政治中心从岭北迁到了岭南。《汉书·地理志》河东郡“闻喜”条下班固注云：“故曲沃，晋武公自晋阳徙此。”晋国世系中称“武公”者，唯曲沃武公。班固所谓自“晋阳徙此（位于今闻喜一带的曲沃）”者，当是曲沃武公在灭了大宗晋国后，将晋国的都城由降（降在晋水之阳，故称晋阳）改为曲沃。这时是他在曲沃即为的第三十七年，到第二年，也就是他的三十八年，又才都于大宗晋国的都城——降都。《晋世家》云：“曲沃武公已即为三十七年矣。晋武公始都晋国，前即为曲沃，通年三十八年。”那么从曲沃武公在位的第三十七年大宗晋国被灭到第三十八年还都于降之间，武公是以曲沃为都的，故班固云“晋武公自晋阳徙此”。但实际上曲沃旁支在此前相当长的时间内就已经将政治中心南移到岭南了。《左传》隐公五年：“曲沃（庄伯）叛王。秋，王命虢公伐曲沃。”如果曲沃还在岭北，那么岭南的董、倗等国可由王使，何以烦劳更为偏南的虢国。这也暗示董、倗两国已经被旁支曲沃攻灭，而与虢国更相近了。

三 由倗国墓地看晋国早期的地域范围及民族关系

绛县横水倗国大墓的发现，进一步证实了《史记·晋世家》“唐在河、汾之东，方百里”的记载是符合历史事实的。自天马—曲村遗址发现以来，有关晋始封地范围大小的问题，前人已经作过不少讨论。

《晋豫鄂三省考古调查简报》一文指出：“霍山以南、绛山以北、汾水以东、浍水以西方圆数十里的范围内，很有可能就是《晋世家》所谓‘方百里’的晋始封之地。”②这是对晋国初封时期地域的一个探讨，后来，邹衡先生在《晋始封地考略》一文中重申了这个看法，并进一步指出：“现在看来，这个结论虽基本属实，但并不精确，范围尚为过广。今知西周初期的晋文化遗址，主要分布在翼城、曲沃二县境内，又比较集中翼城县的翔山以西，曲沃县的汾河以东，浍河以北，翼城、曲沃二县的崇山以南，东西长约 30 公里、南北广约 15 公里的长形地带，在此范围之内大概也就是晋始封地的中心所在。”③ 则更为准确了。

吴振禄先生曾经谈到过晋初封的疆界问题，他说“（姬虞初封）时势力范围大致以现今翼城县西曲村为中心，北到乔山（塔儿山），南抵紫金山（即峨嵋岭——引者注），

① 《左传》桓公九年：“秋，虢仲、芮伯、梁伯、荀侯、贾伯伐曲沃。”鲁桓公九年为公元前 703 年，此时为曲沃武公时期，伐曲沃的队伍中不见董、倗两国，且虢、芮在今中条山以南或附近，据杨伯峻先生的意见，梁在“今陕西省韩城县南二十二里”之“少梁城”，荀在“今山西省新绛县东北二十五里”之“临汾故城”，贾“在山西省襄汾县东”。从上述伐曲沃诸国的地理位置看，都在董、倗两国所在的今绛县、闻喜以外，这一现象很可能暗示，至迟在此时董、倗两国已被曲沃旁支所灭。

② 北京大学考古专业商周组、山西省考古研究所、河南省安阳、新乡地区文化局、湖北省孝感地区博物馆：《晋豫鄂三省考古调查简报》，本文为邹衡先生执笔，《文物》1982 年第 7 期。

③ 邹衡：《晋始封地考略》，《尽心集——张政烺先生八十庆寿论文集》，中国社会科学出版社 1996 年版，第 215—221 页。

在侯马地区发现的考古资料表明，西缘最早到西周中期才发展到汾河东岸地区，面积约200余平方公里左右，这与古文献记载大致相符”①。吴先生和邹衡先生的意见基本一致。

目前，结合文献和考古资料，晋初封时其周围有不少的国族，北有贾②、杨③、先④诸国，南有倗⑤、董，西有荀⑥、耿⑦、梁⑧等国，东面是太岳山、乌岭山，所以分封给晋国的古唐国地域，只能是由上述诸国围限的所谓“方百里”了。

另外，关于晋初封时期的民族关系。《左传》昭公十五年：“晋居深山，戎狄之与邻，而远于王室，王灵不及，拜戎不暇。”周围如此多的戎狄，所以早在成王初封叔虞时，就有《左传》定公四年所谓：“启以夏政，疆以戎索”之诰。经过一段时间的发展后，晋国似乎仍然没有摆脱这种局面，《国语·晋语二》云：“景、霍以为城、而汾、河、涑、浍以为渠，戎狄之民实环之。”但今绛县横水倗国大墓的发现，说明实际上并非四围皆“戎狄”，其南部有倗、董等国，倗伯还铸造有与周文化属于一个系统的青铜器，所以说至少晋国南部非戎狄。

正如吉琨璋、宋建忠、田建文诸位先生按照杨宽先生的意见⑨所指出的，西周成康

---

① 吴振禄：《晋文化几个问题研究》，《汾河湾——丁村文化与晋文化考古学术研讨会文集》，山西高校联合出版社1996年版，第245—253页。

② 《左传》桓公九年：“秋，虢仲、芮伯、梁伯、荀侯、贾伯伐曲沃。”杜注：“荀、贾皆国名。”正义曰：“《世本》荀、贾皆姬姓，僖十九年秦人灭梁，荀、贾不知谁灭之，晋大夫有荀氏、贾氏，盖晋灭之，以赐大夫。”虽然文献中“贾”初见于翼与曲沃对峙时期，但是既然它可以和周围小国联合共讨曲沃，说明其势力较强，可能在此之前已经存在。

③ 山西省考古研究所、北京大学考古学系：《天马—曲村遗址北赵晋侯墓地第四次发掘》，《文物》1994年第8期；李学勤：《晋侯邦父与杨姞》，《中国文物报》1994年5月29日第3版；王光尧：《从新出土之杨姞壶看杨国》，《故宫博物院院刊》1995年第2期；王人聪：《杨姞壶铭释读与北赵63号墓主问题》，《文物》1996年第5期；李伯谦：《也谈杨姞壶铭文的释读》，《文物》1998年第2期；董珊：《略论西周单氏家族窖藏青铜器铭文》，《中国历史文物》2003年第4期。

④ 田建文：《初识唐文化》，北京大学震旦古代文明研究中心编：《古代文明研究通讯》2004年第21期，第9页；田建文：《“启以夏政，疆以戎索”的考古学考察》，《庆祝张忠培先生七十岁论文集》，科学出版社2004年版，第327页。

⑤ 山西省考古研究所、运城市文物工作站、绛县文化局：《山西绛县横水西周墓发掘简报》，《文物》2006年第8期。

⑥ 《左传》桓公九年：“秋，虢仲、芮伯、梁伯、荀侯、贾伯伐曲沃。”杜注：“荀、贾，皆国名。”正义云：“荀、贾皆姬姓……荀、贾不知谁所灭，晋大夫有荀氏，贾氏，盖晋灭之，以赐大夫。”荀灭于晋后，其地为晋大夫邑，晋有荀氏，《水经·汾水注》：“（古水）又西南迳魏正平郡北，又西迳荀城东，古荀国也，《汲郡古文》晋武公灭荀，以赐大夫原氏也。”据此，晋武公所灭的古荀国，其地望据《汾水注》可知在今天山西省新绛西不远处。此地后为晋荀氏所有，其与峨嵋岭南近盐池之郇地当不同，景公迁都，言“郇、瑕氏之地”，而不言“荀氏之邑”，说明郇、荀非一，区别甚明。

⑦ 《左传》闵元年：“赵夙御戎，毕万为右，以灭耿、灭霍、灭魏。”杨伯峻先生以为“耿”在今山西省河津县东南之耿乡城（《春秋左传注》闵公元年，中华书局1990年版，第258页）。《路史·国名纪》“少昊后李姓国”称：“耿，伯爵，河中龙门县十二（里）故耿城……”罗泌注云：“闵二年《都城记》，耿，嬴氏国。《辨误》以为皮氏县东南耿国。”如此看来，则耿在今山西河津县东南一带。

⑧ 杨伯峻《左传》桓公九年注以为梁在“今陕西省韩城县南二十二里”之“少梁城”。

⑨ 杨宽：《西周史》，上海人民出版社1999年版，第341页。

之际，公爵制度已经确立，按照这一制度，若畿内诸侯位入卿列，则称“伯”。那么倗“伯”大墓所在的地区当应属于王畿的范围。所以“远于王室，王灵不及”似乎言之过于夸张。晋初封时期及其早期在今峨嵋岭北的侯马、曲沃、翼城一带，其南面就是王畿地区，怎么能说是“戎狄之民实环之”呢？至少在其南部疆界，是和周文化相统一的。

原载于《考古与文物》2007 年第 6 期

论春秋战国的市

杨生民

春秋战国的市，就是市场。有市场，就有与市场相关的经济活动。虽然春秋战国是个自然经济占统治地位的社会，不可能使各种生产要素都进入市场，出现以市场作为资源配置基础和主要手段的市场经济体制；然而，由于春秋战国市场是建立在商品交换的基础上的，而这一点又使它与现代市场经济存在着共同之处。因此，正确认识这一问题，有助于了解它与现代市场经济的异同，有助于对古代社会经济认识的深化。笔者愿就此问题谈一些意见。

一　春秋战国市的设置与市之间的联系

市在中国古代出现很早，传说中有“神农作市”、“祝融作市”①。到春秋战国，随着铁器的使用，社会经济的发展，城市的扩大和增多，市场也随之发展了起来。根据记载，春秋战国有国家常设的市、临时的市和农村的市三种：

《周礼·考工记·匠人》载：“匠人营国，方九里，旁三门。……左祖右社，面朝后市。”这段话讲了周王朝国都建筑的规模和布局。国都面积方 9 里（81 平方里）《左传》隐公元年载诸侯国都为方 900 丈，及方 3 里，卿大夫都邑不能超过方 300 丈，即方 1 里②。周王都城布局为“左祖右社，面朝后市”，即左为祖庙，右为社（土地神），前面是国王居住、办公的“朝”，后面是市场。市被视为珍宝、货物荟萃之地，所以成了国都中与祖庙、社、朝并列的四大布局之一。这说明周代对市是非常重视的。王畿内的道路上也设有市，《周礼·地官·遗人》载：“凡国野之道，……五十里有市，市有候馆，候馆有积。”国野道路上两市之间距离为 50 里，候馆是有楼可观望的房屋，积

① 《太平御览》卷一九一引《古史考》、《世本》。

② 《左传》隐公元年载：“都城过百雉，国之害也。先王之制，大都不过叁国之一，中五之一，小九之一。”注：“方丈曰堵，三堵曰雉，一雉之墙，长三丈，高一丈。”此处将卿大夫都邑最大不能过“百雉”，1 雉长 3 丈，100 雉则为 300 丈。又卿大夫都邑最大为诸侯国都的 1/3，则诸侯国都方 900 丈。又周制 1 里 300 丈，900 丈为 3 里。

是积存谷物等物资的地方。不难看出，周王畿从国都到通往四方的道路上星罗棋布地分布着一个个市场。诸侯国也是如此。《管子·乘马篇》载："方六里命之曰暴，五暴命之曰部，五部命之曰聚。聚者有市，无市则民乏。五聚命之曰乡。"据此可知：五暴曰部，五部曰聚，聚有市，五聚曰乡，则一乡之内有五个市场。《管子·小匡》载管仲在齐改革时置"士农之乡十五"。根据这些情况，齐国从国都到各乡之内分布着大大小小的市场。《管子·揆度篇》谈各类诸侯国设市的情况时说"百乘之国，中而立市"，"千乘之国，中而立市"，"万乘之国，中而立市"。《揆度篇》是现存轻重十六篇之一。《轻重篇》虽然成书的时间有所争论，但反映的一些制度应是春秋战国时期的制度，上述所说"百乘"、"千乘"、"万乘"等大大小小的诸侯国国内都设立着市场就反映了这一点。

《周礼·地官·司市》载，在国王与"诸侯会同"和"师役征伐"时，可以临时设市，由管理市场的官吏司市"师贾师而从"，掌握物价和买卖等事宜。战国时在军队驻屯的地方出现了军市。《史记·冯唐列传》载战国末年赵将李牧曾把"军市之租皆自用飨士"[①]，因此深得士卒喜爱。《战国策·齐策五》载苏秦对齐闵王说"士闻战，则输私财而富军市"云云，说明齐国也有军市的设置。《商君书·垦令篇》主张加强对军市管理，令军市"无有女子"，让"商人自给甲兵"，又令军市不得"私输粮者"等等，说明秦国也有军市。赵、齐、秦三国都有军市，说明军市发展已较普遍。由于军市是随军队驻屯而兴起的，对特定地区来说如果军队转移了，军市也就不存在了。从这个意义上说，军市仍是属于临时性的为军队服务的市场。

在农村存在着按井田而划分的集市。《公羊传》宣公十五年何休注："一夫一妇受田百亩，以养父母妻子，五口为一家，公田十亩，即所谓十一而税也。庐舍二亩半。凡为田一顷十二亩半，八家而九顷，共为一井，故曰井田。……井田之义：一曰无泄地气，二曰无费一家，三曰同风俗，四曰合巧拙，五曰通财货。因井田以为市，故俗语曰市井"。这种"因井田以为市"的农村集市称之为"市井"。

上述三种市场各有用途，难以互相取代。这就是春秋战国市场的种类和布局。

春秋时期在市场经商的已有官商、非官商之分。《管子·乘马篇》云："贾知贾(价)之贵贱，日至于市，而不为官贾"，说明商人中已有官商、私商之分了。各种手工业者，也在市场上陈列出售商品。《论语·子张篇》载"百工居肆，以成其事"。"肆，列也。"[②] 据此可知，各种手工业者都在市场上陈列出售产品。农民也在市场上买卖货物，"氓之蚩蚩，抱布贸丝"就反映了这种情况。统治阶级也在市场上采购物品，春秋时晋国韩宣子韩起至郑，要买郑国商人的玉环就是一例[③]。各个阶层的人都和市场或多或少地发生了联系。总的说来，春秋中叶以后，私商迅速发展了起来，到战国，

① 《史记·李牧列传》载李牧"市租皆输幕府，为士卒费"。

② 《左传·襄公十一年》注。

③ 《左传·昭公十六年》。

私人经商的大小商人都已出现，从行业上看卖珠玉、黄金、马、冠（帽）、鞋、粮食、丝织品、狗肉、酒、兔、茅草等应有尽有。春秋战国市场的商业经济活动迅速发展，除生产力、社会经济发展这一根本因素外，其原因还有以下几点值得注意：其一，各国统治者从市场的租税中能得到大量经济收入。其二，周王室和诸侯国在市场设有各种官吏，对开市时间、货物价格、市场秩序、度量衡、租税等都进行有效管理，保证了市场的有序活动，有利于市场的稳定、发展。其三，商人取得了经商的相对自由，统治者不能强求买卖。如春秋初年，郑国统治者与商人订有“尔无我叛，我无强贾，毋或丐夺；尔有利市宝贿，我勿与知”的盟誓[①]。这种盟誓限制了统治者对商人的掠夺，保护了商人的正当利益。

值得注意的是，从春秋开始，由于水陆交通的发展，全国大小市场都日益紧密地联系在一起，不仅中原地区如此，中原地区的市与周边少数民族的经济联系也在发展之中。关于中原地区市场之间的联系和通商情况，《管子·揆度篇》说：“百乘之国，中而立市，东西南北度（估计）五十里。一日定虑（计划），二日定载，三日出境，五日而反。百乘之制轻重，毋过五日。……千乘之国，中而立市，东西南北度百五十余里。二日定虑，三日定载，五日出境，十日而反。千乘之制轻重，毋过一旬。……万乘之国，中而立市，东西南北度五百里。三日定虑，五日定载，十日出境，二十日而反。万乘之制轻重，毋过二旬。”这是说，百乘之国，中央立市，四周边境估计为五十里路，一天定计划，两天装载货物，三天内就可以出境，五天可以返回。所以，百乘之国根据邻国物价贵贱去经商赚钱，不过五天可以来回一次。千乘之国根据邻国物价贵贱无经商赚钱，十天内可以返回。万乘之国根据邻国物价贵贱去经商赚钱，二十天可以返回。这一记载反映了春秋中叶以后各国市场的联系和商人跨国经商的实际状况。《国语·齐语》载管仲改革时，齐国商人就“服牛轺马，以周四方”，跨国经商。《左传》僖公三十三年载郑国商人弦高去周经商，至滑国遇秦将孟明等统帅的军队。《左传》成公三年载一郑国商人至晋，受到晋大夫荀罃的“善视”，后又去齐国经商。战国时，中原各国交通方便，《战国策·魏策一》载张仪对魏王说“诸侯四通，条达辐辏，……从郑至梁（大梁），不过百里，从陈至梁二百余里。马驰人趋，不待倦而至梁”。在这种情况下，跨国经商是极平常的事情。中原地区从各国国都到郡县之间的大小市场已联系在一起。从春秋时开始，中原的市与周边少数民族经济联系也在发展之中，《史记·货殖列传》载：秦文公、德公、缪（穆）公“居雍（今陕西凤翔南）”，地处陇、蜀孔道，充斥着“陇、蜀之货物而多贾”。秦献公把国都迁到栎邑（今陕西临潼北），“栎邑北郄（隙）戎翟（狄），东通三晋，亦多大贾”。“南则巴蜀，巴蜀亦沃野……”南可控滇、僰，僰出奴隶。西接邛、筰两地，筰出产马及牦牛。巴蜀四面山岭阻塞，然而有千里栈道，与北方交通无所不通，输出多的货物，换回缺少的东

① 《左传·昭公十六年》。

西。杨（山西洪洞东南）、平阳（临汾西南）二邑，向西与秦、翟通商，向北与种（河北蔚县）、代（山西代县）通商。种代靠近东胡，内地对这里的输出，时时有盈余。燕也是一大都会，南通齐、赵，“东北边胡”，北邻乌桓、夫余，而通其利。江南多竹木。豫章出黄金，长沙出铅、锡。番禺（广州）也是一大都会，是珠玑、犀角、玳瑁、水果、葛布的聚散地。

在各地市之间联系加强的情况下，全国各地物资可以流通。《左传》襄公二十六年载：“杞梓皮革，自楚往也，虽楚有材，晋实用之。”《管子·小匡》说商人“服牛轺车，以周四方，料多少，计贵贱，以其所有，易其所无，买贱鬻贵。是以羽旄不求而至，竹箭有余于国，奇怪时来，珍异物聚”。这说明通过市场的交易可以得到其他地区有用和珍异的物品。《荀子·王制篇》说“四海之内若一家”，“通流财物粟米，无有滞留，使相归移（转移）”，“北海则有走马吠犬焉，然而中国得畜使之。南海则有羽翮、齿革、曾青、丹干焉，然而中国得而财之。东海则有紫紶鱼盐焉，然而中国得衣而食之。西海则有皮革、文旄焉，然而中国得而用之”。这是当时经济发展出现的新形势。

总之，经春秋时期的发展，战国时国内大小市场形成和出现，并且彼此联系了起来。这使全国各地的物产、特产都可以流通。这种状况为后来中国的统一提供了重要的经济条件和物质基础。从这个意义上说，春秋战国市的发展、大小市场的形成和彼此联系在一起，有着重大的进步意义，并对以后中国历史的发展有着深远的影响。

二　市的功能与其经济活动要素

关于春秋战国市的功能问题，除《管子·乘马篇》谈的较多外，其他典籍中只有零散的记载。根据这些记载，归纳起来，春秋战国市的功能有以下诸点：

1. 解决民间的物资匮乏问题。《管子·乘马篇》云：“岁有市，无市则民乏。”这一功能是市的根本功能之一，其他功能多与此有关。

2. 市是聚集天下财物、众人通过交易而获利的地方。《管子·内篇》云：“市者，天地之财具也，而万人之所和而利也。”注云：“和，谓交易也，万人因市交易而得利。”《易·系辞下》云：“日中为市，致天下之民，聚天下之货，交易而退，各得其所。”这句话与上引《管子·内篇》那句话内容相似。

3. 市可以促进货物流通。《管子·侈靡篇》说，如果货物“积之市”，不流通，就要了解出产地，运至其他地区，使之流通，即所谓“静而不化，观其所出，从而移之”。《周礼·地官·泉府》载泉府的职能之一就是“敛市之不售货之滞于民用者，以其贾（价）买之，……以待不时而买者”，也就是泉府把市场上滞销的货物买下，以等待有买主时再卖出去，这也是促进流通的办法之一。

4. 市可以鼓励、促进生产发展。《管子·侈靡篇》云：“市也者，劝也，劝者所以起本。”市可以起劝导、鼓励民众发展本业生产，“本”指农业生产，这里包含着市场的交易可以反过来促进生产发展的意思。

5. 市可以向统治者提供赋税。《管子・乘马篇》云：“亦（立）关市之赋。”[①] 关于市赋的征收量，《管子・幼官》载“市赋百取二，关赋百取一”，二者加起来为3%。《管子・大匡篇》载：“桓公践位十九年，弛关市之征，五十而取一”，即关、市税的征收都不能超过五十分之一，二者合起来不超过4%。《管子・乘马篇》载：“商，苟在市者三十人，其正月、十二月，黄金一镒”，大意说在市场经商的三十名商人，从正月到十二月，交纳黄金一镒作税收。市税也称市租，如齐景公曾与晏子“市租”千金[②]。这里需要说明的是，关税也是与市有关的税收，货物通向市过关要纳关税。《战国策・魏策三》载在魏国通向韩国上党之间的“共莫”如设关收税，与韩国“共有其赋，足以富国，韩必德魏”[③]，说明关税的收入对国家来说是很重要的。

6. 在市的房舍、场所储存货物也要纳税。市内储存货物的房舍叫廛，市廛是官府建造的，所以商人储存货物要向官府纳税。《周礼・地官・廛人》注引郑众云：“廛谓市之地未有肆而可居以畜藏货物者也。”《孟子・公孙丑上》载孟子主张：“市，廛而不征”；《礼记・王制篇》说：“市，廛而不税。”上述两处都主张市上不征收房舍中的货物储存税，正说明当时征收着廛税。

7. 通过市上货物的交易可知物价的贵贱。《管子・乘马篇》云：“市者，货之准也。”“准”是市上交易中形成的物价水准，说明物价贵贱是通过市场交易形成的。而知物价贵贱的目的是知节俭，所以《乘马篇》又说：“百货贱，则百利不得。百利不得，则百事治。百事治，则百用节矣。”如“百货贱”，则官府和经营者从这些货物中就无法获利。货物贱，是由于货物多、供应充足造成的。而货物多则说明事情治理得好，事情治理得好就无须再花精力与费用去治理，所以说“百事治，则百用节矣”。

8. 从市的情况可以知道吏治的好坏和民情风俗的正邪。《管子・乘马篇》云：“市者，……可以知治乱。”什么是“治乱”呢？《乘马篇》说：“官不理，则事不治。事不治，则货不多。是故何以知货之多也，曰事治。何以知事之治也，曰货多。”所以，《管子・乘马篇》主要是从市场上货物的多少来了解“治乱”或吏治的好坏的。《礼记・王制篇》云：“命市纳贾，以观民之所好恶，志淫好辟。”注云：“贾”指物价贵贱，“志淫好辟”指所好不正。所以，这句话的意思是要从物价贵贱来了解民情。因此，前者并不是因袭后者的“旧说”[④]，而仍有其自身特有的内涵。

9. 通过市场可以了解货物的多寡。但是市场不是生产领域，所以不能“为多寡”。

---

① 郭沫若认为“亦”应为立。《管子集校》上册，科学出版社1956年版，第75页。

② 《晏子春秋》内篇杂下《景公以晏子食不致千金……》。

③ 《战国策・魏策三》，载《魏将与秦攻韩》条。

④ 胡寄窗先生认为《管子・乘马篇》所说“可以知治乱”一条系因袭《礼记・王制篇》的旧说，见《中国经济思想史》上册，上海人民出版社1962年版，第351—352页。

这就是《管子·乘马篇》所说“市者，……可以知多寡，而不能为多寡”。

10. “市”是争利的地方。《战国策·秦策一》载张仪对秦王说：“臣闻争名者于朝，争利者于市。”这句话留传至后世，人们视市为争利、发财的地方。

11. 市上有娱乐场所，可以娱乐。《诗经·陈风》云：“不绩其麻，市也婆娑。”[①]“不绩其麻”，讲妇人不从事应从事的麻织业。婆娑，即舞蹈。“市也婆娑”，即到市里跳舞。这说明市内有娱乐场所，可供娱乐。

上述所列市的诸项功能，可分为三大类：第1—4项为一类，谈的是市是解决物资匮乏与交易的场所，能促进流通和鼓励生产发展，这可以视为市内在的自身功能。第5—9项为第二类，谈的是市对国家和统治者的作用，市税、廛税和与市有关的关税可给国家带来巨额的经济收入，从市的状况可以了解物价贵贱、社会治乱、货物多寡等信息，供统治者治理国家之用。最后两项为第三类，从特定角度即市可以争利发财、可以娱乐等方面讲市的功能。市的这些功能，说明它当时在社会上具有重要的作用。

春秋战国市的经济活动是建立在商品交换的基础上的，这与现代市场经济有共同之处。因此，商品经济的要素如供求规律、价格、竞争机制在春秋战国市的经济活动中都有明显的表现。商品多、供应充足则贱，商品少、供应不足则贵。供求规律的这一基本原则，在春秋战国时期发挥了作用。春秋末年范蠡经商就是从货物的“有余、不足，则知贵贱，……贵出如粪土，贱取如珠玉”，运用供求规律而致富的。战国时的大商人白圭，“乐观时变，故人弃我取，人取我予。夫岁孰取谷，予之丝漆，茧出取帛絮，予之食”，也是利用供求规律而致富的。《管子·轻重篇》所阐发的轻重理论不仅探讨了货物轻（贱）重（贵）发生的原因，而且在供求规律的基础上提供了一种经济上的治国理论。《管子·国蓄篇》说：“夫民有余则轻之，故人君敛之以轻。民不足则重之，故人君散之以重。”在这一敛一散、一买一卖之中，国家就会获得“十倍之利”，同时还可以使“财之枋（物价）可得而平也”，即起到平抑物价的作用。这种建立在供求规律基础上的轻重理论，就是国家制定对内对外经济政策的根据。这说明，人们已认识到供求规律是商品交换过程应遵循的原则。价格也是当时市的经济活动中的要素，经商就是靠买卖过程中的物价差价而赚钱。春秋末子贡、范蠡经商就是靠不同时间、地点、物价差价而致富的。《管子·轻重乙篇》谈价格问题时说：“桓公问于管子曰：衡有数乎？管子对曰：衡无数也。衡者使物一高一下，不得常固。……岁有四秋，而分有四时，已有四者之序，发号出令，物之轻重相什而相伯，故物不得有常固。故曰衡无数。”什么是衡呢？郭沫若说“衡乃物价之意”。马非伯认为衡在“此处当作平准，即物价政策讲”[②]。据这些解释，上段的意思可以理解为：国家认可的正常物价不能固定在一个定数上，而应随一年四季变化而上下摆动，所谓“物之轻重相什而相伯”就说明了这一点。正因物价能够上下波动，客观存在的供求规律、价值规律对社会生产

① 《诗经·陈风·东门之枌》。

② 马非伯：《管子·轻重篇新诠》下册，中华书局1979年版，第615页。

的调节作用才能得以发挥，商人和国家才能发财、谋利，经济才能搞活。在市的经济活动中，竞争也出现了。商品生产者经营好、技术好，可以发财致富。《庄子·逍遥游》记载了一个故事："宋人有善为不龟手之药者，世世以洴澼絖为事，客闻之，请买其方百金。聚族而谋曰：我世世为洴澼絖。不过数金，今一朝而鬻技百金，请与之。"龟，指皮肤坼裂。洴澼絖是丝絮洗涤剂。这一故事是说宋人有善于制造一种药使手不裂开者，是个世代以漂洗丝絮为业的手工业者，有客愿出百金买其药方，这个手工业者因此发家。反之，如果没有特别的技术，又不善经营管理，则有可能破产。总之，在春秋战国市的经济活动中供求规律、物价的上下波动、竞争三大要素的作用发挥，对生产和社会经济的发展起着积极的促进作用。

值得注意的是，春秋战国市的经济活动的影响，使资源配置、产业结构向有销路、有效益的行业、部门倾斜。盐是齐国的特产，有销路和效益，所以《管子·轻重甲》借管仲之名主张在齐国产盐区煮盐，并加以保存。说从本年十月到次年正月可生产积存成色好的盐 36000 种。春耕开始后，禁止聚集庸工煮盐，盐就会涨价 10 倍。这时，齐国把积存的盐粜到梁（魏）、赵、宋、卫、濮阳等国家、地区，会获得成色好的金子 11000 余斤。这是市的经济活动的发展，导致资源配置（包括人力资源）和产业结构调整的一个具体事例。当时冶铁业也是一个新兴产业，发展冶铁业可以增加国家收入，所以《管子·轻重乙》借管仲之名主张用"民得其七，君得其三"的民营冶铁而由官府收税的办法发展冶铁业。这种对资源配置和产业结构调整的影响，对生产力和社会经济发展起了积极的推动作用。春秋以后出现了煮盐、冶铁、开采丹砂、放牧牲畜的大富豪，就是当时资源配置、产业调整和社会经济发展的产物。

三 市的制度与管理

《周礼·地官·司徒》司市、胥师、贾师、质人等条目中，系统叙述了周代市的制度与管理。这些内容哪些是西周的，哪些是东周春秋战国的虽已无法全部加以区分，然而其基本方面反映着春秋战国的情况应无疑问。由于其他典籍关于市的制度与管理的记载零散而缺乏，所以探讨此问题，只能以《周礼》的有关记载为主要依据。

《周礼·地官·司市》所说的市有大市、朝市、夕市之分。中间的市称大市，日中进行，以"百族"即自由民和贵族派人来买东西为主。东边的市称朝市，早晨买卖东西，以商贾为主。西边的市称夕市，傍晚交易，以贩夫贩妇为主。管理市的最高官员为司市，司市办公的地方叫"思次"。在司市之下，二十肆设胥师、贾师各一人，胥师、贾师办公的地方称"介次"。同一类和同一种货物陈列的市列称肆，肆是陈列和买卖货物的地方。肆设肆长一人。市的门口有"胥"执鞭把守，察出入之禁令是否得到遵守，并巡行纠察治安。市中的各种官吏要检查肆中货物的真伪，并定其价格。司市每天在其治所"思次"以悬挂旌旗为标志，宣布开市，并在这里"听大治大讼"，处理有关事情。这时，胥师、贾师也到“介次”办公，“听小治小讼”。凡民众在市中遇到的钱物纠纷、量度争讼和刑罚方面的问题，都在有关官吏办公的地方解决。凡是拾到货物钱财、六畜，要交到肆吏办公的地方，以便主人认领，如果过了三天没人认领，就没收入官。对市上货物、六畜、珍奇宝物的管理，没有的要使之有，有利的货物要使之丰富起来，有害的货物要使之无，侈靡的货物要使之微少。凡是要在市场流通的货物，都要凭玺节出入。玺节是准许通商的凭证。玺即印章，有刻字，印在竹帛上以为节。1957年考古工作者在安徽寿县丘家花园发现的鄂君启节就是楚怀王颁发的陆路、水路通商的货物通行证[①]。这说明通商时货物出入关卡用节的制度，战国时还盛行。在灾荒疫病年景，民众匮乏时，市上不征税。对于市上的违法行为规定了禁令，针对一般民众的禁令有十二条，针对行商的有十二条，针对坐贾的有十二条，针对工者的有十二条。市上对违法者处罚的刑罚分小刑和中刑、大刑。小刑在肆门出布告公布其犯禁罪状，中刑在市巡游示众，大刑要加以笞打即用鞭、杖、竹板抽打。犯法严重的处以属周代五刑的刑罚，归上级有关部门处理。在“诸侯会同”、“师役征伐”时，设临时市场，司市也要率贾师等，掌管市政、物价和买卖之事。

周代社会等级森严，市上对参加交易的人和商品都有限制。《周礼·地官·司市》载:“国君过市则刑人赦，夫人过市罚一幕（帐幕），世子过市罚一帟（小帐幕），命夫（卿大夫、士）过市罚一盖（车盖），命妇（有封号的妇女）过市罚一帷。”这就是说统治阶级中的人入市是有失身份的事情，严格禁止。《礼记·王制篇》载有禁止在市上交易的各种物品，主要有以下几类:其一，体现统治阶级等级的用器禁止在市上交易，如规定:“圭璧金璋不粥（鬻）于市，命服命车不粥于市，宗庙之器不粥于市，牺牲不粥于市”，“锦文珠玉成器不粥于市”。其二，严禁兵器在市上交易，规定“戎器（兵器）不粥于市”。其三，为保护生产，规定“五谷不时，果实不熟，不粥于市”。其四，质量不合格的产品禁止在市上交易，如规定:“用器不中度不粥于市”，“布帛精粗不中数，幅广狭不中量，不粥于市”。《礼记》记载的应是西周的制度，春秋时期禁止在市上交易的货物发生了变化，战国时期的变化更大。如上引《礼记·王制篇》说“珠玉成器不粥于市”，而《左传》昭公十六年晋国的韩起在郑国要买商人的玉环，说明春秋时成器的玉在市上可以交易。《礼记·王制篇》说“戎器（兵器）”不能在市上交易。而《周礼·地官·质人》则说“兵器”是市上交易的一种普通商品，说明后者反映的应是西周以后的情况。

《周礼》所记载的市场管理制度是上下级官吏逐级负责和同级官吏分工负责的制度，每个官吏都规定了明确的职责。司市是管理市的最高官吏，《周礼·地官·司市》载其职责功能为:“司市掌市之治、教、政、刑、量度、禁令。以次叙（次序）分地而经市，以陈市辨物而平市，以政令禁物靡而均市，以商贾阜（多）货而行布（货币），

① 中国科学院考古研究所编:《新中国的考古收获》，文物出版社1961年版，第68页。

以量度成贾而征偾（卖），以质（长券）、剂（短券）结信而止讼，以贾（经商）民禁伪而除诈，以刑罚禁虣（暴）而去盗，以泉府同货而敛赊。”司市掌管市的治理、教化、政务、刑罚、量度、禁令。以次序分开地段而治理市，把货物分类陈列在市上并辨别其真伪好次使物价平衡，用政令禁止货物奢侈浪费而调正市风，在买卖中以长券、短券缔结合同而结信止讼，让经商的民众禁伪冒而除欺诈，用刑罚禁止暴力掠夺而去除盗贼，让管理货币的泉府使货币统一而收购滞销的货物。

质人主要是掌管市上商业信用合同契券的官吏。《周礼·地官·质人》载：“质人掌成市之货贿、人民、牛马、兵器、珍异。凡买价者质（长券）剂（短券）焉。”契券质、剂有效时间为“国中一旬，郊二旬，野三旬”，期内有效，期限以外失效。此外，质人还要负责稽查“市之书契，同其量度，巡而考之，犯禁者举而罚之”。

廛人是管理市上税收的官吏。《周礼·地官·廛人》载，市上各种税都归廛人收敛。收税的种类主要有以下几种：一种税叫“絘布”，郑众注云：“絘布，列肆之税布（货币）。”所以，絘布就是在列肆上收的一种店铺摊位税。第二种税叫“緫（总）布”，郑玄注云：“緫布谓守斗斛诠衡（测重量的器具）之税。”这表明总布是货物买卖时用斗斛等量器和衡器所收的劳务手续税。第三种税叫“质布”，注云：“质布者，质人所罚犯质剂者之泉（钱）也。”这就是说质布是质人对违反贸易契券规定而征收的罚款。第四种叫罚布，注云：“罚布者，犯市令者之泉也。”所以，罚布是对违反市的法令的商人的罚款。第五种税叫“廛布”，注云：“廛布者，货贿诸物邸舍之税。”这就是说廛布是商品货物在邸舍中的储存税。上述五种税。都由廛人收敛“入于泉府”。此外，廛人对屠宰牲畜者，要征收“皮角筋骨，入于玉府”。凡市中珍异事物滞销的，要以市价收购“入于膳府”。

胥师是管理二十个肆列“介次”的市政官吏。其职责是“平其货贿，宪（法令）刑禁焉。察其诈伪、饰行、偾（卖）慝（坏）者，而诛罚之。听其小治小讼而断之”。

贾师是在“介次”管理物价的官吏。其职责是管理财物，辨别货物的真伪好次，展示货物的成品而“奠（定）其价”，然后令在市上交易。“凡天患，禁贵偾（卖）者，使有恒（常）贾（价），四时之珍异亦如之。”

司虣（暴）是维持市上治安的官吏，十肆设一人。其职责是“禁其斗嚣（喧闹）者与其暴乱者，出入相陵犯者”，禁以其群“游饮食于市者”，“若不可禁，则搏（捕捉）而戮（惩罚）之”。

肆长是管理一个肆列的官吏。其职责是“掌其市之政令，陈其货贿，……而平正之。敛其总布，掌其戒禁”。

司关是在关卡管理验节、货物出入和收关税、廛税的官吏。商人在市内买了货物，要出关到国境外，由司市给以玺节，司关验节检查放行。不通过关卡而私自运出货物的，查出后要没收其货物，惩罚其人。不是从市上而是从民间取得货物的商人，没有司市给的玺节，过关时要向关卡纳税，由关上给以节和传（过关文书），货物停留在关下邸舍要另纳“廛布”。司关与掌管国门（城门）的司门、管理市的司市三者是联系在一起的。司门管城门的关闭，检查、禁止违法货物出入等。

此外，《周礼》所载与市管理有关的官员和机构，还有管理货币的“泉府”等，此不一一赘述。

《周礼》所载市的上述管理制度，基本上反映着春秋战国的状况。如各国有市的设置，并有官吏管理、维持秩序。鲁国管理市的管叫“贾正”，《左传》昭公二十五年载臧会奔郈邑，郈大夫鲂假使其为“贾正”，注云：“贾正，掌货物，使有常价。”其职责相当于《周礼》中的贾师。《左传》昭公二年载郑国管理市的官吏称“褚师”，宋、卫也有此官。《史记·孙叔敖列传》载楚有“市令”。《史记·田单列传》载齐有“市掾”。吴国管理市的官称“市正”[①]。东周王室管理市的官叫“司市”等等。市上有官吏维持治安，《吕氏春秋·去宥》载：“齐人有欲得金者，……往鬻金之所，见而操金，攫而夺之，吏搏（捕）而束缚之。”此外，如出入关卡凭节传，并纳关税等也反映了春秋战国的情况。

总之，上述市的制度、管理，从货物质量、价格、秩序维持、滞销物资处理、货币管理都相当完善，这不仅对当时商品经济的发展起着积极作用，而且对后世市的制度与管理也有重大影响。

市场的经济活动在人类历史上曾起过巨大的进步作用，中国春秋战国市的经济活动就是这方面的一个生动事例。春秋战国市经济活动的发展是商品经济、商品生产发展的表现。它促进了铁、盐等新兴产业的兴起和铁器的普遍使用，促进了农村公社土地共有制的解体和庶民“助耕公田”的共耕制崩溃，促进了新兴封建地主制的产生。历史事实证明，自然经济、产品经济同商品经济、市场经济在发展生产、经济方面的作用是无法相比的。由于前者生产的目的是满足生产者、共同体、国家的需要的使用价值的生产而不是为了交换，所以它具有封闭性、保守性，当物资匮乏时它固然有促进生产发展的作用，而当满足了某种需求时它又可以限制生产的发展。相反，后者生产的目的是交换，只要能不断生产出满足社会需要有销路的产品，生产就能持续、迅速发展，生产规模就可以不断扩大。所以，它为生产和科技的发展开拓了广阔前景，拥有巨大潜力。可以说这种经济形式是开放性、进取性极强的经济形式。中国春秋战国生产力的巨大发展和社会制度的巨大变革，就是和市的经济活动的发展密切联系在一起的。这一点从春秋时期一些有影响的国家推行的农工商并重而又强调发展工商业的政策中可以看出，从著名政治家、大商人范蠡倡导的“农末俱利”的原则中也可看出。所以，春秋战国市的经济活动，曾为当时的社会进步和中国古代的繁荣昌盛作出过卓越的贡献。

原载于《历史研究》1996 年第 3 期

① 《越绝书·越绝荆平王内传》。

秦汉国家统治机构中的“司空”

宋　杰

秦与西汉王朝曾在京师宫苑官署、郡国县乡和军队里普遍设立了名为“司空”的机构，在国家的政治、经济活动里发挥着重要作用；它们到东汉则逐渐退出历史舞台，仅在三公中保留了“司空”职务。以往学术界并未就此有专门、系统的探讨，只是在某些对官制的综合研究中涉及过有关问题。[①] 笔者欲就秦汉政府各种“司空”组织的设置与职能、其演变过程及原因进行一番研讨，希望获得同行师友的指正。

一　县道的“狱司空”

两汉文献记载当时地方县道曾设有名为“狱司空”的机构，如应劭《汉官仪》：“绥和元年，罢御史大夫官，法周制，初置司空。议者又以县道官狱司空，故覆加‘大’，为大司空，亦所以别大小之文。”[②] 清代学者姚受田、严可均指出传本脱漏“有”字，应为“……县道官有狱司空”[③]。此官又见《说文解字·㹜部》：“獄，司空也。从㹜，臣声。复说狱司空。”段玉裁认为“獄”即“司”字。“此空字衍。司者，今之伺字，以司释獄，以叠韵为训也。许书无伺字，以司为之。《玉篇·獄》注：‘察也。’今作伺、覗。按希冯直以獄为伺、覗之古字，盖用许说也。其字从㹜，盖谓两犬吠守，伺察之意。”[④] 笔者按：段氏释“獄”为司、即伺，可备一说。但“司”字在秦汉有歧义，或为“司空”之省文。如秦代瓦文有“左司”、“左司涓瓦”，“左司高

---

① 参见严耕望《中国地方行政制度史甲部·秦汉地方行政制度》第五章《县廷组织》（三）《县属吏》，上海古籍出版社2007年版，第232、237页。于省吾：《云梦秦简所见职官述略》中“邦司空、县司空”条，中华书局编辑部《文史》第八辑，中华书局1980年版，第11—12页。裘锡圭：《啬夫初探》“司空啬夫”条，中华书局编辑部《云梦秦简研究》，中华书局1981年版，第251—252页。卜宪群：《秦汉之际乡里吏员杂考》“乡司空与仓主”条，《南都学坛》2006年第1期。

② 《后汉书·百官志一》“司空”条李贤注，中华书局1982年版，第3562页。

③ 丁福保撰：《说文解字诂林》第11册引《说文校义》：“今注脱‘有字’，从《通志》引《汉官仪》补。”，中华书局1988年版，第9832页。

④ （汉）许慎撰，（清）段玉裁注：《说文解字注》，上海古籍出版社1984年版，第478页。

瓦”,[①] 即为是少府属下“左司空”制造。[②] 还有“北司”瓦文,[③] 可能表示北宫司空。另外，云梦秦简《司空律》每条律文末尾表示律名的“司空”也多用“司”字代替，故《说文》将“獄（司)”释为“司空”亦通。如方以智所言：“司空官名，獄乃司空之狱也。”[④]

段玉裁在下文中对“獄”的注释很有见地。首先，他指出“复说狱司空”是某位名“复”之人解释“獄”字代表“狱司空”。“此句上有夺字，某复者，姓名也。某复说狱司空曰獄，别一义也。”[⑤] 王绍兰在此基础上继续进行考证，认为此人是东汉学者刘复。[⑥] 其次，段玉裁通过对“狱”和“獄”字的考释，表明两者分别代表不同的监狱组织。《说文解字·㹜部》曰：“狱，确也。从犬，从言，二犬所以守也。”段注：“狱字从㹜者，取相争之意。许（慎）云所以守者，谓陛牢拘罪之处也。”[⑦] 他说汉代既有拘押（未决）囚犯之监牢，名为“狱”；又有掌管刑徒，即徒刑犯人劳作之官署，名为“獄”或“司空”，其渊源可以上溯到周代。“《周礼·司救》：‘役诸司空。’注：‘如汉法城旦舂、鬼薪、白粲之类。’《儒林列传》：‘太后怒曰：安得司空城旦书乎！’徐广曰：‘司空，掌刑徒之官也。……是则汉时有都司空，有狱司空，皆主罪人，皆有治狱之责。以其辨狱也，故从㹜。㹜者，狱之省。’”[⑧] 笔者按：段氏此说值得重视，监狱为拘束、限制罪犯人身自由的场所，根据其用途的差异又分为若干种类型。汉代罪犯在诉讼审判和服刑期间具有不同的法律身份，前者是未决犯，称为“囚”；后者是服徒刑或拘役（居赀或罚徭）的犯人，称为“徒”、“刑徒”。[⑨] 他们的羁押场所和拘束状态也因此而有所区别，未决犯“囚”多被关入中央或地方行政长官府寺附设之“狱”,[⑩] 要佩戴木制的桎梏，平时在牢房之内不得外出，故又称做“系囚”；而徒刑罪犯判决之后要除去桎梏，改戴较轻而便于劳作的铁制刑具“钳釱”，或为“复作”(即除去刑具)。[⑪] 刑徒通常要离开原先囚禁之“狱”到指定地点去服刑，有些散入到工役、匠役、军役队伍里，另一部分则被遣送到专设的“司空”机构里强制劳动。

---

① 高明编著:《古陶文汇编》，中华书局 2004 年版，第 479 页，第 5.303—5.305 拓图。

② 王学理:《秦始皇陵研究》，上海人民出版社 1994 年版，第 35 页。

③ 高明编著:《古陶文汇编》，中华书局 2004 年版，第 484 页，第 5.322—5.324 拓图。

④ (明）方以智:《通雅》卷三八《宫室》,《文渊阁本四库全书》第 857 册，上海古籍出版社 1997 年版，第 738 页。

⑤ (汉）许慎撰,（清）段玉裁注:《说文解字注》，上海古籍出版社 1984 年版，第 478 页。

⑥ (清）王绍兰:《说文解字段注订补》:“考《齐武王縯传》子北海静王兴，建武三十年封，兴子复为临邑侯。又云临邑侯复好学能文章，永平中，每有讲学事，辄令复典掌焉。与班固、贾逵共述汉史。傅毅等皆宗事之。然则复说者，盖刘复也。”引自丁福保撰《说文解字诂林》第 11 册，第 9833 页。

⑦ (汉）许慎撰,（清）段玉裁注:《说文解字注》，上海古籍出版社 1984 年版，第 478 页。

⑧ 同上。

⑨ 张斐:《汉晋律序》注:“罪已定为徒，未定为囚。”(宋）李昉等撰:《太平御览》卷六四二《刑法部八》，中华书局 1963 年版，第 2877 页。

⑩ 宋杰:《汉代监狱建置设施丛考》第 1—3 页《府寺之内置狱》条,《首都师范大学学报》2009 年第 3 期。

⑪ 参见宋杰《汉朝刑具拘系制度考述》,《社会科学战线》2005 年第 1 期。

可见《汉书》卷一九上《百官公卿表上》“都司空”条如淳注：“《律》，司空主水及罪人。”（第731页）贾谊《新书》卷二〈阶级〉说大臣犯罪后，“若夫束缚之，系绁之，输之司空，编之徒官。”[①]《论衡》卷二四《辨祟》曰：“犹系罪司空作徒，未必到吏日恶，系役时凶也。”[②] 因为罪犯在夜晚归宿时要关入“司空”机构附设的监狱，故又被称为“狱司空”或“獄”，与县道官署之“狱”有所区别。“狱”在县道令长官寺之内，而“司空”或“狱司空”机构则在官寺之外。《汉鄐君修褒斜道碑》曰：“永平六年，汉中郡……始作桥格六百二十三间，大桥五，为道二百五十八里，邮亭、驿置、徒司空、褒中县官寺并六十四所。”[③] 此句将“徒司空”与“县官寺”分列，显然是指这两所官署不在一处。[④] 另外，汉代学者应劭也指出用来囚禁未决犯的“狱”设在县廷北面（即官寺后院）。“廷者，阳也，阳尚生长。狱者，阴也，阴主刑煞。故狱皆在廷北，顺其位。”[⑤] 而“犴（豻）”、即“司空”则是拘系刑徒劳动的场所。“《诗》云：‘宜犴宜狱。’犴，司空也。《周礼》：‘凡万民之有罪过，未离于法者，桎梏以上，坐诸嘉石，役诸司空。’”[⑥] 又《汉书》卷二三《刑法志》：“民多贫穷，豪桀务私，奸不辄得，狱豻不平之所致也。”注引服虔曰：“乡亭之狱曰豻。”（第1110页）近来出土的里耶秦简J1（16）5—6简中载有“都乡司空”、“乡司空”等官职，学界认为，“古代称县治所在之乡为都乡，其他非县治所在之乡为离乡”[⑦]。看来各县的“司空”机构及附设之监狱不止一处，县道治所与郊外之乡均有，应以后者的数量居多。都乡司空、乡司空亦有可能是同一官职，根据设置在都乡或离乡而有名称的区别。

20世纪70年代以来，我国陆续出土了大量秦汉简牍，其中云梦秦简《秦律》，张家山汉简《二年律令》和里耶秦简已经公布的J1（8）133—134简、J1（9）1—12简、J1（16）5—6简，都有关于县级“司空”官员的记载，披露了不少珍贵的史实材料。如《睡虎地秦墓竹简·秦律杂抄》表明当时设有名为“县司空”的官职，[⑧] 为一县司空机构之主官。出土秦印有“闻阳司空”，罗福颐先生注：“云梦秦简无名律有县司空。……闻阳，或曰即汶阳，秦属薛郡。”[⑨] 裘锡圭先生亦云：“有阑格的秦至汉初印中有‘闻阳司空’印，疑闻阳为秦或汉初县名，此印也是县司空印。”[⑩] 汉印又有“柜司空”，[⑪] 即琅邪郡

---

① （汉）贾谊撰，阎振益，钟夏校注：《新书校注》，中华书局2000年版，第80—81页。

② （汉）王充：《论衡》，上海人民出版社1974年版，第375页。

③ 国家图书馆善本金石组编：《先秦秦汉魏晋南北朝石刻文献全编》，北京图书馆出版社2004年版，第543页。

④ 郭荣章：《论古褒斜道上栈阁的分布、形制及邮驿等建筑设施》：“……褒中县恰为入栈之首驿，故在治道过程中，既修褒中县官寺，又兼修褒中县司空之官舍。”《成都大学学报》1989年第1期。

⑤ （汉）应劭著，吴树平校注：《风俗通义校注》，天津人民出版社1984年版，第418页。

⑥ 同上书，第419页。

⑦ 裘锡圭：《啬夫初探》，中华书局编辑部《云梦秦简研究》，第232页。

⑧ 睡虎地秦墓竹简整理小组：《睡虎地秦墓竹简》，文物出版社1978年版，第134、148页。

⑨ 罗福颐主编：《秦汉南北朝官印征存》卷一《秦官印》，文物出版社1987年版，第4页。

⑩ 裘锡圭：《啬夫初探》，中华书局编辑部《云梦秦简研究》，第252页。

⑪ 罗福颐主编：《秦汉南北朝官印征存》卷一一《专用印及未详疑伪印》，第449页。

所辖柜县司空官所用。[①]《秦律杂抄》中还提到“司空啬夫”，学术界认为是“县司空”的别称。[②] 张家山汉简《二年律令·秩律》明确记载了汉初各县设立“司空”官职，并根据县境大小、人口多少或距离京师的远近程度，将其秩俸分为三等。例如胡、夏阳、咸阳等地的县令，“秩各八百石，有丞、尉者半之，司空、田、乡部二百石。”汾阴、汧、杜阳等地的县令，“秩各六百石，有丞、尉者半之，田、乡部二百石”，司空及卫官、校长百六十石。而“月氏田、乡部二百石，司空二百五十石”。[③]《秩律》将各县的司空主官称为“司空”，并不叫“县司空”或“狱司空”。这反映出“司空”应该是它们通常使用的官职名称，而“县司空”或“狱司空”可能是在某种特定场合下的专称。这一推断也可以从前引应劭《汉官仪》的记载来获得证实，它所叙述的县道“狱司空”应该也是别称，正式场合则只称“司空”而不带“狱”字，所以朝廷议者才认为三公官职若称“司空”会和县道有关吏员重名，建议加上一个“大”字以示区分。如果后者在各种场合都叫“狱司空”、“县司空”，那么朝廷新设的“司空”就与之名称不同，用不着再缀以“大”字来分别。另外，传世有秦或汉初的“司空”半通印，西汉封泥也屡见“司空”半通印文。裘锡圭先生认为，“上引诸半通印似以属于县司空啬夫的可能性为最大。”[④]

“狱司空”之官，又见于刘向《洪范五行传》引翼奉语。严耕望先生研究秦汉县廷组织时，指出列曹中有尉曹、狱司空。“县置尉曹掾史，并见《隶释》一五《都乡正卫弹碑》。史又见《汉书·赵广汉传》、《田广明传》、《中部碑》、《南安长平乡道碑》。《洪范五行传》曰：‘尉曹主本［卒］使。’翼奉亦曰：‘尉曹主士卒，宜施仁。’又曰：‘尉曹以狱司空为府，主士卒，（据原文前后例，此处当脱“狱司空主”四字）牢狱。’”[⑤]严氏认为此条史料弥足珍贵，可视为西汉中叶以后之制度，故于本节末尾附录从《佚存丛书》中所抄《洪范五行传》此段全文，其中提到县道官按天干设置十曹，“辛为尉曹，共本［卒］使。”又按地支设十二官，其中“丑为司空，守政辅治。”另引翼奉云：“肝之官尉曹，木性仁，尉曹主士卒，宜施仁，……尉曹以狱司空为府，主士卒牢狱逋亡，与之奸，则螟虫生，木性静，与百姓通使鱼食与民，从类故虫。”[⑥]

此条涉及“狱司空”的史料之可贵价值有三：其一，它反映了县道“司空”属于尉曹中的一个机构，其直接上级应是县尉。秦汉郡县皆设有尉，为太守、县令的副职，

---

① 叶其峰：《西汉官印丛考》：“……柜为县名，属徐州琅邪郡，此印当是柜县之狱司空印，省‘狱’字，与半通印‘司空’同例。……笔者认为‘柜司空’不是烙马印，而可能是制砖时压制砖模文字的工具。”《故宫博物院院刊》1986年第2期。

② 参见睡虎地秦墓竹简整理小组《睡虎地秦墓竹简》第137页注③，裘锡圭《啬夫初探》，中华书局编辑部《云梦秦简研究》，第251页。

③ 张家山二四七号汉墓竹简整理小组：《张家山汉墓竹简》，文物出版社2006年版，第71—79页。

④ 裘锡圭：《啬夫初探》，中华书局编辑部《云梦秦简研究》，第252页。

⑤ 严耕望：《中国地方行政制度史甲部·秦汉地方行政制度》第五章《县廷组织》（三）县属吏》，第232页。

⑥ 同上书，第235—236页。

“典武职甲卒”[①]。郡尉虽为太守之下属，但其职权具有相对的独立性。严耕望先生论述：“都尉之视太守，既秩位略等，复直接统率士卒；且据《地志》又多与太守别治；加以开府置佐亦略如太守；故虽职位稍亚，而可以才气相陵，争衡不睦。”[②] 而县尉与县令之关系亦与之仿佛，“丞与尉本与令长同由中央任命，秩二百石以上，故《百官表》亦称之为长吏，如令长。是以亦如县令长有属吏”“又尉常以部称，故多与令长别治。如《水经·江水注》：‘阳岐山……东有城，故华容县尉旧治也。’又：‘江水东得俞口……北岸上有小城，故监利县尉治也。’是为明证。以其职主盗贼，又分部与令长别治，故任职者亦颇有能自申其意以为治。”[③] 县尉有自己的办公机构曰尉曹，而“司空”属于这个系统中的核心组织，即如前引翼奉所言：“尉曹以狱司空为府，主士卒牢狱逋亡。”严氏的这一研究成果富有前瞻性，被近年出土的秦代简牍所证实。如云梦秦简《秦律杂抄》：“戍者城及补城，令姑（嫴）堵一岁，所城有坏者，县司空署君子将者，赀各一甲；县司空佐主将者，赀一盾。令戍者勉补缮城，署勿令为它事；已补，乃令增塞埤塞。县尉时循视其攻（功）及所为，敢令为它事，使者赀二甲。”[④] 此处即说明县尉是县司空的上级，有巡视其工作的责任。另外，前述里耶秦简提到各县设有“都乡司空”和“乡司空”，关于它们的隶属长官，学术界亦有不同的认识，或认为乡司空是“乡啬夫的辅佐”，[⑤] 或认为其“直接秉承的可能是县司空，而未必是啬夫。”[⑥] 但是从前引 J1（16）5—6 简背面的记载来看，这两条简文内容相近，皆为迁陵县丞、守丞转发洞庭郡守下达的公文。分别为：

> 三月丙辰，迁陵丞欧敢告尉：告乡司空、仓主，前书已下，重，听书从事。尉（第 1 行）别都乡司空。[司空] 传仓；都乡别启陵、贰春，皆勿留脱。它如律（第 2 行）令。[⑦]
>
> 三月庚戌，迁陵守丞敦狐敢告尉，告乡司空、仓主，听书从事。尉别书都（第 1 行）乡司空。[司空] 传仓，都乡别启陵、贰春，皆勿留脱，它如律令。[⑧]

秦汉县令属下的丞、尉分别治事，各有自己的曹署。“丞署文书，典知仓狱。尉主盗贼。凡有贼发，主名不立，则推案索行寻，案察奸宄，以起端绪。各署诸曹掾史。”[⑨] 而这两份文书反映各乡司空的上级应是县尉，所以迁陵县丞不得直接将公文下达给乡

---

① 《汉书》卷一九上《百官公卿表上》，第 742 页。

② 严耕望：《中国地方行政制度史甲部·秦汉地方行政制度》，第 152 页。

③ 同上书，第 220 页。

④ 睡虎地秦墓竹简整理小组：《睡虎地秦墓竹简·秦律杂抄》，第 148 页。

⑤ 张春龙、龙京沙整理：《湘西里耶秦代简牍选释》，《中国历史文物》2003 年第 1 期。

⑥ 卜宪群：《秦汉之际乡里吏员杂考》，《南都学坛》2006 年第 1 期。

⑦ 王焕林：《里耶秦简校诂》，中国文联出版社 2007 年版，第 104 页。

⑧ 同上书，第 112—113 页。

⑨ 《后汉书·百官志五》，第 3623 页。

司空，而必须把文书移交给县尉，再由尉曹颁发给各乡司空和仓主，另行抄录一份给都乡司空。这一情况既与前述严氏的研究成果相吻合，又对其进行了补充。不仅是县司空隶属于尉曹，就连各乡的司空也是直接隶属于县尉，说明它们和游徼等吏一样，都是由县廷诸曹派驻并直接领导的吏员，并非听命于各乡的主吏“乡啬夫”。[①]

其二，刘向《洪范五行传》还反映出“（狱）司空”负责兴发徭役的重要职能。严耕望先生指出，县尉及其所辖尉曹除了负责地方治安，还掌管征发卒徒、兴役运输等事务。[②] 又云：“《续志》，公府尉曹主徒卒转运事。郡国盖同。《洪范五行传》：‘尉曹共本［卒］使。’翼奉曰：‘尉曹主士卒。’是也。”[③] 此项工作就是由“尉曹”通过“司空”进行具体安排的，即翼奉所言：“狱司空主士卒牢狱逋亡”。近年出土的里耶秦简为此提供了有力的证据，表明是县尉通过各乡的司空官员来安排征发民众服役。里耶秦简J1（16）5—6简正面的文字内容相近，皆为洞庭郡守发给属下各机构官员“县啬夫”（县令）、卒史、郡尉的公文，其中先重申了有关法律：“令曰：‘传送委输，必先悉行城旦舂、隶臣妾、居赀赎责（债）。急事不可留，乃兴繇（徭）。’”[④] 然后强调目前是农忙季节，不想对百姓随便兴发徭役。命令卒史嘉、假卒史谷、郡尉各自审查所负责各县现役人员的登记簿，如果发现违令官吏要检举并发送文书给该县，及时依法处分。[⑤] 上述两简背面的文字表明，此件文书送达迁陵县令之后，由县丞欧、守丞敦狐在三月丙辰、庚戌两日分别转发给迁陵县尉，再由县尉下达给所属的各乡司空，督促他们“听书从事”，即严格遵守法律并执行有关指示。另行抄录给都乡司空，由其传达给启陵、贰春二乡，“皆勿留脱”。这表明各乡之中每家百姓的服役人数和先后次序，是由乡司空来安排的，所以禁止滥发民力的文书最终下发到这些执行人的手里。前引《洪范五行传》引翼奉所云，狱司空还主管“逋亡”事务，士卒的“逋亡”即避役逃亡，统计和纠举“逋亡”人员也是徭役征发工作的一部分，所以并归“司空”机构负责。以往史家多注意“司空”监管罪犯劳动的职能，而对其兴发徭役的责任有所忽略。严耕望先生利用《洪范五行传》揭发了这一制度，而里耶秦简的相关记载又为其补充了证据。

其三，它还反映了“狱司空”在诉讼审判和追讨债务方面的特殊职能。沈家本曾提出秦汉“狱”字有两种含义，一种指监狱，如称“牢狱”、“狱犴”；另一种指案件或诉讼，如“断狱”、“治狱”[⑥]。如前所述，有些文献记载当时的“司空”机构具备司法

---

① 严耕望：“（游徼）其与有秩啬夫之关系，盖亦如郡尉之于郡守，县尉之于县令长。然乡游徼实即县职之分部于诸乡者，属功曹，已详上节。”《中国地方行政制度史甲部·秦汉地方行政制度》，第239—240页。

② 严耕望：《中国地方行政制度史甲部·秦汉地方行政制度》，第220页。

③ 同上书，第135—136页。

④ 王焕林：《里耶秦简校诂》，中国文联出版社2007年版，第104页。

⑤ 同上书，第111—112页。

⑥ （清）沈家本：《历代刑法考》，中华书局1985年版，第1157—1158页。

审判职责，故段玉裁曰：“是则汉时有都司空，有狱司空，皆主罪人，皆有治狱之责。”[①] 那么，“狱司空”负责审理的是哪些类型的案件，它和县廷决曹、辞曹在司法诉讼方面的职能有何不同？由于史籍的相关资料匮乏，难以深究其具体情况。沈家本在《狱考》中只得笼统地说：“县道皆有狱，有狱必有官以主之，狱司空其官也。乃《百官公卿表》及《续志》并无此名，仅见于应劭之书，未详其故。”[②] 前述刘向《洪范五行传》则提到汉代县属机构十曹当中除了尉曹，还有“丙为辞曹，共讼诉。丁为赋[贼]曹，共狱捕。”而十二官在“司空”之外，另有“戌为狱官，禁讯具备。”又言狱司空“主士卒牢狱逋亡”。说明县内设有两套司法诉讼机构，各有分职，司空负责有关“逋亡”的事务。拖欠公家赋税、借贷、罚款的行为，秦汉亦称做“逋赋”、“逋贷”。从里耶秦简的记载来看，是由县司空处理相关的案件。如J1（9）1—12简是同一组文书，其内容、形制、措辞、字数、纪年几无不同，均为迁陵、阳陵等县司空官员向前往洞庭郡某地服役的戍卒催讨所欠官府的“赀钱”（罚款）或“赎钱”（赎罪之钱）的公文。“这12枚木牍所处理的核心事务——戍卒的债务追讨，前后延续了三年（始皇三十三年四月至三十五年四月），涉及了阳陵县—洞庭郡—迁陵县上下公文共四次。”[③] 说明县司空不仅有权对逋亡徭役者进行纠察，还负责对欠负公家钱款的案件进行起诉和处理。上述文书均提到县司空曾派吏员对逋负钱款之家进行“訾”或“訾责”，即登门讨债并训斥责骂。如果“家贫弗能入”，按照《司空律》的规定要对其人身实行拘捕，经过诉讼审判后，强迫他为官府服役来抵债，称做“居赀赎责（债）”。《司空律》中还有关于工作日与罚款及扣除伙食费用的折算规定，“日居八钱；公食者，日居六钱”。居作者允许以别人或牲畜替代，“百姓有赀赎责（债）而有一臣若一妾，有一马若一牛，而欲居者，许。”他们还可以在农忙季节返乡耕耘，“居赀赎责（债）者归田农，种时、治苗时各二旬”[④]。表明有关案件的处治以及对拘役者的监管都是由各县的“司空”机构来完成的。

此外，秦代县司空还负责各种公物的保管与借贷事务。如云梦秦简《司空律》有对外出借、收还官府车辆、牲畜的规定，借用期间保养不善者要受惩处，“其主车牛者及吏、官长皆有罪”[⑤]。而里耶秦简J1（8）133—134简的内容是迁陵县司空上报给县廷的公文，提到竞陵县荡阴（里）有名为“狼”者长期借用“迁陵公船”未还，“狼”是司马昌官手下之人，已函告昌官，要他命令此人退船。昌官对相关问题作了回报，[⑥] 说明此类案件也是由县司空来进行审理，因为涉案人“狼”不在本县，所以要报告县廷请求移案并提交相关的证明材料。

---

① （汉）许慎撰，（清）段玉裁注：《说文解字注》，上海古籍出版社1984年版，第478页。

② （清）沈家本：《历代刑法考》，中华书局1985年版，第1172页。

③ 王焕林：《里耶秦简校诂》，中国文联出版社2007年版，第69页。

④ 睡虎地秦墓竹简整理小组：《睡虎地秦墓竹简·秦律十八种》，第84、85、88页。

⑤ 同上书，第81页。

⑥ 王焕林：《里耶秦简校诂》，中国文联出版社2007年版，第164—165页。

如前所述，秦汉县道存在着两套司法系统。《后汉书·百官志五》曰：“丞署文书，典知仓狱。尉主盗贼。凡有贼发，主名不立，则推案索行寻，案察奸宄，以起端绪。”(第3623页)县丞掌管普通民事、刑事案件，由属下的辞曹、决曹的狱掾、狱史(吏)审理。而县尉所辖尉曹既负责劫盗贼杀等恶性案件，缉拿相关人犯；还因为兼管徭役征发事务，而由其主要机构之一“司空”对士卒“逋亡”等犯罪活动进行起诉和处治，同时办理追缴赀赎钱款、欠负公物等有关案件。前引翼奉又云狱司空主牢狱，从上述的情况来看，县司空附设的监狱里除了关押夜晚归宿的刑徒及“居赀赎责(债)者”等已经判决结案并在服刑的犯人之外，还应包括那些由司空收审而处在诉讼过程之中的未决罪犯。正因如此，云梦秦简《司空律》中有这样的规定：“所弗问而久(系)之，大啬夫、丞及官啬夫有罪。”[①] 即如果发生未对犯人审讯而长期囚禁的行为，县令、县丞和“官啬夫(此处是指‘司空啬夫’)”有罪应受惩处。

县司空的下级有“司空佐史”，为负责文书工作的属吏。[②] 还有“署君子”，或简称为“君子”，是率领戍卒修筑城墙的监工，秦律中屡见，他们和县司空都要担保所监管的工程质量。[③] 贾谊《新书》称当时“司空”机构中监管犯人者有“司寇、牢正、徒长、小吏”[④]。其中“司寇”为轻徒刑犯，被官府用来率领重徒刑犯劳作。如《睡虎地秦墓竹简》中的《司空律》即称监管“城旦舂”之“司寇”为“城旦司寇”，并且规定了监管的人数和替代的条件。“城旦司寇不足以将，令隶臣妾将。居赀赎责(债)当与城旦舂作者，及城旦傅坚、城旦舂当将司者，廿人，城旦司寇一人将。”(第89页)“徒长”是督率刑徒班组“曹”劳动的监工。《史记》卷九一《黥布列传》曰：“丽山之徒数十万人，布皆与其徒长豪杰交通，乃率其曹偶，亡之江中为群盗。”(第2597—2598页)云梦秦简《秦律杂抄》中称其为“曹长”[⑤]。“牢正”应为管理牢房的吏员，按尹湾汉简载东海郡各县之狱设有“牢监”，[⑥] 按汉代九卿的属官亦有称“正”或“监”者，如《汉书》卷一九上《百官公卿表上》言廷尉治下“有正、左右监，秩皆千石”(第730页)。史籍中称其为“廷尉正”、“廷尉监”。司空监狱中的“牢正”可能与郡县监狱的“牢监”相似。汉代“小吏”或指秩俸百石以下的吏员，

---

① 睡虎地秦墓竹简整理小组：《睡虎地秦墓竹简·秦律十八种》，第84页。

② 睡虎地秦墓竹简整理小组：《睡虎地秦墓竹简》，文物出版社1978年版，第134页：“军人买(卖)禀禀所及过县，……县司空、司空佐史、士吏将者弗得，赀一甲。”《汉书》卷二《惠帝纪》：“赐给丧事者，……二百石以下至佐史五千。”注引如淳曰：“律有斗食、佐史。”韦昭曰：“若今曹史书佐也。”第85—86页。

③ 参见睡虎地秦墓竹简整理小组《睡虎地秦墓竹简·秦律杂抄》第148页：“戍者城及补城，令姑(嫴)堵一岁，所城有坏者，县司空署君子将者，赀各一甲。”第78页：“兴徒以为邑中之红(功)者，令结(嫴)堵卒岁。未卒堵坏，司空将红(功)及君子主堵者有罪，令其徒复垣之，勿计为䌛(徭)。”

④ (汉)贾谊撰，阎振益、钟夏校注：《新书校注》卷二《阶级》：“若夫束缚之，系绁之，输之司空，编之徒官。司寇、牢正、徒长、小吏骂詈而榜笞之，殆非所以令众庶见也。”第80—81页。

⑤ 睡虎地秦墓竹简整理小组：《睡虎地秦墓竹简·秦律杂抄》：“省殿，赀工师一甲，丞及曹长一盾，徒络组廿给。省三岁比殿，赀工师二甲，丞、曹长一甲，徒络组五十给。”第78页。

⑥ 廖伯源：《简牍与制度》，广西师范大学出版社2005年版，第64—65页。

又称“少吏”[①]。或是在未成年时进入官府参加工作，如《汉书》卷七六《王尊传》言其“年十三，求为狱小吏”（第3226页）。司空机构中的“小吏”也负责监管犯人，如前引贾谊所言，对刑徒“骂詈而榜笞之”。

周代卿大夫采邑中有“（采）司空”，属于“三有司”之一，[②] 金文写做“司工”，[③] 应是秦汉县司空的渊源。卜宪群同志曾指出：“秦司空系承周制而来，仍保留了不少传统的职掌，如秦司空负责工程营造之事，就是这个传统的延续。”[④] 古籍中多见周代司空掌管土功和对水利、交通设施的营建与维护。秦汉县司空继承了周代司空这方面的职能，如云梦秦简《徭律》所载，县司空负责辖区之内土功的规划安排与施工，包括城邑、禁苑与牧苑的墙垣、堑壕、藩篱及官府各种房屋的兴筑和维修，并负责工程质量的担保。“兴徒以为邑中之红（功）者，令结（嫴）堵卒岁。未卒堵坏，司空将红（功）及君子主堵者有罪，令其徒复垣之，勿计为（徭）。”[⑤]《睡虎地秦墓竹简·秦律杂抄》中也有这方面的规定，“戍者城及补城，令姑（嫴）堵一岁，所城有坏者，县司空署君子将者，赀各一甲；县司空佐主将者，赀一盾”（第148页）。县内各种土方工程量的估算和规定称为“度功”、“程功”，这项任务须由司空和匠师共同承担，若发生计算错误导致征发人力超额或减额，要依法对失职者进行惩处。[⑥]

应劭曾说司空治下刑徒的重要任务之一是“令平易道路也”[⑦]。汉代郡县修治道路桥梁多用刑徒，参见《盐铁论》卷六《水旱篇》贤良曰：“更繇省约，县官以徒复作缮治道桥，诸发民便之。”[⑧] 孔融《肉刑论》曰：“今之洛阳道桥作徒，囚于厮役，十死一生。”[⑨] 而这些工程也往往是由司空掌管的，如《后汉书》卷三《章帝纪》元和元年八月：“丁酉，南巡狩。诏所经道上，郡县无得设储跱。命司空自将徒支柱桥梁。”（第147页）《东观汉记》卷二载此事为：“章帝行幸，敕御史、司空，道桥所过历树木，今方春月，无得有所伐，辂车可引避也。”[⑩] 此外，县级“司空”部门还负责一些手工业

① 参见《汉书》卷八《宣帝纪》三年八月诏：“吏不廉平则治道衰。今小吏皆勤事，而奉禄薄，欲其毋侵渔百姓，难矣。其益吏百石以下奉十五。”（第263页）《汉书》卷一九上《百官公卿表上》：“百石以下有斗食、佐史之秩，是为少吏。”（第742页）

② 赵平安：《秦西汉误释未释官印考》“采司空印”条考证，《历史研究》1999年第1期。杨树达：《积微居金文说》卷六《司徒幽卣跋》：“盖古县邑皆有司徒司马司工，不必天子诸侯之国始有之也。”科学出版社1952年版，第160页。

③ 张亚初、刘雨：《西周金文官职研究》：“文献的‘司空’在两周金文中均写作司工，东周铭文依然，或作‘司攻’，可知典籍中的司空之官，应是工字的同音假借。”中华书局1986年版，第22页。

④ 卜宪群：《秦汉之际乡里吏员杂考》，《南都学坛》2006年第1期。

⑤ 睡虎地秦墓竹简整理小组：《睡虎地秦墓竹简·秦律十八种》，第76—77页。

⑥ 睡虎地秦墓竹简整理小组：《睡虎地秦墓竹简·秦律十八种》：“吏程攻（功），赢员及减员自二日以上，为不察。上之所兴，其程攻（功）而不当者，如县然。度攻（功）必令司空与匠度之，毋独令匠。其不审，以律论度者，而以其实为繇（徭）徒计。”第77页。

⑦ （汉）应劭，吴树平校注：《风俗通义校注》，天津人民出版社1984年版，第419页。

⑧ 马非百注释：《盐铁论简注》，中华书局1984年版，第277页。

⑨ （宋）李昉等撰：《太平御览》卷六四二《刑法部八·徒》，第2876页。

⑩ （东汉）刘珍等撰，吴树平校注：《东观汉记校注》，中州古籍出版社1987年版，第77页。

制造工作。如云梦秦简《司空律》记载该机构掌管官府车辆的保养维修，附设有木工和铁工作坊。[①] 它还负责制造加工和储存保管官府所用的各种文具材料，如书写文书所用的木版、木方，封扎文书所用的革麻等物。[②]

在秦汉国家机构的“司空”组织当中，各县道所辖的“司空”应该是数量最多的。王符曾言汉代，“天下百郡千县，市邑万数”[③]。如果按每县设置一处“狱司空”来计算，全国应在千余以上。若算上县廷派驻各乡的司空，这个数目还要大大增加。秦汉县道的“司空”监管刑徒劳作，负责境内土木工程、水利及交通设施的修建维护，安排士卒徭役及“居赀赎责（债）者”的征发，追讨民间的逋负钱款、公物与人力，审理相关案件，在维持社会基层的统治秩序方面，发挥过相当重要的作用。

二　郡国的“司空”

秦汉郡国是否设有“司空”机构，过去曾有学者提出过质疑；[④] 但金石资料及近年出土简牍多见其踪迹，它的存在应无可非议。如秦印有“南海司空”，[⑤]《史记》卷六《秦始皇本纪》三十三年，“发诸尝逋亡人、赘婿、贾人略取陆梁地，为桂林、象郡、南海，以适遣戍”（第 253 页）。又言赵佗，“秦时用为南海（郡）龙川令”（第 2967 页）。秦封泥有“南郡司空”、“琅邪司丞”，[⑥] 分别为二郡司空机构主、副官员，后者即为“琅邪司空丞”之省文。又有“泰山司空”，周晓陆等认为应属秦代官职，“当为秦始皇封泰山时所司建筑职司”[⑦]。汉代郡级“司空”可参见张家山汉简《二年律令·秩律》：“中发弩、枸指发弩、中司空、轻车、郡发弩、司空、轻车，秩各八百石，有丞者三百石。”[⑧] 整理小组注释“中司空”是“中央政府所设主罪人作役官”，其下文的“轻车”，整理小组注释：“当指中轻车，以区别郡轻车。中央政府统辖轻车之官。”[⑨] 是说前四个官员属于朝廷直辖的官吏，此后的三个官职属于地方军政组织，其中“郡发弩”下面的“司空”即郡司空，其秩八百石，高于普通县级官吏六百石的秩俸，属于郡国长吏副职的级别。此句律文亦有省略的文字，即“郡发弩、（郡）司空、（郡）轻

① 参见睡虎地秦墓竹简整理小组《睡虎地秦墓竹简·秦律十八种·司空律》“不攻间车”条，第 81 页。“为铁攻（工），以攻公大车”条，第 82 页。

② 参见睡虎地秦墓竹简整理小组《睡虎地秦墓竹简·秦律十八种·司空律》“令县及都官取柳及木楘（柔）可用书者”条简文与注释，第 83 页。

③ （汉）王符著，（清）汪继培笺，彭铎校正：《潜夫论笺》卷三《浮侈篇》，中华书局 1979 年版，第 120 页。又《后汉书·郡国志五》记载西汉，“至于孝平，凡郡、国百三，县、邑、道、侯国千五百八十七”。东汉“至于孝顺，凡郡、国百五，县、邑、道、侯国千一百八十”。第 3533 页。

④ 严耕望：“又狱司空，惟县道有之，郡国亦无。”《中国地方行政制度史甲部·秦汉地方行政制度》，第 220 页。

⑤ 罗福颐主编：《秦汉南北朝官印征存》卷一《秦官印》，文物出版社 1987 年版，第 4 页。

⑥ 周晓陆、路东之编著：《秦封泥集》，三秦出版社 2000 年版，第 253、265 页。

⑦ 同上书，第 218 页。

⑧ 张家山二四七号汉墓竹简整理小组：《张家山汉墓竹简》，文物出版社 2006 年版，第 71 页。

⑨ 同上。

车”。否则，律文全句之中重复出现两次“轻车”官职的原因就无法得到合理的解释。可见汉初继承秦制，各郡亦设有“司空”，副职曰“丞”，秩俸为三百石。郡司空的职责应与云梦秦简所载县司空相类，主管辖区内土木水利工程等事务。前引《后汉书》卷三《章帝纪》元和元年八月南巡，“诏所经道上，郡县无得设储跱。命司空自将徒支柱桥梁”（第147页）。所言即包括郡县两级的司空官员。郡司空亦监管刑徒劳作，如西汉陈咸，“起家复为南阳太守。所居以杀伐立威，豪猾吏及大姓犯法，辄论输府，以律程作司空，为地臼木杵，舂不中程，或私解脱钳釱，衣服不如法，辄加罪笞”。颜师古注：“府，谓郡之府。”“司空，主行役之官。”①

诸侯王国之“司空”可以分为两类。其一是在官职前之缀以国名，如西汉印章有“中山司空”，② 封泥有“齐司空印”、“齐司空长”，③ 分别为中山国、齐国官吏，相当于汉之郡司空。其主官为“长”，“秩五百石至三百石”。④ 其二是在国名之后缀以“宫”字，如西汉齐国有“北宫司空”，⑤ 封泥有“齐宫司空”、“齐宫司丞”；⑥ 徐州北洞山西汉楚王墓中出土“楚宫司丞”铜印，⑦ 徐州土山东汉墓有“楚宫司丞”封泥，⑧ 均为王宫内司空官所用。江苏邗江县胡场五号汉墓出土刑狱木牍两枚，文字合读为：

> 卌七年十二月丙子朔辛卯，广陵宫司空长前、丞□敢告土主：广陵石里男子王奉世有狱事，事已，复故郡乡里，遣自致。移栺穴。卌八年狱计，承书行事。如律令。

黄盛璋先生断为西汉广陵王刘胥之纪年，“牍文‘王奉世有狱事’，必因犯罪。而系于广陵王宫之司空狱”。又言“西汉诸侯王国，‘得自除内史以下，置官如朝廷’，故得置狱于宫内，等于中央诏狱。称‘宫司空’。……汉左、右司空属少府，地方王国则直接属王，狱设于宫，其长官只能为六百石，故称长而不称令”⑨。陈松长先生亦指出，“简牍中所记的‘广陵宫司空长前、丞□’就是事件的呈报者，他们并不是所谓‘广陵宫地下主土宫司空、丞’，而应是人间实有的官名”⑩。

“宫司空”的职能除了治狱和役使刑徒劳作，还有监管宫廷手工业作坊的生产事务。可见“东海宫司空盘”铭文：“建武中元二年七月十六日，东海宫司空作铜盘缶

① 《汉书》卷六六《陈万年附子咸传》，第2901页。

② 罗福颐主编：《秦汉南北朝官印征存》卷二《前汉官印》，第41页。

③ 吴幼潜编：《封泥汇编》，第29页。

④ 《汉书》卷一九上《百官公卿表上》，第742页。

⑤ 《史记》卷一〇五《扁鹊仓公列传》，第2804页。

⑥ 吴幼潜编：《封泥汇编》，第32—33页。

⑦ 耿建军：《试析徐州西汉楚王墓出土官印及封泥的性质》，《考古》2000年第9期。

⑧ 李银德：《徐州土山东汉墓出土封泥考略》，《文物》1994年第11期。

⑨ 黄盛璋：《邗江胡场汉墓所谓“文告牍”与告地策谜再揭》，《文博》1996年第5期。

⑩ 陈松长：《告地策的行文格式与相关问题》，《湖南大学学报》2008年第3期。

镫，重五斤辈廿枚。工范循造，啬夫臣倍主，丞臣寿、长臣福省。”[①] 此盘系东汉光武帝长子刘强宫中所制，《后汉书》卷四二《光武十王传》曰：“（建武）十九年，封为东海王，二十八年，就国。”（第 1423 页）后于明帝永平元年病逝。铜盘制造者为工人范循，由（司空）啬夫名“倍”（疑为“信”）者主管，宫司空长福、司空丞寿“省”、即考核检验。[②] 上述铭文反映出秦汉官府手工业中实行的“物勒工名”制度，徐正考同志曾指出，“中央政府所属工官的三级组合常例是：某机构某工（或某机构）造，护、佐、宿夫、掾主，丞、令省。”“通过铭文可以看出：考工、供工、东海宫司空实行这样的工官组合；考工所造铜器铭文中有记完整工官组合者（我们发现五器）。供工所造铜器铭文中没有发现完整工官组合记载。而东海宫司空工官组合最为简单，主造只有啬夫，监造则由丞、长担任，可能因东海宫司空工官规模小，故而不但主造者仅一官，监造者之丞也只设一人而不分左右，工官首长称长不称令（汉大县置令，小县置长，工官首长亦当据所管工官的大小而分别称令或长）。”[③] 前文已述，秦汉的“司空”机构兼管部分手工业制造事务，这一职能可以上溯到周代，如郑玄所言：“司空掌营城郭，建都邑，立社稷宗庙，造宫室、车服、器械，监百工者。”[④]

三　中都官的“司空”

在秦与西汉王朝的“中都官”，即中央政府及皇室宫廷的各部门里，也存在着为数众多的“司空”机构。前引云梦秦简《秦律杂抄》有“邦司空”，即由两周王室与诸侯国的“司空”官演变而来，于省吾先生认为它就是《商君书·境内篇》所说的“国司空”。“其实，国司空本来应该名为邦司空，西汉初，避刘邦的讳，古籍中的邦字多改为国字，邦司空就成为国司空了。今本《老子》中的国字，马王堆帛书《老子》甲种本多作邦，乙种本写于西汉初年，就已经改作国。”[⑤] 汉初朝廷设置“中司空”，张家山汉简《二年律令·秩律》整理小组注释：“中司空，中央政府主罪人作役官。”[⑥]

秦朝和西汉前期中央政府的“司空”职官机构如果和周代比较，可以看到它们出现了某些显著变化。试述如下：

（一）“司空”机构的分裂与增置

两周王室与诸侯在朝内通常仅设“司空”官员一职，总揽国中土建、水利工程并监理百工。秦汉中央政府则另立将作大匠，主管帝室各种土木修建工程，“掌修作宗

---

① 徐正考：《汉代铜器铭文选释》，作家出版社 2007 年版，第 738 页。

② 睡虎地秦墓竹简整理小组：《睡虎地秦墓竹简·秦律杂抄》：“省殿，赀工师一甲，丞及曹长一盾，徒络组廿给。省三岁比殿，赀工师二甲，丞、曹长一甲，徒络组五十给。”第 136 页。

③ 徐正考：《汉代铜器铭文综合研究》，作家出版社 2007 年版，第 23—25 页。

④ （清）阮元校刻：《十三经注疏》，第 905 页。

⑤ 于省吾：《云梦秦简所见职官述略》，中华书局编辑部《文史》第八辑，第 11 页。

⑥ 张家山二四七号汉墓竹简整理小组：《张家山汉墓竹简》，文物出版社 2006 年版，第 71 页。

庙、路寝、宫室、陵园木土之功，并树桐梓之类列于道侧。”[①] 有时也受皇帝派遣，为近臣贵戚修建宅第冢茔。[②] 这实际上反映了朝廷对传统“司空”机构的主要职能进行了剥离。据《汉书》卷一九上《百官公卿表上》所言，此官秦时称将作少府，景帝中六年更名将作大匠。但《汉官旧仪补遗》曰：“将作大匠，改作少府。景帝中六年更名。”[③] 是说秦及汉初称做将作大匠，景帝时改称将作少府，与《汉书》所言不合。刘瑞先生考证认为将作大匠本为秦官，汉初仍名，景帝中六年改为将作少府，约在武帝太初元年复称将作大匠。[④]《二年律令·秩律》载汉初有“大匠官司空”，[⑤] 秩六百石，相当于县令。“大匠”是将作大匠的简称，而大匠官司空则为其下属官员。

此外，除了“邦司空”和“中司空”，文献与考古资料反映秦和西汉朝廷还在九卿之下设置过许多“司空”机构。例如宗正属下有都司空令丞，少府属下有左右司空令丞。[⑥] 西安附近秦汉遗址出土砖瓦石刻多有“都司空”、“左司空”、“右司空”铭文。陈直先生曾收录并研究道：“上列各条皆足以证明西汉官府陶业由都司空令主管，次则是左右司空令两署主管，两处管的是徒，做工的必然是徒。”“他们所造，不一定是官署本身用的，大部分皆是各宫殿所用。”[⑦] 吴镇烽先生补充说：“从始皇陵出土的砖瓦文字及茂陵霍去病墓石雕上刻有‘左司空’署名来看，左右司空的刑徒主要从事皇家陵墓工程的劳作，都司空的刑徒主要为国都修建工程烧造砖瓦。”[⑧] 秦始皇陵遗址出土砖瓦中带有左右司空工匠印戳者，王学理先生曾收录列表。[⑨] 另据史籍所载，都司空与左右司空均设有囚禁未决犯的“诏狱”，收审京师及郡国的重大案犯及人证。如窦婴涉嫌灌夫案件，“劾系都司空”。《史记索隐》注：“《百官表》云宗正属官，主诏狱也。”[⑩] 又《汉旧仪补遗》曰：“司空诏狱，治列侯、二千石，属宗正。”[⑪] 沈家本按：“（窦）婴之系都司空，以其为列侯也。”[⑫] 此外，《汉书》卷四五《伍被传》曰：“又为左右都司空上林中都官诏狱书，逮诸侯太子及幸臣。”注引晋灼曰：“《百官表》宗正有左右都司空，上林有水司空，皆主囚徒官也。”（第 2174—2175 页）徐世虹先生对此评述道：

---

① 《后汉书·百官志四》，第 3610 页。

② 如《汉书》卷九三《董贤传》载哀帝“诏将作大匠为贤起大第北阙下，……又令将作为贤起冢茔义陵旁”。第 3755—3734 页。《汉书》卷八一《孔光传》：“将作穿复土，可甲卒五百人，起坟如大将军王凤制度。”第 3364 页。

③ （清）孙星衍等辑：《汉官六种》，中华书局 1990 年版，第 58 页。

④ 刘瑞：《秦汉时期的将作大匠》，《中国史研究》1998 年第 4 期。

⑤ 张家山二四七号汉墓竹简整理小组：《张家山汉墓竹简［二四七号墓］·秩律》，文物出版社 2006 年版，第 74 页。

⑥ 《汉书》卷一九上《百官公卿表上》，第 730—731 页。

⑦ 陈直：《关于两汉的徒》，《两汉经济史料论丛》，陕西人民出版社 1980 年版，第 266、264 页。

⑧ 吴镇烽：《陕西历史博物馆馆藏封泥考（下）》，《考古与文物》1996 年第 6 期。

⑨ 王学理：《秦始皇陵研究》，上海人民出版社 1994 年版，第 241—242 页。

⑩ 《史记》卷一〇七《魏其武安侯列传》，第 2853—2854 页。

⑪ （清）孙星衍等辑：《汉官六种》，中华书局 1990 年版，第 90 页。

⑫ （清）沈家本：《历代刑法考》，中华书局 1985 年版，第 1167 页。

“左右司空为少府属官，与宗正属官都司空无涉。”“左右司空既为督造之府，则定当拥有大量刑徒罪隶，监狱之设，也是势所必然。晋灼指《伍被传》之左右都司空，为宗正属官都司空，疑误。宗正名下的都司空不分左右，又将左右司空与上林并举，显然系指少府名下的官署。然少府属官左右司空，无‘都’字，沈家本疑《伍被传》上文字有误，近是。”[①]

其次有水司空。《汉书》卷一九上《百官公卿表上》载水衡都尉“掌上林苑”（第735页），属官有“水司空”长丞。又同表“都司空令丞”句注引如淳曰：“《律》：司空主水及罪人。”（第731页）吴镇烽先生道：“我以为所谓‘司空主水及罪人’当是水司空的职责，因为水司空属水衡都尉。水衡都尉掌治上林苑，主都水。水司空管理的刑徒必多从事上林苑中水利工程的劳作。”[②] 上林苑设有监狱，名曰“上林诏狱”。见《汉旧仪补遗》卷上：“上林诏狱主治苑中禽兽宫馆事，属水衡。”[③] 可见它日常收审苑内的违法人员，但是遇到皇帝下诏办理的重大案件，涉案人证较多，有些就被送到上林诏狱，即水司空所辖的监狱里。《汉书》卷四五《伍被传》曰：“又为左右都司空上林中都官诏狱书，逮诸侯太子及幸臣。”注引晋灼曰：“《百官表》宗正有左右都司空，上林有水司空，皆主囚徒官也。”（第2174—2175页）

再次有船司空。《汉书》卷二八上《地理志上》京兆尹下有“船司空；莽曰船利。”注引服虔曰：“县名。”颜师古曰：“本主船之官，遂以为县。”（第1543—1544页）《水经注》卷四曰：“河水历船司空与渭水会。”杨守敬按：“县后汉废，在今华阴县东北五十里。”又同书卷一九言渭水东入于河，“水会即船司空所在矣。《地理志》曰：‘渭水东至船司空入河。’服虔曰：县名；都官。《三辅黄图》有船库官；后改为县。王莽之船利者也。”杨守敬按：“船既司空所主，兼有罚作船之徒役，皆在此县也。”[④] 西安相家巷出土秦代封泥有“船司空丞”，周晓陆等考证道：“船司空在秦属内史。案：《史记·秦本纪》，秦昭王五十年：‘初作河桥。’《正义》：‘此桥在同州临晋县东，渡河至蒲州，今蒲津桥也。’河桥为浮桥，系船而成，故置船库官。则船司空应在陕西大荔县以东黄河故道中。”[⑤] 笔者按：船司空造船非仅为河桥系舟所用，更重要的应该是供给漕运。秦及西汉京师所需粮食甚众，大多在黄河三门以西转上漕船经渭水入长安。西汉中叶，“岁漕关东谷四百万斛以给京师，用卒六万人。”[⑥] 桑弘羊理财时，“山东漕益岁六百万石”[⑦]。秦及西汉负责京师警卫的长官是中尉，属官有都船令丞，船司空可能为其下属机构。秦始皇陵遗址出土板瓦陶文有工匠印戳“都船工疕”、“船司空□”，王

---

① 徐世虹主编：《中国法制通史》第二卷《战国秦汉》，法律出版社1999年版，第635—636页。

② 吴镇烽：《陕西历史博物馆馆藏封泥考（下）》，《考古与文物》1996年第6期。

③ （清）孙星衍等辑：《汉官六种》，中华书局1990年版，第92页。

④ （北魏）郦道元注，杨守敬、熊会贞疏：《水经注疏》，江苏古籍出版社1989年版，第312、1667页。

⑤ 周晓陆、陈晓捷、汤超、李凯：《于京所见秦封泥的地理内容》，《西北大学学报》2005年第4期。

⑥ 《汉书》卷二四上《食货志上》，第1141页。

⑦ 《史记》卷三〇《平准书》，第1441页。

学理先生认为他们隶属“船司空”，[①] 这一机构在秦代兼有为朝廷烧制砖瓦的职责。

另外，还有专门为皇帝及其家属生活服务的“宫司空”与“寺司空”。《秦封泥集》收有“宫司空印”、“宫司空丞”，[②] 后者藏陕西历史博物馆，吴镇烽先生说：“宫司空丞封泥除本品外，《齐鲁封泥集存》收录一品，《秦汉南北朝官印征存》收录‘宫司空’印和‘宫司空丞之印’各一品。”又言：“‘宫司空’《百官公卿表》未载，仅见于封泥印章，依上分析其职责当是管理宫中从事工程劳作的刑徒。汉代诸侯王国的官制与中央相同，《齐鲁封泥集存》收录的‘齐宫司空’封泥，应是齐国管理宫室修建工程刑徒的官署遗物。”[③] 按‘宫司空’印为长方形，既非通官印，又较半通官印大了许多，可能属于某种专用印章。罗福颐先生将其定为西汉官印。[④] 湖南长沙曾发现西汉晚期滑石制殉葬用“宫司空丞之印”，[⑤] 为正式官印的代用品。西安相家巷出土秦封泥有“寺司空府”，[⑥] 周代宫内阉宦称为“寺人”，如《左传》载齐有“寺人貂”，晋有“寺人披”、“寺人孟张”，宋有“寺人惠墙伊戾”、“寺人柳”，[⑦] 负责嫔妃居住之后宫的事务。可参见《周礼·天官》：“寺人掌王之内人及女宫之戒令，相道其出入之事而纠之。”[⑧] 由此判断，“寺司空”可能是监管阉人在后宫掖庭从事劳作的机构，与“宫司空”的职掌有内外之别。“寺司空”至西汉不见于史载，可能是撤销或与宫司空合并了。

战国以来，随着兼并战争的不断胜利，秦与后来的西汉相继建立了统一的多民族中央集权国家，其疆域的迅速扩张和编户百姓人数的增长，致使官僚队伍与皇室宫廷组织显著地膨胀起来，各种繁杂的事务殆非原有“司空”一职所能处理，客观上需要更多的官员和部门来分担，这应是秦汉朝内出现众多“司空”机构的主要原因。

（二）“司空”职权的衰微

在周代王室与诸侯国朝内的百官体系里，“司空”由于掌管重要事务而处于很高的地位，古籍记载它曾为“六卿”之一。[⑨] 但是到了汉初，据《二年律令·秩律》所载，“中司空”与郡国“司空”俸禄相同，“秩各八百石，有丞者三百石”。而“大匠官司空”秩六百石，[⑩] 仅与大县的县令级别相等，没有被列入两千石以上高级官吏的队伍里。其职位明显地下降了。值得注意的是，自景帝以降至成帝绥和元年（公元前8）百余载内，“中司空”不见踪迹，朝廷没有设置相当于原来“邦（国）司空”的官职，它

① 王学理：《秦始皇陵研究》，上海人民出版社1994年版，第240—241页。

② 周晓陆、路东之编著：《秦封泥集》，三秦出版社2000年版，第124页。

③ 吴镇烽：《陕西历史博物馆馆藏封泥考（下）》，《考古与文物》1996年第6期。

④ 罗福颐主编：《秦汉南北朝官印征存》卷三《前汉官印》，文物出版社1987年版，第38页。

⑤ 牛济普：《汉代官印分期例举》，《中原文物》1998年第1期。

⑥ 周晓陆、陈晓捷、汤超、李凯：《在京新见秦封泥中的中央职官内容——纪念相家巷秦封泥发现十周年》，《考古与文物》2005年第5期。

⑦ 参见杨伯峻《春秋左传注》，中华书局1990年版，第283、305、901、1118、1277页。

⑧ （清）阮元校刻：《十三经注疏》，第687页。

⑨ 《汉书》卷一九上《百官公卿表上》：“夏、殷亡闻焉，周官则备矣。天官冢宰，地官司徒，春官宗伯，夏官司马，秋官司寇，冬官司空，是为六卿，各有徒属职分，用于百事。”（第722页）

⑩ 张家山二四七号汉墓竹简整理小组：《张家山汉墓竹简》，文物出版社2006年版，第71、74页。

职掌的事务被拆散分配给其他官署机构去执行。如通渠灌溉等水利事务改由大农令、即后来的大司农掌管。《汉书》卷一九上《百官公卿表上》言秦官有治粟内史,“景帝后元年更名大农令,武帝太初元年更名大司农。……又郡国诸仓农监、都水六十五官长丞皆属焉”(第731页)。前述武帝时大司农郑当时奏请“引渭穿渠起长安,并南山下,至河三百余里,……天子以为然,令齐人水工徐伯表,悉发卒数万人穿漕渠,三岁而通。”[①] 筑路通渠的大型工程或由御史大夫审查办理,见《汉书》卷二九《沟洫志》:“其后人有上书,欲通褒斜道及漕,事下御史大夫张汤。”(第1681页)而大规模修筑堤防等事也是由大司农或御史大夫负责,如元光年间黄河决于瓠子,武帝即派大司农郑庄“使视决河,自请治行五日。”[②] 事后“使汲黯、郑当时兴人徒塞之”[③]。又,成帝时黄河溃决,“御史大夫尹忠对方略疏阔,上切责之,忠自杀”[④]。皆为实例。朝廷另设有河堤都尉等职。而大型土木工程的修建,如前所言,则主要由将作大匠负责,少府的左右司空也分担部分陵墓工程。西汉宫廷与中央政权的官府手工业则多由九卿属下的各种工官组织来管理,如前述宗正之都司空主造砖瓦,水衡都尉之钟官、辨铜、技巧主铸铜钱,[⑤] 中尉所辖之寺工主造兵器、用具,[⑥] 都船和船司空主造船只,少府所辖考工、尚方令丞主造器具,织室制作衣服。[⑦] 总之,原来邦(国)司空的职能已被上述诸官署机构瓜分殆尽,所以它没有继续存在的必要;九卿属下各司空部门只负责某一方面的工作,其职权也就因此而减轻了。

四　两汉“司空”机构的历史演变

西汉中叶到东汉前期,中央和地方行政组织中的“司空”机构逐渐发生变化,纷纷裁撤,仅在三公中保留“司空”,但与罪犯劳动管理无关。其演变情况分述如下:

(一)郡国县乡司空的衰亡

首先,是乡司空的消失。前述里耶秦简J1(16)5—6简表明秦朝在各县设有都乡司空和乡司空,负责征派徭役、催缴逋贷。张家山汉简《二年律令·秩律》中也载有司空的秩次,“从百六十石至二百五十石不等,应当是包括乡司空在内的。”[⑧] 此后的各种史料中再未见过“乡司空”,如尹湾汉墓出土的西汉末年《东海郡集簿》和《东海郡吏员簿》所载该郡诸县所属各乡仅设置了“乡有秩”、“啬夫”、“游徼”、“乡佐”、“亭

① 《史记》卷二九《河渠书》,第1409—1410页。
② 《汉书》卷五〇《郑当时传》,第2324页。
③ 《史记》卷二九《河渠书》,第1409页。
④ 《汉书》卷二九《沟洫志》,第1688页。
⑤ 陈直:《关于两汉的手工业》,《两汉经济史料论丛》,第117页。
⑥ 黄盛璋:《寺工新考》,《考古》1983年第9期。
⑦ 陈直:《关于两汉的手工业》,《两汉经济史料论丛》,第71、126页。
⑧ 卜宪群:《秦汉之际乡里吏员杂考》,《南都学坛》2006年第1期。

长”等，并没有出现司空。[①] 文献记载西汉“乡有三老、有秩、啬夫、游徼。三老掌教化。啬夫职听讼，收赋税。游徼徼循禁贼盗”[②]。而《后汉书·百官志五》曰：“乡置有秩、三老、游徼。本注曰：有秩，郡所署，秩百石，掌一乡人；其乡小者，县置啬夫一人。”（第3624页）安作璋、熊铁基先生指出，各乡之“有秩”实际为郡署掌管大乡的“有秩啬夫”，小乡则由县里委派无秩啬夫管理。有秩啬夫其秩百石，“在西汉官品和俸禄中是最后一等，所以说‘其职裁有秩耳’，是刚刚入官品的芝麻官。无秩啬夫当然就没有百石，或者相当于斗食，或者更少”[③]。东汉乡啬夫的职能与西汉相比略有变化，即在征收赋税之外还负责派发徭役。“皆主知民善恶，为役先后，知民贫富，为赋多少，平其差品。”[④] 如第五伦“为乡啬夫，平徭赋，理怨结，得人欢心”[⑤]。两汉各乡在啬夫之下还有乡佐，是啬夫的下级和助手。“其主要职掌虽为赋税、徭役，其他行政、民事、兵事也似乎都管，其地位相当于郡县之丞。”[⑥] 从尹湾汉简反映的情况来看，乡佐并非每乡都设，很多乡只有啬夫而无乡佐。[⑦] 如前所述，乡内征发徭役的工作在秦代及西汉前期是由乡司空承担的。卜宪群先生认为，“汉初以后，随着大规模战事的结束，乡司空的职能逐渐消失，司空一职也不再见于乡中”[⑧]。笔者赞成此说，看来随着乡司空的裁撤，原来它担任的派发徭役、收缴逋贷任务也就转交给了乡啬夫和乡佐。

其次，出现了“空丞”和“徒丞”。西汉官印屡见带有某某县名之“空丞”，应是“司空丞”之省文。[⑨] 赵平安同志指出，“传世印章中，还有上虞空丞印、乌伤空丞印、班氏空丞与涅阳邑空丞等印。查《汉书·地理志》，知此四地均为西汉县名，上虞、乌伤属会稽郡，班氏属代郡，涅阳邑属南阳郡，新莽时分别改为会稽、乌孝、班副和前亭”[⑩]。另外，“王莽托古改制，采地也置司空，如‘东光采空丞’（《秦汉南北朝官印征存》）即‘东光采司空丞’”[⑪]。又有前缀县名或侯国名之“徒丞”汉印，陈直先生汇考有“故且兰徒丞印”、“爰得徒丞”、“巩县徒丞印”、“干昌县徒丞”、“雝丘徒丞印”、“雒卢徒丞印”、“灞水徒丞”与新莽“骓睦男徒丞”印，认为“盖汉代刑徒，有时人数

① 参见卜宪群《秦汉官僚制度》第八章《东海郡个案研究》第四节《乡官设置》，社会科学文献出版社2002年版，第324—325页。

② 《汉书》卷一九上《百官公卿表上》，第742页。

③ 安作璋、熊铁基：《秦汉官制史稿》下册，齐鲁书社1985年版，第195页。

④ 《后汉书·百官志五》，第3624页。

⑤ 《后汉书》卷四一《第五伦传》，第1396页。

⑥ 安作璋、熊铁基：《秦汉官制史稿》下册，齐鲁书社1985年版，第200页。

⑦ 卜宪群：“乡佐设置的非普遍性可能是两种情况所致：一是乡佐也要根据乡的大小而设立，并非每乡都设，小乡乡佐的职能就由啬夫承担了，实际上文献所载乡佐与乡啬夫的职能是互相交叉的；二是临时的官缺，尚未补齐。”《秦汉官僚制度》，社会科学文献出版社2002年版，第325页。

⑧ 卜宪群：《秦汉之际乡里吏员杂考》，《南都学坛》2006年第1期。

⑨ 笔者按：汉代以“空”字代表“司空”之例，还可参见出土汉瓦“右空瓦片”、“右空瓦当”、“右空瓦筒”。陈直先生云：“此为少府右司空令官署所造。”《两汉经济史料论丛》，陕西人民出版社1980年版，第266页。

⑩ 任常中：《关于汉马丞、徒丞、空丞印问题》，《中原文物》1983年第3期。

⑪ 赵平安：《秦西汉未释误释官印考》，《历史研究》1999年第1期。

众多，各郡国势必设官管理"[①]。近年河南长葛出土过"红阳侯国徒丞"铜印。[②] 罗福颐主编《秦汉南北朝官印征存》另补充"宜□侯国徒丞"、"扶恩相徒丞"、"陕县徒丞印"、"犨县徒丞印"等，把它们都列入卷四《新莽官印》中。[③] 任常中先生则不同意把"徒丞"印章全部划归新莽时期。他指出："西汉末期与新莽王朝年代相近，印章风格相似，乃是其事物发展的一般规律。"但是这两个朝代的县名不同，"马丞、徒丞、空丞印中，有的与西汉地名相合，而与新莽地名不符；有的和新莽地名相符，而与西汉地名不合，泾渭分明，各不相混，这就为这些印章的断代提供了十分明显的标准：与西汉地名相合的为西汉印，与新莽地名相符的为新莽印。从而可以得出结论：马丞、徒丞和空丞皆为西汉原有官职，新莽时期，不过沿用旧名（如果新莽时期也有空丞的话）罢了"[④]。任说合理有据，可以信从。

西汉后期至新莽各县之"空丞"、"徒丞"属于何种性质的官职呢？赵平安认为"东光采空丞"为东光采司空的副官。[⑤] 罗福颐说："新莽徒丞多与县名相联系，或谓即汉之县丞。"又云"王莽改汉制，县丞曰徒丞"[⑥]。笔者以为，罗说并无史实根据，而县丞为令长副手，所管事务甚杂，其职责并非专门监管刑徒，因此县丞改称"徒丞"之解释尚难令人信服。按汉代郡国因各种情况和需要在县道特设了一些机构和官吏，《后汉书·百官志五》本注曰："其郡有盐官、铁官、工官、都水官者，随事广狭置令、长及丞，秩次皆如县、道，无分士，给均本吏。"（第 3625 页）西汉郡国之特设官，"农、林、水、工、盐、铁、畜牧，包括方面很广，各地所设主管官吏，均分属中央有关机构直接管辖"[⑦]。至东汉则大多改属地方，成为郡的属吏。西汉的某些刑徒劳动组织亦称"徒官"。见贾谊《新书》卷二《阶级》："若夫束缚之，系绁之，输之司空，编之徒官。"[⑧] 汉代郡国特设官有两个特点，其一是以管理之对象及活动命名，例如盐官、铁官、工官、家马官[⑨]、畜官[⑩]等，而"徒官"名称亦与之相类。其二是部门主官虽通常为令长，但有时机构略小，则以丞来主事。安作璋、熊铁基先生在论述两汉狱丞、马丞和徒丞时指出，"严耕望认为，诸县或得置狱丞或马丞，'盖汉世特重刑狱与马政，故特置之。'陈直则说，马丞印'疑为武帝时郡国养马官吏所用'。我们认为，陈直所疑有一定道理。从后世的情况看，有些单位不必有令、长或其他主官，丞即是主官，

① 陈直：《关于两汉的徒》，《两汉经济史料论丛》，陕西人民出版社 1980 年版，第 254—255 页。

② 参见任常中、赵新来《"红阳侯国徒丞"铜印考》，《中原文物》1981 年第 2 期。

③ 罗福颐主编：《秦汉南北朝官印征存》卷四《新莽官印》，文物出版社 1987 年版，第 99—114 页。

④ 任常中：《关于汉马丞、空丞、徒丞印的问题》，《中原文物》1983 年第 3 期。

⑤ 赵平安：《秦西汉未释误释官印考》，《历史研究》1999 年第 1 期。

⑥ 罗福颐主编：《秦汉南北朝官印征存》，文物出版社 1987 年版，第 99、113 页。

⑦ 安作璋、熊铁基：《秦汉官制史稿》下册，齐鲁书社 1985 年版，第 138 页。

⑧ （汉）贾谊撰，阎振益、钟夏校注：《新书校注》，中华书局 2000 年版，第 80—81 页。

⑨ 《汉书》卷二八上《地理志上》太原郡："有家马官。"注引臣瓒曰："汉有家马厩，一厩万匹，时以边表有事，故分来在此。家马后改曰挏马也。"第 1551—1552 页。

⑩ 《后汉书》卷五八《盖勋传》："时叛羌围护羌校尉夏育于畜官"，李贤注引《音义》曰："右扶风畜牧所在，有苑师之属，故曰畜官。"第 1880—1881 页。

如驿丞就是。至于狱丞和徒丞，或为事广之后专设之官”[①]。笔者按：安、熊之言较为合理，秦与西汉各县的司空官为常设机构，附属于县道。但有时国家在某地实施较大规模的工程，进行长期而又集中的刑徒劳动，故需要特设机构督率，并非由县道常设的司空官来管理。汉新官印中未见有“徒令（长）”、“空令（长）”，故“徒丞”与“空丞”有可能是各县专设“徒官”和“司空”的官长，而不是副手。

任常中、赵新来认为：“《十钟山房印举·官印十八》有‘徒府’、‘武徒府印’，应是管理刑徒的重要公章（后印‘武’字，应为地名），而‘徒丞’应是‘徒府’的长官。”[②] 此说亦有值得商榷之处。秦汉之“府”有二义，其一为公卿或郡国守相等高级官吏的办公机构，以其官职命名，如丞相府、太尉府、御史大夫府与廷尉府、中尉府、卫尉府以及郡府等。“徒府”则是以徒隶贱人为名，与之明显不合；且“丞”通常为郡县守令之下级助手，根本没有资格开府治事，所以任、赵之说很难成立。秦汉“府”的第二种含义是表示仓库的管理部门，如西汉印文所见有“庙衣府印”、“药藏府印”，以及器府、泉府、帑府、金府、钱府等。[③] 前引秦封泥有“寺司空府”，另有“中府丞印”、“御府之印”，傅嘉仪先生注曰：“中府为皇后、皇太后、太子、公主、诸侯王、王后金帛之藏府。《汉书·东方朔传》颜师古注曰：‘中府，掌金帛之藏者也。’”“御府，官署名。秦置，汉沿之。为皇宫内收藏皇帝金钱财宝及衣物的机构。《史记·李斯列传》：‘御府之衣，臣得赐之。’《汉书·百官公卿表》少府属官有御府令丞。颜师古注：‘御府主天子衣服也。’”[④] “府”也可以表示看管仓库的官员，见《睡虎地秦墓竹简·传食律》：“……及卜、史、司御、寺、府。”整理小组注：“府，掌管府藏的人。”（第103页）由此看来，“徒府”不像是管理刑徒的部门，而应是“徒官”的仓储机构或掌库官吏。秦代印章已有“中官徒府”，[⑤] 可视为西汉“徒府”的渊源。

再次，西汉末年到东汉中叶，郡县的司空机构逐渐消亡。西汉成帝时郡县仍设有司空，如陈咸任南阳太守，该郡豪强犯罪“辄论输府，以律程作司空”[⑥]。绥和元年（公元前8）罢丞相置三公官时县道还有“狱司空”。但在西汉末年某些郡县已经取消了司空机构，如前引尹湾汉墓简牍的《集簿》和《东海郡吏员簿》，整理小组认为可能是该郡上计用集簿的底稿或副本，它们登录了平帝时期当地郡县府廷所辖各级属吏的名称和人数，均不见有关于司空的任何记载。据廖伯源先生统计，“如《集簿》和《东海郡吏员簿》所列西汉晚年东海郡郡府及都尉府属吏之‘吏员名目’，计有：官有秩、乡有秩、令史、狱史、官啬夫、乡啬夫、游徼、牢监、尉史、官佐、乡佐、邮佐、佐、亭长14种。合而言之，可归为卒史、有秩、属、令史、狱史、啬夫、游徼、牢监、尉

① 安作璋、熊铁基：《秦汉官制史稿》下册，齐鲁书社1985年版，第166页。

② 任常中、赵新来：《“红阳侯国徒丞”铜印考》，《中原文物》1981年第2期。

③ 参见罗福颐主编《秦汉南北朝官印征存》，文物出版社1987年版，第33、37、75—76页。

④ 傅嘉仪编著：《秦封泥汇考》，上海书店出版社2007年版，第117、121页。

⑤ 罗福颐主编：《秦汉南北朝官印征存》，文物出版社1987年版，第6页。

⑥ 《汉书》卷六六《陈万年附子咸传》，第2901页。

史、佐、亭长10类”[①]。可见该郡及属县的官吏中没有司空一职。簿籍中提到的“官啬夫”，是秦汉职掌某一具体部门的官吏。[②] 那么，它是否包括有各县的“司空啬夫”，即县司空呢？笔者认为这种可能性很小。第一条理由是该簿籍的官吏排列顺序表明“官啬夫”的秩次较低，卜宪群先生指出，上述简牍反映“官啬夫在县中的地位并不高，排在令史、狱史之后，亦属斗食之吏”[③]。而前引《二年律令·秩律》记载西汉各县（包括乡）司空的秩俸为百六十石至二百五十石，要明显高出一个等次，可见两者并非同一级别的官职。第二条理由是尹湾汉简《集簿》所录东海郡39个县邑侯国中，有14个（容丘、南城、新阳、东安、平曲侯国、建陵、山乡、武阳、都平、部乡、建乡、□□、建阳、都阳）未设官啬夫，只有乡啬夫。[④] 说明上述县邑确实没有设置司空机构，而其余的县邑很有可能与它们相同。从这些情况来看，可以认为此时东海郡及属县已经取消了原来的司空官。受现存的史料局限，我们无法确定这一现象是否具有代表全国地方官制发生变化的普遍意义，但是至少能够反映西汉末年已然有部分郡县不再设置司空机构了。从一些文献与金石资料的记载来看，东汉明帝、章帝时郡县仍设有司空机构，役使刑徒劳作，修建道桥官署。[⑤] 此后的史籍与考古材料中再未见到名为“司空”的罪犯劳动组织，看来应该是被撤销了。从东汉中后期的碑刻资料来看，郡县督率土木建筑、道桥修筑工程的官员已然更换名称，如顺帝阳嘉四年作洛阳石桥梁柱碑铭，在河南尹属下有“将作吏睢阳申翔、道桥掾成皋卑国”[⑥]。“将作吏”或称“将作掾”，安作璋、熊铁基释：“将作掾：为主土木行作之吏。《华山亭碑》华县有‘将作掾曹鉴孔明、任就幼成，史吴武丙昌。’”[⑦] 此碑文见于《隶释》卷二，[⑧] 为灵帝光和元年（公元178）造作。安、熊又释：“道桥掾：《汉安长陈君阁道碑》最后有‘时道桥掾董□□’一段文字，显然，道桥掾为当时具体主持修阁道者。”[⑨] 按《隶释》卷一五载桓帝延熹七年（公元164）《蜀郡属国辛通达李仲曾造桥碑》，洪适注曰：“又云帅徒屯作桥梁而官属有领南部道桥掾，则知此为造桥碑也。”[⑩] 这些原归郡县“司空”负责的事

---

① 廖伯源：《简牍与制度》，广西师范大学出版社2005年版，第54页。

② 参见裘锡圭《啬夫初探》：“秦律把仓啬夫、库啬夫、田啬夫等各种负责某一方面事务的啬夫总称为‘官啬夫’，与官啬夫相对的是县啬夫或大啬夫。”中华书局编辑部：《云梦秦简研究》，中华书局1980年版，第227页。

③ 卜宪群：《秦汉官僚制度》，社会科学文献出版社2002年版，第323页。

④ 连云港市博物馆、中国社会科学院简帛研究中心、东海县博物馆、中国文物研究所：《尹湾汉墓简牍》，中华书局1997年版，第79—84页。

⑤ 前引《汉鄐君修褒斜道碑》：“永平六年，汉中郡以诏书受广汉、蜀郡、巴郡徒二千六百九十人，开通褒余（斜）道。……为道二百五十八里，邮亭、驿置、徒司空、褒中县官寺并六十四所。”《后汉书》卷三《章帝纪》元和元年八月南巡，“诏所经道上，郡县无得设储跱。命司空自将徒支柱桥梁。”第147页。前引王充《论衡》卷二四《辨祟篇》曰：“犹系罪司空作徒，未必到吏日恶，系役时凶也。”第375页。反映的均是明帝至和帝初年的情况。

⑥ （北魏）郦道元注，杨守敬、熊会贞疏：《水经注疏》，江苏古籍出版社1989年版，第1402页。

⑦ 安作璋、熊铁基：《秦汉官制史稿》下册第三章第一节“三、县属吏”，齐鲁书社1985年版，第176页。

⑧ 国家图书馆善本金石组编：《先秦秦汉魏晋南北朝石刻文献全编》，北京图书馆出版社2004年版，第571页。

⑨ 安作璋、熊铁基：《秦汉官制史稿》下册第三章第一节“三、县属吏”，齐鲁书社1985年版，第176页。

⑩ 国家图书馆善本金石组编：《先秦秦汉魏晋南北朝石刻文献全编》，北京图书馆出版社2004年版，第641页。

务，现在被分配给将作、道桥二掾名下了。

（二）中都官"司空"机构的演变

西汉后期到东汉，中央政府"司空"机构的发展变化趋势主要有三。其一是在最高级别官职"三公"中设置司空。前文所述，秦朝和西汉朝廷的司空官秩俸甚低，如"中司空"不过八百石，仅同于大县之县令，而朝内未曾设立过秩两千石以上的司空官。绥和元年（公元前8）何武奏请建三公官，分职授政，得到成帝的赞同，"以御史大夫何武为大司空，封列侯，皆增奉如丞相，以备三公官焉"①。《汉官仪》亦载此事曰："绥和元年，罢御史大夫官，法周制，初置司空。议者又以县道官狱司空，故覆加'大'，为大司空，亦所以别大小之文。"② 表明此前在朝内并无公卿级别的"司空"官员。不过，西汉末年大司空行使的是原来御史大夫的理政职能，并非专治水土。王莽始建国元年（公元9）策命改变汉末三公的分职，"司空典致物图，考度以绳，主司地里，平治水土，掌名山川，众殖鸟兽，蕃茂草木"③。才使"司空"一职名实相符，④ 并在东汉得到沿袭。如《后汉书·百官志一》载司空"掌水土事。凡营城起邑、浚沟洫、修坟防之事，则议其利，建其功"（第3561—3562页）。

其二是"中都官"的各"司空"部门纷纷裁撤。《后汉书·百官志二》"廷尉"条本注曰："孝武帝以下，置中都官狱二十六所，各令长名。世祖中兴皆省，唯廷尉及雒阳有诏狱。"（第3582页）如前所述，西汉有些"诏狱"附设在九卿属下的"司空"机构里，如都司空、左右司空以及水司空等，⑤ 此时被一并撤除。据《后汉书·百官志三》"宗正"条，"中兴省都司空令、丞"（第3589页）。"少府"条属官没有左右司空；这些监督刑徒劳动的庞大组织全被取消了。水衡都尉及水司空也不再设置，上林苑内仅有"上林苑令一人，六百石。……丞、尉各一人"（第3593页）。

其三是仍有罪犯劳动，但管理组织不再称为"司空"。西汉中叶至东汉，朝廷的土木建筑工程由将作大匠负责，虽然还有罪犯服作苦役，但监管他们的机构已由"大匠官司空"改称为左校、右校。⑥ 1964年洛阳南郊出土大批东汉刑徒砖志，"由砖铭的内容和格式来看，这些刑徒都是属将作大匠下的左部或右部，所谓的部是指刑徒役作的作部。左部或右部，它们都是专门管理劳役的刑徒的机构"⑦。吴荣曾先生认为这些作

---

① 《汉书》卷八三《朱博传》，第3404—3405页。

② （清）孙星衍等辑：《汉官六种》，中华书局1990年版，第124页。

③ 《汉书》卷九九中《王莽传》，第4102页。

④ 参见卜宪群《秦汉官僚制度研究》，第116—117页。

⑤ 《汉书》卷一〇《成帝纪》载建始元年"罢上林诏狱"（第303页）。但其管理机构"水司空"应仍存在。

⑥ 《汉书》卷一九上《百官公卿表上》载将作大匠"属官有石库、东园主章、左右前后中七令丞，又主章长丞。……成帝阳朔三年省中候及左右前后中校五丞"第733页。《后汉书·百官志四》"将作大匠"条本注曰："左校令一人，六百石。本注曰：掌左工徒。丞一人。""左校令一人，六百石。本注曰：掌左工徒。丞一人。"李贤注："安帝复也。"第3610页。可见左、右校令丞在西汉时已有，东汉初不存，至安帝时重新恢复。

⑦ 中国社会科学院考古研究所编著：《汉魏洛阳故城南郊刑徒墓地》，文物出版社2007年版，第47页。

部隶属于左、右校，它们之间是上下级的关系。[①] 东汉中叶至南北朝，中央和地方政府虽然还在小规模地使用罪犯劳动，但是其管理机构均称“作部”，[②] 而“司空”从此不再作为徒刑犯人监管官员及部门的名称了。

“司空”机构曾在秦与汉初遍及郡县城乡，为什么后来又纷纷消亡了呢？笔者以为这与秦汉刑徒制与谪罚劳动的兴衰有直接联系。战国到西汉前期，我国逐步脱离了诸侯割据的分裂状态，建立起多民族统一的封建专制帝国。在这个社会转型的特殊历史阶段出现的两种情况值得注意：首先是刑徒劳动的泛滥。吴荣曾先生指出：“春秋时筑城、修路之类的劳动，分由农民来承担，而秦汉时此类劳动已有一部分落到刑徒的肩上，……现在可以明确，由刑徒来分担农民所应服的大部分徭役，应开端于战国时。”[③] 战国初年各国政治变革在刑罚制度上的表现之一，就是刑徒制的兴起并逐步取代肉刑制。关东六国和秦的刑徒服役于农、牧、手工制造、采矿冶炼以及各种杂役，尤其是繁重的土建劳动。“刑徒大量地被投入到大规模的土木工程之中，于是原来管理工程的司空，它从此便获得了管理和镇压罪犯的一种新的职能。”[④] 其次是秦统治的残暴。秦在征服六国的过程中，对自己旧邦和新辟领土上的臣民实行了极为暴虐的统治手段，所谓“权使其士，虏使其民”[⑤]。“燔诗书，弃礼义，尚诈力，任刑罚”。[⑥] 致使“赭衣塞路，囹圄成市，天下愁怨，溃而叛之”[⑦]。秦的严刑酷法不仅为刑徒劳动大军提供了充足的来源，而且使许多民众成为“居赀赎责（债）”者，被谪罚为官府服役。吴荣曾先生认为，虽然关东六国和秦都实行过刑徒制，但这一制度在秦得到了更为充分的发展。秦的刑徒服役期较长，组织更加严密，“再就是秦刑徒在人数上是极多的，由以统一以后为甚。《史记》说仅在咸阳服役者，就有‘隐宫（官）徒七十余万人’，如加上各地者，则总数可能逾于百万。”[⑧] 笔者认为，刑徒劳动主要采取监督强制下的集体协作，其剥削形态和奴隶制很相似，就连束缚罪犯人身的“髡钳”也和对私家奴隶一样。对于统治集团来说，刑徒制和谪罚徭役的“好处”是可以在正常的赋役征收之外合法地无偿占有民众的劳动力，所以他们就乐于编织法网，以便尽量把人民罚做罪犯来役使，这在国家大兴土木工程时表现得最明显。刘瑜曾说：“昔秦作阿房，国多刑人。今第舍

① 吴荣曾：《汉刑徒砖志杂释》，《考古》1977 年第 6 期。

② 东汉中叶至南北朝罪犯服刑的机构称“作部”的情况参见《后汉书》卷七《桓帝纪》建和三年十一月甲申诏：“……又徒在作部，疾病致医药，死亡厚埋藏。”第 294 页。《太平御览》卷四六四引《文士传》曰刘祯得罪曹丕，“主者案祯大不恭，应死减一等，输作部使磨石”。第 2134 页。《宋书》卷七九《竟陵王刘诞传》：“赦作部徒系囚，开门遣腹心率壮士击（戴）明宝等，破之。”第 2031 页。《南史》卷四七《荀伯玉传》：“（齐）高帝有故吏东莞竺景秀尝以过系作部……”第 1168 页。《魏书》卷六一《沈文秀附子保冲传》：“有司处之死刑。高祖诏曰：‘保冲，文秀之子，可特原命，配洛阳作部终身。’”第 1367 页。

③ 吴荣曾：《胥靡试探》，《中国史研究》1980 年第 3 期。

④ 同上。

⑤ 《史记》卷八三《鲁仲连邹阳列传》，第 2461 页。

⑥ 《史记》卷一一八《淮南衡山列传》，第 3086 页。

⑦ 《汉书》卷二三《刑法志》，第 1096 页。

⑧ 吴荣曾：《胥靡试探》，《中国史研究》1980 年第 3 期。

增多，穷极奇巧，掘山攻石，不避时令，促以严刑，威以正法，民无罪而覆入之”。[①] 由于罪犯劳动的兴盛和普及，秦汉政府需要设置专门机构来进行监管，于是各种“司空”部门在京师郡县甚至各乡广泛建立，成为庞大国家机器当中不可或缺的重要组成部分了。

两汉“司空”机构逐步撤除的原因，史籍并无明文记载，但是从其历史背景来看，应该和刑徒制的衰落有直接关联。服役罪犯所受的人身压迫极为沉重，因此缺乏积极性，劳动效率很低。朝廷的滥施刑罚又会激化社会矛盾，动摇乃至推翻封建王朝的统治。秦亡之后，汉代政权总结、吸取了教训，注意推行“仁政”，减轻刑罚则是其重要内容之一，结果是明显地减少了罪犯的数量。这一趋势主要表现在以下方面：首先，西汉前期接连取消了秦代的许多酷刑苛法，这会使刑徒的人数明显下降。[②] 而且，“‘居赎’、‘居赀’，汉已不见”。[③] 新莽复行暴政，又扩大了罪犯劳动的规模和范围；“徒隶殷积，数十万人。”[④] 至东汉初年，光武帝再度与民休息，“辄平遣囚徒，除王莽苛政”。[⑤] 西汉刑徒在某项工程中劳动的人数最多为数万人，[⑥] 已远少于秦代；东汉则未见万人以上的罪犯集中劳动。其次，秦始皇“刻削毋仁恩和义”，因此“久者不赦”。[⑦] 两汉政府则以赦除为常制，登位、死葬、灾异、寿庆时频有大赦，据统计，西汉颁布的大小赦令有九十八次，平均两年多一次。[⑧] 东汉的赦罪更为频繁，甚至“一期之中，大小四赦”。[⑨] 通过经常的赦免，也缩减和限制了为官府劳动的罪犯人数。再者，西汉末年平帝颁布“雇山”法令，女徒刑犯可以入钱免其劳作；[⑩] 东汉初年仍行此法。[⑪] 明帝、章帝、和帝又频频下诏，令百姓可用缣帛赎罪，“系右趾”、“髡钳城旦舂”等重徒刑为十四，“完城旦”至“司寇”为三匹（有时为五匹），[⑫] 使普通民众也能通过赎买来免除苦役。再次，秦和西汉实行“更戍”兵役制度，“夫士卒尽家人子，起田中从军”[⑬]。战士主要由编户农民更番充任，“谪戍”罪犯当兵的人数不多。东汉时“更戍法”废止，政府取消了地方的义务兵，除了招募职业兵以外，还屡屡使用弛刑徒协助正规军作

① 《后汉书》卷五七《刘瑜传》，第1856页。

② 《汉书》卷二三《刑法志》载孝惠、高后时萧何、曹参为相，“是以衣食滋殖，刑罚用稀。”第1097页。又言文帝时“风流笃厚，禁罔疏阔。……是以刑罚大省，至于断狱四百，有刑错之风。”第1097页。

③ 张金光：《秦制研究》，上海古籍出版社2004年版，第566页。

④ 《后汉书》卷一三《隗嚣传》，第517页。

⑤ 《后汉书》卷一上《光武帝纪上》，第10页。

⑥ 《汉书》卷二《惠帝纪》三年六月，“发诸侯王、列侯徒隶二万人城长安。”第89页。

⑦ 《史记》卷六《秦始皇本纪》，第238页。

⑧ 杨生民：《论两汉刑徒的社会性质》，《北京师范学院学报》1978年第2期。

⑨ （宋）李昉等撰：《太平御览》卷六五二《刑法部十八・赦》引崔寔《政论》，第2915页。

⑩ 《汉书》卷一二《平帝纪》元始元年六月条，第351页。

⑪ 《后汉书》卷一上《光武帝纪上》，第35页。

⑫ 《后汉书》，第98、143、158、171、182页。

⑬ 《史记》卷一〇二《冯唐列传》，第2759页。

战。[①] 另外，罪人减死一等本为髡钳城旦舂，从事苦役。东汉政府则经常下诏命令减罪死囚徙戍边郡，从明帝到桓帝，“在 89 年间，总计为 20 次，平均 4 年多颁布 1 次。”[②] 如班超所言，“塞外吏士，本非孝子顺孙，皆以罪过徙补边屯”。[③] 刑徒当兵、戍边者显著增多，也会相应地减少服役罪犯的数量。

两汉法律制度的上述变化，使罪犯劳动的规模和范围逐步缩小。随着汉代封建统治的稳定，正常的赋役征发在国家财政收入中的比重相应增大，而缺乏效率和容易激发矛盾冲突的刑徒制与谪罚徭役渐被废止，不再被政府当作主要的剥削形式。因此，监管犯人劳作的“司空”机构随之萎缩，从京师郡县的行政司法系统里纷纷消失。为了避免与三公中的“司空”重名，官府残存的罪犯劳动组织也就改称为“作部”了。

原载于《历史研究》2011 年第 4 期

① 贺昌群：《东汉更役戍役制度的废止》，《历史研究》1962 年第 5 期。

② 林甘泉主编：《中国经济通史·秦汉经济卷》，经济日报出版社 1999 年版，第 756 页。

③ 《后汉书》卷四七《班超传》，第 1586 页。

汉代后妃“就馆”与“外舍产子”

宋　杰

一　汉代宫廷生活中的“馆”与“就馆”

汉代宫廷对临产后妃施行一种名为“就馆”的措施，在确认有身孕后，须在分娩之前从原来居住的“掖庭”搬到其他馆舍，亦称为“任（妊）身就馆”。如《汉书》卷九八《元后传》载外戚王凤曾将其张姓小妾之妹送进后宫侍奉成帝，遭到京兆尹王章劾奏，认为此举罪状有二：一是“张美人已尝适人，于礼不宜配御至尊”。二是“托以为宜子，内之后宫，苟以私其妻弟。闻张美人未尝任身就馆也。”[①] 其事亦见《资治通鉴》卷三〇“汉成帝阳朔元年冬”条，胡注引颜师古曰：“妇人将生子，及月辰，出就他馆。任，读曰妊。”[②] 另如《汉书》卷九七《外戚传下》载元帝冯昭仪，“始为长使，数月至美人。后五年就馆生男，拜为婕妤。”又言成帝班婕妤“始为少使，蛾而大幸”，曾经两次怀孕分娩，“再就馆，有男，数月失之”（第 3983 页）。《后汉书》卷一二《王昌传》亦曰：“初，王莽篡位，长安中或自称成帝子子舆者，莽杀之。（王）郎缘是诈称真子舆，云：‘母故成帝讴者，尝下殿卒僵，须臾有黄气从上下，半日乃解，遂妊身就馆。赵后欲害之，伪易他人子，以故得全’。”李贤注引《东观汉记》曰：“宫婢生子，正与同时，即易之。”[③]

到东汉曹魏时期，皇宫之内仍可见到这种情况。如司马彪《后汉书》载灵帝何皇后“以良家子选入掖庭，见幸妊身，就馆生男，为贵人。”[④] 又魏明帝大兴殿舍，广收采女，但受孕产儿者寥寥无几，“时屡失皇子，而后宫就馆者少”。司徒王朗因此上疏劝诫：“《周礼》六宫内官百二十人，而诸经常说，咸以十二为限，至于秦汉之末，或以千百为数矣。然虽弥猥，而就时于吉馆者或甚鲜，明‘百斯男’之本，诚在于一意，

① 《汉书》卷九八《元后传》，中华书局 1962 年版，第 4020 页。

② 《资治通鉴》卷三〇“汉成帝阳朔元年冬”条胡注，中华书局 1959 年版，第 982 页。

③ 《后汉书》卷一二《王昌传》，中华书局 1963 年版，第 491—492 页。

④ 周天游辑注：《八家后汉书辑注》，上海古籍出版社 1986 年版，第 324 页。

不但在于务广也。”①

那么，汉代嫔妃怀孕后就居之“馆”是哪种性质的建筑？又位于何处？从其文字源流来看，先秦文献所言之“馆”，若是作为“动词”使用，往往带有临时寄居之含义。例如《孟子·万章下》曰：“舜尚见帝，帝馆甥于贰室。”②《左传·隐公十一年》十一月：“公祭钟巫，斋于社圃，馆于寪氏。”《左传·昭公元年》载楚公子围行聘于郑，迎娶公孙段氏，“郑人恶之，使行人子羽与之言，乃馆于外”。③ 城濮之战晋军胜利后进驻楚师丢弃的营垒，食其余粮，则称为“馆谷”。④ 与此相关，作为表示建筑物的名词，周秦两汉宫廷官府的“馆”亦含有临时住所的性质；大致可以分为以下几种。

第一，客馆。朝廷或大臣招待宾客的馆驿。如《周礼·秋官司寇》言“掌讶”之职，“掌邦国之等籍，以待宾客……至于国宾入馆，次于舍门外，待事于客。”⑤《左传·襄公三十一年》十月，“子产相郑伯以如晋，晋侯以我丧故，未之见也。子产使尽坏其馆之垣，而纳车马焉”（第 1186 页）。汉代公孙弘“起徒步，数年至宰相封侯，于是起客馆，开东阁以延贤人，与参谋议”（第 2621 页）。

第二，馆舍。秦汉高级官员府内的宿舍，又称“官舍”。因为当时官吏并非终身任职，属于短期居住，或自称“羁旅之臣”，故住所亦名“馆舍”。如范雎在秦拜相，王稽谓之曰：“宫车一日晏驾，是事之不可知者一也。君卒然捐馆舍，是事之不可知者二也。”⑥ 汉景帝时田叔任鲁相，“鲁王好猎，相常从入苑中，王辄休相就馆舍，相出，常暴坐待王苑外。”⑦

入住以上两类建筑亦称为“就馆”。如申包胥抵秦国乞求出师救楚，“秦伯使辞焉。曰：‘寡人闻命矣，子姑就馆。’”⑧ 公孙述称帝于蜀，隗嚣使马援往见之。“援素与述同里闬，相善，以为既至当握手欢如平生，而述盛陈陛卫，以延援入，交拜礼毕，使出就馆。”⑨《汉书》卷六六《车千秋传》载其“乃与御史、中二千石共上寿颂德美”，武帝还报曰：“谨谢丞相、二千石各就馆。”（第 2885 页）颜师古注：“谢，告也。馆，官舍也。”但是上述情况与汉代妊娠后妃所就之“馆”并没有什么联系。

史籍所言之“馆”的第三种，即所谓“宫馆”，是皇帝在常居宫室以外的建筑，包括巡幸游乐时所住的行宫。见《汉书》卷六四《王褒传》：“上令褒与张子侨等并待诏，数从褒等放猎，所幸宫馆，辄为歌颂，第其高下，以差赐帛。”（第 2829 页）又见《后汉书》卷一一《刘玄传》：“初，王莽败，唯未央宫被焚而已，其余宫馆一无所毁”。

① 《三国志》卷一三《魏书·王朗传》，中华书局 1975 年版，第 413—414 页。
② 杨伯峻译注：《孟子译注》，中华书局 1990 年版，第 237 页。
③ 杨伯峻译注：《春秋左传注》，中华书局 1981 年版，第 79—80、1199 页。
④ 《春秋左传集解·僖公二十八年》：“晋师三日馆谷，及癸酉而还。”上海古籍出版社 1977 年版，第 375 页。
⑤ 《十三经注疏·周礼注疏》，中华书局 1980 年版，第 902 页。
⑥ 《史记》卷七九《范雎列传》，中华书局 1959 年版，第 2406、2414 页。
⑦ 《史记》卷一〇四《田叔列传》，第 2777 页。
⑧ 杨伯峻译注：《春秋左传注·定公四年》，第 1548 页。
⑨ 《后汉书》卷二四《马援传》，中华书局 1982 年版，第 829 页。

(第470页) 汉代京师附近此类建筑甚众，卷四〇上《班固传上》引班固《两都赋》言长安，“前乘秦领（岭），后越九嵕，东薄河、华，西涉岐、雍。宫馆所历，百有余区，行所朝夕，储不改供”（第1348页）。

从汉代文献关于此类建筑的记载看，有以下特点值得注意。

（一）“馆”、“观”通称，上有楼台

所谓“馆”之宫殿建筑，或名为“观”。《三辅黄图》卷四曰：

> 上林苑有昆明观，武帝置。又有茧观、平乐观、远望观、燕升观、观象观、便门观、白鹿观、三爵观、阳禄观、阴德观、鼎郊观、樛木观、椒唐观、鱼鸟观、元华观、走马观、柘观、上兰观、郎池观、当路观，皆在上林苑。

陈直先生按：

> 《汉书·元后传》云：“春幸茧馆。”当即茧观。长安谢氏藏有“崇蛹嵯峨”瓦当，疑即茧馆之物。《汉书·武帝纪》：“元封六年夏，京师民观角抵于上林平乐馆。”但元封三年《纪》，颜师古注则作“平乐观”，盖馆、观二名，汉代可以通称。①

“馆”又称“观”的原因，在于其特有的建筑形式，即设置楼台，可以登高瞭望，以此得名。参见刘熙《释名·释宫室》：“观，观也，于上观望也。”② 崔豹《古今注》卷上《都邑》曰：“阙，观也。古每门树两观于其前，所以标表宫门也。其上可居，登之则可远观，故谓之观。”③ 因而史籍或称其为“楼观”，④ 或称其为“台观”。⑤ 汉代某些“馆（观）”则为一规模宏大的建筑群，如赵飞燕宠幸，成帝为其妹“作少嫔馆，为露华殿、含风殿、博昌殿、求安殿，皆为前殿；后殿又为温室、凝红室、浴兰室，曲房连槛，饰黄金白玉，以璧为表里，千变万状，连远条馆，号通仙门”。⑥ 再如上林苑之平乐馆，设有斗鸡、蹴鞠与竞赛犬马的场所，汉武帝常携人众临幸。宠臣董偃“常从游戏北宫，驰逐平乐（馆），观鸡鞠之会，角狗马之足，上大欢乐之。”⑦ 武帝还在此

---

① 陈直：《三辅黄图校证》卷四《苑囿》，陕西人民出版社1980年版，第85页。

② 王先谦：《释名疏证补》卷五《释宫室》，上海古籍出版社1984年版，第279页。

③ 崔豹等：《古今注·中华古今注·苏氏演义》，商务印书馆1956年版，第9页。

④ 《后汉书》卷三四《梁冀传》载梁冀，“发属县卒徒，缮修楼观，数年乃成”（第1182页）。卷七八《宦者列传》载权宦左悺、具瑗、徐璜、唐衡，“皆竞起第宅，楼观壮丽，穷极伎巧”（第2521页）。

⑤ 参见卢元骏注译《新序今注今译·杂事第二》：“隆冬烈寒，士短褐不完，四体不蔽，而君之台观，帷巾兼锦绣，随风飘飘而弊。”天津古籍出版社1988年版，第53页。《后汉书·五行志二》曰：“又上欲更造宫室，益台观，故火起莫府，烧材木。”（第3294页）

⑥ 伶玄：《赵飞燕外传》，载陶宗仪：《说郛》卷三二，中国书店1986年版，第6册，第23页。

⑦ 《汉书》卷六五《东方朔传》，第2855页。

处接见匈奴使者、外国君长，作角抵之戏乐，纵长安民众来观。[①] 又，《汉书》卷二七上《五行志上》载茂陵白鹤馆，“园中五里驰逐走马之馆，不当在山陵昭穆之地”。颜师古注：“五里者，言其周回五里。”(第1335页)

(二)“馆”多设置于皇帝正宫之外

程大昌曰：“天子之居，当为正宫，其外皆离宫也。”汉初高祖居长乐宫，“然自惠帝以后，人主皆居未央，而长乐常奉母后，则虽长乐亦当命为离宫，而未央当为正宫也。”[②] 离宫即行宫、宫馆，多在京城之外，皇帝平时少有临幸。如郎𫖮所言：“离房别观，本不常居”。[③]《史记》卷一一七《司马相如列传》引《上林赋》称其“弥山跨谷，高廊四注，重坐曲阁”，“嬉游往来，宫宿馆客，庖厨不徙，后宫不移，百官备具”(第3026—3033页)。汉朝皇后与嫔妃有罪遭到贬斥，被驱逐到正宫之外的“宫馆”、“别馆”居住。如《汉书》卷九七上《外戚传》载汉代宣帝霍皇后“立五年，废处昭台宫。”颜师古注：“在上林(苑)中。”同传又曰：“后十二岁，徙云林馆，乃自杀，葬昆吾亭东。”(第3969页)《后汉书》卷一〇上《光武郭皇后纪》载，光武帝郭皇后“以衰离见贬，恚怨成尤，而犹恩加别馆，增宠党戚”(第405页)。安帝延光四年(125)，“时宦者孙程等既立顺帝，诛灭诸阎，议郎陈禅以为阎太后与帝无母子恩，宜徙别馆，绝朝见”[④]。

据史籍所载，汉代名为“馆”的宫殿建筑大多设于未央宫外，散布在长安附近的行宫和苑囿之内。前代学者对此研究的著作颇丰，如宋人宋敏求在《长安志》卷三考证未央宫内各种房屋时，提到其中高层建筑多称“台”，如柏梁台、渐台、兰台、武台、东山台、西山台等，并在注文里引《西京杂记》云未央宫“台殿四十三，其三十二在外，其十一在后宫”。又引潘岳《关中记》曰：“未央宫周旋三十一里，街道十七里，有台三十二，池十二，土山四，宫殿门八十一，掖门十四。”[⑤] 其中的高层建筑或称为“阁”，如天禄阁、石渠阁、麒麟阁；而该书记载未央宫之“观(馆)”仅有一处，即“临池观”，其典亦出自《西京杂记》卷一：“汉掖庭有月影台、云光殿、九华殿、鸣鸾殿、开襟阁、临池观，不在簿籍，皆繁华窈窕之所栖宿焉。”[⑥] 看来此观可能是非正式建筑，所以没有在档案上记录。《长安志》同卷记述与未央宫临近的建章宫、长乐宫，其中也仅有台而无“观(馆)”。而宋敏求在该书卷四中考证上林苑和甘泉宫时，却提到有数十所“馆”、“观”。他在此卷的注文里征引《关中记》一条，总叙汉代京畿

① 参见《汉书》卷六《武帝纪》元封六年，“夏，京师民观角抵于上林平乐馆”(第198页)。《汉书》卷九六下《西域传下》：“天子自临平乐观，会匈奴使者、外国君长大角抵，设乐而遣之。”(第3905页)

② 程大昌撰、黄永年点校：《雍录》卷二《汉宫及离宫图·总说》，中华书局2002年版，第23、24页。

③ 《后汉书》卷三〇下《郎𫖮传》，第1058页。

④ 《后汉书》卷六一《周举传》，第2023页。

⑤ 宋敏求：《长安志》卷三《汉·未央宫》，丛书集成初编本，第3209册，中华书局1996年版，第32页。

⑥ (晋)葛洪撰，周天游校注：《西京杂记》，三秦出版社2006年版，第43—44页。

宫馆分布情况，陈直先生认为“极有参考价值”；[①] 其文字内容较多，不能遍述，包括“十宫二十一观在上林苑中”、“五宫一观在京兆属县”、“十宫二观在扶风”、“三宫四观在长安城外”。其中上林苑领域宏阔，所以有条件广设宫馆。[②] 又元人骆天骧《类编长安志》卷三《馆阁楼观》中考证出汉代长安附近“馆”、“观”五十余处，皆在未央宫外，亦以上林苑内居多，为二十五所。[③] 姚生民经过研究，认为“甘泉宫是汉代最重要的离宫，其内宫观甚多”，并考证出十六处，为仙人观、石关观、封峦观、鳷鹊观、露寒观、益延寿观、储胥馆、迎风馆、仿徨观、走狗观、天梯观、瑶台观、高华观、白虎观、温德观、相思观。[④]

综上所述，笔者认为汉代名为“馆（观）”的宫殿建筑基本上设在未央宫外，以上林苑和甘泉宫内分布较多。而据前引《汉书·外戚传下》所言，成帝班婕妤原居未央宫掖庭之增成舍，[⑤] 曾两次怀孕，“再就馆”，即由后宫搬到上林苑的阳禄馆与柘馆居住。因胎儿先后流产，班妃作赋伤悼曰：“痛阳禄与柘馆兮，仍襁褓而离灾。”（第 3985 页）服虔注曰：“二馆名也，生子此馆，皆失之也。”颜师古注：“二观并在上林中。”（第 3986 页）可见当时嫔妃孕后临产之“就馆”，应是离开未央宫之掖庭，迁到宫外的“别馆”居住。另外，从史籍所载来看，皇帝在外巡行时所幸姬妾如有身孕，也要迁出原来居住的宫殿，到别馆等待临产。如《史记》卷一一八《淮南衡山列传》载：“淮南厉王长者，高祖少子也。其母故赵王张敖美人。高祖八年，从东垣过赵，赵王献之美人。厉王母得幸焉，有身。赵王敖弗敢内宫，为筑外宫而舍之。”（第 3075 页）即为例证。

皇后如果受孕，是否也要遵循此项制度呢？综观文献，汉代皇后未有身孕者甚众，如惠帝张皇后、武帝陈皇后、昭帝上官皇后、宣帝霍、王两皇后、成帝赵皇后、哀帝傅皇后、平帝王皇后等。另一部分则是在生子之后被封为皇后，但再未怀孕分娩，如高帝吕后、文帝薄后、景帝王皇后、武帝卫皇后、元帝王皇后等。仅有宣帝许后、成帝许后立为皇后又曾怀孕，后者具体情况不详，而宣帝许皇后有娠，亦是从未央宫的椒房殿迁到长定宫居住待产，[⑥] 被霍显所遣女医淳于衍投毒害死。事见《汉书》卷九七下《外戚传》：“（淳于衍）即捣附子，赍入长定宫。皇后免身后，衍取附子并合大医大丸以饮皇后。有顷，曰：‘我头岑岑也，药中得无有毒？’对曰：‘无有。’遂加烦懑，

① 陈直：《三辅黄图校证》卷四《苑囿》，第 85 页。

② 参见《汉书》卷八七上《扬雄传》曰：“武帝广开上林，南至宜春、鼎胡、御宿、昆吾，旁南山而西，至长杨、五柞，北绕黄山，濒渭而东，周袤数百里。”（第 3541 页）孙星衍等辑：《汉官六种·汉旧仪》曰：“上林苑中，天子遇秋冬射猎，取禽兽无数实其中。离宫观七十所，皆容千乘万骑。”（中华书局 1990 年版，第 83 页）

③ 参见骆天骧《类编长安志》卷三《馆阁楼观》，三秦出版社 2006 年版，第 99—101 页。

④ 参见姚生民编著《甘泉宫志》，三秦出版社 2003 年版，第 92—93、88—95 页。

⑤ 《汉书》卷九七下《外戚班婕妤传》应劭注：“后宫有八区，增成第三也。”（第 3984 页）

⑥ 西汉之长定宫有二，其一在甘泉林光宫内，见《汉书》卷九七《外戚成帝许皇后传》：“凡立十四年而废，在昭台岁余，还徙长定宫。”颜师古注：“《三辅黄图》林光宫有长定宫。”其二在长安长乐宫内，又称“长定殿”。见宋敏求《长安志》卷三《长乐宫》注引潘岳《关中记》：“长乐宫有长秋、永寿、永宁、长定四殿。”（第 39 页）

崩。”(第 3966 页)此例也与前述怀孕嫔妃迁居别馆的情况互相吻合。

因为上述缘故，苏林在注《汉书》卷九七下《外戚传下》班婕妤“再就馆”句时曰：“外舍产子也。”(第 3984 页)其所言之“外舍”，即泛指正宫以外的建筑及住所。[①]可参见《大戴礼记》卷三《保傅》：“古者年八岁而出就外舍，学小艺焉，履小节焉。束发而就太学，学大艺焉，履大节焉。”[②]《礼记·王制》曰：“小学在公宫南之左，大学在郊。”[③] 又如汉代王莽篡位前对太后王政君曲意逢迎，甚至亲自到其宠幸小儿宫外之家去探视：“太后旁弄儿病在外舍，莽自亲候之，其欲得太后意如此。”[④] 东汉安帝保姆王圣居住宫内，左右政事；其孙女伯荣“出入宫掖，传通奸赂”。杨震上书进谏，请求“宜速出阿母，令居外舍，断绝伯荣，莫使往来。令恩德两隆，上下俱美。”[⑤] 还有诸侯王宫和官员府第以外的住宅也可以称为“外舍”。[⑥] 由此可证，汉代皇帝妻妾孕后的“就馆”，应是从正宫的椒房或掖庭徙居行宫的殿馆而待产。后世著作也对这种礼俗有所追述，如北齐《颜氏家训》曰：“古者，圣王有胎教之法：怀子三月，出居别宫，目不邪视，耳不妄听，音声滋味，以礼节之。”[⑦]

二 “外舍产子”风俗的起源与发展

汉代宫廷妇女在临产前要离开常居的正宫，迁到外边其他馆舍等待分娩，此类事例以往很少引起学者们的注意，尚未见到专门的研究。值得关注的问题是，朝廷为什么要采取这种措施？所谓“就馆”是一种孤立的特殊现象吗？产前离开旧居的做法是仅仅施行于皇帝后妃的范围之内呢，还是在社会中普遍存在呢？从文献记载来看，苏林所说的“外舍产子”是当时某些地区流行的风俗习惯。

两汉称妇女行经、临盆、小产排出的污血为“姅”，《说文解字·女部》曰：“姅，妇人污也。从女，半声。”段玉裁注：“谓月事及免身及伤孕皆是也。”认为它属于不洁

---

① “外舍”一词在汉代还有“外戚”之义。《后汉书》卷一〇上《和熹邓皇后纪》：“及后有疾，特令后母兄弟入视医药，不限以日数。后言于帝曰：‘宫禁至重，而使外舍久在内省，上令陛下有幸私之讥，下使贱妾获不知足之谤。上下交损，诚不愿也。’”李贤注：“外舍，外家。”(第 419 页)《后汉书》卷七八《宦者列传》：“延熹二年皇后崩，帝因如厕，独呼衡问：‘左右与外舍不相得者，皆谁乎？’”李贤注：“外舍，谓皇后家也。”(第 2520 页)

② 王聘珍撰，王文锦点校：《大戴礼记解诂》，中华书局 1992 年版，第 60 页。

③ 《十三经注疏·礼记正义》，中华书局 1980 年版，第 1332 页。

④ 《汉书》卷九八《元后传》，第 4031 页。

⑤ 《后汉书》卷五四《杨震传》，第 1761 页。

⑥ 参见张烈点校《两汉纪》上册《汉纪》卷一三《孝武帝纪四》元狩二年十二月：“初（江都）易王薨，(刘）建居服外舍。召易王所幸淖姬等十九人，及女弟信臣等，与奸通。”(中华书局 2002 年版，第 216 页)《三国志》卷一五《魏书·梁习传》注引《魏略》载王思为大司农，“性少信，时有吏父病笃，近在外舍，自白求假。思疑其不实，发怒曰：‘世有思妇病母者，岂此谓乎！’遂不与假”(第 471 页)。《晋书》卷四三《山涛传》：“除尚书仆射，加侍中，领吏部。固辞以老疾，上表陈情……涛志必欲退，因发从弟妇丧，辄还外舍。”(中华书局 1974 年版，第 1225 页)

⑦ (南北朝）颜之推撰，王利器集解：《颜氏家训集解》卷一《教子》，上海古籍出版社 1980 年版，第 25 页。

之物，会给见到的人带来厄运，故须实施某种禁忌以躲避晦气。妇女来月经、流产或分娩称为“姅变”，不得参加祭祀活动，并且对此制定了法律规定。《说文解字·女部》引《汉律》曰：“见姅变不得侍祠。”① 人们在祭祀前夕或斋戒时也不能到有丧事之家或产妇家中去。如《四民月令》载八月祭祀尊神，“前期七日，举家勿到丧家及产乳家。”② 蔡邕亦云：“《礼》，妻妾产者，斋则不入侧室之门，无废祭之文也。”③ 王充在《论衡·四讳篇》中提到当时民间有四大忌讳，其中包括对产妇的种种禁忌：“三曰讳妇人乳子，以为不吉。将举吉事，入山林，远行，度川泽者，皆不与之交通。”随后又谈到产妇临盆前要搬出旧宅，至产后月余才返回家中，“乳子之家，亦忌恶之，丘墓庐道畔，踰月乃入，恶之甚也”。不过，这种风俗主要是在江南流行，北方对此已经不太注意避忌。“江北乳子，不出房室，知其无恶也。至于犬乳，置之宅外，此复惑也。江北讳犬不讳人，江南讳人不讳犬，谣俗防恶，各不同也。”对于上述史料记载的解读，学术界尚有某些分歧和疑惑。黄晖《论衡校释》引吴检斋之论，认为这段话是说当时江南妇女产后将婴儿置于宅外道旁，待满月后抱归；而句中的“丘墓”一词难以理解。“‘丘墓’字疑误。论言俗忌乳子，则置之道畔，踰月始归。下文云：‘江北乳子，不出房室，江南反之。’故知江南乳子，置之宅外矣。”④ 笔者以为此说甚误，若将新生婴儿弃置户外道边逾月，断无生理，父母岂能如此对待亲生骨肉？彭卫、杨振红对其解释为“择处筑庐别居，逾月方入旧居”。⑤ 则比较符合实际，但仍有余意可伸，笔者拟就此加以补充，并对吴氏所疑“丘墓”等典故给予诠释，望有识之士予以指正。

王充所言江南产妇“丘墓庐道畔，踰月乃入”，应是反映产妇在临产前到丘冢陵墓或道旁的简易棚屋“庐”中居住，待胎儿出生满月后返家。由于古代这种风俗长期流行，所以“在庐”一词曾被作为妇人坐月子的代称，见宋代任广著《书叙指南》卷三《产乳保育》：“未满月曰产痛在庐。”⑥ 产妇入住的庐舍可以由家人临时搭建，也能够利用现成的房屋。汉代盛行在冢旁为尊亲居住守丧，或至节日来上墓祭祀，丘冢之侧经常筑有供家人临时居住的草庐，称为“冢庐”。如汉代原涉“行丧冢庐三年，由是显名京师。”⑦ 汝南王琳“因遭大乱，百姓奔逃，唯琳兄弟独守冢庐，号泣不绝。”⑧ 若是房屋则称为“冢舍”，如《汉书》卷七七《何并传》：“先是，林卿杀婢婿埋冢舍”。颜师古注：“冢舍，守冢之舍也。”（第 3266 页）又东汉梁商病笃遗嘱：“方今边境不宁，盗

① 许慎撰，段玉裁注：《说文解字注》，上海古籍出版社 1981 年版，第 625—626 页。

② 崔寔著，石声汉校注：《四民月令校注》，1965 年，第 60 页。又参见《说文解字》：“乳，人及鸟生子曰乳，兽曰产。”

③ 《后汉书》卷六〇下《蔡邕传》，第 1994 页。

④ 王充著，黄晖编撰：《论衡校释》，中华书局 1995 年版，第 975 页。

⑤ 彭卫、杨振红：《中国风俗史·秦汉卷》，上海文艺出版社 2002 年版，第 352 页。

⑥ 任广：《书叙指南》卷三《产乳保育》，文渊阁四库全书本，第 920 册，上海古籍出版社 1997 年版，第 476 页。

⑦ 《汉书》卷九二《游侠传》，第 3714 页。

⑧ 《后汉书》卷三九《赵孝传》，第 1300 页。

贼未息，岂宜重为国损！气绝之后，载至冢舍，即时殡敛。”[①]

先秦时代道旁亦有庐舍，可供行旅歇息及暂避风雨，参见《周礼·地官·遗人》：“凡国野之道，十里有庐，庐有饮食。”[②] 此乃古制，至汉朝已被官府设置的邮亭取代，但仍可觅其遗迹。如张鲁在汉中以鬼道教民，“诸‘祭酒’皆作义舍，如今之亭传。又置义米肉，县（悬）于义舍，行路者量腹取足，若过多，鬼道辄病之。”[③] 另外，当时各地田间亦普遍设有草庐，称“田庐”，供耕作及守护庄稼者临时休息。如《论衡·恢国篇》载刘邦微时“与吕后俱之田庐，时自隐匿，光气畅见，吕后辄知。”[④] 东汉安帝时汝南薛包与弟子分财异居，“田庐取其荒顿者，曰‘吾少时所理，意所恋也。’”[⑤] 汉末隐士张玄曾游说车骑将军张温，“自田庐被褐带索，要说温曰：‘天下寇贼云起，岂不以黄门常侍无道故乎？’”[⑥]《风俗通义·过誉》中亦记载汝南戴绍将财产尽让其兄，并搬进客舍居住，租种官府的池田为生。应劭批评此举为沽名钓誉，因在当时风俗习惯之下，戴绍破产后能够入住冢庐或宗族的田庐，并耕种其薄田糊口，没有必要非住旅店、租种官田。“既出之日，可居冢下。冢无屋，宗家犹有羸田庐，田可首粥力者耳，何必官池客舍。”[⑦] 由此看来，《论衡》所言产妇“丘墓庐道畔，踰月乃入”，也可能是利用现成的冢庐和道旁田庐，不一定都要重新搭建庐舍。

综上所言，汉代后妃的“就馆”与当时江南民间孕妇“产痛在庐”之风俗具有相似的形态，都是属于“外舍产子”，即妇女在临产前离开常居的房屋，到某种临时住所分娩，然后再返回故居。那么，这种制度或习俗有没有更早的历史渊源呢？它究竟是一种“原生”的，还是“次生”的文化形态呢？根据国外学者的考察研究，世界上许多民族当中保存着对行经、怀孕妇女实行迁居别处的禁忌措施，最早可以追溯到原始社会的氏族公社阶段。像北美的土著居民，“种种禁忌，异常繁缛；其中大多为针对妇女而发，尤其是某些行之于特殊时刻者，诸如经期或产后。例如爱斯基摩—玛莱穆特人有这样一种习俗，即：姑娘初潮之际，须在屋内度四十日幽居生活，——独处一隅，面壁而居；夜深人静，方可离室。据信，妇女如违此苦痛难熬的戒律，则不仅祸及自身，整个氏族或聚落亦难免遭殃。”[⑧] 大洋洲的阿拉佩什人认为，“分娩时流的血与月经时流的血一样是危险的，因此孩子必须降生在寨子外面。”寨子周围那些崎岖不平的地方被称为“坏地方”，“厕所、妇女行经和生育时用的棚子也搭在这里，这里的人认为

① 《后汉书》卷三四《梁商传》，第 1177 页。

② 《十三经注疏·周礼注疏》，中华书局 1980 年版，第 728 页。

③ 《三国志》卷八《魏书·张鲁传》，第 263 页。

④ 王充著，黄晖编撰：《论衡校释》，中华书局 1995 年版，第 829 页。

⑤ 《后汉书》卷三九《刘平传序》，第 1295 页。

⑥ 《后汉书》卷三六《张霸附玄传》，第 1244 页。

⑦ 应劭撰，吴树平校释：《风俗通义校释》，天津人民出版社 1980 年版，第 155 页。

⑧ 谢·亚·托卡列夫：《世界各民族历史上的宗教》第 5 章《美洲诸民族的宗教》，魏庆征译，中国社会科学出版社 1985 年版，第 125 页。

妇女的血会危及这平坦、良好的能生产粮食的土地。”[①] 英国人类学家J.G.弗雷泽在《金枝》中汇集了丰富的资料，证明亚洲、非洲、美洲和大洋洲的许多原始民族视月经初潮的少女为不祥者，要和家人、同氏族部落的人隔离，或被关在家中单独的小屋、走廊或笼子里，或是被强制搬出原有住宅，到附近临时性的茅屋、草棚、柴火圈甚至森林里去居住。非洲卢安戈和阿瓦孔德的黑人部落以及新爱尔兰岛、加罗林群岛的雅浦岛、托里斯海峡的马布雅格岛、昆士兰北部的雅拉康纳部落、北美和玻利维亚东部的印第安人、澳大利亚南部土著居民中均存在这种风俗。[②]

在近现代中国许多边疆少数民族那里也保留着类似的风俗，“过去鄂伦春族认为妇女的月经和生孩子是不洁净的，因而有着许多清规戒律。如经期禁止与丈夫同住在一个棚舍里，否则会触犯神灵，使丈夫生病或打不到猎物……孕妇在临产的前几天要搬到临时搭盖的产房——‘恩克那力住哈汉’去住，要与所有男子隔离开来，坐月子则由女性关照。产妇待满月之后才允许搬回与家人同住。”[③] 此种情况在东北、西南地区的其他原始民族中亦可以见到。例如，“鄂温克族、赫哲族也有此俗，规定孕妇要到室外搭建的简易棚里分娩。独龙族忌讳孕妇在室内分娩，据说是怕孕妇发‘不洁’之气冲犯了室内的弓弩等狩猎用具，致使将来捕猎无获。产妇分娩必须在室外进行，生下婴儿洗干净后方可返回室内。至今这种习俗还在当地流行。”[④] 而在中国的西北地区，“羌族和撒拉族的产妇同样不能在家里分娩，而到牛羊圈分娩。”[⑤] 同样遵循室外临产习俗的还有西南地区的藏族，[⑥] 以及云南的瑶族、珞巴族等等。[⑦] 另外在古代游牧时期，“蒙古族妇女生产必须单独搭帐篷”，[⑧] 此种风俗习惯在后来元朝皇后妃妾的怀孕分娩礼仪当中也有所反映，例如《元史》卷七七《祭祀志》曰：“凡后妃妊身，将及月辰，则移居于外毡帐房。若生皇子孙，则锡百官以金银彩段，谓之撒答海。及弥月，复还内寝。其帐房，则以颁赐近臣云。”[⑨]

将以上情况归纳起来分析，“外舍产子”风俗的起源应该是在原始社会的后期，

---

① 玛格丽特·米德：《三个原始部落的性别和气质》，宋践等译，浙江人民出版社1988年版，第6、29页。

② 参见J.G.弗雷泽《金枝》第60章第3节《少女月经初潮时必须隔离》，徐育新、汪培基、张泽石译，新世界出版社2006年版，第561—566页。

③ 韩有峰：《鄂伦春族风俗志》，中央民族学院出版社1991年版，第94页。

④ 宋全：《中国少数民族民间禁忌》，中央民族大学出版社1999年版，第136页。

⑤ 同上书，第18页。

⑥ 赤烈曲扎：《西藏风土志》：“藏族怀孕的妇女，不是那么重视休息和保养，宗教势力歧视妇女的思想，又使妇女分娩时得不到合理的照顾和起码的卫生。直到现在，牧区妇女还是在帐篷外面生小孩，哪怕狂风大雪，临盆是不能在帐篷里的。农区有些地方，妇女分娩也只能在牛棚、羊圈之中。所谓生孩子‘污秽’的陈见，使妇女分娩时得不到起码的卫生条件的保证。”（西藏人民出版社1983年版，第174页）

⑦ 吕大吉等主编：《中国各民族原始宗教资料集成·瑶族卷》：“（瑶族）忌非婚生育，未婚孕妇临产必须到寨外荒野另居生育。”（中国社会科学出版社1996年版，第359页）张公瑾等主编：《中国各民族原始宗教资料集成·珞巴族卷》：“（珞巴族）孕妇禁止在家内分娩，必须在室外另搭棚生产。”（中国社会科学出版社1999年版，第883页）

⑧ 宋兆麟主编：《中国风俗史·原始社会卷》，上海文艺出版社2001年版，第213页。

⑨ 《元史》卷七七《祭祀志六》，中华书局1976年版，第1925页。

人类开始有了固定住所（茅棚、帐篷等）与产生了相关的禁忌思想以后而出现的。随着物质生活的改善和文明程度的提高，这种习俗的内容和表现形式也在逐渐发生变化。综览有关资料，可以看出它的历史演变过程表现为具有不同形态的几个阶段。试述如下：

(一) 户外露天分娩

根据文献记载与民族学的考察，“外舍产子”习俗较早出现的萌芽形态，往往具有以下两个特点。其一是妇女在孕期并不停止劳动，甚至在临产前仍然外出放牧、采集，或是从事一些较轻的工作，因而常有将婴儿生于野外露天的现象发生。这种风俗的残余形态在近代某些少数民族当中仍然保留着，例如民国时期青海的蒙古族、藏族，“妇女妊娠时，操作如常，饮食亦如常。至临盆期前二月内，才仅事挤乳及任烹煮工作，其他如乘马、跋涉、制酪、负薪等较重工作一概停止。将近分娩，即预备包裹婴儿之熟好滑皮，缝成裹囊，并觅同伴代往放牧。其贫苦无人代牧者，往往产于山野。”[①] 而《青海志略》亦载当地人民，“视怀孕为普通不足介意之事，怀孕期间，操作一如平时。因其体质壮健，故生产至为容易。往往于山野牧牛羊之际，即产婴儿，怀抱之；其时，若母羊生羊羔，亦取而纳诸怀，相挤相撞，带回帐房，状极自如。”[②] 古代汉族孕妇亦有外出劳动而产子于郊野者，如“（庾）异妻乐氏生子泽。初异与妻捃而产于泽，遂以命之”[③]。而上古传说中的颛顼、伊尹还有孔子也是生诸荒野，被置于空桑之内，[④] 或许亦与此种习俗有关。

其二是丈夫及亲属并不考虑为产妇提供一个相对舒适安全的分娩环境，未能施行后代“外舍产子”的那种措施，即预先将孕妇送到外边准备好的简易房屋里休息待产。如果是在家中居住生活时胎动临盆，那么当即要离开住宅到户外就近分娩，即使天气非常恶劣也不能留在家里。例如汉代时羌族，“堪耐寒苦，同之禽兽。虽妇人产子，亦不避风雪”[⑤]。《元和郡县图志》卷三二《剑南道中·松州》条亦载当地“妇人孕身六月而产子，不避风雪”[⑥]。直到近现代仍可见到此种风俗的遗存。例如，“羌族和撒拉族是到牛羊圈里分娩。此种习俗可能是将新生儿当成牛羊看待，以喻命贱好带大，并希望出生的子女像牛羊一样健壮。在藏族牧区，妇女分娩不能在帐篷里，只能在牛棚和羊圈中。以藏族的传统观念来看，妇女生孩子是件污秽的事情，所以，只能生在帐篷外，

① 丁世良、赵放等主编：《中国地方志民俗资料丛汇编·西北卷》，转引上海商务印书馆民国34年发行之《青海》，书目文献出版社1989年版，第280页。

② 丁世良、赵放等主编：《中国地方志民俗资料丛汇编·西北卷》，转引《青海志略》，第264页。

③ 《太平御览》卷八二四《资产部四·捃》引《庾异行别传》，中华书局1963年版，第3670页。

④ 参见陈奇猷校释《吕氏春秋校释》卷五《古乐》：“帝颛顼生自若水，实处空桑，乃登为帝。”（学林出版社1984年版，第285页）《史记》卷三《殷本纪》：“伊尹名阿衡。”《索隐》曰：皇甫谧云：“伊尹，力牧之后，生于空桑。”（第94页）《太平御览》卷三六一《人事部二·产》引《孔演图》曰：“孔子母征在游大泽之陂，睡梦黑帝使请已，已往，梦交语曰：‘汝乳必于空桑之中。’觉则若感，生丘于空桑中。”（第1663页）

⑤ 《后汉书》卷八七《西羌传》，第2869页。

⑥ 李吉甫：《元和郡县图志》下册，中华书局1983年版，第809页。

哪怕是刮风下雪，大雨滂沱，都不能改变，否则，就要遭到不幸”①。

从这些情况可以看出，在上述社会发展阶段，人们已经产生了有关的禁忌意识，但由于缺乏卫生保健知识和对预产期的准确判断，因此没有注意孕妇临产前的休息和安全。孕妇不论在野外劳动时生儿，或是在户外就近处及畜栏中分娩，皆为露天进行，并未住进帐篷、窝棚等临时住所。若是严格地讲，称其为“外舍产子”尚不够妥当，因为孕妇没有迁入“庐舍”待产，故笔者暂以“户外露天分娩”来命名这种产育风俗形态，它的出现应该是比较早的。

（二）户外简易住所分娩

在这一阶段，人们对行经、临产妇女的禁忌意识有所加强，认为她们排出的污血会带来严重的灾难，所以将月经初潮少女和孕妇迁到村寨之外较远的简易住所——草棚里居住，等到停经、分娩后过了隔离期再返回旧宅。J. G. 弗雷泽曾举出许多证据来说明这种现象的广泛流行，“例如，在塔希提岛上，妇女分娩以后要在圣洁地方的临时小屋里隔离半个月或三个星期，在此期间，她们不得自己进用饮食，必须由别人喂食。另外，这期间如果任何人接触了婴儿，也必须像母亲一样遵守那些限制，直到母亲举行‘满月’仪式之后。同样，在阿拉斯加附近的卡迪亚克岛上，临产的妇女无论什么季节，都得住进用芦苇搭起的简陋茅舍，在那里养下孩子住满20天。在此期间，她被认为是最不洁净，谁也不接近她，她吃的食物都是用棍子挑着送给她的。布赖布赖印第安人认为妇女分娩的污染亵渎比月经来潮更为严重。妇女感觉快要临盆时，便告诉自己的丈夫，丈夫赶忙在偏僻无人的地方为她搭起一所小屋，让她一人独自居住，除了她母亲和另外一位妇人外，不得同任何人说话”②。前引《论衡·四讳篇》所载汉代江南孕妇在临产前，“丘墓庐道畔，踰月乃入，恶之甚也”。也是属于“外舍产子”习俗在这一发展阶段的表现。而在狩猎民族或游牧民族那里，则是在村落外较远处为产妇另搭帐篷居住，如前文所述近代鄂伦春族、鄂温克族、赫哲族与古代蒙古族流行的生育风俗。据有关研究，这种禁忌制度在原始社会后期的氏族组织中非常普遍。苏联学者谢苗诺夫曾总结道：“几乎在前阶级社会的所有民族中都存在一些专门的建筑物（住宅、窝棚等），妇女在向成年状态转变的时期，在月经来潮时期和分娩时期，都必须住在这种建筑物里，与男人们严格隔离开。”③

产妇在临时简易住所分娩后，还需要和婴儿继续留住一段时间。此类现象仍与对产妇的禁忌意识有关，即认为她们须经过一个安全隔离期后才能与家人团聚，通常是在子女满月之后再迁回家中。如旧时鄂伦春族，“孕妇在临产的前几天要搬到临时搭盖的产房——‘恩克那力住哈汉’去住，要与所有男子隔离开来，坐月子则由女性关照。

① 万建中：《中国民俗通志·生养志》，山东教育出版社2005年版，第124页。

② J. G. 弗雷泽：《金枝》第20章第3节“妇女月经和分娩时间的禁忌”，第209页。

③ Ю. И. 谢苗诺夫：《婚姻与家庭的起源》，蔡俊生译，中国社会科学出版社1983年版，第216页。

产妇待满月之后才允许搬回家住。”[①] 还有赫哲族，“妇女生孩子时，早年不管是严冬还是酷暑，都必须在屋外新搭建的撮罗子中分娩，以免生孩子的‘脏气’触犯神灵和祖先。产妇在撮罗子里一直住到满月。”[②] 在云南地区，“许多地方的佤族往往将孕妇视为鬼附体，直到满月后方能脱离鬼床。”[③] 苗族孕妇如在外分娩，也得在婴儿满月后回到夫家，还要在产育的房屋内祭祀除邪。[④]

上述风俗习惯虽然反映了迷信思想的流行，但在另一方面，也表现出人们的文明程度和卫生知识有所增长，或许开始认识到怀孕临产的妇女身体虚弱，需要安静休息，因此不再让她们继续参加劳动。而在野外、户外分娩可能会遭受日晒或风霜雨雪，以致影响产妇与婴儿的健康，所以搭建了各种临时性的简易建筑（帐篷、草棚等）供其提前居住。这种形态可视为“外舍产子”风俗的典型代表。

（三）宅内侧室分娩

“外舍产子”风俗发展到最后仅存有残余形态，其基本特点是：虽然仍对行经、临产妇女有所禁忌，不得留在住宅的主要卧室或堂屋，但也不用再赴户外远处栖居，可以移到宅内次要的房间（如小屋、厢房、走廊、仓房等）度过经期或等待生产。例如，我国现代学者的调查表明，“有些民族即便允许孕妇在自家分娩，但对其产房的安置也有所讲究。比如满族人有‘崇西’的习俗，禁忌将西屋做产房，怕因此冲犯了祖灵，亵渎神明。西双版纳的基诺族不准在楼上分娩，只能在竹楼下炒茶叶用的小房内生产。云南哈尼族的孕妇的产房多设在丈夫的小屋内，忌讳设在公婆居住的大房里。”[⑤] 永宁地区的摩梭人临产，“则是在正房的后室，这里既是公共的仓库，也是母系亲族每个成员的降生之处和死后停尸之所，还有的则移到主室附近的单独房间。总之，不能在正室或主室分娩，因为那里供奉着祖先神，而妇女分娩是不洁的，要回避神灵，否则污染神灵将带来灾祸。”[⑥] 再如先秦的周代社会也对妇女实行类似的禁忌措施，《礼记·内则篇》中对此有集中而详细的记载。唐朝孔颖达指出，该篇主旨是“论国君以下至庶人生子之礼及适庶差别、妻妾异等、所生男女养教之法。”其具体内容分述如下：

> 妻将生子及月辰，居侧室。夫使人日再问之，作而自问之。妻不敢见，使姆衣服而对。至于子生，夫复使人日再问之。夫齐［斋］，则不入侧室之门……妾将生子及月辰，夫使人日一问之。子生三月之末，漱浣夙齐，见于内寝，礼之如始

① 韩有峰：《鄂伦春族风俗志》，中央民族学院出版社1991年版，第94页。

② 黄任远：《赫哲族风俗志》，中央民族学院出版社1992年版，第79页。

③ 杨筑慧：《中国西南民族生育文化研究》，中央民族大学出版社2006年版，第119页。

④ 宋全：《中国少数民族民间禁忌》：“（苗族）孕妇在娘家屋内分娩的话，那么就要在婴儿满月，回夫家时，由丈夫请一位巫师到岳母家举行‘净屋’仪式。”（中央民族大学出版社1999年版，第18页）

⑤ 宋全：《中国少数民族民间禁忌》，中央民族大学出版社1999年版，第19页。

⑥ 杨筑慧：《中国西南民族生育文化研究》，中央民族大学出版社2006年版，第120页。

入室。①

据上述史料反映，周代贵族妻妾临产时要离开原来居住的房间，即所谓的“正寝”和“燕寝”，迁入旁边规格较低的“侧室”。孔颖达《疏》云：“夫正寝之室在前，燕寝在后，侧室又次燕寝，在燕寝之旁。故谓之侧室。妻既居侧室，则妾亦当然也。故《春秋》传曰：‘赵有侧室曰穿’，是妾之子也。生子不于夫正室及妻之燕寝，必于侧室者，是正室燕寝尊故也。”② 而孕妇移居侧室的原因，还是认为行经及分娩排出之污血不洁，理应有所避忌，以免给居住正室的丈夫带来灾祸。如前引《说文解字·女部》引《汉律》曰：“见姅变不得侍祠。”段玉裁注云：“按见姅变，如今俗忌进入产妇房也，不可以侍祭祀。《内则》曰：‘夫斋，则不入侧室之门。’正此意也。汉律与周礼相表里。”③

值得注意的，据《礼记·内则篇》记载，周代“庶人”即平民妇女临产时，是允许居住在原有房间之内的，但其丈夫则要回避迁出，待妻子产后再返回家里。“庶人无侧室者及月辰，夫出居群室。其问之也，与子见父之礼无以异也。”④ 孔颖达《疏》云：“庶人无侧室者，及月辰，夫出居群室者，以无侧室，妻在夫寝。妻将生子，故夫出辟之。若有侧室，则妻在侧室，夫自居正寝，不须出居群室也。”⑤ 可见有关分娩的禁忌意识在当时民间已经相当淡化，对于经济贫困而缺少住房的“庶人”阶层，产妇由于没有“侧室”可居，也就不必遵守过去外出“在庐”的旧俗，她们可以留在家里待产，而让丈夫迁出别居以躲避污血造成的不祥，这种措施显然是对旧有风俗采取了一种灵活变通的改进做法，反映出随着时代的发展，人们迷信禁忌的程度有所降低，孕妇的居住条件再次获得改善。不过，按照孔颖达的上述解释，庶人如果拥有多余的房间，产妇仍然要迁居“侧室”。由此看来，丈夫回避搬出实际上属于无奈之举，若是住房条件稍好，产妇还是以居住“侧室”为最佳选择。

周代此种风俗亦有具体事例可证，如《左传·昭公二十九年》载鲁昭公有两妾孕期相近，曾共同出居侧室等待临产，因为先出生者为兄长，地位较高，所以其中一妾采用欺骗手法，使自己后产的婴儿得以抢先报告国君，从而获得了长兄的名分。“公衍、公为之生也，其母偕出。公衍先生，公为之母曰：‘相与偕出，请相与偕告。’三日，公为生，其母先以告，公为为兄。”杜预注“偕出”曰：“出之产舍。”杨伯峻注“偕出”曰：“古代贵族妇人将生子，出居于侧室。侧室又谓之产舍，《大戴礼·保傅篇》谓之宴室。此同出居产舍也。”⑥ 另外，清代学者沈钦韩曾在《汉书疏证》中敏锐

① 《十三经注疏·礼记正义》，中华书局 1980 年版，第 1469—1470 页。

② 同上书，第 1469 页。

③ 许慎撰，段玉裁：《说文解字注》，上海古籍出版社 1981 年版，第 625—626 页。

④ 《十三经注疏·礼记正义》，中华书局 1980 年版，第 1470 页。

⑤ 同上。

⑥ 杨伯峻：《春秋左传注·昭公二十九年》，中华书局 1981 年版，第 1500 页。

地指出，上述“偕出”产舍之举与《礼记》所言周代贵族产妇出居侧室以及汉代宫廷施行的“就馆”制度之间有着源流继承关系，可谓独具灼见：

《内则》：“妻将生子及月辰，居侧室。”郑云：“夫之室，次燕寝。”又云：“庶人无侧室者及月辰，夫出居群室。”郑云：“凡子生皆就侧室。”疏云：“世子皆就侧室。”案：《昭二十九年传》：“公衍、公为之生也，其母偕出。”注云：“出之产舍。”是产舍谓之侧室，汉时犹然。《外戚传》：“班婕妤居增城舍，再就馆”，所谓阳禄、柘馆，其产舍也。①

与原始社会末期行经、临产妇女出居之草庐、帐篷等简易住所相比，周代贵族产妇所就之“侧室”具备良好的生活环境，可以保证孕妇的健康及胎儿的正常发育。贾谊《新书》引《青史氏》之《记》曾追述当时王后在产前入居“蒌室”，并有重要官员进行监护，负责提供符合礼教的声乐和饮食，对腹内婴儿实行胎教。“古者胎教之道，王后有身，七月而就蒌室，太师持铜而御户左，太宰持斗而御户右，太卜持蓍龟而御堂下，诸官皆以其职御于门内。比三月者，王后所求声音非礼乐，则太师抚乐而称不习。所求滋味者非正味，则太宰荷斗而不敢煎调，而曰：‘不敢以侍王太子。’”② 王后所居之“蒌室”，是在舍内铺设散发清香气味的蒌蒿，用来改善住所的卫生状况。参见《尔雅》卷八《释草》：“购，蔏蒌。”郭璞注：“蔏蒌，蒌蒿也。生下田，初出可啖，江东用羹鱼。”③ 陆机亦曰：“蒌，蒌蒿也。其叶似艾，白色，长数寸，高丈余，好生水边及泽中。正月根芽生，旁茎正白，生食之香而脆美，其叶又可蒸为茹。”④ 汉代则是用椒泥涂于皇后所居殿内，称为“椒房”。见《汉书》卷六六《车千秋传》：“曩者，江充先治甘泉宫人，转至未央椒房。”颜师古注：“椒房，殿名，皇后所居也。以椒和泥涂壁，取其温而芳也。”（第2885页）《汉官仪》卷下曰：“皇后称椒房，取其蕃实之义也。诗云：‘椒聊之实，蕃衍盈升。’以椒涂室，取温暖除恶气也。”⑤

《青史氏》此段记载又见《大戴礼记·保傅篇》：“古者胎教，王后腹之，七月而就宴室，太史持铜而御户左，太宰持斗而御户右。比及三月者，王后所求声音非礼乐，则太师缊瑟而称不习，所求滋味者非正味，则太宰倚斗而言曰：‘不敢以待王太子。’”⑥ 文字与《新书》所言略有不同，其中称“蒌室”为“宴室”，卢辩认为二语均为“侧室”之义，“宴室，夹室，次于寝也，亦曰侧室。自王后已下有子月辰，女史皆以金环

① 王先谦：《汉书补注》卷九五《南粤传》引沈钦韩《汉书疏证》，中华书局1983年版，第1587页。

② 贾谊撰、阎振益、钟夏校注：《新书校注》卷一〇《胎教篇》，中华书局2000年版，第390页。

③ 《十三经注疏·尔雅》，中华书局1980年版，第2629页。

④ 陆机：《毛诗草木鸟兽虫鱼疏》卷上《释草·言刈其蒌》。文渊阁四库全书本，第70册，上海古籍出版社1997年版，第5页。

⑤ （清）孙星衍等辑：《汉官六种》，中华书局1990年版，第174页。

⑥ 王聘珍撰，王文锦点校：《大戴礼记解诂》，中华书局1992年版，第59—60页。

止御。王后以七月就宴室，夫人、妇嫔则以三月就其侧室，皆闭房而处也。王后以七月为节者，君听天下之内政，自诸侯以下妻同之也”[①]。“宴室”亦称做“晏室”，是指僻静安全的房间。见《韩非子·难三》：“广廷严居，众人之所肃也；晏室独处，曾、史之所僈也。”[②] 刘熙《释名》亦曰：“安，晏也。晏，晏然和喜无动惧也。”[③] 又见《汉书》卷一四《诸侯王表序》：“高祖创业，日不暇给，孝惠享国又浅，高后女主摄位，而海内晏如，亡狂狡之忧。”（第394页）颜师古注曰：“晏如，安然也。”孕妇在临产前需要平静安全的住宿环境，故入居“宴室”，这也是“胎教”的重要内容之一。《大戴礼记·保傅篇》又言：“周后妃任成王于身，立而不跂，坐而不差，独处而不倨，虽怒而不詈，胎教之谓也。”[④] 王充亦追述道：“故《礼》有胎教之法：子在身时，席不正不坐，割不正不食，非正色目不视，非正声耳不听。”[⑤] 可见当时人们已经相当注意妇女孕期的情欲规范与心理调整，借以促进胎儿的正常发育。

《公羊传·庄公二十四年》曰：“夏，公如齐逆女。何以书？亲迎礼也。”[⑥]《说苑》卷一九《修文》对上述周代诸侯的迎亲礼仪有详细说明。“其礼奈何？曰：‘某国寡小君，使寡人奉不珍之琮，不珍之屦，礼夫人贞女。’夫人曰：‘有幽室数辱之产，未谕于傅母之教，得承执衣裳之事，敢不敬拜？’拜祝，祝答拜。”[⑦] 夫人（公主）称自己产在“幽室”，即黑暗僻静的房屋。参见《礼记·仲尼燕居》：“譬如终夜有求于幽室之中，非烛何见？”[⑧]《潜夫论》卷七《释难》曰：“且夫尧、舜之德，譬犹偶烛之施明于幽室也，前烛即尽照之矣，后烛入而益明。”[⑨] 可见其中光线幽暗，需要以灯烛照明。

这里有个疑问，据前引《青史氏》所言，周代贵族已经注意对孕妇的照护并提供优越的住宿环境，产房内应有多位侍女照料其饮食起居，甚至身边还有乐队演奏，很难设想她们会在黑暗的房间中居住生活。那么，这种产房为什么要称为“幽室”呢？笔者推测，这或许是反映了上古时代妇女行经、临产房屋简陋阴暗的情况。据J.G.弗雷泽的研究，原始民族为月经初潮少女和孕妇提供之简易住所往往具有黑暗避光的特点，“值得注意的是世界许多地方女孩到了月经开始来潮时必须遵守前述的两条禁忌（即不得触及地面，不得看见太阳），或二者之一”[⑩]。他还列举了许多实例来加以证明。而作为产房的“幽室”一词可能最初就是代表原始民族妇女行经、分娩的黑暗草庐，周代贵族妇女的产房尽管已经留在宫室以内，不再设于野外或户外，但是其名称却在

① 卢辨：《大戴礼记补注》，丛书集成初编本，第1029册，中华书局1996年版，第36—37页。

② 陈奇猷校注：《韩非子集释》，上海人民出版社1974年版，第868页。

③ 王先谦撰集：《释名疏证补》卷四《释言语》，第194页。

④ 王聘珍撰，王文锦点校：《大戴礼记解诂》，中华书局1992年版，第62页。

⑤ 王充著，黄晖撰：《论衡校释》卷二《命义篇》，第54页。

⑥ 《十三经注疏·春秋公羊传注疏》，中华书局1980年版，第2237页。

⑦ 刘向撰、赵善诒疏证：《说苑疏证》，华东师范大学出版社1985年版，第565页。

⑧ 《十三经注疏·礼记正义》，中华书局1980年版，第1613页。

⑨ 王符著，汪继培笺：《潜夫论笺》，中华书局1979年版，第324页。

⑩ J.G.弗雷泽：《金枝》第60章《天地之间》，徐育新、汪培基、张泽石译，第561页。

某种程度上表现了它的历史渊源，反映出过去孕妇所居“庐舍”光线阴暗的情况，看来是属于旧风俗的残存遗迹。

三 汉代后妃“就馆”礼俗实施的原因

秦汉王朝幅员辽阔，各地区自然环境存在着明显的差异，人们的劳动、生活方式也有所区别，从而使社会的风尚习惯具有地域特征。“广谷大川异制，民生其间者异俗，刚柔轻重，迟速异齐，五味异和，器械异制，衣服异宜。”[①] 以至于世人常说：“百里不同风，千里不同俗，户异政，人殊服”。[②] 地域特征在产育习俗方面也有显著的表现。如前所述，江南地区孕妇多到户外的简易“庐舍”里居住分娩，“踰月乃入，恶之甚也”。[③] 这种习俗与当地经济、文化发展的状况具有密切联系。汉代南方尚未充分开发，“楚、越之地，地广人希”，[④] 实行“火耕水耨”的粗放耕作，还有不少居民“以渔猎山伐为业”，[⑤]“无积聚而多贫”；[⑥] 各地的神灵崇拜与宗教迷信活动广泛流行，民众“信巫鬼，重淫祀”。[⑦] 这些情况都会对社会的风俗形态产生重要影响，各种传统禁忌从而得以长期沿袭。中原地区由于经济发达，文化繁荣，产育风俗也相对进步，产妇大多留居家宅。如前所述，当地早在周代就已施行“宅内侧室分娩”，贫民家庭的孕妇还可以留在家里待产。汉代亦然，如王充所言：“江北乳子，不出房室”。但值得注意的，汉代嫔妃临产时要从掖庭迁出“就馆”，即搬到行宫别馆等待分娩；若和当时社会的产育风俗及前代有关礼制相对照，此种情况的出现有些反常和令人费解。

首先，既然两汉中原民间的孕妇普遍留在家中生育，“不出房室”，那么皇帝的妻妾为什么要到“外舍”去分娩呢？其次，如果说汉代后妃“就馆”是继承传统的礼教，也有一些问题不好解释。因为根据前引《礼记·内则》和《左传·昭公二十九年》等文献记载，周代贵族妇女临产居住方式已然演进到“宅内侧室分娩”的阶段，即在宫中位置较为偏僻的产房生育。汉代妃妾“就馆”则是迁出后宫，到外面的临时住所待产。为什么不遵照旧日礼俗留在宫内“侧室”，却要以怀孕之身移居郊外的“别馆”呢？就客观环境而言，由于社会经济的发展和专制集权君主制度的确立，秦汉的都市、宫室建设与周代相比有明显的扩张。像西汉长安未央宫，“四周围墙的长度，东墙和西

---

① 《十三经注疏·礼记正义》，中华书局 1980 年版，第 1338 页。

② 《汉书》卷七二《王吉传》，第 3063 页。应劭撰，吴树平校释：《风俗通义校释》，天津人民出版社 1980 年版，第 1 页。

③ 王充著，黄晖撰：《论衡校释》，中华书局 1995 年版，第 975 页。

④ 《史记》卷一二九《货殖列传》，第 3270 页。

⑤ 《汉书》卷二八下《地理志》，第 1666 页。

⑥ 《史记》卷一二九《货殖列传》，第 3270 页。

⑦ 《汉书》卷二八下《地理志》，第 1666 页。

墙各为2150米，南墙和北墙各为2250米，周围全长8800米，合汉代二十一里；全宫面积约5平方公里，占长安城总面积约七分之一"[①]。《西京杂记》卷一载："未央宫周回二十二里九十五步五尺，街道周回七十里。台殿四十三，其三十二在外，其十一在后宫。池十三，山六，池一、山一亦在后宫。门闼凡九十五。"[②] 宫内领域广阔，楼堂殿舍甚众，完全有条件设置更多的产房来安置孕妇。为什么朝廷不这样做，而是非得把产房设在宫外，让孕妇因此迁移而遭受颠簸之累呢？另外，据史籍所载，当时太子的妃妾怀孕临产，也是仿照周代有关礼俗到宫内产房居住，产房名称为"甲馆（观）"，亦非迁到外面的宫馆。如王政君"甘露三年，生成帝于甲馆画堂，为世适皇孙。"[③] 又《汉书》卷一〇《成帝纪》曰："孝成皇帝，元帝太子也。母曰王皇后，元帝在太子宫生甲观画堂，为世嫡皇孙。"注引应劭曰："甲观在太子宫甲地，主用乳生也。画堂画九子母。"如淳注曰："甲观，观名。画堂，堂名。《三辅黄图》云太子宫有甲观。"（第301页）皇帝和太子的妻妾临产时为什么要实行不同的移居措施，分别待在宫外和宫内呢？上述种种疑问，使笔者不禁要思考以下问题，即汉代朝廷让后妃外迁到其他宫馆分娩的原因究竟是什么？有哪些必要的理由使她们离开了常居的正宫？

关于两汉宫廷使产妇"就馆"的目的，史籍未有明确的相关记载，无法直接获得答案。但从文献资料来看，汉代成帝末年曾经"废后宫就馆之渐"，[④] 停止实行此项措施。这一事件的背景值得深入研究，笔者认为可以通过考察当时的情况，从导致这次改制发生的因素中寻找有关信息，帮助我们探悉"就馆"礼俗施行的原因。

据《汉书》卷九七下《外戚传》，成帝即位之初，怀孕妃妾仍是在宫外别馆分娩子女。如班婕妤"居增成舍，再就馆"（第3983页），并两次流产。而到鸿嘉年间（公元前20—前17）宫闱局势发现变化，先是侍者李平得幸，被立为婕妤，"其后赵飞燕姊弟亦从自微贱兴，逾越礼制，浸盛于前。班婕妤及许皇后皆失宠，稀复进见。鸿嘉三年，赵飞燕谮告许皇后、班婕妤挟媚道，祝诅后宫，詈及主上。许皇后坐废"（第3984页）。赵飞燕随即被立为皇后，其妹封昭仪，和李平专宠后宫，并与宦官沆瀣一气，"掖庭丞吏以下皆与昭仪合通，无可与语者"（第3995页）。她们甚至操纵掖庭监狱，报复私仇，见《汉书》卷八五《谷永传》："又以掖庭狱大为乱阱，榜棰瘖于炮格，绝灭人命，主为赵、李报德复怨，反除白罪，建治正吏，多系无辜，掠立迫恐。"（第3460页）赵氏"姊弟颛宠十余年，卒者无子"。由于担心其他嫔妃生子后得宠，设法使皇帝取消"就馆"，将有孕的姬妾留在自己掌控的后宫，以便加以残害，结果"掖庭中御幸生子者辄死，久饮药伤堕者无数"。如女官曹宫原为中宫史，随皇后居椒房殿，得

① 王仲殊：《汉代考古学概说》，中华书局1984年版，第6页。

② 葛洪撰，周天游校注：《西京杂记》，三秦出版社2006年版，第1页。

③ 《汉书》卷九八《元后传》，第4016页。

④ 《汉书》卷九七下《外戚传》载耿育奏书，第3997页。

幸怀孕后并未迁到宫外，而是“乳掖庭牛官令舍”，[①] 即移居至掖庭官员的宿舍临产，随后其母子及侍女六人均被杀害。此事又见《汉书》卷二七中之下《五行志》：“其后赵蜚燕得幸，立为皇后，弟为昭仪，姊妹专宠，闻后宫许美人、曹伟能生皇子也，昭仪大怒，令上夺取而杀之，皆并杀其母。”（第1416页）后来成帝猝死、哀帝刘欣即位，司隶解光上奏赵氏姊妹残害皇子事，要求严惩赵飞燕及其家属。议郎耿育上疏反对，认为不宜公开宫廷丑闻，“谤议上及山陵，下流后世，远闻百蛮，近布海内，甚非先帝托后之意也”[②]。而且美化成帝废止“就馆”、听任赵氏姊妹杀害宫内产妇婴儿的做法，认为实行此举是为让定陶王（哀帝）顺利即位，防止发生幼主登基、太后临朝听政的局面。《汉书》卷九七《外戚传下》载耿育奏疏曰：

> 孝成皇帝自知继嗣不以时立，念虽末有皇子，万岁之后未能持国，权柄之重，制于女主，女主骄盛则耆欲无极，少主幼弱则大臣不使，世无周公抱负之辅，恐危社稷，倾乱天下。知陛下有贤圣通明之德，仁孝子爱之恩，怀独见之明，内断于身，故废后宫就馆之渐，绝微嗣祸乱之根，乃欲致位陛下以安宗庙。（第3997页）

从上述事件可以看出，赵飞燕姊妹促使成帝废除“就馆”礼俗，把临产的妃妾留在后宫，便于就近控制其人身和及时了解信息，其目的显然是为在自己把持的掖庭里残害她们，防止其恃子争宠。既然宫内孕妇留在掖庭生活会直接面临各种迫害；那么实行“就馆”措施，让她们到宫外别馆居住待产，应该有助于保护孕妇及婴儿的生命安全。自春秋战国“礼崩乐坏”以来，随着专制君主权力的日益强大，后宫妃妾的数量也急剧增多。“秦并天下，多自骄大，宫备七国，爵列八品。汉兴，因循其号，而妇制莫厘。高祖帷薄不修，孝文衽席无辩。然而选纳尚简，饰玩少华。自武、元之后，世增淫费，至乃掖庭三千，增级十四。”[③] 在新的宫闱局势下，皇后与妃子以及妃妾之间争风夺宠的矛盾迅速激化，冲突不绝。如汉代一朝，“外戚后庭色宠著闻二十有余人，然其保位全家者，唯文、景、武帝太后及邛成后四人而已”，“其余大者夷灭，小者放流”。由于古代社会母以子为贵，宫内怀孕妇女经常受到旁人的嫉恨，并且会横遭各种手段的暗害，如投毒、诬陷、诅咒等等。例如武帝时陈皇后，“擅宠骄贵，十余年而无子，闻卫子夫得幸，几死者数焉”。后因巫蛊祝诅被废，“相连及诛者三百余人”。宣帝时许皇后临产，被霍显派遣女医淳于衍药死，并企图毒害太子刘奭，使其女霍皇后“数召太子赐食，保阿辄先尝之，后挟毒不得行”[④]。东汉章帝立窦皇后，“宋贵人生

---

① 《汉书》卷九七下《外戚传》载耿育奏书，第3989、3995、3990页。

② 同上书，第3998页。

③ 《后汉书》卷一〇上《皇后纪·序》，第399页。

④ 分见《汉书》卷九七上《外戚传》，第4011、3948、3968页。

皇太子庆，梁贵人生和帝。后既无子，并疾忌之，数间于帝，渐致疏嫌。因诬宋贵人挟邪媚道，遂自杀，废庆为清河王”[①]。桓帝梁皇后，“及皇太后崩，恩爱稍衰。后既无子，潜怀怨忌，每宫人孕育，鲜得全者。”[②] 后宫充斥着种种妒忌和阴谋，孕妇随时有可能受到毒害，若是迁居到京城附近各地的宫馆临产，则能够暂时摆脱掖庭险恶的生存环境，减少所受到的生命威胁。

另据史籍所载，汉代皇帝有时会让未有身孕的宠妃爱妾离开后宫掖庭，安排到离宫别馆居住，直至怀孕生子；而不是像其他宫廷妇女那样，必须到临产之前才实行“就馆”。这些妃妾本人或家族在当时并没有什么权势，而宫内又存在着气焰熏天的后妃集团，皇帝采取这种措施的动机应该和“就馆”之目的相同，亦是出于避害的考虑。如武帝晚年宠幸“拳夫人”赵婕妤，而与卫皇后及太子刘据的矛盾加深，即让赵氏到城外离宫居住，随后怀孕并产下昭帝。《汉书》卷九七上《外戚传》载：“拳夫人进为婕妤，居钩弋宫，大有宠，太始三年生昭帝，号钩弋子。”颜师古注：“《黄图》钩弋宫在城外，《汉武故事》曰在直门南也。”（第 3956 页）又如成帝惧怕赵飞燕姊妹，将所宠许美人安置在上林涿沐馆，“数召入饰室中若舍，一岁再三召，留数月或半岁御幸。元延二年裹（怀）子，其十一月乳。诏使严持乳医及五种和药丸三，送美人所。”[③] 再者，为了保护怀孕的宠妃，有的皇帝甚至在离开京城时将其带在身边，即使忍受车马颠沛之苦、甘冒流产的危险，也不敢将之留在后宫或别馆，唯恐发生意外。例如光武郭皇后性情妒忌猜忍，刘秀曾斥责她“怀执怨怼，数违教令，不能抚循它子，训长异室。宫闱之内，若见鹰鹯。既无《关雎》之德，而有吕、霍之风”。[④] 因此当贵人阴丽华怀孕临产时，光武帝不愿将她留在洛阳，尽管是率师出征，鞍马劳顿，也让阴氏随军而行，以致在途中产下太子刘庄。[⑤]

此外，从贵族官僚处理家务纠纷的情况来看，亦有将姬妾安置在别馆、外宅居住，借以躲避妒妻的事例。如东汉梁冀获美人友通期，畏其妻孙寿，“于城西私与之居。”[⑥] 东晋王导之妻曹氏，“性妒，导甚惮之，乃密营别馆，以处众妾”[⑦]。这样做的目的，也是出于使爱妾躲避危害、减少家内矛盾冲突的考虑，与汉代宫廷实行“就馆”措施有着共同的理由。在内闱斗争激烈、危机四伏的形势下，当事人出居外地自然要比留在祸源附近更为安全。如汉末荆州刘琦受蔡氏逼迫，诸葛亮为其划策曰：“君不见申生在内而凶，重耳在外而安乎?”刘琦感悟，“阴规出计。会黄祖死，得出，遂为江夏太

① 《后汉书》卷一〇上《皇后纪》，第 415 页。

② 《后汉书》卷一〇下《皇后纪》，第 444 页。

③ 《汉书》卷九七下《外戚传》，第 3993 页。

④ 《后汉书》卷一〇上《皇后纪》，第 406 页。

⑤ 《后汉书》卷一〇上《光烈阴皇后纪》：“建武四年，从征彭宠，生显宗于元氏。”（第 405 页）

⑥ 《后汉书》卷三四《梁冀传》，第 1180 页。

⑦ 《晋书》卷六五《王导传》，第 1752 页。

守。”[①] 就是著名的例证。因此，笔者根据上述史实与背景情况进行推断，实施“就馆”的原因很可能是为了保护产妇和婴儿，以别居的方式躲避后宫妒忌者的暗害。汉代宫廷妇女的“就馆”，苏林称之为“外舍产子”。从表面上看，这种措施与某些地区或民族孕妇到户外简易住所分娩之风俗很相似，但是性质却完全不同。汉代后妃“妊身就馆”的主要目的应是企图消除或减少危害，属于宫闱政治活动中的某种防护手段；而民间产妇迁离家宅，“丘墓庐道畔，踰月乃入”，[②] 则是为了避免给家人带来晦气和霉运，属于某种俗成的产育习惯。

“就馆”礼俗虽然使怀孕妃妾远离后宫是非之地，在一定程度上减少了遭受伤害的可能性。不过，就汉代史实来看，这种措施所提供的保护作用毕竟是有限的。如果心怀嫉恨的后妃大权在握，或有强势政治集团的支持，甚至可以公开派人加害。例如吕后刑戚夫人为“人彘”，毒杀赵王如意。惠帝张皇后无子，“乃使阳为有身，取后宫美人子名之，杀其母，立所名子为太子”。[③] 有权势的后妃甚至胁迫皇帝下令将受妒者处死，产妇和幼儿即使身居别馆也在劫难逃。如汉成帝虽将许美人安置在上林涿沐馆中，并产下一子。但赵昭仪得知后质问成帝：“常给我言从中宫来，即从中宫来，许美人儿何从生中？许氏竟当复立邪！”并且“以手自捣，以头击壁户柱，从床上自投地，啼泣不肯食”，[④] 最终逼迫成帝将婴儿和许美人杀死。另外，移居行宫的孕妇尽管有专人侍卫，有时也会百密一疏，从而遭到仇人的暗害。如前引《汉书》卷九七下《外戚传》载宣帝许皇后临产入长定宫，霍显遣女医淳于衍投毒，致使许氏暴卒，即是显例。

东汉外戚把持政坛的时间更长，皇后、太后凭借本家势力，或与宦官勾结，往往在宫中一手遮天。如范晔所言：“东京皇统屡绝，权归女主，外立者四帝，临朝者六后，莫不定策帷帟，委事父兄，贪孩童以久其政，抑明贤以专其威。”[⑤] 虽然史籍曾提到妃妾“就馆”，[⑥] 但事例很少。这项礼俗在东汉一代是否自始至终被执行？实施的详细情况如何？孕妇前往的“别馆”在何处？均不可得知。另一方面，却频频见到宫内产妇被皇后、外戚加害与婴儿夭折的现象。例如，章帝纳梁竦二女，“皆为贵人。小贵人生和帝，窦皇后养以为子，而竦家私相庆。后诸窦闻之，恐梁氏得志，终为己害，建初八年，遂谮杀二贵人，而陷竦等以恶逆。诏使汉阳太守郑据传考竦罪，死狱中，家属复徙九真。”[⑦]“和帝皇子数十，生者辄夭”。[⑧] 安帝阎皇后，“专房妒

① 《三国志》卷三五《蜀书·诸葛亮传》，第914页。

② 王充著，黄晖编撰：《论衡校释》，中华书局1995年版，第975页。

③ 《汉书》卷九七上《外戚传》，第3940页。

④ 《汉书》卷九七下《外戚传》，第3993页。

⑤ 《后汉书》卷一〇上《皇后纪》，第401页。

⑥ 司马彪《续汉书》卷一：“孝灵灵思何皇后，南阳宛人也。以良家子选入掖庭，见幸妊身，就馆生男，为贵人。”（周天游辑注：《八家后汉书辑注》，上海古籍出版社1986年版，第324页）

⑦ 《后汉书》卷三四《梁竦传》，第1172页。

⑧ （东汉）刘珍等撰，吴树平校注：《东观汉记校注》，中州古籍出版社1987年版，第98页。

忌，帝幸宫人李氏，生皇子保，遂鸩杀李氏”。[①] 司马彪《续汉书》言桓帝梁皇后，“后宫妊孕，若产皇子，后辄随嫉害，少有得全育者。”[②] 灵帝王美人怀孕，因畏惧何皇后，“乃服药欲除之，而胎安不动”，生皇子刘协；何皇后依仗“十常侍”的权势，“遂鸩杀美人。帝大怒，欲废后，诸宦官固请得止”。[③] 甚至屡次出现皇帝慑于外戚集团的威胁，不敢让后嫔妃在掖庭养育子嗣，而被迫将其密寄养民间人家的反常情况。参见《后汉书》卷一〇上《和熹邓皇后纪》：“元兴元年，（和）帝崩。长子平原王有疾，而诸皇子夭没，前后十数，后生者辄隐秘养于人间。”（第 421 页）卷一〇下《灵思何皇后纪》：“生皇子辩，养于史道人家，号曰：‘史侯’。李贤注：道人，谓道术之人也。《献帝春秋》曰：灵帝数失子，不敢正名，养道人史子眇家，号曰‘史侯’。”（第 449 页）

从上述史料看，如果说“就馆”措施对汉代的皇室产妇和婴儿还有一些保护效果，那么到了东汉，在这方面的作用则相当微弱，几乎形同虚设。或许因为这个缘故，魏晋以后，“就馆”之制名存实亡，后妃留在宫内产房生育又成常例。任广《书叙指南》卷三《产乳保育》曰：“产卧曰就馆。”[④] 说明这一名词逐渐演变为在普遍意义上代表妇女临盆的某种文雅的泛称，而不再专指皇室产妇的分娩。有时也表示贵族亲属的临产，如陈朝始兴王陈叔陵，“及居偏忧，淫乐自恣，产子就馆，日月相接”。[⑤] 或者表示民间士绅妻妾的生育，如元代《朱泽民母吉宜人墓碣》云：“至元甲午，吉宜人将就馆，其姑施夫人疾病，叹曰：‘吾妇至孝，天且赐之佳子，吾必及见之’。”[⑥] 明朝御史姚绶，“其父封公，颇好善。宅西大云寺有侍者，老矣，常受公赈施。一日，公于田中观刈获，忽见此侍者肩幞从宅后直入，怪，察之，则细君就馆产子。”[⑦] 唐代以降，宫内后妃生育仍然称为“就馆”，如北宋嘉祐六年（公元 1061）韩琦进谏，“皇嗣者，天下安危之所系。自昔祸乱之起，皆由策不早定。陛下春秋高，未有建立，何不择宗室之贤者，以为宗庙社稷计？”宋仁宗回答：“后宫将有就馆者，姑待之。”[⑧] 刘攽“尝与吕溱济叔同在礼部，夜视填星，指曰：‘此于法当得土，不然乃得女。’居数日，使者来，因言宫中两夫人皆当就馆，吕相视笑。数月，果生两公主。”[⑨] 但是宋代皇室“产阁”

① 《后汉书》卷一〇上《皇后纪》，第 435 页。

② 周天游辑注：《八家后汉书辑注》，上海古籍出版社 1986 年版，第 322 页。

③ 《后汉书》卷一〇下《皇后纪》，第 450 页。

④ 任广：《书叙指南》卷三《产乳保育》，文渊阁四库全书本，第 920 册，第 476 页。

⑤ 《陈书》卷三六《始兴王叔陵传》，中华书局 1974 年版，第 496 页。

⑥ 陆容：《菽园杂记》卷九，文渊阁四库全书本，第 1041 册，第 315 页。

⑦ 汪砢玉：《珊瑚网》卷三七，文渊阁四库全书本，第 818 册，第 703 页。

⑧ 《宋史》卷三一二《韩琦传》，中华书局 1977 年版，第 10225 页。

⑨ 刘攽：《彭城集》卷三五《行状·故朝散大夫给事中集贤院学士权判南京留司御史台刘公行状》，文渊阁四库全书本，第 1096 册，第 352 页。

通常设在宫内，可参见《武林旧事》卷八《宫中诞育仪例略》。① 明朝皇家产房称做“月子房”，亦在宫中偏僻之处设置，② 妃妾临产以前并不施行迁移到宫外别馆居住的制度。

原载于《历史研究》2009年第6期

① 周密：《武林旧事》卷八《宫中诞育仪例略》载高宗南渡后仍然保持北宋旧制，“宫中凡阁分有娠，将及七月，本位医官申内东门司，及本位提举官奏闻。门司特奏，再令医官指定降诞月分讫，门司奏办产阁。及照先朝旧例，三分减一，于内藏库取赐银绢等物如后”（丛书集成初编本，第3218册，中华书局1996年版，第173页）。产阁的负责官员为皇帝亲信，参见李焘《续资治通鉴长编》卷五一五“哲宗元符二年九月庚子朔”条，“先是，上批（冯）世宁、（蓝）从熙各与迁遥郡观察使。曾布曰：‘都知皆遥防，押班遥察恐不顺。’上曰：‘此两人在朕产阁只应，与他人不同。’”（中华书局1993年版，第12235页）

② 吕毖校次：《明宫史》卷二《礼仪房》：“凡宫中有喜，铺月子房，则生男生女各一二口，在文华殿外西北临河之小房住。及报生皇子，则用生女妳口；皇女则用生男妳口。弥月剪发，百日命名。及请发留发入囊册，立册封选妃，打扒角，选驸马，一应礼仪，皆经理之。”（文渊阁四库全书本，第651册，第622页）

释孔家坡汉简《日书》中的几个古史传说人物

刘乐贤

从考古发现看，以选择时日吉凶为主要内容的《日书》类文献在战国秦汉时期甚为流行，目前见诸报道的已有二十多批。作为实用性手册，《日书》主要介绍各种趋吉避凶的方法，告诉读者什么时候适宜做哪些事情，什么时候不宜做哪些事情，其中所述多为日常生活中的种种事项（如出行、嫁娶、生子等），很少涉及历史人物或历史事件。不过，《日书》也有将某些数术方法依托于前代“名人”的做法，大概是为了更好地吸引和取信于读者。如“禹步”、“禹须臾”之类，就是托名于禹这位古代的治水英雄。近年公布的孔家坡汉简《日书》中也有一些类似内容，有的还不见于以前出土的睡虎地秦简《日书》，释读不免引起争议。这里试选几条稍作辨析，希望能对研究孔家坡汉简《日书》和古史传说略有裨益。

（一）西大母

抄写于孔家坡汉简《日书》第一四九一至一五〇一的“到室”篇，一连提到好几个古史传说人物的名字，颇具研究价值。先将整理者的释文抄出：

> 西大母以丁酉西不反（返），⿰纟俞以壬戌北不反（返），禹以丙戌南不反（返），女过（娲）与天子以庚[①]东不反（返）[②]。

简文提到的人名除“禹”以外都比较陌生，这里不妨作一些考证。

先从“西大母”开始。整理者在注释中说：“西大母，疑指传说中的西王母。”这一意见应当是可信的。不过，“西王母”为什么在孔家坡汉简《日书》中可以写作“西大母”，还需要进行解释。

古书涉及“西王母”的记载较多，但都很少对“西王母”的得名进行解说。据我们

---

① 整理者在注释中说“‘庚’字后脱漏了地支”，可从。

② 湖北省文物考古研究所、随州市考古队：《随州孔家坡汉墓简牍》，文物出版社 2006 年版，第 146 页。

所知，似乎只有道教文献对“西王母”的得名比较关心，《太平经·解师策书诀第五十》说：“西者，人人栖存真道于胸心也；王者，谓帝王得案行天道者大兴而王也，其治善，乃无上也；母者老寿之证也，神之长也。”[①] 这是将“西王母”三个字拆开，并逐一进行解释。后世学者对“西王母”的得名也作过一些研究，如朱芳圃认为“西”表示方位，“王”有神义，“母”为“貘”的通假，西王母就是“西方神貘”[②]，仍然是将“西王母”三个字拆开解释。但这些解释，对我们理解“西大母”与“西王母”的关系用处不大。

简文将“西王母”称为“西大母”，说明在其作者心目中“西王母”可能是由“西”与“王母（或大母）”两部分组成。于省吾说：“金文称母或曰王母，王乃尊大之称。”[③] 如果“西王母”的“王”也是表示“尊大”之义，则孔家坡汉简《日书》将“西王母”写作“西大母”，是容易理解的。当然，简文的作者也可能是将“王母”理解为祖母，而当时祖母又叫“大母”[④]，故“西王母”又可写作“西大母”。

由于资料有限，孔家坡汉简《日书》对“西大母”的理解到底属于上述哪一种情况，还有待进一步研究。不过，孔家坡汉简《日书》已经让我们知道“西王母”又可以写作“西大母”，这是出土文献给我们带来的新知识。

（二）緰

作为人名，上引整理者释文中的“緰”甚为生僻，不好理解，整理者在注释中说：“緰，人名，待考。”已有学者对“緰”作过考证，但意见颇不一致。

陆平认为“緰”就是传说中的“鲧”，他说：“‘鲧’，《汉书·古今人表》、《楚辞·天问》及《列子·杨朱》写作‘鮌’。玄、系、纟，形近可通用。‘鱼’古音鱼部，‘俞’古音侯部，‘鱼’、‘侯’旁转，故‘緰’可通‘鲧’。”[⑤]

汪冰冰、鹏宇认为：“鲧不在南方，亦非北往不返，自然也就不可能成为北方之神，故緰当另有其人。笔者认为，此处‘緰’似乎应为禺强。”他们解释说：“而就文字本身来看，禺、緰二字于音可通。古音禺在疑纽候部，緰在余纽候部，以俞得声得字亦多在余纽候部。如：榆、谕、喻、愉、逾诸字。古代舌牙邻纽，两部字在出土文献中多有相通之例。”[⑥]

陈炫玮在汪冰冰、鹏宇之前已经提到过类似意见，他说“这里的‘緰’很可能就

---

① 王明：《太平经合校》，中华书局1960年版，第68页。

② 朱芳圃：《西王母考》，《开封师院学报》1957年第2期。

③ 于省吾：《易经新证》卷三，《双剑誃群经新证、双剑誃诸子新证》，上海书店出版社1999年版，第35页。

④ 《汉书》卷四七《文三王传》：“李太后，亲平王之大母也。”颜师古注：“大母，祖母也。共王即李太后所生，故云亲祖母也。”班固：《汉书》，中华书局1962年版，第2214页。

⑤ 陆平：《试释孔家坡汉简〈日书〉之“緰”、“禺”、“女过”》，简帛网 www.bsm.org.cn，2007年8月25日。

⑥ 汪冰冰、鹏宇：《〈孔家坡汉简·日书·到室〉“緰”字考释》，简帛网 www.bsm.org.cn，2008年9月16日。

是‘禺强’，然而‘输’跟‘禺’在声韵上两者还是有差异，此说法是否可行，仍待进一步的研究”①。

简文后一条说到“禹”，这一条如说“禹”的父亲“鲧”，当然很合适。因此，陆平推测“输”可能是指“鲧”，本是一个很好的意见。但是，他以“输”可通“鲧”作解释却不可信。陆平似乎认为“鲧”是从“鱼”得声（许慎《说文解字》分析为“从鱼系声”），“鲧”与“输”是鱼部和侯部旁转相通。其实“鲧”并非从“鱼”得声，“鲧”的古音在文部，与侯部的“输”读音并不相近，通假的可能性很小（我们在古书中也没有找到过“鲧”与“输”相通的例证）。汪冰冰、鹏宇将“输”读为“禺”，从音理上讲比陆平读“输”为“鲧”要合理一些②。不过，古书的“禺强”是双音词，简文的“输”却是单音词，汪冰冰、鹏宇或陈炫玮并没有举出“禺强”可以省称为“禺”的例证，所以，他们的说法也未必可信。

A	B	C	D	E	F

整理者释为“输”的字，其写法如上表A③。照片上A的字迹虽然较淡，但轮廓大致清楚。A左从纟，右边与“俞”十分接近，整理者释为“输”是有字形根据的。可是，释“输”在简文中一时难以得到合理解释，看来问题比较复杂。仔细观察字形，A的右边与“俞”的通常写法略有差异，与“仑”也很接近。“俞”和“仑”在秦汉简帛文字中的写法接近，区别在于“仑”的下部为“册”，而“俞”的左下侧是“舟”。为便于比较，我们将秦汉简帛文字中“俞”和“仑”（包括以“俞”和“仑”为偏旁的字）的常见写法列于下表。

仑（或从仑之字）④					
俞（或从俞之字）⑤					

① 陈炫玮：《孔家坡汉简日书研究》，（新竹）清华大学历史研究所2007年硕士学位论文（指导教师张永堂教授、刘增贵教授），第98页。

② 实际上，“输”和“禺”的古音仍有差距，上引陈炫玮文已经指出，可参看。

③ 表中上一行是从整理报告中复制过来的字形照片，因照片有时不够清晰，我们试作摹本附在该字照片下面，以供读者参考。

④ 字形选自汉语大字典字形组：《秦汉魏晋篆隶字形表》，四川辞书出版社1985年版，第338（仑）、150—151（论）、934页（纶）。

⑤ 同上书，第612（俞）、149（谕）、371页（榆）。

A右边的写法介于“俞”与“仑”之间：与“俞”相比，A右边的左下部分只有两横，与作三横的“舟”略有区别；与“仑”相比，A右下部“册”中表示编绳的部分显然没有写全。如果只考虑字形，像整理者那样将A释为“缅”最为合适[①]。但若结合文义考虑，则将A的右边看作“仑”的缺笔写法，将A释作“纶”的想法似乎也有一定的可能性。“纶”和“鲧”的古音都在文部见纽，“纶”可以读为“鲧”。郭店楚墓竹简《语丛一》第三号简有“天生鲧”，第四至五号简有“而句（后）又（有）鲧”，“裘按”说：“‘鲧’疑当读为伦序之‘伦’。下条‘鲧’字同。”[②]“鲧”通“伦”，可以作为读“纶”为“鲧”的佐证。简文后面一条是讲“禹”，这一条如果是讲“禹”的父亲“鲧”，当然非常合适。

总之，上引孔家坡汉简《日书》第二个人名A的写法介于“缅”、“纶”之间，其释读可以有两种考虑：一种是释为“缅”，“缅”是“纶”的形近讹写，“纶”又是“鲧”的通假；另一种是将其右部看作“仑”的缺笔写法，直接将A释为“纶”，“纶”是“鲧”的通假。就现有材料而言，第一种解释更有可能。无论如何，上述简文提到的第二个传说人物应当是指“禹”的父亲“鲧”。至于汪冰冰、鹏宇提到的“鲧不在南方，亦非北往不返”等情况，这里不易作出解释。实事求是地说，我们现在对这几条简文的数术原理知之甚少，对“鲧”的传说也了解不全。在这种情况下，我们只能更多地根据简文本身的记载进行研究。

（三）女过与天子

上引整理者释文将“女过”录作“女过（娲）”，文后又加注释说“天子，疑指伏羲”，这是将“女过”和“天子”理解为“女娲”和“伏羲”。

陆平说：“确实有女娲为伏羲妻子的传说，但无论伏羲、女娲，时代都在鲧、禹之前，不当在《日书》中列于‘缅’、‘禹’之后”。因此，他提出新说：“我认为，此‘女过’即禹之妻女趫，‘天子’指禹。《汉书·古今人表》有：‘女趫，禹妃，涂山氏女，生启。’《路史》称为‘趫’与‘后趫’。《吴越春秋·越王无余外传》、《列女传》、曹植《禹妻赞》及《广韵》写作‘女娇’。《大戴礼记》及《史记索隐》作‘女憍’。”“《日书》‘过’从‘辵’与‘趫’从‘走’同。‘咼’为‘乔’之误。《史记索隐》引《系本》曰‘涂山氏女名女娲’，‘乔’已误为‘咼’。”[③]

简文“过”字写法如上表B，与“过”字的一般写法有些差异。类似写法的字形，

---

① 李天虹教授（孔家坡汉简《日书》的整理者之一）在致笔者的电子邮件中指出：秦汉出土文字材料中作为偏旁使用的“舟”，其左下部分偶有只写作二横的情况，如汉语大字典字形组《秦汉魏晋篆隶字形表》第613页的“服”字条中就有二例。李天虹教授指出的这一线索，使我对释“缅”说在字形方面存在的疑虑完全消除，谨此致谢。

② 荆门市博物馆：《郭店楚墓竹简》，文物出版社1998年版，第193—200页。

③ 陆平：《试释孔家坡汉简〈日书〉之“缅”、“禹”、“女过”》，简帛网 www.bsm.org.cn，2007年8月25日。

还有同墓第八三号简“夜C半”的C。第八三号简的C，孔家坡汉简的整理者也释为“过”[①]。我们知道，在秦汉早期简帛文字资料中，“过”字的左边是从“辵”，可是B、C的左边都写成了“乚”形。而且B、C的右边，也与“咼”的一般写法略有差异。尽管如此，我们认为整理者将B、C释为“过”的意见是正确的。第八三号简“夜C半”的前一条是“夜半”[②]，与周家台30号秦墓出土的线图将“夜过半”排在“夜半”之后可以互证[③]。这说明，C的确应当释为“过”。既然C可以释为“过”，则B也应该释为“过”。

至于B、C的字形稍显特别，也可以作出解释。B、C的右边，可能是因为写得过快甚至有些草率，以致与“咼”的通常形状略有差异。B、C的左边作“乚”形，可能是“辵”旁的简省或草率写法。已有学者注意到，睡虎地4号秦墓简牍中的“遗”字、里耶秦简中的“追”字，其“辵”旁已有简省作“乚”或近似“乚”的情形[④]。孔家坡汉简《日书》的文字，总的说来书写不是十分工整，错字也较多，由于写得很快，有的地方还略显草率。即以“辵”旁为例，第九七至一〇〇号简的四个“逐”字中，有两个（九七号简、九九号简）的“辵”旁已经看起来像“乚”形了[⑤]；第一〇一号简“迁徙”的“迁”字，其“辵”旁也已与“乚”形相近[⑥]。我们知道，在汉代草书简牍中，“辵”旁往往被简写作“乚”形[⑦]。由此看来，孔家坡汉简《日书》将B、C两个“过”字的左边写作“乚”形，也不难理解。

总之，整理者将简文的“女过”释读为“女娲”（“过”和“娲”同从“咼”得声，故可通假），将“天子”解释为伏羲，都正确可信。陆平指出伏羲、女娲的时代在鲧、禹之前，而简文的“女过”和“天子”排在鲧、禹之后，所以简文的“女过”和“天子”不可能是指女娲和伏羲。我们认为，简文各条是按不可西、北、南、东的顺序讲述，其排列顺序是否与传说人物的时代先后一致，目前无法断定。因此，就现有知识而言，整理者对“女过”和“天子”的解读并无明显缺失，不可轻易否定。

（四）齿爪

第一八三号简也提到一个古史传说人物，需要作些解释。先将整理者的释文抄录于下：

---

① 湖北省文物考古研究所、随州市考古队：《随州孔家坡汉墓简牍》，文物出版社2006年版，第136—137页。

② 同上。

③ 湖北省荆州市周梁玉桥遗址博物馆：《关沮秦汉墓简牍》，中华书局2001年版，第44、107页。

④ 裘锡圭：《文字学概要》，商务印书馆1988年版，第70页；横田恭三：《前2，3世纪における书体と毛笔の変迁—睡虎地・里耶秦简から马王堆简帛の书きぶりを探る—》，独立书人团编《研究集录》第26号（独立书人团，2006年），第28页。

⑤ 湖北省文物考古研究所、随州市考古队：《随州孔家坡汉墓简牍》，文物出版社2006年版，第74页。

⑥ 同上书，第75页。

⑦ 陆锡兴：《汉代简牍草字编》，上海书画出版社1989年版，第27—32页。

入月二旬齿爪死日也，不可哭临、聚众、合卒[①]。

关于“齿爪”的含义，整理者未作解释，目前所知只有陈炫玮发表了意见。他说：“‘齿爪’二字于此文意不好解释，可能是指月相的变化而言，《开元占经·卷十一·月生牙齿爪足十一》引《荆州占》曰：‘月生齿，人主有贼臣，王者偏左右’，又《荆州占》：‘月生爪牙，国君遇贼。又曰：月爪所指，四方烦苦，有土功事。’”[②]

简文说“入月二旬”是“齿爪”的死日，则“齿爪”当为人名。陈炫玮将其解释为月相变化，于文义不合。细审照片，“齿”字释读准确，“爪”则尚须研究。

整理者释为“爪”的字，其写法见上表D，我们认为应当释为“尤”。秦汉简帛文字中的“尤”多写作下表G、H形[③]，类似写法的“尤”也见于孔家坡汉简《日书》第四五〇号简“风从□□□籴尤贱”一段[④]（字形见上表F）。值得注意的是，在第四五〇号简上部又有“……E甚阴而雨风”[⑤]，E的写法与D接近。整理者已将F释作“尤”，因D、E的写法与F有别，所以，整理者没有考虑将D、E释作“尤”，而是将它们释作“爪”。不过，整理者在释E为“爪”时加了一个问号，表示对这一释读尚有疑虑。

G《老子》甲106	H《老子》乙88上	I《老子》乙104上	J《老子》乙224上	K《病方》104	L《病方》111

我们对马王堆汉墓帛书中“尤”字的字形作了初步考察，发现当时有几种不同的写法。一种如上面提到的F、G、H等，另一种则如I、J等。若将这两种写法的“尤”字的中间笔画拉平一些，前面一种会变成马王堆帛书的K、L形，[⑥]后面一种则可能会变成孔家坡汉简的D、E形。因此，既然马王堆帛书中有写作I、J形的“尤”字[⑦]，则孔家坡汉简中有写作D、E形的“尤”字，也不足为怪。值得注意的是，马王堆帛书“老子乙本及卷前古佚书”中同时有H和I、J等字形差异较大的“尤”字，由此推

① 湖北省文物考古研究所、随州市考古队：《随州孔家坡汉墓简牍》，文物出版社2006年版，第151页。

② 陈炫玮：《孔家坡汉简日书研究》，硕士学位论文（新竹）清华大学历史研究所2007年（指导教师张永堂教授、刘增贵教授），第118页。

③ 表中《老子》甲指马王堆帛书“老子甲本及卷后古佚书”，《老子》乙指马王堆帛书“老子乙本及卷前古佚书”，图版见国家文物局古文献研究室《马王堆汉墓帛书［壹］》，文物出版社1980年版。

④ 湖北省文物考古研究所、随州市考古队：《随州孔家坡汉墓简牍》，文物出版社2006年版，第109、183页。

⑤ 同上。

⑥ 表中《病方》指马王堆帛书“五十二病方”，图版见马王堆汉墓帛书整理小组《马王堆汉墓帛书［肆］》，文物出版社1985年版。

⑦ 除I、J以外，《老子》乙95上、106上的两个“尤”字也是这种写法。

想，在孔家坡汉简《日书》中若同时存在D、E和F两种写法有别的“尤”字，也是可以理解的。

将E释作“尤”，则上引第四五〇号简上部的残文“……E甚阴而雨风”可以读作“尤甚。阴而雨，风”。“尤甚”连用很好理解，大概是一句话的结尾。

将D释作“尤”，则上述人名“齿尤”可以得到合理解释。齿尤，可以读为“蚩尤”，“齿”和“蚩”的古音都在之部昌纽，应可通假。蚩尤是大家都很熟悉的古史传说人物，这里不必再作介绍。

总之，孔家坡汉简《日书》第一八三号简所谓“齿爪”应当改释为“齿尤”，读为“蚩尤”。

原载于《中国史研究》2010年第2期

“生死异路，各有城郭”
——读骆驼城出土的一件冥婚文书

刘乐贤

1998年5月，甘肃省高台县博物馆在清理骆驼城98—6号古墓时获得一批珍贵文物，颇具研究价值。[①] 其中一件书写在木牍上的文书尤为重要，是研究中国古代冥婚现象的宝贵资料。虽然该墓的发掘报告或发掘简报迄今尚未发表，但文书的释文和照片已经先后由学者在有关刊物公布，具备了进行研究的基本条件。本文拟在以往研究成果的基础上从几个方面对这件文书进行分析，并就以往冥婚研究中存在的争议性问题略作讨论。

一

骆驼城98—6号墓出土的这件文书，最先由高台县博物馆曹国新于1999年撰文公布释文并加标点。[②] 据曹国新介绍，文书抄写在一块长26厘米、宽12厘米、厚1厘米的松质薄木板上，共计11行文字。[③] 文书的照片则由赵雪野和赵万钧于2008年撰文公布，他们在刊布照片的同时也发表了一个未加标点的释文，并对其中某些神名和绘制于木板上部的一幅图像做了研究。[④] 随后刘卫鹏就文书的释读提出一些意见，并发表了

① 曹国新：《骆驼城出土珍贵文物》，《丝绸之路》1999年第3期。(以下简称“曹文”)

② 同上。

③ 下引“赵文”称该木牍“长39、宽9、厚0.6厘米”。到底哪种说法可靠，尚待测量原物后才能确定。

④ 赵雪野、赵万钧：《甘肃高台魏晋墓墓券及所涉及的神祇和卜宅图》(《考古与文物》2008年第1期(以下简称“赵文”))。又，何双全、狄晓霞《甘肃省近年来新出土三国两晋简帛综述》(《西北师范大学学报(社会科学版)》2007年第5期，以下简称“何文”)提到一件“高台县骆驼城‘建兴十七年’木牍”，说是“20世纪90年代出土于高台骆驼城附近古墓中”。从“何文”描述的出土时间、出土地点和上面所写内容看，似乎就是本文将要讨论的这件木牍。但两件木牍的尺寸略有差异，图像之下的文字也不一样。尤其不同的是，“何文”说木牍上的文字中有“建兴十七年”字样，而我们从“赵文”刊布的照片中完全看不到这样的内容。我们曾设想可能是木牍的背面有“建兴十七年”字样，但“何文”明确提到木牍是“单面书写”，说明并不存在这样的可能。2011年8月底笔者曾赴高台县进行考察，在高台县博物馆展厅中见到了这块木牍。经观察，木牍的形状和字迹与“赵文”公布的照片完全一致。关于木牍的尺寸，高台县博物馆寇克红馆长说应以曹国新先生的文章为准。关于木牍的背面，寇克红馆长再次证实没有抄写过任何文字。寇克红馆长还说，在骆驼城一带没有出土过记有“建兴十七年”字样的类似墓券。由于“何文”没有同时配发照片，所谓“高台县骆驼城‘建兴十七年’木牍”的可靠性目前无法得到证实，故本文暂不以其作为研究依据。

一个新的释文。[①]

从"赵文"刊布的照片看，这三种释文尤其是"刘文"对文书的释读大致可从，但也偶有疏忽。下面先根据照片将我们的释文写出（后面九行文字的换行处用/标出），然后依次对释读中存在争议或需要说明的地方略作交代。

耿氏男祥，字少平，年廿，命在金。

孙氏女祥，字阿玿，年十五，命在土。

谨案黄帝司马季主九天啚（图）、太史历记言得用。/今年十二月廿三日，月吉日良，星得岁对，宿得天仓，五男四/女九子法，冢前交车，作舍作芦（庐），穆穆雍雍，两家合同，雍雍/穆穆，两家受福，便利姑妐、叔妹，共上仓（苍）天，共作衣裳，共作/旃（毡）被，共作食饮，共上车，共卧共起，共向冢，共向宅，共取新（薪），共取水，共/产儿子儿大〈女〉，共使千秋万岁不得犯害家人。生死异路，各有城郭/，生人前行，死人却略，生人上台，死人深藏埋，生人富贵，死人日/远。自今相配合，千秋万岁之后不得还反。时共和合/，赤松子如地下二千石、灶君共三画，青乌子共知要。急急如律令。

第一行和第二行，"曹文"读作"耿氏，男，祥字少平，年廿，命在金"和"孙氏，女，祥字阿玿，年十五，命在土"，"刘文"读作"耿氏男祥字少平，年廿，命在金"和"孙氏女祥字阿玿，年十五，命在土"。按，文中"男祥"、"女祥"应从"刘文"连读，分别指男祥鬼和女祥鬼。关于"男祥"、"女祥"的含义后文还要讨论，这里暂不多说。从照片上的字迹看，这两行文字与后面九行文字的笔迹不同，二者应当不是同时所书。[②]

第三行的"啚（图）"字，"曹文"释作"（鄙）"，不可从。"赵文"作"比"，可能是排印错误。"刘文"释作"啚"，并说"即'图'"，可从。司马季主，见今本《史记·日者列传》，是古代一位著名的"日者"，即以选择时日吉凶为业的术士。道教文献中也有关于"九天图"的记载，[③] 不知是否与此处"黄帝司马季主九天啚（图）"的"九天啚（图）"有关。司马季主精通选择时日之术，依托于司马季主的"九天图"很可能也包括选择时日吉凶方面的内容。至于黄帝，也常常是古代选择类书籍的依托对象。《隋书·经籍志》的"五行"类下就著录一批依托于黄帝的选择书籍，如《黄帝飞鸟历》1卷、《黄帝斗历》1卷、《黄帝四神历》1卷、《黄帝地历》1卷等。[④] 因此，"黄

① 刘卫鹏：《甘肃高台十六国墓券的再释读》，《敦煌研究》2009年第1期。（以下简称"刘文"）

② 这两行文字的笔迹与文书上部所绘图像的题记颇为一致，值得注意。

③ 例如，《云笈七签》卷八〇《符图》提到"神仙蹑灵九天图中部第二真气颂""子欲蹑大道当得九天图"（胡道静等编：《道藏要籍选刊》（一），上海古籍出版社1989年版，第573、576页），《通志·图谱略·记有》著录有《大洞九天图》（《通志》卷七二《图谱略第一》，中华书局1987年版，第839页）。

④ 《隋书》卷三四《经籍三》，中华书局1973年版，第1026页。

帝司马季主九天畐（图）”的内容虽无从查考，但从名称推测可能是一种以选择时日吉凶为主要内容的图表或书籍。太史，官名，历代皆有设置，但职掌有些变化。西周、春秋时期，太史掌管记载史事、起草文书，兼管国家典籍和天文历法等。秦汉时期称太史令（汉代属太常），掌管天时星历。魏晋以后，修史之职归著作郎，太史专掌历法。这里“太史”和日者司马季主并列，应当是指专掌历法的太史。关于“太史历记”的含义后文还要讨论，这里就不多说了。

第四行“月吉日良”的“日良”二字，“曹文”误释作“晨”字，并将前后文字误读为“月吉，晨星得岁，对宿得天仓”，致使文义费解。“赵文”则将“月吉日良”释作“月吉日辰”，亦不可信。“刘文”释作“月吉日良”，可从。“良”字写法虽然稍显特别，[①] 但与“辰”字仍有不同。后面的“星得岁对”和“宿得天仓”对仗，不能像曹文那样拆开。“岁对”和“天仓”都是选择时日吉凶的术语，可参看清代官修选择书籍《协纪辨方书》卷四和卷六的有关记载。[②]“星得岁对”和“宿得天仓”，在文书中仍用来说明“今年十二月廿三日”是“月吉日良”。

第三行和第四行之间的文字，“刘文”在“言”字处加逗号，“曹文”则将第三行看作独立一句。按：骆驼城另一墓葬出土的建兴廿四年墓券开头有“建兴廿四年三月癸亥朔廿三日乙酉直执凉州建康表是县显平亭部前玉门王领拔周振妻孙阿惠得用今岁月道通葬埋太父母以次入蒿里三九入太一下从玄入白葬后世子孙法出二千石”一段，[③] 笔者认为应读为“建兴廿四年三月癸亥朔廿三日乙酉直执，凉州建康表是县显平亭部前玉门王领拔周振妻孙阿惠得用。今岁月道通，葬埋太父母以次入蒿里，三九入太一下从玄入白葬，后世子孙法出二千石”。两相对照可知，“曹文”将第三行看作独立一句的读法似更为合适。

第五行“作舍作芦”的“舍”字，“刘文”释作“仓”，不可信，应从“曹文”和“赵文”释作“舍”。“芦”，“曹文”释为“董”（姜）、“皿”二字，误，应依“赵文”读为“庐”。

第五行“两家合同”、第六行“两家受福”的“两”字，“曹文”、“赵文”、“刘文”都误释为“尔”。这种写法的“两”在东汉至唐宋时期的出土文献中并不少见，大概是“两”的一种俗写。[④] 类似写法的“两”字还见于敦煌地区出土的魏晋南北朝时期的解

---

① 与该“良”字上部相似的写法也见于碑刻文字，参见秦公、刘大新《广碑别字》“良”字条，国际文化出版公司 1995 年版，第 71 页。

② 《四库术数类丛书》9，上海古籍出版社 1991 年版，第 263—264、322 页。

③ 照片见“赵文”第 87 页。玉门王领拔，“赵文”释作“壬闰领拔”，“刘文”释作“玉门三领拔”。按：“领拔”前一字写法与“玉门”的“玉”基本一致，也有释为“玉”的可能。又，敦煌一棵树烽燧遗址出土的晋元康三年木牍上部“领拔龙勒令印，至煎都南曲侦候苻（符）信”中也有“领拔”，“领拔”的含义待考。（参见杨俊《敦煌一棵树汉代烽燧遗址出土的简牍》，《敦煌研究》2010 年第 4 期）关于晋元康三年木牍更为清晰的照片和详细的释读分析，还可参见武汉大学简帛研究中心“简帛网”的“简帛论坛·简帛研读”下“敦煌再现汉代完整封检”主题（2009 年 3 月 19 日）。

④ 黄征：《敦煌俗字典》，上海教育出版社 2005 年版，第 244 页。

注文，以前多误释为别的字，笔者已有专文订正。[1] 合同，和合齐同，齐心协力。《史记·李斯列传》："高曰：上下合同，可以长久；中外若一，事无表里。"[2]《盐铁论·险固》："王者博爱远施，外内合同，四海各以其职来祭，何击拓而待？"[3] 受，"曹文"误释为"事"，当从"赵文"、"刘文"释为"受"。

第五行"便利姑伀叔妹"，"曹文"释作"便利姑伀好妹"，"赵文"释作"便利姑公姊妹"，"刘文"释作"便利姑伀姊妹"，都不准确。姑伀，古书或作"姑公"，指丈夫的父母。《吕氏春秋·遇合》："人有为人妻者。人告其父母曰：'嫁不必生也。衣器之物，可外藏之，以备不生。'其父母以为然，于是令其女常外藏。姑伀知之，曰：'为我妇而有外心，不可畜。'因出之。"[4]《宋书·庾登之附弟炳之传》："又云：不痴不聋，不成姑公。"[5] 叔妹，丈夫的妹妹，即小姑。《后汉书·列女传·曹世叔妻》："和叔妹第七：妇人之得意于夫主，由舅姑之爱己也；舅姑之爱己，由叔妹之誉己也。由此言之，我臧否誉毁，一由叔妹，叔妹之心，复不可失也。皆莫知叔妹之不可失，而不能和之以求亲，其蔽也哉。"[6]《晋书·列女传·郑袤妻曹氏》："郑袤妻曹氏……事舅姑甚孝，躬纺绩之勤，以充奉养，至于叔妹群娣之间，尽其礼节，咸得欢心。"便利姑伀、叔妹，是从对女方的要求而言。

第七、八行之间，"曹文"、"刘文"读作"共产儿子"和"儿大共使"两句，也有道理。这里试提出另外一种猜测："大"字可能是"女"字的讹写（即少写了一捺），"共产儿子儿女"是一起生儿育女的意思。

第九行"死人却略"，"赵文"释作"死人却步"，最后一字当依"曹文"、"刘文"释作"略"。略，"刘文"以为是"'路'的借字或别字"。洛阳烧沟147号汉墓出土初平元年陶瓶录文中有"生人前□□卸略"句，[7] 有学者将其校正为"生人前行，死人却略（路）"，[8] 似可信从。但"却略"一词见于古书，是"却步"、"却行"的意思，不必读为"却路"。《世说新语·方正》："周、王既入，始至阶头，帝逆遣传诏遏使就东厢。周侯未悟，即却略下阶。"徐震堮说："却略——却行也。乐府《陇西行》：'却略再拜跪，然后持一杯。'"[9]

第十行"自今相配合，千秋万岁之后不得还反"的"反"，"曹文"和"赵文"皆误释为"歹"，应从"刘文"作"反"。又，"曹文"将此句读作"自今相配，合千秋万

① 刘乐贤：《释魏晋南北朝时期解注文中的"两"字》，《出土文献与传世典籍的诠释——纪念谭朴森先生逝世两周年国际学术研讨会论文集》，上海古籍出版社2010年版，第435—440页。

② 《史记》卷八七《李斯列传》，中华书局1982年版，第2550页。

③ 王利器：《盐铁论校注》卷九《险固》第50，中华书局1992年版，第526页。

④ 王利器：《吕氏春秋注疏》卷一四《孝行览》，巴蜀书社2002年版，第1553—1555页。

⑤ 《宋书》卷五三《庾登之附弟炳之传》，中华书局1974年版，第1519页。

⑥ 《后汉书》卷八四《列女传》，中华书局1965年版，第2791页。

⑦ 洛阳区考古发掘队：《洛阳烧沟汉墓》，科学出版社1959年版，第154页。

⑧ 张勋燎、白彬：《中国道教考古》，线装书局2006年版，第169页。

⑨ 徐震堮：《世说新语校笺》，中华书局1984年版，第172—173页。

岁，之后不得还歹（待）”，不妥。

第十一行，“赵文”录作“赤松子如地下二千石雷电君共三画青乌子共知要急急如律令”，曹文读作“（赤）松（伺）子，如地下二千石。竃（灶）君三画（划），青乌子共知，要急急如律令”，“刘文”读作“赤松子、如地下二千石、雷电君共三画，青乌子共知要。急急如律令”，都不准确。如，训为“与”，参看杨树达《词诠》“如”字条。[①] 灶君，“赵文”释为“雷电君”，认为“雷电君”就是“雷公”或“雷师”，“刘文”也释作“雷电君”。按：“君”前一字原作“竈”，应为“竃（灶）”的异体。据《说文解字》，“竃（灶）”的正篆作“竈”（许慎分析为“从穴鼀省声”），不省的“竃（灶）”反而是或体。而“黾”的俗体往往可以写作“罨”，[②] 故“竃（灶）”或写作“竃”。[③] 同样，“竈”也可以写作“竃”。因此，文书的“竈君”即“竈君”，也就是“竃（灶）君”，“曹文”的意见可从。灶君，就是灶神。《艺文类聚》卷五引《搜神记》说：“宣帝时，阴子方者当腊日晨炊，而灶君神形见，子方再拜受庆。家有黄羊，因以祀之。自是以后，暴至巨富，故后常以腊日祠灶。”[④]《艺文类聚》卷八〇引《杂五行书》说：“灶君名禅，字子郭，衣黄衣，披发，从灶中出。知其名，呼之，可得除凶恶、贾市。不知其名，见之死。猪肝泥灶，令妇孝。灶君以壬子日死，不用此日治灶。”[⑤] 后面的“画”字，“刘文”以为是画押的意思，似可从。赤松子如地下二千石、灶君共三画，是说赤松子与地下二千石、灶君三神一起画押。要，“刘文”训为“约”，可从（参见下文）。赤松子、地下二千石、灶君、青乌子等神祇或仙人，在汉代到南北朝时期的古书和出土墓葬文书中经常出现，这里就不解释了。

顺便指出，在文书上端还绘有一幅图像并注有一些文字，“曹文”称为“方位图”，“赵文”称为“卜宅图”，并认为“卜宅图和《宅经》中的阴阳宅方位图是完全对应的”。从图上按方位标出十二支，并于十二支之下分别标出“便时”、“徼利”、“利道”、“墓门”等字样看，可能是一幅选择下葬方位或下葬时间的图形，具体含义尚待进一步研究。

二

文书第一行和第二行交代了“男祥”耿少平和“女祥”孙阿玿的年龄及其“命”所属的五行，这显然是为了推算耿、孙二氏的“命”能否相合。“命在金”、“命在土”之类以五行生克推算“命”的说法也见于古书，如《太平经·有德人禄命诀第一百八

① 杨树达：《词诠》“如”字条，中华书局1965年版，第260—264页。

② 张涌泉：《敦煌俗字研究》，上海教育出版社1996年版，第674页。

③ 同上书，第439页。

④ 欧阳询：《艺文类聚》卷五《岁时下》，上海古籍出版社1999年版，第94页。

⑤ 欧阳询：《艺文类聚》卷八〇《火部》，第1375页。

十一》说："年在寅中，命亦复长，三寅合生，乃可久长。申为其冲，了不相亡，多恶畏夜，但能缘木上下，所畏众多。其命在金，行害伤人，故令小寿，是为可知。"[①] 文书说耿氏"命"在金，孙氏"命"在土，按照五行生克理论，土生金，耿、孙二氏的"命"相合。之后的一大段，首先说明是以"黄帝司马季主九天畐（图）"和"太史历记"为依据行事，行事的日期是"今年十二月廿三日"，因这天"月吉日良，星得岁对，宿得天仓"。从后文"穆穆雍雍，两家合同，雍雍穆穆，两家受福，便利姑忪叔妹，共上仓（苍）天，共作衣裳，共作旃（毡）被，共作食饮，共上车，共卧共起，共向冢，共向宅，共取新（薪），共取水，共产儿子儿大〈女〉"看，所行之事乃是耿、孙二氏联姻合婚。据此可以明白前文所谓"五男四女九子法"的含义。原来，在"月吉日良"之时合婚的夫妻一生可望得到"五男四女九子"。后文还有"自今相配合"、"时共和合"等语，也能说明所行之事是结婚。配合，指结为夫妇。《后汉书·鲜卑传》："鲜卑者，亦东胡之支也，别依鲜卑山，故因号焉。其言语习俗与乌桓同。唯婚姻先髡头，以季春月大会于饶乐水上，饮燕毕，然后配合。"[②]《易林·明夷之第三十六·需》："童子无室，未有配合，空坐独宿。"[③] 和合，本指和睦同心或混合、汇合，在这里是撮合成婚的意思。《易林·家人之第三十七·渐》："执斧破薪，使媒求妇，和合二姓，亲御斯酒，召彼邻里，公姑悦喜。"[④]

据此再看文书第一、二行交代耿、孙二氏"命"所在五行，显然也与婚配有关，乃是为了说明耿、孙二氏之"命"能够相合，也就是说这两人宜于婚配。据"曹文"介绍，骆驼城98—6号墓"双棺并存，头向北，稍向西斜偏……男女棺皆素面柏木板，板厚11厘米。男女皆仰身葬"。墓中合葬有男女二人，与文书所述耿、孙二氏的婚配情形颇为一致。

不过，与普通的婚姻相比，这件文书记载的婚配有些特别。文书前面提到"冢前交车"，中间提到"共使千秋万岁不得犯害家人"，后面又说"生死异路，各有城郭，生人前行，死人却略，生人上台，死人深藏埋，生人富贵，死人日远。自今相配合，千秋万岁之后不得还反"，文书的上部还绘有一幅与选择下葬方位或下葬时间有关的图形。所有这些都表明，合婚的当事人耿、孙二氏不是活人，举行婚礼的地点不在宅舍而是在墓地。因此，"曹文"说墓主"生前未成婚配，死后成配阴婚"，"刘文"说该墓"死者为一对青年男女，而且两人是冥婚"，都是正确的。实际上，文书对耿、孙二氏的死人身份还有更为清楚的交代，只是尚未引起研究者注意。前文已经指出，第一行和第二行的"男祥"、"女祥"应当连读。也就是说，文书称这对新婚的夫妻耿少平和孙阿招为"男祥"和"女祥"。何谓"男祥"？何谓"女祥"？宋人康与之在《昨梦录》

① 王明：《太平经合校》卷一一一《庚部之九》，中华书局1960年版，第546—549页。
② 《后汉书》卷九〇《乌桓鲜卑列传》，第2985页。
③ 《四库术数类丛书》6，上海古籍出版社1991年版，第364页。
④ 同上书，第368页。

中有明确记载，这里不妨引述于下：

北俗，男女年当嫁娶未婚而死者，两家命媒互求之，谓之“鬼媒人”。通家状细帖，各以父母命祷而卜之，得卜，即制冥衣，男冠带、女裙帔等毕备。媒者就男墓备酒果祭以合婚。设二座相并，各立小幡长尺余者于座后，其未奠也，二幡凝然直垂不动。奠毕，祝请男、女相就若合卺焉。其相喜者，则二幡微动，以致相合若一。不喜者，幡不为动。且合也，又有虑男女年幼或未闲教训，男即取先生已死者书其姓名生时以荐之使受教，女即作冥器充保母使婢云属。既已成婚，则或梦新妇谒翁姑，壻谒外舅也。不如是，则男女或作祟，见秽恶之迹，谓之男祥、女祥鬼。两家亦薄以币帛酬“鬼媒”。“鬼媒”每岁察乡里男女之死者而议资以养生焉。[①]

据《昨梦录》可知，上论骆驼城墓葬文书中的“男祥”和“女祥”就是男祥鬼和女祥鬼。《千金翼方》卷三〇“禁遁注第十四”说：“按摩卒中注忤魍魉法。配阴脉十三，阳脉十五，二十八脉随手上下，一脉一通，知汝有苦，男祥、女祥，客死不葬，骸骨消散，流离道旁，惊恐驰走，责人酒浆。南山有一人名穷奇，不食五谷，但食鬼皮，朝食鬼父，暮食鬼母，食正欲壮，复索鬼子。急急如律令。”[②] 其“男祥”、“女祥”因“客死不葬”而四处作祟，显然是指男祥鬼和女祥鬼。《六壬大全》卷二“太阴”说：“类于人，与天后同，或云贱妾。于祟，女祥并灶及绝嗣鬼。”[③] 其“女祥”与灶及绝嗣鬼一道作祟害人，显然也是指女祥鬼。如《昨梦录》所说，当时人认为未曾婚配的年轻男女死后可能会作祟害人，故分别以男祥鬼和女祥鬼称之。男祥鬼和女祥鬼之名在别的文献中也时有所见，如敦煌卷子 P. 4667（P—tib. 2207）《益竿（算）经》中有“苻（符）厌死丧新旧注雌雄破殃伏连之鬼，苻（符）厌山林社稷之鬼，苻（符）厌游天之鬼，苻（符）厌赤舌之鬼，苻（符）厌北舍五土之鬼，苻（符）厌日游土气之鬼，苻（符）厌星死之鬼，苻（符）厌客死之鬼，苻（符）厌兵死之鬼，苻（符）厌男祥、女祥之鬼，苻（符）厌无孤（辜）之鬼”等文字，又绘有一些符并于各符之下注明其所“厌”的上述诸鬼名字。[④] 又如，敦煌卷子 P. 2856《发病书》中有“寅日病者，以鬼箭射着人腰，吞此苻（符）。丙寅病，至壬申差，星死、女祥鬼，谢之，吉。戊寅日病者，庚戌日差，祟在客死鬼，大重，九死一生。庚寅日病，至戊戌日差，祟在女祥鬼，宜道悟。壬寅日病，至戊申差，祟天道神作，不死，解之，吉。甲寅病，

① 陶宗仪：《说郛三种》，上海古籍出版社 1988 年版，第 1568—1569 页。

② 朱邦贤等：《千金翼方校注》，上海古籍出版社 1999 年版，第 851 页。

③ 《四库术数类丛书》6，上海古籍出版社 1991 年版，第 530 页。

④ 照片见国际敦煌项目（IDP）网站 P—tib. 2207 号，《大正新修大藏经》第 2904 号《佛说七千佛神符经》有录文可参看。

至戊午日差，戊午差，祟在客死鬼，解之，吉"，还有"亥日病者……己亥日病，辰日差，女祥界〈鬼〉，解之，吉。辛亥日病，至丙辰日差，祟在女祥鬼，解之，吉。癸亥日病，至戊辰日差，祟在兵死鬼，解"等。[①] 敦煌卷子 P.2978《发病书》残文中也有"今遣兵死鬼共女祥鬼来作……"、"有星死、女祥鬼共非（蜚）尸来为祟"等文句。[②] 敦煌卷子中的男祥鬼、女祥鬼常与兵死鬼、星（腥）死鬼、非（蜚）尸等恶鬼一道作祟害人，[③] 恰与上引《昨梦录》"不如是，则男女或作祟，见秽恶之迹，谓之男祥、女祥鬼"一致。

这种用法的"祥"古书或写作"殍"，一般认为"殍"是"祥"的俗写。[④] 道教文献《上清天枢院回车毕道正法》卷下有"点污南方饮食受患西北方旧庙神堂后西方伏尸殍女之鬼"，[⑤] 其"女殍之鬼"也就是上述女祥鬼。道教文献提到"殍"的地方较多，如《太上洞渊神咒经》卷六"誓殍品"，对"殍"的危害有专门介绍。"誓殍品"说："自今以去，若有奉此经者，天护人民。及有殃殍之鬼、一切邪精，吾当与誓：自今有法师所救之人，令官事者解，疾病者瘥。若复不瘥，太上遣三天力士四十九万人收天下外殍男女之鬼，斥去千里。"又说："至甲子、壬辰之岁，流殃万丈，皆汝等之妖鬼，古之死将、国主、大臣、下官故炁，世间鬼贼，或男女之殍，水火刀兵之殍，行客之鬼，因世之人有衰，竞来祟之，图害万民，取其名誉，希其血食，千千万亿，绕人宅舍，作其光怪，令人口舌、刑徒。"[⑥] 从道教文献的描述看，"殍（祥）"似是指能作祟害人的鬼怪。[⑦] 而根据骆驼城墓葬文书和宋人康与之的《昨梦录》，"男祥"和"女祥"是专指未曾婚配的年轻死者，即年轻的男女孤鬼。令人感兴趣的是，从这件文书还可以看出"男祥"耿少平和"女祥"孙阿招在地下世界的一些生活情形。文书祝福耿、孙二氏成婚时说："冢前交车，作舍作芦（庐），穆穆雍雍，两家合同，雍雍穆穆，两家受福，便利姑妐叔妹，共上仓（苍）天，共作衣裳，共作旃（毡）被，共作食饮，共上车，共卧共起，共向冢，共向宅，共取新（薪），共取水，共产儿子儿大〈女〉。"耿、孙二家因结亲而得福，耿、孙二氏因成婚而得以共同生活，两人一起劳作一起休

---

① 上海古籍出版社等：《法藏敦煌西域文献》第19册，上海古籍出版社2001年版，第135—141页。

② 上海古籍出版社等：《法藏敦煌西域文献》第20册，上海古籍出版社2002年版，第306—307页。

③ 兵死，死于兵器（参见王念孙《读书杂志》"战兵死"条，江苏古籍出版社2000年版，第917页）。星（腥）死，血腥而死（参见刘乐贤《简帛数术文献探论》，湖北教育出版社2003年版，第272—280页）。蜚尸，也作"蜚凶流尸"，指游神野鬼之类，见于《论衡》的《订鬼》和《辩祟》两篇。

④ 黄征：《敦煌俗字典》，上海教育出版社2005年版，第450页。

⑤ 《道藏》第10册，文物出版社、上海书店出版社、天津古籍出版社1988年版，第487页。

⑥ 《道藏》第6册，第20—23页。

⑦ 何双全等认为这种用法的"祥"可能是"殃"的通假字（参见何双全、狄晓霞《甘肃省近年来新出土三国两晋简帛综述》，《西北师范大学学报》（社会科学版）2007年第5期），但上引《太上洞渊神咒经》卷六"誓殍品"中有"殃殍"，《正一法文经章官品》卷三也有"主收捕塚墓男女之殃殍"（《道藏》第28册，第550页），说明"殍（祥）"不可能是"殃"的通假字。还有学者建议将"殍（祥）"读为"殇"，但上引《太上洞渊神咒经》卷六"誓殍品"中有"水火刀兵之殍"，"殍"的含义似与"殇"并不完全一致。看来，这种用法的"祥"或"殍"的词义来源还有待进一步考察。

息，共同生儿育女，妻子孙氏则须善待公婆和小姑。从文书的记载看，“男祥”、“女祥”在地下世界的情感诉求，他们结婚以后在地下的日常生活，以及从中体现出的家庭伦理，都与现实世界大体一致。事死如事生，冥界生活即现实生活的翻版，在这一件文书中得到了充分的体现。

三

从《昨梦录》的记载看，“男祥”和“女祥”婚配时需要举行一系列礼仪程序。双方家庭要聘请“鬼媒人”做媒，要进行相应的占卜，要准备衣冠服饰，还要举行仪式以判断男女双方是否愿意合婚，然后才能正式成婚。这些环节和礼仪与现实生活中的婚配过程大体一致，也可以说是现实婚配仪式的翻版。

很显然，这件文书并没有记载“男祥”和“女祥”的整个结婚过程，只反映了其中一个侧面。实际上，这件文书除提到男祥耿少平和女祥孙阿招的婚事外，还有其作为墓葬文书的特别目的。文书在祝福夫妻二人的婚后生活时最后一句是“共使千秋万岁不得犯害家人”，之后还有一大段文字强调“生死异路，各有城郭，生人前行，死人却略，生人上台，死人深藏埋，生人富贵，死人日远。自今相配合，千秋万岁之后不得还反”。这类强调“生死异路”的文句我们并不陌生，它们在东汉至魏晋南北朝时期的墓葬文书中经常出现。例如，东汉初平元年朱书陶瓶上有“生人前【行】，【死人】却略，生人入成（城），死人出郭，生人在宅舍，死人在丘墓”，[①] 东汉刘伯平墓券有“生属长安，死属大山，死生异处，不得相妨”，[②] 东汉熹平元年陈敬叔墨书陶瓶上有“生人上就阳，死人下归阴，生人上就高台，死人深自藏，生人南，死人北，生死各自异路”，[③] 北凉玄始九年安富生墨书陶瓶上有“生人前行，死人却步，生死各异路，不得相注忤”，[④] 西凉麟加八年姬女训朱书陶瓶上有“生人前行，死人却步，生死道异，不得相撞”，[⑤] 西凉庚子六年张辅朱书陶钵上有“乐莫相念，【苦】莫相思，生人前行，死人却步，生死不得相【撞】”。[⑥] 实际上，强调生死异路，力求避免死者因各种原因而累及生人，是东汉以来多数墓葬文书的共同主题。因此，这件文书虽然提到耿、孙二氏的婚事，但作为一件被特意放置于墓中的文书，其隔绝生死和主要为生人除害的意图是十分明显的。

---

① 洛阳区考古发掘队：《洛阳烧沟汉墓》，第 154 页。释文参见张勋燎、白彬《中国道教考古》，线装书局 2006 年版，第 169 页。

② 罗振玉：《贞松堂集古遗文》下册，北京图书馆出版社 2003 年影印本，第 358—360 页。

③ 图版见刘正成主编《中国书法全集》9，荣宝斋，1992 年，第 98 页。释文参见刘昭瑞《汉魏石刻文字系年》，新文丰出版公司 2001 年版，第 198—201 页。

④ 甘肃省文物考古研究所：《敦煌祁家湾——西晋十六国墓葬发掘报告》，文物出版社 1994 年版，第 118—119 页。

⑤ 甘肃省敦煌县博物馆：《敦煌佛爷庙湾五凉时期墓葬发掘简报》，《文物》1983 年第 10 期。

⑥ 同上。释文参见张勋燎、白彬《中国道教考古》，线装书局 2006 年版，第 463 页。

以上引述的陶瓶上的文字，就是有些学者所说的解注文（或称镇墓文）。据研究，解注文的流行与汉代出现的所谓“注鬼论”关系密切。“注鬼论”的核心思想是认为生人属阳，死人属阴，阴阳有别，死鬼和生人的接触是造成生者一切祸殃的根源。解注文就是从这一角度出发强调生死异路，反对死者的鬼魂再与生者接触。为达到这一目的，解注文还设计了一些不同的“解注”方法。[①] 到魏晋南北朝时期，这种解注文在敦煌地区仍然较为流行。[②] 骆驼城一带目前虽然尚未发现这种解注文，但在当地出土的一些墓券中已反映了类似观念。例如，骆驼城出土的高俟墓券说：“生人有城，死人有郭，阡陌道路将军，疾往迎逆，敢有固遮，收付河伯。”[③] 因此这件墓葬文书有关隔绝生死的部分，从文句到观念显然都是袭自东汉以来流行的解注文。

文书最后提到由赤松子、地下二千石、灶君三者一同画押，还说是“青乌子共知要”，则更为清楚地表明了它的契约性质。要，即“约”。《左传》文公六年：“宣子于是乎始为国政，制事典，正法罪，辟刑狱，董逋逃，由质要，治旧洿，本秩礼，续常职，出滞淹。”杜预注：“由，用也。质要，券契也。”古书中“要”或作“约”。《汉纪·高后纪》：“罢朝，陵让平、勃曰：‘诸君背要，何面目见高帝于地下！’”其“背要”，《史记·吕太后本纪》和《汉书·王陵传》作“背约”。[④] 在吐鲁番出土的高昌时期契约文书中常见“民有私要，要行二主”之语，[⑤] 其“私要”就是“私约”。文书的“知要”即“知券”，黄武四年浩宗砖券有：“任知券者雒阳金僮子、鷂与鱼。”[⑥] 别的契约文书则多写作“知券约”，如光和元年曹仲成铅券有“时旁人贾、刘，皆知券约”，[⑦] 中平五年房桃枝买地券有“时旁人樊汉昌、王阿顺，皆知券约”。[⑧] 既然文书自称为“要”，则其性质显然不是“曹文”所说的“墓志”，而是“赵文”、“刘文”所说的“墓券”。

总之，这件文书虽然也有祝愿或约束耿、孙二氏婚后生活的用意，但其更为直接的目的是强调生死异路，切断耿、孙两个死人与生者之间的任何联系。这样的意图，正是汉代以来许多墓葬文书的共同主题。

---

① 张勋燎、白彬：《中国道教考古》，线装书局2006年版，第262页。

② 较新的综述性介绍，可参见储晓军《敦煌魏晋镇墓文研究》，《敦煌研究》2009年第1期。

③ 赵雪野、赵万钧：《甘肃高台魏晋墓墓券及所涉及的神祇和卜宅图》，《考古与文物》2008年第1期；寇克红：《高台骆驼城前秦墓出土墓券考释》，《敦煌研究》2009年第4期。“死人有郭”原作“死人郭有”，“郭”、“有”之间有一黑点，或起提示“郭”、“有”互倒的作用。疾往迎逆，原释作“收望迎送”或“从往迎送”，现据照片改释。“疾”字为草书写法，“迎”后一字与同墓所出另一件墓券中“传送”的“送”字写法明显不同，应释为“逆”。“迎逆”一词见于古书，是“迎接”的意思。

④ 参见《两汉纪》卷六《高后纪》，中华书局2002年版，第81页；《史记》卷九《吕太后本纪》，第400页；《汉书》卷三九《王陵传》，中华书局1962年版，第2047页。

⑤ 参见张传玺主编《中国历代契约汇编考释》所收各类高昌契约。（北京大学出版社1995年版）

⑥ 参见张勋燎、白彬《中国道教考古》，线装书局2006年版，第818—819页。

⑦ 同上书，第195—196页。

⑧ 罗振玉：《贞松堂集古遗文》下册，北京图书馆出版社2003年影印本，第352—353页。

四

这件墓券上虽然有“今年十二月廿三日”的记载，但由于没有提到年号和十二月的朔日干支，不能据以推定具体年代。该墓的发掘报告或发掘简报迄今尚未公布，现在也没有条件对它作专门的考古学考察。因此，该墓的确切年代目前还不易确定。

上述三文对该墓下葬年代的看法有些不同，“曹文”认为是公元前104年到公元85年之间的汉墓，“赵文”只将其笼统地称为“魏晋墓”，“刘文”则将其归入十六国时期墓葬。“曹文”详细列举推定该墓年代的理由，“赵文”、“刘文”则未作解释。为便于讨论，这里先将“曹文”的意见引述于下：

> 墓志以“太史历”铭言记事，当为墓葬断代依据。
>
> 西汉武帝元封六年（公元前105年），武帝诏太史令司马迁，星官射姓，历官邓平，方士唐都，历数落下闳及民间历学二十余人创制新历法。历法成，改元封七年（焉逢摄提格之年）为太初元年（公元前104年），是年公布新历法，废秦历，采用新历，以正月为岁首。史称此历为《太初历》（又称《邓平历》或《三统历》）。类似称《邓平历》。由于太史令司马迁参与创历活动，又经太史令奉诏公布历法，当时民间称这个历法为《太史历》。《前汉书·律历志》记载，此次创制新历法，“酒泉侯宜君”也参与了这次重要活动。以其亲自参与而名传乡里属实不谬。
>
> 西汉武帝元狩三年（公元前120年），霍去病收复河西，置武威、酒泉二郡，高台骆驼城属于酒泉郡所辖表是县属地。16年后“酒泉侯宜君”参与《太初历》创制活动遗名乡里。可见当时汉文化在河西传播的深度。
>
> 《太初历》从太初元年公布使用，到东汉章帝元和二年（公元85年）止，该墓葬使用《太史历》(《太初历》)铭言记事，可知为公元前104年到公元85年之间的汉代墓葬。

“曹文”的主要依据，在于对文书中所谓“太史历”的解读。曹氏将“谨案黄帝司马季主九天畐（图）、太史历记言得用”一段的“太史历记”断读为“太史历”，[①]认为“太史历”就是司马迁等创制的“太初历”，并据以推断墓葬的年代。曹氏对这段文字的读法虽有一定道理，但他对“太史历”的解释却不可信。太史在历代都有设置并且都掌管历法，我们不能轻易将“太史历”的“太史”确定为太史公司马

① “刘文”也将“太史历”读断。

迁。[1] 实际上，直到唐宋时代还可以将当时太史所定之历称为“太史历”。《唐会要》卷四二：“至贞观元年，将仕郎李淳风又奏驳太史历十有八事，诏下善为课二家得失，其七条改从淳风，余一十一条，并依旧也。”[2] 古书中有一些含有“太史”字样的书名，其实与司马迁没有关系。例如，《隋书·经籍志》“历数”类下著录的《太史注记》6 卷、《太史记注》6 卷，[3] 就未必与司马迁有什么关系。即使是一些以“太史公”或“司马迁”冠名的书籍，也未必就是司马迁的著作。如同篇“五行类”下著录的《太史公万岁历》1 卷，[4] 就与司马迁没有关系。又如，《地理新书》“孙季邕奏废伪书名件”中的《司马迁历》、《太史公玉穴》，[5] 也肯定是后人的依托之作，与司马迁没有关系。这件文书所谓“太史历”系与“黄帝司马季主九天畐（图）”并列，其性质应与“黄帝司马季主九天畐（图）”相似。前文已经说过，司马季主是日者，“黄帝司马季主九天畐（图）”虽然不可详考，但若将其看作选择时日吉凶或下葬方位时使用的图书，在墓券的语境中是很合适的。上文还提到，此处“黄帝”和“司马季主”是出于依托。同样，所谓“太史历”也应当是选择时日吉凶或下葬方位时使用的书籍，其“太史”也是出于依托，或者说是一个泛称。大家知道，选择时日吉凶很需要时间坐标，编写择日书籍必须参考和引用历法知识。在多数人心目中，专掌历法的太史无疑是编写择日书籍的权威专家。于是，一些依托“太史”或以“太史”冠名的选择类书籍就应运而生。《隋书·经籍志》“五行”类著录的《太史百忌历图》1 卷（本注：梁有《太史百忌》1 卷，亡），[6] 敦煌卷子中保存的《太史杂占历》，[7] 就是出自这种情形。这件墓券中与“黄帝司马季主九天畐（图）”并列的所谓“太史历”，也应属于类似情形。“曹文”单凭“太史历”三字就将其看作司马迁等创制的太初历，并由此推定该墓是公元前 104 年到公元 85 年之间的汉代墓葬，其推论过程和结论都不能令人信服。

其实，文书的“谨案黄帝司马季主九天畐（图）、太史历记言得用”一句宜采用另一种读法，即将“太史历记”连读。“历记”连读，可以从骆驼城其他墓葬中发现的墓券中得到支持。2000 年出土于高俟与其妻朱吴桑合葬墓的一件墓券提到“葬日吉良，奉顺地理，黄帝风后，玉衡历记，选擇良辰，下入蒿市”。在高俟女儿的墓中也发现了内容大体一致的墓券，只是“历记”二字恰遭残损，[8] 甚为可惜。高俟夫妻合葬墓券的

① 实际上，古书多称司马迁为“太史公”而不是“太史”。

② 《唐会要》卷四二“历”，上海古籍出版社 1991 年版，第 878 页。

③ 《隋书》卷三〇《经籍志》，第 1024—1025 页。

④ 同上书，第 1034 页。

⑤ 王洙：《图解校正地理新书》，集文书局 2003 年影印台湾“中央”图书馆藏善本，第 492—494 页。

⑥ 《隋书》卷三四《经籍志》，第 1035 页。

⑦ 见 P. 2610 和 S. 2729，参见上海古籍出版社等《法藏敦煌西域文献》第 16 册，第 228—240 页，上海古籍出版社 2001 年版；中国社会科学院历史研究所等《英藏敦煌文献》第 4 卷，四川人民出版社 1995 年版，第 226—235 页。

⑧ 参见寇克红《高台骆驼城前秦墓出土墓券考释》，《敦煌研究》2009 年第 4 期。

“黄帝风后，玉衡历记”显然与上论“黄帝司马季主九天畐（图）太史历记”一段相类，据此可以将“太史历记”连读。古代以“历记”为名的书籍，其性质可能并不相同。《旧唐书·经籍志》著录的《洞历记》9卷（周树撰）、《三五历记》2卷（徐整撰）属于“杂史”类著作，《隋书·经籍志》著录的《历记》1卷属“历数”类著作。[①]《通志·艺文略》在“历术”类下也注录有《历记》1卷。[②] 这件墓葬文书“太史历记”的“历记”，可能是以选择时日吉凶为主要内容的书籍。如果此说可信，则文书的“太史历记”与司马迁或太初历完全没有关系。

总之，这件墓券上论一段文字无论读作“太史历”还是“太史历记”，都看不出与司马迁或太初历有什么关系。也就是说，文书第三行所载不宜作为推定年代的依据。

从目前掌握的信息看，骆驼城相继发现了一批十六国时期的古墓，并出土了几件纪年文字材料。[③] 这些纪年文字材料的书写风格和这件墓券较为相似，“刘文”可能就是因此而将这件墓券推定为十六国时期物。从文书的内容、书写风格以及同墓出土的其他文物等因素观察，“刘文”将其断为十六国时期物是大致可信的。当然，关于这个问题应该等发掘报告发表之后才能根据墓葬形制和随葬器物进行详细研究，并形成最终结论。鉴于该墓葬的考古报告或发掘简报目前尚未公布，为稳妥起见，本文暂从“赵文”将其称为魏晋时期墓券。

五

上文已经提到，这件墓券与其他墓券的目的一样，也是强调生死异路，希望死者不要累及生人。但不同于其他墓券的是，这件墓券明确记载了耿、孙二氏的婚配即冥婚的情形。大家知道，所谓冥婚是为死去的未婚男女举行婚配，[④] 是一种特殊的婚姻形式。据研究，冥婚可能在商代即已出现，此后历代流传，迄今尚未绝迹。[⑤] 大约从清代就已经有人开始注意古代的冥婚现象，[⑥] 近年来研究的热点则集中于唐代。[⑦] 这是因为

① 《旧唐书》卷四六《经籍上》，中华书局1975年版，第1995—1996页；《隋书》卷三四《经籍三》，第1024页。

② 《通志》卷六八《艺文略第六》，第801页。

③ 目前已经正式发表的纪年文字材料除见于上引赵雪野、赵万钧《甘肃高台魏晋墓墓券及所涉及的神祇和卜宅图》和寇克红《高台骆驼城前秦墓出土墓券考释》两文外，还可参见甘肃省文物考古研究所、高台县博物馆《甘肃高台县骆驼城墓葬的发掘》（《考古》2003年第6期）。

④ 后世还有生人与死者联姻的一类冥婚，因与本文所论无关，故不涉及。

⑤ 江林：《冥婚考述》，《湖南大学学报》（社会科学版）2000年第1期；黄景春：《论我国冥婚的历史、现状及根源——兼与姚平教授商榷唐代冥婚问题》，《民间文化论坛》2005年第5期；杨朝霞：《冥婚形式及其原因探析》，《西北农林科技大学学报》（社会科学版）2006年第2期。

⑥ 例如，赵翼《陔余丛考》卷三一就有“冥婚”条。赵翼：《陔余丛考》，中华书局1963年版，第649—650页。

⑦ 姚平：《论唐代的冥婚及其形成的原因》，《学术月刊》2003年第7期；邓星亮：《唐代冥婚略考》，《攀枝花学院学报》2005年第6期；邓星亮：《唐代冥婚研究》，硕士学位论文，四川大学中国古典文献学专业2006年。

冥婚在唐代较为盛行，留下的史料较多，适合于进行专门研究。而唐代以前涉及冥婚的资料则很零散，在出土文献中更是甚为罕见，[①] 所以以前很少有人对唐代以前的冥婚现象进行专门研究。这件魏晋时期涉及冥婚的墓券字迹清楚，内容明确，为研究中国古代特别是唐以前的冥婚现象及其宗教背景提供了新的线索，具有重要的学术价值。

从内容和格式观察，这件墓券不像是出自两位死者亲属之手，因为其中没有提及两位死者家庭的具体情况，甚至也没有表达亲属的哀思。这件实用性很强的文书述事直接，也不像出自文人学士之手。它交代了两位死者的"命"所属的五行，又声明是根据"黄帝司马季主九天畐（图）"和"太史历记"等挑选下葬和合婚的吉日，并以"星得岁对，宿得天仓"这样的专业性术语来说明选定的日子为何是吉日，结尾提到有赤松子、地下二千石、灶君、青乌子等神祇和仙人作为证人，最后还有"急急如律令"这样的套语。此外，在文书的上部还绘有一幅可能是用于选择下葬时间或下葬方位的图形。所有这些都透露出这件文书可能是由专业人士所撰，很像是一件格式化的作品，或许就是《昨梦录》所谓"鬼媒人"的手笔。因此，这件文书可能反映了"鬼媒人"等专业人士对冥婚的基本看法，与以往所见涉及冥婚的零散记载很不一样，是十分难得的第一手资料。

这件墓券的发现不仅为研究唐以前的冥婚现象提供了难得的素材，也为解决以往冥婚研究中存在的一些争议性问题带来新的希望。例如，以往研究冥婚的学者都注意到唐代以前关于冥婚的记载较少，而唐代的冥婚现象则已甚为普遍，在传世和出土文献中都有较多记载。姚平对此作过解释，认为冥婚之所以在唐代独盛，是因为"冥婚反映了佛教对唐人的死后世界观的影响"[②]。黄景春曾撰文商榷，认为"冥婚是中国原始宗教观念的产物，与佛教的地狱世界无关"[③]。这件文书的发现，正好为讨论这一争议性问题提供了新的线索。从这件墓券看，为耿、孙二氏举行"冥婚"的原因主要有两个，第一个是为使耿、孙二氏在阴间能够一起幸福生活，即所谓"共作衣裳，共作旃（毡）被，共作食饮，共上车，共卧共起，共向冢，共向宅，共取新（薪），共取水，共产儿子儿大〈女〉"；第二个是想让死者耿、孙二氏在结为夫妻之后"千秋万岁不得犯害家人"，"千秋万岁之后不得还反"。确切地说，第一个原因即为耿、孙二氏举行冥婚，使他们能够在地下过上幸福的家庭生活很可能只是一个手段，第二个原因即切断两位死者与生人的联系才是其最终目的。墓券强调"生死异路，各有城郭，生人

---

① 黄景春在介绍出土文献中的冥婚记载时曾举出《隶释》中的《相府小史夏堪碑》和洛阳李屯出土的元嘉二年镇墓文两个例子（黄景春：《论我国冥婚的历史、现状及根源——兼与姚平教授商榷唐代冥婚问题》，《民间文化论坛》2005年第5期），最近又专文讨论洛阳李屯出土的元嘉二年镇墓文中的冥婚记载（黄景春：《从一篇东汉镇墓文看我国冥婚习俗》，《湖北民族学院学报》（哲学社会科学版）2009年第6期）。但《相府小史夏堪碑》只有"娉会谢氏，并灵合柩"一句可能与冥婚有关，元嘉二年镇墓文则多有残缺，其学术价值不免受到影响。

② 姚平：《论唐代的冥婚及其形成的原因》，《学术月刊》2003年第7期。

③ 黄景春：《论我国冥婚的历史、现状及根源——兼与姚平教授商榷唐代冥婚问题》，《民间文化论坛》2005年第5期。

前行，死人却略，生人上台，死人深藏埋，生人富贵，死人日远”，正是东汉以来多数墓葬文书的共同主题。因此，制作这件墓券的目的归根到底是要切断死者对生人的侵扰，而举行冥婚只不过是为达到这个目的而用的一个手段。

上文已经指出，这种强调生死异路、切断生死联系的做法，其思想背景是流行于汉代的所谓“注鬼论”。与其他墓券一样，这件墓券也反映了自汉代以来一直流行未绝的传统信仰，从中看不出举行冥婚与佛教的地狱观念有何关系。我们看到的这件墓券实际上是生人与两个死人之间达成的一个协议或形成的一个契约：生人为死者举行婚配仪式，让其在地下享受到家庭生活的种种乐趣和好处，死者则要保证从此以后永不再回家来侵扰生人。这件墓券关于死亡或地下世界的观念和东汉时期流行的墓葬文书并无差异，而与佛教的地狱观念了无关系。尤为重要的是，这件文书对冥婚的看法还与《昨梦录》所载较为一致。这件文书将即将成婚的未婚男女死者叫做“男祥”、“女祥”，《昨梦录》将未获婚配的男女死者叫做男祥鬼、女祥鬼。《昨梦录》称男祥鬼、女祥鬼若不能获得婚配将会作祟害人，这件文书之所以给“男祥”、“女祥”举办婚礼，之所以要让死者千秋万岁不得犯害家人、千秋万岁之后不得还反，显然是因为害怕他们会回来作祟害人。这种一致性表明，魏晋时期与宋代的冥婚及地下观念并无多大差异。据此推测，唐人对冥婚及地下世界的看法也应大致如此。应当指出的是，姚平认为冥婚独盛于唐代，因而强调唐代冥婚的特殊性，这是不符合实际情况的。黄景春已经指出：“我国冥婚自唐宋以后风靡南北各地，迄今仍在流行。姚文称‘冥婚习俗随着唐代社会的衰微而渐趋消失’，此说法有违历史和现实的实际情况。”[①] 在敦煌卷子里面也有一些涉及冥婚的书仪，它们记载的纳聘礼仪与《昨梦录》的记载也较为一致，[②] 这似乎也有助于说明唐、宋时期关于冥婚的看法应有其共同基础。

总之，这件文书所反映的冥婚传统及地下观念应当从魏晋一直流传到了宋代及以后。也就是说，中国古代与冥婚相关的死后观念确实源于本土信仰，唐代冥婚现象的盛行不必从受到佛教地狱观念影响的角度进行解释。

原载于《历史研究》第2011年第6期

① 黄景春：《论我国冥婚的历史、现状及根源——兼与姚平教授商榷唐代冥婚问题》，《民间文化论坛》2005年第5期。

② 主要见于S.1725（中国社会科学院历史研究所等：《英藏敦煌文献》第3卷，四川人民出版社1995年版，第126—135页）、P.3637（上海古籍出版社等：《法藏敦煌西域文献》第26册，上海古籍出版社2002年版，第179—185页）、P.4036（上海古籍出版社等：《法藏敦煌西域文献》第31册，上海古籍出版社2005年版，第22页）等。参见周一良《敦煌写本书仪中所见的唐代婚丧礼俗》，《文物》1985年第7期；刘惠萍：《唐代冥婚习俗初探——从敦煌书仪谈起》，《敦煌学》第26辑，乐学书局有限公司2005年版，第155—175页。

里耶秦简研读三题

蔡万进

2002年5—6月间湖南湘西龙山县里耶古城一号井发掘出土36000余枚秦代简牍，《文物》和《中国历史文物》2003年第1期分别以《湖南龙山里耶战国——秦代古城一号井发掘简报》（以下称《简报》）及《湘西里耶秦代简牍选释》（以下称《选释》）方式公布了其中部分简牍的图版与释文①。笔者研读，偶有所得，兹将研读所及问题提出并略加讨论，敬祈方家諟正。

一 “故荆绩〈积〉瓦”中之“故荆”

里耶秦简J1［8］134正：

廿六年八月庚戌朔丙子，司空守樛敢言：前日言竞（竟）陵藘（荡）阴狼假（假）迁陵公船一，袤三丈三尺，名曰棆（?），以求故荆绩瓦，未归船。狼属（嘱）司马昌官谒告，昌官令狼归船。报曰：狼有律在复狱，已。卒史衰、义报（?），今写校券一牒上谒，言之卒史衰、义所，问狼船存所，其亡之。为责（债）券移迁陵，弗□□属谒报。敢言之。/六月庚辰，迁陵守丞敦狐郄（却）之司空，自以二月假（假）狼船，何故□□辟□，今而补曰谒问复狱卒史衰、义，［衰、义］事已不智（知）所居，其听书从事。/庆手。即令□□行司空。

按：“故荆绩瓦”，《简报》J1⑧134正释文作“故荆积瓦”，依图版简文字形，当以《简报》释文为是。

---

① 湖南省文物考古研究所、湘西土家族苗族自治州文物处、龙山县文物管理所：《湖南龙山里耶战国——秦代古城一号井发掘简报》，《文物》2003年第1期；湖南省文物考古研究所、湘西土家族苗族自治州文物处：《湘西里耶秦代简牍选释》，《中国历史文物》2003年第1期；《选释》公布简牍37枚，《简报》公布简牍35枚，《选释》中编号为J1［16］1、2、3的三枚木简释文不见于《简报》，《简报》中编号为J1⑨984的一枚木简释文亦不见于《选释》，余皆相同。以下凡引里耶秦简，均出自《选释》、《简报》，不再一一注明。

“故荆”称谓又见于《史记·秦始皇本纪》:

(二世元年)七月,戍卒陈胜等反故荆地,为“张楚”。胜自立为楚王,居陈,遣诸将徇地。山东郡县少年苦秦吏,皆杀其守尉令丞反,以应陈涉,相立为侯王,合纵西向,名为伐秦,不可胜数也。

荆,即楚,《吕氏春秋·音初》注:“荆,楚也,楚庄王讳楚,避之曰荆。”《史记·秦始皇本纪》张守节《正义》:“秦号楚为荆者,以庄襄王名子楚,讳之,故言荆也。”庄襄王[①],孝文王之子,立三年死,子政代立为秦王,即秦始皇。“当是之时,秦地已并巴、蜀、汉中,越宛有郢,置南郡矣;北收上郡以东,有河东、太原、上党郡;东至荥阳,灭二周,置三川郡。”[②] 秦王政(始皇帝)定荆地,史载有以下数条:

二十一年,王贲攻荆。昌平君徙于郢。

二十三年,秦王复召王翦,彊起之,使将攻荆。取陈以南至平舆,虏荆王。秦王游至郢陈。荆将项燕立昌平君为荆王,反秦于淮南。

二十四年,王翦、蒙武攻荆,破荆军,昌平君死,项燕遂自杀。

二十五年,大兴兵,使王贲将,攻燕辽东,得燕王喜。还攻代,虏代王嘉。王翦遂定荆江南地;降越君,置会稽郡。[③]

《睡虎地秦墓竹简·编年记》亦载:

十九年,□□□□南郡备敬(警)。
廿三年,兴,攻荆,□□守阳□此。四月,昌文君死。
廿四年,□□□王□□。
廿五年,
廿十六年。[④]

秦王政(始皇帝)二十一年的“王贲攻荆”,当与《睡虎地秦墓竹简·编年记》中的“十九年,□□□□南郡备警”事有关,亦即《史记·秦始皇本纪》二十六年秦始皇所追述的“异日,……荆王许献青阳以西,已而畔约,击我南郡,故发兵诛,得其王,

① 《史记》作“庄襄王”(《史记》卷五《秦本纪》,中华书局1959年标点本);《睡虎地秦墓竹简·编年记》作“庄王”(文物出版社1990年版,第6页)。

② 《史记》卷六《秦始皇本纪》。

③ 同上。

④ 睡虎地秦墓竹简整理小组:《睡虎地秦墓竹简》,文物出版社1990年版,第8页。

遂定其荆地”。南郡于公元前278年（秦昭襄王廿九年）由楚并入秦国版图，故称“击我南郡”；“荆王许献青阳以西”，《正义》：“青阳，长沙县也。”知荆王所献为南郡以南之未被秦定之荆地；“已而畔约，击我南郡”，是徙都陈地的荆王发兵攻打原来的郢都，即此时的秦国“南郡”，由此，秦开始迈出平定荆地的步伐，先取“陈以南至平舆”，次之“淮南”[①]，再次“荆江南地；降越君，置会稽郡”[②]，最终结束了灭荆（楚）历程。上述事实，在里耶秦简及新近正式公布的张家山汉简中同样得到反映，里耶秦简J1⑫10正背：

> 鞫之：越人以城邑反，蛮、衿害弗智（知）☑（正面）
> 廿六年六月癸丑，迁陵拔讯榱、蛮、衿☑（背面）[③]

张家山汉简《奏谳书·南郡卒史盖庐、挚田、假（假）卒史瞗复攸庳等狱簿》：

> 御史书以廿七年二月壬辰到南郡守府，即下，……尽廿八年九月甲午已。今复之：庳曰：初视事，苍梧守灶、尉徒唯谓庳：利乡反，新黔首往击，去北当捕治者多，皆未得，其事甚害难，恐为败。庳视狱留，以问狱史氏，氏曰：苍梧县反者，御者恒令南郡复……。令：所取荆新地多群盗，吏所兴与群盗遇，去北，以儋乏不斗律论。[④]

“令：所取荆新地多群盗，吏所兴与群盗遇，去北，以儋乏不斗律论”，当是随着秦王政（始皇）灭荆（楚）战争的开展和不断扩大而制定的，“所取荆新地”，应指除南郡外秦新占领之楚国领土。该文书中言“御史书以廿七年二月壬辰到南郡守府，即下”，知“利乡反”当在廿七年二月以前。《战国策·秦策三》蔡泽云：吴起“南收杨越，北并陈蔡”；《后汉书·南蛮传》：“吴起相悼王，南并蛮越，遂有洞庭、苍梧。”《史记·秦始皇本纪》：秦始皇二十六年，“地东至海暨朝鲜，西至临洮、羌中，南至北向户，北据河为塞，并阴山至辽东。”北向户，一说汉日南郡，即今越南中部地区；一说泛指五岭以南中原王朝势力所及地区[⑤]。秦拥有五岭以南地区乃为秦始皇三十三年事，《史记·秦始皇本纪》：“三十三年，发诸尝逋亡人、赘婿、贾人略取陆梁地，为桂林、象郡、南海，以适遣戍。”苍梧，《山海经·海内经》说：“南方有苍梧之丘，苍梧之渊。

---

① 《史记》卷六《秦始皇本纪》张守节《正义》：“楚淮北之地尽入于秦。”

② 《史记》卷六《秦始皇本纪》张守节《正义》：“言王翦遂平定楚及江南地，降越君，置为会稽郡。”

③ 此处所引出自《简报》。《选释》中J1［12］10正背面释文与图版抵牾相反，疑为印刷排版错误所致。

④ 张家山二四七号汉墓竹简整理小组：《张家山汉墓竹简（247号墓）》，文物出版社2001年版，第223—224页。这是一则秦代案例文书，简文中的廿七、廿八年分别为秦始皇廿七、廿八年。

⑤ 《中国历史大辞典·历史地理卷》，上海辞书出版社1996年版，第227页。

其中有九疑山，舜之所葬，在长沙零陵界中。”①《逸周书·王会篇》：“仓吾翡翠”②，仓吾亦即苍梧。苍梧既为山名，又为渊名，同时又作部族名和地区名，据考地在今江西南部和湖南、广西之间③。苍梧在长江中下游以南楚粤交界处，属汉代中原人地理观念中的“江南”范畴④。准此，苍梧入秦最迟应在秦始皇二十六年。《史记·秦始皇本纪》载：二十五年，“王翦遂定荆江南地，降越君”，上引里耶秦简J1⑫10正“（廿六年六月）越人以城邑反”、张家山汉简“苍梧县反者”⑤（廿七年二月以前）均应与二十五年王翦定荆（楚）江南地、降越君的占领有关，这标志着至此秦大规模地灭荆（楚）战争基本结束（秦王政二十五年），战后稳定（镇压反叛）、重建工作全面开始（秦始皇廿六年）。里耶秦简J1［8］134正“廿六年八月庚戌朔丙子，司空守樛敢言：前日言竞（竟）陵蘯阴狼假（假）迁陵公船一，袤三丈三尺，名曰柂，以求故荆积瓦，未归船”的记载，一方面反映了秦始皇廿六年楚已被秦灭，秦官方文书中已称新亡之楚为“故荆”这一重大历史事实，同时与文献所载秦灭楚战争进程亦相吻合。

二 “巴、南郡、苍梧”中之“苍梧”

里耶秦简J1［16］5正：

廿七年二月丙子朔庚寅，洞庭守礼谓县啬夫、卒史嘉、假（假）卒史谷、属尉：令曰：传送委输，必先悉行城旦舂、隶臣妾、居赀、赎责（债），急事不可留，乃兴（徭）。今洞庭兵输内史及巴、南郡、苍梧，输甲兵当传者多节传之，必先悉行乘城卒、隶臣妾、城旦舂、鬼薪、白粲、居赀、赎责（债）、司寇、隐官、践更县者。田时殹（也），不欲兴黔首。嘉、谷、尉各谨案所部县卒、徒隶、居赀、赎债、司寇、隐官、践更县者簿，有可令传甲兵，县弗令传之而兴黔首，［兴黔首］可省少弗省少而多兴者，辄劾移县，［县］亟以律令具论，当坐者言名史泰守府。嘉、谷、尉在所县上书，嘉、谷、尉令人日夜端行。它如律令。

又，J1［16］6正：

廿七年二月丙子朔庚寅，洞庭守礼谓县啬夫、卒史嘉、假（假）卒史谷、属尉：令曰：传送委［输］，必先悉行城旦舂、隶臣妾、居赀、赎责（债），急事不

① 袁珂：《山海经校译》，上海古籍出版社1985年版，第229页。

② 孔晁：《逸周书》（丛书集成初编），商务印书馆1937年版，第253页。

③ 杨宽：《战国史》（增订本），上海人民出版社1998年版，第195页。

④ 王子今：《秦汉区域文化研究》，四川人民出版社1998年版，第96页。

⑤ “苍梧县反者”，陈伟先生认为这里的“苍梧县”，应该是指苍梧郡属县，而不是名为苍梧的县；“苍梧县反者”具体指苍梧郡属县攸之“利乡反”事，见陈伟《秦苍梧、洞庭二郡刍论》，《历史研究》2003年第5期。

可留，乃兴（徭）。今洞庭兵输内史及巴、南郡、苍梧，输甲兵当传者多节传之，必先悉行乘城卒、隶臣妾、城旦舂、鬼薪、白粲、居赀、赎责（债）、司寇、隐官、践更县者。田时殹（也），不欲兴黔首……

两枚木简简文中，苍梧与巴、南郡、内史和洞庭郡并称，整理者认为“苍梧秦时已为郡无疑”①。

苍梧秦时为郡，史籍无征②。马非百《秦集史》在追述关于秦郡的研究时，称：“自来言秦郡县者，分为二说。一以为三十六郡乃秦一代之郡数，而史家追述之。一以为三十六郡系始皇二十六年之郡数，而后此所置者不与焉。前者始于班固《汉书·地理志》，后者始于裴骃《史记集解》，而成于《晋书·地理志》。《汉志》所记郡国沿革，其称秦置者二十七，曰河东、太原、上党、东郡、颍川、南阳、南郡、九江、钜鹿、齐郡、琅玡、会稽、汉中、蜀郡、巴郡、陇西、北地、上郡、云中、雁门、代郡、上谷、渔阳、右北平、辽东、辽西、南海。称秦郡者一，曰长沙。称故秦某郡者八，曰三川、泗水、九原、桂林、象郡、邯郸、砀郡、薛郡。中有始皇三十三年置之南海、桂林、象郡三郡，裴骃不之数，而易以鄣郡、黔中，并数内史为三十六郡。《晋志》从之，益以后置之闽中、南海、桂林、象郡为四十郡。……至于近日，王国维始于上述二说之外，用以《史记》证《史记》之法，推而及于嬴秦一代所有之郡，定为四十八郡。……谭其骧复纠合众说，舍短取长，于王氏四十八郡之中，弃去陶郡、博阳、胶西、城阳四郡，外加常山、衡山二郡，并以河内易河间，定为四十六郡，而以鄣郡、东阳郡及庐江郡置于多闻阙疑之列。”③ 不论哪一种说法，均未见苍梧郡之名。

“苍梧”之入秦版图，据张家山汉简《奏谳书·南郡卒史盖庐、挚田、假（假）卒史瞗复攸庳等狱簿》，属秦“所取荆新地”。又由该文书简文内容知，“利乡反，新黔首往击，去北当捕治者多，皆未得”事应发生于“御史书以廿七年二月壬辰到南郡守府”之“廿七年二月壬辰”前。《史记·秦始皇本纪》：二十五年，大兴兵，“王翦遂定荆江南地，降越君，置会稽郡”。简文中所涉及的苍梧应属本次所定“荆新地”范围，原因有三：一是“所取荆新地”是相对于秦王政（始皇）即位之前秦业已所取楚地而言，秦王政即位之时，秦所占楚（荆）地不包括上述地区，当时秦的版图仅“并巴、蜀、汉中，越宛有郢，置南郡矣；北收上郡以东，有河东、太原、上党郡；东至荥阳，灭二周，置三川郡”。秦始皇大规模攻楚（荆）据《史记·秦始皇本纪》在十九至二十五年之间，苍梧入秦已如前述，正在这一时期；二是《史记·秦始皇本纪》载廿六年“更名民曰黔首”④，简文中“利乡反，新黔首往击，去北当捕治者多，皆未得”之“新

① 参见《湘西里耶秦代简牍选释》J1［16］5木简释文注释⑧，《中国历史文物》2003年第1期。

② 《汉书·地理志》注：“苍梧郡，武帝元鼎六年开。”

③ 马非百：《秦集史》下册，中华书局1982年版，第564—565页。

④ 《史记》卷六《秦始皇本纪》。

黔首”，正如秦“令”所言“所取荆新地”一样，将居于“所取荆新地”之民统一视之为秦民，并依律称为“黔首”，因与秦故民有区别，以“新黔首”称之，这进一步证明了苍梧为秦“所取荆新地”；三是由里耶秦简J1⑫10记廿六年“越人以城邑反”，推测苍梧在秦始皇二十五年归属为秦“所取荆新地”不久，抑或廿六年就爆发了起义（苍梧郡属县攸之利乡反），反抗秦的统治，当地镇压未果，以致廿七年二月又“洞庭兵输苍梧”抽调傍郡兵（洞庭兵）增援。

里耶秦简释文公布前学术界有关“苍梧”行政归属的认识比较混乱。1995年张家山汉简《奏谳书·南郡卒史盖庐、挚田、假（假）卒史瞗复攸庳等狱簿》释文公布，李学勤先生撰文认为：“苍梧在今广西。汉置苍梧郡，治广信（今梧州），秦的苍梧当即其地。《史记·秦始皇本纪》：‘三十三年，发诸尝逋亡人、赘壻、贾人略取陆梁地，为桂林、象郡、南海，以适遣戍’。苍梧属桂林郡。由简文知道，秦始皇二十八年已有苍梧县。可能是因为新设的缘故，其政务是由攸县监管的。简中‘苍梧守灶’‘攸守嬬’，都是代理县职的守令，和‘攸令’省称‘攸庳’一样，是省掉了‘令’字。江西遂川车头垴山土的秦戈有‘临汾守曋’，也是守令。过去以为郡守，乃是误解。”[①] 彭浩《谈〈奏谳书〉中秦代和东周时期的案例》一文认为：“此案涉及苍梧县和攸县两地。攸在今湖南省境内，一般认为秦代属长沙郡，但简文指明案件由南郡管辖。这似乎说明在秦始皇二十七年时攸县隶属南郡。简文指明秦始皇二十七年已设苍梧县，隶属南郡。至秦始皇三十三年设立桂林、象郡、南海三郡时，苍梧才从南郡分离出去，以往文献没有记载。”[②] 概而言之，两文皆认为至少在秦始皇廿八年，苍梧为县而非郡。今证之里耶秦简J1［16］5、6两枚木简简文，“苍梧”两处与“巴、南郡、洞庭郡、内史”等并称，知最迟至廿七年二月秦已设“苍梧郡”。如同我们过去对“洞庭郡”存在与否有过怀疑，及今看到J1⑨1—12简明云“某某戍洞庭郡不智（知）何县署”始觉释然一样[③]，秦在“所取荆新地”之一——苍梧设置“苍梧郡”看来亦应属不易之论[④]。前引张家山汉简“苍梧守灶、尉徒唯”简文，依耶秦简J1［16］5、6木简简文“洞庭守礼”等例，应作苍梧郡守、尉理解，苍梧守灶、尉徒唯“教谓庳新黔首当捕者不得，勉力善备，弗谓害难，恐为败”，“教”是上级官署给下属的命令文书[⑤]，这符合秦兴兵规定和官府来往文书惯例。攸县征调新黔首往击反盗却逃亡，苍梧郡守、尉要求攸县抓捕逃亡的新黔首，因攸县官员抓捕不力，被告劾至中央。监郡御史下书南郡，令南郡复治此案。张家山汉简《二年律令·具律》：“乞鞫者各辞在所县道，县道官令、长、丞

① 李学勤：《〈奏谳书〉解说（下）》，《文物》1995年第3期。

② 彭浩：《谈〈奏谳书〉中秦代和东周时期的案例》，《文物》1995年第3期。

③ 李学勤：《初读里耶秦简》，《文物》2003年第1期。

④ 关于秦苍梧郡的沿革，陈伟先生认为“也许可作这样一种猜测：秦始皇二十五年将黔中郡一分为二后，西北一部没有沿用黔中旧名，而是改称洞庭郡；东南一部则称作‘苍梧郡’，后世以‘长沙郡’称之，大概是采用汉人的习惯。”见陈伟《秦苍梧、洞庭二郡刍论》，《历史研究》2003年第5期。

⑤ 汪桂海：《汉代官文书制度》，广西教育出版社1999年版，第51页。

谨听，书其乞鞫，上狱属所二千石官，二千石官令都吏覆之。都吏所覆治，廷及郡各移旁近郡，御史、丞相所覆治移廷。”①《汉书》中有记治诸侯王狱诏别郡治例，如淮南王安狱，河南治②。汉承秦制，看来秦时对于重大案件的重新审理，为避免受当地官员干扰，同样也由中央指定某郡都吏去重新复审，也就是说，苍梧郡攸县库案是移由“旁近郡”——南郡审理的，张家山汉简《奏谳书·南郡卒史盖庐、挚田、假（假）卒史鴡复攸库等狱簿》中言“南郡复吏到攸”，正是秦国这种司法审理制度的具体体现。因为南郡入秦最早，对秦律熟悉，由御史下书令南郡复治苍梧郡攸县库案是完全可能的。

三 “兴（徭）”令

里耶秦简J1［16］5、J1［16］6两枚木简正面同时还分别记录了秦始皇二十七年二月洞庭郡同一令文的传达，内容为：

> 令曰：传送委输，必先悉行城旦舂、隶臣妾、居赀、赎责（债），急事不可留，乃兴（徭）。今洞庭兵输内史及巴、南郡、苍梧，输甲兵当传者多节传之，必先悉行乘城卒、隶臣妾、城旦舂、鬼薪、白粲、居赀、赎责（债）、司寇、隐官、践更县者。田时殹（也），不欲兴黔首。嘉、谷、尉各谨案所部县卒、徒隶、居赀、赎债、司寇、隐官、践更县者簿，有可令传甲兵，县弗令传之而兴黔首，［兴黔首］可省少弗省少而多兴者，辄劾移县，［县］亟以律令具论，当坐者言名史泰守府。嘉、谷、尉在所县上书，嘉、谷、尉令人日夜端行。它如律令。

从J1［16］5、J1［16］6木简背面所记文书由中央→洞庭郡→县啬夫→乡这一传递过程看，该“兴（徭）”令是要求传布晓知于基层机关的。

睡虎地秦墓竹简《秦律十八种》中有《徭律》，规定：

> 御中发征，乏弗行，赀二甲。失期二日到五日，谇；六日到旬，赀一盾；过旬，赀一甲。其得殹（也），及诣。水雨，除兴。兴徒以为邑中之红（功）者，令结（嫴）堵卒岁。未卒堵坏，司空将红（功）及君子主堵者有罪，令其徒复垣之，勿计为（徭）。县葆禁苑、公马牛苑，兴徒以斩（堑）垣离（篱）散及补缮之，辄以效苑吏，苑吏循之。未卒岁或坏决，令县复兴徒为之，而勿计为徭。卒岁而或决坏，过三堵以上，县葆者补缮之；三堵以下，及虽未盈卒岁而或盗决道出入，令苑辄自补缮之。县所葆禁苑之傅山、远山，其土恶不能雨，夏有坏者，勿稍补

① 张家山二四七号汉墓竹简整理小组：《张家山汉墓竹简（247号墓）》，文物出版社2001年版，第149页。

② 《汉书》卷四四《淮南王安传》。

> 缮，至秋毋（无）雨时以（徭）为之。其近田恐兽及马牛出食稼者，县啬夫材兴有田其旁者，无贵贱，以田少多出人，以垣缮之，不得为（徭）。县毋敢擅坏更公舍官府及廷，其有欲坏更殹（也），必谳之。欲以城旦舂益为公舍官府及补缮之，为之，勿谳。县为恒事及谳有为殹（也），吏程攻（功），赢员及减员自二日以上，为不察。上之所兴，其程攻（功）而不当者，如县然。度攻（功）必令司空与匠度之，毋独令匠。其不审，以律论度者，而以其实为（徭）徒计。[①]

其中的“兴徒以为邑中之红（功）”、“兴徒以斩（堑）垣离（篱）散及补缮之”，“勿计为徭”、“欲以城旦舂益为公舍官府及补缮之，为之，勿谳”等与里耶秦简秦令“传送委输，必先悉行城旦舂、隶臣妾、居赀、赎卖（债）”、洞庭郡贯彻此令要求“输甲兵当传者多节传之，必先悉行乘城卒、隶臣妾、城旦舂、鬼薪、白粲、居赀、赎责（债）、司寇、隐官、践更县者”之义同。又，《效律》：“上节（即）发委输，百姓或之县就（僦）及移输者，以律论之。”[②] 意思是说：朝廷如征发运输的劳役，百姓有到县里雇车或转交给别人运送的，应依法论处。这一规定表明，如果国家确有转输任务，不得不征发百姓，法律规定百姓必须亲自执事，禁止雇人或转交他人代送。文中的“百姓”，睡虎地秦简秦律反映，他们不仅“有贷于公”，而且拥有一定数量的奴仆、牛马、粮食等，他们有力量有能力雇人雇车输送以逃避转输徭役之苦。如果不对这部分人的雇人雇车行为予以禁止，势必会使大量不堪赋税、徭役的农民脱离土地，弃本趋末，加入受雇于人的队伍，从而危害农业生产[③]。这种“重农”的精神，与里耶秦简“急事不可留，乃兴徭”、“田时也，不欲兴黔首”及“嘉、谷、尉各谨案所部县卒、徒隶、居赀、赎债、司寇、隐官、践更县者簿，有可令传甲兵，县弗令传之而兴黔首，(兴黔首) 可省少弗省少而多兴者，辄劾移县，县亟以律令具论，当坐者言名史泰守府”之精神也是完全一致的。

商鞅《商君书》关于秦国粮食转输之役，亦有系统论述。《商君书·垦令》篇云：“令送粮无取僦，无得返庸”、“输粮者不私稽”。“令送粮无取僦”，前已述明；“无得返庸”则是指运粮车马，在返回途中，不得私受人载而取值，要轻车急速返回，如此规定，正如商鞅所言，其目的就是使征发之车，“往速徕急”，“往速徕急，则业不败农；业不败农，则草必垦矣。”这里的“业”即是送“粮”之徭役，它的本意是不耽误农时。“输粮者不私稽”，其大意是官役送粮之人不能在途中私自停留，往返予以期限，必须按时输送，按时到达，如此则“军市无得私输粮者，则奸谋无所于伏；盗输粮者不私稽，轻惰之民不游军市，则农民不淫，国粟不劳，则草必垦矣。”从而从根本上断绝商人及其一切“淫巧”不农之人的粮源，达到使商人等弃业归农的目的，同时也保

① 睡虎地秦墓竹简整理小组：《睡虎地秦墓竹简》，文物出版社 1990 年版，第 47 页。

② 同上书，第 79 页。

③ 蔡万进：《秦国粮食经济研究》，内蒙古人民出版社 1996 年版，第 93 页。

证了农业不受损失，即“草必垦矣”。秦的强大与法律体系的确立，肇自商鞅及其变法。商鞅变法所倡导的“耕战”政策，看来自战国中期商鞅变法至秦始皇统一六国前后得到了有效贯彻，里耶秦简廿七年的“兴（徭）”令，明言军兴之时“传送委输”之徭役的征发，必先悉行“徒隶”（隶臣妾、城旦舂、鬼薪、白粲）、“居赀”、“赎债”、“司寇”、“隐官”及“践更县者”，“县弗令传之而兴黔首，［兴黔首］可省少弗省少而多兴者”将依律论罪；“田时殹（也），不欲兴黔首”更表明秦始皇仍在以一贯之地执行自战国中期以来历代秦王所推行的“耕战”政策。

“兴（徭）”令的具体实施，还可证之于秦始皇时诸事实：

> 二十八年，秦始皇大怒，使刑徒三千人皆伐湘山树，赭其山。
>
> 三十三年，发诸尝逋亡人、赘壻、贾人略取陆梁地，以适遣戍。
>
> 三十四年，适治狱吏不直者，筑长城及南越地。
>
> 三十五年，隐宫徒刑者七十余万人，乃分作阿房宫，或作丽山。①

其人员构成不外徒隶、治狱吏不直者、亡人、赘壻、商人等，与里耶秦简秦“令”所言必先悉行“徒隶、居赀、赎债、司寇、隐官，践更县者”别无二致，无有明言征发黔首之事例。秦始皇东巡在琅邪刻石曰：“皇帝之初，勤劳本事，上农除末，黔首是富”，② 看来不是空穴来风，也不是夸饰溢美之词，而是得到了贯彻执行。当然，由于秦末的苛法急政，黔首贫穷或因触犯法律而沦为居赀、赎债，刑徒，从而加入这一行列者，形成秦二世时“关东群盗并起，秦发兵诛击，所杀者其众，然犹不止。盗多，皆以戍漕转作事苦，赋税大也”的局面③，也是完全可能的。不过，单就里耶秦简“兴（徭）”令的发现，就足以使我们有必要对秦之徭役制度予以重新审视和认识，其进步意义不容低估④。

原载于《湖南大学学报》2007 年第 1 期

① 《史记》卷六《秦始皇本纪》。

② 同上。

③ 同上。

④ 张家山汉简《二年律令·徭律》：“发传送，县官车牛不足，令大夫以下有訾（赀）者，以赀共出车牛及益，令其毋訾（赀）者与共出牛食、约、载具。吏及宦皇帝者不与给传送。事委输，传送重车重负日行五十里，空车七十里，徒行八十里。免老、小未傅者、女子及诸有除者，县道勿敢（徭）使。节（即）载粟，乃发公大夫以下子、未傅年十五以上者。补缮邑□，除道桥，穿波（陂）池，治沟渠，堑奴苑，自公大夫以下，勿以为（徭）。市垣道桥，命市人不敬者为之。县弩春秋射各旬五日，以当（徭）。戍有余及少者，隤后年。与□□□□□为□□□□及发（徭）戍不以次，若擅兴车牛，及（徭）不当（徭）使者，罚金各四两。”（《张家山汉墓竹简（247 号墓）》，第 188 页）秦之《徭律》及《令》在汉初得到了继承和发展。

天长纪庄木牍《户口簿》及相关问题

蔡万进

2004年11月，考古工作者在对安徽省天长市安乐镇纪庄村M19汉墓的抢救性发掘时，清理出土木牍34方，内容十分丰富，学术价值较高。根据墓中出土文物和木牍内容推断，M19的年代为西汉中期偏早，上限不早于武帝元狩六年[①]。《文物》2006年第11期刊发《安徽天长西汉墓发掘简报》（以下称《简报》），公布了该墓部分木牍的图版照片和释文，其中1号木牍《户口簿》，记载了东阳县户与口的总计数字和所辖诸乡户与口的分计数字，这是汉代县级《户口簿》文书实物的首次发现，引起了学者的关注[②]。本文拟就《户口簿》木牍的文字释读、文书性质与形成以及所反映的秦汉置县制度等问题试作分析和探讨，不当之处，敬请指正！

一 牍文疏证

天长纪庄木牍《户口簿》记载于1号木牍的正面，“户口簿”题名三字，隶体横书于木牍的顶端，正文竖排8行隶体书写于木牍的上部，在木牍的右下方还另书有一“卿”字。从刊发的图版照片看，《简报》对牍文的释读较为成功，从既往发表的有关研究成果看，学者们对牍文的理解也几近本义，但不可否认，仍有个别地方尚可商榷。为称引和疏证方便计，兹将校正后的《户口簿》木牍释文录写于下：

户口簿

·户凡九千一百六十九少前（第1行）

---

① 天长市文物管理所、天长市博物馆：《安徽天长西汉墓发掘简报》，《文物》2006年第11期；卜宪群、蔡万进：《天长纪庄木牍及其价值》，《光明日报》2007年6月15日“史学”版。

② 何有祖：《安徽天长西汉墓所见西汉木牍管窥》，简帛网（http://www.bsm.org.cn），2006年12月19日；卜宪群、蔡万进：《天长纪庄木牍及其价值》，《光明日报》2007年6月15日“史学”版；杨以平、乔国荣：《天长西汉木牍述略》，卜宪群、杨振红主编《简帛研究2006》，广西师范大学出版社2008年版，第195—202页；王贵元：《安徽天长汉墓木牍初探》，张光裕、黄德宽主编《古文字论稿》，安徽大学出版社2008年版，第465—471页；胡平生：《天长安乐汉简〈户口簿〉“垣雍”考》，简帛网，2010年2月3日；［日］山田胜芳撰，庄小霞译：《西汉武帝时期的地域社会与女性徭役——由安徽省天长市安乐镇十九号汉墓木牍引发的思考》，卜宪群、杨振红主编《简帛研究2007》，广西师范大学出版社2010年版，第313—327页。

口四万九百七十少前（第 2 行）卿

·东乡户千七百八十三口七千七百九十五（第 3 行）

都乡户二千三百九十八口万八百一十九（第 4 行）

杨池乡户千四百五十一口六千三百廿八（第 5 行）

鞠（?）乡户八百八十口四千五（第 6 行）

垣雍北乡户千三百七十五口六千三百五十四（第 7 行）

垣雍南乡户千二百八十二口五千六百六十九（第 8 行）

第 1、2 行的“户凡九千一百六十九少前，口四万九百七十少前”，这是西汉时期东阳县某年户与口的总计数字。牍文中东乡等其他 6 乡户与口的分计数字之和与该处户、口总计数字完全相同，说明这项统计是严密的。少前，有学者认为系“指位置稍微往前”，“表达稍微多一些的意思”①，如果与尹湾汉简《集簿》中的“多前”、“如前”等上计文书词语相参照，上述的说法可能不确，还是理解为“减少”更合理，“前”应是指上一年度②。

第 4 行的“都乡户二千三百九十八口万八百一十九”，这是东阳县都乡户与口的总计数字。都乡之制，前史不载。顾炎武《日知录》卷二二《都乡》：“都乡，盖即今之坊厢也。”③ 钱大昕《廿二史考异》卷一四《常山国都乡》：“都乡者，近郭之乡。”④《中国大百科全书·秦汉史·乡》：“县治所在的乡统称‘都乡’，意思是在城之乡或大乡。”⑤ 都乡户与口的统计数字高于东阳县所辖其他各乡，表明“都乡”确为东阳县之一大乡。

第 6 行“鞠（?）乡户八百八十口四千五”中的“乡”上一字，《简报》释作“鞠”，并存疑。王贵元指出：“释文‘鞠（?）’，原字字形清晰，作‘⿰幸匊’，《说文》有‘⿱竹⿰幸匊’字，‘⿰幸匊’或是其省体。‘鞠’《说文》或体从“幸”，所以也可能是‘鞠’字异体。”⑥ 王说可从。鞠，“乡”之专名。

第 7 行的“垣雍北乡户千三百七十五口六千三百五十四”，胡平生认为，“‘垣雍’地名很可能是史书里记载过的同名之地，分析起来大致有三种可能。其一，可能是河南郡卷县的一部。其二，可能是汉志失载的一个县名。其三，可能是某县属下的一个乡名”⑦。胡氏之说不可从。按：垣，《说文》：“墙也。”《汉书·沟洫志》：“今西方诸

① 何有祖：《安徽天长西汉墓所见西汉木牍管窥》，简帛网，2006 年 12 月 19 日。

② 卜宪群、蔡万进：《天长纪庄木牍及其价值》，《光明日报》2007 年 6 月 15 日“史学”版。

③（清）顾炎武著，黄汝成集释：《日知录集释》，上海古籍出版社 1985 年版，第 1662—1663 页。

④（清）钱大昕著，方诗铭、周殿杰校点：《廿二史考异》，上海古籍出版社 2004 年版，第 259 页。

⑤ 中国大百科全书总编辑委员会《中国历史》编辑委员会秦汉史编写组：《秦汉史》，中国大百科全书出版社 1986 年版，第 192 页。

⑥ 王贵元：《安徽天长汉墓木牍初探》，《古文字论稿》，第 465—466 页。

⑦ 胡平生：《天长安乐汉简〈户口簿〉“垣雍”考》，简帛网，2010 年 2 月 3 日。

郡，以至京师东行，民皆引河、渭山川水溉田。春夏干燥，少水时也，故使河流迟，贮淤而稍浅；雨多水暴至，则溢决。而国家数隄塞之，稍益高于平地，犹筑垣而居水也。”雍，《汉书·沟洫志》师古曰：“读曰壅。”《汉书·地理志》注引应劭曰：“四面积高曰雍。”《睡虎地秦墓竹简·田律》：“春二月，毋敢伐材木山林及雍（壅）隄水。”[①]《续汉书·郡国志三》“广陵郡”条云：“东阳，故属临淮。有长洲泽。”《困学纪闻》卷一〇《地理》：“广陵郡东阳县有长洲泽。东阳，今盱眙县。”[②] 秦汉文献中多见有关“泽”的记录，很可能是指沼泽湿地[③]。黄淮海平原上湖沼的发育，邹逸麟认为，春秋时期以后，“温暖的气候环境大约持续了几百年”，“这种温暖的气候条件，保证了一定的降水量，是先秦西汉时代黄淮海平原湖沼水源条件的保证”[④]。秦汉东阳县地当“淮东”（淮河以南），紧邻淮河，牍文中的“垣雍”，可能与东阳县境内“长洲泽”的水利设施建设有关，犹如秦汉“长垣”县之得名[⑤]，“垣雍北乡”及第 8 行的“垣雍南乡”皆应是以“垣雍”这种水利设施为参照，按南、北方位设置并命名的两个乡，而且该木牍所记一县所置之乡以东、北、南等方位的命名，与汉代乡多以方位命名的原则也是基本相符的。

第 8 行中的“雍”下一字，《简报》释作“东”。胡平生认为，此字与同牍《户口簿》第 3 行“东乡”之“东”有些不同，细辨字形，应释为“南”，同时亦解除了同一《户口簿》“东乡”两见的困惑[⑥]。细审图版，胡氏之说可从。

《户口簿》木牍依次条列东乡、都乡、杨池乡、鞠乡及垣雍北乡、垣雍南乡等诸乡户与口数，依通例，这些乡级地名应同为一县所辖。天长纪庄汉墓（M19）以南为广陵国（今江苏省扬州市）属地，以北毗邻东阳古城遗址（今江苏省盱眙县东阳镇），《汉书·地理志》“临淮郡”下有东阳县，近年在城址周围的秦汉墓葬发掘中，也多次发现与“东阳”有关的文字资料，1990 年小云山一号汉墓出土的 10 件漆盘，外底朱书“东阳庐里巨田侯外家”[⑦]，2009 年抢救发掘的大云山西汉古墓群，在陪葬墓中发现刻有“东阳”的陶器残片[⑧]，这次天长纪庄汉墓出土木牍中也多次出现“东阳”地名，如 14 号、24 号木牍写有“进东阳”，10 号、25 号木牍书有“留东阳”、“东阳丞”。这些墓地都紧邻东阳古城，可证东阳古城遗址必为秦汉东阳县城无疑。天长纪庄《户口簿》

① 睡虎地秦墓竹简整理小组：《睡虎地秦墓竹简》，文物出版社 1990 年版，释文，第 20 页。

② （宋）王应麟撰，（清）翁元圻注：《困学纪闻》，商务印书馆 1959 年版，第 841—842 页。

③ 王子今：《秦汉时期生态环境研究》，北京大学出版社 2007 年版，第 112—116 页。

④ 中国科学院《中国自然地理》编辑委员会：《中国自然地理》第二章“历史时期气候变迁”，科学出版社 1982 年版。

⑤ 长垣县，春秋时为匡邑，战国为魏首垣邑（又名长垣邑），秦置长垣县，因“县有防垣（即防水防兵之长墙）”而命名，莽新更名长固县，东汉置长垣侯国和平丘县。晋复置长垣县。参见河南省民政厅编制《河南省政区标准地名图集》，西安地图出版社 1997 年版，第 61 页。

⑥ 胡平生：《天长安乐汉简〈户口簿〉“垣雍”考》，简帛网，2010 年 2 月 3 日。

⑦ 盱眙县博物馆：《江苏东阳小云山一号汉墓》，《文物》2004 年第 5 期。

⑧ 蔡震：《盱眙千年汉墓初揭面纱》，《扬子晚报》2010 年 7 月 16 日第 A10—A11 版。

木牍记载的户口数字，无疑应是东阳县的数据。

二 《户口簿》的文书性质与形成

迄今为止，考古发现自题名为“户口簿”的汉代木牍文书共有3例，分别是湖北荆州纪南松柏M1汉墓出土的《二年西乡户口簿》①、安徽天长纪庄M19汉墓出土的《户口簿》、朝鲜平壤贞柏洞M364汉墓出土的《乐浪郡初元四年县别户口集簿》②。天长纪庄木牍《户口簿》记载了东阳县一县户与口的总计数字和所辖6乡户与口的分计数字，前已备述；朝鲜平壤贞柏洞M364汉墓出土的《乐浪郡初元四年县别户口集簿》，书写于3方木牍（甲、乙、丙牍）之上，详细记载了汉元帝初元四年（公元前45）乐浪郡一郡户与口的总计数字和所辖25县户与口的分计数字，如甲牍次行“朝鲜户九千六百七十八多前九十三口五万六千八百九十多前千八百六十二”，丙牍最后两行“·凡户四万三千八百卅五多前五百八十四口廿八万千二百六十一。其户三万□□□□□四口廿四☑”；荆州纪南松柏M1汉墓出土的《二年西乡户口簿》在记录西乡二年户与口的总计数字如“户千一百九十六”、“·凡口四千三百七十三人”的同时，另外详记了西乡当年的息户、耗户、息口、耗口等数字。上述“户口簿”木牍文书中的“多前”、“如前”、“少前”以及“息户（口）”、“耗户（口）”等用语，不仅反映了汉代郡、县、乡三级“户口簿”一类文书的文本形态和演变发展，同时也为我们认识天长纪庄木牍《户口簿》的文书性质与形成提供了宝贵的线索和资料。

众所周知，《续汉书·百官志五》县邑道“秋冬集课，上计于所属郡国”注引胡广曰“秋冬岁尽，各计县户口垦田，钱谷入出，盗贼多少，上其集簿。丞尉以下，岁诣郡，课校其功”，这反映的是汉代县级上计制度。根据规定，每年“秋冬岁尽”之时，各县是要将本县该年户口、垦田、钱粮入出、刑狱等情况向所属郡国上报的。汉代上计是由县上郡、郡上中央的二级上计制构成的。1993年尹湾汉墓出土的《集簿》木牍被认为是东海郡上计底稿或副本，该木牍包含了数十个项目的综合统计。据此，有学者认为，胡广《汉官解诂》所云的集簿，乃是指县、邑、道和侯国于每年秋冬岁尽向所属郡国呈报的上计簿，而尹湾六号汉墓发掘出土的《集簿》，则是我国迄今首次发现的郡国向朝廷呈报的上计簿③。换言之，既然汉代郡国向中央上计要制作如尹湾汉简《集簿》木牍一类综合统计文书，那么，各县在向郡国上计时依例亦应制作这类包含了数十个项目的综合统计“集簿”文书。虽然目前这类县级《集簿》简牍文书实物还尚

① 朱江松：《罕见的松柏汉代木牍》，荆州博物馆编著《荆州重要考古发现》，文物出版社2009年版，第209—212页。

② 朝鲜社会科学院考古研究所：《朝鲜考古研究》2008年第4期。杨振红、[韩]尹在硕：《韩半岛出土简牍与韩国庆州、扶余木简释文补正》，卜宪群、杨振红主编《简帛研究2007》，广西师范大学出版社2010年版，释文，第285—286页；图版，第282—284页。

③ 谢桂华：《尹湾汉墓新出〈集簿〉考述》，《中国史研究》1997年第2期。

未出土，但胡广《汉官解诂》已明确指出这类县级综合统计上计文书亦名之为“集簿”。然而，天长纪庄《户口簿》木牍和朝鲜平壤M364汉墓《乐浪郡初元四年县别户口集簿》木牍的发现，却使我们看到汉代各郡、各县上计时在递交综合统计“集簿”文书的同时，还要分别呈递不同类别的专项统计“集簿”文书，如天长纪庄木牍《户口簿》和朝鲜平壤M364汉墓木牍《乐浪郡初元四年县别户口集簿》一类有关户、口的专项统计“集簿”文书，这是以往我们所不了解的新认识[①]。准此，天长纪庄木牍《户口簿》抑或即是《续汉书·百官志五》所言“丞尉以下，岁诣郡，课校其功”时各类专项上计文书的一种。该《户口簿》在汉代东阳县官吏墓中发现，可能是东阳县留存的副本或底本[②]。

如果说朝鲜平壤M364汉墓出土的《乐浪郡初元四年县别户口集簿》题名在汉代是郡级“户口簿”上计文书通例的话，那么，天长纪庄木牍《户口簿》作为县级“户口簿”上计文书同样亦可视之或称之为“东阳县某年乡别户口集簿”，因为天长纪庄木牍《户口簿》记载了东阳县及所辖6乡的户、口统计数字，其文书内容与形式一如《乐浪郡初元四年县别户口集簿》。关于天长纪庄木牍《户口簿》各乡户口数字的来源，我们认为应与汉代针对全体人口进行调查的“八月案比”有关[③]。《续汉书·礼仪志》载：

> 仲秋之月，县道皆案户比民。

又，《后汉书·安帝纪》载元初四年七月养老诏，李贤注引《东观记》曰：

> “方今八月案比之时。”谓案验户口、次比之也。

东汉时期，针对全民的人口调查确实在每年八月进行，这与张家山汉简《二年律令·户律》所载西汉时期“八月书户”（简335）、“八月户时”（简345）等户口调查登记时

① 尹湾汉简中合计武器等统计数据时同样也使用了“集簿”一词，如YM6D6自题名为“武库永始四年兵车器集簿”。参见连云港市博物馆、东海县博物馆、中国社会科学院简帛研究中心、中国文物研究所编《尹湾汉墓简牍》，中华书局1997年版，释文，第103—118页；图版，第17—18页。

② 《简报》称：“从这些木牍文字我们可以推知，墓主人叫谢孟，是东阳县掌握一定权力的官吏。”胡平生先生《天长安乐汉简〈户口簿〉“垣雍”考》（简帛网，2010年2月3日）一文对此则有不同看法：“《发掘简报》所说墓主人叫‘谢孟’的意见，我们完全同意。至于谢孟在东阳为官的意见，我们感到还有进一步讨论的可能”，“我们认为，此‘东阳’应当就是墓主的籍贯，也是他退休养病之地，也是他死后埋葬之地，但不一定是他为官之地”，“谢孟可能在哪里为官呢，线索或者就是《户口簿》中的‘垣雍’了”，“若依我们所讨论的‘垣雍’地名来推测，谢孟的籍贯与为官之地的距离似稍远些，谢孟可能是因为老病致仕退休回到故里，死后就地入葬，而随葬的《户口簿》副本则应是其为官时的遗物了”。对于胡先生之说的认识以及对于“垣雍”一词的理解，本文《牍文疏证》一节中已有明确说明和详细考证，此不赘注。

③ 关于八月案比，李均明先生已有专论，参见李均明《关于八月案比》，中国文物研究所编《出土文献研究》第6辑，上海古籍出版社2004年版，第130—133页。

间一致[①]。有关汉代案比的地点，邢义田以为以县之面积与人口，将全县男女老幼集中于县廷可能性较小，而汉代地方官权又大，案比如何施行，在乡或在县，不无可能由各郡国自行斟酌[②]；王毓铨、钱剑夫、袁延胜等先生据《后汉书·江革传》的记载，皆认为汉代案比是在县里举行[③]，这也许是东汉的规定。西汉时期户口调查登记应是以乡为单位的，张家山汉简《二年律令·户律》载：

> 恒以八月令乡部啬夫、吏、令史相襍案户籍，副藏其廷。有移徙者，辄移户及年籍爵细徙所，并封。留弗移，移不并封，及实不徙数盈十日，皆罚金四两；数在所里、典弗告，与同罪。乡部啬夫、吏主及案户者弗得，罚金各一两。

又载：

> 民宅园户籍、年细籍、田比地籍，田命籍、田组籍，谨副上县廷，皆以箧若匣柜盛，缄闭，以令若丞、官啬夫印封，独别为府，封府户。……民欲先令相分田宅、奴婢、财物，乡部啬夫身听其令，皆参辨券书之，辄上如户籍。所分田宅，不为户，得有之，至八月书户，留难先令，弗为券书，罚金一两。[④]

《续汉书·百官志五》："乡置有秩、三老、游缴。"本注："有秩，郡所置，秩百石，掌一乡人；其乡小者，县置啬夫一人。皆主知民善恶，力役先后，知民贫穷，为赋多少，平其差品。"上引张家山汉简《二年律令·户律》载，汉时凡与民户有关的簿籍，均"谨副上县廷"，原件由乡留存。秦汉时期，乡是县的行政派出机构，各县每年"八月案户"这样重大的人口调查活动，据《二年律令·户律》，"乡部啬夫"是第一负责人，负有调查统计管理一乡户口的职责，如此荆州松柏 M1 汉墓墓主——江陵西乡有秩啬夫周偃墓中出土《二年西乡户口簿》也就不难理解了[⑤]。《二年西乡户口簿》在记录二年西乡户与口总计数字如"户千一百九十六"、"口四千三百七十三人"的同时，另外还详细记载了西乡当年大男 991、小男 1045、大女 1695、小女 642 等数字，池田温根据

① 张家山二四七号汉墓竹简整理小组：《张家山汉墓竹简［二四七号墓］》，文物出版社 2001 年版，第 178、179 页。

② 邢义田：《汉代案比在县或在乡》，（台北）"中央研究院"《历史语言研究所集刊》第 60 本第 2 分册，1989 年，第 451—487 页。

③ 王毓铨：《民数与汉代封建政权》，《中国史研究》1979 年第 3 期；钱剑夫：《秦汉赋役制度考略》，湖北人民出版社 1984 年版，第 60—62 页；袁延胜：《中国人口通史·东汉卷》，人民出版社 2007 年版，第 120 页。

④ 《张家山汉墓竹简［二四七号墓］》，释文，第 177—178 页。

⑤ 据墓主周偃自占功劳文书所记履历，于建元元年（公元前 140）任江陵西乡有秩啬夫。牍文的西乡应是周偃曾经任职之地，即江陵县西乡。参见彭浩《读松柏出土的四枚西汉木牍》，武汉大学简帛研究中心主办《简帛》第 4 辑，上海古籍出版社 2009 年版，第 333—343 页。

汉简认为，14岁以下的通称小男、小女，15岁以上的称大男、大女[①]。《二年西乡户口簿》中大男、小男、大女、小女数字相加之和与西乡人口总数相合，这表明该户口簿所记户、口数字乃是南郡江陵西乡一乡的人口统计结果，很可能就是二年西乡“八月案比”的户、口总计。天长纪庄木牍《户口簿》木牍背面同时记录的东阳县八月份全县算赋数额的总计和所辖6乡算赋数额的分计，以及东阳县的九月份算赋数额总计，据考，这是汉代“八月算人”、“计断九月”的结果[②]。这也从一个侧面证实天长纪庄木牍《户口簿》中的户口数字应来源于东阳县各乡某年“八月案比”的统计，而各乡上报至县的“户口簿”文书，其文书格式与内容亦当与《二年西乡户口簿》相类或一致。

三 秦汉置县制度相关问题讨论

秦汉置县制度，是秦汉县制研究的重要内容，既往学界在研究秦汉县制时，于秦汉县制之组织、官吏之职掌、行政系统及特色等多有关注[③]，限于传世文献记载的疏阔和阙略，对于秦汉时期县的置立原则[④]、规模以及乡的建置等问题鲜有涉及和分析。天长纪庄木牍《户口簿》蕴含汉代县乡政治、地理、人口等方面的重要信息，为秦汉置县制度相关问题的探讨提供了宝贵的第一手文献史料。

有关秦汉时期县的置立原则的认识，学界既往多依凭和基于班固《汉书·百官公卿表》“万户以上为令，减万户为长”、“县大率方百里，其民稠则减，稀则旷”的记载。秦汉时期，县令、长之设与一县户数之间并不存在严格的对应关系，这一点东汉人早已指出，应劭《汉官仪》：“三边始孝武皇帝所开，县户数百而或为令。荆扬江南七郡，惟有临湘、南昌、吴三令尔。及南阳穰中，土沃民稠，四五万户而为长”、“俗说，令长以水土为之，及秩高下，皆无明文”[⑤]。但班固从比较复杂的情况中，概括成“万户以上为令，减万户为长”这两句话，这一点是很重要的，实际上，他向我们透露出的重要信息，即县等划分主要以户数多少为依据[⑥]，“万户”乃秦汉王朝划分县等所遵循的一个基本标准。证之《续汉书·百官志五》县之“大者置令一人，千石；其次

---

① [日]池田温：《中国古代籍帐研究》，龚泽铣译，中华书局1984年版，第71页。

② 袁延胜：《天长纪庄木牍〈算簿〉与汉代算赋问题》，《中国史研究》2008年第2期；卜宪群、蔡万进：《天长纪庄木牍及其价值》，《光明日报》2007年6月15日“史学”版。

③ 有关秦汉县制研究的代表性论著有：瞿兑之、苏晋仁：《两汉县政考》，中国联合出版公司1944年版；严耕望：《中国地方行政制度史·秦汉地方行政制度》，(台北)“中研院”历史语言研究所专刊，1961年，本文据上海古籍出版社2007年影印本；廖从云：《中国历代县制考》，(台湾)中华书局1969年版；黄绶：《两汉行政史手册》，中州古籍出版社1991年版；邹水杰：《两汉县行政研究》，湖南人民出版社2008年版。

④ 本文有关秦汉置县制度的研究，仅涉及单纯的“县”，县的置废与规模都相对比较稳定，其他如邑、道、侯国等秦汉县级机构的置废变化无常，原因复杂，概不涉及，特此说明。

⑤ (清)孙星衍等辑：《汉官六种》，中华书局1990年版，第153—154页。

⑥ 卫宏《汉旧仪》：“县户口满万，置六百石令，多者千石。户口不满万，置四百石、三百石长。”[(清)孙星衍等辑：《汉官六种》，中华书局1990年版，第82页]按：疑“户”下衍一“口”字。

置长，四百石；小者置长，三百石”所载[①]，其中的“大者”、“其次”、“小者”等县等，或即汉时以户数划分县等的客观存在和事实。而传世文献中所反映的秦汉置县实例的记载，如《水经·阴沟水注》“已吾县”下引《陈留风俗传》：“故梁国宁陵县之徙种龙乡也。以成哀之世，户至八九千，冠带之徒求置县也。”[②]《后汉书·马援传》：“援奏言西于县户有三万两千，边界去庭（县庭）千余里，请分为封溪、望海二县，许之。”（西于一县析分三县，平均一县户数仍在万户以上）《太平经》：“今一大里有百户，有百井；一乡有千户，有千井；一县有万户，有万井；一郡有十万户，有十万井。”[③] 笔者认为，乡“户至八九千求置县”、“西于县户有三万两千请分为封溪、望海二县”等行为，都应是汉时“万户”县等划分基本标准深入人心和在秦汉王朝置县过程中实际应用的反映，或可言之秦汉王朝“万户立县”的置县原则系由“万户”县等划分标准影响、发展而来。天长纪庄木牍《户口簿》记载了西汉武帝时期东阳县一县的户口总数，“户凡九千一百六十九少前，口四万九百七十少前”，对照《汉书·百官公卿表》“万户以上为令，减万户为长”、《续汉书·百官志五》“县万户以上为令，不满为长”所云，东阳县这一户口数字与《汉书》、《续汉书》所载汉时的“万户”之县规模相当，也与《史记·项羽本纪》、《汉书·陈胜项籍传》所载秦时东阳设“令”（秦制，万户之县设令）情况一致，反映秦及西汉武帝时期，东阳置县乃是遵循万户为县的置立原则，东阳亦因此成为秦汉江淮间县之“大者”。天长纪庄木牍《户口簿》为我们认识这一历史事实和制度提供了有力佐证。

秦汉之制，郡统县，县下辖乡，《汉书·百官公卿表》：“凡县道国邑千五百八十七，乡六千六百二十二”；《续汉书·郡国志五》：“县邑道侯国千一百八十”，注引《东观书》：“永兴元年，乡三千六百八十二”。关于秦汉时期县下辖乡的情况，（元）郝经《续后汉书·职官》曰：“凡县户五百以上置乡，三千以上置二乡，五千以上置三乡，万以上置四乡。”[④] 天长纪庄木牍《户口簿》记载武帝时期东阳县属乡有6，各乡领户分别为：东乡1783、都乡2398、杨池乡1451、鞠（?）乡880、垣雍北乡1375、垣雍南乡1282。对照郝氏所述，东阳县辖乡规模与之不合，但无独有偶，东阳县的辖乡规模和数字却与《春秋繁露·止雨》篇所载暗合。《春秋繁露·止雨》云：

> 二十一年八月甲申朔丙午，江都相仲舒告内史中尉：阴雨太久，恐伤五谷，趣止雨。止雨之礼，废阴起阳。书十七县，八十离乡，及都官吏千石以下夫妇在官者，咸遣妇归。……书到即起，县社令长若丞尉官长，各城邑社啬夫里吏正里

---

① 严耕望据《通典》考证：“千石”下盖夺“其次置令六百石”，参见严耕望《中国地方行政制度史·秦汉地方行政制度》，（台北）“中研院”历史语言研究所专刊，1961年，第45页。

② （北魏）郦道元注，杨守敬、熊会贞疏：《水经注疏》，江苏古籍出版社1989年版，第1942页。

③ 王明：《太平经合校》，中华书局1960年版，第119页。

④ （元）郝经：《续后汉书》卷八六下《职官》，商务印书馆1937年版（1958年重印），第1485—1486页。

人皆出，至于社下，餔而罢，三日而止。[①]

按：离乡，《墨子·备城门》“葆离乡老弱国中”孙诒让《闲诂》：“离乡，谓别乡，不与国邑相附者。”[②]《汉书·召信臣传》：“（信臣）躬劝耕农，出入阡陌，止舍离乡亭，稀有安居时。”《汉书·王莽传》：“收合离乡、小国无城郭者，徙其老弱置大城中，积藏谷食，并力固守。”准此，这里的“八十离乡”，是不包括设在县邑治所之乡的。设在县邑治所内的乡，秦汉时期称为“都乡”，已如前述。《汉书·高帝纪》：“六年冬十月，令天下县邑城。”在一县之中设一都乡，秦汉时期应是常制（《户口簿》记东阳县亦有“都乡”)。《春秋繁露·止雨》篇记“十七县，八十离乡”，但根据所记止雨祭社有“县社”与“各城邑社”之分，则十七县治所内的都乡亦应祭社，且有令长等长吏参加，如此，则十七县所辖之乡共计应有 97 个。十七县，周振鹤认为，“此十七县当为江都国本郡——东阳郡的总县数”，东阳郡为汉高祖六年废楚王韩信后析秦东海郡南部置，地当在淮东江北之间，东阳县在淮东，为其属县之一[③]。江都国，景帝前元三年徙汝南王刘非为江都王，置江都国，辖东阳、鄣二郡；武帝元狩二年，江都王建谋反国除，置广陵郡（前身是东阳郡，鄣郡别属改名丹阳郡)。江都国东阳郡罢废与天长纪庄木牍年代相距不远，包括东阳县在内的东阳郡十七县，所辖之乡共计 97 个，平均一县领乡 6 个，这与天长纪庄《户口簿》木牍所载武帝时期东阳县领乡 6 个完全一致。天长纪庄《户口簿》木牍县领乡数材料，不仅印证了《春秋繁露》等传世文献记载的正确性，同时也反映了秦至西汉武帝时期江淮地区置县规模之实际情形。

乡的建置，是秦汉置县制度的重要组成部分，严耕望称“乡吏亦即县廷属吏之出部者”[④]，证之尹湾汉简《东海郡吏员簿》(YM6D2)，严说不谬。关于乡的建置，《汉书·百官公卿表》：“县大率方百里，其民稠则减，稀则旷。乡、亭亦如之，皆秦制也”，如是，乡的置立同样遵循以户为主，兼顾地域大小的原则。《陈留风俗传》：“故梁国宁陵县之徙种龙乡也。以成哀之世，户至八九千，冠带之徒求置县也。”《水经·渠水注》：“平陆县，高后元年封楚元王子礼为侯国。建武元年以户不满三千，罢为尉氏县之陵树乡。”[⑤]《续汉书·百官志五》：“乡置有秩、三老、游徼。”本注：“有秩，郡所置，秩百石，掌一乡人；其乡小者，县置啬夫一人。”注引《汉官》曰：“乡户五千，则置有秩。”徙种龙乡“户至八九千”求置县，或是乡之大者；平陆县“户不满三千”罢为乡，杨守敬按：“三千盖两千之误”，或是乡之小者；“乡户五千，则置有秩”，安

---

① 苏舆撰，钟哲点校：《春秋繁露义证》，中华书局 1992 年版，第 438—439 页。

② （清）孙诒让著，孙以楷点校：《墨子闲诂》，中华书局 1986 年版，第 484 页。

③ 周振鹤：《西汉政区地理》，人民出版社 1987 年版，第 34—37 页。

④ 严耕望：《中国地方行政制度史·秦汉地方行政制度》，（台北）“中研院”历史语言研究所专刊，1961 年，第 57 页。

⑤ （北魏）郦道元注，杨守敬、熊会贞疏：《水经注疏》，江苏古籍出版社 1989 年版，第 1909 页。

作璋、熊铁基《秦汉官制史稿》:“‘五千’二字恐有讹误”[①];荆州纪南松柏 M1 汉墓《二年西乡户口簿》载二年西乡“户千一百九十六”,同墓出土的墓主周偃自占功劳木牍文书又记录墓主于建元元年(公元前 140)任江陵西乡有秩啬夫,可证安、熊二氏疑之有据。天长纪庄木牍《户口簿》记载武帝时期东阳县所辖 6 乡分别领户为:东乡 1783、都乡 2398、杨池乡 1451、鞠(?)乡 880、垣雍北乡 1375、垣雍南乡 1282。领户最多之乡——都乡,户不满三千;最少之乡——鞠(?)乡,户不过千;东乡等其他四乡则皆在千户以上,三千户以下,无一乡户数高至“五千”或达“八九千”,可证汉时废乡立县、罢县置乡,皆有制度。常态之乡,千户以上(《太平经》亦载“一乡有千户”),三千户以下,这是天长纪庄木牍《户口簿》带给我们的又一启示和认识。

原载于《中国史研究》2012 年第 1 期

① 安作璋、熊铁基:《秦汉官制史稿》,齐鲁书社 2007 年版,第 690 页。

《汉书·地理志》"道"目补考

后晓荣

西汉一代，在边远少数民族地区设置相当于内地县一级的行政单位——道，管理少数民族事务。《汉书·百官公卿表》云："有蛮夷曰道。"《后汉书·百官志》亦云："凡县主蛮夷曰道。"根据《汉书·地理志》（以下简称《汉志》）后序，西汉末年"道三十二"，但同书在所述各郡之下，共记"道"仅三十：翟道（左冯翊）、夷道（南郡）、营道、冷道（零陵郡）、甸氐道、刚氐道、阴平道（广汉郡）、严道、湔氐道（蜀郡）、僰道（犍为郡）、灵关道（越嶲郡）、故道、平乐道、嘉陵道、循成道、下辩道（武都郡），狄道、氐道、予道、羌道（陇西郡）、戎邑道、绵诸道、略阳道、豲道（天水郡）、月氏道（安定郡），除道、略畔道、义渠道（北地郡）、雕阴道（上郡）、连道（长沙国）。

在此三十汉道中，显然有些道名与少数民族事务无关。其中"除道之名可能记载秦始皇除道九原，抵云阳之事"，"故道之道亦应解作道路之道。故道之名乃因该县据关中通蜀之故道北端而得名"。故周振鹤先生就认为其中的"除道"、"故道"与少数民族无关，应摒除三十二道之外[①]。此说可从。故道为秦置县，相家巷出土秦封泥"故道丞印"[②] 可证。《史记·高祖本纪》："汉王用韩信之计，从故道还，袭雍王章邯。"又《史记·曹相国世家》："从还定三秦，初攻下辩、故道。"王先谦《汉书补注》引钱坫云："秦始皇除道九原，抵云阳。此以其事氏县，疑与直路县近。"[③] 除道，为西汉中期之后分方渠除县而置县。秦封泥有"方渠除丞"[④]；汉印有"方除长印"[⑤]，二者都说明秦和西汉早期的行政单位中的"道"并没有除道。因此《汉志》所载道名实际上遗脱漏四道，当依据其他秦汉材料予以补正。周振鹤利用《后汉书·郡国志》、《后汉书·安帝纪》、《水经·若水注》等文献，补"绵虒道、汶江道（蜀郡），武都道（武都郡）、

---

① 周振鹤：《西汉政区地理》，人民出版社 1987 年版。

② 周晓陆等：《于京新见秦封泥中的地理内容》，《西北大学学报》（哲学社会科学版）2005 年第 4 期。

③ 王先谦：《汉书补注》，中华书局 1983 年版。

④ 周晓陆、路东之：《秦封泥集》，三秦出版社 2000 年版。

⑤ 罗福颐主编：《秦汉南北朝官印征存》，文物出版社 1987 年版。

青衣道、髦（牦）牛道"。此说得到一定程度的认同①，但事实上其说尚有可商之处。正如周伟洲先生所言："《后汉书》、《水经注》等所记之五道，其均见《汉书·地理志》县名，而无'道'名；既存在《汉书》漏写'道'字的可能，但也存在以上五县东汉才改为道的可能；因此，很难遽下结论云其均为西汉时所设道②"。此论甚是。再者如加上周振鹤所补的五道，则西汉道之总数为三十三道，与《汉志》后序三十二道之说也不符，所以周振鹤先生又认为"这五个道都可能是《汉志》所遗"，存自我怀疑态度。故《汉书·地理志》所脱漏的四"道"，应从其他方面求证，比如相关的秦汉玺印、封泥、简牍遗物等，兹可证之。

昫衍道：天津艺术博物馆藏传世西汉玺印有"昫衍道尉"③；又湖北张家山汉墓出土汉简《二年律令·秩律》简文有"朐衍道"④。《汉志》北地郡属县有"昫衍"。《说文解字》："昫，日出温也，从日、句声。北地有昫衍县"。又"日"、"月"互通，"昫衍道"实为"朐衍道"。即此玺印文和简牍文的"朐衍"都作"道"，与《汉书》、《说文》不同。昫衍一名，战国时就已存在。《汉书·五行志》："秦孝文王五年，游昫衍"。根据秦史，秦孝文王即位仅三日，安得有五年？《秦本记》："惠文王五年，王游至北河"。《六国年表》："惠文王五年，王游于戎地，至河上"。可见《五行志》所载孝文王实为惠文王。昫衍为戎地。《史记·匈奴列传》："岐、梁山、泾、漆之北、有义渠、大荔、乌氏、昫衍之戎。"秦时，义渠、乌氏皆以戎地为秦县，昫衍也以戎地为秦县（道）。西安相家巷出土秦封泥有"昫衍导丞"⑤，导、道互通，可证秦时昫衍即为道，非县。汉时"民族"政策在秦少数民族地区或秦制汉因，或废县置道，如故秦义渠县改为义渠道。西汉北地郡中有略畔道、义渠道。今根据秦封泥和汉玺印可知，昫衍在秦和西汉时亦置为道，而并非为县，其实得名于昫衍戎，《汉志》误载。现代考古调查表明秦汉昫衍道治在今宁夏盐池县北柳杨堡乡张家场古城，东西长1200米，南北宽800米，辖今盐池县及陕西省定边县大部⑥。

青衣道：传世西汉封泥有"青衣道令"；⑦又湖北张家山汉墓出土汉简《二年律令·秩律》简文有"青衣道"⑧。青衣，文献记载为县。《汉志》蜀郡领县青衣，"《禹贡》蒙山谷大渡水东南至南安入渽"。故治在今四川省宝兴县，此地曾出土西汉"青衣瓦当"⑨。西汉封泥的印文和简牍文都曰"青衣道"，可知西汉青衣县实应为道，而《汉志》为县，实为误也。事实上，东汉前期，青衣也为道，之后改为县。《后汉书·安帝

① 周振鹤先生此说即为谭其骧先生主编《中国历史地图集》第二册西汉设道所采用。

② 周伟洲：《关于秦汉地方行政体制中的"道"》，《边疆民族历史与文物考论》，黑龙江人民出版社2000年版。

③ 罗福颐主编：《秦汉南北朝官印征存》，文物出版社1987年版。

④ 张家山247号汉墓竹简整理小组：《张家山汉墓汉简（247号墓）》，文物出版社2001年版。

⑤ 周晓陆等：《秦封泥再读》，《考古与文物》2002年第5期。

⑥ 鲁人勇、吴忠礼、徐庄：《宁夏历史地理考》，宁夏人民出版社1993年版。

⑦ 吴式芬、陈介祺：《封泥考略》，光绪三十年（1904）刊行。

⑧ 张家山247号汉墓竹简整理小组：《张家山汉墓汉简（247号墓）》，文物出版社2001年版。

⑨ 傅嘉仪编：《秦汉瓦当》，中国陕西旅游出版社1999年版。

纪》:“蜀郡青衣道夷奉献内属。”此事也见于《后汉书·南蛮西南夷列传》,估计是青衣道在东汉内属后,改道为县。

武都道:湖北张家山汉墓出土汉简《二年律令·秩律》简文有“武都道”①。《汉志》武都郡领县武都,“东汉水受氐道水,一名沔,过江夏,谓之夏水,入江。天池大泽在县西。莽曰循虏”。但《汉书·吕后纪》有武都道之名,“武都道山崩”,师古曰:“武都道属武都郡。”从简牍文和文献互证可知武都郡的武都县在西汉实应为道,非县,《汉志》此条误载。

建伶道:故宫博物院藏传世新莽玺印有“建伶道宰印”②。建伶,汉县名。《汉志》益州郡领县有建伶,东汉沿置,故治在今云南晋宁县境。“宰”为新莽官名,从此印文知新莽时,建伶县其实为道。新莽郡县实源于西汉,如改名者则注“莽曰”。建伶在新莽时并未改县名。新莽时,建伶为“道”而非“县”,或可推知在西汉时也应为道而非县,《汉志》误载。其例又有新莽玺印“义沟道宰印”为证③。义沟,新莽所改地名,《汉志》北地郡领县有义渠道,“莽曰义沟”。此印也实为新莽沿袭汉道之旧,可为互证。

从以上考证可知,利用西汉“当代文物”考证“当时之事”应较周振鹤先生利用东汉文献所考《汉志》所缺之“道”,应更为较合理。《汉书·地理志》所载三十道之中退与少数民族地区置道无关的除道、故道二县,进青衣道、建伶道、昫衍道、武都道,则总数正合西汉三十二道之数,与《汉书·地理志》后序三十二道之说相合,应该更为符合史实。

原载于《中国历史地理论丛》2008年第23卷第1期

① 张家山247号汉墓竹简整理小组:《张家山汉墓汉简(247号墓)》,文物出版社2001年版。

② 孙慰祖主编:《两汉官印汇考》,大业公司、上海书画出版社1993年版。

③ 罗福颐主编:《秦汉南北朝官印征存》,文物出版社1987年版。

关中地区的两汉壁画墓初探

后晓荣

两汉壁画墓是西汉早期出现、中晚期发展、东汉时期流行的以彩绘壁画为装饰的砖石结构墓。墓主多为地方豪强和高官显贵。两汉壁画墓的发掘和研究，对了解汉代社会和绘画艺术有重要意义。关于汉墓壁画研究，传统上认为集中分布在河洛、冀中南、辽阳、长城沿线四个地区。一般不认为西汉都城长安所在的关中地区是汉墓壁画的发达地区[①]。本文拟就关中地区目前所发现两汉壁画墓的考古发掘资料（个别延续至西晋），结合有关史实，探讨关中地区的两汉壁画墓的性质特点、历史地位等相关问题。

一　关中地区两汉壁画墓发现情况

关中地区即指渭河流域为主，以西安为中心，西起宝鸡峡，东到潼关县黄河港口的狭长平原地区。此地的冲积层覆盖深厚，土壤疏松肥沃，河渠纵横，号称“八百里秦川”。秦代时为内史地，西汉分“京兆尹、左冯翊，右扶风”三部分，所谓“三辅地区”。这一地区在秦代和西汉时是京畿之地，是全国政治、经济、文化的重心所在。秦汉时，许多新兴的事物都首先在这里开始，然后影响到各地[②]。目前此地区考古发现的两汉壁画墓有：

1. 西安交通大学附小壁画墓[③]

墓葬坐北朝南，由墓道、东西耳室、主室构成，主室平面呈长方形，墓室长、宽、高为4.55×1.83－2.25米。根据出土物判断墓葬时代为西汉晚期，最晚不超过王莽时。墓壁画分布于主室券顶及四壁。中间的朱红色菱格宽带纹将壁画分成上下两部分，券顶绘有两个大小不等的同心圆，内圈南北分绘日、月，日中为金乌，月中藏蟾兔。两同心圆之间以青龙、白虎、朱雀、玄武四方神灵定位，绘出各种星宿，并用人物和

① 《汉壁画墓》，《中国大百科全书·考古卷》，中国大百科全书出版社1986年版。

② 《秦汉考古》，《中国大百科全书·考古卷》，中国大百科全书出版社1986年版。

③ 陕西省考古研究所等：《西安交通大学西汉壁画墓》，西安交通大学出版社1991年版。

多种动物填充其间，表现二十八宿天象图。券顶圆圈内外绘满彩云和飞翔的仙鹤。后壁上部正中云间画一手持灵芝引导墓主之魂升天的羽人，其间有卧鹿、仙鹤。菱格下绘装饰性较强的勾连纹，间绘仙鹤、天鹅、斑鹿、虎等多种奇禽异兽。绘制方法是砖面刷一层白粉，再涂一层赭石，然后用墨线勾画物象。

2. 乐游塬西汉晚期壁画墓[①]

该墓位于雁塔区岳家寨村西北的乐游塬上。墓葬为斜坡墓道砖室墓，坐北朝南，由墓道、耳室、甬道、墓室组成。其墓葬时代是西汉晚期。壁画遍布墓壁及券顶，作法为先在墓壁、券顶上刷一层白膏泥，再在之上用红、蓝、黑等颜料起稿、绘画。壁画内容丰富，有车马出行、狩猎、宴饮、斗鸡、乐舞等生活场景和日、月、翼龙、凤鸟、仙鹤、乘龙羽人等升仙图：墓门东侧一龙，西侧一翼虎，立状，爪持节；东壁自南而北为车马出行、狩猎内容；人物或扬鞭策马，追逐猎物，或乘奔马，拉满弓，欲射麋鹿，或握长矛刺杀野牛，或徒步飞奔，追逐野猪，或下马捡取所获猎物，惊起的野鸡、追逐的猎物、受伤的野牛，狩猎场面展现得惟妙惟肖。后壁上部为一乘龙羽人，下有黄蛇和青蛇各一条，其间绘以云气纹。西壁北部图案剥落严重，内容不详。中部为一幅斗鸡图，主人席地而坐，奴仆侍立两旁。南部为一幅宴乐图，女主人与宾客并排跽坐于围屏之前的木榻之上欣赏面前的乐舞，前方两侧各有一组人物，均为女性，席地而坐，欣赏乐舞，面前有圆案，上有漆樽、耳杯等。中间舞人身姿婀娜，双手执红飘带，翩翩起舞。券顶之上展现的是一幅羽化升仙图，所有仙禽瑞兽均飞向墓门方向。南端正中为一展翅飞翔的朱雀，东西两侧各有一翼龙，东侧龙前有日，日中有金乌，西侧券顶中部有月，月中有玉兔、蟾蜍，后部券顶两侧各有一仙鹤，其间布满云气纹。

3. 西安南郊曲江池汉墓[②]

墓葬坐西朝东，由墓室、甬道、耳室四部分组成，墓室长、宽、高为7.4×4.15—4.9米。其年代为西汉晚期。壁画分布在墓道及墓室东、西、南三壁。其内容多为食草类动物，大小相当于实物，有犀牛、大鱼、黄牛、马等。壁画是直接绘于浅黄色生土壁上，用料为白色粉状物，手法随意简率。

4. 千阳县土洞墓[③]

墓葬坐北朝南，由墓道、墓室组成，墓室长、宽、高为4.35×1.8—1.82米。墓葬年代，从出土铜镜及“大泉五十”货币判断，当为西汉末王莽时期。墓室东西壁上绘有壁画，东壁绘太阳金乌，四周有云气围绕，云气中间有星象，后绘白虎、星象。绘制手法是在未砌砖的四壁用稀白灰粉刷，再绘制星象图。

① 孙富喜、程林泉、张翔宇：《西安理工大学西汉壁画墓初探》，《西北大学学报》(哲学社会科学版) 2005年第3期。

② 徐进、张蕴：《西安南郊曲江池汉唐墓葬清理简报》，《考古与文物》1987年第6期。

③ 宝鸡市博物馆、千阳县文化馆：《陕西省千阳县汉墓发掘简报》，《考古》1975年第3期。

5. 咸阳龚家湾一号墓[①]

墓葬为砖石结构的积石积沙墓，由墓道、甬道、前室、后室组成。前室长、宽、高为7.74×7.83－2.36米，后室长、宽、高为5.34×2.53－3.1米。从出土钱币和瓦当看，墓葬时代为王莽时期。摹线画与画像的发现于第三重门。画面正中为一羊头，周围流云环绕。右侧以三道横线将画分成上下两部分，下为连绵的山峰，上绘一头载山形冠，凭几而坐的人物，前有捣药玉兔、高烛、羽人等。羊头左侧为两人正面端坐，其中一人头巾下披，旁有一树。整幅画面未施色彩，全为单线白描。

6. 彬县雅店村新莽砖室墓[②]

墓葬为长方形竖穴砖券墓，由墓道，耳室、主室三部分组成。出土货布和货泉，以及四神规矩铜镜，判断墓葬时代为新莽时期。门楣上刻兽面衔环，线条勾画面部轮廓，且用墨、红、白三色彩绘。兽面上部刻一昂首、跷尾作行走状的白虎，周身用朱砂加绘斑毛及口、耳等部。门框各刻一人相对而立，双手持杖形物，身穿兽皮或树叶纹，门楣右刻青龙、左刻白虎，作昂首阔步行走状。

7. 西安市灞桥区新筑镇砖室新莽壁画墓[③]

墓葬为长方形竖穴砖室墓，坐北朝南，因机械施工，墓室已基本破坏，经清理发掘，出土钱币“大泉五十”，同时墓室南壁上有一残彩绘白虎尾。

8. 扶风县揉谷乡姜塬壁画墓[④]

东汉砖室墓，出土绿釉陶鼎、罐、壶、仓等，墓室内绘有天象、北斗七星和金乌、月亮和人物等壁画。

9. 韩城市芝川镇芝西村砖室墓[⑤]

两墓均为穹隆顶砖室墓，均坐东面西，由墓道、甬道、前后室组成。从出土物组合和墓葬结构布局看，墓葬时代为东汉晚期。两墓前室顶部均发现朱红色单线彩绘的棉菱形图案，可能是魏晋以后墓葬建筑中藻井艺术的雏形。其他部分因墓室遭水浸，彩绘图案不清。

10. 潼关县高桥乡吊桥村杨震家族墓地[⑥]

二号墓和六号墓均为墓道、前后室、券门斗拱组成，表面涂朱绘，斗拱上部砖壁刻绘圆形和菱形图案各三层，并涂鲜艳的红、黄、白、蓝等色。

11. 旬邑县原底乡百子村东汉砖室墓[⑦]

---

① 孙德润、贺雅宜：《咸阳龚家湾一号墓葬清理简报》，《考古与文物》1987年第1期。

② 陕西省考古所泾水队：《邠县雅店村清理一座东汉墓》，《文物》1961年第1期。

③ 笔者参与此墓部分清理工作，详细资料尚未公布。

④ 此墓清理于20世纪50年代，因当时条件有限，只提出墓中遗物，并未对壁画提取、摹绘等，具体情况根据发掘者罗西章先生告之。

⑤ 王玉清：《陕西韩城芝川镇东汉墓》，《考古》1961年第8期。

⑥ 陕西省文物管理委员会（王玉清）：《潼关吊桥汉代杨氏墓群发掘简记》，《文物》1961年第1期。

⑦ 陕西省考古研究所：《陕西旬邑发现东汉壁画墓》，《考古与文物》2003年第3期。

前堂后室夫妻合葬墓，坐北朝南，由甬道、东西侧室、前室、后室几部分组成，全长 24.75 米。墓门外甬道两侧壁各绘一执刀武士，双目圆睁，壁上朱红隶书“诸观者皆解履乃得入”，墓门内甬道两侧壁分绘有一佩剑持盾的厅长和拥慧而立的门者。壁画主要分布在前室四壁与顶部，以及后室墙壁和东西侧室前部。后室有题记“口使将军”、“邠王”，表明墓主身份。壁画内容大致分几类：一是表现墓主庄园生活场景的农耕、放牧、射猎、仓楼、苑厩等；二是表现墓主仕宦身份的车骑出行、妻眷、属吏等；三是墓主享乐生活的燕居、庖厨、宴饮等；四是羽人、芝草等天人感应形象下的祥瑞图；五是表示天象的日月、星宿、云气，以及象征四方神灵的四神；六是装饰图像，如前室顶部的莲花藻井。壁画以表现墓主现实生活为主要题材，表现东汉时期的庄园经济。

12. 灞桥区洪庆镇田王北晋墓[①]

墓葬由墓道、甬道、前后室及耳室组成，所出遗物有猪、鸭、鸡、果盒、磨、灶、人物俑、董卓小五铢等，具有明显的晋代遗物特征。墓室顶部北壁及甬道口、上部壁面绘有北斗七星，每颗星以曲线相连，并书有“元康四年（294）地下北斗”字样，墓室西壁南端画有圆月，并书有“月”字。

13. 蓝田县蓝关镇南寨村晋墓[②]

晋墓中一室有“元康四年”纪年铭文，个别墓室壁上绘有星象图。

从以上关中地区发现的汉代壁画墓的情况看，以西安为中心，北至旬邑，西到千阳，东达潼关的广大关中地区都是两汉壁画墓的分布地区。

二 关中两汉壁画墓的分期和内容布局

关中地区是西汉京师长安所在地，墓葬形式主要流行土洞墓和砖室墓。此地的两汉壁画墓相对其他汉墓总数，比例较少，但同样是汉代墓葬的典型代表。它的演变发展正体现了关中地区两汉墓葬构建艺术的演化规律和高度的建造技巧，并表现出自有的特色。在前人关于汉代壁画墓研究成就的基础上[③]，本文依据关中汉墓壁画在布局、内容和风格上的变化特点，将其分四个阶段。

第一阶段：目前在关中发现年代较早的壁画墓为西汉晚期的西安交通大学附小壁画墓、乐游塬壁画墓和西安南郊曲江池壁画墓。曲江池西汉壁画墓为土坑墓，无砖室。此墓壁画布局和内容与整个汉墓壁画都迥然不同。画面主要安排在墓室第一台阶以上四壁几墓道的阶段两壁，不分上下单元布局，直接在土壁上作画。内容不见早期汉墓

① 陕西省考古研究所编：《陕西配合基建考古主要收获》，三秦出版社 1992 年版。

② 国家文物局主编：《中国文物地图集·陕西分册·下》，西安地图出版社 1998 年版。

③ 关于汉代壁画墓研究者较多，学者多集中于宏观上谈汉代壁画墓的内容、特点及有关思想等，有杨泓、汤池、宿白等。

壁画中升仙、神怪、祥瑞等题材，而主要绘一些食草类动物，犀牛、大象、大鱼、牛马等都绘得与自然实物大小一般，用浓厚的写实风格绘成。这种现象在两汉壁画墓中仅此一例。西安交大壁画墓和乐游塬壁画墓与此期洛阳地区壁画墓中布局和内容都基本相似[①]，由墓顶往下依次布局，画面主要分布在墓顶、门额、墓室中部隔墙和后壁。画面内容复杂，墓顶绘日月星象，交大壁画墓表现了完整的二十八宿天象图，而乐游塬壁画墓表现羽化升仙题材。两墓的墓壁绘手持灵芝引导墓主之魂升天的羽人和成组的祥瑞奇禽异兽，升仙避邪思想十分明显。另外，乐游塬壁画墓的墓室壁绘车马出行、狩猎、宴乐歌舞等图，是写实内容较早的壁画墓之一，实开东汉壁画墓，特别是中期以后主要流行内容的先河，在中国古代墓葬壁画发展史上具有承前启后的作用。

第二阶段：新莽时期至东汉早期，属于此期的关中壁画墓有千阳壁画墓、咸阳龚家湾汉墓、彬县雅店村汉墓、新筑镇新莽墓、姜塬东汉砖室墓。此五座墓除前两座分别为土洞墓和砖石混筑墓，其外三座都为砖室墓。千阳、新筑、姜塬三座墓壁画内容基本相似，主要是天象和四神图像，如千阳墓东、西壁绘日、月、星、宿、流云组成的天象图和四神。咸阳龚家湾和彬县壁画布局基本相似，利用线刻和彩绘相结合的手法，在墓室门楣或墓门上构图布局，如龚家湾汉墓门楣正中的流云羊头和彬县雅店村汉墓门楣上的青龙白虎都是消灾避邪图案。

第三阶段：东汉中晚期，属于此期的关中壁画墓有韩城市芝川镇东汉墓、潼关杨震家族墓、旬邑百子村汉墓五座，五座墓均为砖室墓。韩城和潼关墓盗掘严重，并遭水浸，故所见彩绘多为残留墓顶图案，如韩城墓顶彩绘[illegible]形图案和潼关墓顶彩绘的圆形和菱形图案，是魏晋以后墓葬建筑中藻井艺术的雏形。旬邑壁画墓的布局内容与此期其他地区壁画具有相同的一致性，都以现实生活题材为主[②]。前室墓顶为日月云气图，以及青龙羽人升仙图。四壁为园囿、仓楼、牧马、牛耕图，后室壁画主要描绘墓主生前属吏和出行车马仪仗卫，同时描绘墓主端坐帐中形象以及表现家居宴饮，庖厨图，并有大量的题记。整个壁画内容上反映了墓主庄园经济生活、追求利禄和现世行乐之风。

第四阶段，魏晋时期的关中壁画墓有洪庆田王晋墓和蓝田晋墓两座，其壁画风格与汉墓有相似之处，可基本上看作是关中汉壁画墓余风。此二墓的壁画特点是墓顶的彩绘图象表示星象图和纪年文字，图像简单。这种现象基本上是汉墓壁画发展的尾声。

三 关中两汉壁画墓的发展原因和历史地位

从前面关中两汉壁画墓的发展分期情况可见，关中两汉壁画墓发展过程基本上与中原地区，特别是洛阳地区的两汉壁画墓的发展过程相同，都是从西汉中晚期一直延

① 洛阳市第二文物工作队（黄吉军）：《洛阳两汉壁画墓简说》，《中原文物》1996 年第 2 期。
② 张合荣：《汉墓壁画的布局、内容和风格》，《华夏考古》1995 年第 2 期。

续到魏晋时期，但具体过程又有所不同。从其四个阶段分期可以看出，关中两汉壁画墓经历了西汉中晚期的初步发展、新莽时期至东汉早期的滞后和延续、东汉中晚期的繁荣和成熟、魏晋时期余韵回响四个阶段。其发展过程也基本符合关中地区在两汉时期历史地位变化的事实。刘邦建都长安，一统天下，社会凋敝，民生疲惫，宁静虚无之黄老学说盛行。西汉初70余年，国家无事，渐入殷富之境，文帝效法古制，以绘画点缀政教，开启两汉绘画勃兴之先河。至雄才大略的武帝，对外经营四方，在内设大学、置博士，表彰需求。特别是秦皇汉武的求仙实践活动对神仙思想的传播起到巨大的推动作用，并产生了广泛的社会影响。从西汉后期开始，上层流行的神仙思想广泛散发至民间，其信仰群体进一步扩大。神仙思想在汉代文学和文物中如墓室壁画、画像砖石、铜镜、摇钱树、佛山炉等都充斥着浓郁的神仙气息。这些活动的存在都是西汉中晚期壁画墓中流行的神仙怪兽、羽化升仙的基础。

西汉末年至王莽时期，阴阳五行观念和天人感应思想盛行，人们试图通过阴阳和五行两者间的互动关系来解释宇宙自然生成变化和个体的生态以及王朝的更迭和社会的发展。关中地区西汉晚期至王莽时期的墓室壁画中大量的天象图像的流行，就是此思想的反映。此期的墓室壁画通过日月星云，构造出一个人为的天象，然后以青龙、白虎、朱雀、玄武代表四时、四方，同时佐之以羽人、神兽珍禽等。从而表明墓主之灵魂被布置于恒常不变的宇宙自然物，才能体现出其不朽，墓主之魂才能飞升天堂，才能安居乐业①。此外，此期的关中地区壁画还出现了车马出行、乐舞、斗鸡等洛阳地区在东汉时才出现的现实生活题材，特别是西安理工大学壁画墓中的骑马射猎内容在目前发现的汉代壁画墓中仅此一例。东汉中晚期，关中地区壁画特点基本上与其他地区壁画墓特点趋同，在壁画布局、内容上具有相同的一致性，都以现实生活题材为主。如旬邑壁画墓就反映墓主生前的办事属吏、车马出行、庖厨宴饮和庄园经济等，而没有前期的日月星象和祥瑞图等。墓中人物旁的题记也与内蒙古和林格尔汉壁画墓②等相似。

关中地区汉壁画墓发现不多，在其数量和内容始终没有洛阳地区壁画墓的繁荣和丰富，也没有出现大量神怪形象，如人面蛇身的伏羲、女娲，鹰头凤鸟的朱雀，人面鸟身的王子乔等，给人感觉是关中地区汉墓壁画不甚发达。究其原因，披山带水的关中地区在西汉时候得到长足的发展，但两汉之际的“更始之乱”，使得这一地区顿失往日的繁荣，呈现满目荒凉景象。《后汉书·刘盆子传》载：“时三辅大饥，人相食，城郭皆空，白骨蔽野”。战争的摧残，使得关中地区大伤元气，人口大量减少。《后汉书·杨彪传》载：“关中遭王莽变乱，宫室焚烧，民庶涂炭，百不一存。”西汉时号为富庶，有“陆海”之称的长安地区，因人口的大量减少，到东汉时一度甚至沦为流徙

---

① 贺西林：《古墓丹青》，陕西人民美术出版社2002年版。

② 《和林格尔汉壁画墓》，《中国大百科全书·考古卷》，中国大百科全书出版社1986年版。

罪犯的谪戍之所[①]。《后汉书·安帝记》“诏郡国中都官乐囚减死一等，勿笞，诣冯翊、扶风屯，妻子自随，占著所在”。人口和城市数量急剧减少，加之东汉时，政治中心东移洛阳，豪门贵族云集，商贾趋之若鹜，而昔日三辅地区的繁华就一去不复返。作为西汉中晚期兴起的壁画墓其结构都较复杂，墓主都是富有的豪强和官僚，且官位越高，壁画内容就越丰富，规模也就越大。西汉中晚期兴起的壁画墓在关中地区没有得到大量的流行和繁荣，而在洛阳地区繁荣和丰富的原因，政权中心的变迁和财富的转移等因素也许是其深层的历史背景。

关中地区的汉壁画墓目前发现10多座，在数量和内容上都较丰富，在目前全国范围中发现的六十余座两汉壁画墓中应占有一定的地位。但是按照传统的汉壁画墓的分区观点，在4个主要汉壁画墓分布区域中，没有关中地区[②]。关中地区的两汉壁画墓没有得到其应有的历史地位，这点明显有违历史事实。事实上，关中地区壁画墓的历史源长，目前发现历史最早的壁画墓是陕西扶风杨家堡四号西周墓[③]。关中地区在秦代壁画水平也相当高，从咸阳秦宫殿遗址出土的大量壁画残片就可窥一斑[④]。西汉时期，三辅地区的经济、文化最发达，首先出现壁画墓也就在情理之中。近年考古人员在汉长安城长乐宫发掘清理一处汉代宫殿的半地下建筑时，发现了许多汉代壁画残块。专家认为，这是继秦咸阳宫壁画出土之后的又一重要发现，在中国古代壁画史以及美术史上具有重要的研究价值。刘庆柱先生说：“此前从未发现过汉代宫殿壁画，这些壁画残块不仅为人们研究汉宫廷壁画提供了重要资料，更填补了汉代壁画的遗缺，使中国古代（秦、汉、唐等）的壁画史有了较完整的脉络。”关中地区没有发现西汉早期壁画墓，但不能说明此地不存在壁画墓。史书记载秦始皇陵中就存在壁画。《史记·秦始皇本纪》记载秦陵地宫“上具天文，下具地理”。汉承秦制，由此估计西汉早期壁画墓在西汉帝陵中存在的可能性较大。西汉中晚期刚兴起的壁画墓只不过因政权的东迁和财富的转移等因素使得正常的发展过程打断，而没有出现繁荣景象。东汉中晚期因经济恢复，关中地区的汉墓壁画水平也就与全国其他地区趋平。

因此，我们可以推定，在汉代壁画墓的历史分区和分期中，关中地区的汉代壁画墓应占有一定地位，是中原地区汉代壁画墓的重要组成部分。其明确的分期对中原地区乃至全国两汉壁画墓的分期都有一定的指导意义。

原载于《中国历史文物》2006年第4期

---

① 周长山：《汉代城市研究》，人民出版社2002年版。

② 《汉壁画墓》，《中国大百科全书·考古卷》，中国大百科全书出版社1986年版。

③ 罗西章：《陕西扶风杨家堡西周墓清理简报》，《考古与文物》1980年第2期。

④ 咸阳市博物馆（张旭）：《秦咸阳第三号宫殿遗址壁画》，《陕西省文博考古科研成果汇报会论文选集》（内部资料）。

论班固创立《汉书·五行志》的意图

游自勇

一 问题的提出

正史是中国古代国家表述官方意识形态的重要载体，在“子不语怪力乱神”的圣人教诲传统下，记载鬼神怪异之事的多寡往往成为评价史书的一个重要标准。我们常常看到，那些在本纪、列传中羼杂入鬼怪之事的史书经常遭到时人或后世的诟病，最典型的例子莫过于唐人重修的《晋书》。然而，各种令人目不暇接的怪异却堂而皇之地被记载进正史的《五行志》，并且成为历代尊奉的圭臬之一，这是一个令人费解的问题。要解答这个问题，我们需要把目光锁定在《五行志》的创立者——班固身上。

班固为什么要创立《五行志》？这是一个关系到《五行志》何以能流传两千年的大问题。前辈学者多数是从当时的历史背景来作出解释：司马迁的时代，阴阳五行学说刚刚完成理论体系化，以灾异说经还不普遍，而且司马迁最重人事；西汉晚期，灾异学说泛滥，成为思想界的主流思潮，加上谶纬的推波助澜，到东汉前期，经学的神学化愈演愈烈，班固身处其间，不能不受到影响，史书记载这一社会思潮和学术文化现象就理所当然。也有学者认为班固是借《五行志》展开现实批判，借灾异天象来匡正汉主①。

应该说，前辈学者的认识把握住了历史大势，从大历史的角度揭示了《五行志》与时代背景的关系，奠定了我们认识的基础。不过，唯其“大叙事”则难免空泛，对班固思想的探求不够明晰，导致在理解班固创立《五行志》的意图时发生偏差。

二 《五行志》“以傅《春秋》”

班固述修《五行志》的意图是：

---

① 向燕南：《论匡正汉主是班固撰述〈汉书·五行志〉的政治目的》，《河北师范大学学报》2000年第1期。

《河图》命庖，《洛书》赐禹，八卦成列，九畴逌叙。世代寔宝，光演文武，《春秋》之占，咎征是举。告往知来，王事之表。①

他自叙《五行志》的思想渊源云：

昔殷道弛，文王演《周易》；周道敝，孔子述《春秋》。则乾坤之阴阳，效《洪范》之咎征，天人之道粲然著矣。汉兴，承秦灭学之后，景、武之世，董仲舒治《公羊春秋》，始推阴阳，为儒者宗。宣、元之后，刘向治《穀梁春秋》，数其祸福，传以《洪范》，与仲舒错。至向子歆治《左氏传》，其《春秋》意亦已乖矣；言《五行传》，又颇不同。是以揽仲舒，别向、歆，传载眭孟、夏侯胜、京房、谷永、李寻之徒所陈行事，讫于王莽，举十二世，以傅《春秋》，著于篇。②

另外，《五行志》中大量引用了京房易学的占辞，这构成了《五行志》的另一个重要思想来源。我们可以用一个示意图来表示：

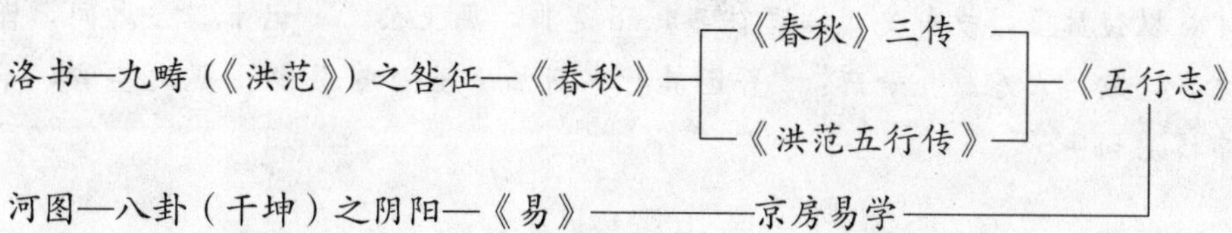

可见，《尚书·洪范》、《春秋》、《洪范五行传》和京房易学是《五行志》的渊源所在。洛书即《洪范》，源于刘歆说，班固信之，以为《五行志》的最早渊源。《洪范》是《尚书》里的一篇，历来被古代政治家看作是治国大法，其核心在于天赐的九项神圣法则，谓之“九畴”：

初一曰五行，次二曰敬用五事，次三曰农用八政，次四曰协用五纪，次五曰建用皇极，次六曰乂用三德，次七曰明用稽疑，次八曰念用庶征，次九曰向用五福，威用六极。③

---

① 《汉书》卷一〇〇下《叙传下》，中华书局1962年版，第4243页。

② 《汉书》卷二七上《五行志上》，第1316—1317页。中华书局版标点“乾坤”作“《乾》《坤》”，笔者以为误。此处“乾坤”乃是作“天地”解，《周易》则天地之阴阳，《春秋》效《洪范》之咎征。

③ 郑玄注，孔颖达疏：《尚书正义》卷一二《洪范》，李学勤主编：《十三经注疏》（标点本），北京大学出版社1999年版，第299页。关于《洪范》“九畴”的解说，可以参考陈来《古代宗教与伦理——儒家思想的根源》，生活·读书·新知三联书店1996年版，第199—205页；余敦康《夏商周三代宗教——中国哲学思想发生的源头》，姜广辉主编《经学今释三编》（《中国哲学》第24辑），辽宁教育出版社2002年版，第75—95页；最新最全面的解说当推顾颉刚、刘起釪《尚书校释译论》，中华书局2005年版，第1143—1221页。

其中的五行、五事、皇极和庶征是《五行志》体例结构的支柱。尽管《洪范五行传》的作者现在仍有争议，但历代学者均承认它是《五行志》的直接渊源[①]。京房易学与《五行志》的关系，已有学者做出精彩的讨论，兹不赘述[②]。本部分重点要讨论的是《春秋》对于《五行志》的意义所在。

现在的研究表明，《洪范》“五行”代表了一种原始的五行观，不是后来构成万物基本元素的五行，也不是战国秦汉神学化的五行[③]。既然《洪范》“五行”与秦汉以来作为宇宙论的五行具有本质的区别，为何汉儒会将《五行志》的渊源追溯到《洪范》上呢？关键就在于孔子所作的《春秋》。《春秋》记载242年的历史，先秦学者大致都承认书中蕴含着孔子的褒贬之义，孟子最为推崇，乃至于说“孔子成《春秋》而乱臣贼子惧”[④]，而孟子是西汉今文经学中齐学的源头[⑤]。汉代经学的发展过程中，《春秋》学占有极其重要的地位。西汉《公羊春秋》盛行，一代宗师董仲舒总述孔子作《春秋》之用意，云：

> 仲尼之作《春秋》也，上探正天端王公之位，万民之所欲，下明得失，起贤才，以待后圣，故引史记，理往事，正是非，见王公。史记十二公之间，皆衰世之事，故门人惑。孔子曰：“吾因其行事而加乎王心焉。”以为见之空言，不如行事博深切明。[⑥]

阐明《春秋》深义乃欲正“王道”。《春秋》明于王道政治，《洪范》又是治国大法，特别是第五畴“皇极”对于君主治国提出了种种原则性的要求，二者具有相通性。同时，《春秋》还记载了大量的灾异现象，所谓：

> 二百四十二年之间，日食三十六，地震五，山陵崩阤二，彗星三见，夜常星不见，夜中星陨如雨一，火灾十四。长狄入三国，五石陨坠，六鹢退飞，多麋，

① 如刘知幾明确指出：“《五行》出刘向《洪范》。”(刘知幾撰，浦起龙释：《史通通释》卷三《书志》，上海古籍出版社1978年版，第72页。)郑樵说：“《洪范》者，皆谓箕子本河图洛书以明五行之旨。刘向创释其传于前，诸史因之而为志于后，析天下灾祥之变而推之于金、木、水、火、土之域，乃以时事之吉凶而曲为之配，此之谓欺天之学。”(郑樵著，王树民点校：《通志二十略·灾祥略》，中华书局1995年版，第1905页。)王鸣盛以为：“《五行志》本《洪范五行传》。”(王鸣盛：《十七史商榷》卷五六《南史合宋齐梁陈书四·符瑞不当胪列前代》，中国书店1987年影印本，第3页a。)章学诚也认为：“班、范所录，一准刘向《洪范》之传。”(章学诚著，叶瑛校注：《文史通义校注》卷八《外篇三·天门县志五行考序》，中华书局1985年版，第856页。)

② 卢央：《京房评传》，南京大学出版社1998年版，第413—417页。

③ 刘起釪：《〈洪范〉这篇统治大法的形成过程》，氏著《古史续辨》，中国社会科学出版社1991年版，第311—312页。该文原题《洪范成书时代考》，载《中国社会科学》1980年第3期，收入《古史续辨》时有所增订。

④ 焦循撰，沈文倬点校：《孟子正义》卷一三《滕文公下》，中华书局1987年版，第459页。

⑤ 刘家和：《〈春秋〉三传的灾异观》，《史学史研究》1990年第2期；王葆玹：《今古文经学新论》(增订版)，中国社会科学出版社1997年版，第71—73页。

⑥ 苏舆撰，钟哲点校：《春秋繁露义证》卷六《俞序》，中华书局1992年版，第158—159页。

有蜮、蜚，鸜鹆来巢者，皆一见。昼冥晦。雨木冰。李梅冬实。七月霜降，草木不死。八月杀菽。大雨雹。雨雪靁霆失序相乘。水、旱、饥、蝝、螽、螟螽午并起。[①]

孔子不过是平实记录当时的灾害和怪异现象，并没有什么微言大义；“三传”的解说也比较朴素，《公羊传》和《左传》谈灾祥的地方不多，《穀梁传》则罕言灾异[②]。但到董仲舒构建自己的思想体系时，“始推阴阳，为儒者宗”，用阴阳五行的思路来解说《春秋》，他在著名的“天人三策”里说：

臣谨案《春秋》之中，视前世已行之事，以观天人相与之际，甚可畏也。国家将有失道之败，而天乃先出灾害以谴告之，不知自省，又出怪异以警惧之，尚不知变，而伤败乃至。以此见天心之仁爱人君而欲止其乱也。[③]

把《春秋》灾异与现实政治密切联系起来，赋予灾异“微言大义”，具有浓厚的神秘主义色彩。从此以后，《春秋》灾异被阴阳五行化了，而董仲舒也被公认为是阴阳五行理论的最后完成者，是汉代思想特性的塑造者[④]。而且，我们还看到，董仲舒在《春秋繁露》里构建起庞大的阴阳五行理论体系，光是五行理论就包括五行相生、五行相胜、五行顺逆、治水五行、治乱五行、五行变救、五行五事等几个方面，基本涵盖了《五行志》涉及的领域，尤其是《五行五事》篇，将五行、五事搭配，表明他很主动地要把《洪范》的思想纳入其《春秋》理论体系中。再来看《洪范》，第八畴“念用庶征”里的咎征也是灾异，并且它已经和君王的施政关联，从这个意义上说灾异是《春秋》与《洪范》的连接点估计不会有什么问题。

司马迁曾受教于董仲舒，他丝毫不掩饰自己对《春秋》的服膺，以为“夫《春秋》，上明三王之道，下辨人事之纪”，为“王者之大者也”；他接续孟子的思绪，以为“拨乱世反之正，莫近于《春秋》”，“《春秋》者，礼义之大宗也”，其撰《史记》也以继《春秋》自任[⑤]。所以刘向、刘歆父子校订西汉皇家藏书，编《七略》，将《太史公书》列入“六艺略”的《春秋》家下[⑥]；而班固撰《汉书》，旨趣也在于“综其行事，

---

① 《汉书》卷三六《楚元王传附刘向传》，第1936—1937页。

② 徐复观：《先秦儒家思想的转折及天的哲学的完成——董仲舒〈春秋繁露〉的研究》，氏著《两汉思想史》第2卷，华东师范大学出版社2001年版，第203页；刘家和：《〈春秋〉三传的灾异观》，第2—7页；赵伯雄：《春秋学史》，山东教育出版社2004年版，第107页。

③ 《汉书》卷五六《董仲舒传》，第2498页。

④ 徐复观：《先秦儒家思想的转折及天的哲学的完成——董仲舒〈春秋繁露〉的研究》，第182—183、220、259—260页；黄肇基：《汉代公羊学灾异理论研究》，文津出版社1998年版，第99—161页；余治平：《唯天为大——建基于信念本体的董仲舒哲学研究》，商务印书馆2003年版，第123—158页。

⑤ 《史记》卷一三〇《太史公自序》，中华书局1982年版，第3296—3298页。

⑥ 《汉书》卷三〇《艺文志》，第1714页。

旁贯《五经》，上下洽通"[1]。由此可见，阐发春秋经义已经成为汉代史家撰述时的指导思想。故班固编写《艺文志》，沿袭了《七略》对《太史公书》的分类；其《五行志》"自序"亦通篇围绕《春秋》经传而发。

我们还可以比较《五行志》引用各种典籍或说法的次数：

典籍说法	次数	典籍说法	次数	典籍说法	次数	典籍说法	次数
刘向	145	董仲舒	81	京房	76	刘歆	66
无名氏	41	谷永	9	《诗》	3	《穀梁》	3
叔孙豹	3	《左氏经》	2	《左氏》	2	《左氏传》	2
《穀梁传》	2	《易》	2	《公羊经》	1	《公羊传》	1
夏侯胜	1	李寻	1	扬雄	1	其他	31

所引用的典籍或说法中，有《春秋》家言，也有《易》家、《诗》家及众多无名氏的言说。刘向、刘歆父子的说法应分别出自《洪范五行传论》和《五行传说》，这两部书的特点又均是以春秋言灾异；董仲舒的说法基本来源于自撰的《灾异之记》，这是一本不折不扣的以春秋说灾异的著作[2]。加上其他引用春秋经传的情况，春秋家言总共被引用了 307 次，占总数的 64.6%。可以看出，《汉书·五行志》的思想内核里，《春秋》居于核心地位。《五行志》"以傅《春秋》"，颜师古注曰："傅读曰附，谓比附其事。"班固又说"告往知来，王事之表"，而《春秋》之意也正在于告诫君臣。所以创立《五行志》以阐发孔子"春秋大义"，借以警示君臣，这是班固的一个根本出发点。因此，张舜徽先生的评述一语中的："《五行》则博解《春秋》。"[3]

三　班固笃信阴阳五行灾异

《汉书》记载了不少灾异祥瑞、天人感应的东西，尤其是《五行志》，曾一度受到近代学者的批评[4]，亦成为认识班固天人关系思想的重要史料。随着认识的深入，现代学者一般采用"两分法"：既承认班固有天人感应的神秘思想，又指出他并不相信灾异学说的随意比附；既承认班固肯定超自然的"天"的存在，认为这种有意志的天和人事之间会有一定影响，又认为在天人关系上，班固更重视人事的作用，天不过是作为

① 《汉书》卷一〇〇下《叙传下》，第 4235 页。

② 《春秋繁露义证》附录一"董子年表"，第 480—481 页；王葆玹：《今古文经学新论》(增订版)，中国社会科学出版社 1997 年版，第 223、271 页。

③ 张舜徽：《史通平议·表历第七》，氏著《史学三书平议》，中华书局 1983 年版，第 34 页。

④ 白寿彝：《刘向与班固》，氏著《中国史学史论集》，中华书局 1999 年版，第 117 页；柴德赓：《史籍举要》，北京出版社 1982 年版，第 19 页；杨树达：《汉书管窥》，上海古籍出版社 1984 年版，第 171 页；牟润孙：《论〈汉书·五行志〉》，氏著《海遗杂著》，香港中文大学出版社 1990 年版，第 292 页；徐复观：《〈史〉、〈汉〉比较研究之一例》，《两汉思想史》第 3 卷，第 311 页。

一种象征的存在，保持约束人君的功能[①]。近年来，汪春泓注意到一个现象，《论衡》所批判的东西在《汉书》中都能找到，二书牴牾之处很多，但王充对班氏父子却是十分推崇的，由此他撰文提出新说，认为班、王二人的思想有共通之处。他的论证包括四个方面：第一，《汉书》笔涉灾异各志是由其史家体例所规定的，史官修史，虽为一定体例所限制，但是记某事并不一定信某事，两者之间不能简单地画等号；第二，班固《郊祀志》意在力戒淫祀，《五行志》专讥外戚擅政；第三，班固不相信阴阳灾异一套，是由其以自然论为基础的认识论决定的；第四，王充、班固都受到扬雄理性主义思想的熏染。因此，"班固对于阴阳灾异说只是利用，凭借它们来传达自己史家的心声，这也应归结于庄、老道家自然论思想使然。在阴阳灾异符瑞感应上，班、王的牴牾，只是一种表面现象，实际上可谓貌离神合"[②]。事实果真如此吗？关键还在于弄清楚班固对阴阳五行灾异的态度。

汪春泓的第一个论据提出史家记载某事不等于相信某事，陈其泰也曾指出《五行志》具有汇编纂辑的性质，"志"中所引录的附会灾异的话，不能认为都代表了班固本人的思想[③]。从历史编纂的角度而言，这种看法有其合理性，但在强调史家求真意识的同时，不能忽略另一个方面，那就是史家如何记载某事却蕴涵了他们的思想。《五行志》所记并非是各家观点的简单汇编，且不说班固在斟酌诸家灾异说时必然会有自己的思考和选择，带有一定的倾向性，《五行志》中有不少的灾异解说就是直接出自班固之手，特别是汉成帝河平三年（公元前26）以后的灾异，刘向父子都没有解说，班固只能亲自寻找事应加以附会了。如成帝绥和二年（公元前7）二月，宫内有马生角，长在左耳前，围长各二寸，下文的解说是：

> 是时王莽为大司马，害上之萌自此始矣。哀帝建平二年，定襄牡马生驹，三足，随群饮食，太守以闻，马，国之武用，三足，不任用之象也。后侍中董贤年二十二为大司马，居上公之位，天下不宗。哀帝暴崩，成帝母王太后召弟子新都侯王莽入，收贤印绶，贤恐，自杀，莽因代之，并诛外家丁、傅。又废哀帝傅皇后，令自杀，发掘帝祖母傅太后、母丁太后陵，更以庶人葬之。辜及至尊，人臣微弱之祸也。[④]

按照《五行志》的体例，引说如果有据，即使没有出现人名，至少也会使用"一曰"之类的词语加以提示，此段全无，只能是班固自己的解说。据笔者统计，像这样

① 许殿才：《汉书的成就》，《史学史研究》1990年第4期；同氏：《汉书中的天人关系》，《历史研究》1992年第4期；陈其泰、赵永春：《班固评传》，南京大学出版社2002年版，第222—243、333—334、342—344页。

② 汪春泓：《论班固与王充"疾虚妄"精神的共通性》，氏著《文史探真》，昆仑出版社2004年版，第106—123页。

③ 陈其泰、赵永春：《班固评传》，第331—332页。

④ 《汉书》卷二七下之上《五行志下之上》，第1470—1471页。

的例子在《五行志》里至少有 82 处[1]。若说班固不相信阴阳五行灾异，像这类情况完全可以不书事应，《五行志》里也有这样的例子，但他却费尽心思要和汉末的历史进程联系起来，而且屡屡出现这种情况，不信灾异的说法无论如何难以自圆其说。

汪春泓第二个论据说《郊祀志》意在力戒淫祀，《五行志》专讥外戚擅权。长期以来，史学界都承认司马迁撰《封禅书》意在讥讽武帝，不代表他本人相信那套东西，汪春泓以及其他的一些学者沿用这种思路来看待《郊祀志》和《五行志》。《郊祀志》非本文探讨范围，可以不论，但《五行志》是一个完整的体系，引述的历史从春秋至于西汉末年，先秦历史占据了相当分量，而且主体围绕为君之道、君臣之道，不专论外戚，只要大略翻阅过《五行志》即可明了。汪春泓统计过《五行志》中记录的西汉各帝王在位期间灾异发生的频率，成帝最高，他据此把原因归结为外戚乱政。这种统计方法存在很大的局限性，因为帝王在位期间的灾异多寡不一定和该朝政治有必然联系。其实早在 1950 年，毕汉斯（Hans Bielenstein）就试图论证这种联系，他将西汉历史上可以得知的日食与《汉书》记录的日食进行比较，制成曲线图，结果发现《汉书·五行志》记载的日食次数与当时实际上发生的日食次数存在较大差异。他又统计《汉书》本纪及《五行志》各种灾异的次数，然后按照帝王年代算出频率，也制成曲线图。这幅曲线图与日食的曲线图基本一致。最后，他结合各个帝王在位期间政绩好坏所引发的“隐性批评”（indirect criticism）的强弱来佐证曲线图的变动。在 1984 年的文章中，他再次运用了这种统计方法，只是把范围扩大到东汉，描绘出两汉时期灾异的年均发生频率曲线，结果再次强化了他在 1950 年的认识。他的结论是：非常之事能够成为“凶兆”，主要是出于官员的政治目的：用来进谏皇帝或是攻击政敌；各种“凶兆”由太史令汇编记录，后来的史家根据这批王朝档案来修撰本纪、《五行志》[2]。笔者并不否认《五行志》的论述是一种“隐性批评”，但对毕汉斯的论证方式表示怀疑。他其实是预设了凶兆的性质——隐性批评，然后根据曲线图的变动来解释隐性批评的强弱，但他对两汉历代帝王政绩的评述又带有很强的臆测，因此在处理上不免有削足适履的感觉。他完全忽视了灾异记录实际上是中国古代国家机器的职能之一，以至于认为凶兆之所以能被记录下来，完全出自官员带有政治意图的选择，从而将

---

① 毕汉斯（Hans Bielenstein）最早注意到了这个现象。Eberhard 曾以为，《五行志》的作者是刘向、刘歆父子，而非班固，毕汉斯驳斥了这种观点。他认为，《五行志》里更多的是无名氏的论述，刘向、刘歆父子论述并不是主体，而这“无名氏”就是班固，所以《五行志》的作者是班固无疑。他还简要分析了《五行志》的论述来源：刘向、刘歆父子占 15%；京房《易传》占 20%；其他人物的论述占一小部分；最大量的论述则属于班固自己。见 Hans Bielenstein，“Han Portents and Prognostications”，*Bulletin of the Museum of Far Eastern Antiquities*，56，1984，pp. 104—105. 向燕南也注意到这个现象，但他的统计十分不准确，将所有“无名氏”的论述全部看作是班固所为，达到 150 多处，甚至把“一曰”、“天戒若曰”这类明显不是班固言论的也计算在内，见《论匡正汉主是班固撰述〈汉书·五行志〉的政治目的》，第 24 页。

② Hans Bielenstein，“An Interpretation of the Portents of the Ts'ien - Han - shu”，*Bulletin of the Museum of Far Eastern Antiquities*，22，1950，pp. 137—141；Hans Bielenstein，“Han Portents and Prognostications”，pp. 100—104.

注意力全部放在了官员身上，甚至以为凶兆的来源在于官员。说到底，毕汉斯的重大阙漏在于将《五行志》的史料来源单一化了①。汪春弘的统计也存在这样的问题，退一步来说，即使有关外戚的记载很多，我们也必须考虑到两个因素。一个是《五行志》有关成帝时期的记载主要取材于刘向的《洪范五行传论》，而刘向该书主旨是针对当时的外戚王氏，这点成帝十分清楚，史载："天子心知（刘）向忠精，故为（王）凤兄弟起此论也。"② 因此《五行志》多记外戚之事并不奇怪。另一个因素是东汉初期施行的推崇武帝、贬低成帝的国策。由于王莽家族的发迹起于元帝王元后，王氏专权始于成帝时期，所以刘秀成为皇帝后有意贬抑王元后，庙祭的安排上也把成帝由"宗"改为"亲"，不再享受与武帝同等的地位。班彪著史，对元后多有贬词，班固更是自觉服从于这种国策③，所以《五行志》里涉及成帝的地方最多。照此说来，汪春泓的看法实在经不起推敲。

汪春泓的第三个也是最核心的论据认为班固不相信阴阳灾异，第四个论据其实是对此的补充说明，这也是不少人的共同看法，只不过汪氏把原因归结到班固的认识论上。汪氏认为，王充从老庄思想中汲取理论资源，因此是东汉自然论的集大成者，而王充之所以能读到老庄的书籍，是因为他身在班门的缘故；班家两代对老庄的学问都非常熟悉，虽以儒家的面目示人，但人生观、认识论受老庄影响很深；而且，王充、班固都受到扬雄理性主义思想的影响，两人具有认识论趋于一致的共同基础。笔者无意具体讨论上述人物的道家思想，这也非笔者所长，只需指出一点，两汉之际是有一些学者吸收道家思想，其中包括了严遵、刘向、扬雄、班嗣、桓谭等人，他们或者兼综儒道，或者留心庄子，反映出对政治生活和官方经学中烦琐浮华风气的不满以及对自己人生出路的探索。除了班嗣之外，上举其他人都有兼综儒道的特点，力图维护纲常名教，以实现上下和顺的社会秩序④。刘向的祖父刘辟疆"清净少欲，常以书自娱，不肯仕"，父亲刘德"修黄老术……常持《老子》知足之计"⑤，他本人也著有《说老子》四篇⑥，应该说刘向受老庄思想的影响不小，按照汪春泓的逻辑，他的认识论也应该是以自然论为基础，不相信灾异祥瑞才是，然而实际情况恰恰相反。即便是因为反对迷信而被抬高到"中国的培根"地位的王充，尽管不相信灾异，却是"宣汉"、"颂汉"最积极的参与者，是祥瑞的忠实信徒，如果说天人感应是汉儒阴阳五行灾异学说的理论基础，那么它同样也是祥瑞学说的理论

---

① 有关中古《五行志》的史料来源问题，参见拙作《中古〈五行志〉的史料来源》，《文史》2007年第4辑，第77—91页。

②《汉书》卷三六《楚元王传附刘向传》，第1950页。

③ 王葆玹：《今古文经学新论》（增订版），第231—234页。

④ 蓝旭：《东汉士风与文学》，人民文学出版社2004年版，第39—43页。

⑤《汉书》卷三六《楚元王传附刘向传》，第1926、1927页。

⑥《汉书》卷三〇《艺文志》，第1729页。

基础[①]。其实，战国至于秦汉的社会里，天人交感的神秘关联构成了当时人们的一种知识背景，外在的宇宙作为判断与理解的基本依据仍然是不言而喻的[②]，我们所熟知的神仙、方术等弥漫于那个年代[③]，近年来出土的大批简帛数术文献更印证了这一点[④]。身处这样的社会环境中，很难想象会有人能够完全不受天人感应思想的影响。

综上所述，班固其实笃信阴阳五行灾异。不过，他对阴阳五行灾异的看法其实大异于同时代的人们，在他的心目中，阴阳五行学说有“圣王之道”与“小数”的区别。

四 “圣王之道”与“小数”

《汉书·艺文志》著录的有关阴阳五行的书籍，最重要的是《诸子略》的阴阳家和《数术略》的天文、历谱、五行三家，这四家之间有着密切的联系[⑤]。阴阳家者，“盖出于羲和之官，敬顺昊天，历象日月星辰，敬授民时，此其所长也。及拘者为之，则牵于禁忌，泥于小数，舍人事而任鬼神”[⑥]，而数术者“皆明堂羲和史卜之职也”[⑦]，二者同出一源。班固对阴阳家的论述源于司马谈，后者论六家要旨云：

> 尝窃观阴阳之术，大祥而众忌讳，使人拘而多所畏；然其序四时之大顺，不可失也。夫阴阳四时、八位、十二度、二十四节各有教令，顺之者昌，逆之者不死则亡。未必然也，故曰“使人拘而多畏”。夫春生夏长，秋收冬藏，此天道之大经也，弗顺则无以为天下纲纪，故曰“四时之大顺，不可失也”[⑧]。

---

① 邓红：《王充“颂汉”新议》，氏著《王充新八论》，中国社会科学出版社2003年版，第152—155页。对王充的评价，从来呈现两种对立的观点，近代以来，学界一般以科学/迷信、唯物/唯心、有神论/无神论的二元对立思维方式来评价，高度赞扬王充的思想，有关的评价及学术史参见李维武《王充与中国文化》第7章《王充思想的历史命运》，贵州人民出版社2000年版，第261—357页。近年来，有学者开始反思这种带有意识形态色彩的研究，提出了不少新的看法，上举邓红的《王充新八论》就是比较成系统的著作，另外，陈静对“王充批判天人感应论”的陈说也多有突破，见氏著《自由与秩序的困惑——〈淮南子〉研究》附录《“天人感应论”的科学批判与人文解释》，云南大学出版社2004年版，第336—347页。

② 葛兆光：《中国思想史》第1卷《七世纪前中国的知识、思想与信仰世界》，复旦大学出版社2001年版，第74、226页。

③ 迈克尔·洛伊撰，朱阿正、方可译：《汉代人的心理结构》，李范文、陈奇猷主编：《国外中国学研究译丛》第1辑，青海人民出版社1986年版，第341—357页，本文作者通常翻译成“鲁惟一”，而非“迈克尔·洛伊”；崔瑞德、鲁惟一编，杨品泉等译：《剑桥中国秦汉史》，中国社会科学出版社1992年版，第714—729、764—775页。

④ 相关学术成果介绍参看刘乐贤《简帛数术文献探论》第1章《早期数术文献及研究成果概述》，湖北教育出版社2002年版，第3—52页。

⑤ 有关中国古代阴阳、五行书籍的分类，参见杨晏平《阴阳、五行与数术之书在古籍分类中的同异分合》，《文献》2002年第7期。

⑥ 《汉书》卷三〇《艺文志》，第1734—1735页。

⑦ 同上书，第1775页。

⑧ 《史记》卷一三〇《太史公自序》，第3289—3290页。

司马谈论阴阳家，接近于月令传统，把日月的正常运行作为天下纲纪的终极本原，使人产生忌畏之感，但对于“弗顺”可能招致的厄运仍抱有怀疑的态度。然而普通百姓不能体察上天“拘而多畏”的深意，趋吉避凶的现实需要促使他们向鬼神寻求帮助，这就是班固所谓的“舍人事而任鬼神”，他称这种态度是“泥于小数”，可见他的心中是有“大数”与“小数”的区分。我们再来看他对于数术三家的看法：

天文者，序二十八宿，步五星日月，以纪吉凶之象，圣王所以参政也。《易》曰：“观乎天文，以察时变。”然星事殑悍，非湛密者弗能由也。夫观景以谴形，非明王亦不能服听也。以不能由之臣，谏不能听之王，此所以两有患也。

历谱者，序四时之位，正分至之节，会日月五星之辰，以考寒暑杀生之实。故圣王必正历数，以定三统服色之制，又以探知五星日月之会。凶阨之患，吉隆之喜，其术皆出焉。此圣人知命之术也，非天下之至材，其孰与焉！道之乱也，患出于小人而强欲知天道者，坏大以为小，削远以为近，是以道术破碎而难知也。

五行者，五常之形气也。《书》云“初一曰五行，次二曰羞用五事”，言进用五事以顺五行也。貌、言、视、听、思心失，而五行之序乱，五星之变作，皆出于律历之数而分为一者也。其法亦起五德终始，推其极则无不至。而小数家因此以为吉凶，而行于世，寖以相乱。①

论天文，所谓“星事殑悍，非湛密者弗能由也。夫观景以谴形，非明王亦不能服听也”，言下之意只有圣王才具备“湛密”、“服听”的能力；论历谱，“此圣人知命之术也，非天下之至材，其孰与焉”，而能担当得起天下至材角色的自然是非“圣王”莫属；论五行，明确指明“进用五事以顺五行”，而五事是君王的日常行为及心理活动，引申为君王的德行，如果君王无德，就会引起五行错乱、天文变乱，最终导致五德轮替，改朝换代。由此看出，班固以为探究天道只能是“圣王”的行为，只有“圣王”才能准确把握天文、历谱、五行的要旨，体察天意，进而顺天应人，维持社会秩序的正常运行，这才是“圣王之道”。战国之世，诸子百家所列的圣人谱系中除了孔子是学者以外，其他全是君主帝王的身份，而且当时的社会也流露出欲尊孔子为天子的意图，反映出圣人与“王”融合的趋势。秦汉帝国在建立新的国家神话过程中，自觉利用了东周以降圣人崇拜的社会普遍心理，结合五德终始理论中的圣人受命之说，努力把“皇帝”塑造成圣人形象，特别是汉代，一方面皇帝承袭了圣人的名号，一方面又尊奉圣统，“以尧、舜、文武之治为太平社会的理想”。于是，秦汉的皇帝们攫取了圣人这一称呼所承载的丰厚政治资源，提高了皇帝的威势②。换句话说，现实世界里的“圣

① 分见《汉书》卷三〇《艺文志》，第1765、1767、1769页。

② 徐兴无：《谶纬文献与汉代文化构建》，中华书局2003年版，第150—162页；萧璠：《皇帝的圣人化及其意义试论》，中研院《历史语言研究所集刊》第62本第1分，1993年3月，第1—37页。

王”角色只能由皇帝充当，普通人没有君临天下的机会，自然无法协和阴阳、敬授民时。与此相对应的是“小数家”，他们本没有谈论天道的资格，却“强欲知天道”，把神圣的天道流俗化成教人趋吉避凶的“小数”，世人信“小数”而奢谈天道，遂使大道淹没，难以得知。

前人论说班固不信灾异，最重要的一个证据就是他对于灾异学者的评论。他说：

> 幽赞神明，通合天人之道者，莫著乎《易》、《春秋》。然子赣犹云“夫子之文章可得而闻，夫子之言性与天道不可得而闻”已矣。汉兴推阴阳言灾异者，孝武时有董仲舒、夏侯始昌，昭、宣则眭孟、夏侯胜，元、成则京房、翼奉、刘向、谷永，哀、平则李寻、田终术。此其纳说时君著明者也。察其所言，仿佛一端。假经设谊，依托象类，或不免乎“亿则屡中”。仲舒下吏，夏侯囚执，眭孟诛戮，李寻流放，此学者之大戒也。京房区区，不量浅深，危言刺讥，构怨强臣，罪辜不旋踵，亦不密以失身，悲夫![①]

学者以为班固为眭弘、夏侯始昌、夏侯胜、京房、翼奉、李寻等灾异家立传，除了介绍他们的学说及本人下场外，主旨是要揭露灾异说的荒谬，让后人以此为戒。如前所论，班固自己也笃信阴阳灾异，也以灾异论说时事，“揭露灾异”之说自然无从谈起。我们如果顺着班固区别阴阳五行的思路来重新审视这段评论，就有可能得出不一样的认识。“性与天道”是儒家的一个重要命题，子贡曰：“夫子之言性与天道，不可得而闻也。”[②] 孔子少言天道，留给了后世广阔的发挥空间，也成为汉代一些思想家反对灾异、谶纬学说的有力武器，如桓谭曾上疏指责图谶说：“盖天道性命，圣人所难言也。自子贡以下，不得而闻，况后世浅儒，能通之乎!”[③] 班固区分出“圣王之道”和“小数”，与这个思想有关，但他和桓谭等人不同，天道难言，不等于不言，更不等于不可知，而是本着谨慎的态度，欲建立起天道至高无上的权威，以免腐儒滥说天意，使天人关系变得浅薄。天道幽远，原则上唯有皇帝能够洞悉其中的奥秘，也就是说，只有皇帝才能够充当天人的中介，孔子享有“素王”的地位，自然也在这个行列当中。正因为有了这样的区分，所以班固的灾异观也包含了两个层面：他承认灾异学说的一般原则是要使得天人相符、顺阴阳明教化，此所谓“圣王之道”，但必须依靠皇帝对天道的感知来施行，当然，由于皇帝本身素质的差异，部分学者可以掌握一些话语权，帮助皇帝感悟天道；臣下以具体的灾异“纳说时君”，如果是帮助皇帝体悟天道则可，如果超出了自身的本分，随意附会则属于“强欲知天道”的做法，此所谓“小数”。像眭弘、两夏侯、京房、翼奉、李寻之徒只能是“小数者”，他们的最终下场都比较悲

① 《汉书》卷七五《眭两夏侯京翼李传》，第3194—3195页。
② 程树德撰，程俊英、蒋见元点校：《论语集释》卷九《公冶上》，中华书局1990年版，第318页。
③ 《后汉书》卷二八上《桓谭传》，中华书局1965年版，第959—960页。

惨，其原因在于不能“湛密”对待天道，而是经常以吉凶祸福这类流俗的观念来附会只有帝王才能探究的天道，也即“不量浅深，危言刺讥”，为执政者所不容。董仲舒的情况不能一概而论，他上天人三策，议论的只是灾异的一般原则，班固对此持赞赏态度，在本传中照录了这三次对策。但当他写《灾异之记》，以具体的灾异来讥讽时政的时候，班固对他就颇有微辞，态度已经有了很大不同①，从中也透视出班固灾异观上的区分。因此，班固以为这些说灾异者的下场乃“学者之大戒也”，其本意并不是告诫后人走入灾异的旁门左道，而是希望臣子能以湛密的态度协助皇帝洞察“圣王之道”，不要执迷于借灾异言事之类的“小数”。

五 结论

在现代人的眼中，《五行志》是一种专记“咎征”的史书体例②，是先秦秦汉阴阳五行灾异学说的总结。但在班固的思想里，《五行志》是解释《春秋》之作，《春秋》奠定了《五行志》的核心理念。班固笃信阴阳五行灾异学说，唯其思想中有“圣王之道”与“小数”的区分，所以谈论灾异重视的是一般原则，不拘泥于具体的解说。《五行志》虽然引述了大量“小数者”的解说，但班固不是以当时“小数者”的身份来议论时政，而是以史家身份，站在后世旁观者的立场上斟酌、选取这些解说，以期最接近于“圣王之道”。所以当班固去世后，《汉书》很快得到了皇家的认可，其中自然包括《五行志》在内，和帝还命班昭、马续等人补全未完成的部分③。有了这样的认识基础，我们再来回味班固述修《五行志》的那段叙录：“《河图》命庖，《洛书》赐禹，八卦成列，九畴逌叙。世代寔宝，光演文武，《春秋》之占，咎征是举。告往知来，王事之表。”其遵循《洪范》大法、《春秋》精神以彰“王事”，举咎征以明“圣王之道”的意图昭昭可鉴。

原载于《中国史研究》2007年第4期

① 王葆玹：《今古文经学新论》（增订版），第223页。

② 陈业新：《两〈汉书〉“五行志”关于自然灾害的记载与认识》，《史学史研究》2002年第3期。

③ 《汉书》“出版说明”，第2页。

议走马楼《吴简》中的货币

蒋福亚

自从20世纪40年代初全汉升先生的学术名著《中古自然经济》[①] 问世以来，魏晋南北朝时期商品货币经济衰退，自然经济统治地位加强，或者说自然经济占绝对统治地位，金属铸币也即货币交换媒介的功能基本损失殆尽，粮食和布帛之类的实物取代货币成了交换媒介的观点，几乎成为学术界的共识，进而发展成为魏晋南北朝时期社会经济有别于我国封建社会其他时段的一大特征。[②] 三国作为魏晋南北朝时代的开端，当然难以例外。不过治学严谨，学术造诣深厚的学者还是敏锐地感觉到此时的南方毕竟和北方有所不同，特别是唐长孺先生，他虽然同意上述观点，还是明确地指出："汉末大乱以后的魏晋时代，自给自足的自然经济基本上占统治地位，南北朝时期仍是如此。但……即使在三国时代，商品货币经济也不曾完全绝迹，三国之间公私商旅的往还交市不仅始终存在，东吴沿江上下的商业活动及其与东南亚诸国的海外贸易还得到一定程度的发展。"[③] 长沙走马楼三国《吴简》[④] 的出土，非但确证了"商品货币经济不曾完全绝迹"，而且远远超出了学者们的估计。有关传统市场和商品经济，我们已经在《吴简所见长沙的市场》一文中，进行了十分粗略的讨论[⑤]，这里集中讨论与货币有关的若干问题。

---

① 全汉升：《中古自然经济》，"中研院"《历史语言所集刊》第十本，商务印书馆1941年版。

② 参见唐长孺《魏晋南北朝隋唐史三论》，武汉大学出版社1996年版。王仲荦：《魏晋南北朝史》，上海人民出版社1979年版。何兹全：《何兹全文集》第一卷，中华书局2006年版。傅筑夫：《中国封建社会经济史》第二卷，人民出版社1982年版；第三卷，1984年版。高敏：《魏晋南北朝经济史》，上海人民出版社1996年版，等等。

③ 唐长孺：《魏晋南北朝隋唐史三论》，武汉大学出版社1996年版，第130页。

④ 长沙市文物考古研究所、中国文物研究所、北京大学历史学系走马楼简牍整理组：《长沙走马楼三国吴简·嘉禾吏民田家莂》，文物出版社1999年版，文史简称《嘉禾吏民田家莂》。《长沙走马楼三国吴简·竹简［叁］》，文物出版社2003年版。长沙简牍博物馆、中国文物研究所、北京大学历史学系走马楼简牍整理组：《长沙走马楼三国吴简·竹简［贰］》，文物出版社2007年版。《长沙走马楼三国吴简·竹简［三］》，文物出版社2008年版。文中将此三部竹简分别简称为《竹简（一）》、《竹简（二）》、《竹简（三）》，总称为《竹简》。凡引自其中的简文，只夹注简号，分别在简号前冠以《简一》、《简二》、《简三》等词以示区别，不再单独出注，特此申明。

⑤ 参见拙文《吴简所见长沙的市场》，载《庆祝宁可先生八十华诞论文集》，中国社会科学出版社2008年版，第182—194页。

一　货币流通量蠡测

目前刊布的长沙走马楼三国吴简有《嘉禾吏民田家莂》和《竹简》两大部分。《嘉禾吏民田家莂》揭示租佃国有土地，其地租由米布钱三者组成，也就是说钱是国有土地上租佃关系中地租的组成部分。而《竹简》涉及封建政府财务收支中钱的名称之多，真叫人眼花缭乱，目不暇接。计有“酒租钱”（简一31）、“酒租具钱”（简一6039）、“锞钱”（简一40）、“锞贾钱”（简一45）、“锞贾行钱”（简二6916）、“皮贾钱”（简一58）、“皮贾行钱”（简二5880）、“财用钱”（简一85）、“口算钱”（简一101）、“田亩钱”（简一372）、“何黑钱”（简一547）、“官锞钱”（简一1393）、“荩钱”（简一2524）、“金行钱”（简一2732）、“钱贾钱”（简一2747）、“贾具钱”（简一2808）、“调钱”（简一2818）、“除龙钱”（简一4340）、“租具钱”（简一4342）、“具钱”（简一4374）、“用具钱”（简二1606）、“除龙行钱”（简一4406）、“地僦钱”（简一4345）、“僦钱”（简一4346）、“口钱”（简一4464）、“陶租钱”（简一5215）、“绹租钱”（简一5223）、“埏租钱”（简二8413）、“市租钱”（简一5241）、“为行钱”（简一5240）、“租荩钱”（简一5251）、“租钱”（简一5287）、“柚租钱”（简一5366）、“出行钱”（简一5462）、“油租钱”（简二6240）、“行钱”（简二5600）、“租薪钱”（简二7663）、“士薪钱”（简二8489）、“岁行钱”（简三1984）、“糇钱”（简三1929）、“皮具钱”（简三7428）、“奉鲑钱”（简三7353）等数十种。各种名称当然有其自身的含义，有的将在其他论文中给予诠释，如锞钱、酒租钱、僦钱、地僦钱、市租钱和租钱之类，这里不再涉及。有许多目前很难给予较为确切的诠释。原因在于史籍中找不到，现已刊布的简牍又只见其名，未见其义，只能有待于不断的努力和后续简牍的刊布。有的是继承两汉以来的赋税，如口钱、算钱、调钱之类。有的显然是指同一种名称，只是书写的时间、人物或地点不同，名称便略有变化，其实质含义并没有变化，如锞钱、锞贾钱、官锞钱、锞贾行钱和贾具钱、租具钱、具钱、用具钱之类。有的大概可以归为一类，如锞贾行钱、皮贾行钱、金行钱、除龙行钱、出行钱、为行钱、行钱和岁行钱之类。

绝无疑问，在这数十种“钱”的名称中，只有酒租钱、锞钱等有限几种，是封建政府用官府手工业作坊的产品换取的，其余全都是向人民征收的赋税，其中口钱、算钱和田亩钱大概算是比较轻的，最重的极可能是按户品缴纳的钱：

都乡男子朱敬故户上品出钱一万二千[侯][相]☑（简一172正）

入钱毕民自送牒还县不得持还□☑（简一172背）

☑故户中品出钱八千侯相☑（简一224正）

☑自送牒还县不得持还☑（简一224背）

模乡大男盖转故户中品出钱八千临湘侯相□☑（简一 1518）

☑户下（?）品出钱四千☑（简一 476 正）

☑自送牒还县不得☑（简一 476 背）

☑下品出钱二千四百临湘侯相……☑（简一 1400）

☑户上品出钱□万三千侯相……（简二 3299 正）

☑民自送牒还县不得持还乡典田吏（简二 3299 背）

都乡大男郑□新户中品出钱九千侯相　□　嘉禾六年正月十二日典田……（简二 2911 正）

入钱毕民自送牒还县不得持还乡典田吏及帅（简二 2911 背）

都乡大男□□户下品出钱五千五百九十四侯相……☑（简二 2945 正）

入钱毕民自送牒还县不得持还乡典田吏及帅☑（简二 2945 背）

都乡郡卒张仲故户下品出钱四千四百侯相☑（简二 6753 正）

入钱毕民自送牒还县不☑（简二 6753 背）

☑九千九百……（简二 6889 正）

☑乡典田吏及帅㠯（简二 6889 背）

☑□□谨以所领户出钱上中下品人名为簿（简二 8256）

模乡郡吏何奇故户上品出钱一万二千临湘侯相　见　嘉禾五年十二月十八日模乡典田掾烝若白（简二 8259）

模乡大男胡车故户上品出钱一万二千临湘侯相　见　嘉禾五年十二月十八日模乡典田掾烝若白（简二 8260）

粗略统计，在三部《竹简》中，性质和上引简牍一样的超过 200 枚，简二 8259 和 8260 两简是完整的，像这样完整的简牍尚有数枚，可惜都是“模乡”的，“都乡”的没有见到完整的。像简二 6889 那样残损甚至比其更严重者占一半左右。此类简牍目前仅见都乡和模乡两个乡名，尚未见到其他的乡名。其中都乡的占大多数，模乡的甚少。由于残损严重，保留纪元的简牍只有几枚，分别为“嘉禾五年”或“嘉禾六年”，尚未出现其他年份的。这种按户品缴纳的钱叫什么？何时出现的？是临时性的摊派，还是已成定制？等等。今天都不清楚。不过从简二 8256 所说“以所领户出钱上中下品人名为簿”中，大致可以看到两点：其一，这类钱并非仅摊派于都、模两乡，临湘县的民户均难幸免。其二，这类钱是按户品高下而多寡不等，户品高的出钱多，户品低的出钱少。具体到各户出钱的情况，也确实是这样。既然如此，在史籍或简牍中尚未找到这类钱的原始名称前，我们不妨暂时把它叫做“户品钱”。

从现有简牍看，户品钱可以分为两类。一类叫“故户”，一类叫“新户”。同样的户品，新户所出的钱，比故户多出许多。现具体胪列如下。故户：上品“出钱一万二千"(可买米 7.5 斛[①]);中品"出钱八千"(可买米 5 斛);下品有两种,一种"出钱四千四百"(可买米 2.75 斛),一种"出钱二千四百"(可买米 1.5 斛)。这一区分是和当时吴国户品相一致的。当时吴国的户品分为上、中、下三品,下品中则有"下品"和"下品之下"两种。尽管我们发现下品之下可以"不任调役"的简牍,如简三 6237 说:"☑ 其卅四户各穷老及刑踵女户下品之下不任调役"。简三 6375 说:"其卌户各穷老及刑踵女户下品之下不任调役。"但恐怕这只是对毫无劳动能力,失去生存希望者的"优惠",对于尚堪劳作的"下品之下"户,仍然是要缴纳户品钱的,而且数量还相当大。以往郭、范、翦三老都说,在三国中,吴国的赋役是最重的,看看户品钱,真可谓信不虚矣!新户;中品"出钱九千",比故户高 12.5%;下品"出钱五千五百九十四",比故户高 27.136%强。没有见到新户上品和下品之下所缴的。不过我们怀疑简二 3299 大概是新户上品所缴的户品钱。因为:一、新户中品和下品所缴的都比故户高,上品当然不能例外。二、故户上品都缴"一万二千",没有发现例外的。而这枚简牍所缴却是"□万三千",估计□中的缺字是一,就成了"一万三千"。若如此猜测尚属可取的话,新户上品所缴比故户高 8.33%。此外,我们怀疑简二 6889 亦是新户中品所缴的户品钱,也就是说,新户中品所缴的户品钱,也有两种。不过这种猜测目前还讲不出什么理由,只是出于这枚缴纳"九千九百"户品钱的简牍总得找个相对应户品,既不能高于上品;又不能低于中品的直觉而已。至于新户下品之下缴多少,因毫无线索,就不妄自猜测了。无论如何,新户所缴户品钱比故户多,还是可以确定的。而且这种多的比率与户品成反比,即户品高的,其户品钱增长的比率低,户品低的,其增长的比率高。所以出现这种状况,极可能是由于下述原因:首先,所谓新户,当是由他地迁徙而来或逃亡后重新回归版籍者。在《竹简》中这类民户还是经常可以看到的。如"其廿户新占民户☑ "(简二 3186),"☑ 其十七户新占民户☑ "(简二 3198)。简中的"占",含义是登记。我国封建社会的历史,特别是其前期的历史显示,争夺劳动力、控制劳动力,将农民牢牢地固着于一地,供其奴役和剥削,是封建政府采取各种措施的核心。土地制度、户籍制度、赋役制度等就是由此而来的。要达到这个目的,必须遏制户口流动,上述情况实际上是用经济手段惩处户口流动或逃亡者,警告他人不得轻易乔迁。至于逃亡者,这可能是允许其落户后的惩处,在此之前,还有更严厉的手段。其次,相对来说,户品愈低愈穷困,对上无片瓦,下无寸地的下品之下来说,已经谈不上什么土地的束缚力,故乡已不值得留恋,流浪直至逃亡的可能性大,为遏制其流浪和逃亡,加大了经济惩罚的力度。中品略有资产,上品很可能就是地主,热土难离是人之常情,其流动和迁徙必有原因,且以合法者居多,经济惩处时,力度就相对小一点。

---

① 走马楼简牍整理组在《嘉禾吏民田家莂》的《嘉禾四年吏民田家莂解题》中提出:嘉禾四年,吏民缴纳地租时,米、钱、布可以互相折纳,且有较为固定的比价,一斗米=2 尺布=160 钱。这一比价文中有时也称为官价。文中"可买米"或"可买布"多少,若非特别指明者,均是按此比价折算。

比较都乡和模乡户品钱简牍，可以发现两者还是有些区别的。凡属可以确认是都乡的，其背面都有“入钱毕，民自送牒还县，不得持还乡典田掾及帅”之类的文字。模乡的则没有。凡属可以确认是模乡的，其正面下半部分大都有“见　　嘉禾五年十二月十八日模乡典田掾烝若白”之类的文字。都乡的因残断，看不到其下半部分的文字。实际上都乡的也应有模乡的下半部分的文字，估计简三875和876两简及与此两简相类似的简牍便是这类残断者的下半部分，现引录如下以辨是否：

☑□嘉禾六年正月十二日典田掾蔡忠白（简三875正）

☑乡典田吏及帅（简三875背）

☑□嘉禾六年正月十二日典田掾蔡忠白（简三876正）

☑得持还乡典田掾及帅（简三876背）

明明是说“民自送牒还县，不得持还乡典田掾及帅”，而正面却出现“乡典田掾××白”，岂非自相矛盾。其实，套用一句现代话，这类简牍的正面不过是一张催款通知单。是乡典田掾或帅用临湘侯相的名义通知简主：按照你的户品，你应出钱多少。正因为这是上级发下来的，用不到下级对上级“叩头叩头，死罪死罪!”那样的套语，而是相当直接的告“白”。这笔钱是异地缴纳，是缴给府库或其他地方。背面才是缴了钱的凭证或收据。缴回县里存档，是为了查究。就收据而言，似乎有两种，一种像都乡那样直接写在通知的背面，这样比较简便。模乡的背面没有文字，但这类通知既然存档，也就表明户品钱已缴清，不过其收据可能书写在另一枚简牍上。如此考虑是否有当，企望在后续简牍的刊布中能见个分晓。

众所周知，货币是商品经济发展到一定程度的产物。在自然经济占统治地位的条件下，货币的一些功能是否正常发挥，也有赖于商品经济发展或恢复的水平。不过，在谈及我国封建时代货币经济的时候，有一个前提千万不能遗漏，那就是以一家一户为生产单位的小农经济始终是我国封建社会的经济基础，吴国何能例外？《嘉禾吏民田家莂》以及三部《竹简》中有关“税米”、“租米”，甚至“限米”的简牍，既是两汉以来国有土地上租佃关系的延续和发展，又是国有土地上租佃关系的最有力的证据，同时也明明白白地告诉人们：在临湘，在长沙，直至整个吴国，是不折不扣的小农经济的一统天下。

小农经济个体生产的性质决定了他们天生就和商品、交换或传统市场，有着割不断、理还乱的联系，是封建社会商品货币经济的基础。

自孙权占有长沙到嘉禾年间，已经历时十五六年。对长沙来说，这是汉末以来十分难得的相对安定时期，有利于社会经济的恢复，有利于社会经济各部门走上正常运行的道路，商业和传统市场恢复应该是在情理之中，它催生着货币及其功能的恢复。正是这种情势，才使封建政府征收货币，使用货币。绝无疑问，户品钱以及那么多征收钱的赋税名目，是农民的一大重负。农民并不生产钱，只有将其产品，甚至是生活或生产的必需品投向市场，才能换回一些钱，这又迫使农民必须承受商人的盘剥，又增加了一重负担。但这是无可奈何的。尽管如此，当这些负担的总和尚未冲决农民可以承受的极限时，客观上在一定程度上对商品经济的恢复，对货币及其功能的恢复，起有较为积极的刺激作用。

正由于封建政府的赋税有许多是征收货币，数量甚至很大，使有关钱的简牍在吴简中占有相当大的比重。《嘉禾吏民田家莂》自然不在话下，几乎每一枚简牍都和钱有关，即便在《竹简》中，有关"钱"的简牍数量也是甚多。粗略统计，与"钱"相关或明确书写"钱"字的简牍，数字在"万"以下的，将近七百枚；1万至2万的超过一百枚；2万至5万的约六十枚；5万至10万的约五十枚；10万至20万的三十余枚。20万至50万的有简一2726、4355、4382、4406、4421、4429、5357、5672、5743、6030等十枚，简二8389、8530、8869三枚，简三3806、6295、6306、6751、6934、6937、7003、7005、7026、7167、7188、7382、7931等十三枚，合计约二十六枚。50万至百万的有简一1121、6119、9263三枚，简三1968、2054、3477、6319、7165、8396六枚，合计九枚；百万至200万的有简一2613、5167两枚，简三6321、6331、6866、7179和8173五枚，合计七枚；200万以上的也为数不少，这里引录如下：

平出钱二百廿一万一千七百六十五钱雇元年所调布麻水牛皮并□（简一1144）

〼□五钱定合二百廿一万一千七百六十五钱付库吏殷连领□〼（简一1152）

〼二千五百五十四万□千□百卌□〼（简一1052）

钱五百万□〼（简一2523）

〼五百万〼（简一2621）

〼四百七十万□千一百一钱□□〼（简一2596）

·右领收收除散□钱二百廿一万一千七钱（简二1999）

出钱九万二千九百卌与禖钱二百九十二万一千六十通合三百一万四（简三6303）

〼□百一十二钱与禖钱三百万五百六十八钱通合三百一万（简三6307）

其七百六十二万〼（简三6757）

……一千五百五十七万六千九百七〼（简三7014）

右出钱二百□□万二千七百廿九钱（简三7164）

右领□□酒租钱合二百八十五万五千五百廿九钱（简三7172）

出三百一万□□□□□□□□□□所调布八千八百卌匹其□（简三7178）

七百一十一万□千六百其一百卌三万三千五百六付库吏潘（简三7182）

出钱五千七百七十万吏番有传送诣府嘉禾四年二月十三日付（简三 7186）

定领二年皮贾行钱四百八十八万（简三 7189）

入三年皮贾行钱三百□十□万七千六百一十（简三 7273）

右领钱三百六十□万六千六百五十（简三 7343）

在上引简牍中，简一 1052、2621 和简三 6757、7014、7178、7182 六简并没有“钱”字，我们亦将其作为“钱”引录，理由如次：《竹简》中固然有许多数字，其中出现最频繁、最受封建政府重视的却是人、地、钱、粮、布五项。那么这六枚没有标明或者说在可以标明其所属的关键名称时却残缺了的简牍，究竟属于哪一项的呢？户籍残简是《竹简》十分重要的组成部分，其中人口统计不可或缺，所见人口最多的是简二 2529 的“二千三百一十人”。而上述六简最大的数目是简一 1052 的“二千五百五十四万”，最小的数目的简三 7178 也有“三百一万”，和人口数的差距实在太大，扯不到一起去。确实，吴国的人口曾出现过 230 万或 240 万的记录，但这是吴国全国的人口，是藏之秘府、他人轻易不得而知的秘密，非但不会出现在临湘的废弃档案中，甚至临湘县都不能过问。在吴简中，耕地的计量单位是顷亩步，是征收田租和地租的依据，数目最大的是简一 1637 的“三百七十二顷卅九亩九十四步”。非但没有见到过万顷的，哪怕过千顷的简牍也都没有见到过，何况最小的数目要过三百万。粮食是最为接近的，粗略统计，超过万斛的简牍将近 70 枚，可其中最大的简一 1641 也仅“吴平斛米八万一千”，其次是简二 6964 的“七万三千八百八十八斛”，超过十万斛的简牍，目前尚未出现过。布比粮食贵，数量更少，简牍中有关布匹最高的纪录是上引简三 7178 中的“八千八百卌匹”，没有超过万匹的。既然如此，上述简牍就非“钱”莫属了。

这里，简三 7186 值得注意。简中的“府”无疑是指长沙郡府。简主番有是吴简中常见的人物。在《嘉禾吏民田家莂》中，此人曾频繁地出现过，在《竹简》中，有关他的简牍也不少于 50 枚。其身份是库吏，职责是征收和管理钱、布。在吴简中，“番”有时写成“潘”，“有”有时写成“珛”。鉴于吴简中同名同姓者甚多，因此也难以排斥他们并不是同一个人，但不管怎么说，番有是库吏可以确定无疑。而且他不是一般的库吏，还是一个“主库吏”，有关这一身份，至少有三枚简牍可以为证：“若　　九月卅日主库吏番有白”（简一 5311）。“主库吏潘有謹列五月旦承余新入□钱□☑”（简三 680）。“主库吏潘有谨列五月旦簿部（?）八月一日……☑”（简三 1975）。正由于此，他非但征收和管理钱布，还负有结账和编造账簿，将收入解送郡库的职责：“番有传送诣府嘉禾四年二月十三日付西库吏☑”（简三 6426）。“番有传送诣府嘉禾四年二月十四日付西库吏江盖李从。”（简三 7157）“库吏番有传送诣府嘉禾四年二月十三日付西库吏江盖。”（简三 7162）一天之中，便“传送”“五千七百七十万”钱（按当时官价，可购买三万六千余斛米，或一万八千匹布）。这显然是需要一定时日才能攒积起来的，决非一日两日便可达到。而这种攒积并不影响市场及民间的交易，也就是说市场和民间还有相当数量的货币在流通，官吏和百姓（包括商人和摊贩）手中还握有相当数量的货币，其总和恐怕不会比这个数少。由上引有关番有职责的简牍可以看到，这是正常的“传送”，并非突发事故下的产物，不会迫使临湘县罄其所有，临湘县库还必须保留日常开支所需的部分，否则这部政权机器的正常运转多少会受到影响。从前文有关“钱”的简牍的粗略统计可以看到，这种日常开支，非但需要成千上万钱，十万数十万钱，甚至难免有上百万钱、数百万钱的可能。也就是说，临湘县在“传送”前，其库中的钱绝不止“五千七百七十万”，而是远超此数。临湘县的钱库如此，难道长沙郡库会一钱不名吗？比临湘县多才符合道理。复次，官吏私人的钱可以花天酒地，百姓，特别是农民，其手中的钱往往是用生活甚至是生产必需品换来的。他们手中所以有一点钱是为了完纳政府的赋税和应对不时之需。此时粮食布匹固然可以折纳，但有些赋税，如口算钱以及前文阐述的户品钱，却没有看到折纳的例证。这就使绝大部分农民攥紧着钱，不到万不得已的时候绝不撒手。这类状况是必须充分考虑的。总之，左顾右盼，估计当时临湘县拥有的货币总量将倍于甚至数倍于简三 7186 所标明的数量。

二 “八亿钱”

一天之中，潘有将“五千七百七十万”钱由县库“转送”郡库，估计临湘县有过亿甚至数亿货币在流通大概不会出什么大错，数量之巨，相当惊人。这是什么钱？《长沙走马楼二十二号井发掘报告》说，在出土的遗物中，有 189 枚铜钱，大部分是“五铢”钱，其他则是“货泉”1 枚，无字钱 6 枚，字迹不清的 16 枚（估计当为“五铢”）。此外在建筑废土堆中又采集到铜钱 29 枚，其中 21 枚“五铢”，2 枚“直百五铢”，3 枚“太平百钱”，1 枚“大泉五十（?）”，2 枚无字钱。[①] 临湘流通的钱是否它们呢？

“直百五铢”是刘备攻入成都后铸造，史称：“初攻刘璋，备与士众约：‘若事定，府库百物，孤无预焉’。及拔成都，士众皆舍干戈，赴诸藏竞取宝物。军用不足，备甚忧之。（刘）巴曰：‘易耳，但当铸直百钱，平诸物贾，令吏为官市。’备从之，数月之间，府库充实。”[②] 蜀汉的钱不可能大量地在临湘流通，这是可以论定的。临湘并不在吴蜀交往的主干在线，这里出土“直百五铢”虽不足证明它在经济上和蜀汉有直接交往，但和长沙以外地区往还不断还是可以看出来的。

史称：“（嘉禾）五年春，铸大钱，一当五百。诏使吏民输铜，计铜畀直。设盗铸之科。”“赤乌元年，铸当千大钱。”[③]《晋书·食货志》也说：“孙权嘉禾五年，铸大钱一当五百。赤乌元年，又铸当千钱。故吕蒙定荆州，孙权赐钱一亿。钱既太贵，但有

① 《嘉禾吏民田家莂》上册，第 22—23、28 页。

② 《三国志·蜀书》卷九《刘巴传》注引《零陵先贤传》，中华书局 1959 年版，第 982 页。

③ 《三国志·吴书》卷二《吴主传》，中华书局 1959 年版，第 1140、1142 页。

空名，人间患之。权闻百姓不以为便，省息之，铸为器物，官勿复出也。私家有者，并以输藏，平卑其直，勿有所枉。”这里有两点需要说明一下。其一，据《三国志》和《晋书》的记载，孙权似乎只铸了“一当五百”和“当千”两种钱，分别叫做“大泉五百”和“大泉当千”。其实不然，除了当五百和当千钱外，还有“大泉二千”和“大泉五千”，形成了一个“大泉”系列，“大泉五十（?）”估计也是其中之一，很可能是面值小的先出，面值大的后出。此外，“太平百钱”也是吴国的铸币，其铸造的时间早于“大泉”钱，大体上出现于黄武六年（227）前。某一种贱金属货币所以能取信于民，施行多年而不衰。除了社会安定，经济生活正常之类的条件外，面值和其使用价值相一致，也是一个十分重要的条件。孙权的钱在形制上大一点，面值也大一点，刚发行可能相当顺利，尝到了甜头，未隔多久又推出面值更大的，越出越大，非但当百，还要当千钱直至当五千钱使用，这就是十分明显的掠夺了，“人间患之”，“百姓不以为便”是必然的。好在其中较为著名的“大泉五百”出在嘉禾五年，“大泉当千”出在赤乌元年，而前引简三 7186 一天中将“五千七百七十万”钱“转送”的时间是“嘉禾四年二月十三日”。也就是说临湘流通的铸币和大泉钱基本上没有关系。其二，《晋书》将吕蒙夺荆州获赐“钱一亿”和大泉钱联系在一起，似乎有点风马牛不相及。因为吕蒙夺取荆州的时间是建安二十四年（219），本传记载吕蒙夺取荆州后，孙权便“以蒙为南郡太守，封孱陵侯，赐钱一亿，黄金五百斤。蒙固辞金钱，权不许。封爵未下，会蒙疾发……”[①] 也就是说他在夺取荆州的当年即获赐钱，而较著名的大泉钱铸于嘉禾五年，晚了十六七年。不过这却提醒人们，在此之前，吴国即有铸币流通，至少荆州和扬州是如此，有关于此，后文中引入的简牍，特别是简二 6962 及简一 9543 可兹证明，否则这类赏赐便毫无意义。总之，在大泉钱出炉前，临湘便有铸币在流通。

出土的“五铢”钱那么多，是不是它呢?

“五铢”便是汉“五铢”，经汉武帝统一货币后，上林三官钱质量高而且精美，一直为后世叹服和流传，流通量最大时，多达“二百八十亿万余”[②]。西汉后期，五铢颓象已现。历经王莽祸乱，五铢钱一蹶不振。东汉只铸过一次五铢钱，甚至有一段时间封钱不用。直到东汉后期，才又铸了一次钱，但已非五铢，及至董卓擅权，“坏五铢钱，更铸为小钱……于是货轻而物贵，谷一斛至数十万，自是后钱货不行”。[③] 众所周知，导致东汉末年社会经济崩溃的原因并不是董卓废五铢，铸小钱。其根本原因是激烈的土地兼并、极端腐朽和黑暗的统治以及在此基础上爆发的长期军阀混战。董卓此举不过是给千疮百孔，进入死胡同的社会经济又戳了个小洞而已。自此，五铢钱风光不再。董卓的势力从来没有跨过长江，擅权的时间又十分短暂，小钱甫一出笼，便遭遇“钱货不行”的结果。因此可以肯定，流通于临湘的铸币，既非在出土货币中数量

① 《三国志·吴书》卷九《吕蒙传》，中华书局 1959 年版，第 1279 页。
② 《汉书》卷二十四下《食货志》下，中华书局 1975 年版，第 1177 页。
③ 《三国志·魏书》卷六《董卓传》，中华书局 1959 年版，第 177 页。

最多但已过了气的五铢钱，也非董卓的小钱。那么，流通于临湘的究竟是什么钱呢？是否就是《竹简》中的“八亿钱”呢？这里先将有关八亿钱简牍胪列如下：

都乡谨列五十□亿钱……⧄（简一175）

⧄ □年八亿钱七千八百准入米⧄（简二3664）

入桑乡嘉禾五年八亿钱淮（准）入米四斛五斗□ * 嘉禾六年正月⧄（简二8333）

入平乡嘉禾五年八亿钱准入米十一斛三斗（简二8341）

入东乡嘉禾五年八亿钱准入米⧄（简二8342）

入东乡嘉禾五年八亿钱准入米九斛六斗 * 嘉禾⧄（简二8357）

入桑乡嘉禾五年八亿钱贾准米七斛 * 嘉禾六年⧄（简二8363）

入桑乡嘉禾五年八亿钱准入米[六][斛]⧄（简二8423）

⧄ [嘉]禾五年八亿钱准入米八斛六斗 * 嘉⧄（简二8439）

入平乡嘉禾五年八亿钱准入米十⧄（简二8447）

入北乡嘉禾五年[八][亿]⧄（简二8454）

入东乡嘉禾五年八[亿][钱]□□⧄（简二8495）

⧄ 五年八亿钱贾[准][入]米⧄（简二8515）

入□[乡][嘉][禾]五年八亿钱⧄（简二8517）

入桑乡嘉禾五年八亿钱准[入][米]⧄（简二8553）

入桑乡嘉禾五年八亿钱准入米□⧄（简二8560）

⧄ 东乡嘉禾五年八亿钱准入米九斛⧄（简二8564）

入桑乡嘉禾五年八亿钱准入米九斛五斗 * ⧄（简二8570）

入桑乡嘉禾五年八亿钱⧄（简二8615）

入平乡嘉禾五年八亿钱…… * ⧄（简二8624）

[入][平][乡][嘉][禾][五][年][八][亿][钱]⧄（简二8632）

⧄ * 嘉禾五年八亿钱准入米二斛⧄（简二8661）

入临湘中乡五年八亿钱三千九百准米三斛 * 嘉禾六年正月[廿][八][日][上][于][丘]⧄（简三15）

⧄ 乡五年八亿钱九千一百准米七斛 * 嘉禾六年正月廿八日上于丘[吴]⧄（简三16）

以上是三部《竹简》中有关“八亿钱”的全部简牍，共计24枚。除简一175外，其他23枚都有“八亿钱”三字，比照这些简牍，可以肯定简一175□中的缺字也是“八”，所以也将其引录了。这显然是一种货币的名称，而不是赋税的名称。这种货币在史籍及以往考古发掘中从未见到过，是一种全新的名称，出于何时？是私铸还是官铸？是临湘出的、长沙出的还是他地流入的？流通地域有多大？流通时间有多久？形制怎样？等等，今天一无所知。这里关键是要探讨它是否就是流通在临湘的主要货币，或者说它和流通在临湘的主要货币是什么关系。上引各简都有“准入米”和“准米”的文字，这类文字在《嘉禾吏民田家莂》中最为多见，粗略统计，仅嘉禾五年，将地租中的钱折成米缴纳者就有273户，占该年《吏民田家莂》中租佃者的21.06%强。不仅地租中的钱可以折成米缴纳，封建政府征收的其他赋税也可以折成米缴纳：

☒ 三年田亩钱准入米一斛七斗 * 嘉☒（简一372）

入黄武六年䓣钱准米一百卅五斛　　中（简一9543）

入故吏邓慎岁钱准米一百七斛六斗三升（简一9544）

入西乡故吏番□畲黄武元年钱准米廿八☒（简二6962）

入东乡嘉禾五年田亩钱淮（准）米十一斛 * 嘉禾六年正月十七日楮丘黄汉关主纪梅综付掾孙仪受（简二8255）

入乐乡嘉禾四年财用钱准米三斛就毕 * 嘉禾五年正月七日顷丘番屯关邸阁董基付仓吏☒（简三3823）

右诸乡四年财用钱准米四斛五斗（简三3847）

以上这些简牍和“八亿钱”简牍的区别在于它们标明了钱的来源，如“田亩钱”、“䓣钱”、“岁钱”和“财用钱”之类，而八亿钱的简牍却只见货币的名称，不见是何名目征来的货币。尽管在“准入米”和“准米”也即可以将此钱折成米缴纳这类用途上，两者并没有什么区别，但是，即便如此，恐怕也极难说八亿钱就是流通在临湘的主要货币，理由如次：

首先，有关八亿钱的简牍显示，它使用于都乡、桑乡、平乡、东乡和中乡五个乡，其他乡怎样？整个临湘怎样？至少目前尚未有简牍可兹证明。

其次，除简一175和简二3604外，凡涉及使用八亿钱的简牍，都有一个确切的纪年——“嘉禾五年”，没有其他年份的，特别是没有见到早于嘉禾五年的。而此前货币已在临湘大行其道，这就难免令人怀疑，八亿钱进入流通领域极可能是嘉禾五年。若是，则八亿钱就肯定不是嘉禾五年前流通在临湘的主要货币。

最后，也是最重要的是，在简二8363和8515中出现了“八亿钱贾”这样的文字。“贾”字在吴简中经常出现，如“池贾米”、“盐贾米”、“酱贾米”、“锃贾米”和“种贾米”等等。这里“贾”的含义之一是“价钱”和“价格”，夹在池、盐、酱、锃之类名称之间，是标明这类赋税或物品原来需要多少钱或值多少钱，现在可以折成多少米，与前引的“准入米”、“准米”的意思一样。“八亿钱”本来就是钱，但使用时还得算一算它的“价格”和“价钱”，才能准入多少米。这岂非是说它并非通行于临湘的主要货币，或者说它并不是经常出现于市场的货币，因而它和流通于临湘的主要货币如何比价，还得经过一道验算的手续。

自从吴国取得长沙，直至嘉禾六年，随着社会经济生活逐渐正常，交换必不可免，市场和商品交易也在逐步恢复，昔日五铢钱的使用已在人们头脑中留下深刻的影响，它促使人们想念货币，需要货币，呼唤货币。在此期间，国家没有统一铸造过货币或规定只准某种货币流通，适应社会和市场的需求，往日的货币必然会走向流通领域，也可能出现新铸的货币，呈现各种货币杂用争艳的格局。五铢钱、直百五铢、太平百钱、无字钱等伴随这批简牍出土，正是这种现象的有力证据。为了便于交易和确保交易的公平合理，天长日久，便会在各种货币中产生出一种主要的货币。这种主要货币可能由权势方如官府确定，也可能在交易的竞争中自然而然地产生。其首要的前提是必须有足够的流通量。这种货币一旦出现，市场上流通的各种货币必然会以这种货币为标准，形成各自的比价。“八亿钱贾”正是这一状况的反映。某些在临湘稀见的货币则可兑换或者计算成市场上常见的和主要的，不过会收取一定的手续费，“钱贾钱”便产生了：

> ☐乡钱贾钱一千九百五十＊嘉禾（简一 2747）
>
> 入平乡监沱丘　苾颇钱贾钱二千＊嘉禾二年（简三 3356）

估计这种兑换或计算基本上是官方主持，因而又成为封建政府的一项收入。不过既然是较为稀见的货币，这类简牍相对少见也就是必然的了，“八亿钱贾”的出现，也为此提供了依据，同时也证明了八亿钱并非嘉禾五年以前流通于临湘的主要货币。从官方规定征收地租时斗米值钱 160，匹布值钱 3600 以及户品钱要成千上万地缴纳等情况来看，估计当时流通于临湘的主要货币，应是像稍后流通于三吴一带的孙郎钱那种类型的小钱。是否如此，其形制如何？还得有待日后的探索。

三　货币基本功能的逐步恢复

两汉时期，农民的主要负担由田租、口赋算赋和徭役三者组成。其中田租所占比重最小，征收粮食。口赋算赋的比重大于田租，征收钱。徭役所占比重最大，国家若无需要，可以用钱代役。可见，钱在赋役中占有最大的份额。但是东汉末年军阀混战极其严重地破坏和摧残了社会经济，仅全社会的人口在战乱中被杀戮或被瘟疫和饥饿夺走生命的，就高达 9/10。许多地方在长时间内无法生产，生机被剥夺殆尽，自然经济都难幸存，商品货币之类成为奢谈。偶尔出现的交换，也回到了以物易物的原始状态。钱征不上来，即便征到，也无物可买。它的用途和基本功能已经荡然无存。为确保军国开支，建安九年（204），曹操只好颁布了田租户调令，将原来征收钱的算赋口赋等合并入户调之中，征收布帛之类实物，货币退出了赋役的行列。黄初二年（221），魏文帝曹丕又“罢五铢钱，使百姓以谷帛为市”①。谷帛取代货币，成为法定的交换媒介，具备了价值尺度的功能。这些无疑是对货币及其功能十分沉重的打击。

东汉末年军阀混战的中心虽然是中原，但在专制主义中央集权的统一帝国内部，当激烈的社会动荡发生时，长江中下游地区想要脱身事外，也绝无可能，充其量只是稍好一点而已。因而当货币在北方毫无用武之地时，南方也受到巨大的冲击，在长沙；或者说在临湘，粮食布匹等同样成了交换媒介。

其卌二斛一斗七升贼黄勋黄龙三年贩物买米（简二 3859）

其卅六斛大男张吉张狗所买贼黄勋黄龙三年牛价米（简二 3866）

其八斛七斗一升会支明所买贼……黄龙三年……（简二 3918）

其十六斛大男张寿买贼黄□（简二 3971）

其廿六斛六斗七升贼黄勋黄龙三年财物贾米（简二 4316）

这是官府将罚没黄勋的财物投向市场的五枚简牍，简二 3866、3918 和 3971 这三枚是百姓用米买黄勋被罚没的财物，除简二 3866 有“牛价”外，其他都没有，多少米在这里就是价格或价钱。简二 3859 和简二 4316 这二枚是官府用罚没黄勋的财物去“买”米。颠来倒去，都是当时市场上以物，特别是以米换物的真实反映。在这里，米充当了交换媒介可谓一目了然。请勿忘记，这是官府的废弃档案，和官府无关的买卖是不会进入的，因为这毕竟不是市场实录或采访纪要。当然，官府投向市场的物资绝非只有罚没品，还有事关国计民生的盐铁以及官府手工作坊的一些产品。当这些物资投向市场时，所换取的也基本上是米，再用米去换取布帛等其他物资。其间，“盐米”是相当典型且数量甚巨的一种。

出郡吏雷济黄龙三年盐贾吴平斛米五百八十四斛二斗四升为禀斛米六百九斛被督军（简三 1625）

其九十五斛二斗八升郡吏雷济黄龙三年盐贾米（简三 2179）

出郡吏雷济黄龙三年盐贾吴平斛米二百一十一斛二斗八升准禀斛米二百卌斛八升被督军粮（简三 2491）

其一千七百九十斛一斗郡吏雷济黄龙三年盐贾米（简三 4396）

入郡吏雷济黄龙三年盐贾米四百一十六斛五斗□□不收䆃（简三 4782）

请注意，这些以物换米，或以米买物的事情就其发生的时间来说，都已经是“黄

① 《晋书》卷二六《食货志》，中华书局 1974 年版，第 794 页。

龙三年”或“黄龙三年”前后了。也就是说，这已是孙权正式登基后的十年，是长沙进入和平年代的十三四年了。此时，社会经济各部门进入正常营运也已经有年了。不仅如此，直到走马楼简牍纪年的下限——嘉禾六年，以物易物，以米易物，米布互换的现象还随处可见，有关于此，《嘉禾吏民田家莂》中租佃者缴纳地租时，将布折成米和将钱折成米可以说是这类现象最集中最典型的反映。在《嘉禾吏民田家莂》中，嘉禾四年的租佃者共计 778 户，粗略统计，他们中直接缴布的有 487 户，占租佃者总数的 62.69%弱，因简牍残断难以判断的有 118 户，占总数的 15.17%弱；将布折成米缴纳的有 173 户，占总数的 22.49%弱。该年，468 户直接缴钱，占总数的 60.159%强，167 户将钱折成米缴纳，占总数的 21.48%弱，143 户因残断难以判断。嘉禾五年的租佃者共有 1269 户，粗略统计，缴布者只有 121 户，占总数的 9.54%弱。情况不明者 112 户，占 8.83%弱，折成米缴纳者 964 户，占总数的 75.96%弱。该年，862 户直接缴钱，占总数的 63.73%强，170 户难以判断，占总数的 13.79%强，273 户将钱折成米缴纳，占总数的 21.51%强。如果说嘉禾五年是按照官方规定的比率进行折纳的话，嘉禾五年则是浮动折纳。所以浮动，那是这一年是按照各地的市场价折纳，因而不但地点不同折纳的比率不一样，即便同一地点，折纳的时间不同，折纳的比率也是不一样。所以，这一年的折纳，可以说完全是市场交易的反映。[①]

前已阐明，在《竹简》中，涉及钱的简牍超过千枚，其中有具体纪年的数量也不算少。但有一个现象耐人寻味，即嘉禾以前的简牍实难寻觅，粗略统计，仅有六枚而已。

入乐乡财用钱三千＊黄龙☑（简一 991）

☑ 脩所备黄武六年金行钱四☑（简一 2732）

☑ 万七千□黄武六年蒸钱……（简一 7161）

入黄武六年蒸钱准米一百卅五斛　　中（简一 9543）

·其卅七斛六斗三升故吏郑（?）慎黄龙三年岁钱米（简二 4007）

入西乡故吏番□备黄武元年钱准米廿八☑（简二 6962）

这六枚中，却有三枚是钱准米，简一 2732 和 7161 因残断，是缴了钱，还是钱准米难于确定，见着钱的是简一 991，不过“三千”。这和上面所说的状况是相一致的。它反映出直到黄龙三年前后，米和布帛还具有交换媒介的功能，货币基本功能的恢复，还有待时日。

但是，吴国毕竟和曹魏还是有所区别的。首先，吴国没有像曹魏那样颁令“罢五铢钱”。即便孙权所铸大钱遭到百姓抵制，被迫下令收回，表示今后不再铸造这类钱

① 参见拙文《〈嘉禾吏民田家莂〉中嘉禾五年的钱、布折米》，《首都师范大学学报》2007 年第 7 期。

时，也是如此："晋自中原丧乱，元帝过江，用孙氏旧钱，轻重杂行。大者谓之比轮，中者谓之四文"。[①] 表明吴国始终有货币在流通，只是没有出现过统一的货币，听凭各种货币杂用而已。其次，吴国的赋役制度表面看来基本承袭两汉，没有明显的变动。《三国志·吴志·三嗣主传》说："天玺元年……会稽太守车浚、湘东太守张咏不出算缗，就所在斩之，徇首诸郡。"这里不是说张咏和车浚自己不出算缗，而是说他们在灾荒年间，没有上报中央，擅自做主，免除了自己辖郡的算缗。天玺元年（276），已是吴国的后期，此时还征收算缗，证明吴国在赋役制度上没有太大的变革。至少是维持着两汉算赋口赋的名目，没有将算赋口赋之类征收钱的项目合并为户调。吴国前期就更应如此了：

其三百卅四人小□□收钱五合一千六百七十（简一 4436）

其六百八人大□□收钱廿八合一万七千廿四钱（简一 4464）

□迁里领民户二百五十五户口一千一百一十三人收□□口算钱

合六万二千一百一十八钱（简一 9407）

其二百五十二人算人收钱一百廿合三万二百卌（简一 4980）

"人收钱一百廿"，这样的征收额度，和两汉也是一样的。但简一 4436 中"小□□收钱五"和简一 4464 中"大□□收钱廿八"这样的额度如何理解就颇为繁难了。难道说吴国初年的口赋和算赋有分次征收的现象，或者是不同年代其征收的额度也有变化。不过不管如何，吴国保留了两汉算赋口赋的名目，而且征收钱还是可以肯定的。非但如此，租佃国有土地，地租也由米钱布三者组成。尽管钱在地租中的比例很少，毕竟是在征钱。[②] 赋税中征钱的名目之多，本节开头已有胪列，这里无须重复。

需要说明，我们说吴国的赋役制度表面上承袭两汉，没有明显的变动，并不是说毫无变化。为适应物物交换的现实，确保租赋收入，封建政府在收缴租赋时允许折纳，便是相当明智的举措。它既和社会经济的现实相吻合，使租赋有所保障，又在一定程度上促使农民将其产品投向市场，有利于商业和传统市场的恢复，有利于货币功能的复苏，缩短了社会经济恢复所需的时间。当然，说穿了，这种折纳，并非临湘甚至吴

---

① 《晋书》卷二六《食货志》，中华书局 1974 年版，第 795 页。

② 吴国是否征收户调，有些学者据《竹简》中"调布"简牍，认为征收，有些学者不同意。笔者目前对此缺乏深入的思考，难以表述意见，参加讨论。这里要说的是，尽管吴国维持着算赋、口赋的名目，征收的额度有时也和两汉一样，但是实际上根本不能和两汉的算赋、口赋相提并论。因为两汉的算赋和口赋是百姓的一大负担，在赋役中占有相当大的比重。对农民而言，它是高于田租的一大重负。《史记·货殖列传》引计然的言论说："上不过八十，下不减三十，则农末俱利，平粜齐物，关市不乏，治国之道也。"《汉书·食货志》引李悝尽地力之教说："余四十五石，石三十，为钱千三百五十。"《太平御览》卷三〇引桓谭《新论》说汉文帝时"谷至数十钱"。《后汉书·刘虞传》说"民悦年登，谷石三十"。故笔者推论两汉正常情况下，谷价为 30 钱一石。一算可买谷将近四石。而吴国嘉禾四年米的官价是每斛 1600 钱。一算可买米 7.5 升。在赋役中，口赋算赋所占比重孰轻孰重，岂非一目了然，岂能相提并论！

国的创造，东汉时已有成例在先。汉章帝时，尚书张林建议“可尽封钱，一取布帛为租，以通天下之用”[①] 为章帝采纳，布帛之类一度取代了货币。汉末军阀混战时，华歆为豫章太守，“海昏有上缭壁，有五六千家相结聚作宗伍，惟输租布于郡耳，发召一人遂不可得，子鱼（华歆字子鱼）亦睹视之而已”。[②]“租布”中的“租”应是田租，“布”应是算赋、口赋之类本当缴钱的赋税的折纳。饶有趣味的是这种折纳并非出自华歆的意愿，而是上缭壁的行为，不是自上而下的举措，是自下而上的创造，华歆无可奈何，只有默默地接受，否则什么都得不到。豫章大概可以算作长沙的近邻。这类先例应该为吴国的折纳提供或多或少的经验吧。

众所周知，赋税制度是社会经济发展到一定阶段的产物，社会经济决定并制约着赋税制度，赋税制度又反作用于社会经济，对社会经济的调节起有杠杆作用。在吴国社会经济各部门走向正常营运的进程中，上述那么一点点和曹魏不同的地方，对商品、市场、货币起有积极的刺激作用。它虽然没有那么立竿见影，毕竟在嘉禾元年听到了可喜的回声，使用钱的次数较大地增长了。粗略统计，有简一 113、136、1144、1189、1234、1446、1585、1595、1623、1624、1629、1651、1654、1659、1662、1663、1677、1679、1690、1700、2524、2681、2812、简二 1600、5737、8638 和简三 462、3289 等共 29 枚，现引若干枚以供参考。

入乐乡嘉禾元年财用[算][贾]钱▨（简一 136）

入南乡财用钱一千四百＊嘉禾元年十一月十日大男王[蜀]（?）付▨（简一 1629）

入模乡嘉禾元年财用钱一万七千＊嘉禾二年二月十二日吏铁霸付库吏殷▨（简一 1663）

入西乡吏何旆侑何黑钱三千＊嘉禾元年二月十[四][日]▨（简一 1679）

入都乡嘉禾元年锞贾钱一千＊嘉禾二年四月七日廉[丘]▨（简一 1700）

领元年用具钱……九万▨（简二 1600）

入市租钱市所调布一百五十匹＊嘉禾元年八月廿日□□□□付库吏殷▨（简三 462）

入乐乡嘉禾元年由渡丘男子□□□蒭钱七百七十五[钱]＊……月[九][日][烝][弁][付][库][吏][殷]▨（简三 3289）

在上引简牍中，简三 462 最有价值。当时匹布的市场价在 3600 钱左右，150 匹布，需 540000 钱才能买到。而这又是用市租钱购买的。市租钱这么多，岂非反映临湘的传

① 《后汉书》卷四三《朱晖传》，中华书局 1973 年版，第 1460 页。

② 《三国志·吴书》卷四《太史慈传》注引《江表传》，中华书局 1959 年版，第 1190 页。

统市场基本上已经正常运转了吗。到嘉禾二年，涉及货币的简牍更是暴增，几乎将近二百枚，说明货币已日趋活跃，又有了用武之地，它已成了交换的媒介。估计也是在此前后不久，其价值尺度的功能也恢复了，这是通过简牍中的“直”、“匹直”、“斛直”和“准钱”之类反映出来的：

☑ 一尺匹直三千六百□□（简一 2541）

☑ 丈二尺匹直三千☑（简一 2542）

☑ □直一千八百合八☑（简一 2547）

☑ 四匹一丈三尺匹直（简一 2570）

☑ □一丈一尺匹直三千（简一 2584）

☑ □匹直三千五百布付库（简一 2617）

直三千五百□☑（简一 2835）

一枚直一万八千钱□□□□□□☑（简一 2604）

☑ 四匹一丈六尺匹直三千六百布付县库吏殷连领如斛尽力绞促（简一 3732）

☑ 万四千斛直一千八百付库吏殷连当市二年调布（简一 3733）

□八万二千九百卌七钱其□□就留□今年所调布廿三匹□丈一尺匹直钱三千六百□□（简一 4370）

☑ □□□市所得布一百四匹五尺五寸匹直三千六百[钱][为]米百廿斛悉毕谨列市得布匹（简一 4405）

其一十四斛四斗四升准钱二万六千……钱……☑（简一 6689）

☑ 大男樊□白布[二][匹]一丈直钱九千（简三 3833）

……万四千八百八钱□□□米一百一十五斛五斗一升斛直□☑（简三 3846）

☑ □卅匹直三千三百[一][十]付库吏番有钱布簿别列出用[剫]（简三 6373）

☑ 调布得一百卌匹其七百匹直三千六百☑（简三 6447）

右入卌五……直三千六百其九百☑（简三 6760）

买布一万直钱五万案文书今承卖☑（简三 6811）

其七百匹匹直三千（简三 7019）

匹直三千三百布给东部所作弩□[以]（?）嘉禾三年三月六日（简三 7163）

其九十□万九千□百八十准入吴平斛米五百斛斛直一千八百卌（简三 7165）

尽管上引简牍只有简三 7163 有确切的日期：“嘉禾三年三月六日”，其余各简均无确切的年号和日期，毕竟告诉人们，在临湘的市场上，匹布的价格曾有“三千三百”钱（简三 7163）、“三千三百一十”钱（简三 6373）、“三千五百”钱（简一 2617）、“三千六百”钱（简一 3732）、“三千六百”多钱（简一 2541、4370，简三 6447）和四千钱（简三 3833）等多种。斛米的价格似乎比布要少一些，目前在《竹简》中只见“一千八百”钱（简一 3733）、“一千八百卌”钱（简三 7165）和 3124 钱（简一 4405）三种。实际上，无论是布价，还是米价，在临湘的市场上绝不是这几种，而是非常多。市场不同，价格就略有不同，即便同一个市场，交易的日子不同，价格也是略有不同。有关于此，翻阅一下《嘉禾吏民田家莂》，对嘉禾五年钱布折米的状况略做计算，便可一目了然了。

“一枚直一万八千钱”，“白布二匹一丈直钱九千”，“其一十四斛四斗四升准钱二万六千”等等，显然是将货、米、布等卖钱。简一 4370 是用钱买布，简三 3846、7165 等是用钱买米，钱具备一般等价物性质，是交换媒介已是不言而喻。简一 3733、4405 是用米买布，或者说是以布换米，表面上看，这依然是以物换物，是物物交换的原始形态。不过这里的物物交换，和黄龙三年用来买卖黄勋的物资已有所不同。在买卖黄勋的物资上，那是名副其实的物物交换，这里却要转个弯来才能成交。这个弯就是米要讲“斛直”，布要讲“匹直”，也即要讲清楚每斛米值多少钱，每匹布值多少钱，然后再进行等价交换。在这里，米和布都是商品，已不具备价值尺度的功能，只有钱才具备价值尺度的功能。

总之，在临湘，也同样经历过物物交换的年月，不过即便在此等年月中，货币也没有完全被废弃。随着社会经济生活逐步走向正常，随着社会各经济部门可以正常运转的到来，大体在嘉禾年间，货币最基本的功能——交换媒介和价值尺度的功能终于得以恢复，随之而来的是社会对货币需求量的扩大，商品货币经济缓慢地活跃起来。新的货币——八亿钱也出笼了。在市场上，货币和米、布并用，而由货币肩负价值尺度的功能，这大概应是在吴国统治时期，临湘或者说长沙货币经济的最佳境况了。在流通领域里，企望米、布完全让位于货币，既不现实，也无可能。理由如次：

首先，在吴国，长沙不过是一个普通的郡级城市，既不能和建业、武昌同日而语，也难以和吴郡、会稽、江陵等比肩。就是这么一个普普通通的郡城，在三国鼎立格局形成不久，其商品货币经济并不是荡然无存，而是在复苏。临湘是这样，会稽、吴郡、武昌和建业应该比长沙要好一点。正是这种形势触发了孙权更大的贪欲，在孙权看来，只要“大泉五百”和“大泉当千”一出炉，财富就会源源而来。但是在自然经济占统治地位的时代，交换的目的主要在于使用价值的交换，贱金属货币所以能充任交换媒介和具有价值尺度的功能，关键在于有它自身的使用价值做保障。而今大泉的面值已远远脱离其使用价值，是明目张胆地掠取和剥夺百姓的财富，舍大泉而不用，宁愿物物交换，是理所当然的选择。唐初诸公对孙权此举早就有所评价：“钱既太贵，但有空名，人间患之。”① 因此，大泉的出炉，其结果必然是对功能正在逐步恢复的货币的冲击和破坏。

其次，也是最主要的原因，在《嘉禾吏民田家莂》中，在《竹简》的户籍残简中，

① 《晋书》卷二六《食货志》，中华书局 1974 年版，第 795 页。

在缴纳“税米”、“租米”、“限米”、“调布”和皮的简牍中，人们所见到的是一个又一个的个体生产者，是农民，找不到一个商品生产者，甚至手工业生产者也几乎为封建政府网罗殆尽。也就是说，这时基本上没有什么商品生产，临湘市场上的商品是由农民提供的，所以大都是农产品、土特产品和渔猎物。这时的农民都是自给性生产者，生产的目的在于满足自身的温饱。为了正常的生活和生产，为了完纳赋税，他们确实需要也离不开交换，确实需要也离不开市场的调剂和补偿，他们能用于交换的只是自己的产品，有时甚至是生活必需品，数量十分细微有限。着眼点是使用价值，不是货币。正由于此，临湘商业和市场的恢复必然是有限度的，货币及其功能岂能超越这一现实而有所飞跃呢?

原载于《中华文史论丛》2011 年第 1 期

从文化与民族的关系看东魏北齐的胡汉之争

许福谦

陈寅恪先生在《隋唐制度渊源略论稿》[①] 二《礼仪》章曾指出：

> 北朝胡汉之分，不在种族，而在文化。

同书同章又云：

> 当时之所谓胡人汉人，大抵以胡化汉化而不以胡种汉种为分别，即文化之关系较重而种族之关系较轻，所谓有教无类者是也。

笔者按：寅恪先生这一论断，自20世纪40年代初提出，已历半个世纪之久，然其所包含之精义则未曾因时推移而有少泯，至今仍是我们研究魏晋南北朝史特别是北朝历史的准绳之一，其贡献于史学界者可谓大矣。胡汉问题既与精神文化有如此密切的关系，则推行同一文化可以融合原本有别的胡汉诸民族为一体，而坚持不同文化也可以使原本有别的胡汉诸民族鸿沟更深、冲突更烈。在北朝后期，前者最明显的事例，为西魏北周宇文氏政权推行关中本位政策的成功；后者最明显的事例，则有东魏北齐高氏政权因胡汉之争而削弱以至灭亡。

关于西魏北周宇文氏政权的"关中本位政策"，陈寅恪先生已有极为具体而精辟的论述。《唐代政治史述论稿》[②] 上篇《统治阶级之氏族及其升降》指出：

> 宇文泰率领少数西迁之胡人及胡化汉族割据关陇一隅之地，欲与财富兵强之山东高氏及神州正朔所在之江左萧氏共成一鼎峙之局，而其物质及精神二者力量之凭借，俱远不如其东南二敌，故必别觅一途径，融合其所割据区域内之鲜卑六镇民族，及其他胡汉土著之人为一不可分离之集团，匪独物质上应处同一利害之环境，即精

---

① 陈寅恪：《隋唐制度渊源略论稿》，生活·读书·新知三联书店1956年版。
② 同上。

神上亦必具同出一渊源之信仰，同受一文化之熏习，始能内安反侧，外御强邻。而精神文化方面尤为融合复杂民族之要道。（中略）此新途径即就其割据之土依附古昔，称为汉化发源之地，不复以山东江左为汉化之中心也。（中略）此宇文泰之新途径今姑假名之为“关中本位政策”，即凡属于兵制之府兵制及属于官制之周官皆是其事。其改易随贺拔岳等西迁有功汉将之山东郡望为关内郡望，别撰谱牒，纪其所承，又以诸将功高者继塞外鲜卑部落之后，亦是施行“关中本位政策”之例证。

笔者按：寅恪先生言简意赅，将“关中本位政策”推行的原因、目的、内容等均阐扬无遗，发覆于千载之下。对“关中本位政策”的揭示与总结是寅恪先生在魏晋南北朝史研究方面的又一重要贡献。

令人叹惋的是寅恪先生后来由于健康原因及其他因素的干扰，身心交瘁，致使他未能对东魏北齐高氏政权的胡汉问题进行同样深入的研究，做出同样卓越的贡献，造成无可挽回的损失，从而给我们留下了一片未尽开垦的学术苑地。于是我国热心的学者，颇有继起而就此问题深入研究者，其中尤以缪钺先生的成就最为引人注目。

缪钺先生曾撰有《东魏北齐政治上汉人与鲜卑之冲突》的论文，立论和方法都大仿寅恪先生，其说云：

（前引寅恪先生述“关中本位政策”之大意）反观高氏，虽其所凭借者胜于宇文，然并无调和汉人与鲜卑之方策，故东魏北齐四十余年（534—577）之中，其政治上常发生鲜卑与汉人之冲突，力量分散。齐为周灭，此其一因。[①]

并列举鲜卑勋贵与汉人士族在政治上的三次大冲突为证。据缪先生的考证，第一次冲突发生在东魏孝静帝时高澄、高洋执政之际，结果是汉人士族代表人物崔暹、崔季舒等被鞭打流放；第二次冲突发生在北齐废帝高殷之时，高演、高湛在鲜卑勋贵拥护下发动政变，汉人士族代表人物杨愔、燕子献等被杀；第三次冲突发生于北齐后主高纬之时，汉人士族代表人物祖珽被贬斥，崔季舒、张雕虎等被杀戮，“总之，北齐一代，鲜卑势盛，汉人虽数次起而相争，欲抑黜鲜卑，整顿政治，（中略）然卒不能胜鲜卑而归于失败，北齐政治遂始终不上轨道，以迄于亡”。

自缪先生此说出，嗣后学者谈东魏北齐历史，多祖述之，众口一辞，几成定谳，数十年来，罕有持异议者。[②]

---

① 载四川大学《史学论丛》1949年第一期，又载《读史存稿》（作者论文集），生活·读书·新知三联书店1963年版，第78—94页。

② 新中国成立后出版的中国通史、魏晋南北朝史著作，述至北齐民族斗争，多采缪先生之说。直至最近，还有漆泽邦先生《论东魏——北齐的倒退》一文为之张目，见《魏晋南北朝史研究》，四川省社会科学院出版社1986年版，第383—403页。

笔者近读寅恪先生《隋唐制度渊源略论稿》和《唐代政治史述论稿》二书，偶有所得，即取缪钺先生的论文与之对照，再三研读，反复推敲，始悟缪先生之研究东魏北齐历史，取法寅恪先生虽极肖似，但已不免有毫厘之失，并由此一发而不可收，终至其结论也大可商榷。因不揣浅陋，撰写此文，以求证于缪先生及其他学者，并作为对寅恪先生百年诞辰之纪念。

一

首先应澄清者，是缪钺先生取法寅恪先生时出现的疏失。笔者以为，这一疏失源于他对寅恪先生书中所称“胡”及“胡化”的理解上。寅恪先生凡论及北朝民族问题，对北方少数民族多沿旧称曰胡，对少数民族化的现象则例称为胡化。缪先生的论文，凡遇寅恪先生所当称之为胡或胡化处，率改为鲜卑或鲜卑化，乃至全文殆无胡字。而笔者恰恰认为，这一字之改易，即顿失寅恪先生原意，而成为问题之关键。寅恪先生在《唐代政治史述论稿》上篇《统治阶级之氏族及其升降》中云：

> 唐代创业及初期君主，如高祖之母为独孤氏，太宗之母为窦氏，即纥豆陵氏；高宗之母为长孙氏，皆是胡族而非汉族。

笔者按：独孤氏、窦氏、长孙氏皆鲜卑贵姓，而上引文中称之为胡族，这是寅恪先生以鲜卑为胡之证。而且寅恪先生在《隋唐制度渊源略论稿》与《唐代政治史述论稿》两书中所谈到的胡，凡在北朝时期者，也大都是指鲜卑族人及鲜卑化的汉人而言。然而《隋唐制度渊源略论稿》二《礼仪》章又云：

> 综合隋代三大技术家宇文恺、阎毗、何稠之家世事迹推之，盖其人俱含有西域胡族血统，而又久为华夏文化所染习。若技术人才出于胡族，则必于西胡而不于东胡求之。盖当中古时代吾国工艺之发展实有资于西域之文明，而东方胡族之艺术殊不足有所贡献于中国。

笔者按：上文中所谓东胡者，应指鲜卑，而所谓西胡者，即西域诸少数民族。这是寅恪先生以西域诸族为胡之证。

由此可知，寅恪先生之所谓胡者，含义颇广，乃是未汉化的北方各少数民族和少数民族化的汉人之总称，非仅指鲜卑及鲜卑化的汉人而言。了解这一点对了解北齐一朝的政治历史至为重要，因为北齐的胡人势力，除了鲜卑勋贵而外，还有一个西域胡化的恩幸集团，在北齐后期的政治舞台上扮演着极为重要的角色，甚至连皇帝也为其所左右。

其次欲补证者，是缪先生文中未曾论及的一个问题，即鲜卑与汉人这两大政治力

量在高氏政权中各自所占有的地位。《北齐书》卷二四《杜弼传》云:

弼以文武在位,罕有廉洁,言之于高祖(按:即高欢)。高祖曰:“弼来,我语尔。天下浊乱,习俗已久。今督将家属多在关西,黑獭(即宇文泰)常相招诱,人情去留未定。江东复有一吴儿老翁萧衍者,专事衣冠礼乐,中原士大夫望之以为正朔所在。我若急作法网,不相饶借,恐督将尽投黑獭,士子悉奔萧衍,则人物流散,何以为国?尔宜少待,吾不忘之。”及将有沙苑之役,弼又请先除内贼,却讨外寇。高祖问内贼是谁。弼曰:“诸勋贵掠夺万民者,皆是。”高祖不答,因令军人皆张弓挟矢,举刀按矟以夹道,使弼冒出其间,曰:“必无伤也。”弼战栗汗流。高祖然后喻之曰:“箭虽注,不射;刀虽举,不击;矟虽按,不刺,尔犹顿丧魂胆。诸勋人身触锋刃,百死一生,纵其贪鄙,所取处大,不可同之循常例也。”

笔者按:上文中所谓“督将”、“勋贵”、“诸勋人”者,指的都是六镇鲜卑及鲜卑化的汉人。为行文叙述方便起见,我们将这部分人所组成的政治势力,统称之为鲜卑勋贵。上文中所谓“士子”、“中原士大夫”者,指的是以山东高门为主干的汉人知识分子,我们将这部分人所组成的政治势力,统称之为汉人士族。观高欢之语杜弼,则知鲜卑勋贵和汉人士族这两大政治势力,实为高氏倚以立国的两根支柱,其地位之重要自可不言而喻。

又《北齐书》卷三〇《崔昂传》云:

后九卿以上陪集东宫,帝(按:指文宣帝高洋)指昂及尉瑾、司马子瑞谓太子曰:“此是国家柱石,汝宜记之。”

笔者按:尉瑾、司马子瑞或是鲜卑,或是鲜卑化之汉人,皆属勋贵之列;而崔昂则是汉人高门,士族首领。在高洋心目中,这两种人同是国家柱石,则其思想与乃父可谓如出一辙。其实在东魏和北齐的前期,高氏政权的几位执大政者高欢、高澄、高洋等都已自觉地认识到这一点。

六镇鲜卑出自边塞,弓马是长,本无敌于天下;而山东士族久居中原,习礼仪,练朝章,富有治国才能。这一文一武,相得益彰,高氏政权所以能在东魏及北齐前期数十年间对西、南两敌保持相对强盛的优势,这两根“国家柱石”的支撑实在起着决定的作用。

此外还应指出的是,鲜卑勋贵与汉人士族作为两大政治势力,诚如缪钺先生所云,有矛盾也有斗争。但缪先生又认为这种斗争贯穿着东魏及北齐全部历史,笔者却难以苟同。依笔者的管见,这种斗争仅限于东魏及北齐的前期,具体说,就是到废帝高殷时为止。这两大政治势力虽然都为高氏政权所用，彼此关系却如同水火，难以相容。究其根源，则是由于二者之间存在着巨大的精神文化鸿沟所致。山东汉人士族代表和承继了原洛阳北魏中央政府的高度汉化，而鲜卑勋贵则保持其塞上六镇固有之胡人习俗，且具有强烈的反汉化意识。汉人士族认为“鲜卑车马客，（治国）会须用中国人”[①]，鲜卑勋贵却以征服者自居，“共轻中华朝士”[②]。作为凌驾于两派政治势力之上的最高统治者高氏父子，利用有余，调和不足，观其所采用之调和术，多系权宜因循之计。兹举数例，《通鉴》卷一五七梁武帝大同三年条云：

> （高）欢每号令军士，常令丞相属代郡张华原宣旨，其语鲜卑则曰：“汉民是汝奴，夫为汝耕，妇为汝织，输汝粟帛，令汝温饱，汝何为陵之?”其语华人则曰：“鲜卑是汝作客，得汝一斛粟，一匹绢，为汝击贼，令汝安宁，汝何为疾之?”

胡三省注：

> 史言高欢杂用夷、夏，有抚御之术。

又《北齐书》卷二一《高乾传附弟昂传》云：

> 于时鲜卑共轻中华朝士，唯惮服于昂，高祖每申令三军，常鲜卑语，昂若在列，则为华言。

又如高澄辅政，擢用汉人士族崔暹、崔季舒等，畀以事权，纠劾不法勋贵人物司马子如、尉景、可朱浑道元等，稍挫鲜卑气焰。但勋贵们这边刚受惩治，那边高欢已来抚慰。[③] 可知这不过是高氏父子串演的一出双簧戏，一个唱白脸，一个唱红脸，以收恩威并用之效。从此三例看，第一例虽被胡三省称为“有抚御之术”，其实却不过是设空言以说教，第二例则是两面讨好，第三例乃崇尚诈术。高氏父子黔驴之技，穷于此矣。靠这些方法来平衡胡汉矛盾，都只可权用一时，而不能行之久远。与西魏北周的“关中本位政策”之作用、意义不可同日而语。及至高欢、高澄相继死，高洋上台执东魏政，因有篡夺帝位的非常之举，为换取拥有实力的鲜卑勋贵们的支持，乃不得不打破胡汉平衡，抛出勋贵们素所侧目的汉人士族崔暹、崔季舒等，各鞭二百徙北方。此即缪先生文中列为鲜卑与汉人间的第一次冲突者。

但高洋向勋贵们所作让步是有限的，而且也是权宜之计。因此当他建立北齐、坐

---

① 《北齐书》卷二四《杜弼传》，又《北史》卷五五《杜弼传》。

② 《北齐书》卷二一《高乾传附弟昂传》，又《北史》卷三一《高允传附高昂传》。

③ 参见《北齐书》卷一八、《北史》卷五四之《司马子如传》。

稳帝位后，即重新执行其父兄遗策，继续并用勋贵与汉士族。汉士族首领杨愔、燕子献等都受到重用，执掌朝政，其权势较昔日之崔暹、崔季舒等有过之而无不及。这种胡汉平衡的新格局自然招致鲜卑勋贵的强烈不满。等到高洋一死，他那“得汉家性质”① 的儿子高殷即位，以高洋母弟高演、高湛为首的勋贵集团就发动政变，将士族代表人物杨愔、燕子献等一网打尽。此即缪先生文中列为鲜卑与汉人间的第二次冲突者。此次冲突之后果极为严重，北齐高氏政权自此即开始走下坡路。《北史》卷四一《杨播传附弟子愔传》云：

遵彦（愔字遵彦）死，仍以中书令赵彦深代总机务。鸿胪少卿阳休之私谓人曰：“将涉千里，杀骐骥而策蹇驴，可悲之甚。”

盖非休之一人之私见，亦是当时治国乏人之实情。汉人士族遭此打击，虽未完全退出历史舞台，但已式微，无力单独与鲜卑勋贵抗争，而必得依附于另一西域化恩幸集团始能复仇。因此笔者认为：真正意义上的鲜卑勋贵与汉人士族两大政治势力的斗争，到此即告结束。

二

鲜卑勋贵两度战胜汉人士族，势焰熏赫，北齐朝廷内外弥漫着大鲜卑主义的气氛。但物盛必衰，政局不久便发生了一系列戏剧性的变化。高演杀杨、燕后，逼侄退位，自已做了皇帝，是为孝昭帝。孝昭帝在位仅一年余便意外地死去，其弟高湛继位，是为武成帝。武成帝在位数年，又传位给其子后主高纬。在高湛及高纬在位期间，一股新的政治势力在他们父子卵翼下迅速崛起，并立即与皇权相结合，操纵了北齐后期的政柄，掀起了新的政治斗争的波澜。

在东魏北齐邺都宫廷内外，本有大量西域胡人和西域胡化之其他民族成员。他们是供君主们驱使消遣的弄臣近侍，其所擅长者大都是西域文化艺术，如西域音乐、舞蹈、杂技、百戏等。这种文化艺术，形式新颖，内容丰富，有极强的艺术感染力。高氏诸帝耳濡目染，自不能无动于衷，于是多所爱好，甚者达到不舍昼夜废寝忘食的地步。《隋书》卷一四《音乐志》中载北齐之音乐云：

杂乐有西凉鼙舞、清乐、龟兹等。然吹笛、弹琵琶、五弦及歌舞之伎，自文襄以来，皆所爱好。至河清以后，传习尤盛。后主唯赏胡戎乐，耽爱无已。于是繁手淫声，争新哀怨。故曹妙达、安未弱、安马驹之徒，至有封王开府者，遂服

① 《北史》卷七《齐本纪》中《废帝纪》。

簪缨而为伶人之事。后主亦自能度曲。亲执乐器，悦玩无倦，倚弦而歌。别采新声，为《无愁曲》，音韵窈窕，极于哀思，使胡儿阉官之辈，齐唱和之，曲终乐阕，莫不殒涕。虽行幸道路，或时马上奏之，乐往哀来，竟以亡国。

笔者按：西域音乐既为高氏诸帝特别是后主高纬迷恋到这等地步，其他杂伎、百戏等当亦如此。由此可知，高氏诸帝大都受到不同程度的西域胡化，而以后主高纬为最。

西域胡人及西域胡化的其他民族成员既因身怀文化艺术之绝技而为君主眷幸，自然也不肯甘心居于一区区弄臣仅供人消遣驱使之卑下地位，而思得政治上之权力，跻身于达官贵人之列。但在东魏及北齐的前期，高欢、高澄、高洋父子兄弟都能坚持实行鲜卑勋贵与汉人士族并重并用的方针，这些人尚无从措其手足。《北齐书》卷五〇《恩幸传序》云：

高祖、世宗，情存庶政，文武任寄，多贞干之臣。（中略）天保五年之后，虽罔念作狂，所幸之徒唯左右驱使，内外亵狎，其朝廷之事，一不与闻。

及至北齐后期高湛、高纬父子在位时，他们的梦想变成了现实。史称高湛“爱狎庸竖，委以朝权”[①]，初步形成“大宁以后，奸佞浸繁”[②] 的局面。高纬更是“罕接朝士，不亲政事，一日万机，委诸凶族”，[③] 终于在一个很短的时期内便使这些人拥有了“内侍帷幄，外吐丝纶，威厉风霜，志回天日”[④] 的权势，形成了一支十分可怕的政治力量。

以上所述，均是缪钺先生文中所未涉及，而寅恪先生却已独具慧眼，在他的著述中早已明白指出了的。《隋唐制度渊源略论稿》五《音乐》章有诸多论述：

北齐之宫庭尤其末年最为西域胡化。

北齐宫庭胡化音乐势力之广大有如是者。

北齐宫庭胡小儿如是之多，为政治上一大势力，而西域文化如音乐之类北齐如是之盛。

同书同章甚至把这种西域胡化的渊源也揭示了出来：

鄙意北齐邺都所以如此之西胡化者，其故实为承袭北魏洛阳之遗风，《洛阳伽蓝记》叁城南永桥以南环丘以北伊洛之间夹御道有四夷馆条云：

---

① 《北史》卷八《齐本纪》下史臣论曰。

② 《北齐书》卷五〇《恩幸传序》。

③ 《北史》卷八《齐本纪》下史臣论曰。

④ 同上。

“西夷来附者处崦嵫馆，赐宅慕义里。自葱岭以西至于大秦，百国千城莫不款附，商胡贩客日奔塞下，所谓尽天地之区矣。乐中国土风因而宅者，不可胜数，是以附化之民万有余家，门巷修整，间阖填列，青槐荫柏，绿柳垂庭，天下难得之货，咸悉在焉。”

又同书同卷菩提寺条云：

菩提寺，西域胡人所立也，在慕义里。盖北魏洛阳既有万余家之归化西域胡人居住，其后东魏迁邺，此类胡人当亦随之移徙，故北齐邺都西域胡化尤其胡乐之盛必与此有关。

笔者按：寅恪先生虽着墨不多，而且仅限于音乐方面，未就此问题展开全面论述，但已为我们指明了继续研究的途径和方向。

这个西域胡化政治集团，旧史往往以“恩幸”目之，他们的代表人物，也都收入《北齐书》和《北史》的《恩幸传》中，故为叙述方便，下文统称之为“恩幸集团”。不过，他们与一般史书所谓之恩幸，既有共同点，又有不同处。简言之，其共同点在于都善逢迎拍马，讨皇帝欢心；不同者则是这个集团的强烈西域胡化。兹以该集团之组成成分及其代表人物为例说明之。

《北齐书》卷五〇《恩幸传序》云：

甚哉！齐末之嬖幸也，盖书契以降未之有焉。心利锥刀，居台鼎之任；智昏菽麦，当机衡之重。刑残阉宦、苍头卢儿、西域丑胡、龟兹杂伎，封王者接武，开府者比肩。非直独守弄臣，且复多干朝政。

又《北史》卷八《齐本纪》下《后主纪》云：

其所以乱政害人，难以备载。诸官奴婢、阉人、商人、胡户、杂户、歌舞人、见鬼人滥得富贵者，将以万数。

同书卷五一《齐宗室诸王传》上《上洛王思宗传附弟思好传》又云：

武平五年，遂举兵反，与并州诸贵书曰：“主上少长深宫，未辨人之情伪，昵近凶狡，疏远忠良。遂使刀锯刑余，贵溢轩阶，商胡丑类，擅权帷幄。”

笔者按：据引文则知恩幸集团的组成成分十分复杂，但大体可分为两类。一类是西域商贾、胡人乐工、龟兹杂伎等真正出于西域诸少数民族者，这类人物之保持西域胡化自不必说。另一类则是宦官、官奴、苍头、歌舞人、见鬼人等，甚至还有个别勋贵，这类人物本身多非西域胡人，但却已西域胡化者。因此他们能与前一类人物臭味相投，同挟其所擅长的西域技艺和善于事人以邀皇帝宠信，从而登上政治舞台。这前一类人的代表人物，有和士开、何洪珍等，而后一类人的代表人物，则有陆令萱及号称“三贵”的穆提婆、高阿那肱、韩长鸾等。

《北史》卷九二《恩幸传和士开传》云：

清都临漳人也。其先西城商胡，本姓素和氏。父安，恭敏善事人，稍迁中书舍人。魏静帝尝夜与朝贤讲集，命安看斗柄所指。安曰：“臣不识北斗。”齐神武闻之，以为淳直。（中略）士开幼而聪慧，选为国子学生，解悟捷疾，为同业所尚。天保初，武成封长广王，辟士开开府行参军。武成好握槊，士开善于此戏，由是遂有斯举。加以倾巧便僻，又能弹胡琵琶，因致亲宠。（中略）士开禀性庸鄙，不窥书传，发言吐论，唯以谄媚自资。自河清、天统以后，威权转盛，富商大贾，朝夕填门，聚敛货财，不知纪极。

笔者按：和士开家世本是西域商贾，来到中国定居，至士开已多历年所，但仍保持其西域胡性特点。其父和安，高欢以为淳直者，其实就是说他不涉汉化。士开幼年曾入国子学，而且学得还不错，但成人后却“禀性庸鄙，不窥书传”，可见汉化程度也不深。至于他既善握槊胡戏，又能弹胡琵琶；既倾巧便僻，善于事人，又喜好财货，不知纪极，则样样都是西域丑胡本色，其得自家传可不言而喻。

《北史·恩幸传》又云：

武平时有胡小儿，（中略）又有何海及子洪珍，开府封王，尤为亲要。洪珍侮弄权势，鬻狱卖官。

同书同卷《穆提婆传》又云：

穆提婆本姓骆，汉阳人也。父超，以谋叛伏法，提婆母陆令萱配入掖庭，提婆为奴。后主在襁褓中，令其鞠养，谓之干阿妳，呼姊姊，遂为胡太后昵爱。令萱奸巧多机辩，取媚百端，宫掖之中，独擅威福，封为郡君。和士开、高阿那肱皆为郡君义子。天统初，奏引提婆入侍后主，朝夕左右，大被亲狎，无所不为。武平元年，稍迁仪同三司，又加开府，寻授武卫将军、秦州大中正。二年，除侍中，转食乐陵郡干，宠遇弥隆。遂至尚书左右仆射、领军大将军、录尚书，封城阳郡王。赠其父司徒公、尚书左仆射、城阳王。令萱又佞媚穆昭仪，养之为女，是以提婆改姓穆。及穆氏定位，号视第一品，班在长公主之上。自武平三年之后，令萱母子势倾内外，卖官鬻狱，聚敛无厌。

同书同卷《韩凤传》又云：

韩凤字长鸾，昌黎人也。(中略)少聪察，有膂力，善骑射，稍迁乌贺真、大贤真正都督。后主居东宫，年尚幼，武成简都督三十人，送令侍卫，凤在其数。后主亲就众中牵凤手曰："都督看儿来。"因此被识，数唤共戏。(中略)禁掖防守，悉以委之。(中略)军国要密，无不经手。东西巡幸，及山水游戏射猎，独在御傍。与高阿那肱、穆提婆共处衡轴，号曰三贵。损国害政，日月滋甚。

同书同卷《高阿那肱传》又云：

善无人也。父市贵，从神武以军功封常山郡公。(中略)阿那肱初为库直，每从征讨，以功封直城县男。(中略)那肱工于骑射，便僻善事人，每宴射之次，大为武成爱重。又谄悦和士开，尤相亵狎。士开每见为之言，由是弥见亲待。(中略)那肱才技庸劣，不涉文史，识用尤在士开下，而奸巧计数亦不逮士开。既为武成所幸，多令在东宫侍卫，后主所以大宠遇之。士开死后，后主谓其识度足继士开，遂致位宰辅。

笔者按："三贵"均非西域胡人，其中穆提婆本姓骆，缪钺先生颇疑其为鲜卑他骆拔氏所改，但乏确证，即使真出于鲜卑，亦已西域胡化。韩凤既出自昌黎韩氏，当是汉人，而且还应是高门，但其人最为胡化。读史者或见他优容武职，痛恨汉人士大夫，因此疑其人应为鲜卑化者。缪钺先生即持此观点，并进而将此人与穆提婆当作鲜卑与汉人第三次斗争中的鲜卑人首领，理由不外如《北史·恩幸韩凤传》所言：

凤恒带刀走马，未曾安行，瞋目张拳，有啖人之势，每咤曰："恨不得锉汉狗饲马。"又曰："刀止可刈贼汉头，不可刈草。"(中略)凤被宠要之中，尤嫉人士，朝夕燕私，唯相谮诉。(中略)意色严厉，未尝与人相承接。朝士谘事，莫敢仰视，动致呵叱，辄詈云："狗汉大不可耐，唯须杀却。"若见武职，虽厮养末品，亦容下之。

但检同书同传又云：

寿阳陷没，凤与穆提婆闻告败，握槊不辍曰："他家物，从他去。"后帝使于黎阳临河筑城戍，曰："急时且守此作龟兹国子，更可怜人生如寄，唯当行乐，何用愁为。"君臣应和若此。

寅恪先生在《隋唐制度渊源略论稿》五《音乐》章评论说：

夫握槊，西域胡戏也；龟兹，西域国也。齐室君臣于存亡危急之秋，犹应和如此，则其西胡化之程度可知。

据此，与其说韩凤是鲜卑化，倒不如说他是西域胡化更适宜，至少也当视为既受鲜卑化影响又染西域胡化者。

"三贵"中唯有高阿那肱，源自鲜卑，出身将门，工于骑射，颇立战功，当属勋贵人物无疑。但他之受宠任却不是因为这些因素，而是因为"便僻善事人"，"谄悦和士开，尤相亵狎"，则其人与士开臭味相投，亦染西域胡化而身为恩幸之事者。当然，像高阿那肱这样以勋贵之身而入恩幸之列的，毕竟只是个别的变例，而非一般之通则。这种个别的变例，在其他场合也可见到。如在鲜卑与汉人的第二次冲突中，站在鲜卑一边替高演等人出谋划策的，就有一个汉人士族王晞①；而站在汉人一边并和杨愔等一道骈首受戮者，也有一个鲜卑勋贵人物可朱浑天和②。读史者幸勿因有此种个别之变例而遂疑及一般之通则本身。

综上所述，可知此新崛起之西域胡化恩幸集团，以和士开、陆令萱、穆提婆、高阿那肱、韩凤等人为首领，其中陆、穆为母子，高阿那肱谄事和士开，而和士开与高阿那肱又都甘为陆令萱义子，何洪珍又与和士开素善③。他们结党营私，盘根错节，织成一张巨大的关系网，笼罩在北齐后期的朝廷之上。当然，这个集团的成员十分猥杂，彼此间也不无尔虞我诈之事，如何洪珍以汉人张雕虎为谋主，韩凤就"甚畏忌之"④；高阿那肱欲引进勋贵人物綦连猛，也为韩凤沮难⑤，但奇怪的是，他们从未因此而爆发过激烈的斗争，更没有自相残杀。他们之中有的人与汉人士族来往颇多，有的则与鲜卑勋贵较为亲近，但也都没有因此而四分五裂，沦为勋贵与汉士族的附庸，而始终能够凝聚成一个集团，一派政治势力。揆其原委，并非是这些恩幸人物特别能识大体，顾大局，而是受到客观形势所迫所限，不得不如此。恩幸人物大都出身卑下，其社会基础一般均很薄弱。自洛阳迁邺的西域胡人，是北齐宫庭西域胡化之渊薮，也是恩幸人物的主要来源之一，然据寅恪先生所考证，其总数不能过万余家，且局促于邺都及

① 《北史》卷二四《王宪传附曾孙晞传》。

② 《北史》卷五三《可朱浑元传附弟天和传》。

③ 《北史》卷五二《齐宗室诸王传》下《武成诸子琅琊王俨传》。

④ 《北齐书》卷四四《儒林张雕传》，又《北史》卷八一《儒林传》上《张雕武传》。按：其人本名雕虎，《北齐书》避唐讳去虎字，《北史》避唐讳改虎为武。

⑤ 《北齐书》卷四一《綦连猛传》，又《北史》卷五三《綦连猛传》。

其周围之狭小区域，就人数与地域论，都不能与山东汉人士大夫或六镇鲜卑武士一比高低。而且他们文不能文，武不能武，既没有汉人士族的文学修养与门阀阅历，又没有六镇鲜卑勋贵的武干与战功。他们所承继的，不过为北魏洛阳文化中的一个偏支，即西域文化艺术得以遗留至邺都者；其所持以邀宠得君的，也不过是靠善于音声歌舞、杂伎百戏等西域绝技，再加上“便僻善事人”，舍此二端则无立身之本，真所谓“一荣俱荣，一损俱损”。如果他们之间再闹起内讧，轻者两败俱伤，重则四分五裂，届时欲为鲜卑勋贵或汉人士族之附庸，恐怕都不够格，更不必说再想操纵国柄，威福自己了。所以他们能够如同寅恪先生所指出的那样，“起族类之自觉”①，团结一致以对外，加上他们久居宫庭，能左右皇权，所以在和汉人士族、鲜卑勋贵势力的鼎峙中常居于有利的主动的地位。

三

西域胡化恩幸集团崛起虽晚，但它形成未久，便挟天子之余威，野心勃勃地活跃于政治舞台上。自此北齐中央政权内便呈现出鲜卑勋贵、汉人士族和恩幸势力三足鼎立，交相争斗的复杂局面。这一段公案，笔者尚未见到有人论及，故不得不稍加详述。

笔者已于上文指出，恩幸集团形成于武成帝高湛在位，鲜卑勋贵势力炽盛之时。因此它们很快便与这个政治上的劲敌产生激烈的权势之争。恩幸集团依靠和利用皇权，又勾结鲜卑勋贵的死对头汉人士族，在斗争中确立了牢固优势，使鲜卑勋贵先后遭受三次大的失败，损兵折将，精华尽丧，不得不率先退出政治舞台。

在论述这些斗争之前，先需要交代一个问题，即高氏诸王在政治上之所属。这些高齐王室的子弟懿亲，人数不少，地位显赫，经常参与北齐的政争。笔者认为：从他们所接受的文化教育及其所处政治地位、所持政治态度来综合分析，他们一般应当归属于勋贵集团。《北齐书》卷四四《儒林传》序云：

> 高祖生于边朔，长于戎马之间，因魏氏丧乱之余，属尔朱残酷之举，文章咸荡，礼乐同奔，弦歌之音且绝，俎豆之容将尽。及仗义建旗，扫清区县，（中略）属疆场多虞，戎车岁驾，虽庠序之制有所未遑，而儒雅之道遽形心虑。魏天平中，范阳卢景裕同从兄礼于本郡起逆，高祖免其罪，置之宾馆，以经教授太原公以下。及景裕卒，又以赵郡李同轨继之，二贤并大蒙恩遇，待以殊礼。同轨之亡，复征中山张雕、渤海李铉、刁柔、中山石曜等递为诸子师友。及天保、大宁、武平之朝，亦引进名儒，授皇太子诸王经术。然爰自始基，暨于季世，唯济南（按即废帝高殷）之在储宫，性识聪敏，颇自砥砺，以成其美，自余多骄恣傲狠，动违礼

① 《唐代政治史述论稿》中篇《政治革命及党派分野》。

度，日就月将，无闻焉尔。镂冰雕朽，迄用无成，盖有由也。夫帝王子孙，禀性淫逸，况义方之情不笃，邪僻之路竞开，自非得自生知，体包上智，而内有声色之娱，外多犬马之好，安能入便笃行，出则友贤者也。徒有师傅之资，终无琢磨之实。

据此可知高氏诸王中除少数人外，多对汉文化采取拒绝接受或消极接受的态度，而乐于保持其鲜卑旧俗。《北史》卷五一至五二《齐宗室诸王传》所载此类事例至多，今录数则于下：

（阳州公）永乐弟长弼，小名阿伽，性粗武，出入城市，好殴击行路，时人皆呼为阿伽郎君。

（范阳王绍义）好与群小同饮，擅致内参打杀博士任方荣。

（陇西王绍廉）性粗暴，尝拔刀逐绍义，绍义走入廊，闭门拒之。绍义初为清都尹，未及理事，绍廉先往，唤囚悉出，率意决遣之。

（南阳王）绰年十余岁，留守晋阳。爱波斯狗，尉破胡谏之，欻然斫杀数狗，狼藉在地。（中略）好裸人，画为兽状，纵犬噬而食之。（中略）在楼上弹人。好微行，游猎无度，恣情强暴，云学文宣伯为人。

（安德王延宗）为定州刺史，于楼上大便，使人在下，张口承之，以蒸猪糁和人粪以饲左右，有难色者鞭之。（中略）又以囚试刀，验其利钝。骄纵多不法。

由于地亲位逼，他们也常常受到皇帝的猜忌与排挤。《北史·齐宗室诸王传》亦载多例，下举数则为证：

（平秦王）归彦既地居将相，志气盈满，发言陵侮，傍若无人。议者以威权震主，必为祸乱。上亦寻其前翻覆之迹，渐忌之。

（兰陵王长恭）芒山之捷，后主谓长恭曰："入阵太深，失利悔无所及。"对曰："家事亲切，不觉遂然。"帝嫌其称家事，遂忌之。

这一点也与勋贵在北齐后期有震主之嫌相似。因此，他们与勋贵较亲近，勋贵也往往推出高氏诸王作为自己的政治代表。

恩幸集团与鲜卑勋贵间的第一次斗争发生于后主高纬天统五年（569）。高湛死，高纬年幼孱弱，恩幸和士开"以武成顾托，深委任之。又先得幸于胡太后，是以弥见亲密"①。这引起一班勋贵大臣的极大反感。勋贵首领赵郡王高叡（高欢之侄）与娄定

① 《北史》卷九二《恩幸和士开传》。

远（高欢娄后侄）、段韶（高欢娄后外甥）、任城王高湝、冯翊王高润（皆高欢之子）及元文遥等先发制人，企图逐出士开。结果反被士开巧妙利用皇权，轻易便取得胜利。《北史·恩幸和士开传》载此次斗争经过云：

赵郡王叡与娄定远、元文遥等谋出士开，仍引任城、冯翊二王及段韶、安吐根共为计策。属太后觞朝贵于前殿，叡面陈士开罪失云：“士开，先帝弄臣，城狐社鼠，受纳货贿，秽乱宫掖。臣等义无杜口，冒以死陈。”太后曰：“先帝在时，王等何意不道？今日欲欺孤寡邪！但饮酒，勿多言。”叡词色愈厉。安吐根继进曰：“臣本商胡，得在诸贵行末，既受厚恩，岂敢惜死？不出士开，朝野不定。”太后曰：“别日论之，王等且散。”叡等或投冠于地，或拂衣而起，言词咆哮，无所不至。明日，叡等复于云龙门令文遥入奏，三反，太后不听。段韶呼胡长粲传言于太后。曰：“梓宫在殡，事太匆速，犹欲王等更思量。”赵郡王等遂并拜谢。（中略）太后及后主召问士开，士开曰：“先帝群臣中，待臣最重。陛下谅阴始尔，大臣皆有觊觎，今若出臣，正是翦陛下羽翼。宜谓叡等，云文遥与臣同是任用，岂得一去一留，并可以为州。且依旧出纳，待过山陵，然后发遣。叡等谓臣真出，心必喜之。”后主及太后告叡等，如其言，以士开为兖州刺史，文遥为西兖州刺史。山陵毕，叡等促士开就路。士开载美女珠帘及诸宝玩以诣娄定远，谢曰：“诸贵欲杀士开，蒙王特赐性命，用作方伯。今欲奉别，且送二女子、一珠帘。”定远大喜，谓士开曰：“欲还入不?”士开曰：“在内久，常不自安，不愿更入。”定远信之，送至门。士开曰：“今日远出，愿一辞觐二宫。”定远许之。由是得见后主及太后，进说曰：“先帝一旦登遐，臣愧不能自死。观朝贵意势，欲以陛下为乾明。臣出之后，必有大变，复何面目见先帝于地下!”因恸哭。后主及太后皆泣，问计将安出。士开曰：“臣已得入，复何所虑？正须数行诏书耳。”于是诏定远为青州刺史；责赵郡王叡以不臣，召入杀之；复除士开侍中、尚书左仆射。

此次政争，以高叡被杀，娄定远、元文遥被贬斥而告结束。勋贵集团遭到首次惨败。

恩幸与勋贵间的第二次斗争发生于后主高纬武平二年（571）。高纬母弟琅琊王俨，在武成帝高湛生前最受宠爱，娇贵无比，兼京畿大都督、录尚书事、领军大将军、司徒、御史中丞等许多要职于一身，文武僚属，都是勋贵子弟，其权势之大又比赵郡王更胜一筹，俨然成了勋贵势力的新代表人物，因此深为恩幸首领和士开、穆提婆、陆令萱等所畏忌。和士开等打算逐步削夺高俨的权力，而高俨则勾结勋贵人物冯子琮、库狄伏连等人先下手为强，矫诏杀死和士开，还打算杀死陆令萱母子，废后主，差点儿就搞成一次宫庭政变。《北史》卷五二《齐宗室诸王传》下《武成诸子琅琊王俨传》载此次斗争之经过云：

俨以和士开、骆提婆等奢恣，盛修第宅，意甚不平。尝谓曰："君等所营宅，早晚当就，何太迟也?"二人相谓曰："琅邪王眼光奕奕，数步射人，向者暂对，不觉汗出。天子门奏事，尚不然。"由是忌之。武平二年，出俨居北宫，五日一朝，不复得无时见太后。四月，诏除太保，余官悉辞，犹带中丞，督京畿。以北城有武库，欲移俨于外，然后夺其兵权。书侍御史王子宜与俨左右开府高舍洛、中常侍刘辟强说俨曰："殿下被疏，正由士开间构，何可出北宫，入百姓丛中也?"俨谓侍中冯子琮曰："士开罪重，儿欲杀之。"子琮心欲废帝而立俨，因赞成其事。俨乃令子宜表弹士开罪，请付禁推。子琮杂以他文书奏之，后主不审省而可之。俨诳领军库狄伏连曰："奉敕，令领军收士开。"伏连以咨子琮，且请复奏。子琮曰："琅邪王受敕，何须重奏。"伏连信之，伏五十人于神兽门外，诘旦，执士开送御史。俨使冯永洛就台斩之。俨徒本意，唯杀士开。及是，因逼俨曰："事既然，不可中止。"俨遂率京畿军士三千余人，屯千秋门外。帝使刘桃枝将禁兵八十人召俨。桃枝遥拜，俨命反缚，将斩之，禁兵散走。帝又使冯子琮召俨。俨辞曰："士开昔来实合万死，谋废至尊，剃家家头使作阿尼，故拥兵马欲坐着孙凤珍宅上。臣为是，矫诏诛之。尊兄若欲杀臣，不敢逃罪。若放臣，愿遣姊姊来迎臣，臣即入见。"姊姊即陆令萱也，俨欲诱出杀之。令萱执刀帝后，闻之战栗。又使韩长鸾召俨，俨将入，刘辟强牵衣谏曰："若不斩提婆母子，殿下无由得入。"广宁、安德二王适从西来，欲助成其事，曰："何不入?"辟强曰："人少。"安德王顾众而言曰："孝昭杀杨遵彦，止八十人，今乃数千，何言人少?"后主泣启太后曰："有缘，更见家家，无缘，永别。"乃急召斛律光，俨亦召之。光闻杀士开，抚掌大笑曰："龙子作事，固自不似凡人。"入见后主于永巷。帝率宿卫者步骑四百，授甲将出。光曰："小儿辈弄兵，与交手即乱。鄙谚云：'奴见大家心死。'至尊宜自至千秋门，琅邪必不敢动。"皮景和亦以为然，后主从之，光步道，使人走出曰："大家来。"俨徒骇散。帝驻马桥上，遥呼之，俨犹立不进。光就谓曰："天子弟杀一汉，何苦?"执其手，强引以前。请帝曰："琅邪王年少，肠肥脑满，轻为举措，长大自不复然，顾宽其罪。"帝拔俨带刀环，乱筑辫头，良久乃释之。收伏连及高舍洛、王子宜、刘辟强、都督翟显贵于后园，帝亲射之而后斩，皆支解，暴之都街下。文武职吏，尽欲杀之。光以皆勋贵子弟，恐人心不安，赵彦深亦云"《春秋》责帅"，于是罪之各有差。（中略）自是，太后处俨于宫内，食必自尝之。陆令萱说帝曰："人称琅邪王聪明雄勇，当今无敌，观其相表，殆非人臣。自专杀以来，常怀恐惧，宜早为计。"何洪珍与和士开素善，亦请杀之。未决，以食舆密迎祖珽问之。珽称周公杀管叔，季友酖庆父，帝纳其言。以俨之晋阳，（中略）九月下旬，帝启太后曰："明旦欲与仁威出猎，须早还。"是夜四更，帝召俨，俨疑之，陆令萱曰："兄兄唤，儿何不去?"俨出至永巷，刘桃枝反接其手。俨呼曰："乞见家家、尊兄!"桃枝以袖塞其口，反袍蒙头负出，至大明宫，鼻血满面，立杀之。

笔者按：上引文字中有可注意者数端。一是高俨年少气盛，稍受摧屈，即愤不自已，仓促起事，侥幸万一，所与谋者仅少数勋贵及僚属，身为勋贵之库狄伏连，尚须诳之使其下手；而作为勋贵首领之一的斛律光，事发前竟不知情，则俨之失败固在情理之中。二是汉人士族代表人物祖珽已介入此次斗争，并与恩幸联袂，为之出谋划策，提供所需依据，遂致高俨于死地。三是对这一突发性事件，各派政治力量反应不一，颇耐人寻味。恩幸人物陆令萱、何洪珍等兔死狐悲，为替和士开报仇，更为自己的安全着想，力主杀死高俨。汉人士族祖珽则幸灾乐祸之余，更欲借刀杀人，通过恩幸之手除去高俨这个强劲的政治对手。高氏诸王高孝珩、高延宗却阴助高俨，欲其政变成功。勋贵首领斛律光虽然帮助后主挫败了这次政变，但他只是反对高俨推翻后主政权，至于高俨杀和士开，他倒是持赞许态度的，观其“天子弟杀一汉，何苦”及“琅琊王年少，肠肥脑满，轻为举措，长大自不复然，愿宽其罪”之语即可得知，所以主张保留高俨性命。但最后还是恩幸的主张占了上风，高俨不得不死。这场斗争，恩幸除死了一个和士开外，别无所损，而且政治上居于胜利者地位，继续操纵政权。勋贵中则高俨、库狄伏连、冯子琮等都被杀死，其亲信及僚属也“罪之各有差”。相比之下，勋贵又一次遭到惨败。

第三次斗争发生于后主高纬武平三年（572）。在这次斗争中，恩幸势力勾结汉士族，携手向勋贵进攻，终于扳倒了资历最深、影响最大的勋贵首领斛律光。恩幸与汉人士族相勾结，可溯至和士开、陆令萱用事时。士开既为赵郡王叡等人所恶，幸而依恃皇权，渡过难关，但终有畏惧勋贵之心，因此转而拉拢汉士族以为羽翼，抗衡勋贵。而汉人士族久遭冷遇，正在蠢蠢欲动，试图卷土重来，其首领祖珽等皆所谓朗悟之士，早已洞察其中三昧，也正主动向恩幸靠拢，于是双方一拍即合。士开死后，这种勾结不仅未受影响，反而更加密切。《北史》卷四七《祖莹传附子珽传》云：

> 是时陆令萱外干朝政，其子穆提婆爱幸，珽乃遗陆媪弟悉达书曰：“赵彦深心腹阴沉，欲行伊、霍事，仪同姊弟岂得平安，何不早用智士邪?”和士开亦以珽能决大事，欲以为谋主，故弃除旧怨，虚心待之。与陆媪言于帝（中略），从之。入为银青光禄大夫、秘书监，加开府仪同三司。和士开死后，仍说陆媪出彦深，以珽为侍中。在晋阳通密启，请诛琅邪王。其计既行，渐被任遇。又（中略）珽欲以陆媪为太后，撰魏帝皇太后故事，为太姬言之。谓人曰：“太姬虽云妇人，实是雄杰，女娲已来无有也。”太姬亦称珽为“国师”、“国宝”。由是拜尚书左仆射，监国史，加特进，入文林馆，总监撰书。封燕郡公，食太原郡干，给兵七十人。所住宅在义井坊，旁拓邻居，大事修筑，陆媪自往案行，势倾朝野。

恩幸既与汉士族勾结，势力自然增强。而勋贵经两次政争的失利，已元气大伤。但作为勋贵首领的斛律光，却熟视无睹。斛律光，字明月，是鲜卑化的敕勒人。其父斛律金，与高欢同起北边，屡立战功，成了高氏政权的佐命元勋。光与弟羡，皆为北齐大将，并与帝室联姻，“一门一皇后，二太子妃，三公主，尊宠之盛，当时莫比”[①]。因此予智予雄，颇有些目中无人，甚至敢于气加万乘之上。《北史》卷五四《斛律金传附子光传》云：

初，文宣时，周人常惧齐兵之西度，恒以冬月，守河椎冰。及（武成）帝即位，朝政渐紊，齐人椎冰，惧周兵之逼。光忧曰：“国家常有吞关、陇之志，今日至此，而唯玩声色。”

则是连皇帝老子也敢批评，更无论他人矣，由是既与恩幸失和，又与汉士族交恶。《北史·祖莹传附子珽传》云：

斛律光甚恶之，遥见窃骂云：“多事乞索小人，欲作何计数！”尝谓诸将云：“边境消息，处分兵马，赵令（指赵彦深）恒与吾等参论之。盲人掌机密来，全不共我辈语，止恐误他国家事。”又珽颇闻其言。

又《北史·斛律金传附子光传》云：

光尝在朝堂，垂帘而坐，祖珽不知，乘马过其前。光怒，谓人曰：“此人乃敢尔！”后珽在内省，言声高慢，光过闻之，又怒。珽知光忿，赂其从奴磕头。曰：“自公用事，相王每夜抱膝叹曰：‘盲人用权，国必破矣！’”

同书同传又云：

穆提婆求娶光庶女，不许。帝赐提婆晋阳之田，光言于朝曰：“此田，神武以来，常种禾饲马，以拟寇难。今赐，无乃阙军务也？”帝又以邺清风园赐提婆租赁之。于是官无菜，赊买于人，负钱三百万，其人诉焉。光曰：“此菜园赐提婆，是一家足；若不赐提婆，便百官足。”由是祖、穆积怨。

笔者按：祖珽二目双盲，故斛律光诋之曰盲人；斛律光时为左丞相，封咸阳王。光用兵作战，无坚不摧，但对政治斗争，却似一窍不通，观其同时开罪于恩幸与汉士

①《北史》卷五四《斛律金传》。

族之代表人物，树敌过多，即知其不讲策略；口肆恶语，愤恨之情溢于言表，而不能动政敌一根毫毛，即知其无政治手腕。但祖珽、穆提婆、陆令萱、何洪珍等已将他恨之入骨，必欲除之而后快，为达到这一目的，甚至不惜为外敌作反间。《北齐书》卷一七《斛律金传附子光传》叙述此次斗争过程云：

> 周将军韦孝宽忌光英勇，乃作谣言，令间谍漏其文于邺。曰：“百升飞上天，明月照长安”，又曰：“高山不推自崩，槲树不扶自直。”

笔者按：韦孝宽为北周良将，以善用间而著名于时。但他恐怕做梦也未想到，其所造作之谣言，竟能在敌国最高统治层中获得如此有力之应和。同书同传又云：

> 祖珽因续之曰：“盲眼老公背上下大斧，饶舌老母不得语。”令小儿歌之于路，提婆闻之，以告其母令萱，萱以饶舌，斥己也，盲老公，谓珽也，遂相与协谋，以谣言启帝曰：“斛律累世大将，明月声震关西，丰乐威行突厥。女为皇后，男尚公主，谣言甚可畏也。”帝以问韩长鸾。鸾以为不可，事寝。祖珽又见帝请间，唯何洪珍在侧。帝曰：“前得公启，即欲施行，长鸾以为无此理。”珽未对，洪珍进曰：“若本无意则可，即有此意而不决行，万一泄露如何?”帝曰：“洪珍言是也。”犹豫未决。(中略）帝性至怯懦，恐即变发，令洪珍驰召祖珽告之。又恐追光不从命。珽因云：“正尔召之，恐疑不肯入。宜遣使赐其一骏马，语云：‘明日将往东山游观，王可乘此马同行’，光必来奉谢，因引入执之。”帝如其言。顷之，光至，引入凉风堂，刘桃枝自后拉而杀之，时年五十八。于是下诏称光谋反，今已伏法，其余家口不须问。寻而发诏，尽灭其族。

笔者按：读史者或见自续作谣言至设计诱杀斛律光者皆是祖珽，因疑及此次斗争之性质，以为斗争之一方固当是勋贵，另一方则应是汉士族，至少亦当以汉士族为主。其实不然。祖珽其人虽多智数，然在此次斗争中无决策权，必得依靠恩幸之力方能成功。观其始与陆令萱以谣言共启后主高纬，高纬即欲诛光，后因韩长鸾不从，事寝。其后祖珽请间，高纬又因何洪珍进言，始再起杀心，可知高纬态度前后凡三变，而每次均以恩幸之意志为转移。则此次斗争之一方，仍以恩幸为主，汉人士族仍只能起推波助澜之作用。

这次政治斗争的牺牲者虽然只是斛律光兄弟及其家族，但对北齐乃至北朝政治历史发展之影响却超过以往任何一次斗争。盖斛律光在北齐后期不仅是鲜卑勋贵倚之为中流砥柱的人物，而且是高氏政权折冲御侮的一道万里长城，身系一国之安危存亡。

至此，鲜卑勋贵丧失了最后一位领袖人物，作为一股独立的政治势力，被迫退出了北齐中央政治舞台。高氏政权两大支柱中的一根，而且是主要的一根，就这样折断了。造成这根支柱折断的力量，主要是恩幸集团。这一点，我们只要读一下《北史》卷五一《齐宗室诸王传》上《上洛王思宗传附弟思好传》所载思好《与并州诸贵书》，即可一目了然。在书中，思好将斛律光无罪被杀的责任，一古脑儿推到恩幸身上。

然而北齐的胡汉之争还未休止，而仍在继续上演其最后的一幕。西域胡化的恩幸集团与汉人士族集团虽曾勾结，但却都是为了对付他们共同的敌人鲜卑勋贵。至于这两个集团本身，无论是民族、文化，也都存在着根本区别。待到勋贵势力被打垮，双方联合的政治基础便消失了，而彼此的矛盾之处却日益尖锐。于是以恩幸首领陆令萱、穆提婆、韩长鸾等为一方，以汉士族领袖祖珽、崔季舒等为另一方，展开了新的较量。这次斗争的性质，仍当从文化与民族方面求得之。《北史·祖莹传附子珽传》云：

> 自和士开执事以来，政体隳坏，珽推崇高望，官人称职，内外称美。复欲增损政务，沙汰人物。始奏罢京畿府并于领军，事连百姓，皆归郡县；宿卫都督等号位从旧官名，文武服章并依故事。又欲黜诸阉竖及群小辈，推诚延士，为致安之方。

笔者按：文中所谓“推崇高望”，“沙汰人物”，和“始奏罢京畿府”，缪钺先生文中均有考释，认为是擢用汉人士大夫，取消有特殊权势之鲜卑兵团，其军人与汉族士兵同等待遇。笔者均深表赞同。其余“宿卫都督等号位从旧官名，文武服章并依故事”，缪先生未释，笔者以为是将北齐官制中受鲜卑化影响的部分革除，而将其恢复到北魏洛阳之官制。北齐宿卫都督位号，多用鲜卑名称，如《北史·恩幸传》之韩凤传中有“乌贺真、大贤真正都督”，高阿那肱传中有“库直都督”等皆是，故祖珽欲将其改为北魏洛阳旧称。

上述事例，足证祖珽为北魏洛阳华夏文物制度之继承者，而且大张旗鼓地要将这些“华夏正宗”一一输入北齐，以澄清北齐政治。但是祖珽在得志之余，似乎忘记了自己是靠着恩幸之力才爬上宰相的高位的，也忘记了自己只是恩幸的附庸，高级奴才而已，竟然要“黜诸阉竖及群小辈”。这当然是不能为恩幸集团所容忍。而且恩幸群小们所需要的，是一个能够让他们“卖官鬻狱，聚敛无厌”，刑政紊乱，纲纪不立的小朝廷，与祖珽等汉人士族欲使“官人称职，内外称美”的治国方针也根本冲突。由此可知这仍是统治阶级内部两个不同民族、不同文化集团间的斗争。这场斗争当发生于后主高纬武平四年（573），分两个阶段进行。前一阶段之斗争经过，具载于《北史·祖莹传附子珽传》：

> 陆媪、穆提婆议颇同异。珽乃讽御史中丞郦伯律，令劾主书王子冲纳赂，知其事连提婆，欲使赃罪相及，望因此坐，并及陆媪。犹恐后主溺于近习，欲因后党为援，请以皇后兄胡君瑜为侍中、中领军，又征君瑜兄梁州刺史君璧，欲以为

御史中丞。陆媪闻而怀怒，百方排毁，即出君瑜为金紫光禄大夫，解中领军，君璧还镇梁州。皇后之废，颇亦由此。王子冲释而不问，珽日以益疏，又诸宦者更共谮毁之，无所不至。后主问诸太姬，悯嘿不对，三问，乃下床拜曰："老婢合死，本见和士开道孝征（珽字孝征）多才博学，言为善人，故举之。此来看之，极是罪过，人实难知，老婢合死。"后主令韩凤检案，得其诈出敕受赐十余事，以前与其重誓不杀，遂解珽侍中、仆射，出为北徐州刺史。珽求见分疏，韩长鸾积嫌于珽，遣人推出柏阁。珽固求面见，坐不肯行。长鸾乃令军士牵曳而出，立珽于朝堂，大加诮责。上道后，复令追还，解其开府仪同、郡公，直为刺史。

笔者按：祖珽才智，非陆、穆可比，其时又专主机衡，总知骑兵、外兵事，且结后党为援，然而一遇恩幸，即溃不成军，身遭贬斥，其原因则在"后主溺于近习"，由此可知北齐宫庭胡化恩幸势力之大和对于皇帝影响之深。

恩幸与汉士族后一阶段斗争之经过，见于《北史》卷三二《崔挺传附从子季舒传》：

祖珽受委，奏季舒总监内作。珽被出，韩长鸾以为珽党，亦欲出之。属车驾将适晋阳，季舒与张雕议，以为寿春被围，大军出拒，言使往还，须禀节度。兼道路小人，或相惊恐，云大驾向并州，畏避南寇，若不启谏，必动人情。遂与从驾文官，连名进谏。时贵臣赵彦深、唐邕、段孝言等初亦同心，临时疑贰，季舒与争，未决。长鸾遂奏云："汉儿文官，连名总署，声云谏止向并州，其实未必不反，宜加诛戮。"帝即召已署表官人集含章殿，以季舒、张雕、刘逖、封孝琰、裴泽、郭遵等为首，并斩之殿庭。长鸾令弃其尸于漳水。自外同署，将加鞭挞，赵彦深执谏获免。

此次斗争，由于皇帝完全倒向恩幸群小一边，汉人士族首领被贬的贬，杀的杀，遭到彻底的失败。从此他们作为一支独立的政治势力，也被逐出北齐政治舞台，高氏政权的另一根支柱也折断了。于是靠鲜卑武力和华夏文化以维持的高齐王室乃不得不归入覆亡，在政争中获得最后胜利的恩幸集团也随之冰消瓦解。

综观东魏北齐胡汉之争的全部过程，笔者以为可以得出结论：北齐灭亡之因主要不在鲜卑和汉人的冲突，而在恩幸之擅权害政。这也是那个时代政治家们的普遍看法。隋文帝杨坚就曾说过："齐亡由任邪佞。"[①] 惜其语太简；《北史·齐本纪》下《后主纪》及《恩幸传》备载恩幸人物之种种丑声秽迹，惜其文太繁。兹引唐初名臣魏徵关于北齐历史的一段总论以为此篇之结：

① 《北史》卷五一《齐宗室诸王传》上《清河王岳传附子劢传》。

（后主）既不轨不物，又暗于听受，忠信弗闻，萋斐必入。视人如草芥，从恶如顺流。佞阉处当轴之权，婢媪擅回天之力。卖官鬻狱，乱政淫刑，刳剒被于忠良，禄位加于犬马。谗邪并进，法令多闻。持瓢者非止百人，摇树者不唯一手。于是土崩瓦解，众叛亲离，（中略）五世崇基，一举而灭。（中略）齐氏之败亡，盖亦由人，匪惟天道也。①

原载于《纪念陈寅恪先生百年诞辰学术论文集》，江西教育出版社1991年版

① 《北史》卷八《齐本纪》下《后主纪》后郑文贞公魏徵总而论之曰。

汉魏之际政治与禁卫武官制度的变革

张金龙

与社会巨变相适应，汉魏之际政治制度包括禁卫武官制度发生了深刻而又巨大的变化，其突出表现便是将军系禁卫武官的出现并且取得主导地位。这一变化成为此后三百余年间禁卫武官制度演变的基础。汉魏之际的民众暴动与军阀混战，促使东汉王朝土崩瓦解，包括武官制度在内的政治制度亦遭彻底破坏。在割据兼并战争中，各实力派军阀如袁绍、曹操、刘备及孙策—孙权都相继建立了各自的幕府和幕僚机构，以进行军事政治决策。汉代的州刺史改为州牧，州府权力膨胀；汉代临时派出的将军也逐渐固定下来，成为各路军阀的头衔，将军制度确立，军府建立，并成为指挥军事政治行动的决策机构。在这一过程中，各种名目的将军如雨后春笋般出现，有些是汉朝早已有之的将军号，有些则是新出现的因事而设的将军名号。各大幕府中，府主为将军自无疑议，其幕僚及下属官吏也逐渐兼任将军名号。这一变化是汉魏之际政治制度特别是武官制度变化的重要特点。汉魏之际政治制度的变化对后世影响最大的即是曹操的霸府以及由其发展而来的曹魏王朝的政治制度。

清代嘉庆末年，著名地理学家洪亮吉之子洪饴孙编成《三国职官表》，分门别类，钩稽索隐，举凡史书碑志所见三国职官均予搜罗，体例谨严，完备详赅，三国一代官制大貌尽备[①]。洪饴孙虽然不可能用现代史学方法来分析研究三国官制，但他的工作却对后代学者提供了极大的便利。20世纪40年代末，何兹全先生发表了《魏晋的中军》与《魏晋南朝的兵制》两篇兵制史论文[②]，开创了魏晋南北朝兵制史的研究领域。《魏晋的中军》一文中有不少内容涉及魏晋时期的"宿卫武官"亦即禁卫武官制度，认为："曹魏王国是由曹操集团发展起来的，故曹魏军制除承受两汉传统军制的影响外，尚承受曹操集团在建安时代的发展的结果。"[③] 该文考察了自曹操时代至西晋时代的中军制度，实际上主要是禁卫武官制度，提出了许多新见。下文将在前辈学者研究的基础上，主要从官制角度探讨曹魏禁卫武官制度的形成背景和渊源问题。

---

① 洪饴孙：《三国职官表》卷上，《后汉书三国志补表三十种》下册，中华书局1984年版，第1341页。

② 何兹全：《读史集》，上海人民出版社1982年版，第242—316页。

③ 同上书，第244页。

一 黄巾起义后东汉禁卫武官制度的变化

汉灵帝中平元年（公元184）正月，黄巾起义爆发。东汉王朝地方兵力较弱，州郡兵本是为维持地方社会治安而设，王朝兵力的重心在京师及边地，战时临时派遣将军出征。① 社会安定时，这种制度无疑有助于巩固统治，加强中央集权；在发生小规模暴动时，仅有地方州郡兵即可平叛，达到维持社会安定之目的。但当发生波及全国广大地区的大规模暴动时，这种制度便难以迅速奏效。汉廷为了迅速平叛，制订了临时紧急措施。《后汉书》卷八《灵帝纪》：

> 中平元年春二月，钜鹿张角自称“黄天”，其部帅有三十六方，皆著黄巾，同日反叛。安平、甘陵人各执其王以应之。三月戊申，以河南尹何进为大将军，将兵屯都亭。置八关都尉。壬子，大赦天下党人，还诸徙者，唯张角不赦。……遣北中郎将卢植讨张角，左中郎将皇甫嵩、右中郎将朱儁讨颍川黄巾。

同书卷七一《皇甫嵩传》：

> ……京师震动。诏敕州郡修理攻守，简练器械，自函谷、大谷、广城、伊阙、轘辕、旋门、孟津、小平津诸关，并置都尉。……于是发天下精兵，博选将帅，以嵩为左中郎将、持节，与右中郎将朱儁共发五校、三河骑士及募精勇合四万余人，嵩、儁各统一军，共讨颍川黄巾。

按何进所将兵为“左右羽林、五营营士”②，是以禁卫军镇守京师之重要举措。在这些措施中，自以军事处置为要，设置八关都尉的主要目的便是为了加强京师保卫。黄巾大军主要有两支，即河北黄巾和颍川黄巾，距京师洛阳都较近。更为重要的是，京城有大量黄巾同道，这引起了汉廷的高度重视。在朝廷中有黄巾党人，如中常侍封谞、徐奉等为张角内应；事发后，“诏三公、司隶按验宫省直卫及百姓有事角道者，诛杀千余人”③。宫省直卫除了宦官外，恐怕还包括禁卫武官及禁卫军的一些成员在内，危机之严重于此可见一斑。因此，保卫京师迫在眉睫。洛阳四战之地，水陆交通便捷，如

---

① 参见孙毓棠《东汉兵制的演变》，《孙毓棠学术论文集》，中华书局 1995 年版，第 328—355 页；［日］滨口重国《两汉の中央诸军に就いて》、《光武帝の军备缩小と其の影响》，《秦汉隋唐史の研究》，东京大学出版会 1971 年再版，上卷，第 267—325 页。

② 《资治通鉴》卷五八，《汉纪五〇》，灵帝中平元年。

③ 《资治通鉴》卷五八，《汉纪五〇》，灵帝光和六年末、中平元年正月二条。《后汉书》卷七〇，《宦者·张让传》：“而让等实多与张角交通。后中常侍封谞、徐奉事独发觉坐诛，帝因怒曰：‘……汝曹反与张角通，为可斩未？’”

不妥善处置，很容易被攻克，镇卫京师显得至关重要。八关都尉均设于洛阳外围地区，其保卫京师的政治意图十分明显。据《资治通鉴》卷五八《汉纪五〇》灵帝中平元年三月条胡三省注及《中国历史地图集》第二册图42—43东汉《司隶校尉部》可知：函谷关在洛阳正西，太谷（大谷）关在洛阳正南，伊阙关在洛阳西南，轘辕关在洛阳东嵩高山之西，旋门关在洛阳东北大坯山一带，孟津关在洛阳东北黄河南，小平津关在洛阳北黄河南。其意图是：扼守函谷关以防关西氐羌威胁，扼守大谷、伊阙、轘辕及旋门诸关以防颍川黄巾北上西入，扼守孟津、小平津及旋门关以防河北黄巾南下。洛阳地区的治安则由河南尹出身的大将军外戚何进负责。在保证京师安全的基础上，调出京师禁卫军为主力的军队讨伐黄巾。颍川黄巾由新任命的左中郎将皇甫嵩与右中郎将朱儁共同征讨，而河北黄巾则任命北中郎将卢植出讨。

《后汉书》卷六四《卢植传》："中平元年，黄巾贼起，四府[①]举植，拜北中郎将、持节，以护乌桓中郎将宗员副，将北军五校士，发天下诸郡兵征之。"《资治通鉴》卷五八《汉纪五〇》灵帝中平元年三月条，胡三省注："北中郎将则创置于此时，盖以讨河北黄巾也。"同上，六月"遣东中郎将董卓代之（卢植）"条，胡三省注："卢植先为北中郎将，卓为东中郎将，四中郎将始于此。"其实，当时卢植为北中郎将、董卓为东中郎将讨河北黄巾，仍然如左中郎将皇甫嵩、右中郎将朱儁出讨颍川黄巾一样，是朝廷禁卫武官出征的事例，这从卢植、董卓所率主力军为五校之士即可看出。只是因为已有左、右中郎将，故以出征方位而任其为北、东中郎将，且二人并非同时任职，而是前、后接替。卢植为北中郎将时仅他一人为方郎将，董卓为东中郎将时亦无别人同任，并无同时存在四中郎将的情况。董卓卸任后，亦未再见到四方中郎将之号。此后出现过以乞降的黑山黄巾张飞燕（褚）为"平难中郎将，使领河北诸山谷事"[②]，显然只是为了表示安抚。可见当时出现北、东中郎将是为了应付征讨黄巾战事而临时设置的，并非固定制度，似可看作是四中郎将制度之滥觞，而认为"四中郎将始于此"则言过其实。一直到建安二十三四年在曹操霸府中始置北中郎将及南中郎将。《续汉书·百官志二》，"羽林中郎将"条刘昭注："案：汉末又有四中郎将，皆帅师征伐，不知何时置。董卓为东中郎将，卢植为北中郎将，献帝以曹操［植］为南中郎将。"《宋书》卷三九《百官志上》："东中郎将，汉灵帝以董卓居之；南中郎将，汉献帝建安中，以临淄侯曹植为之；西中郎将；北中郎将，汉建安中，以鄢陵侯曹彰居之。凡四中郎将，何承天云，并后汉置。"北中郎将，中平元年卢植任之已见前，《宋志》不确；西中郎将无考。东汉末任四中郎将可考者亦仅此三人，表明四中郎将之制之确立经过了一段较长的时间。《晋书》卷二四《职官志》："四中郎将，并后汉置，历魏及晋，并有其职，江左弥重。"其说亦不准确。四中郎将大体出现于汉魏之际，经过较长时间的发展，到西晋时方固定为正式制度。

---

① 《后汉书》卷二七《赵典传》"建和初，四府表荐"条，注："四府，太尉、司徒、司空、大将军府也。"

② 《后汉书》卷七一《朱儁传》。

中郎将制度的变化从汉灵帝中平元年征讨黄巾时就已开始，但其变化比较缓慢，直到献帝建安年间曹操控制汉帝以后，中郎将制度变化的步伐才明显加快，出现了诸如典农中郎将、度支中郎将（建安元年）、司金中郎将、司律中郎将等名称①。这些似乎仍是以中央禁卫武官的身份出现的，表明曹操对屯田、财政、税收及乐律（应与礼义教化有关）等方面的重视。

另一方面，由于平叛战争之需及政治斗争的影响，东汉传统的禁卫武官制度发生了深刻变化，其主要表现在东汉禁卫武官制度的重要方面——五校尉制度上。《后汉书》卷八《灵帝纪》：中平五年“八月，初置西园八校尉”。《资治通鉴》卷五九《汉纪五一》：灵帝中平五年（公元 188）“八月，初置西园八校尉。以黄门蹇硕为上军校尉，虎贲中郎将袁绍为中军校尉，屯骑校尉鲍鸿为下军校尉，议郎曹操为典军校尉，赵融为助军左校尉，冯芳为助军右校尉，谏议大夫夏牟为左校尉，淳于琼为右校尉。凡八人，谓之西园军，皆统于硕”②。西园八校尉是汉灵帝在复杂政治局势下为了控制朝廷兵权，加强镇压反叛而进行的一次重大改组。宦官蹇硕掌握了当时的军事大权，这一点可以看作是东汉后期宦官专权的继续。西园八校尉成立之后，很快便投入了征讨叛逆的战争。十一月，“遣下军校尉鲍鸿讨葛陂黄巾”；“巴郡板循蛮叛，遣上军别部司马赵瑾讨平之”③。

虎贲中郎将出身的袁绍与屯骑校尉出身的鲍鸿以及曹操等人都曾职司禁卫，他们与禁卫军关系密切④，本来就拥有很大军权，对受制于宦官蹇硕心存不满，于是谋划发动政变。《后汉书》卷六九《何进传》：“帝以蹇硕壮健而有武略，特亲任之，以为元帅，督司隶校尉以下，虽大将军亦领属焉。”何进为外戚，是皇后之兄，时为大将军，本来控制政权，灵帝此举将何进置于蹇硕之下，从而加剧了宦官与外戚之间的矛盾。蹇硕先行一步，欲排挤何进出朝，以图全面控制朝政。何进则利用其外戚身份与蹇硕斗，久不出朝。与蹇硕谋者为宦官中常侍，与何进谋者则以位次于蹇硕的中军校尉袁绍为主。史载袁绍“少为郎……后辟大将军何进掾，为侍御史，虎贲中郎将”⑤，其为何进亲信无疑。同年三月，“下军校尉鲍鸿下狱死”⑥，此当是蹇硕欲完全控制禁卫军而采取的措施。止巧汉灵帝于四月病故，宦官失去靠山，何进、袁绍等乘机经过精心策划将骞硕除掉，中平六年四月“上军校尉蹇硕下狱死”⑦。于是何进、袁绍控制了汉朝军政大权。《后汉书》卷七四上《袁绍传上》：“灵帝崩，绍劝何进征董卓等众军，胁太后诛诸宦官，转绍司隶校尉。”卷六九《何进传》：“绍等又为画策，多召四方猛将及诸

① 参见洪饴孙《三国职官表》卷上，《后汉书三国志补表三十种》，中华书局 1984 年版，下册，第 1341 页。
② 又可参见《后汉书》卷七四上《袁绍传上》，注引乐资《山阳公载记》。按本传谓绍为佐军校尉。
③ 《后汉书》卷八《灵帝纪》。
④ 参见《后汉书》卷七四上《袁绍传上》；《三国志》卷一《魏书·武帝纪上》及注引《魏书》。
⑤ 《后汉书》卷七四上《袁绍传上》。
⑥ 同上。
⑦ 《后汉书》卷八《灵帝纪》。

豪杰，使并引兵向京城，以胁太后。进然之……遂西召前将军董卓屯关中上林苑，又使府掾太山王匡东发其郡强弩，并召东郡太守桥瑁屯城皋，使武猛都尉丁原烧孟津，火照城中，皆以诛宦官为言。……八月，进入长乐白太后，请尽诛诸常侍以下，选三署郎入守宦官庐。”何进一派与宦官蹇硕及宦官集团经过一番激烈较量，终于诛除蹇硕，控制了朝政。然而不久，何进为宦官所杀。何进召董卓入京以胁迫太后消灭宦官的策略引致另一重大恶果，即董卓入京带来了强大兵力，贻患无穷。这样，成立不久的西园八校尉仅昙花一现，便从历史上消失了。

董卓的专权和暴戾引起了巨大恐慌，京师草草，人怀异心。袁绍乘机举兵反卓，董卓不得不撤出洛阳，挟持汉帝迁往长安，临行时，放火焚烧洛阳，近二百年的国都毁于一旦。董卓在关中继续实施暴政，为其部下吕布所杀。袁绍逐渐成为河北地区的军事强人，并进而壮大为北方最有实力的军阀。原西园八校尉之一的曹操也在群雄逐鹿中不断壮大起来，控制了河南地区，与袁绍成为北方两大军事势力。

在汉灵帝以后的军阀混战中，制度变革最大的要数州牧制的确立和州牧领兵之成为现实。东汉刺史虽已由原来的地方监察官转变为郡以上一级行政长官，但毕竟仍是非制度因素的影响所致。刘焉建议汉灵帝改刺史为州牧，并提高其地位，以加强控制地方并镇压反叛。《后汉书》卷七五《刘焉传》：“时灵帝政化衰缺，四方兵寇，焉以为刺史威轻，既不能禁，且用非其人，辄增暴乱，乃建议改置牧伯，镇安方夏，清选重臣，以居其任。……故焉议得用。出焉为监军使者，领益州牧，太仆黄琬为豫州牧，宗正刘虞为幽州牧，皆以本秩居职。州任之重，自此而始。”按刘焉时为太常，太常、太仆、宗正皆为中二千石，“以本秩居职”表明州牧之俸秩实际上为中二千石，比刺史之六百石大大提高。俸秩的提高使州牧的实际权力与地位相符，为州牧领兵制铺平了道路。也正是在这种情况下，各路军阀以州牧的身份统兵治民，征战四方，割据兼并，互相消长。

《续汉书·百官志五》州郡条，刘昭注：

> 臣昭曰：……至孝灵在位，横流既及，刘焉徼伪，自为身谋……抗论昏世，荐议愚主，盛称宜重牧伯，谓足镇压万里，挟奸树算，苟网一时，岂可永为国本，长期胜术哉？……大建尊州之规，竟无一日之治。故焉牧益土，造帝服于岷、峨；袁绍取冀，下制书于燕、朔；刘表荆南，郊天祀地；魏祖据兖，遂构皇业。汉之殄灭，祸源乎此。

刘昭所论，表面看，确实如此。但仔细推敲，却有未谛。东汉王朝自身统治的各种矛盾（统治集团内部矛盾、阶级矛盾以及各种社会矛盾）错综复杂，统治集团未找到治理的良策，这是导致东汉社会政治动荡以至最终灭亡的根本原因。至于在政局已经混乱时期的制度修补以及对某职已存权力的认可或削弱，往往能解一时之困，而不可能解决根本问题。如上述西园八校尉之设立，本是汉灵帝在非常形势之下为了加强君主权力和中央集权而采取的措施，结果却招致了东汉王朝统治的更快瓦解。州牧制之确立，从刘焉来说无疑有为自己谋取政治权益之一面，但也有为加强汉王朝在地方的政治军事权力以挽救统治危机的意图在内；从汉灵帝来说，就是认可地方长官所拥有的实际权力并求得他们在加强地方统治的同时效忠于中央政府，并进而达到维护汉王朝统治的目的。州牧权力的认可更有利其有效镇压反叛、控制地方。这一改制客观上达到了为地方长官加强自身军事政治权力开辟道路的目的，但却并未能使他们进一步效忠朝廷，而是为其割据开了方便之门。从这个角度看，刘昭的认识是精辟的。但另一方面，即便没有改州刺史为州牧的制度出现，各军事强人也照样会以其他方式割据一方，加强其军政权力，想方设法实现其称霸野心。曹操在这一政局变化时期，最终能够取得胜利，主要依靠的不是州牧制，而是其有正确的策略和政治方针，众所周知的“唯才是举”、实施屯田和控制汉献帝以号令诸侯等便是。因此，制定正确的反映时代发展趋势的方针政策并力行之，比之一二制度变革更为关键重要。在社会矛盾尖锐政局动荡的时期尤其如此。而当社会安定的时期，在正确方针之下制定并遵循健全、完备的政治制度当然必不可少。

二 曹操霸府中的传统禁卫武官制度

公元196年，曹操挟持汉献帝至其政治中心许，许遂成为汉朝的“都城”，是为建安元年。汉献帝建安二十余年，完全控制在曹操手下，成了曹操号令四方的一块政治招牌，而无丝毫权力可言。君主既为傀儡，则汉朝廷自然名存实亡，汉官制虽然存在，但也不可能是效忠于汉献帝的制度，而只能是服务于曹操，为曹操政治需要服务的工具。

建安五年官渡之战曹操打败袁绍并成为北方唯一霸主，之后又经过一系列经营，企图实现国家的重新统一，但曹操的计划被赤壁之败彻底粉碎。赤壁战后，曹操全力经营北方，为其篡汉奠定基础。在曹氏帝业发展的过程中，继承汉代制度而又在汉制基础上创造出了一些适应形势的新制度。西南的刘备及江东的孙策—孙权两个割据势力，实际上同时也在走着与曹操相似的道路。凡此种种，都为三国建立后的继承汉而又不同于汉的政治制度准备着条件。在这一变革中，最突出之点便是由曹、刘、孙各自霸府的制度派生出新朝的制度。

曹操的州牧府→大将军府→丞相府幕僚制度，乃是曹魏政制的基础和雏形。在此我们主要考察与禁卫武官制度相关的一些制度。

如前所述，君权之式微，京师之被毁，使得原来以侍卫君主、保卫皇宫和京城为职事的东汉禁卫武官制度不可能正常运作。黄巾起义以来，京城禁卫兵大量调出，损耗极大。各路军阀则拥有通过各种渠道而来的私人部曲，横行四方。不过，在汉末，禁卫武官左·右中郎将、羽林·虎贲中郎将、光禄勋、卫尉等率兵征战及参与当时政治纷争的活动亦屡见于史，表明这些官职仍然存在并且以曲折的形式拥有着原有的政治职能。据《后汉书》卷九《献帝纪》及《三国志》卷一《魏书·武帝纪》等文献记载，所见禁卫武官有：

灵帝中平元年：北中郎将卢植，左中郎将皇甫嵩，右中郎将朱儁，中郎将董卓（东）

四年：光禄勋丁宫（迁司空）

五年：射声校尉马日磾（迁太尉），光禄勋刘弘（迁司空），卫尉董重（迁票骑将军），中郎将孟益，骑都尉公孙瓒

六年：虎贲中郎将袁术，执金吾丁原

献帝初平元年：城门校尉伍琼，光禄勋赵谦（迁太尉），执金吾胡母班，越骑校尉王瓌

二年：卫尉张温

三年：城门校尉崔烈、越骑校尉王颀

四年：卫尉张喜（迁司空）

兴平元年：左中郎将刘范

二年：光禄勋邓泉，卫尉士孙瑞、步兵校尉魏杰，射声校尉沮儁

建安三年：中郎将段煨

四年：执金吾荣郃，中郎将王忠

五年：越骑校尉种辑

十三年：光禄勋郗虑

六年：五官中郎将曹植

十七年：卫尉马腾

十九年：左中郎将杨宣

曹操将汉献帝挟持都许后，并未重建汉廷禁卫武官制度。许在当时只是一个具有战争指挥中心性质的临时政治中心，并不具备一般京师的功能。只因汉朝傀儡君主献帝在此而被称为“都”，实际上它并非一国之都。战争时代，一切从简，汉献帝仅需看管起来即可，而无需为其修建宫殿及京城；无宫殿京城，光禄勋、卫尉及执金吾等诸卿系禁卫武官不可能按正常制度存在。在个别时候尤其建安初年汉献帝身边有五校（不一定全设）保卫，如越骑校尉种辑及皇后父屯骑校尉伏完等人①。曹操占据河北迁都邺城后，营建邺城，宫室制度粗备，此时应该有类似于汉代的禁卫武官制度建立，

① 伏完，见《三国志》卷一《魏书·武帝纪上》及注引《曹瞒传》。

不过其侍卫的主要对象在曹操而不在汉献帝。献帝可能仅用长乐卫尉护卫，从建安二十四年九月相国西曹掾魏讽“与长乐卫尉陈祎谋袭邺”[①]之记载来看，长乐宫当不在邺城，而在邺城附近某地。

当曹操迁都邺城，北方的统一基本稳定之后，便逐渐开始恢复汉代的禁卫武官制度。如建安十六年春正月，以世子曹丕为五官中郎将、副丞相；建安二十二年六月“初置卫尉官”。此前已有光禄勋之设，《三国志》卷二《魏书·文帝纪》裴注引《献帝起居注》曰：“建安十五［三］年……使侍中、守光禄勋郗虑持节奉策免（司徒赵）温官。”这是汉廷之职，而非魏国官职。同书卷一《魏书·武帝纪》：建安十八年“十一月，初置尚书、侍中、六卿”。此次所置之尚书、侍中、六卿便是曹操魏国（公）之官职，据注引《魏氏春秋》曰：“以荀攸为尚书令，凉茂为仆射，毛玠、崔琰、常林、徐奕、何夔为尚书；王粲、杜袭、卫觊、和洽为侍中。”有尚书令仆及五尚书、四侍中，与东汉制度相同，表明尚书及门下机构已经建立。这是曹操为了篡权而加紧在政治制度（政权组织）上进行的准备。“六卿”据洪饴孙解释：“盖有郎中令、太仆、大理、大农、少府、中尉凡六。”[②]建安十八年“夏五月丙申，曹操自立为魏公，加九锡”。“秋七月，始建魏社稷宗庙。”正是在这种情况下，曹操于当年十一月健全了魏国的官僚机构，开始正式以国君的名义发号施令，其篡位的目标正式确立，步伐迅速加快。按此前史书中所见卫尉、光禄勋等职，当为汉朝之官。如《后汉书》卷九《献帝纪》：建安十三年“八月丁未，光禄勋郗虑为御史大夫”；“十七年夏五月癸未，诛卫尉马腾，夷三族”。建安二十一年四月，“曹操自进号魏王”。八月，再在原六卿基础上设立了另四卿，进一步健全了魏国的官僚机构。

公元220年正月，曹操死，太子曹丕即魏王位。二月，“以太中大夫贾诩为太尉，御史大夫华歆为相国，大理王朗为御史大夫。置散骑常侍、侍郎各四人。其宦人为官者不得过诸署令，为金策著令，藏之石室。”这样便进一步完善了魏国官僚体制，为篡权做好了最后的准备。到当年十月曹丕篡位禅代时，三公（相国、太尉、御史大夫）九卿为首的官僚体制实际上已经完全确立。曹丕称帝后，同年十一月，“改相国为司徒，御史人夫为司空，奉常为太常，郎中令为光禄勋，大理为廷尉，大农为大司农”。[③]完全消除了汉代王国制度的痕迹，实现了汉制（东汉制度）的复兴。于是旧制度又重新在新朝确立起来。魏国时期担任过郎中令者可见袁涣、王修、路粹三人。据《三国志》卷一一《魏书·袁涣传》：为谏议大夫、丞相军谘祭酒，自是曹操亲信。“魏国初建，为郎中令，行御史大夫事。”同卷《王修传》：曹操礼辟为司空掾，行司金中郎将，迁魏郡太守。“魏国既建，为大司农、郎中令。”按司金中郎将“主冶事”。《太平御览》卷二四一《职官部三九·司金中郎将》，引《魏略》曰：“河北始开冶，遂以王修为司

① 《三国志》卷一《魏书·武帝纪上》注引《世语》。

② 洪饴孙：《三国职官表》卷上，《后汉书三国志补表三十种》，中华书局1984年版，下册，第1330页。

③ 以上引文均见《三国志》卷一《魏书·武帝纪上》及卷二《文帝纪》。

金中郎将。”魏郡太守即京师邺城之行政长官。可知王修亦为曹操集团主要成员。

建安十八年所置六卿中有中尉一职。《三国志》卷一一《魏书·凉茂传》:“魏国初建，迁尚书仆射，后为中尉、奉常。文帝在东宫，茂复为太子太傅，甚见礼敬。卒官。”按凉茂早年即被曹操辟为司空掾，“举高第，补侍御史”，历任泰山、乐浪、魏郡太守及甘陵相。“文帝为五官将（建安十六年正月），茂以选为长史，迁左军师。”从其仕履便可看出，凉茂为曹操、曹丕亲信集团重要成员。同上卷一二《魏书·崔琰传》:“魏国初建，拜尚书。时未立太子，临淄侯植有才而爱。太祖狐疑，以函令密访于外。唯琰露板答曰:……太祖贵其公亮，喟然叹息，迁中尉。”时当曹丕立为太子之际，据同书卷二《文帝纪》，在建安二十二年十月。崔琰为中尉，当是接替凉茂之职。崔琰于官渡之战后进入曹操阵营，“太祖破袁氏，领冀州牧，辟琰为别驾从事”；“太祖征并州，留琰傅文帝于邺”；“太祖为丞相，琰复为东西曹掾，属征事”。后因曹操怀疑崔琰对其处心积虑篡汉有“怨”行而被赐死。崔琰虽受疑而死，但直到死前都是曹操亲信集团的重要成员。从凉茂、崔琰仕历中虽未见到禁卫职能，但看来此二职在当时是比较重要的。

曹操自称魏王后，在魏国原有六卿基础上又设置了四卿，在职司禁卫诸卿中，郎中令、中尉之后又增置了卫尉。郎中令、中尉在西汉初为汉朝诸卿，汉武帝为加强中央集权，削弱王国势力，区别汉朝与王国官制，将汉朝之郎中令、中尉分别改为光禄勋、执金吾。《汉书》卷一九上《百官公卿表上》:诸侯国“有太傅辅王，内史治国民，中尉掌武事，丞相统众官，群卿大夫都官如汉朝。……（武帝改）中尉为执金吾，郎中令为光禄勋，故王国如故。损其郎中令，秩千石。……成帝绥和元年……中尉如郡都尉。”[①] 东汉一朝，王国官制多如西汉末年制度，中尉之制如郡都尉，负责王国之武事。《续汉书·百官志五》:东汉之王国，“中尉一人，比二千石。本注曰：职如郡尉，主盗贼。郎中令一人，仆一人，皆千石。郎中令掌王大夫、郎中宿卫，官如光禄勋。后省少府，职皆并焉”。东汉王国无卫尉，以卫士长当之，同上志载：“卫士长。本注曰：主卫士。”曹操在建安十八年自称魏公建立魏国官制时，郎中令、中尉等六卿，其职略如西汉武帝以后之王国官制，比东汉王国官制完备，但相对于徒有其名的汉献帝朝廷，其权力却与天子之职略似。到建安二十一年曹操自称魏王进一步扩大魏国官制时，设置了东汉王国官制所无的卫尉等职，虽然郎中令、中尉之名尚未恢复到西汉和东汉朝廷官制的原名，但其权力与职能应完全一致。这是曹操事实上完全建立自己的正式王朝的开始，只是还缺一顶皇帝的冠冕而已。从上引史料中我们不能确切得知郎中令、中尉、卫尉诸职是否如两汉一样职主禁卫，但从任职诸人皆为曹操之重要亲信来看，其职责应与东汉之光禄勋、卫尉、执金吾大体相同。不过当时虽然北方已经完全统一，社会相对此前已大为安定，但毕竟还是战争时代，特别是曹操在赤壁战败后

① 又可参见《续汉书·百官志五》及刘昭注。

与西南刘备、江东孙权两大势力之间呈对峙之势，边境地区战事不断，曹操本人亦经常出征，因此，职似汉朝的魏国禁卫诸卿自不可能完全与全国一统、社会安宁的两汉时代一样。实际上，在当时最重要的禁卫职责不是护卫京师邺城，而是保卫当权者曹操，曹操身边的亲信将领具有更重要的禁卫职能。

三　领·护军将军（中领·护军）及其渊源

《三国志》卷九《魏书·夏侯惇传》附载："韩浩者，河内人，及沛国史涣，与浩俱以忠勇显。浩至中护军，涣至中领军，皆掌禁兵，封列侯。"裴注引《魏书》曰：

> 韩浩……汉末起兵……太守王匡以为从事，将兵拒董卓于盟津。时浩舅杜阳为河阴令，卓执之，使招浩，浩不从。袁术闻而壮之，以为骑都尉。夏侯惇闻其名，请与相见，大奇之，使领兵从征伐。时大议损益，浩以为当急田。太祖善之，迁护军。太祖欲讨柳城，领军史涣以为，道远深入，非完计也，欲与浩共谏。浩曰："……吾与君为中军主，不宜沮众。"遂从破柳城，改其官为中护军，置长史、司马。从讨张鲁，鲁降。议者以浩智略足以绥边，欲留使都督诸军，镇汉中。太祖曰："吾安可以无护军？"乃与俱还。其见亲任如此。……史涣……太祖初起，以客从，行中军校尉，从征伐，常监诸将，见亲信，转拜中领军。十四年薨。

这一段史料直接涉及领军将军/中领军、护军将军/中护军的设置时间，正确理解至关重要。韩浩为河内太守王匡从事，率兵拒董卓于盟津，当在董卓初入洛阳之际，即中平六年末七年初。《三国志》卷六《魏书·董卓传》："河内太守王匡，遣泰山兵屯河阳津，将以图卓。卓遣疑兵若将于平阴渡者，潜锐众从小平北渡，绕击其后，大破之津北，死者略尽。卓以山东豪杰并起，恐惧不宁。初平元年二月，乃徙天子都长安。"[①] 据同书卷九《魏书·夏侯惇传》："太祖初起，惇常为裨将，从征伐，太祖行奋武将军（时在初平元年正月[②]），以为司马，别屯白马。迁折冲校尉，领东郡太守。太祖征陶谦（初平四年四月），留守濮阳。张邈叛迎吕布（兴平元年九月之前），太祖家在鄄城，轻军往赴，适与布会，交战。布退还，遂入濮阳，袭得惇军辎重。遣将伪降，共执持惇，责以宝货，军中震恐。惇将韩浩乃勒兵屯惇营门……既免，太祖闻之，谓浩曰：'卿此可为万世法。乃著令，自今已后有持质者，皆当并击，勿顾质。'"据此可知，韩浩于兴平元年（公元 193）因救夏侯惇而为曹操所知，很可能就在此之后不久他由夏侯惇部下转入曹操部下，并向曹操提出了"当急田"的建议，这一建议与枣祗许下屯田的建

① 参见《后汉书》卷七二《董卓传》。《三国志》卷一《魏书·武帝纪》及《资治通鉴》卷五九《汉纪五一》载此事于献帝初平元年正月。

② 《三国志》卷一《魏书·武帝纪》。以下括号内时间出处同此。

议当同时提出，时在建安元年（公元196）[①]。《三国志》卷一《魏书·太祖纪》：建安元年，“是岁用枣祗、韩浩等议，始兴屯田”。建安元年以后，韩浩被曹操迁为其府之护军。

护军之职，当是对汉制的继承，并非曹操独创。《汉书》卷一九上《百官公卿表上》：“护军都尉，秦官。武帝元狩四年，属大司马。成帝绥和元年，居大司马府，比司直。哀帝元寿元年，更名司寇。平帝元始元年，更名护军。”“太尉……建元二年省。元狩四年，初置大司马，以冠将军之号。宣帝地节三年，置大司马，不冠将军……成帝绥和元年，初赐大司马金印紫绶，置官属，禄比丞相，去将军。哀帝建平二年，复去大司马印绶、官属，冠将军如故。元寿二年，复赐大司马印绶，置官属，去将军，位在司徒上。”[②] 可见置大司马时则设有护军一职，其职主府中军法监察，故可“比司直”或“更名司寇”。按：汉武帝元狩五年于丞相府初置司直，掌佐丞相举不法。司寇一职初见于《左传·昭公十七年》。《周礼·秋官·司寇》：“大司寇之职，掌建邦之三典，以佐王刑邦国，诘四方……以五刑纠万民。”“小司寇之职，掌外朝之政，以致万民而询焉……以五刑听万民之狱讼。”[③]《续汉书·百官志一》“将军”条注引《魏略》曰：“曹公置都护军中尉，置护军将军，亦皆比二千石，旋军并止罢。”长史、司马之后注引《东观书》曰：“大将军出征，置中护军一人。”可知东汉时长史、司马为将军府之正式僚佐，而中护军则为将军出征时临时所置，当是为了负军中监察之责，曹操之设都护军中尉、护军将军与此完全一致。当时的护军之职与后来以禁卫为基本职责的护军将军（中护军）还是有区别的[④]。不过都护军中尉用中尉之名，表明其职已经具有某种类似汉代中尉（执金吾）的职能，即巡察宫（帐）外之治安，维护军国法纪。

上引《三国志·夏侯惇传》注引《魏书》，谓曹操出征柳城时“领军史涣以为道远深入”云云，是史涣时已为领军，其任职当与韩浩任护军约略同时。但这种判断大概并不准确。据其下文记载，史涣是以行中军校尉之职“从（曹操）征伐，常监诸将，转拜中领军”，则其任中领军之前并未曾任领军，而是行中军校尉。“行”反映此职也是临时设置，征伐时设，征伐之后罢；韩浩之为护军情况可能类似。中军校尉可作二解：在当年东汉朝廷设西园八校尉时袁绍为中军（佐军）校尉，时曹操为下军校尉，曹操设此职是对这一制度的模仿。另一种理解是，曹操军队分为几部，其中最关键在曹操身边的主力军为中军，史涣行中军校尉统领此部，这种情况类似于汉代制度。《续

① 《资治通鉴》卷六二《汉纪五四》献帝建安元年。

② 《汉书·百官公卿表上》两处均载武帝元狩四年置大司马，又据《汉书》卷五五《卫青霍去病传》，二人于元狩四年出征匈奴获胜后，“乃置大司马位，大将军、票骑将军皆为大司马”。《续汉书·百官志一》“太尉”条注引《汉官仪》曰：“元狩六年罢太尉，法周制置司马。时议者以为汉军有官候、千人、司马，故加‘大’为大司马，所以别异大小司马之号。”按《汉官仪》所谓元狩六年罢太尉而置大司马之说疑误。

③ 《周礼注疏》卷三四、三五，阮元校刊：《十三经注疏》，中华书局1980年版，上册，第870、873页。

④ 纪昀等谓汉代“所谓护军，乃调护诸将之义，非护卫之护”。（《历代职官表》卷四五《前锋护军统领》“汉”条“按语”，上海古籍出版社1989年版，上册，第863页）

汉书·百官志一》谓"其领军皆有部曲，大将军营五部，部校尉一人，比二千石"云云。《三国志》卷九《魏书·夏侯渊传》："及与袁绍战于官渡，行督军校尉。"击昌豨反，"渊还，拜典军校尉"。"十四年，以渊为行领军。太祖征孙权还，使渊督诸将击庐江叛者雷绪。绪破，又行征西护军，督徐晃击太原贼……从征韩遂等，战于渭南。又督朱灵平鄃糜、汧氐。"夏侯渊行督军校尉、典军校尉，与史涣行中军校尉类似，都是统率军队的将领。曹操当时为司空、行车骑将军，其下不可能再设将军号，而只能设校尉以统率各部军队。在西园八校尉中有上军、中军、下军、典军、助军左、助军右、左、右校尉，蹇硕曾任上军校尉，故曹操不可能在其幕府再任命此职。曹操在继承和变通八校尉之名的基础上设中军、督军、典军等校尉，同时又是对汉代将军府统兵制度的继承和变通。

当曹操于建安十三年担任丞相以后，其官属名称开始发生变化。由行中军校尉（领军）发展出中领军，由护军（校尉）发展出中护军，而由典军校尉发展出行领军。这一变化是汉魏之际禁卫武官制度演变的关键事件。

关于中领军（领军将军）、中护军（护军将军）的始置时间，史书记载不同，兹引述如下：

> 《宋书》卷四〇《百官志下》："领军将军一人，掌内军。汉有南北军，卫京师。……魏武为丞相，相府自置领军，非汉官也。文帝即魏王位，魏始置领军，主五校、中垒、武卫三营。""魏武为相，以韩浩为护军，史奂为领军，非汉官也。建安十二年，改护军为中护军，领军为中领军，置长史、司马。"
>
> 《晋书》卷二四《职官志》："中领军将军，魏官也。汉建安四年，魏武丞相府自置，及拔汉中，以曹休为中领军。文帝践阼，始置领军将军，以曹休为之，主五校、中垒、武卫等三营。魏武为相，以韩浩为护军，史涣为领军，非汉官也。建安十二年，改护军为中护军，领军为中领军，置长史、司马。"
>
> 《通典》卷二八《职官一〇·武官上·左右领军卫》："初，魏武为汉丞相，相府自置领军，非汉官也。建安十二年，改为中领军，以史涣为之，与护军韩浩皆领禁兵。文帝受汉禅，始置领军将军，主五校、中垒、武卫三营。"

这三种权威著述对于中领军（领军将军）、中护军（护军将军）之始置时间记载互有差异，但又有相同之处，即：（1）二职均设于曹操之丞相府，为相府属官，其设置上限为曹操担任丞相之时。按《后汉书》卷四《献帝纪》：建安十三年，"夏六月，罢三公官，置丞相、御史大夫。癸巳，曹操自为丞相"。据此，则中领军、中护军之设必在建安十三年六月或其后。晋、宋志及《通典》所记建安十二年设中领军、中护军之时间与此不符，晋志之建安四年设中领军（将军）与十二年两处互相矛盾，更难以成立。（2）首任领、护军及中领军、中护军为史涣、韩浩，如上所考，领军、护军当为中军校尉、护军校尉，为曹操军府领兵校尉。而中领军、中护军置长史、司马，地位上升，已有府属，实即中领军将军、中护军将军。这是领军、护军将军制度成立的关键，是与汉制完全不同的制度，所谓“非汉官也”。据上引有关史涣、韩浩的史料记载，二人改任中领军、中护军是在曹操讨破柳城之后的事。《三国志》卷一《魏书·武帝纪》：建安十二年春，“将北征三郡乌丸……夏五月，至无终。秋七月……引军出卢龙塞……涉鲜卑庭（龙城），东指柳城（今辽宁朝阳市西南十二台营子）。……九月，公引兵自柳城还……十三年春正月，公还邺……汉罢三公官，置丞相、御史大夫。夏六月，以公为丞相”。据此可知，建安十二年曹操北征乌桓时，史涣、韩浩分别以领军（中军校尉）、护军身份随从曹操北征，其职责即“为中军主”，按中军为曹操禁兵，则谓其为禁军长官亦可通。曹操北征大军返回邺城时已到建安十三年春正月，前引晋、宋志及《通典》等关于建安十二年设中领军、中护军之说，当是根据上引史涣、韩浩从破柳城之后转中领军、中护军的记载而得出的，这一判断显然是错误的。中领军、中护军是相对汉献帝之“汉朝”而言，它们只能在曹操担任丞相逐步建立起自己的政权机构后才可出现，而在此前设置不大可能。

《唐六典》卷二八《职官一〇·武官上·左右领军卫》注：“汉建安十四年，魏武为丞相，相府始置中领军。既拔汉中，还长安，以曹休为之，主五校、中垒、武卫等营。魏文帝为魏王，又置领军，而领军差胜，中领微劣。”按：此一注文亦有误。曹操为丞相在建安十三年而不在十四年，此处抄录《晋志》的痕迹十分明显，当是将《晋志》的四年变为十四年，可能与编撰者注意到四年曹操尚未为丞相这一事实有关。史涣在任中领军之后于建安十四年卒，则中领军设置的时间下限自不得晚于建安十四年，不过可以在十四年史涣死前设立。但考虑曹操相府建立时间以及于相府设立中领军、中护军等因素，则应以十三年为宜。[①] 比起建安四年及十二年二说，建安十四年初设中领军应与实际相距较近。此其一。其二，曹操攻克汉中返回长安后以曹休为中领军，但当时中领军尚未规定主五校、中垒、武卫三营，这当是注者删改《晋志》史文而致误。中领军主三营是在曹丕即魏王位之后的事。曹操西征汉中（张鲁）及还长安在建安二十年三月至十二月间[②]。《三国志》卷九《魏书·曹休传》：“太祖拔汉中，诸军还长安，拜休中领军。文帝即魏王位，为领军将军……夏侯惇薨，以休为镇南将军。”据惇传，惇于文帝即魏王位数月而死，时当公元220年。可见领军之主五校、中垒、武卫三营是在其改为领军将军之时，而非中领军之时。曹休之前，韩浩任中领军，当是接替史涣而转任此职。曹洪为中护军，王图为领护军将军，均见《三国志》卷一《魏书·武帝纪》建安十八年五月曹操为魏公、受九锡条注引《魏书》所载“公令”。按《三国志》卷九《魏书·曹洪传》：“累从征伐，拜都护将军。”可知此都护将军即中护军。

① 黄惠贤，《曹魏中军溯源》以《晋志》建安四年为正确，谓“魏武为丞相”记载中之丞相误，应为司空。（武汉大学：《魏晋隋唐史资料》第十四辑，武汉大学出版社1996年版）按其说不确。

② 参见《三国志》卷一《魏书·武帝纪》。

综上所考，从西汉至曹魏建立前夕，护军之职的演变历程是：

护军都尉→护军（护军校尉、都护军中尉）→中护军（都护将军）→护军将军

领军之职的出现比护军要晚得多，其演变可归结为：

（行）中军校尉（领军）① →中领军→领军将军

通过以上考述，可以将领军将军（中领军）、护军将军（中护军）的形成作一总结。

领军将军的前身是中军校尉，建安元年至建安十三年史涣任曹操军府之行中军校尉（领军），这一职务的职责便是“中军主”，作为中军的统帅，统领曹操大军之中军（曹操身边最亲近的一支军队）一部。这与汉代将军出征时之部校尉有着渊源关系。西汉中央禁卫武官有中垒等八校尉，东汉有屯骑等五校尉。禁卫之职出身的曹操对于东汉禁卫武官制度有着切身感受和深入了解。黄巾起义爆发后，汉廷为了保卫京师、镇压反叛而在京师设置西园八校尉，曹操本人就曾任典军校尉。除了曹操等人的对手蹇硕为上军校尉外，其下最高者为中军（佐军）校尉，由袁绍担任。虽然西园八校尉仅存在了一年时间，但曹操在将汉献帝迎至许后，兴屯田，壮大实力，积累与袁绍决战的实力时，便在其军府中设立了由袁绍曾任的中军校尉，来统率其中军。中军的主要任务是随从曹操出征，因中军为曹操身边最亲近的军队，保卫主帅曹操的安全自是中军职责，则中军校尉一开始实际上便具备了禁卫武官的职能。

与此同时，建安初年，曹操军队中设立了护军校尉，由韩浩担任；护军之职在汉代即已出现，其职责主要是担负大司马或将军府之监察军法。正因如此，护军便可代表主帅监督、监护出征军队。领军的职责是统领一部军队，护军则是监督、监护诸军或一军，在战时特殊情况下自然有权统领部队，护军韩浩对领军史涣说“吾与君为中军主”即指此。但两者本应有职责分工。另外，中领军的前身是中军校尉，它只能是中军的将领，在最初曾有过夏侯渊为行领军出征的事例，但也是在随曹操出征之时。此后再未见中军以外的领军之职。而护军则不同，它从产生之日起便是在出征将领的军府中负责监察的，因此当曹操军府中出现中军之护军时，在曹操辖区的各路战场同

① 建安十三年曹操任丞相以前，按制度一般无权任命将军、校尉等高级将领，如建安十一年曹操任命于禁、乐进、张辽等为将军还要“表汉帝”。“行”表明其职为临时任命，未经汉廷正式封拜，此与后代之“板”授相似，应是汉代“行”官之制的一种变通。关于汉代之“行”官，严耕望先生说：“大抵汉制，长官有缺，例由佐官中地位最高者代行其事，谓之行事，简称为‘行’。”（《中国地方行政制度史》，（台北）“中央研究院”历史语言研究所专刊之四五，1963年，卷上，第389页）又可参见安作璋、熊铁基《秦汉官制史稿》，齐鲁书社1985年版，下册，第369—370页。

时也出现了大量的各类护军，最初主要是以出征任务来命名的，如征蜀护军、征西护军等。这是在曹操作为将军而其下再不能有将军名号的制度所囿的情况下出现的。当曹操建立丞相府，地位上升、权力扩大后，其下便可设置将军，护军变为中护军，而出征护军则变为护军将军、都护将军（夏侯渊），或径以某护军命名。曹操自称魏公、魏王之后，在中央建立起几乎与汉朝一致的官僚制度，其出征将领自可径以将军名之。后来由于制度变迁，在将军之下又设置了各类护军，护军由监护出征将领而固定于地方，再到后来，地方护军又可兼任将军号，这与当时将军号地位下降有关。①

曹丕即魏王位后，改中领军为领军将军，主五校、中垒、武卫三营。考之史载，建安时代有越骑、屯骑校尉的记载，不过都是汉献帝亲信，应属汉朝之职。在曹操的军府及丞相、公、王府未见到五校之职，这与五校本作为京师禁卫武官有关。在战时，曹操经常出征，其身边设立五校自无必要。故只有在社会安定，曹丕即将实施篡汉禅代的时候才有可能恢复汉代宿卫京师的五校之职。曹魏时有中垒将军，而西汉则有中垒校尉“主北军垒门内”。曹魏时期，由于汉魏之际战争的影响，将军大量出现，且将军地位弱化，原汉朝之校尉多上升为将军，如前述之领、护军便是。中垒将军即是继承汉制中垒校尉而来。因其主北军垒门内故称中垒校尉，中垒将军之情况亦当相类，它也只能在社会稳定，宫室建置完备，曹丕即将称帝之时才能出现，而不可能在曹操出征的军府或公、王府中出现。武卫将军情况则不同，它是战时的产物，其武装保卫的性质极其明显。武卫将军的前身为武卫中郎将。《三国职官表》卷中：“魏武卫将军一人，第四品，主禁旅。太祖始置武卫中郎将，文帝践阼，改为武卫将军。”其依据主要是《宋书·百官志》及《三国志·许褚传》。《宋书》卷四〇《百官志下》：“初，魏武始置武卫中郎将，文帝践阼，改为武卫将军，主禁旅，如今二卫，非（即）其任也。”② 《三国志》卷一八《魏书·许褚传》：“迁武卫中郎将。武卫之号，自此始也。……迁中坚将军。太祖崩，褚号泣欧（呕）血。文帝践阼，进封万岁亭侯，迁武卫将军，都督中军宿卫禁兵，甚亲近焉。初，褚所将为虎士者从征伐，太祖以为皆壮士也，同日拜为将，其后以功为将军封侯者数十人，都尉、校尉百余人，皆剑客也。”按：许褚迁为武卫中郎将是在其随从曹操征讨并击破韩遂、马超于潼关之后，时在建安十六年九月，则建安十六年九月许褚迁任武卫中郎将一职。武卫之设名，可能与其领虎士宿卫有关。《通典》卷二八《职官一〇·武官上·左右武卫》：“后汉末，曹公为丞相，有武卫营。及魏文帝，乃置武卫将军，以主禁旅。”《唐六典》卷二四《左右武

① 方诗铭认为：“从曹操开始，魏军中设有‘中军’，是保卫主帅并代表主帅监督出征各军的中央军事机构，担任‘中领军’（原称‘领军’）和‘中护军’（原称‘护军’）的都是曹操的亲属和亲信，尤其是曹氏和夏侯氏的重要人物。……史涣最初担任的是‘中军校尉’，很可能，‘中领军’、‘中护军’即是由‘中军校尉’等发展而来的。”（《从士兵来源看曹操军事力量的发展及其衰落》，《中国史研究》1993年第1期）谓中领军与中军校尉有渊源关系，诚属灼见，但中护军与中军校尉则并无渊源，而是由大将军幕府护军之职发展而来。另外，曹操时代的中领军、中护军似还不能称为“中央军事机构”。

② 参见《后汉书》卷九《献帝纪》。

卫》亦谓“魏武为丞相，有武卫营”。《三国志·魏书·许褚传》载：

> 太祖徇淮、汝，褚以众归太祖……即日拜都尉，引入宿卫。诸从褚侠客，皆以为虎士。从征张绣，先登，斩首万计，迁校尉。从讨袁绍于官渡。时常从士徐他等谋为逆，以褚常侍左右，惮之不敢发。伺褚休下日，他等怀刀入。褚至下舍心动，即还侍。他等不知，入帐见褚，大禁愕。他色变，褚觉之，即袭杀他等。太祖益亲信之，出入同行，不离左右。从围邺，力战有功，赐爵关内侯。从讨韩遂、马超于潼关。太祖将北渡，临济河，先渡兵，独与褚及虎士百余人留南岸断后。超将步骑万余人，来奔太祖军，矢下如雨。褚白太祖，贼来多，今兵渡已尽，宜去，乃扶太祖上船。贼战急，军争济，船重欲没。褚斩攀船者，左手举马鞍蔽太祖。船工为流矢所中死，褚右手并泝船，仅乃得渡。是日，微褚几危。其后太祖与遂、超等单马会语，左右皆不得从，唯将褚。

这段记载形象生动地表现了许褚率领虎士宿卫曹操左右的情形。他先是以都尉率领虎士宿卫，后升为校尉，又进而升为武卫中郎将。虎、武义同，武卫中郎将，可解为率虎士宿卫之中郎将（中郎将在汉代为宿卫将领），当时不叫虎卫中郎将，可能与已有虎贲中郎将一职有关。许褚地位之升迁一方面是因其侍卫及杀敌建立了重大功勋，另一方面也是因曹操地位之不断上升而导致其下属之地位亦随之上升，前述领、护军之变迁即是如此。当曹丕即王位并进而称帝之时，许褚也由武卫中郎将升迁为武卫将军，成为禁卫军之重要武官。

综上可知，在魏初领军将军所统三营中，只有武卫将军是继承了建安时代曹操的宿卫亲兵制度，而五校、中垒营之营兵自是中军无疑，但其制度却是对东汉制和西汉制的恢复，而非新创，更非自曹操建安制度继承而来。

四 结语

通过以上考察，对于汉魏之际禁卫武官制度的变化可以得到如下认识：

（一）黄巾起义爆发后，汉廷在京师外围设置八关都尉以加强对京师的保卫，同时调出京师禁卫军为主力的军队讨伐黄巾，其将领被冠以北、东中郎将等名号，成为后来四中郎将制度之滥觞。平叛战争及政治斗争使东汉传统禁卫武官制度发生了深刻变化，主要表现在五校尉制度上。汉灵帝中平五年八月置西园八校尉（上军、中军、下军、典军、助军左·右、左·右校尉），由上军校尉总其成。西园八校尉只存在了一年，但对东汉政治产生了很大影响。宦官蹇硕担任上军校尉掌握了朝廷军权，虎贲中郎将出身的袁绍与屯骑校尉出身的鲍鸿以及曹操分任中军、典军校尉，他们都曾职司禁卫，与禁卫军关系密切。蹇硕与袁绍等的斗争进一步将东汉政权推向崩溃的边缘。

灵帝以后的军阀混战中，州牧制确立，州牧领兵成为现实，各路军阀以州牧的身份统兵治民，征战兼并。君权式微、京师被毁，使原来以侍卫君主、保卫皇宫和京城为职事的东汉禁卫武官制度不可能正常运作。黄巾起义以来，京城禁卫兵大量调出，禁卫武官左·右中郎将、羽林·虎贲中郎将、光禄勋、卫尉等率兵征战及参与当时政治纷争的活动亦屡见于史，表明这些官职仍然存在并且以曲折的形式拥有着原有的政治职能。

（二）汉末的政治剧变为曹操势力的壮大提供了契机，曹操的州牧府→大将军府→丞相府→魏公府→魏王府幕僚制度是曹魏政制的基础和雏形。曹操建立丞相府后，宫室制度粗备，逐渐开始恢复汉代的禁卫武官制度，其主要保卫曹操而非汉献帝，献帝可能仅由长乐卫尉护卫。从建安十八年五月曹操自立为魏公以后至曹魏建立前夕，逐步确立了承袭汉代三公九卿制的官僚体制，其中包括郎中令—光禄勋、卫尉、中尉等，其权力与职能应与汉制相当。但是由于时当战时，都城建置未定，因此汉代职司宫殿—宫城—京师保卫的诸卿在曹操公、王府并未真正发挥其禁卫职能。当时最重要的禁卫职责不是护卫京师邺城，而是保卫当权者曹操。曹操身边的亲信将领具有更重要的禁卫职能。

（三）汉魏之际的社会巨变对以皇帝—皇宫—京师安全保卫为职能的禁卫武官制度产生了巨大影响，曹魏王朝禁卫武官制度便直接脱胎于汉魏之际军阀幕府制度，具体来说就是曹操霸府的禁卫之制。最初在曹操幕府中出现了统领中军的中领军及中护军，后又发展成为领军将军及护军将军。而统率中军随从曹操南征北战并保护其安危的领、护军系统则行使着实际的禁卫职能。这正是曹魏建立后领、护军系统发展为禁卫武官制度主体的背景。领、护军制度虽然是战时的新生事物，但它们与汉代制度并非没有丝毫联系。特别是护军之制论其渊源，则应追溯到秦汉时期大将军出征幕府负责监察军法的护军或都护军中尉。曹操霸府之护军/中护军不仅采纳了汉代护军之名，而其职能也基本一致，只不过其一般无权对府主曹操实施监督，而是对其负责。领军之制则起始于曹操军府设立之初的行中军校尉，其职虽与汉制并无直接渊源关系，但校尉之制仍是对汉代八校尉/五校尉乃至汉末西园八校尉（有中军校尉）之制的承袭。

原载于《山东大学学报（哲学社会科学版）》2004年第2期

高欢家世族属真伪考辨

张金龙

高欢家世族属（北齐皇室世系族属）是魏晋南北朝史领域受到广泛关注的一个学术问题，许多著名学者对此都提出了自己的看法。据史籍记载，东魏北齐的创建者高欢为勃海蓨人，其祖父犯罪徙居北镇，到高欢时因世代在北边生活，“故习其俗，遂同鲜卑”。也就是说，高欢虽然原籍勃海蓨县，但他本人出生和成长均是在北镇，其风俗习惯完全与鲜卑人相同。换言之，论其家世出身，高欢祖上为汉人高门勃海高氏；论其民族习性，高欢本人实与鲜卑人无异。可见史籍在记述高欢出身勃海高氏的同时，并不隐讳其为北镇鲜卑的事实。然而，现代学者对此却颇不认同。日本著名学者滨口重国最早提出质疑，认为高欢出身勃海高氏乃是出于伪造。十余年后中国学者亦相继对高欢家世族属提出了质疑。各家论述角度和观点虽然不尽相同，但都怀疑史籍记载的真实性，认为高欢在崛起之时有意伪造家族世系以攀附汉人高门。众所熟知，魏晋南北朝时期朝代更迭频繁，政权林立，出现了大量的皇室或王族，他们的家世族属在史书中均能够如实记载，或者说并无故意作伪之迹，如与东魏—北齐同时代的竞争者西魏—北周，北周的皇室即明确出于胡族宇文氏（匈奴或鲜卑）而不以为耻，唯独高欢伪造其家族世系，果真有此必要吗?

一　史籍记载与学界质疑

《北史》卷六《齐本纪上·高祖神武帝纪》：

齐高祖神武皇帝姓高氏，讳欢，字贺六浑，勃海蓨（今河北景县）人也。六世祖隐，晋玄菟太守。隐生庆，庆生泰，泰生湖，三世仕慕容氏。及慕容宝败，国乱，湖率众归魏，为右将军。湖生四子，第三子谧，仕魏，位至侍御史，坐法徙居怀朔镇。谧生皇考树生，性通率，不事家业。

按:《北齐书·神武纪》早已亡佚,“后人以《北史》卷六《齐纪》上《神武纪》补”[①],也就是说《北史》的有关记载应本于《北齐书》,因而在关于高欢家族世系族属的记载上两者不应有异。《魏书》卷三二《高湖传》:“高湖,字大渊,勃海蓨人也。汉太傅裒之后。祖庆,慕容垂司空。父泰,吏部尚书。湖少机敏,有器度,与兄韬俱知名于时,雅为乡人崔逞所敬异。少历显职,为散骑常侍。”在北魏军队进攻下,后燕国君慕容宝从中山(今河北定州)亡奔和龙(今辽宁朝阳),“湖见其衰乱,遂率户三千归国。太祖赐爵东阿侯,加右将军,总代东诸部”。按高湖归附北魏是在道武帝天兴二年(399)底[②]。《魏书·高湖传》附传中与高欢先世有关的高湖子孙的事迹有如下记载:

> (湖)第三子谧,字安平,有文武才度。天安中,以功臣子召入禁中,除中散,专典秘阁。肃勤不倦,高宗深重之,拜秘书郎。谧以坟典残缺,奏请广访群书,大加缮写。由是代京图籍,莫不审正。显祖之御宁光宫也,谧恒侍讲读。拜兰台御史,寻转治书,掌摄内外,弹纠非法,当官而行,无所畏避,甚见称赏。延兴二年(472)九月卒,时年四十五。
>
> (谧)长子树生,性通达,重节义,交结英雄,不事生产,有识者并宗奇之。蠕蠕侵掠,高祖诏怀朔镇将阳平王颐率众讨之,颐假树生镇远将军、都将,先驱有功。树生尚气侠,意在浮沉自适,不愿职位,辞不受赏,论者高之。……雅好音律,常以丝竹自娱。孝昌初,北州大乱,诏发众军,广开募赏,以树生有威略,授以大都督,令率劲勇,镇捍旧蕃。二年(526)卒,时年五十五。……长子即齐献武王(高欢)也。

按在以上记载中,“天安中”当为“太安(455—459)中”之误[③]。与《北史·齐高祖神武帝纪》有关记载比较,最大的区别是《魏书·高谧传》未记其“坐法徙居怀朔镇”事。此外,据高树生卒年推断,其生年也在延兴二年(472—526),与其父高谧之死同年。而史书记载高树生为高谧之长子,因此两人是否存在父子关系,的确疑问很大[④]。

《魏书》及《北史》、《北齐书》有关高欢家世族属的记载,古代史家并未怀疑其真

---

① 《北齐书》卷一“校勘记”(一),中华书局1983年标点本,第1册,第10页。又可参见钱大昕《廿二史考异》卷三一《北齐书·神武帝纪》,方诗铭、周殿杰校点,上海古籍出版社2004年版,上册,第511—512页;缪钺:《读史存稿》,生活·读书·新知三联书店1963年版,第78页。

② 《魏书》卷二《太祖纪》:天兴二年“十有二月甲午(十二,400.1.24),慕容盛征虏将军、燕郡太守高湖率户三千内属”。

③ 参见《魏书》卷三二“校勘记”(二)引张森楷说,第3册,第768页。

④ 《北齐书》卷二《神武纪下》:武定五年(547)正月丙午(初八,2.13)“崩于晋阳,时年五十二”。则高欢生于公元496年,时高树生25岁,就年龄差距来看二人可以成为父子。

实性[①]，但不少现代学者却对北齐皇室出自勃海高氏的记载颇不认同。日本已故著名学者滨口重国是最早对史书所载高欢家世族属提出质疑的现代学者，他于1938年发表《高斉出自考——高歡の制霸と河北の豪族高乾兄弟の活躍》一文[②]，通过多方论证，认为高欢家族原本并非出身渤海高氏，史书中把高欢曾祖父高湖作为渤海高氏一族中最有名的高允之父韬之弟乃出自伪造。在当时重门阀的风潮下，出身无名之家的高欢很有必要通过诈称渤海高氏以提高其家族地位，他在打起反尒朱氏旗号后为了得到冀州境内豪族特别是高乾兄弟的支持，借用渤海高氏一族的世系并以其祖父高湖作为北魏有数的名臣高允之父高韬之弟。滨口氏强烈怀疑高欢家族出自汉族，认为高湖子孙大多有着鲜卑特色的名字，包括高谧在内的高湖子孙的居住地与河州关系密切，高谧很可能是从河州迁居怀朔镇的。值得提出的是，滨口论文虽然提出了高欢出自渤海高氏的种种可疑之点并做了颇为周详的论证，但全部论述都出于推测，并无一条有力证据能够完全否定史籍所载高欢为勃海蓨人的记载。中国已故著名学者姚薇元、周一良、缪钺、谭其骧等均曾论及北齐皇室世系族属问题，并对历史文献的记载提出了质疑。姚薇元是史学界研究北朝胡姓问题最具权威的学者，他认为高欢先世应源出鲜卑是楼氏：

> 魏道武时有右将军高湖，传称“汉太傅裒之后”，似出华族；然（1）详检《汉史》，无太傅高裒其人。（2）湖之祖庆父泰，三世皆仕慕容氏。归魏后，仍总领代东诸部。（3）其子孙之名，多类鲜卑。综此三者，知湖为鲜卑族。北齐高欢即高湖之孙，是高齐本出鲜卑族可知。……有此六证，可知高齐为鲜卑族，本姓是楼。[③]

由此可见，姚薇元并不否认史书所载高欢世系的可靠性，但又认为其祖先并非华族（汉族），而为鲜卑是楼氏。其说虽与滨口之说有一定相似性，但论证颇为简略。周一良也认为高欢并非汉族，但主要是怀疑史书所载其世袭的可靠性，他说：

> 魏书北齐书北史俱谓高氏渤海蓨人，纪其世系，以为高欢祖谧徙居怀朔镇，累世北边，故习其俗，案诸史籍，高氏固以鲜卑自居，敌视汉族，其例至夥。……故

① 如《资治通鉴》卷一〇八《晋纪三〇》孝武帝太元二十年（395）五月条载，后燕散骑常侍高湖谏燕主慕容垂放弃讨伐北魏的军事行动而被免官，其后接着记“湖，泰之子也”。这表明司马光是认可北朝史书有关高湖家族世系的记载的。

② 原载《史学雜志》第49篇7、8号（1938），收入滨口重国《秦汉隋唐史の研究》下卷，东京大学出版会1966年版，第685—736页。

③ 姚薇元：《北朝胡姓考》，科学出版社1958年版，第135—136页。又可参见同氏《北朝帝室氏族考》，《说文月刊》1944年第6期。

高欢之任领民酋长或以其本非汉人与？①

高氏虽号称渤海蓨人，史书所载世系很不可靠。……北齐统治者的皇室若非出自鲜卑，也是完全胡化了的汉人。②

缪钺在中国学界最早对北齐高氏族属问题进行了较为系统的研究，指出《魏书·高湖传》及《北史·齐神武纪》有关高氏世系记载的“舛午可疑”之处，认为：

盖高湖、高谧乃渤海高氏，入仕魏朝，高谧或本无子嗣，高欢乃塞上鲜卑或汉人久居塞上而鲜卑化者，既贵之后，伪造世系，冒认高谧为祖，谓其父树生为谧之长子，以附于渤海高氏之名族。魏收于齐文宣帝天保中修《魏书》，即据此伪托之世系写入。然高谧仕宦中朝，其子孙何以远居怀朔。（魏怀朔镇在今包头东北固阳一带，距魏都平城约六七百华里。）高氏初造世系时，未思及此罅漏，其后盖又加以弥缝，谓高谧坐法，徙居怀朔。李延寿修《北史》，据较后出之史料，采入此事。至于树生生年即高谧卒年，高氏伪造世系时盖未曾细加推算，故漫谓树生为高谧“长子”。此一点之疏漏，遂使治史者于千载之下犹能发其复也。高欢贫贱，本系事实，树生官爵，亦出伪造，此又显明易知，无待详论者矣。③

按缪氏所论虽不及滨口氏周详，但他注意到“树生生年即高谧卒年”的矛盾，成为其立论的重要证据，这一点却未曾被滨口氏所发现。谭其骧在回复缪钺的“讨论函”中提出了不同看法，认为北齐皇室高氏不大可能源出鲜卑是楼氏，而很可能本为高丽高氏。他说：

弟意鲜卑于北朝为贵种，《官氏志》所著录者，又皆鲜卑或其他塞北之著姓，高齐若出于是楼，似不必冒当时所贱视之汉人中之高门以自重，必焉其所自出之种姓，社会地位犹不及汉人，乃肯出此。今按北朝诸史中多高丽高氏，见于列传者，有高道悦（《魏书》六二）、高崇（《魏书》七七）、高肇（《魏书》八三）、高琳（《周书》二九）、高颎（《北史》七二）。除高琳外，皆自附于勃海蓨县。又《高肇传》云：“出自夷土，时望轻之。”《高琳传》云：“五世祖宗拜第一领民酋长。”种种情形，皆与高齐相同，然则高齐殆亦有出自高丽之可能也。且其可能性甚大。④

---

① 周一良：《领民酋长与六州都督》，“中央研究院”《历史语言研究所集刊》第20本（1949）；收入氏著《魏晋南北朝史论集》，中华书局1963年版，第187—188页。

② 周一良：《北朝的民族问题与民族矛盾》，《燕京学报》第39期（1949）；收入氏著《魏晋南北朝史论集》，第125页。

③ 缪钺：《东魏北齐政治上汉人与鲜卑之冲突》，《读史存稿》，生活·读书·新知三联书店1963年版，第81—82页。

④ 缪钺：《读史存稿》，第93页。

陈连庆同意谭其骧的推论，并谓："关于北齐高氏族属讨论，谭氏说可为定论。"[①] 按：谭氏只是提供了一种可能的选择，但并未给出具体答案，故"定论"之说无从谈起。高欢家族若存在假冒姓氏的事实，则探究当时鲜卑贵族、汉族高门社会地位的高低就有必要；若不存在假冒姓氏的问题，则此一问题实无探究之必要。高氏姓氏至少从高欢父辈起就已确定，其时正当北魏孝文帝实行汉化改革，汉族高门受到重视崇敬之时，"贱视"汉人高门之情形只是到了高欢创业成功以后才有的现象，故谭其骧立论的证据并不能成立（姚薇元亦据此立论）。

在20世纪中叶以后的有关论著中，对高氏世系族属问题亦多所涉及，且有对之作重新探讨的专文。王仲荦对高欢族属问题有如下叙述：

> 高欢，鲜卑名贺六浑，自称是勃海修人（今河北景县东），因祖父犯法发配到六镇中的怀朔镇充兵户，"累世北边，故习其俗，遂同鲜卑"。据史籍载侯景骂高澄（高欢长子）为"鲜卑小儿"；北齐文宣帝高洋（高欢第二子）问杜弼"治国当用何人"，弼对以"鲜卑车马客，会须用中国人"，高洋以为这话是讥讽自己的；又隋费长房《历代三宝记》卷九云："高洋武川镇虏"（武川当作怀朔）；《隋书·五行志》云："齐氏出自阴山，胡服者，将反初服也"，这些记载可证实高氏为鲜卑族人。但其祖父犯法发配到六镇，可能是事实，因此高欢生于六镇兵户之家。[②]

也就是说，他一方面认为高欢家族为鲜卑族，同时又并未完全否定史籍关于高欢为"坐法徙居北镇"的高谧之孙的记载。韩国磐根据旧史所载高欢家世以及其名贺六浑、长于姊夫鲜卑族尉景家、娶鲜卑人娄内干之女等史实，得出了"一般说高欢家族是鲜卑化的汉姓"的看法[③]。毛汉光对高欢族属问题亦未作出明确判断，而是认为："不论高欢是否是渤海高氏，高欢属于胡人婚姻圈，'累世北边，故习其俗，遂同鲜卑'，能鲜卑语，称汉人为'汉儿'，在心理上已自居鲜卑人。"[④] 20世纪80年代后期，中国台湾学者吕春盛与上海学者李培栋分别对高齐世系族属问题进行了专门探讨，是继日本学者滨口重国和中国学者缪钺之后就这一问题所作的系统性的考察。吕春盛认为："北齐政权的真正创建者高欢，一般根据正史之记载认为是'胡化汉人'，然而经过种种史料的查证，却发现高欢应该是出自鲜卑族，至少其出身渤海豪族的世系是出自伪造，并且血统中有相当浓厚的胡族成分。"[⑤] 李培栋针对缪钺的有关观点，撰文就高欢族属

① 陈连庆：《中国古代少数民族姓氏研究》，吉林文史出版社1993年版，第160页。

② 王仲荦：《魏晋南北朝史》下册，上海人民出版社1980年版，第581—582页。

③ 韩国磐：《魏晋南北朝史纲》，人民出版社1983年版，第495页。

④ 毛汉光：《北魏东魏北齐之核心集团与核心区》，原载"中央研究院"《历史语言研究所集刊》第57本2分(1985)；收入氏著《中国中古政治史论》，上海书店出版社2002年版，第95—96页。

⑤ 吕春盛：《北齐政治史研究——北齐衰亡原因之考察》，台湾大学出版委员会1987年版，第299页。

家世问题进行考辨，肯定了史籍中有关高欢族属家世的记载[①]。其后，仍有学者在论著中涉及这一问题，但都是沿袭旧说而无所发明[②]。总的来看，虽然截至目前史学界对于高欢家世族属问题并未取得完全一致的看法，但占上风的观点却是高欢家族出自勃海高氏乃是出于伪造谱系的结果。

二　学界观点释疑

滨口重国及姚薇元、周一良、缪钺、谭其骧诸家对北朝史籍有关北齐皇室世系族属的记载虽然都提出了质疑，但其立论的角度却有所不同。滨口及姚、周、谭诸氏似乎并未怀疑高欢为高湖、高谧之后的记载，而是对高湖家族的来源族属提出了质疑；缪氏则怀疑史籍所载高氏世系出于伪造，但并未明确否认高湖、高谧出身勃海高氏的记载。值得注意的是，《魏书》对高谧犯罪迁徙北镇之事只字不提，且在高湖及其后人的传记中无任何贬损言辞。若高谧并非高欢祖父，则《魏书》隐讳其犯罪迁徙北镇便无必要。也就是说，至少在北齐初年魏收修撰《魏书》时高欢家族为北魏高湖之后裔已然得到官方认可，确定无疑。

不仅如此，在北魏末年高欢崛起之时，高谧、高树生为其祖、父已成公认事实。《魏书·高湖传附子谧传》："太昌（532）初，追赠使持节、侍中、都督青徐齐济兖五州诸军事、骠骑大将军、太尉公，青州刺史，谥武贞公；妻叔孙氏，陈留郡君。"谧长子树生，"太昌初，追赠使持节、都督冀相沧瀛殷定六州诸军事、大将军、太师、录尚书事、冀州刺史，追封勃海王，谥曰文穆；妻韩氏，为勃海王国太妃。永熙（532）中，后赠假黄钺、侍中、都督中外诸军事，加后部羽葆鼓吹，余如故"。按：当时高欢为"大丞相、天柱大将军、太师、世袭定州刺史"[③]，高谧及其妻叔孙氏、高树生及其妻韩氏的追赠追封，正是高欢势力壮大并完全控制北魏朝政的反映，因此它确定无疑

① 李培栋：《高欢族属家世辨疑》，《魏晋南北朝史缘》，学林出版社 1996 年版。

② 黄永年认为："高氏建立的东魏北齐政权，是颇有胡化之称的。《北齐书》卷一《神武帝纪》虽说高欢是'渤海蓨人'，但又说他的祖父'坐法徙居怀朔镇'，足见他起码是几代居住北边六镇、彻底鲜卑化了的汉人，也可能本是鲜卑，发迹后冒认汉族大姓渤海高氏以事夸饰。"（《论北齐的文化》，原载《陕西师范大学学报》1994 年第 4 期；收入黄永年：《文史探微》，中华书局 2000 年版，第 21 页）陈爽认为："入魏的渤海高氏大致分为高泰和高展两个系统：高泰之子高湖自燕郡率三千户降魏，子嗣多无闻，齐主高欢即托言为高湖之后。"（《〈关东风俗传〉所见诸豪试释》，《世家大族与北朝政治》，中国社会科学出版社 1998 年版，第 166 页）何德章认为："高欢自称渤海高氏而难以究诘"，"李（培栋）氏所论并不能证明高氏世系的真实性"（《伪托望族与冒袭先祖——以北族出身者墓志为中心》，《魏晋南北朝隋唐史资料》第 17 辑，武汉大学出版社 2000 年版）。张岂之主编面向 21 世纪课程教材《中国历史·秦汉魏晋南北朝卷》有关的叙述是："高欢自称勃海蓚县（今河北景县）人。他生长于六镇之一的怀朔镇，既能说汉话，又能讲鲜卑话，并拥有一个鲜卑语名字，叫贺六浑。"（本卷主编王子今、方光华，高等教育出版社 2001 年版，第 275 页）看来该书编者对高欢家世族属问题并未作出明确判断。罗新据缪钺、谭其骧之说，谓"北齐皇室高氏伪造自己出自勃海高氏的谱系"（《北齐韩长鸾之家世》，《北京大学学报》2006 年第 1 期）。最近发表的仇鹿鸣的论文中亦有类似的论断，且做了专门的论述（《"攀附先世"与"伪冒士籍"——以渤海高氏为中心的研究》，《历史研究》2008 年第 2 期）。

③ 《魏书》卷一一《出帝平阳王纪》。

地显示高谧、高树生为高欢的祖父和父亲，是其直系祖先。① 《魏书》卷三二《高徽传》："永熙（532）中，丧还洛阳。赠使持节、侍中、都督冀定相瀛沧五州诸军事、司徒公、冀州刺史，谥曰文宣。"按高徽为高谧长兄真之子，他在孝明帝孝昌元年（525）十月死于河州发生的一次政治冲突②。高徽与高谧、高树生夫妇同时或稍后受到朝廷追赠追封的事实，更进一步证明高欢为高湖家族的后代。若高谧、高树生并非高欢的祖父和父亲，而是高欢有意假冒，则如何假冒便颇成问题。高欢本人的文化程度有限，他对北魏历史当然不会有太多了解，对在北魏历史上影响不大的高湖家族（若非其先世）自然不会有深入了解。如果高欢有意篡改家族历史，就必然要找一位有重大历史影响且没有污点的历史人物作为其家族祖先，就北魏前中期的勃海高氏或"自云"勃海蓨人的高氏来看，高湖一支显然并非优选。③ 比较而言，高湖同族之高允、高祐家族似乎更为理想。

值得关注的是，缪钺指出的《魏书》所记高谧卒年即其"长子树生"之生年，似乎很难自圆其说，确实为一大疑点。不过强为之解，似也可以得到解释。高谧卒于延兴二年（472）九月，如果高树生生于当年年初或春夏季节，而高翻作为高谧遗腹子生于473年，或者说高树生生日与高谧死日有数月之差异，则高谧有第二个儿子的可能性也就不能完全被排除。而且史书并未明确记载高谧只有一个妻子，则高树生与高翻也有可能为两母所生。《魏书》卷六《显祖纪》：皇兴五年（471）八月丁未（廿一，9.21）禅位于太子，"己酉（廿三，9.23），太上皇帝徙御崇光宫，采椽不斫，土阶而已，国之大事咸以闻"。上引《高湖传附子谧传》载"显祖之御宁光宫也，谧恒侍讲读。拜兰台御史，寻转治书，掌摄内外，弹纠非法，当官而行，无所畏避，甚见称赏。

① 洛阳师范学院石刻艺术馆藏《高树生墓志》云："魏故使持节侍中太师假黄钺录尚书事都督冀相沧瀛殷定六州中外诸军事大将军冀州刺史渤海王墓志铭。""祖讳湖"，"父讳谧"，"长息欢使持节侍中大丞相都督中外诸军事"。《高树生夫人韩太妃墓志》云："魏故使持节侍中太师假黄钺录尚书事都督冀相沧瀛殷定六州中外诸军事大将军冀州刺史渤海高王妻韩太妃铭。"《高树生墓志》谓"永熙二年四月二十七日葬"，《高树生夫人韩太妃墓志》谓"魏永熙二年四月二十七日迁葬"。按这两方墓志均为2006年购入，其来历不明。以上志文及相关信息由日本东京大学佐川英治教授提供，谨致谢忱。如果这两方墓志不出于后世或今人伪造，则可确凿无疑地证明史书所载高欢家族的世系可信。反之，也不影响对史书记载的分析判断。

② 《魏书》卷九《肃宗纪》：孝昌元年十月，"河州长史元永平、治中孟宾等推嚈哒使主高徽行州事，而前刺史梁钊子景进攻杀之，景进又自行州事"。卷三二《高徽传》记载较详："又假平西将军、员外散骑常侍，嚈哒使。还至枹罕，属莫折念生反于秦陇。时河州刺史元祚为前刺史梁钊息景进等招引念生攻河州，祚以忧死。长史元永平、治中孟宾、台使元湛共推徽行河州事，绥接有方，兵士用命。别驾乞伏世则潜通景进，徽杀之。征兵于吐谷浑，吐谷浑率众救之。景进败，退走，奔秦州。景进寻率羌夷复来攻逼，徽遣统军六景相驰表请师，诏徽仍行河州事。久无援救，力屈城陷，为贼所害。"又可参见滨口重国《高斉出自考——高歡の制覇と河北の豪族高乾兄弟の活躍》的有关论述（《秦漢隋唐史の研究》，下卷，第693—697页）。

③ 《梁书》卷五六《侯景传》："其左仆射王伟请立七庙。景曰：'何谓为七庙?'伟曰：'天子祭七世祖考，故置七庙。'并请七世之讳，敕太常具祭祀之礼。景曰：'前世吾不复忆，惟阿爷名标。'众闻咸窃笑之。景党有知景祖名周者，自外悉是王伟制其名位，以汉司徒侯霸为始祖，晋征士侯瑾为七世祖。于是追尊其祖周为大丞相，父标为元皇帝。"按：侯景是失败者，其丑行为世人所耻笑并得以记录于史。高欢却不同，即便有类似情形，也不会被记载，但蛛丝马迹肯定还是能够找到的，不可能一点痕迹不露。对照侯景叛乱控制梁朝政权后的假冒祖先以自重，便可知高欢并无有意伪造祖先及其世系族属之意。

延兴二年（472）九月卒，时年四十五”。据同书卷七上《高祖纪上》，延兴三年正月“丁亥（初十，474年2月22日），改崇光宫为宁光宫”。李培栋据此推断，高谧“至少在（崇光宫）改称宁光宫时仍在世”，“卒年也必在延兴三年（473）以后”，“则延兴二年生长子树生之后，自有可能再生次子翻”[①]。结合当时的政治背景来看，这种情况并非完全没有可能。若高谧本传所载其卒于延兴二年有误，则应该是延兴三年；果如此，则不仅可与上文“宁光宫”合，也与其长子树生生于延兴二年之记载相吻合。此外，这一问题还可从另一个角度加以理解。《北史·齐本纪上·高祖神武帝纪》记高谧“仕魏，位至侍御史，坐法徙居怀朔镇”[②]。如上所引，《魏书·高谧传》的记载稍详且有较大差别，则高谧不大可能会“坐法徙居怀朔镇”。换言之，高谧若因违法被流放怀朔镇，则其必定不会在延兴二年九月就已死亡。最大的可能是，《魏书·高谧传》为了隐讳高谧“坐法徙居怀朔镇”一事而对其卒年做了篡改，亦即高谧卒年应在延兴二年九月之后。果如此，则高谧卒年与高树生的生年便不会存在冲突。[③]

另外，还有一个疑问需要提出。《魏书》卷三二《高湖传附子翻传》：“树生弟翻，字飞雀，亦以器度知名，卒于侍御中散。”《北齐书》卷一三《清河王岳传》：“高祖从父弟也。父翻，字飞雀，魏朝赠太尉、谥孝宣公。岳幼时孤贫，人未之知也，长而敦直，姿貌嶷然，沈深有器量。初，岳家于洛邑，高祖每奉使入洛，必止于岳舍。”如上所述，高谧罪徙北镇，其家居于怀朔镇，谧长子树生、树生子欢均成长于北镇，而树生弟翻却居家洛阳且其子“岳幼时孤贫”，这不能不说是一大疑点。对此，可作这样的解释：高翻作为北镇少年而被选拔进入北魏宫廷担任侍卫之职，其后很可能在洛阳成家并家居洛阳。北魏侍御中散当属侍卫郎官之列，在孝文帝第一次官制改革即太和十七年（493）《职员令》中有明确记载（第五品上）[④]，在太和二十三年（499）《职员令》中不再见到，当已废除。若上引《魏书·高翻传》所载其“卒于侍御中散”可信，则其卒年不应晚于499年，上引史料载高树生生于472年，其弟翻生年不应早于473年，在废除侍御中散之职前高翻年龄在二十余岁，既是适合担任侍御中散的年龄，成家生子也合乎情理。但是，这种理解还是有不可回避的矛盾。史载高岳死于北齐天保六年（555）十一月，“时年四十四”[⑤]，则其生于北魏宣武帝永平五年（512）。若此，则高翻之卒年不得早于512年，也肯定不会“卒于侍御中散”。

清代学者王鸣盛在《十七史商榷》卷六八《北史合魏齐周隋书四》“高允与神武为近属”条引用《魏书》之《高湖传》、《高允传》及《北齐书·神武纪》的记载后认为：“然则允之祖即欢高祖，允是欢五世内从祖，近亲属也。欢贵，执魏权，以允之名德，

---

① 李培栋：《高欢族属家世辨疑》，《魏晋南北朝史缘》，第88页。

② 按《北齐书》卷一《神武纪上》同。

③ 即便如此，疑问仍然存在，若高谧生年不误，则其四十五岁方才生子也不大合乎常理，故不排除史书所载高谧生卒年均不可靠的可能性。

④ 《魏书》卷一一三《官氏志》。

⑤ 《北齐书》卷一三《清河王岳传》。

无所追崇，恐有亡佚。”[1] 缪钺引王鸣盛此说，并谓：“高欢执政时，不追崇其五世内从祖高允，王鸣盛觉此事可疑，谓恐系史文亡佚，然吾人亦正可据此怀疑高欢对于渤海高氏之关系本非密切，其世系或出伪造。”[2] 李培栋对此作了专门辩驳，认为“高允于欢为五世内从祖，而欢追崇对象仅限于四世内高湖一支之后裔，其不追崇高允并无可异之处”[3]。的确如此，高欢执政后不追崇其五世内从祖高允一点都不奇怪，考之国史亦绝无类似追崇。高欢在控制北魏朝政后，最初只追崇其三世内直系祖先高谧、树生及其妻子，已见上文有关引证。东魏初年，高欢叔父高翻亦受到追崇。《魏书·高湖传附孙翻传》载“元象（538）中，赠假黄钺、使持节、侍中、都督冀定洛瀛并肆燕恒云朔十州诸军事、大将军、太傅、太尉公、录尚书事、冀州刺史，谥曰孝宣”。高欢曾祖高湖以上之直系祖先尚且无人受到追崇，遑论五世内从祖高允。因此，高允未被追崇绝不能成为怀疑高欢祖先出身勃海高氏的理由。

《魏书》卷四八《高允传》：“勃海人也。祖泰，在叔父《湖传》。父韬，少以英朗知名，同郡封懿雅相敬慕，为慕容垂太尉从事中郎。太祖平中山，以韬为丞相参军。”由此可知，高泰三子韬、湖、恒均曾在后燕河北政权任职，并在北魏道武帝平定中山之际相继归附北魏，成为北魏官僚集团成员。高允之父高韬虽然也是归魏的后燕官吏，但却从未有人怀疑其世系族属有假冒之嫌。《魏书》卷六八《高聪传》：

> 本勃海蓨人。曾祖轨，随慕容德徙青州，因居北海之剧县。……（北魏）大军攻克东阳，聪徙入平城，与蒋少游为云中兵户，窘困无所不至。族祖允视之若孙，大加赒给。聪涉猎经史，颇有文才，允嘉之，数称其美，言之朝廷，云：“青州蒋少游与从孙僧智（聪字），虽为孤弱，然皆有文情。”由是与少游同拜中书博士。

按献文帝时北魏平定青齐地区，高聪被俘来到平城，当时在朝担任要职的高允不仅在生活方面对其给予关照和资助，而且在政治上也进行帮助和扶持。同书卷八二《常景传》：“初，平齐之后，光禄大夫高聪徙于北京，中书监高允为之娉妻，给其资宅。”以上记载再次确证高允出于勃海高氏。《魏书》卷五七《高祐传》：

> 勃海人也。……司空允从祖弟也。祖展，慕容宝黄门郎，太祖平中山，内徙京师，卒于三都大官。父说，从世祖灭赫连昌，以功拜游击将军，赐爵南皮子。与崔浩共参著作，迁中书侍郎。转给事中、冀青二州中正，假散骑常侍、平东将军、蓨县侯，使高丽。卒，赠安南将军、冀州刺史、假沧水公，谥曰康。

---

① 王鸣盛：《十七史商榷》下册，中国书店1987年版，第706—707页。

② 缪钺：《东魏北齐政治上汉人与鲜卑之冲突》，《读史存稿》，第79页。

③ 李培栋：《高欢族属家世辨疑》，《魏晋南北朝史缘》，第90页。

由此可见，高允祖泰与高祐祖展应为兄弟关系，皆为高韬之子。高允后代在东魏北齐的影响不大，而高祐后代却是东魏北齐统治集团的重要成员，尤以其曾孙高德正最为著名。高德正于北魏末东魏初“累迁相府掾，神武委以腹心”，尤为高洋所宠幸，“文襄（高澄）嗣业，如晋阳，文宣（高洋）在邺居守，令德正参机密，弥见亲重”，后“为相府司马，专知门下事”①。北齐初年任吏部尚书、尚书右仆射兼侍中，“与尚书令杨愔纲纪朝政”②，史称“二人势倾朝野”③。

《魏书》卷三二《高湖传附弟恒传》：恒子道。道子乾，任至白水太守，“太昌（532）初，卒，赠使持节、都督秦雍二州诸军事、车骑大将军、司空公、雍州刺史，谥曰孝穆”。按这一追赠与其子高隆之的影响有关，而与是否为高欢同族可能关系不大。《北齐书》卷一八《高隆之传》：“本姓徐氏，云出自高平金乡。父乾，魏白水郡守，为姑壻高氏所养，因从其姓。隆之贵，魏朝赠司徒公、雍州刺史。”《北史》卷五四《高隆之传》：“洛阳人也。为阉人徐成养子。少时，以赁升为事。或曰，父乾为姑壻高氏所养，因从其姓。”由此可见，高隆之并非高恒直系后代，《魏书·高恒传》谓“道子乾”并不准确，而应为道养子乾。史载高隆之“武定（543—559）末，太保、尚书令、平原郡开国公”④；“隆之后有参议之功，高祖命为从弟，仍云渤海蓨人”⑤。可见直到东魏孝静帝末年，高欢才正式确立了他与高隆之的从兄弟关系。因此太昌初追崇高乾并不能说明高欢追崇祖先涉及三代以上的旁系亲属。《北史》卷三一《高祐传》附传载祐从父弟翼（次同）死后，“中兴（531）初，赠使持节、侍中、太保、录尚书、六州诸军事、冀州刺史，谥曰文宣”。按这一追赠的规格颇高，主要是由于此前高翼父子起兵反抗尒朱氏，是河北地区一支重要的政治势力，对高翼的追赠表明当时高欢还需要依靠高乾兄弟的支持而壮大自身的力量，此举也有助于笼络高乾兄弟继续为反抗尒朱氏而效命。

虽同出勃海高氏，但由于各家经历不同，其文化修养及政治态度便有很大差异。不仅如此，即便同出一家甚至同一人在不同的场合，其政治态度也会有所不同。就高乾兄弟而言，三人个性就有较大差别：高乾“少时轻侠，长而修改，轻财重义，多所交结”⑥；高慎“颇涉文史，与兄弟志尚不同，偏为父所爱”⑦；高昂“幼时便有壮气。及长，俶傥，胆力过人，龙犀豹颈，姿体雄异”⑧。其父高翼的态度也具有两面性，一方面“颇涉文史”的高慎在兄弟中“偏为父所爱”，高昂“其父为求严师，令加捶挞”；另一方面面对日益严峻的时局，高翼却对不能认真读书的高昂在深表担忧的同时寄予

① 《北史》卷三一《高德正传》。

② 同上。

③ 《北齐书》卷三七《魏收传》。

④ 《魏书》卷三二《高湖传》附“隆之”条。

⑤ 《北齐书》卷一八《高隆之传》。又，《北史》卷五四《高隆之传》：“隆之后有参定功，高祖命为弟，仍云渤海蓨人。”

⑥ 《北史》卷三一《高乾传》。

⑦ 《北史》卷三一《高慎传》。

⑧ 《北史》卷三一《高昂传》。

一番厚望："昂不遵师训，专事驰骋，每言：'男儿当横行天下，自取富贵，谁能端坐读书，作老博士也?'其父曰：'此儿不灭吾族，当大吾门。'以其昂藏敖曹，故以名字之。"①《北齐书》卷九《文宣皇后李氏传》："讳祖娥，赵郡李希宗女也。容德甚美。初为太原公夫人。及帝将建中宫，高隆之、高德正言汉妇人不可为天下母，宜更择美配。杨愔固请依汉魏故事，不改元妃。而德正犹固请废后而立段昭仪，欲以结勋贵之援，帝竟不从而立后焉。"此处高德正显然是站在鲜卑勋贵的立场发表政治见解的，然而他还有截然不同的政治态度。《北史》卷三一《高德正传》："后文宣谓群臣曰：'高德正常言，宜用汉除鲜卑，此即合死。又教我诛诸元，我今杀之，为诸元报仇也。'帝后悔，赠太保、冀州刺史，谥曰康。"此虽是高澄为其处死高德正作辩解，但似非空穴来风。高昂身上也体现出鲜卑军事贵族和汉族士人官僚的两面性。《北史》卷三一《高昂传》：

> 复为军司、大都督，统七十六都督，与行台侯景练兵于武牢。御史中尉刘贵时亦率众在焉。昂与北豫州刺史郑严祖握槊，贵召严祖，昂不时遣，枷其使。使者曰："枷时易，脱时难。"昂使以刀就枷刎之，曰："何难之有?"贵不敢校。明日，贵与昂坐，外白河役夫多溺死。贵曰："头钱价汉，随之死。"昂怒，拔刀斫贵。贵走出还营，昂便鸣鼓会兵攻之。侯景与冀州刺史万俟受洛解之，乃止。时鲜卑共轻中华朝士，唯惮昂。神武每申令三军，常为鲜卑言；昂若在列时，则为华言。昂尝诣相府，欲直入，门者不听，昂怒，引弓射之。神武知而不责。性好为诗，言甚陋鄙，神武每容之。

少时不愿读书的高昂在成为名将后却要附庸风雅"性好为诗"，对于刘贵（独孤氏后裔）"头钱价汉，随之死"的辱骂老羞成怒，欲杀之而后快。而且高昂是被高欢及鲜卑贵族当做"中华朝士"来看待的②。

---

① 《北史》卷三一《高昂传》。

② 黄永年对刘贵与高昂之间矛盾的解释是："但所谓'头钱价汉'的'头钱价'，是'只值一文钱'之谓，'汉'则是对此'只值一文钱'之人的贱称，以服劳役之百姓以汉人为多，遂称之为'头钱价汉'，其本意并非站在鲜卑立场专事仇视汉人。……只是他在高昂面前说话不注意用了这个'汉'字，使高昂敏感起来误以为他蔑视汉人，才要与他拼命。至于所说'时鲜卑共轻中华朝士'，只是指当时鲜卑勋贵轻视文人，文人多为汉族，故被称做'中华朝士'，同样不宜作为民族矛盾的证据。"（《论北齐的政治斗争》，《文史探微》，第62页）按刘贵与高昂之争无疑属于民族矛盾，黄氏之所以得出文武矛盾而非民族矛盾的认识，乃是由于他对《北史·高昂传》这段记载的理解不确：(1) 认为刘贵"在高昂面前说话不注意用了这个'汉'字"显然与事实不符，他不是不注意，而是有意使用了"汉"字的。(2) "中华朝士"不能仅仅作"文人"理解，高昂虽然也附庸风雅"性好为诗"，但"言甚陋鄙"，无论高欢还是统治集团其他成员都不把他看作是一个文人，相反他是当时东魏统治集团中典型的一员武将。因此，东魏时为"鲜卑共轻"之"中华朝士"只能是在朝任职的汉族官贵，是与"鲜卑"相对的一个阶层（集团），而非与武人相对的文人阶层。《隋书》卷二四《食货志》："及文宣受禅……六坊之内徙者，更加简练，每一人必当百人，任其临阵必死，然后取之，谓之百保鲜卑。又简华人之勇力绝伦者，谓之勇夫，以备边要。"可见鲜卑与华人是相对的两种民族。关于东魏北齐统治集团内部矛盾特别是胡、汉之争，学界所论甚夥，除上文提及的缪钺、吕春盛的论著外，又可参见万绳楠整理：《陈寅恪魏晋南北朝史讲演录》第十八篇，黄山书社1987年版；萧璠：《东魏、北齐内部的胡、汉问题及其背景》，《食货》复刊第6卷第8期（1976）；许福谦：《东魏北齐胡汉之争新说》，《文史哲》1993年第3期。

谭其骧所举北朝时期与勃海高氏有关的几个家族，史书的记载是：

> 高道悦字文欣，辽东新昌人也。曾祖策，冯跋散骑常侍、新昌侯。祖育，冯文通建德令，值世祖东讨，率其所部五百余家归命军门，世祖授以建忠将军、齐郡建德二郡太守，赐爵肥如子。父玄起，武邑太守，遂居勃海蓨县。①
>
> 高崇字积善，勃海蓨人。四世祖抚，晋永嘉中与兄顾避难奔于高丽。父潜，显祖初归国，赐爵开阳男，居辽东，诏以沮渠牧犍女赐潜为妻，封武威公主。……家资富厚，僮仆千余，而崇志尚俭素，车马器服，充事而已。②
>
> 高肇字首文，文昭皇太后之兄也，自云本勃海蓨人。五世祖顾，晋永嘉中避乱入高丽。父飏，字法脩。高祖初，与弟乘信及其乡人韩内、冀富等入国，拜厉威将军、河间子，乘信明威将军，俱待以客礼，赐奴婢、牛马、彩帛。遂纳飏女，是为文昭皇后，生世宗。③
>
> 高颎字昭玄，一名敏，自言勃海蓨人也。其先因官北边，没于辽左。曾祖暠，以太和中自辽东归魏，官至卫尉卿。祖孝安，位兖州刺史。④
>
> 高琳字季珉，其先高句丽人也。六世祖钦，为质于慕容廆，遂仕于燕。五世祖宗率众归魏，拜第一领民酋长，赐姓羽真氏。祖明、父迁仕魏，咸亦显达。⑤

综合分析以上记载，似乎可以相信：西晋末年确曾有勃海蓨县人高顾带着家人逃亡高句丽⑥，其后代（高崇、高肇及其家族成员）在北魏献文帝、孝文帝时陆续返回原籍，并在北魏政权任职。这是北魏“勃海蓨人”或“自云本勃海蓨人”的一种类型。另一种类型也是“自云勃海蓨人”，其祖先“因官北边”，在晋末中原乱局下“没于辽左”而未能返回家乡，北魏孝文帝时“自辽东归魏”，其后有可能也居住在勃海蓨县。隋朝名臣高颎祖先即为此一类型。辽东地区的高氏还有高道悦、高琳祖先两家。史书明载高道悦为“辽东新昌（今辽宁海城东北向阳镇）人”，高琳祖先则为“高句丽人”，因“为质于慕容廆，遂仕于燕”。因此，北魏时从辽东返回中原的高氏，其祖先有可能来自勃海蓨县或者本为高句丽人。《魏书》卷六二《高道悦传》载“道悦长兄嵩，字崐崘，魏郡太守”，而高颎曾祖名暠，暠、嵩二字形近，且其居地及活动时代相同，不排除其为同一人的可能性。果如此，则高道悦祖上亦应从中原迁居辽东，高颎祖上亦当居于辽东新昌县。比较而言，高湖祖先与高琳祖先的情形较为相似，因而推测高湖先

① 《魏书》卷六二《高道悦传》。

② 《魏书》卷七七《高崇传》。

③ 《魏书》卷八三下《外戚下·高肇传》。

④ 《北史》卷七二《高颎传》。按《隋书》卷四一《高颎传》亦谓“自云渤海蓨人也”，然仅记其“父宾，背齐归周，大司马独孤信引为僚佐，赐姓独孤氏”，而不载其曾祖暠、祖孝安之名。

⑤ 《周书》卷二九《高琳传》。

⑥ 严格地说，当时的高句丽仍为西晋边陲郡县，尚未成为一个单独的政治实体。

世为高句丽人不无道理，但无法得到确切证明。高琳“魏正光（520—525）初，起家卫府都督”，先“从元天穆讨邢杲”，“又从尒朱天光破万俟丑奴”，“后随天光败于韩陵山”。随魏孝武帝西迁关中，“至溱水，为齐神武所追，拒战有功”。“大统（535—551）初，进爵为侯，增邑四百户，转龙骧将军。顷之，授直阁将军，迁平西将军，加通直散骑常侍。三年，从太祖破齐神武于沙苑，转安西将军，进爵为公，增邑八百户。”①看来高琳自北魏末年以来就始终站在高欢势力的对立面，从其经历来看，与高欢家族应该并无任何关系。

事实上，推测高湖先世为高句丽人不仅无据，而且是完全错误的。《晋书》卷一〇八《慕容廆载记附高瞻传》：

> 高瞻字子前，渤海蓨人也。……光熙（306）中，调补尚书郎。属永嘉（307—313）之乱，还乡里，乃与父老议曰：“今皇纲不振，兵革云扰，此郡沃壤，凭固河海，若兵荒岁俭，必为寇庭，非谓图安之所。王彭祖（浚）先在幽蓟，据燕代之资，兵强国富，可以托也。诸君以为何如？”众咸善之。乃与叔父隐率数千家北徙幽州。既而以王浚政令无恒，乃依崔毖，随毖如辽东。毖之与三国（高句丽、宇文、段部）谋伐廆也，瞻固谏以为不可，毖不从。及毖奔败，瞻随众降于廆。廆署为将军，瞻称疾不起。廆敬其姿器，数临候之，抚其心曰：“……君中州大族，冠冕之余，宜痛心疾首，枕戈待旦。……”瞻仍辞疾笃，廆深不平之。②

按西晋末年王浚称雄河北，“以妻舅崔毖为东夷校尉”③，从“时平州刺史、东夷校尉崔毖自以为南州士望，意存怀集”④ 的记载来看，其出身河北大族无疑，非清河崔氏即博陵崔氏。晋元帝建武元年（317）六月丙寅（十五，7月10日），司空、并州刺史刘琨等北方华夷军政首领共“一百八十人上书劝进”，其中即包括东夷校尉崔毖和鲜卑大都督慕容廆⑤。在徙居幽州之初，魏郡斥丘人黄泓曾劝高瞻弃王浚而归附慕容廆。《晋书》卷九五《艺术·黄泓传》：“永嘉之乱，与渤海高瞻避地幽州，说瞻曰：‘王浚昏暴，终必无成，宜思去就，以图久安。慕容廆法政修明，虚怀引纳，且谶言真人出东北，傥或是乎？宜相与归之，同建事业。’瞻不从。”晋元帝太兴二年（319）十二月乙亥（初九，320.1.5），“鲜卑慕容廆袭辽东，东夷校尉、平州刺史崔毖奔高句骊”⑥。崔“毖与

---

① 《周书》卷二九《高琳传》。

② 按：李培栋注意到《晋书》有关高隐的记载，谓“高隐侄瞻在《晋书》有传附《慕容廆载记》之后，瞻传云‘渤海蓨人……与叔父隐率数千家北徙幽州’。则高隐确是渤海蓨人徙幽州而为太守者”（《高欢族属家世辨疑》，《魏晋南北朝史缘》，第93页）。

③ 《晋书》卷三九《王浚传》。

④ 《晋书》卷一〇八《慕容廆载记》。

⑤ 《晋书》卷六《元帝纪》。

⑥ 同上。

数十骑弃家室奔于高句丽，廆悉降其众，徙焘（毖兄子）及高瞻等于棘城，待以宾礼”[①]。按西晋玄菟郡（治所在今辽宁沈阳市东）隶属平州，辖高句丽、望平、高显三县，平州始置于晋武帝咸宁二年（276）十月[②]。高隐任玄菟太守当与崔毖任平州刺史同时。西晋以后的近百年间，辽东地区长期为慕容鲜卑所控制，为其最重要的政治中心区域之一。高隐后裔世代担任慕容鲜卑前、后燕政权的中央和地方要职，成为慕容燕官僚集团的重要成员。《北史·齐高祖神武帝纪》载其为“渤海蓨人”，“六世祖隐，晋玄菟太守。隐生庆，庆生泰，泰生湖，三世仕慕容氏”，证之《晋书》的有关记载，可知其说真实有据。谭其骧并未明示他是否承认《北史》（《北齐书》）或《魏书》有关高欢祖先世系的记载，但能将高欢祖先与高丽联系起来的唯有这一记载，因此可以认为他是默认这一世系并以之为据推测其很可能为高丽人。毫无疑问，其推测是不能成立的。

综上所述可知，北朝史籍有关高欢家世的记载的确有矛盾难解之处，然而要从根本上否定其记载却是困难的。学界诸家或否定、怀疑高欢先世出于勃海高氏，认为自后燕降魏的高湖并非高欢祖先；或承认高欢为高湖之后，但又认为其原本出于鲜卑是楼氏或者为高丽人，这两种看法都没有确凿的证据支持，其推论矛盾重重，比之北朝史籍有关高欢家世的记载更经不起推敲。不仅如此，《晋书·慕容廆载记附高瞻传》的记载表明，若承认高欢为高隐六世孙、高湖曾孙，则必定不能否认高欢出于勃海高氏的记载。而另一方面，若要否认高欢出于勃海高氏的记载，就必然要否定北朝史籍有关其祖先世系的记载。

三　“非颍川元从，异丰沛故人”释义——高欢与高乾关系考

滨口重国在对高齐家世族属提出质疑二十余年后，又专门撰写短文《高歡の係譜》再次重申其观点，明确指出：谓高欢出自渤海蓨县的汉人豪族高氏乃出于伪冒，其“的确为居住在后魏设于边境的军镇之一（按即怀朔镇）的北方系人，而非汉人”[③]。其证据是《北齐书》卷二一《高乾封隆之传》“史臣曰”，原文如下：

> 高、封二公，无一人尺土之资，奋臂而起河朔，将致勤王之举，以雪庄帝之雠，不亦壮哉！……高祖因之，遂成霸业。重以昂之胆力，气冠万物，韩陵之下，风飞电击。然则齐氏元功，一门而已。但以非颍川元从，异丰沛故人，腹心之寄，

① 《晋书》卷一〇八《慕容廆载记》。

② 《晋书》卷一四《地理志上·平州》。

③ 原载山梨大学学艺部《歴史学論集》第3集（1959），收入滨口重国《秦漢隋唐史の研究》下卷，第996—997页。

有所未允。露其启疏，假手天诛，枉滥之极，莫过于此。[①]

按滨口氏在二十余年前论述高齐家世族属的长文中未引此条，而这是《高歡の係谱》一文所引唯一一条史料，并强调阅读正史“史臣曰”、“赞曰”的重要性，足见其对此条记载的重视程度，说明这一记载对于支撑其观点具有非同小可的意义。他据此认为，“从事北齐书编纂的唐初史家，于传文表面上肯定高欢出自渤海高氏的同时，又以所谓微言对此予以否定”[②]。

表面上看，“非颍川元从，异丰沛故人”似乎确有此义，然而“颍川元从”、“丰沛故人”并不能当作宗室或同族来理解。“丰沛故人”、“颍川元从”是指与汉高祖刘邦、东汉光武帝刘秀最初一同起事的开国功臣。

汉高祖刘邦为沛人，其最初发动反秦活动即是在其家乡丰沛之地。西汉初年“高祖使陆贾赐尉他印为南越王”，陆贾说尉他，谓“皇帝起丰沛，讨暴秦，诛强楚”云云[③]。汉景帝时伍被谓淮南王，有云：“高皇始于丰沛，一倡天下不期而响应者不可胜数也。”[④]樊哙“初从高祖起丰，攻下沛”，后谓汉高祖云：“始陛下与臣等起丰沛，定天下，何其壮也!”[⑤]“故人”者，故旧、故交之谓也。汉三年（公元前204），楚使项伯“尽杀（黥）布妻子。布使者颇得故人幸臣，将众数千人归汉”[⑥]。项羽乌江自刎前夕，

---

① 按：滨口氏引《北齐书·高乾封隆之传》“史臣曰”以证其说，此系日本九州大学川本芳昭教授函告，谨致谢忱。

② 滨口重国：《秦汉隋唐史の研究》，下卷，第997页。按滨口之说为其后的日本东洋史学界普遍接受。宫崎市定说：“北齐王室高氏，自称出自汉族名门的渤海高氏，但实际上应是鲜卑人。”（《九品官人法研究——科举前史》，韩升译，中华书局2008年版，第29页）川本芳昭说：“史称高欢为河北渤海郡蓨人。也就是说……与北魏名臣渤海高允为同一家族。据记述其开创的王朝北齐历史的《北齐书》的本纪，他的字为贺六浑，是具有鲜卑特征的人名称呼，先祖时代移居到北镇之一的怀朔镇，有着与鲜卑同样的风俗习惯，而实际上应该出身于鲜卑。此外，北齐建国的功臣、被高欢抛弃而死、真正正牌的渤海蓨人，其本传记‘非颍川元从（世代的家臣），异丰沛故人（旧知），腹心之寄，有所未允’。也就是说，借刘邦与刘秀的故事说明，他并非与高欢同族，这样高欢为鲜卑人也就再明确不过了。”（《中华の崩坏と拡大　魏晋南北朝》，讲谈社2005年版，第264—265页）很显然，川本氏这一论断完全接受了滨口之说，反映了当下日本学界对高欢家世族属问题的普遍认识。当然，日本学者并非全都接受滨口之说，如宫川尚志认为：“高欢祖先世代居住于怀朔镇，出生在与鲜卑人通婚的汉人寒门武人之家。后来拥立孝武帝之际，与渤海蓨（今河北省景县）的豪族高氏通谱而称渤海人，以收取人望。”（《六朝史研究　政治·社会篇》，平楽寺书店1977年版，第146页）也就是说，他并不认为高欢祖上为鲜卑人，而是认为其并非大族渤海高氏出身。谷川道雄认为：“北齐政权事实上的创始者高欢，史称其为勃海蓨人，这暗示他似为汉人名族出身。但是滨口重国氏早就指出此点甚为可疑。据《北齐书》卷一《神武帝纪上》，其先祖仕于晋、后燕、北魏，祖父谧因犯法而徙至怀朔镇。……长年的北方生活使高家渐染鲜卑习俗……但我们并不能据此就断定其后的高氏政权为鲜卑政权。”（《隋唐帝国形成史论》，李济沧译，上海古籍出版社2004年版，第198页）谷川氏虽然注意到滨口氏对高欢家世族属的怀疑，但似乎并未完全接受其观点，好像更倾向于认为高欢出身于汉人，在迁徙北镇后受生活环境影响而发生鲜卑化。

③ 《史记》卷九七《郦生陆贾列传》。

④ 《史记》卷一一八《淮南衡山列传》。

⑤ 《史记》卷九五《樊郦滕灌列传》。

⑥ 《史记》卷九一《黥布列传》。

“顾见汉骑司马吕马童，曰：‘若非吾故人乎?’马童面之，指王翳曰：‘此项王也。’”[①]汉十二年高祖征淮南王黥布“还归，过沛，留。置酒沛宫，悉召故人父老子弟纵酒”[②]。“丰沛故人”即指与汉高祖一同起于丰沛协助其建立汉朝的开国功臣。汉六年高祖封功臣，与留侯张良语其事，留侯谓“今陛下为天子，而所封皆萧、曹故人所亲爱”云云[③]。汉高祖受谗言欲诛樊哙，陈平与周勃受诏执行，二人于路途计之，有“樊哙，帝之故人也”之语[④]。《史记》卷九五《樊郦滕灌列传》：

> 太史公曰：吾适丰沛，问其遗老，观故萧、曹、樊哙、滕公之家，及其素，异哉所闻！方其鼓刀屠狗卖缯之时，岂自知附骥之尾，垂名汉廷，德流子孙哉?余与他广（［索隐］樊哙之孙）通，为言高祖功臣之兴时若此云。

由此可见，与汉高祖一同“起丰沛，定天下”的萧何、曹参、樊哙、夏侯婴（滕公)、灌婴等“功臣”即所谓“丰沛故人”，则“丰沛故人”显然并非宗室、同族之谓。因此，唐初史家所言“异丰沛故人”并不表明其认为高乾兄弟必非高齐宗室或原本并不与高欢同族。《旧五代史》卷五三《李存进传附长子汉韶传》：“洎至成都，孟知祥以汉韶旧人，尤善待之。”注引《九国志》云：“（李）汉韶与（孟）知祥叙汾上旧事，及洛中更变，相对感泣。知祥曰：‘丰沛故人，相遇于此，何乐如之!’于是赐第宅金帛，供帐什物，悉官给之。”[⑤]可见“故人”即“旧人”之谓，因孟知祥为后蜀国君，故有“丰沛故人”之语。显然，“丰沛故人”并不意味着其为宗室。

“颍川元从”的内涵与“丰沛故人”相似。更始元年（23）“三月，光武别与诸将徇昆阳、定陵、郾，皆下之。多得牛马财物，谷数十万斛，转以馈宛下”。李贤注云：“徇，略也。昆阳、定陵、郾，皆县名，并属颍川郡。”其时王莽“遣大司徒王寻、大司空王邑将兵百万，其甲士四十二万人，五月，到颍川”，讨伐刘秀。同年六月，刘秀在昆阳之战中大败莽军，王寻被杀，莽军溃败途中于滍川“溺死者以万数，水为不流”，“尽获其军实辎重，车甲珍宝，不可胜筭，举之连月不尽，或燔烧其余”。[⑥]刘秀略地颍川特别是昆阳之战的胜利成为其力量壮大的转折点，也为其两年后建立东汉政权奠定了坚实的基础，“颍川元从”即是指最初追随光武帝为创建和巩固东汉政权而建立了巨大功勋的开国元勋。建武元年（25）六月，刘秀“即皇帝位”，随即对功臣进行封拜。《后汉书》卷一上《光武帝本纪上》：

---

① 《史记》卷七《项羽本纪》。
② 《史记》卷八《高祖本纪》。
③ 《史记》卷五五《留侯世家》。
④ 《史记》卷五六《陈丞相世家》。
⑤ 按《旧五代史》此条原据《永乐大典》卷一八〇二八，《九国志》为北宋路振所撰。
⑥ 《后汉书》卷一上《光武帝本纪上》。

秋七月辛未，拜前将军邓禹为大司徒。丁丑，以野王令王梁为大司空。壬午，以大将军吴汉为大司马，偏将军景丹为骠骑大将军，大将军耿弇为建威大将军，偏将军盖延为虎牙大将军，偏将军朱祐为建义大将军，中坚将军杜茂为大将军。时宗室刘茂自号“厌新将军”，率众降，封为中山王。

按邓禹等人并非都是在颍川追随光武帝刘秀的，但却都是较早归属刘秀而成为建立东汉政权的“佐命功臣”。邓禹等开国元勋皆非刘氏宗室，而当时归附的宗室刘茂却并不属于“颍川元从”之列。汉明帝“追感前世功臣，乃图画二十八将于南宫云台”，诸将皆非东汉宗室[①]。因此，“颍川元从”与“丰沛故人”一样都不是指宗室或皇室同族，唐初史家所言“非颍川元从”也就不能表明其认为高乾并非高欢同族。“元从”一词在南北朝之前的文献中颇为罕见。《魏书》卷二八《李栗传》载“初随太祖幸贺兰部，在元从二十一人中”，这大概是南北朝之前编撰的文献中唯一所见“元从”之词。按“元从二十一人”是指最初追随北魏道武帝拓跋珪到贺兰部并协助其建国的开国元勋，虽然其中拓跋氏成员所占人数较多，但像李栗这样的非宗室成员也有不少。[②] 唐代以后的文献中屡见“元从”或“元从功臣”的记载，仅举唐代三例以明梗概。唐高宗总章元年（668）四月“庚申，以太原元从西府功臣为二等：第一功后官无五品者，授其子若孙一人，有至四品五品者加二阶，有三品以上加爵三等；第二功后官无五品者，授其子若孙从六品一人，有至五品者加一阶，六品者二阶，三品以上爵一等”[③]。按“太原元从西府功臣”是指追随唐高祖李渊太原起兵建立唐朝的开国功臣[④]。唐肃宗至德二载（757）“十二月戊午朔，上御丹凤门，下制：大赦；蜀郡灵武元从功臣太子太师豳国公韦见素、内侍齐国公高力士、右龙武大将军陈玄礼各加实封三百户……”[⑤] 按唐肃宗制书所言“元从功臣”即指安史之乱爆发后随从其到达灵武并协助其即位的韦见素等人。建中四年（783）十月发生泾原兵变，唐德宗在右龙武军使令狐建率射士四百人扈从下逃出京城，“戊申，至奉天。己酉，元帅都虞候浑瑊以子弟家属至，乃以瑊为行在都虞候，神策军使白志贞为行在都知兵马使，以令狐建为中军鼓角使，金吾将军侯仲庄为奉天防城使”。次年即兴元元年（784）四月“壬寅，诏奉天随从将士并赐号‘元从功臣’”[⑥]。按“元从功臣”即指协助唐德宗逃亡奉天的令狐建等将士。以上三例中以“太

① 《后汉书》卷二二《朱祐景丹等传》“论曰”附载。

② 参见张金龙《拓跋珪“元从二十一人”考》，《北魏政治与制度论稿》，甘肃教育出版社2003年版，第1—9页。

③ 《新唐书》卷三《高宗纪》。

④ 温大雅《大唐创业起居注》卷二大业十三年（617）：八月“壬午，帝引霍邑城内老生文武长幼，见而劳之曰：……乃节级授官，与元从人齐等”。十月，“停于大兴城春明门之西北”，“京兆旧贼帅等，并以家近帝城，不预元从，耻无功，乃各率所部兵，分地逼城而上”。卷三义宁二年（武德元年，618）：二月，“帝私谓元从府僚曰……”（李季平等点校，上海古籍出版社1983年版，第29、36、50页）

⑤ 《旧唐书》卷一〇《肃宗纪》。

⑥ 《旧唐书》卷一二《德宗纪上》。

原元从西府功臣”与“颍川元从”含义最近。

《陈书》卷一五“史臣曰”:“《诗》云‘宗子维城,无俾城坏’;又曰‘绵绵瓜瓞,葛藟累之’。西京皆丰沛故人,东都亦南阳多显,有以哉!”按“西京皆丰沛故人,东都亦南阳多显”是说西汉和东汉的统治集团成员主要是随汉高祖和光武帝起兵的家乡故旧,其故里以丰沛和南阳居多,但姚思廉将其比作宗室子弟却并不恰当,因为无论西汉还是东汉,“丰沛故人”、“南阳多显”者并非全都是宗室子弟,最初甚至几乎很少包括宗室子弟。就高齐而言,“颍川元从”、“丰沛故人”应该是指当初随高欢起事并协助其建立东魏政权的功臣,那么高乾是否属于这一类人呢?

从高乾的经历来看,虽然他对高欢给予过一定的支持,但应该说更是其竞争者,其起兵反抗尒朱氏还早于高欢。高乾在北魏孝明帝时曾在朝廷担任禁卫武官直后,庄帝初年高乾兄弟“率河北流人反于河、济之间,受葛荣官爵,屡败齐州士马”[①],是三齐地区有影响的反叛势力。后归降北魏政权,但未能得到任用,于是私下在其乡里积聚实力,“乾解官归,与昂(乾弟)俱在乡里,阴养壮士。尒朱荣闻而恶之,密令刺史元仲宗诱执昂,送于晋阳”。尒朱“荣入洛,以昂自随,禁于驼牛署”。[②] 庄帝杀尒朱荣,高“乾驰赴洛阳”,“庄帝以乾为金紫光禄大夫、河北大使,令招集乡闾为表里形援。乾垂涕奉诏,弟昂援剑起舞,请以死自效”。尒朱兆入洛杀庄帝,遣其监军孙白鹞至冀州,欲收高乾兄弟。“乾既宿有报复之心,而白鹞忽至,知将见图,乃先机定策,潜勒壮士,袭据州城,传檄州郡,杀白鹞,执刺史元仲宗,推封隆之权行州事。为庄帝举哀,三军缟素。乾升坛誓众,辞气激扬,涕泪交下,将士莫不哀愤。”[③]《北齐书》卷二一《封隆之传》载高乾兄弟冀州起兵之事云:

> 隆之以父遇害,常怀报雪,因此遂持节东归,图为义举。时高乾告隆之曰:“尒朱暴逆,祸加至尊,弟与兄并荷先帝殊常之眷,岂可不出身为主,以报仇耻乎?”隆之对曰:“国耻家怨,痛入骨髓,乘机而动,今实其时。”遂与乾等定计,夜袭州城,克之。乾等以隆之素为乡里所信,乃推为刺史。隆之尽心慰抚,人情感悦。

渤海蓨人李希光为北魏长广太守李绍之子,史称“希光随高乾起义信都”[④]。乐陵平昌人刘海宝“少轻侠,然为州里所爱。(高)昂之起义也,海宝率乡闾袭沧州以应昂,昂

① 《北齐书》卷二一《高乾传》。又,其时高“翼长兄子永乐、次兄子延伯,并和厚有长者称,俱从翼举义”(《高乾传》附传)。则此次反叛的真正领导者为高乾之父高翼。同卷《高昂传》:为高乾第三弟,“建义初,兄弟共举兵”。此即指高乾兄弟与其父高翼“反于河、济之间”一事。

② 《北齐书》卷二一《高昂传》。

③ 《北齐书》卷二一《高乾传》。同卷《高昂传》:“寻值京师不守,遂与父兄据信都起义。殷州刺史尒朱羽生潜军来袭,奄至城下,昂不暇擐甲,将十余骑驰之,羽生退走,人情遂定。”

④ 《北齐书》卷二一《高昂传附李希光传》。

以海宝权行沧州事"[①]。当其时，高乾、高昂兄弟及封隆之实为河北地区最具影响力的割据势力之一。《北齐书》卷二一《高昂传附刘孟和传》："浮阳饶安人也。孟和少好弓马，率性豪侠。幽州刺史刘灵助之起兵也，孟和亦聚众附昂兄弟，昂遥应之。及灵助败，昂乃据冀州，孟和为其致力。会高祖起义冀州，以孟和为都督。"史载高乾兄弟袭据冀州城（信都）后，"北受幽州刺史刘灵助节度，共为影响。俄而灵助被杀"[②]。很显然，高欢"起义冀州"晚于高乾兄弟及刘灵助之起兵。史书中多处记载高欢"起义信都"云云[③]，高欢后亦自谓"尒朱暴虐，矫弄天常，孤起义信都，罪人斯翦"云云[④]。

然则，高欢"起义冀州（信都）"果有其事吗？事实可能并非如此。《魏书》卷一一《前废帝纪》普泰元年（531）：

> 二月，"镇远将军清河崔祖螭聚青州七郡之众十余万人围东阳；幽州刺史刘灵助起兵于蓟；抚军将军、金紫光禄大夫、兼侍中、河北大使高乾邕及弟平北将军、通直散骑常侍敖曹率众夜袭冀州，执刺史元嶷，杀监军孙白鹞，共推前河内太守封隆之行州事"。"六月庚申，齐献武王以尒朱逆乱，始兴义兵于信都，西定殷州，斩其刺史尒朱羽生，命南赵郡太守李元忠为刺史，镇广阿。"

按崔祖螭率众围东阳、刘灵助起兵于蓟以及高乾邕（乾）、敖曹（昂）兄弟袭据冀州——建义元年（528）二月在河、济之间发生的这三件大事之间必有密切的联系，而高乾"北受刘灵助节度"的记载即反映了这一点。以上记载显示，高欢在高乾兄弟冀州起兵约四个月之后方才"始兴义兵于信都"。按所谓"始兴义兵"亦即公开打起反抗尒朱氏及其控制的洛阳政权的旗号。《北齐书》卷一《神武纪上》："魏普泰元年二月，神武自军次信都，高乾、封隆之开门以待，遂据冀州。"似乎高欢在普泰元年二月就已占据了冀州州城信都。然而当时高乾兄弟刚刚占据冀州并打起反抗尒朱氏及其控制的洛阳政权的旗号，因此当时"高乾、封隆之开门以待"高欢"据冀州"的可能性微乎其微。《魏书》卷一一《前废帝纪》：普泰元年（531）四月"癸丑（十四，5.15），诏以齐献武王为使持节、侍中、都督冀州诸军事、骠骑大将军、开府仪同三司、大都督、东道大行台、冀州刺史，骠骑大将军安定王尒朱智虎为开府仪同三司、肆州刺史"。表明其时高欢仍然受命于尒朱氏控制的北魏洛阳政权。《北齐书·神武纪上》："六月庚子（初二，7.1），建义于信都，尚未显背尒朱氏。及李元忠与高乾平殷州，斩尒朱羽生首来谒，神武抚膺，曰：'今日反决矣。'乃以元忠为殷州刺史。是时兵威既振，乃抗表罪

---

① 《北齐书》卷二一《高昂传附刘叔宗传》。

② 《北齐书》卷二一《高乾传》。

③ 参见《北齐书》卷一八《孙腾传》、《司马子如传》，卷一九《张保洛传附段琛传》，卷二〇《薛脩义传》，卷二六《平鉴传》；《北史》卷五三《暴显传》，卷八七《酷吏·邸珍传》。

④ 《魏书》卷八一《綦儁传》。

状尒朱氏。”也就是说，直到“李元忠与高乾平殷州、斩尒朱羽生”后，高欢才公开反叛尒朱氏控制的北魏洛阳政权。此前高欢“尚未显背尒朱氏”，即说明直到李元忠与高乾平定殷州前他仍然受命于尒朱氏。那么高欢如何能够在由高乾兄弟和封隆之控制的与尒朱氏相抗衡的冀州州城待四个月的时间呢？合理的解释只能是，史书对高欢发迹历史的记载并不完全可信。

观察当时的局势，事实或许是这样的：高欢进入信都城的时间并非早在普泰元年二月，很可能是在当年四月以后，亦即在其被北魏政权任命为冀州军政长官之后，而且即便在此时他也不可能大摇大摆或者受到高乾、封隆之的迎接而进入信都城。尒朱荣被杀后，汾州刺史尒朱“兆自汾州率骑据晋阳（今山西太原市西南古城营）”，“兆与世隆等定谋攻洛”，并遣使招晋州刺史高欢，“欲与同举”。[1] 高欢最晚应该在是时与尒朱兆建立了联系。尒朱兆杀害庄帝控制北魏洛阳政权后，高欢遂接受其统治。尒朱兆受到河西人纥豆陵步蕃等的进攻，“频为步蕃所败，于是部勒士马，谋出山东”。[2] 可见当时尒朱氏对其根据地山西地区的控制正受到严峻挑战，因而欲在山东（河北）地区开辟新的根据地。《魏书》卷七五《尒朱兆传》：

> 令人频征献武王于晋州，乃分三州六镇之人，令王统领。既分兵别营，乃引兵南出，以避步蕃之锐。步蕃至于乐平郡，王与兆还讨破之，斩步蕃于秀容之石鼓山，其众退走。兆将数十骑诣王，通夜宴饮。后还营招王，王知兆难信，未能显示，将欲诣之。临上马，长史孙腾牵衣而止。兆乃隔水责骂腾等。于是各去，王还自襄垣东出，兆归晋阳。

按谓其时尒朱兆“分三州六镇之人”令高欢统领，揆之当时情势显然不大可能。以上记载显示，在高欢从晋州出山东前夕，尒朱兆与之有过极为亲密的交往，“通夜宴饮”表明其关系非同一般，期间谈论的话题也必定相当重要，最大可能是就“谋出山东”一事进行商量和交代。这只能解释为高欢在当时已成为尒朱兆之亲信。《北齐书》卷一八《孙腾传》：“高祖自晋阳出滏口，行至襄垣，尒朱兆率众追高祖，与兆宴饮于水湄，誓为兄弟，各还本营。明旦，兆复招高祖，高祖欲安其意，将赴之，临上马，腾牵衣止之。兆乃隔水肆骂，驰还晋阳。高祖遂东。”由此可见，尒朱兆和高欢不仅进行了“通夜宴饮”，还结拜为兄弟。据上引《魏书·尒朱兆传》的记载，尒朱兆与高欢“通夜宴饮”发生在前，而高欢“自襄垣东出”发生在后，而此处所记正好颠倒，比较而言《魏书》的记载更合乎情理。至于其后“孙腾牵衣而止”高欢以及尒朱“兆乃隔水

---

① 《魏书》卷七五《尒朱兆传》。按：同书卷一〇六上《地形志上》“汾州”条本注：“延和三年为镇。太和十二年置州，治蒲子城。孝昌中陷，移治西河（今山西隰城县）。”“晋州”条本注：“孝昌中置唐州，建义元年改，治白马城（今山西临汾市）。”

② 《魏书》卷七五《尒朱兆传》。

肆骂”腾等情况的发生，则是孙腾不明真相或者有意制造兆、欢交恶假象，以便为高欢在山东立足创造条件。种种迹象显示，高欢之出山东而入信都乃是受命于尒朱兆的行动，充当其开辟河北根据地的马前卒。

高欢出山东为何要选择冀州州城信都作为其发展的据点？首先，冀州为河北要州，位于河北平原中心地带，战略地位十分重要。其次，更主要的因素可能是要利用高欢与高乾兄弟的同宗关系。《北史》卷三一《高乾传》：

> 属齐神武出山东，扬声以讨乾为辞，众情惶惧。乾谓之曰："高晋州雄材盖世，不居人下。且尒朱弑主肆虐，正是英雄效节之时，今者之来，必有深计。勿忧，吾将诸君见之。"乃间行，与封隆之子子绘俱迎于滏阳。因说神武曰："尒朱氏酷逆，痛结人神，凡厥生灵，莫不思奋。明公威德素著，天下倾心，若兵以忠立，则屈强之徒不足为明公敌矣。鄗州虽小，户口不减十万，谷秸之税，足济军资。愿公熟详其计。"神武大笑曰："吾事谐矣！"遂与乾同帐而寝，呼乾为叔父。乾旦日受命而去。

按以上记载绝大部分并不可信，当时高欢根本不具备"扬声以讨乾"而使高乾部属"众情惶惧"的实力，而高乾谓其部属和说高欢之语以及"乾旦日受命而去"云云均不可当真。不过高欢"呼乾为叔父"无疑确有其事，这应该是他选择出山东即以信都为据点的重要原因，极可能也是他与尒朱兆"通夜宴饮"时定出的计策。高欢在后来掌握了河北地区军政大权之时，对高乾又有"今启叔复为侍中"之言。高欢在两个场合呼高乾为叔父，这是非常值得重视的，表明两个家族之间确有宗亲关系①。若高欢作为尒朱兆的亲信或结拜兄弟出山东征讨高乾，肯定不会被控制信都城的高乾兄弟和封隆之所接受，因此高欢绝对不会是以讨伐者的名义受到高乾和封子绘的迎接而进入信都城的，他只能是作为归附者被迎接入城并受到礼遇的②。《宋书》卷四六《王懿传》："北土重同姓，谓之骨肉，有远来相投者，莫不竭力营赡。若不至者，以为不义，不为乡里所容。"高欢之所以能够顺利进入信都城，所利用的正是他与高乾的同族关系，而"北土重同姓"的风俗使得高欢很容易被高乾所接纳。正因如此，高欢在进入信都之后的一段时间里并无大的动静，史载"时神武虽内有远图，而外迹未见"③。表面上看是如此，但从史书中有关高欢到信都后并不完全可信的活动中可以体会到，他在为其后

---

① 据《魏书》卷五七《高祐传》所载世系，高乾确为高欢的父辈。

② 《颜氏家训》卷二《风操篇》："南人宾至不迎，相见捧手而不揖，送客下席而已；北人迎送并至门，相见则揖，皆古之道也，吾善其迎揖。"［（北齐）颜之推撰，王利器集解：《颜氏家训集解》，上海古籍出版社 1982 年版，第 85 页］由此也可侧证，高乾出信都城迎接高欢，乃是由于高欢被当作"宾客"之故。在当时的局势下，高欢只有在提前做出归附、投靠高乾和封隆之的表示后方能受到"宾客"礼遇。

③ 《北史》卷三一《高乾传》，《北齐书》卷二一《高乾传》。

的发展积极进行着图谋[1]。《北齐书》卷二一《高乾传》："尒朱羽生为殷州刺史，高祖密遣李元忠举兵逼其城，令乾率众伪往救之，乾遂轻骑入见羽生，与指画军计。羽生与乾俱出，因擒之，遂平殷州。"从高乾"轻骑入见羽生，与指画军计"并诱使其"俱出"而被擒，表明当时掌握冀州军政大权的是高乾而非高欢，否则尒朱羽生不会上当。但高欢应该是这一行动的策划者，上引《高乾传》所载高欢"与乾同帐而寝，呼乾为叔父。乾旦日受命而去"，或许就是指高欢向高乾进献此一计策时的情况。此前李元忠已投靠高欢[2]，高欢"密遣"李元忠举兵逼殷州城，又乘机劝说高乾"率众伪往救之"，高欢则借高乾出城之机控制了信都城，当高乾返回信都时已无可奈何，只得听命于高欢。由于有李元忠的牵制，高乾即便在返回之前已得知信都城被高欢控制的消息，也是无能为力的。上引《北齐书·神武纪上》有关高欢起义信都的记载即暗示了这一经过。尽管当时高欢已掌握了冀州控制权，但其实力还相当有限，直到次年闰三月尒朱天光、兆、度律、仲远联军发动进攻之时（韩陵之战前夕），"神武令封隆之守邺，自出顿紫陌。时马不满二千，步兵不至三万，众寡不敌"[3]。也正因如此，他在前一年十月拥戴元朗称帝时仍不得不依靠高乾，史称高欢与高乾"又共定策推立中兴主（后废帝），拜乾侍中、司空"。毕竟高乾父子兄弟在河北地区进行了多年的经营，其政治影响力不会马上就消失。孝武帝即位，高乾以为其父服丧终制为名"表请解职"，"诏听解侍中，司空如故"。高乾本欲以退为进，结果权力丧失殆尽，史称"乾虽求退，不谓便见从许。既去内侍，朝廷罕所关知，居常怏怏"。既而他又"频请"高欢，劝其"以受魏禅"。当时高欢虽然已经掌握着巨大权势，但毕竟禅代时机尚未成熟，高乾之说是为了离间高欢与北魏孝武帝，并使高欢的政治野心完全暴露，结果在高欢授意下为孝武帝所赐死。[4]

综上所述可见，高欢与高乾的关系，同汉高祖刘邦及光武帝刘秀与他们的元从功臣的关系完全不同，所谓"非颍川元从，异丰沛故人"正是对他们之间关系的恰当概括，而这与其是否具有同族关系并无关联。事实上，唐初史家对高欢与高乾的关系还有一个准确的比况，《北齐书》卷二一《高乾封隆之传》"史臣曰"在"不亦壮哉"与"高祖因之，遂成霸业"之间还有这样的话："既克本藩，成其让德，异夫韩馥慑袁绍之威。然力谢时雄，才非命世，是以奉迎麾旆，用叶本图。"也就是说，是高乾、封隆之先创业而后为高欢所利用，或者说高乾慑于高欢权威而让位于高欢，尽管与汉末韩

① 除上引《北史》卷三一《高乾传》的记载外，还可参见《北齐书》卷一《神武纪上》、卷一八《孙腾传》、卷二一《封隆之传》、卷二二《李元忠传》的相关记载。

② 《北齐书》卷二二《李元忠传》："会高祖率众东出，便自往奉迎。乘露车，载素筝浊酒以见高祖，因进从横之策，备陈诚款，深见嘉纳。"

③ 《北齐书》卷一《神武纪上》。

④ 《北齐书》卷二一《高乾传》。

馥让位于袁绍的情形不尽相同[①]。从而也就进一步证明，唐初史家在“史臣曰”中的旨趣并不在高乾与高欢是否为同族关系。

四 《南巡碑》与高欢家世族属问题

20世纪八九十年代被学界重新发现刊布的北魏文成帝《南巡碑》，其残存碑阴题名为进一步求证高欢先世世系族属问题提供了新的信息，虽极为零星却弥足珍贵。

《魏书》卷一一三《官氏志》：“是楼氏，后改为高氏。”南宋郑樵《通志·氏族略》及邓名世《古今姓氏书辨正》均作“是娄氏”[②]。文成帝《南巡碑》中可见到一位是娄氏人物，即“安［北］将军内阿干东平公是娄敕万斯”（碑阴第1列）[③]。是娄敕万斯无疑出自是楼氏，这表明“是楼”与“是娄”在北魏前期的确是通用的。[④] 高湖在太武帝时期“除宁西将军、凉州镇都大将，镇姑臧”，以年七十而卒[⑤]。《北齐书·神武纪上》载高湖为高欢曾祖父，姚薇元不否认这一记载，但却认为北齐皇室高氏出于是楼氏（即在孝文帝改姓前高湖及其子孙本姓应为“是楼”）[⑥]，这是其高齐出于鲜卑说的主要论断。从其有关论证看，似乎颇有理据。若其说可信，则《南巡碑》中的是娄敕万斯应为高湖之子孙。从《魏书·高湖传》附传的记载来看，其第三子谧明确是在文成帝时期任职，谧兄真、各拔与弟稚也应当任职于文成帝时期，但都不可能拥有安北将军、内阿干、东平公这样高的地位。湖弟恒为慕容垂巨鹿太守，“太祖时，率郡降，赐爵泾县侯，加龙骧将军，仍守巨鹿。卒”，看来高恒在道武帝时期就已经死亡。高恒“子道，字始愔，袭爵。拜都牧令，迁镇南将军、相州刺史。未及之职，卒”。道子（养

① 《后汉书》卷七二《董卓传》：“以尚书韩馥为冀州刺史，侍中刘岱为兖州刺史，陈留孔伷为豫州刺史，颍川张咨为南阳太守。卓所亲爱，并不处显职，但将校而已。初平元年（190），馥等到官，与袁绍之徒十余人，各兴义兵，同盟讨卓，而伍琼、周珌阴为内主。”卷七三《刘虞传》：“（初平）二年，冀州刺史韩馥、勃海太守袁绍及山东诸将议，以朝廷幼冲，逼于董卓，远隔关塞，不知存否，以虞宗室长者，欲立为主。乃遣故乐浪太守张岐等赍议，上虞尊号。”又可参见《三国志》卷八《魏书·公孙瓒传》，卷三八《蜀书·许靖传》。《三国志》卷一《魏书·武帝纪上》：“初平元年春正月，后将军袁术、冀州牧韩馥、豫州刺史孔伷、兖州刺史刘岱、河内太守王匡、勃海太守袁绍、陈留太守张邈、东郡太守桥瑁、山阳太守袁遗、济北相鲍信同时俱起兵，众各数万，推绍为盟主。”按：其时韩馥为冀州牧，袁绍为勃海太守，起兵之初不可能“推绍为盟主”（参见本卷注引《英雄记》）。不过很快袁绍便取得了“盟主”地位，初平二年“秋七月，袁绍胁韩馥，取冀州”。同书卷一二《魏书·鲍勋传》注引《魏书》曰：“绍劫夺韩馥位，遂据冀州。”卷七《魏书·臧洪传》裴注：“臣松之案《英雄记》云：‘袁绍使张景明、郭公则、高元才等说韩馥，使让冀州。’然馥之让位，景明亦有其功。其余之事未详。”《后汉书》卷七四上《袁绍传》对其起兵及以计逼迫韩馥让位之事有详细记载，谓韩馥“乃避位，出居中常侍赵忠故舍，遣子送印绶以让绍。绍遂领冀州牧，承制以馥为奋威将军，而无所将御”。

② 王树民点校：《通志二十略》，中华书局1995年版，第178页；王力平点校：《古今姓氏书辨正》，江西人民出版社2006年版，第160页。

③ 山西省考古研究所、灵丘县文物局：《山西灵丘北魏文成帝〈南巡碑〉》，《文物》1997年第12期。

④ 陈连庆谓“楼字乃传写之误”（《中国古代少数民族姓氏研究》，第117页），则是过分拘泥于字形。

⑤ 《魏书》卷三二《高湖传》。

⑥ 按日本学者白鳥庫吉早就有此认识：“余以为是楼亦系鲜卑语，而高字即其汉译也。”（《托跋氏考》，《东胡民族考》，方状猷译，商务印书馆1934年版，第133页）

子）幹“袭爵泾县侯，后例降为伯”[①]。这表明高恒及其子孙的爵位始终为侯爵。毫无疑问，《南巡碑》碑阴题名所见“是娄敕万斯”并非高欢之祖先，如果在高欢祖先中有一个如此地位的人，《魏书》肯定要大书特书。因此可以确定，高欢家族并不出于鲜卑是楼（娄）氏。

文成帝《南巡碑》碑阴题名中可见到三位高氏成员：“内行内三郎高平国”，“内行内小高□各拔”（第1列），“内三郎高长城”（第3列）。[②]活动于文成帝时期的高氏人物见于史传者有两支：（1）高允及其子忱，允从叔济子矫、遵[③]，这四人的姓名官职与《南巡碑》中的三位高氏成员均不相干。（2）北魏初年自后燕降魏的高湖之后有数人在文成帝时期活动，且与《南巡碑》中的三位高氏成员之姓名若合符节。据《魏书》卷三二《高湖传》附传载，高氏有“国”字辈（湖长子真，真弟各拔，各拔子猛虎，猛虎子元国、显国、达［国］、永国、子国），但元国诸兄弟皆仕于北魏末东魏初，与高平国生活时代相距甚远。与本传对照，高谧与高平国为同一人的可能性较大。如上所引，高湖“第三子谧，字安平”，文成帝时期为中散，“专典秘阁，肃勤不倦，高宗深重之，拜秘书郎”。高谧于“延兴二（三?）年（472）九月卒，时年四十五”，则其在和平二年文成帝南巡时为三十四（五?）岁。《南巡碑》与《魏书·高谧传》两相比较，可见高平国与高谧（安平）确有契合之处：所处时代相合，所任均为内侍之职；字相近，一为安平，一为平国。高平国似亦不大可能为高谧之兄弟，因其弟兄四人均于史有传，其他三人与高平国名字相差更远。若高平国即高谧，则其所任内行内三郎即秘书郎，为内侍文官，而非内侍武官。不过有关的研究表明，内三郎为禁卫武官，加“内行”应是表明其内侍身份，可能取“殿内（内廷，帐内）行走”之意[④]。《南巡碑》中的内行内小高□各拔当即高谧之兄高各拔或其侄高拔。《魏书·高湖传》附传：“谧长兄真……真弟各拔，广昌镇将。卒，赠燕州刺史。”高各拔全名应为高阿各拔，阿各拔（省称各拔）为北朝胡族人名常用字[⑤]。《高建墓志》：“公讳建，字兴国，勃海蓨人也。……曾祖湖，燕散骑常侍、吏部尚书，魏凉州镇都大将、秦州刺史、东阿侯，皇上之高祖也。……祖拔，广昌镇将、燕州刺

---

① 《魏书》卷三二《高湖传》附传。

② 山西省考古研究所、灵丘县文物局：《山西灵丘北魏文成帝〈南巡碑〉》。

③ 参见《魏书》卷四八《高允传》及附传，卷八九《酷吏·高遵传》。

④ 《魏书》卷十八殿本考证张照曰：“‘内行’犹今言‘内廷行走’也。”关于北魏内三郎、内行之职，参见张金龙《魏晋南北朝禁卫武官制度研究》，中华书局2004年版，下册，第674—677、691页。

⑤ 参见滨口重国《高斉出自考——高歡の制覇と河北の豪族高乾兄弟の活躍》，《秦漢隋唐史の研究》下卷，第702页。滨口氏所举例证为：见于《魏书》卷一五之元拔斡，卷一七之元拔，卷二六之长孙拔，卷二九之奚拔，卷三〇之楼大拔、吕洛拔、于洛拔，卷四二之薛初古拔，卷八〇之贺拔度拔，《周书》卷二七之韩阿六拔。除此之外，还可见到：嵇拔（《魏书》卷三《太宗纪》、卷三四《万安国传》），和跋（卷二八《和跋传》），“济南公罗乌拔”（卷一〇三《蠕蠕传》，即卷四四《罗结传》所载罗结之孙罗拔），“朔方胡帅曹阿各拔”（卷四一《源子雍传》）；“内三郎直懃阿各拔”（《南巡碑》碑阴题名第4列），内行内小同□（阿?）各拔（第1列）。北魏末年六镇暴动的第一位领袖破六汗（破六韩、破落汗）拔陵之名也具有相似性。

史。……父猛，鄯善镇录事参军。”① 据《魏书·高湖传》，高建祖拔即高各拔。在高湖子孙中还有一位高拔。《高湖传》附传：“谧长兄真……卒，赠龙骧将军、泾州刺史。(阙)带金城太守。神龟初卒。……拔弟腊儿，美容貌，膂力过人，尤善弓马。显祖时，羽林幢将。皇兴中，主仗令。高祖初，给事中，累迁散骑常侍、内侍长。坐事死。”宋人校语谓“传无拔事，而载拔弟腊儿，不知拔何人也”。中华书局点校本《魏书》卷三二“校勘记”(八)：“按上文‘带金城太守，神龟初卒’者当即是拔。其人应是高真子，高仁父。”所举例证确凿无疑。② 这样，在高湖子孙中实际就有两位高拔，为叔侄关系。从年龄推断，《南巡碑》中的“内行内小高□各拔”为高真子拔的可能性较大。从任职推断，《南巡碑》中的“内三郎高长城”为拔弟腊儿的可能性较大。以上情况表明，《南巡碑》所载高氏人物中的确有高湖子孙，其姓氏在文成帝时代即为高氏，而非是楼（娄）氏。对于认识高氏族属而言，这一发现无疑是一个极其重要的佐证。若承认高欢为高湖之后代，便不得谓其出于鲜卑是楼（娄）氏。

根据以上所考，可知北魏高湖家族并非出于鲜卑是楼氏，其家族成员在文成帝时期真实的姓氏即为高氏，对这一家族而言不存在孝文帝时期由是楼氏改为高氏的问题。换言之，高欢先世并非鲜卑族，认为高欢家族的民族成分原本为鲜卑族而非汉族勃海高氏是没有根据的。结合上文相关考证，可以确切地说，史籍有关北齐皇室世系族属的记载毋庸置疑，高欢为北魏初年归附的后燕官吏高湖曾孙，为西晋末年北徙幽州—平州并曾担任玄菟太守的高隐六世孙，其先世为河北大族勃海高氏无疑。

五 高欢家族的母系血统

尽管东魏北齐政治中有不少现象表明高欢家族可能是鲜卑人，但《南巡碑》碑阴题名提供的信息却否定了这一推断。当然，如果不仅仅纠缠于其最初的父系血统，而是考虑其母系血统及其生活环境等因素，则谓高欢家族为鲜卑人并无不可。

如上所述，《魏书》载太昌初追赠高谧妻叔孙氏为陈留郡君，高树生妻韩氏为勃海王国太妃。《北齐书》卷一《神武纪上》：“及神武生而皇妣韩氏殂，养于同产姊婿镇狱队尉景家。”卷一五《尉景传》：“景妻常山君，神武之姊也。”卷四八《外戚·赵猛传》：“赵猛，太安狄那人。姊为文穆皇帝继室，生赵郡王琛。”按文穆皇帝即高树生。同书卷九《神武娄后传》：“神武明皇后娄氏，讳昭君，赠司徒内干之女也。”这是目前所见早期高欢家族的姻亲关系，可知其祖母为叔孙氏，母亲为韩氏，继母为赵氏，姐

① 赵万里集释：《汉魏南北朝墓志集释》图版三〇九之二，科学出版社 1956 年版。滨口重国认为高建字兴国当即《魏书·高湖传》所载其曾孙子国，参见《高斉出自考——高歡の制霸と河北の豪族高乾兄弟の活躍》，《秦漢隋唐史の研究》下卷，第 706 页。

② 按：滨口重国早已作出正确判断，参见《高斉出自考——高歡の制霸と河北の豪族高乾兄弟の活躍》（《秦漢隋唐史の研究》下卷，第 687 页所列世系表及 698 页第 3 行引文）。

姐嫁与尉氏，高欢本人娶娄氏为妻。

【叔孙氏】叔孙氏本为乙旃氏，为拓跋氏宗族十姓之一。《魏书》卷一一三《官氏志》：“（献帝）又命叔父之胤曰乙旃氏，后改为叔孙氏。”叔孙建是协助北魏道武帝拓跋珪建国的主要功臣之一，也是魏初名将，其子叔孙俊则是明元帝最为倚重的亲信大臣[①]。乙旃氏也是高车族姓。《魏书》卷一〇三《高车传》：“高车之族又有十二姓：一曰泣伏利氏，二曰吐卢氏，三曰乙旃氏……”据考，北魏乙旃氏多出于高车部族[②]。

【韩氏】韩氏或即匈奴出大汗氏所改。《魏书·官氏志》：“出大汗氏，后改为韩氏。”姚薇元考证此族为匈奴右谷蠡王之裔，即步大汗氏，步大汗为步六汗之误，亦即破落汗、破六汗、破六韩，并谓“魏有韩耆，自赫连氏来降，明为匈奴”[③]。若此，则高欢母韩氏应该与北魏末发动六镇之乱的破六韩拔陵出自同一部族。

【赵氏】高欢继母赵氏为太安狄那人，其弟赵猛，《北齐书》卷四八《外戚·赵猛传》载“猛性方直，颇有器干”，性格与北镇鲜卑相似。太安为魏末朔州五郡之一，领狄那、捍殊二县。朔州“延和二年（433）置为镇，后改为怀朔，孝昌（525—527）中改为州”[④]。高欢即为怀朔镇人。赵猛家应为徙居北镇的内地汉人或氐羌等族。

【尉氏】《北齐书》卷一五《尉景传》：“善无人也。秦、汉置尉候官，其先有居此职者，因以氏焉。景性温厚，颇有侠气。魏孝昌中，北镇反，景与神武入杜洛周中，仍共归尒朱荣。”据此似尉景为汉人，实则其应与北魏八姓勋贵尉（尉迟）氏同族，很可能父祖因罪徙居北镇。《魏书·官氏志》：“西方尉迟氏，后改为尉氏。”姚薇元认为：“尉迟氏原居大非川，在吐谷浑境内，当系吐谷浑所属部落之一。”[⑤]

【娄氏】《北齐书》卷一五《娄昭传》：“代郡平城人也，武明皇后之母弟也。祖父提，雄杰有识度，家童千数，牛马以谷量。性好周给，士多归附之。魏太武时，以功封真定侯。父内干，有武力，未仕而卒。昭贵，魏朝赠司徒。齐受禅，追封太原王。昭方雅正直，有大度深谋，腰带八尺，弓马冠世。神武少亲重之。昭亦早识人，恒曲尽礼敬。数随神武猎，每致请不宜乘危历险。神武将出信都，昭赞成大策，即以为中军大都督。”《魏书·官氏志》：“匹娄氏，后改为娄氏。”同书卷八七《节义·娄提传》：“代人也。显祖时，为内三郎。显祖暴崩，提谓人曰：‘圣主升遐，安用活为！’遂引佩刀自刺，几至于死。文明太后诏赐帛二百匹。”姚薇元认为娄提应即娄昭之祖，《娄昭传》所载“魏太武时”应为太和（477—499）之误。北魏献文帝皇兴四年（470）四月“戊申（十五，5月30日），长孙观军至曼头山，大破（吐谷浑）拾寅，拾寅与麾下数

---

① 《魏书》卷二九《叔孙建传》、《叔孙俊传》。关于叔孙建父子的行事，又可参见张金龙《北魏政治史》二，读者出版集团·甘肃教育出版社2008年版，第435—437页。

② 姚薇元：《北朝胡姓考》，第21—24页。

③ 同上书，第126—128页。

④ 《魏书》卷一〇六上《地形志上》。

⑤ 姚薇元：《北朝胡姓考》，第194—197页。

百骑宵遁，拾寅从弟豆勿来及其渠帅匹娄拔累等率所领降附”[①]。匹娄部为吐谷浑属部之一，“皇兴四年以战败降魏”，其原居地当在曼头山（今青海西宁西北）[②]。匹娄部降魏后，其酋长及其子弟可能进入北魏政权任职（担任内三郎等禁卫武官），其部落似乎并未被解散，而是徙居北镇屯驻。《娄叡墓志》：“太安狄那汗殊里、武明皇太后兄子也。”[③] 据此，娄氏籍贯按时人的记述应为太安狄那，即为怀朔镇人。不过“代郡平城”之说亦非毫无根据，因娄昭祖提在北魏献文帝时曾任内三郎，故其家原本很可能在平城居住。《北齐书》卷一五《娄昭传附兄子叡传》：“叡字佛仁，父拔，魏南部尚书。叡幼孤，被叔父昭所养，为神武帐内都督。”卷四八《外戚·娄叡传》：“武明皇后兄子也。父壮（拔），魏南部尚书。叡少好弓马，有武干，为高祖帐内都督。”娄拔大概是在北魏孝文帝中后期担任南部尚书的。娄氏与窦氏亦有姻亲关系。《窦泰妻娄黑女墓志》：“代郡平城人也。……祖平北府君……父司徒、太原王……”其墓志盖谓“武贞窦公夫人皇姨顿丘郡长君娄氏墓志铭”云云。[④]《北齐书》卷一五《窦泰传》：“大安捍殊人也。本出清河观津胄，祖罗，魏统万镇将，因居北边。父乐，魏末破六韩拔陵为乱，与镇将杨钧固守，遇害。泰贵，追赠司徒。……（泰）及长，善骑射，有勇略。……泰妻，武明娄后妹也。”据《魏书·官氏志》，窦氏本为纥豆陵氏。

又，史载高岳（高欢叔父翻子）“母山氏”[⑤]。这是史书所见高欢父辈旁系的姻亲关系。《魏书·官氏志》：“土难氏，后改为山氏。”山氏与北魏末年著名的契胡族酋长尒朱氏亦有姻亲关系，尒朱荣从父弟度律之母即为山氏[⑥]。

总之，截止高欢崛起的时代，高氏家族直接或间接的姻亲关系可考者有叔孙（乙旃）氏、韩（出大汗）氏、尉（尉迟）氏、赵氏（太安狄那人）、娄（匹娄）氏（太安狄那汗殊里/代郡平城人）及窦（纥豆陵）氏（大安捍殊人）、山（土难）氏、尒朱氏。

就高湖兄弟及其父、祖而论，三世担任慕容燕中央和地方要职，其生活习俗等无疑会受到慕容鲜卑的影响，高湖之子高谧又娶叔孙（乙旃）氏之女为妻，迁徙北镇后一方面受到北镇鲜卑风习的影响，家族成员的姓名多为胡名即可证明，另一方面其婚姻关系圈也是在北镇鲜卑范围之内。因此，高欢祖先虽然出于勃海高氏，但无论就血统还是文化而论，到高欢崛起之时其家族实已完全成为一鲜卑家族。正是基于此，《北齐书·神武纪上》方谓“神武既累世北边，故习其俗，遂同鲜卑”。具体而言，高欢父树生“性通达，重节义，交结英雄，不事生产”，“尚气侠”，“有威略”，[⑦] 高欢“深沉

① 《魏书》卷六《显祖纪》。

② 姚薇元：《北朝胡姓考》，第 93 页。

③ 山西省考古研究所、太原市文物管理委员会：《太原市北齐娄叡墓发掘简报》，《文物》1983 年第 10 期。

④ 《汉魏南北朝墓志集释》图版三二二。

⑤ 《北齐书》卷一三《清河王岳传》。

⑥ 《魏书》卷七五《尒朱度律传》。

⑦ 《魏书》卷三二《高湖传附子树生传》。《北齐书》卷一《神武纪上》载“皇考树（树生），性通率，不事家业”。

有大度，轻财重士，为豪侠所宗”[①]，高琛“少时便弓马，有志气”[②]，均显示其所具有的鲜卑习性[③]。这表明，得到高氏认可的北朝史籍既记载其先世为勃海蓨人，又不隐讳其家世代居住北边已然完全鲜卑化的事实。毫无疑问，在当时的历史环境中高欢及其子孙伪造其先世出于勃海高氏是没有任何必要的。当然，汉族的文化因素在这一家族中也并未完全泯灭，高欢作为“函使”曾多次往来于北镇与京师洛阳之间[④]，不懂汉语肯定是不行的。事实上，高欢也确实会说汉语，史载“神武每申令三军，常为鲜卑言；（高）昂若在列时，则为华言”[⑤]，即是明证。

六　余论

日本学者岡崎文夫在1932年出版的《魏晋南北朝通史》中有云：“史称高欢的原籍为勃海蓨人，故为纯粹的汉人。然而由于其祖父犯罪徙居怀朔镇，遂习于北边鲜卑风俗，其正夫人娄氏实为蛮部一豪酋之女。”[⑥]虽然并未展开论述，但大体上可以看出，岡崎氏认同史籍对于高欢家世的记载，同时又指出其受北镇鲜卑风俗的影响即鲜卑化的民族特性，以及其母系血统中的胡族成分。其弟子滨口重国后来所持观点与此截然不同，但岡崎氏似乎并未按滨口之说修正己说。钱穆在1939年完稿的《国史大纲》中认为高欢一家“是一个汉、鲜混杂的家庭”，具体而言即：

> 史称高欢渤海蓨人，其六世祖隐，为晋玄菟太守，则高欢应为汉人。惟自五世祖庆，已三世事慕容氏，（曾祖湖仕北魏，祖谧坐法徙怀朔。）史称欢遂“习其俗”，至其后娄氏则鲜卑豪族也。高澄娄出，故侯景呼以“鲜卑小儿”。高洋问杜弼：“治国当用何人?”弼对：“鲜卑车马客，会须用中国人。”洋以为“此言讥我”。又斩高德政，谓：“德政常言宜用汉人除鲜卑，此即合死。”洋后李氏出赵郡，其子废帝殷，洋谓其：“得汉家性质，不似我。”[⑦]

---

① 《北齐书》卷一《神武纪上》。

② 《北齐书》卷一三《赵郡王琛传》。

③ 《北齐书》卷一《神武纪上》谓“神武既累世北边，故习其俗，遂同鲜卑”。其“深沉有大度，轻财重士，为豪侠所宗”即是这种习俗的集中体现。朱大渭说：“由于代北豪帅世代居于北方少数民族错居和边防地带，所以一般都具有尚武精神，所谓‘代北之人（尚）武’，‘边备尚武，以图富贵’。”（《代北豪强酋帅崛起述论》，《六朝史论》，中华书局1997年版，第235页）

④ 《北齐书》卷一《神武纪上》：“神武自队主转为函使。……每行道路，往来无风尘之色。……为函使六年，每至洛阳，给令史麻祥使。……及自洛阳还，倾产以结客，亲故怪问之。答曰：‘吾至洛阳，宿卫羽林相率焚领军张彝宅，朝廷惧其乱而不问，为政若此，事可知也。财物岂可常守邪?’自是乃有澄清天下之志。”

⑤ 《北史》卷三一《高昂传》。

⑥ ［日］岡崎文夫：《魏晋南北朝通史　内编》，平凡社1989年版，第378页。按《魏晋南北朝通史》最初于昭和七年（1932）由弘文堂书房出版。

⑦ 钱穆：《国史大纲》上册，商务印书馆1996年版，第291页。

这应是现代中国学者就高欢族属问题最早发表看法。显然，钱穆完全赞同史书有关高欢家世的记载。①

1942年，陈寅恪为其弟子姚薇元《北朝胡姓考》所作序言中云："寅恪以为姚君之学，固已与时俱进，然其当日所言，迄今犹有他人未能言者。"② 然而对于北齐皇室高氏族属，陈氏与《北朝胡姓考》一书的看法却不尽相同，他在《唐代政治史述论稿》上篇《统治阶级之氏族及其升降》中论述李唐氏族时曾涉及这一问题，谓：

> 汉人与胡人之分别，在北朝时代文化较血统尤为重要。凡汉化之人即目为汉人，胡化之人即目为胡人，其血统如何，在所不论。……夫高齐无论其母系血统属于何种，但其自称及同时之人均以为其家世出自渤海蓨县，固当日华夏之高门也。至于其所渐染者则为胡化，而非汉化。杜弼斥鲜卑，而高洋以为讥己，是汉人之受胡化者，即自命为胡人也。③

万绳楠以陈寅恪1947—1948年在清华大学讲授魏晋南北朝史课程时所作笔记为主整理而成的《陈寅恪魏晋南北朝史讲演录》一书中，亦论及北齐皇室高氏的氏族问题，虽基本观点与上引无异，但却更为具体。陈氏明确提出"北齐最高统治者皇室高氏为汉人而鲜卑化者"，他说：

> 这两段史料（《魏书》三二《高湖传》附《高谧传》及《北齐书》一《神武纪上》）记高欢父祖十分清晰，高欢的祖父高谧为北魏的治书侍御史，深得献文帝的信任。后因事坐法徙怀朔镇。曾祖父为高湖。或云此为冒认，然远祖可冒认，三代以内要冒认是不可能的。毫无疑问，高欢为高湖之后，籍贯为渤海蓨县，民族为汉人。说他是汉人，为就血统而言。《北齐书·神武纪上》所说："神武既累世（高谧、高树生、高欢三世）北边，故习其俗，遂同鲜卑。"这就是"化"的问题。高欢在血统上虽是汉人，在"化"上因为累世北边，已经是鲜卑化的人了。"化"比血统更重要，鲜卑化人也就是鲜卑人。"化"指文化习俗而言。高欢的妻子娄氏

---

① 吕思勉对高欢家世族属未多申述，而是沿袭古代史籍的记载，谓："北齐高祖神武皇帝高欢，亦渤海蓨人。祖谧，魏侍御史，坐法徙居怀朔镇。神武累世北边，习其俗，遂同鲜卑。"（《两晋南北朝史》上册，上海古籍出版社1983年版，第604页。按：是书最初于1948年由开明书店出版）这表明他是同意高欢出于渤海高氏而又具有鲜卑化的民族特性的。田余庆认为："高欢自称出于渤海蓨县的大姓高氏，实际上是鲜卑化的汉人。"（翦伯赞主编：《中国史纲要》第二册，人民出版社1982年版，第69页。按：是书初版于1965年，三国两晋南北朝部分执笔人为田余庆）何兹全亦认为："高欢是汉人，因累世在北方边镇生活，'故习其俗，遂同鲜卑'（《北齐书·神武纪上》）。这是一个鲜卑化了的汉人。"（白寿彝总主编：《中国通史》第五卷《中古时代·三国两晋南北朝时期》，上海人民出版社1989年版，上册，第336页）

② 陈寅恪：《姚薇元北朝胡姓考序》，《金明馆丛稿二编》，上海古籍出版社1980年版，第242页。

③ 陈寅恪：《唐代政治史述论稿》，上海古籍出版社1982年版，第17页。按：是书写成于1941年，次年在重庆印行。

为鲜卑人。……就血统、文化论娄氏都是鲜卑人。高齐皇室自认自己是鲜卑人，原因即在已经鲜卑化。……不仅皇室认为自己是鲜卑人，而且与皇室并不亲的如高德政、高隆之等人，虽然血统上为汉人，但亦自以为鲜卑人。①

这表明陈寅恪始终并未怀疑《魏书》、《北齐书》(《北史》)有关高欢家世族属的记载，即他承认高欢为北魏献文帝时期任治书侍御史的高谧之孙，高谧为高湖之子，高湖出身勃海高氏，高谧坐法徙居北镇后高氏开始鲜卑化，到高欢时已完全鲜卑化，论其血统（父系）为汉人，论其民族性（文化）则为鲜卑人。在关于北齐皇室世系族属的所有观点中，陈寅恪的这一看法可以说最为通达，也是最符合历史实际的。

需要补充说明的是，高欢家族在十六国北魏前期实际上也存在着鲜卑化的趋势。其先世在十六国时期数代任职于慕容氏燕国政权，必定要受到慕容鲜卑文化的影响；高湖兄弟归附北魏后，又要受到拓跋鲜卑文化的影响；高谧徙居北镇以后，更是完全处在北镇以鲜卑为主的文化氛围之中。当然与北镇不同的是，无论是后燕还是北魏前期，鲜卑文化自然有重大影响，但同时汉化是发展潮流，汉文化的影响在不断扩大，而且农业生产是经济生活的主体。在这种环境下，高氏所拥有的汉族文化素质不致湮没无闻。北镇的情形则不同，徙居怀朔镇的高氏与当地绝大多数胡汉民众一样处在社会下层，主要从事游牧经济生活，鲜卑文化湮没了汉族文化。

综合全文所述，可以得出这样的结论：《魏书》、《北齐书》、《北史》等史籍所载北齐皇室之世系族属是毋庸置疑的。北齐皇室就是自后燕降魏的勃海高氏高湖之直系后裔，与鲜卑是楼（高）氏毫不相干，虽然这一家族在与慕容、拓跋鲜卑政权合作的过程中受到鲜卑风习的强烈熏染，鲜卑化甚深，但若仅从其最初的父系血统而论，仍然为一汉人家族。如果考虑到其母系血缘以及在北魏中期家居北镇后的生活环境的影响，则到北魏末年高欢家族已与北镇鲜卑为主的胡族没有任何区别，完全成为北镇胡族社会的一员，但汉族文化因素亦并未完全泯灭。

原载于《文史哲》2011年第1期

① 万绳楠整理：《陈寅恪魏晋南北朝史讲演录》，黄山书社1987年版，第293—295页。

周隋勋官的“本品”地位

顾江龙

《旧唐书·职官志》云：“凡九品已上职事，皆带散位，谓之本品。职事则随才录用，或从闲入剧，或去高就卑，迁徙出入，参差不定。散位则一切以门荫结品，然后劳考进叙。”① 唐王朝规定以文武散官为职事官员的“本品”，它是官员个人最主要的身份标志和诸多特权、待遇的依据。通过20世纪80年代马小红等先生的论述②，这一点已无疑义。

唐代完善的文武散官制度是对魏晋南北朝纷繁复杂的位阶制度的继承、整理与发展，对其制度源流，中日学者进行了卓有成效的研究③。特别是陈苏镇、王德权先生通过对大业“散职”的辨析，为我们澄清了隋唐勋、散名号衔接方面的疑问，证实了唐代文武散官的直接前身乃是周隋勋官④。陈苏镇先生并指出：西魏北周的柱国、大将军、开府与仪同是关陇贵族的重要身份标志，官品中位于九命以上，与位于正八命以下的文武散官序列“大体上下衔接，构成统一的本阶系列”；隋初仍以散实官与文散官、散号将军作为官员“本阶”，炀帝改制废除散号将军，而以“名似文散官，实为散实官”的光禄大夫等“散职”为官员“本阶”；唐初经过武德、贞观两度改制，文武散

---

① 《旧唐书》卷四二《职官志》一，中华书局标点本（下引正史同），第1785页。

② 马小红：《试论唐代散官制度》，《晋阳学刊》1985年第4期；黄清连：《唐代散官试论》，“中央研究院”《历史语言研究所集刊》，58—1，1987年；黄正建：《唐代散官初论》，《中华文史论丛》第45辑，上海古籍出版社1989年版，第91—102页；张国刚：《唐代阶官与职事官的阶官化》，《中华文史论丛》第45辑，上海古籍出版社1989年版，第71—90页；王德权：《唐代律令中的“散官”与“散位”——从官人的待遇谈起》，《中国历史学会史学辑刊》，21，1989年。

③ 直接相关的论著有陈苏镇：《北周隋唐的散官与勋官》，《北京大学学报》（哲学社会科学版）1991年第2期；王德权：《试论唐代散官制度的成立过程》，《唐代文化研讨会论文集》，文史哲出版社1991年版，第843—906页；高桥彻：《卫官と勲官に関する一试论》，《呴沫集》第8号，1994年；高桥彻：《南北朝の将军号と唐代武散官》，《山形大学史学论集》第15号，1995年；冈部毅史：《梁陈时代における将军号の性格に関する一考察一唐代散官との関连から一》，《集刊东洋学》第79号，1998年；及阎步克收入氏著《品位与职位——秦汉魏晋南北朝官阶制度研究》（中华书局2002年版）的系列专论。

④ “勋官”作为正式官称，始于唐代。为叙述方便，本文或将西魏北周的柱国（上柱国）至都督序列、隋初“散实官”和大业“散职”统称为“勋官”。此外，学者或认为西魏北周的勋官序列名为“戎秩”，这也是有疑问的。西魏周隋的勋官序列，史籍中或称“戎章”、“戎秩”，或称“勋官”，恐怕都是泛称。

官最终战胜勋官，确立“本阶”地位①。陈先生所勾勒出的西魏北周隋唐“本阶”变迁的线索，非常清晰。周隋时期，居于中高端的勋官序列与居于中低端的文武散官序列共同构成官僚“本品”，前者尤为重要，是从制度上理解关陇贵族集团的关键所在。但目前学界对周隋勋官作为官员“本品”的论证主要停留于名号层面，对它为什么是“本品”，具备哪些功能，未有详细、深入地实证性论述。

在“本品”功能方面，周隋勋官与唐代文武散官最为接近；同时，魏晋以来逐步繁衍的将军号、文散官等亦或多或少具备类似功能。以唐制为主要参照而不尽拘泥于唐制，对于某种位阶序列是否可以看作成熟的“本品”，可以给出以下四条标准：(1)“本品”是官僚政治中的一种或几种品位序列；(2) 它可以独立于职事官之外承担起维系官僚政治、经济等权益的功能；(3) 它是官僚从步入仕途起到退出官场这一段时期恒定持有的身份，或者竟是终身身份；(4) 最重要的，它要为官僚或主要官僚阶层普遍拥有。亦即：第一，“本品”本身是一种品阶制度，可以逐次或跳越升迁，偶尔也会贬降。第二，官僚的资格、报酬、特权，相当重要的部分由“本品”维系，有时候它与职事官以及其他位阶共同发挥作用，很多时候也独立发挥作用。第三，“本品”是官僚所持有的各种位阶之中极为稳定的一种，官僚因病、因丧、因任满得替、因官署调整等原因而离职时，“本品”不变；致仕后可保留“本品”；即便因罪除免，也有重新起叙的机会。第四，“本品”的适用即使不能覆盖全部官僚阶层，至少也要面对主要官僚阶层，成为王朝界定官员身份的最主要尺度。魏晋至隋的各种散位之中，唯有周隋勋官符合以上全部四条标准。下文主要围绕勋授予的覆盖面、勋位所拥有待遇、特权的独立性以及勋位持有的稳定性，分节论证。

一 勋官的授予与升迁

西魏北周勋官本七等，武帝建德四年 (575) 析设四号②，总为十一等。隋代前期依旧为十一等，炀帝改制，设光禄等九大夫和建节等八尉，总为十七等。周隋勋官名号的演变及其序列在官品中分布的匀称化，研究者措意已多，无须赘述，仅为直观起见，列简表如下：

(一) 军功授勋及回授

获取勋官有多种途径。周隋时期有以赞谋政变、篡位得以超授勋阶的；隋文帝禅代前后，一大批臣僚依“格例”、“班例”泛进勋阶；隋文、隋炀时，也有少数亲信以“恩旧”或“藩邸之旧”加授勋官。此外，文官得授勋官似自有一套体系。但总体而言，军功无疑是获得勋官尤其是开府以上勋官的最方便、最大宗的途径。

① 陈苏镇：《北周隋唐的散官与勋官》；王德权：《试论唐代散官制度的成立过程》。

② 《周书》卷六《武帝纪》下，建德四年冬十月戊子，第93页。

西魏周隋勋官名号品级表

	西魏北周前期	北周建德四年后	隋开皇	隋大业
正一品	柱国大将军 大将军	上柱国大将军 柱国大将军 上大将军 大将军		
从一品	开府仪同三司 仪同三司	上开府仪同大将军 开府仪同大将军 上仪同大将军 仪同大将军	上柱国大将军	光禄大夫
正二品			柱国大将军	左光禄大夫
从二品	大都督	大都督	上大将军	右光禄大夫
正三品	帅都督	帅都督	大将军	金紫光禄大夫
从三品	都督	都督	上开府仪同三司	银青光禄大夫
正四品			开府仪同三司	正议大夫
从四品			上仪同三司	通议大夫
正五品			仪同三司	朝请大夫
从五品				朝散大夫
正六品			大都督	建节尉
从六品			帅都督	奋武尉
正七品			都督	宣惠尉
从七品				绥德尉
正八品				怀仁尉
从八品				秉义尉
正九品				奉诚尉
从九品				立信尉

唐代军功计勋有一套非常细致的规定①，一次性累计勋转似亦不设上限。周隋时期的具体规定今难详知，然当时勋官崇重，逐级或越一级升进的情况比较常见，而酬勋三转一般说来便是最高奖赏。周末尉迟迥之乱，上柱国、并州总管李穆表示效忠于杨坚，杨坚“以穆劳效同破邺城第一勋，加三转，听分授其二子荣、才及兄贤子孝轨。荣及才并仪同大将军，孝轨进开府仪同大将军”②。军功“第一勋”加勋三转，应当是成文制度。《大隋开府仪同三司龙山公墓志》：

周朝授大都督、龙门公，选补兼仪同，领乡团五伯人，守隘三硖。大象二年，蒙授龙山县开国公。开皇九年，从元帅越国公平陈第一勋，蒙授开府仪同三司，

① 《唐六典》卷五《兵部尚书》“兵部郎中员外郎”条“勋、获之等级”本注，陈仲夫点校，中华书局1992年版，第160—161页。

② 《周书》卷三〇《李穆传》，第529页。

增邑肆伯户，粟帛五千[①]。

“选补兼仪同”指龙山公实际职务，“兼”谓权摄、权领，其勋位仍为大都督；他由大都督进授开府，正是加勋三转。

史文虽未明言，但实际为“第一勋”之例甚多。例如《隋书·达奚长儒传》：

高祖受禅，进位上大将军，……开皇二年，突厥沙钵略可汗并弟叶护及潘那可汗众十余万，寇掠而南，诏以长儒为行军总管，率众二千击之。……长儒身被五创，通中者二；其战士死伤者十八九。……高祖下诏曰：“……（长儒）可上柱国，余勋回授一子。其战亡将士，赠官三转，子孙袭之。”

达奚长儒及部下战亡将士皆酬（赠）勋三转，当是按照“第一勋”对待[②]。

炀帝时旧制被破坏，“第一勋”者唯酬勋一转。《资治通鉴》载大业十一年炀帝被突厥困于雁门，解围后论功行赏：

帝性吝官赏，初平杨玄感，应授勋者多，乃更置戎秩，建节尉为正六品，次奋武、宣惠、绥德、怀仁、秉义、奉诚、立信等尉，递降一阶。将士守雁门者万七千人，得勋者才千五百人，皆准平玄感勋，一战得第一勋者进一阶，其先无戎秩者止得立信尉，三战得第一勋者至秉义尉，其在行阵而无勋者四战进一阶，亦无赐[③]。

西魏周隋如果位为柱国（建德四年后上柱国），勋官无可复加，再度立功时可以将勋阶回授子弟，如：

独孤善：魏废帝元年，又以父勋，授骠骑大将军、开府仪同三司，加侍中。

韦寿：高祖为丞相，以其父（韦孝宽）平尉迥，拜寿仪同三司，进封滑国公。

宇文述：陈主既擒，而萧瓛、萧岩据东吴之地，拥兵拒守。述……讨之，……吴会悉平。以功拜一子开府。[④]

① （清）陆增祥：《八琼室金石补正》卷二六，《石刻史料新编》第1辑，新文丰出版公司1982年版，第6册，第4413页。龙山公名质，史失其姓。

② 《隋书》卷五三《达奚长儒传》，第1350页。此次战役战亡将士赠官三转，有实例为证。《隋书》卷六三《杨义臣传》：“父崇，仕周为仪同大将军，……开皇初，……从行军总管达奚长儒击突厥于周槃，力战而死。赠大将军、豫州刺史，以义臣袭崇官爵。”（第1498—1499页）从杨义臣日后历官看，他的确承袭了大将军勋阶。

③ 《资治通鉴》卷一八二《隋纪》六，第5700页。

④ 《周书》卷一六《独孤信传附子独孤善传》，第267页；《隋书》卷四七《韦寿传》，第1271页；《隋书》卷六一《宇文述传》，第1464页（《北史》卷七九《宇文述传》作“以功授子化及为开府”，第2649页）。

最典型之例莫过杨素，周隋时期其子弟得以回受勋官者达八人之多[①]。

（二）文官授勋的演变

北周文官由文武散官、三都督晋升仪同、开府之路畅通无阻，并无军功要求。此点无烦举例。

但另一方面，西魏和北周中前期，最尊贵的柱国、大将军一般是武官的禁脔，文官进位通常止于开府。例如申徽、崔猷、柳庆三人进位骠骑大将军、开府仪同三司皆在宇文氏禅代之前，之后勋阶就停滞。崔猷在周末方才进位上开府，而其余二人卒年稍早，竟止于开府。其中，崔猷从开府进位上开府历二十六年，申徽在开府阶上停留二十一年，柳庆在开府阶上停留十二年[②]。此期以文职得授大将军者唯有杨宽、卢辩二人，皆在明帝初，即北周禅代之后不久[③]。

文官止于开府应该是北周成规；宣帝即位后，此项成规渐开缺口。除后父元晟由开府进位上柱国之外[④]，文官亦有授大将军者。《周书·斛斯征传》：

> 六官建，拜司乐中大夫，进位骠骑大将军、开府。后高祖以征治经有师法，诏令教授皇太子。宣帝时为鲁公，与诸皇子等咸服青衿，行束修之礼，受业于征，仍并呼征为夫子。儒者荣之。宣帝嗣位，迁上大将军、大宗伯。[⑤]

斛斯征滞留开府阶约二十年，宣帝时因曾经备位师傅，遂被授予上大将军。当然以上二人身为外戚、帝师，情况特殊；总体看来，宣帝之世大将军以上勋官的军功授予原则仍被遵守。

该原则的完全突破，是杨坚从辅政到篡周建隋的时期。杨坚为笼络人心，对文武臣僚普加恩惠，加勋、晋爵是其主要手段。部分高级文官借此得以泛阶至大将军以上，略举数例：

> 元伟：大象二年，除襄州刺史，进位大将军。
>
> 萧圆肃：宣政元年，入为司宗中大夫，俄授洛州刺史。大象末，进位大将军。
>
> 赵煚：（隋）高祖为丞相，加上开府，复拜天官都司会。俄迁大宗伯。及践阼，煚授玺绂，进位大将军，赐爵金城郡公。
>
> 赵芬：大象元年，置六府于洛阳，除少宗伯，摄夏官府事。二年，拜上开府，

① 见《隋书》卷四八《杨素传》（第1281页以下）、同书同卷素弟《杨约传》（第1293页），以及《杨素墓志》（罗新、叶炜：《新出魏晋南北朝墓志疏证》，中华书局2005年版，第519—522页）。

② 《北史》卷六九《申徽传》，第2390—2391页；《周书》卷三五《崔猷传》，第616—617页；《周书》卷二二《柳庆传》，第372页。

③ 《周书》卷二二《杨宽传》，第367页；《北史》卷三〇《卢辩传》，第1100页。

④ 《周书》卷九《宣帝元皇后传》，第148页。

⑤ 《周书》卷二六《斛斯征传》，第432页。

进爵为公。……开皇元年，拜大将军。①

又如前举崔猷，“隋文帝践极，以猷前代旧齿，授大将军，进爵汲郡公”②。可以说自隋文帝辅政起，大将军这一级勋官已经不复构成文官晋升勋阶的瓶颈。

隋文帝登基前后，文武百官加勋晋爵有“班例”、“格例”可循。《隋书·李德林传》：

高祖初受顾命，……以德林为丞相府属，加仪同大将军。……高祖登阼之日，授内史令。初，将受禅，虞庆则劝高祖尽灭宇文氏，高颎、杨惠亦依违从之。唯德林固争，以为不可。高祖作色怒云：“君读书人，不足平章此事。”于是遂尽诛之。自是品位不加，出于高、虞之下，唯依班例授上仪同，进爵为子③。

又《太仆卿元公墓志》(志阙其名)：

宣政元年，以军功封豫州之建宁县男，邑二百户。其年八月，又录晋阳之役，加使持节、仪同大将军。大象二年，又仍旧封，进爵为子。……寻迁少驾部下大夫。……开皇元年，出为益州武康郡大守。……又进爵为伯，转仪同三司，从格例也④。

从史例分析，通常外官刺史以上、内官中大夫以上，方得以依“班例”、“格例”加勋，而晋爵的门槛要低一些。如元氏在隋文帝登基前职事官为下大夫，所以他周末隋初两度晋爵，勋官却保持不变。

杨坚对中高级臣僚普进勋阶，遂打破了北周柱国、大将军只授予武臣的惯例。勋官授予原本重武轻文，而隋代散实官的文武界限趋于模糊。《隋书·百官志》：“高祖又采后周之制，置上柱国、柱国、上大将军、大将军、上开府仪同三司、开府仪同三司、上仪同三司、仪同三司、大都督、帅都督、都督，总十一等，以酬勤劳。”⑤ 虽然隋代军功仍是获勋的主要途径，但对于没有机会建立军功者而言，散实官十一等“以酬勤劳”的原则亦被很好地贯彻。

苏威：周宣帝嗣位，拜开府。开皇中历尚书右仆射、纳言。开皇十五年，持

① 《周书》卷三八《元伟传》，第688页；《周书》卷四二《萧圆肃传》，第754页；《隋书》卷四六《赵煚传》，第1250页；《文馆词林》卷四五二《大将军赵芬碑铭》，罗国威整理：《日藏弘仁本文馆词林校证》，中华书局2001年版，第151页。

② 《周书》卷三五《崔猷传》，第617页。

③ 《隋书》卷四二《李德林传》，第1198—1200页。

④ (清)陆耀遹：《金石续编》卷三，《石刻史料新编》第1辑，第4册，第3064—3066页。

⑤ 《隋书》卷二八《百官志》下，第781页。

节巡抚江南。突厥都蓝可汗屡为边患，复使威至可汗所，与结和亲。以勤劳，进位大将军。炀帝嗣位，加上大将军。后拜太常卿。从征吐谷浑，进位左光禄大夫。

牛弘：宣政元年，转内史下大夫，进位仪同大将军。开皇中，历礼部尚书、太常卿。寻授大将军，拜吏部尚书。大业二年，进位上大将军。

柳彧：为治书侍御史，仁寿中，持节巡省河北五十二州，奏免长吏赃污不称职者二百余人，州县肃然，莫不震惧。上嘉之，拜仪同三司。

薛道衡：大定中，授仪同。隋代授内史侍郎，加上仪同三司。后高祖善其称职，谓杨素、牛弘曰：“道衡老矣，驱使勤劳，宜使其朱门陈戟。”于是进位上开府，赐物百段。道衡辞以无功，高祖曰：“尔久劳阶陛，国家大事，皆尔宣行，岂非尔功也？”①

同时，内外官员治绩优异者，增进散实官、散职成为褒奖手段。

侯莫陈颖：高祖受禅，加上开府。历数州刺史。后拜邢州刺史。仁寿中，吏部尚书牛弘持节巡抚山东，以颖为第一。高祖嘉叹，优诏褒扬。后入朝，进位大将军，拜桂州总管十七州诸军事。

赵绰：周末拜仪同。开皇中累官至大理少卿。隋文帝以绰有诚直之心，每引入阁中。其后进位开府。

杨达：开皇中进位开府，为鄯、郑、赵三州刺史，俱有能名。平陈之后，上差品天下牧宰，达为第一，擢拜工部尚书，加位上开府。

柳俭：迁邛州刺史。在职十余年，萌夷悦服。蜀王秀之得罪也，俭坐与交通，免职。炀帝嗣位，征之。于时以功臣任职，牧州领郡者，并带戎资，唯俭起自良吏。帝嘉其绩，用特授朝散大夫，拜弘化太守。②

《隋书》中可以见到褒美治绩、增进勋位的诏书节录。《隋书·公孙景茂传》：

俄迁息州刺史，法令清静，德化大行。……（开皇）十五年，上幸洛阳，景茂谒见。……诏曰：“景茂修身洁己，耆宿不亏，作牧化人，声绩显著。年终考校，独为称首，宜升戎秩，兼进藩条。可上仪同三司，伊州刺史。”③

---

① 《隋书》卷四一《苏威传》，卷四九《牛弘传》，第1297—1309页（本传记周末勋阶小误，据《周书》卷三七《裴文举传附窦允传》改正，第671页）；卷六二《柳彧传》，第1484页；卷五七《薛道衡传》，第1406—1408页。

② 《隋书》卷五五《侯莫陈颖传》，第1381页；卷六二《赵绰传》，第1485—1486页；卷四三《观德王扬雄传附弟杨达传》，第1218页；卷七三《循吏·柳俭传》，第1683页。

③ 《隋书》卷七三《循吏·公孙景茂传》，第1680页。

同书《樊子盖传》：

授银青光禄大夫、武威太守，以善政闻。大业三年入朝，帝引之内殿，特蒙褒美。乃下诏曰："……子盖干局通敏，操履清洁，自剖符西服，爱惠为先，抚道有方，宽猛得所。处脂膏不润其质，酌贪泉岂渝其性，故能治绩克彰，课最之首。……"于是进位金紫光禄大夫，赐物千段，太守如故。五年，车驾西巡，将入吐谷浑。……又下诏曰："……金紫光禄大夫、武威太守樊子盖，执操清洁，处涅不渝，立身雅正，临人以简。威惠兼举，宽猛相资，故能畏而爱之，不严斯治。实字人之盛绩，有国之良臣，宜加褒显，以弘奖励。可右光禄大夫，太守如故。"①

总之，尽管隋代散实官、大业散职又常被称作"戎秩"、"勋官"，说明其浓厚的军功色彩仍远未褪去，但是"以酬勤劳"已经成为授勋的主要原则之一。它们向文官进一步开放，使得其作为"本品"序列愈发成熟。另一方面，周隋时期凭借父祖勋位荫叙勋官的制度已然成型（详见下文），这种荫任制度大大扩展了勋官授予的覆盖面。因此，周隋勋官授予基本覆盖了官僚的中上层。

二　勋官的待遇与特权

散位作为"本品"的主要表现是承载着官员大量的权益。关于周隋勋官各种特权、待遇的制度规定，今日所能见到的只是片鳞半爪，本文通过有限的材料作初步的梳理。

（一）勋官荫任与起家

（1）以勋官荫任子弟为勋官

西魏周隋勋贵子孙多以门荫起家，其初授勋官大致有规律可循。比较明确的是，隋代上柱国、柱国世子例拜仪同三司。

贺若怀亮：以柱国世子，拜仪同三司。

元成寿：起家千牛备身。以上柱国世子，拜仪同。

梁文谦：以上柱国嫡子，例授仪同。②

又阴寿位至上柱国，其子阴世师袭爵，"弱冠，以功臣子拜仪同"③，也是以上柱国世子而得授仪同。

① 《隋书》卷六三《樊子盖传》，第1490页。

② 《隋书》卷五二《贺若弼传》，第1346页；《隋书》卷三九《元景山传》，第1153页；《隋书》卷七三《循吏·梁彦光传》，第1676页（据本传，梁彦光止于柱国）。

③ 《隋书》卷三九《阴寿传》，第1149页。

隋制源于北周。如辛威“天和初，进位柱国。……宣政元年，进位上柱国”；其子辛永达，“大象末，以威勋，拜仪同大将军”①。梁士彦“从武帝拔晋州，进位柱国，……及齐平，……进位上柱国”；其子梁刚，“弱冠授仪同”②。于翼天和六年进位柱国；其子于玺“起家右侍上士，寻授仪同”③。

从柱国经大将军、开府而至仪同，在西魏与北周中前期是降了三等。建德四年之后，仪同以上四等勋官各自析出上阶。不过，如果我们把上柱国与柱国、上开府与开府、上仪同与仪同各自看作一档，则上柱国、柱国世子例授仪同，勋阶仍然低于其父三档。事实上，北周时期诸有勋官者，其世子初授勋官一般说来正是降低三档。

泉仲遵：进骠骑大将军、开府仪同三司，……武成初，卒官。

子泉晅：起家本县令，入为左侍上士。保定中，授帅都督。

薛端：六官建，拜军司马，加侍中、骠骑大将军、开府仪同三司，……卒，时年四十三。

子薛胄：起家帅都督。

李迁哲：天和三年，进位大将军。……（建德三年）卒于襄州。

子李敬猷：还统父兵，起家大都督。

岑善方：魏恭帝二年，授骠骑大将军、开府仪同三司，……（萧）詧之七年(561)，卒。（按，骠骑大将军、开府仪同三司乃宇文泰所授。）

子岑之利：高祖录善方充使之功，追之利、之象入朝。授之利帅都督、代王记室参军。④

李标：孝闵帝践阼，进位大将军。

子李椿（李弼子，出继叔父李标）：公起家以勋胄子，封魏平县开国子，邑四百户。保定二年，判司邑下大夫。……俄除大都督。⑤

若干兴：使持节、车骑大将军、仪同三司、宣阳县开国公。

子若干云：解褐为周太祖文皇帝亲信直阁将军。及周朝膺历，任中侍上士、襄威将军、给事中、都督。⑥

以上六例，可以判定是世子，初授勋官之时其父之勋官等级也较清楚。李迁哲、

① 《周书》卷二七《辛威传》，第448页；（北周）庾信撰，（清）倪璠注：《庾子山集注》卷一四《周上柱国宿国公河州都督普屯威（辛威）神道碑》，开皇元年返葬，“世子仪同永达”云云（许逸民校点，中华书局1980年版，第3册，第890页）。

② 《隋书》卷四〇《梁士彦传》，第1163—1165页。

③ 《周书》卷五《武帝纪》上，第78—79页；《隋书》卷六〇《于仲文传附从父弟于玺传》，第1457页。

④ 《周书》卷四四《泉企传》，第789页；卷三五《薛端传》，第622页；卷四四《李迁哲传》，第792—793页；卷四八《萧詧传附岑善方传》，第872—873页。

⑤ 《周书》卷一五《李标传》，第243页；《李椿墓志》，《新出魏晋南北朝墓志疏证》，第432—437页。

⑥ 《若干云墓志》，《新出魏晋南北朝墓志疏证》，第295—298页。

李标位大将军，世子初授大都督；泉仲遵、薛端、岑善方位开府，世子初授帅都督；若干兴位仪同，世子初授都督，世子初授之勋官皆低其父三档。

周制有可能被隋朝全盘继承。不过北周后期柱国、大将军除授转多，尤其周末隋初大批臣僚勋阶得到迅速提升，因此《隋书》列传较少记录传主仪同以下的勋位，父子授勋年代清晰、可供对比者几乎没有。据《宋忻墓志》，宋忻于大象二年（580）进位上开府仪同大将军，开皇七年（587）卒，开皇九年夫妻合葬，其时世子宋敬为“右亲卫、帅都督”，勋阶亦低其父三档[①]。更明确的是唐《王士隆墓志》：

> 父子相，释褐除新□□令，隋□授仪同三司、丰州刺史，转授开府、使持节，少内史、大将军，封陈州顿丘郡开国公、并州总管、河北道行台尚书右仆射、柱国。十四年，气疾暴增，薨于私第。赠上柱国。……君以开皇元年，释褐帅都督。

其父字子相，名韶，《隋书》卷六二有传，并附士隆小传。《王韶传》云：“及平齐氏，以功进位开府，封晋阳县公，邑五百户，……迁内史中大夫。宣帝即位，拜丰州刺史，改封昌乐县公。高祖受禅，进爵项城郡公，邑二千户。转灵州刺史，加位大将军。”由此可知，墓志追叙王韶历官多有错误。据《传》，开皇元年王韶实为开府，士隆释褐帅都督，勋位正好低于其父三档[②]。

周隋时期，如果身非世子，初授勋阶至少要比世子低一等。如田弘，天和六年授柱国，建德四年薨，“世子使持节、骠骑大将军、开府仪同三司、大都督、司宪恭，次息大都督、贝丘县开国侯备”[③]。如果次子田备起家即授大都督，勋阶亦低其父四等。又《李贤墓志》载诸子官爵：

> 世子端，使持节、车骑大将军、仪同三司、大都督，甘州刺史，怀德公。
> 次子吉，平东将军、右银青光禄，大都督。
> 次子隆，使持节、车骑大将军、仪同三司、大都督，适乐侯。
> 次子轨，师（帅）都督，升迁伯。
> 次子询，都督，左侍上士。
> 次子諲。次子纶。次子孝忠。次子孝礼。次子孝依。次子孝良。次子抱罕[④]。

---

① 《宋忻及妻韦胡磨墓志》，《新出魏晋南北朝墓志疏证》，第 391—395 页。按，“右亲卫帅都督”或可断作“右亲卫、帅都督”，此帅都督未必是实职。

② 《王士隆墓志》，周绍良、赵超主编：《唐代墓志汇编续集》贞观 008，上海古籍出版社 2001 年版，第 12 页；《隋书》卷六二《王韶传》，第 1473 页。依王韶官位，开皇元年当加勋至上开府，本传或遗漏。上开府、开府同为一档，不影响王士隆的起家勋位。

③ 《田弘墓志》，《新出魏晋南北朝墓志疏证》，第 274—277 页。

④ 《李贤墓志》，赵超：《魏晋南北朝墓志汇编》，天津古籍出版社 1992 年版，第 482—484 页。此处引用对原文重新作了标点。

李贤卒于天和四年，勋官为大将军[①]，墓志所载即是诸子当时官爵。据上文考证，大将军之世子初授大都督，余子则为帅都督以下。李端为世子，他与李隆戎秩并为仪同三司，李吉为大都督，可能是升迁所致，这均无助于我们的考察。但是李轨为帅都督，李询为都督，即使这是他们的起家勋官，也分别低于世子（应授大都督）一、二等。余子起家勋官较世子为低，应该是没有疑问的了，不过，王朝对于他们的起家有无严格规定尚不得而知，余子之中是否复有嫡庶之分，目前亦无从了解。

在北周建立以后，勋官起家制度逐渐规范，但隋代炀帝即位之后，世子降父三档起家之制似被废除。《隋书·李密传》：“开皇中，袭父爵蒲山公，……大业初，授亲卫大都督，非其所好，称疾而归。”密父李宽位至柱国[②]，李密作为世子，起家本应授仪同。而《新唐书·李密传》云“以荫为左亲卫府大都督、东宫千牛备身”，则似所谓“亲卫大都督”是实际职务[③]。考《李密墓志》，“父宽，隋柱国、蒲山公。……（公）起家左亲侍。……非其好也”[④]。可见，中华书局标点本《隋书》标点欠妥，应断为“授亲卫、大都督”；而《新唐书》撰者因对隋制不太明了，误增“府”字。李密既以柱国世子起家授大都督，则炀帝时荫叙旧制必已被变更。

以上考证表明，从北周到隋文帝时期曾经建立较规范的勋官荫任制度：勋官一阶为一等；建德四年后，仪同以上二等为一档，即仪同与上仪同、开府与上开府、大将军与上大将军、柱国与上柱国各自同处一档。凡柱国、上柱国，世子例授仪同；上大将军、大将军，世子例授大都督；以下依此类推，世子皆降其父三档。世子之外的诸子，初授勋官较世子再下降一等以上。隋炀帝改制后，上述制度出现较大变动，勋贵子弟起家勋官的位阶有所降低。

（2）特殊荫任制度

首先，宗室近亲初授勋官不拘常例。周初，帝子、宗亲初授勋官例为开府仪同三司。

宇文宪：孝闵帝践阼，拜骠骑大将军、开府仪同三司。

宇文纯：保定中，除岐州刺史，加开府仪同三司。

宇文会（护子，出继宇文泰长兄颢之子什肥）：保定初，拜骠骑大将军、开府仪同三司。

---

① 《周书》卷二五《李贤传》，第418页。

② 《隋书》卷七〇《李密传》，第1624页；《北史》卷六〇《李弼传》同，第2131页。《旧唐书》卷五三（第2207页）、《新唐书》卷八四（第3367页）本传皆作“上柱国”，误（参下引《李密墓志》）。

③ 隋代府兵制，骠骑、车骑将军为一府正副长官，其下依次为大都督、帅都督、都督。至大业三年，炀帝方改制。（《隋书》卷二八《百官志》下，第778、800页。并参谷霁光《府兵制度考释》，上海人民出版社1962年版，第107页以下。）

④ 《李密墓志》，《唐代墓志汇编续集》武德001，第1页。

宇文广(导子):世宗即位,授骠骑大将军、开府仪同三司,出为秦州刺史。[①]

史传记载诸帝子似有起家为大将军甚至柱国者,但那应当是史家记述时作了省略。例如谯王俭,《传》云,“天和中,拜大将军,寻迁柱国”。而据近年出土的《宇文俭墓志》,俭“初封谯国公,历位开府、使持节、大将军”,亦以开府起家[②]。

周武帝时宗室起家制度逐渐规范:帝子封王,起家开府,诸王之子,似又递降一等,起家仪同。北周前期与宇文泰诸子享受同样待遇的诸宗室近亲,到了下一代时也从仪同三司起家。较疏远的宗室乃有从帅都督起家者[③]。

隋代帝子起家待遇又较北周优越。开皇元年,晋王广、秦王俊、蜀王秀并以幼龄起家柱国,汉王谅亦于开皇十二年拜上柱国[④]。炀帝之子赵王杲在大业九年之后拜光禄大夫(等同于旧上柱国——笔者注)[⑤]。

其次,西魏周隋尚公主者别有起家制度,一般初授仪同。

韦世康:在魏,弱冠为直寝,封汉安县公,尚周文帝女襄乐公主,授仪同三司。

苏威:大冢宰宇文护见而礼之,以其女新兴主妻焉。……未几,授使持节、车骑大将军、仪同三司。

宇文静礼:初为太子千牛备身,寻尚高祖女广平公主,授仪同。[⑥]

但也有例外。

史雄:年十四(魏恭帝三年,556),从宇于牵屯山奉迎太祖。……寻尚太祖女永富公主。除使持节、骠骑大将军、开府仪同三司。

柳述:少以父荫,为太子亲卫。后以尚主之故,拜开府仪同三司、内史侍郎。

---

① 《周书》卷一二《齐殇王宪传》,第187页;卷一三《文帝诸子·陈惑王纯传》,第204页;卷一〇《宇文颢传附子宇文什肥传》,第154页;卷一〇《宇文颢传附子宇文导传》,第156页。

② 《周书》卷一三《文帝诸子·谯孝王俭传》,第203页;《宇文俭墓志》,《新出魏晋南北朝墓志疏证》,第285—287页。

③ 《新出魏晋南北朝墓志疏证》所收《郑术墓志》云“第二女适皇宗宇文谐,帅都督”(第261—263页),时为天和四年(569)。则各类宗室起家勋官必然有多种等级,不过宗室起家究竟按照服属远近,还是按照父祖勋阶,目前无从判定。

④ 《隋书》卷三《炀帝纪上》上(第59页),卷四五《文四子·蜀王秀传》(第1241页)及《汉王谅传》(第1244页)。《隋书》卷四五《文四子·秦王俊传》但载开皇二年拜上柱国(第1239页),当属记载脱漏。此外,汉王谅拜上柱国之前是否曾授柱国,亦不得而知。

⑤ 《隋书》卷五九《炀三子·赵王杲传》,第1444页。

⑥ 《隋书》卷四七《韦世康传》,第1265页;卷四一《苏威传》,第1185页;卷五〇《宇文庆传附子宇文静礼传》,第1316页。

至于隋文帝女乐平公主（即周宣帝皇后）为婿李敏求官之事，更为史家常常引用。隋文帝迫于公主的压力，直接授予李敏柱国[①]。

再次，朝廷为了招徕降附和笼络边地豪族，对其子侄初授勋官有时也不拘常例。北周《王钧墓志》：“大周以秦留赵璧，晋用楚材，公子出身，不齐郎品，保定五年，除使持节、仪同大将军、新市县开国侯。”[②] 保定四年，宇文护东伐，北齐豫州刺史王士良举城降周，授大将军、小司徒[③]。王钧作为其世子，本应递降三等，初授大都督，但宇文护为激励降人，乃令王钧“出身不齐郎品”，授予仪同三司。（墓志作“仪同大将军”，小误。）又，北周《张慈神道碑》：

公讳慈，字达元，本姓张，清河东武城人也。……父粲，……终于使持节、车骑大将军、仪同三司、散骑常侍、武定县开国公，赠河州刺史。……国家冠族，君为首姓，起家车骑大将军、仪同三司，袭爵为公，增邑合一千六百户[④]。

所谓清河东武城人盖是攀附，碑云“公六郡良家，西河鼎族”，“四代仪同三司，七世河州刺史”，张氏应为河州豪族无疑。而且，碑文讲到赵王宇文招做益州总管，“白虎之俗难安，黄龙之盟不定，以君智略，入佐中权”[⑤]，恐怕因为张慈乃是氐、賨之类少数族，故宇文招辟请他来协助处理当地民族问题。因此，张慈起家仪同三司略带世袭性质。

再次，周隋二代“身死王事”者，子弟叙勋从优，以至有袭父勋柱国、上柱国者。

王谦：以父功，累迁骠骑大将军、开府。……雄从晋公护东讨，为齐人所毙。朝议以谦父殒身行阵，特加殊宠，乃授谦柱国大将军。

韦洸：以功拜柱国，……拜广州总管。岁余，番禺夷王仲宣聚众为乱，以兵围洸，洸勒兵拒之，中流矢而卒。赠上柱国，……子协嗣。……上以其父身死王事，拜协柱国。

张定和：进位柱国，……从帝征吐谷浑，至覆袁川。……贼伏兵于岩谷之下，发矢中之而毙。……帝为流涕，赠光禄大夫。……子世立嗣，寻拜为光禄大夫。

麦铁杖：进位柱国。……及辽东之役，请为前锋，（奋战而死）。……赠光禄大夫、宿国公。……子孟才嗣。寻授光禄大夫。孟才有二弟，仲才、季才，俱拜

① 《周书》卷二八《史宁传附子史雄传》，第469页；《隋书》卷四七《柳述传》，第1272页；《隋书》卷三七《李敏传》，第1124页。

② 《王钧墓志》，《新出魏晋南北朝墓志疏证》，第278—280页。

③ 《周书》卷三六《王士良传》，第639页；《王士良墓志》，《新出魏晋南北朝墓志疏证》，第345—349页。

④ 《周车骑大将军贺娄公神道碑》，《庾子山集注》卷一四，第3册，第865页以下。

⑤ 白虎、黄龙皆指当地少数族，参见倪璠注，第871页。

正议大夫。[1]

对身死王事者之子孙，历代常有比较优厚的政策，周隋时期尤其突出，甚至对于酬勋赏爵极为吝啬的隋炀帝，也不折不扣地执行。

（二）叙封母妻

唐代官贵依照品阶勋爵，可叙封母妻为国夫人、郡夫人、郡君、县君、乡君，母邑号则加“太”字[2]。秦汉以来，本无类似制度。汉代女性外戚及帝王乳母或赐爵号，食汤沐邑，如汉武帝外祖母臧儿封平原君，同母异父姊金俗“赐汤沐邑，号修成君”[3]，安帝乳母王圣封野王君[4]等等。魏晋北魏时陆续出现“郡君”、“县君”、“乡君”之号，但授予对象依旧以女性外戚为主，间及帝王乳母、阉宦之母、宫内女官等，官僚母妻得赐者绝少。此外，汉代列侯之妻称“夫人”，母称“太夫人”[5]；西晋以后，五等爵母妻亦同。这些太夫人、夫人、郡君、县君、乡君，可视作唐代叙封之制的名号源流，却非直接的制度渊源。

自北魏末到东西魏，散官、封爵迅速猥滥，郡、县、乡君也经历了同一过程。北齐时，郡、县、乡君封赐尤轻。《北齐书·段韶传》：“显祖受禅，别封朝陵县，又封霸城县，……启求归朝陵公，乞封继母梁氏为郡君。显祖嘉之，别以梁氏为安定郡君。”[6]后主高纬在位，“宫掖婢皆封郡君”，“马及鹰犬，乃有仪同、郡君之号”[7]。不过，北齐封赐官贵母妻多出于君主“恩泽”，未见定制。而周武帝保定二年（562）：

> 闰（正）月己丑，诏柱国以下，帅都督以上，母妻授太夫人、夫人、郡君、县君各有差[8]。

规定依照勋官等级，分别赐予文武官员母妻不同爵号。这才是唐代叙封之制的真正前身。

对于该项制度，罗新、叶炜先生《新出魏晋南北朝墓志疏证》（下文简称《疏证》）有多处解析[9]，但仍有辨析、补充余地。据诏书，女爵名号有四[10]，实则三等：太夫人

---

① 《周书》卷二一《王谦传》，第352—353页；《隋书》卷四七《韦洸传》，第1267—1268页；《隋书》卷六四《张定和传》，第1509—1510页；《隋书》卷六四《麦铁杖传》，第1512页。

② 《唐六典》卷二《尚书吏部》“司封郎中”，第38—40页。

③ 《汉书》卷九七上《外戚·景帝王皇后传》，第3947—3948页。

④ 《后汉书》卷六一《左雄传》，第2021—2022页。

⑤ 《汉书》卷四《文帝纪》七年冬十月，及颜注引如淳说，第122页。

⑥ 《北齐书》卷一六《段韶传》，第209页。

⑦ 《北史》卷八《齐本纪》下，第301页。

⑧ 《周书》卷五《武帝纪》上，第66页。

⑨ 《新出魏晋南北朝墓志疏证》，中华书局2005年版，第332—334、492—493、528—529页。

⑩ 乡君在此时以及隋唐仍然存在。

与夫人同，前者授母，后者授妻[①]。三等女爵与夫、子勋位的对应关系，《疏证》云：“一般来说，夫为开府仪同三司，妻可封郡君；夫为柱国大将军、大将军，妻可封夫人。”[②] 推测较为谨慎。但通过更多实例，可以进一步得出以下对应关系：柱国、大将军封母妻为太夫人、夫人；开府、仪同封母妻为郡君；大都督、帅都督封母妻为县君。开府以上实例甚多，可参看《疏证》。仪同以下亦有数例。如开皇三年《寇奉叔墓志》、《寇遵考墓志》，奉叔、遵考仕周并为仪同大将军，妻各封繁昌郡君、闻喜郡君[③]。大都督之例有大象元年《安伽墓志》，伽为大都督，母杜氏封昌松县君[④]。以上叙封严格按照勋位等级执行，几无例外[⑤]。由于该制度出台于北周建立后不久的保定二年，这就透露出柱国至都督系列很早就被作为“本品”来决定百官待遇。

（三）班次

《隋书·杨玄感传》：

> 以父军功，位至柱国，与其父俱为第二品，朝会则齐列。其后高祖命玄感降一等，玄感拜谢曰：“不意陛下宠臣之甚，许以公廷获展私敬。”

又，同书《周罗睺传》：

> 晋王广之伐陈也，都督巴峡缘江诸军事，以拒秦王俊，……后乃降。……其年秋，拜上仪同三司，……先是，陈裨将羊翔归降于我，使为乡导，位至上开府，班在罗睺上。韩擒［虎］于朝堂戏之曰：“不知机变，立在羊翔之下，能无愧乎?”[⑥]

唐前期以散阶决定朝宴位次，但仅从以上两例还不能判定隋代是以勋官等级作为朝会的首要标准。不过西魏周隋时期在安排朝会位次方面，勋官确较职事官、封爵发

① 《新出魏晋南北朝墓志疏证》举寇洛、杨忠、独孤信母封郡君之例，怀疑“太夫人”之“太”字并非因母而加（第333—334页）。案此三例，事皆在西魏大统时期，当时但有郡、县、乡君，太夫人、夫人乃是北周方添加到此序列中。另外《疏证》本志，贺兰祥夫人刘氏在“景公（贺兰祥）无禄，嗣君即位”之时，由凉国夫人转拜太夫人，此“嗣君”即指贺兰祥长子贺兰敬；刘氏拜夫人、太夫人所依据的都是夫之官位，只不过夫在世称夫人，夫亡则称太夫人。

② 《新出魏晋南北朝墓志疏证》，中华书局2005年版，第493、528页。

③ 《北京图书馆藏历代石刻拓本汇编》，第九册，第9、10页；并参看赵万里《汉魏南北朝墓志集释》卷八，上册，第262、263页，图版362、363（下册，第37—38、39—40页）。

④ 《新出魏晋南北朝墓志疏证》，中华书局2005年版，第308—309页。

⑤ 《新出魏晋南北朝墓志疏证》举宇文俭妻“天和元年册拜谯国夫人”例，考证宇文俭此时尚未进位大将军，因此认为也存在不符合制度的情况（第528—529页）。按，《周书》卷五《武帝纪》上天和二年闰六月：“壬辰，以大将军、谯国公俭为柱国。”（第74页）则宇文俭进位大将军并非如本传所言是在“天和中”，在天和元年则是比较合理的解释。

⑥ 《隋书》卷七〇《杨玄感传》，第1615页；卷六五《周罗睺传》，第1524页。

挥更大作用。西魏周隋时，敌国降人、亡国君臣通常被授予勋官。例如席固、任果、杨干运自梁来降，分别授开府、仪同[①]；萧世怡、司马消难自北齐来降，分别授开府、大将军[②]；周法尚自陈来降，拜开府[③]；陈将吴明彻于吕梁战败被擒，亦拜大将军[④]。而西魏周隋灭敌国凡三，梁、北齐、陈；此外复有后梁傀儡政权，开皇七年为隋所废。在迈向统一的过程中，西魏周隋通常以勋官处置亡国君臣。《周书·宗懔传》："及江陵平，与王褒等入关。……孝闵帝践阼，拜车骑大将军、仪同三司。"卷末史臣曰："宗懔干局才辞见称于梁元之世。逮乎俘囚楚甸，播越秦中，属太祖思治之辰，遇世宗好士之日，在朝不预政事，就列才忝戎章。"[⑤]"在朝不预政事，就列才忝戎章"，不独适用于宗懔，庾信、王褒等一大批亡国之余在被授予实际职事之前，也是凭借"戎章"即勋位、武散官才得以在西魏周隋朝廷中拥有一席之地。"戎章"对于他们来说就是"本品"，是一切礼仪、待遇的决定标准。

（四）经济待遇

（1）禄

隋代京官自正一品至从八品，依正从品给禄，"食封及官不判事者，并九品，皆不给禄"[⑥]。或认为隋代只有职事官员方能得禄，进而认为禄米乃按职事品发放。近来叶炜先生提出质疑，认为隋代禄米发放并不依据职事品，而是根据"当时作为职事官本阶的散实官或散号将军给禄"[⑦]。

（2）永业田

开皇之制，"自诸王已下，至于都督，皆给永业田，各有差；多者至一百顷，少者至四十亩"[⑧]。案，都督既是军职，亦是散实官最末一等，官品正七品。所谓"自诸王已下，至于都督，皆给永业田"，以都督为底线，特别突出了散实官标准。

（3）赏赐

周隋有功者在加勋晋爵同时，往往伴随奴婢及米粟绢帛等物的赏赐，偶尔可见赐田宅。例如若干云，建德四年随齐王宪伐齐有功，"授上仪同，增邑三百户，田十余顷，珠贝缯彩称焉"[⑨]。单纯赐物的事例则比比皆是。隋文帝时代，"府帑充实，百官禄赐及赏功臣，皆出于丰厚焉"；开皇九年陈平，赏赐高达"三百余万段"[⑩]。《北史·韩

① 《周书》卷四四《杨干运传》，第794页；同卷《席固传》，第798页；同卷《任果传》，第799页。

② 《周书》卷四二《萧世怡传》，第754页；同书卷二一《司马消难传》，第354页。

③ 《隋书》卷六五《周法尚传》，第1526页。

④ 《庾子山集注》卷一五《周大将军怀德公吴明彻墓志铭》，第3册，第976页。

⑤ 《周书》卷四二《宗懔传》，第760—768页。

⑥ 《隋书》卷二八《百官志》下，第791页。

⑦ 叶炜：《级别、类型与品位、职位——论唐前期职事官的经济待遇结构》，《国学研究》第19卷，北京大学出版社2007年版，第39—56页。

⑧ 《隋书》卷二四《食货志》，第680页。

⑨ 《若干云墓志》，《新出魏晋南北朝墓志疏证》，第288页。

⑩ 《隋书》卷二四《食货志》，第682页。

擒（虎）传》：

> 大军之始出也，上敕有司曰：“亡国物，我一不以入府，可于苑内筑五埒，当悉赐文武百官大射以取之。”及是，上御玄堂，大阵陈之奴婢货贿，会王公文武官七品已上，武职领兵都督已上，及诸考使以射之①。

以官品七品和都督作为参与大射的资格底线，与前举永业田的授予存在某种暗合。不同的是，“武职领兵都督”又强调了军职一面。隋代都督可分三种情况：（1）军职为都督，散实官不低于都督；（2）无军职，散实官为都督；（3）无散实官，实际军职是“治都督”（权检校、代理都督一职）。所以大射的规定可作如下理解：（1）三类都督皆具资格。亦即只要有散实官就有资格，而无散实官的“治都督”亦破例允许。（2）无军职的散都督与无散实官的“治都督”皆不具资格。（3）实际军职为都督或“治都督”者具备资格，无军职的散都督不具资格。按照（1）（2）两种情况理解，则散实官的有无成为享受赏赐的主要条件。若如此，结合禄米与永业田的颁授，可以说在经济待遇方面，隋代勋官具有突出的本品地位。

（五）府佐、国官

（1）勋官开府置佐

魏晋以来，出任地方都督和州刺史者一般例加重号将军，籍之开立军府，设置长史、司马、诸曹参军等僚佐，并有相当大的辟召自主权②。阎步克先生指出：“军号的拥有者，可以依高下开府置佐，这是一项重要待遇。”③降至北周，这项重要待遇转由勋府承载。北周总管府取代将军府，掌管地方军事、行政，“府佐皆云某州总管府长史、司马、参军等等，而绝无称某州将军府者”④。军府僚佐虽仍见于官品令，史书中却已难觅踪影；总管府实即勋府，府官品级依府主勋官高下，官品甚高。

北周勋府僚佐官品表

	柱国、大将军（正九命）	开府仪同三司（从九命）	仪同三司（从九命）
长史/司马/司录	正七命	正六命	从六命
中郎掾属	正五命	从五命	正四命
列曹参军	正四命	从四命	正三命
参军	正三命	从三命	

隋代州分九等，官品令中则分为上、中、下三等，州长史、司马、诸曹参军等僚

① 《北史》卷六八《韩擒（虎）传》，第2375页。

② 参见严耕望《中国地方行政制度史》乙部《魏晋南北朝地方行政制度》（上下册），“中研院”历史语言研究所1997年版，各相关章节；陈奕玲：《考议魏晋南朝的将军开府问题》，《西安教育学院学报》1999年第6期。

③ 阎步克：《品位与职位——秦汉魏晋南北朝官阶制度研究》，中华书局2002年版，第442页。

④ 严耕望上揭书，第534页。

佐各视州之等级而安排官品。勋府府官得以保留，但已降入视品。“三师、三公，置府佐，与柱国同。若上柱国任三师、三公，唯从上柱国置。”① 上柱国开府待遇上甚至高于三师、三公。

隋勋府僚佐官品表

	上柱国/柱国（从一品/正二品）	上大将军/大将军（从二品/正三品）	上开府/开府（从三品/正四品）	上仪同/仪同（从四品/正五品）
长史司马	视从六品	视正七品	视从七品	视正八品
咨议参军	视从六品			
掾属	视正七品	视从七品		
诸曹参军	视从七品	视正八品	视从八品	视正九品
参军事 诸曹行参军	视正八品	视从八品	视正九品	视从九品
行参军	视从八品	视正九品	视从九品	视从九品
典签	视正九品	视从九品	视从九品	

（2）封爵置国官受勋位制约

隋代国官之制颇为奇特，五等爵置国官要依照爵主所带勋官等级而加以增损。隋志记载甚为烦琐，中华书局标点本则有多处句读欠妥②，经梳理，隋制国官设置实分十等，亲王而下依次减损国官名目和员额。列表如下：

隋依爵、勋设置国官等级表

第一等			亲王
第二等	上柱国/柱国＋公爵		郡王
第三等	上柱国/柱国＋侯爵/伯爵		
第四等	上柱国/柱国＋子爵/男爵	上大将军/大将军＋公爵	
第五等	上大将军/大将军＋侯爵/伯爵		
第六等	上大将军/大将军＋子爵/男爵	上开府/开府＋公爵	国公＋开府以下勋官
第七等	上开府/开府＋侯爵/伯爵		
第八等	上开府/开府＋子爵/男爵	上仪同/仪同＋公爵	
第九等	上仪同/仪同＋侯爵/伯爵		散郡公
第十等	上仪同/仪同＋子爵/男爵		散县公

注：所谓散郡公、散县公并非五等散爵，而是指爵主未有仪同以上散实官者。

很明显，除了亲王、郡王之外，五等爵的国官等级主要由爵主所带勋官等级来决定。例如同为县公，身带上柱国、柱国者置国官依第二等，身带上大将军、大将军者

① 《隋书》卷二八《百官志》下，第782页。

② 同上。

依第四等，身带上开府、开府者依第六等，身带上仪同、仪同者依第八等，如果身无仪同以上勋官则敬陪末位，依第十等。

三 除免、致仕、去官时的勋位

与职事官相比，唐代作为“本品”的文武散官具有极强的稳定性：官僚因罪除名、免官之后，有重新叙阶的机会；致仕还乡，散阶得以保留；因病、因丧、因任满得替、因官署调整等原因而离职时，散阶不变。尤其最后一种情况，绝大多数官僚在仕途中必须面临。唐代文武散官的稳定特点，周隋勋官大体具备。以下按三种情况逐一论述之。

魏晋南北朝的除名、免官及官当制度，不像唐代那样成熟，但除免后的起复制度已初步形成①。周隋时期，除名起复首先要授勋官。

> 李贤：（大统）十六年，迁骠骑大将军、开府仪同三司。……后以弟子植被诛，贤坐除名。俄授使持节、车骑大将军、仪同三司。
>
> 李穆：进位大将军，……及远子植谋害晋公护，植诛死，穆亦坐除名。……世宗即位，拜骠骑大将军、开府仪同三司、大都督、安武郡公、直州刺史。
>
> 宇文恺：高祖为丞相，加上开府……兄忻被诛，除名于家，久不得调。……（后）检校将作大匠。岁余，拜仁寿宫监，授仪同三司。②

除名起复时，也有直接恢复原先勋位的例子，但如以上三例，勋位降低是更普遍的现象。

汉代外戚、功臣、耆旧逊位时，常以列侯或加授特进“归第”、“就第”、“还第”；西晋以降，功臣、耆旧多以五等爵致仕归政，有时授予仪同三司、特进、光禄大夫等加官；北魏初道武帝、太武帝甚至大规模动员功臣以爵就第③。周隋在以爵就第之外，又出现以勋官就第的新现象。《隋书·郑译传》：

---

① 参见中村圭尔《六朝贵族制研究》，风间书房 1987 年版，第三篇第一章“除名について”，第 287—330 页；戴炎辉：《唐律上除免当赎制之溯源》，泷川博士米寿记念会编《律令制の诸问题》，汲古书院 1984 年版，第 795—830 页；越智重明：《六朝の免官、削爵、除名》，《东洋学报》第 74 卷第 3、4 号，1993 年，第 277 页；佐立治人：《北魏の官当制度》，梅原郁编：《前近代中国の刑罚》，京都大学人文科学研究所 1996 年版，第 161—197 页；冈部毅史《晋南朝の免官について—“免所居官”の分析を中心に—》，《东方学》第 101 辑，2001 年，第 75—88 页。

② 《周书》卷二五《李贤传》，第 416 页；《周书》卷三〇《李穆传》，第 528 页；《隋书》卷六八《宇文恺传》，第 1587—1588 页。

③ 《魏书》卷一一三《官氏志》，道武帝令“自前功臣为州者征还京师，以爵归第”（第 2974 页）；同书卷四下《太武帝纪》太平真君四年十一月甲子诏：“其令皇太子副理万机，总统百揆。诸朕功臣，勤劳日久，皆当以爵归第，随时朝请，飨宴朕前，论道陈谟而已，不宜复烦以剧职。”（第 96 页）

进封沛国公，……高祖为丞相，拜译柱国，……进位上柱国，恕以十死。译性轻险，不亲职务，而赃货狼籍。高祖阴疏之，及上受禅，以上柱国、公归第，赏赐丰厚。

隋《大将军赵芬碑铭》：

开皇元年，拜大将军、东京尚书左仆射、封淮安郡开国公。……某年，除蒲州刺史，加金紫光禄大夫，……屡辞以疾，解职还京。九年，抗表乞骸骨，听以大将军、淮安公归第。①

郑译“以上柱国公归第”（《北史》本传无“公”字②），完整的说法应是“以上柱国、沛国公归第”③。而《隋书·赵芬传》但记乞老致仕，省略“以大将军、淮安公归第”一事④。因此，我们可以推想，隋代以勋、爵归第应当是普遍现象，只不过由于史书记载的原因，今日可见的实例较少。

西魏周隋官僚因故去官时，仍带勋官。西魏王悦，“加使持节、车骑大将军、仪同三司、散骑常侍，迁大行台尚书。……属改行台为中外府，尚书员废，以仪同领兵还乡里。”隋麦铁杖，“（平高智慧有功，杨素）特奏授仪同三司。以不识书，放还乡里。”⑤ 王悦所任仪同虽有“阶”的一面，但更是府兵实职；而麦铁杖放还乡里，身带的仪同纯粹是位阶。

又李延寿《北史·序传》记其祖父李超于开皇中历仕州佐、县令，而每每托疾去官。“后以资，例授帅都督。洛阳令彭城刘逸人谓仲举曰：‘君之才地，远近所知，久病在家，恐贻时论，具为武职，差若自安。’仲举曰：‘吾性本疏惰，少无宦情，岂以垂老之年，求一阶半级？所言武职，挂徐君墓树耳。’竟不起。”⑥ 朝廷授予李超帅都督，用作他离职之后、再仕之前的身份，其功能颇类唐代散阶。而勋官虽仍有“武职”之目，李超却是低级文官，可见隋代勋位发挥居间待调的功能，并不分文武。

汉代官僚去官之后，常常要通过察举、征辟重新仕进。魏晋南北朝时故官身份逐渐受到合理对待，去官再仕，职事官品级变动不大，而有以将军号起复者；以军号起

① 《隋书》卷三八《郑译传》，第1136—1137页；《文馆词林》卷四二五《大将军赵芬碑铭》，第151—152页。

② 《北史》卷三五《郑译传》，第1314页。

③ 但从讹误可能性来看，《隋书》当衍“公”字，而非脱“沛国”二字。

④ 《隋书》卷四六《赵芬传》，第1252页。

⑤ 《周书》卷三三《王悦传》，第580页；《隋书》卷六四《麦铁杖传》，第1511页。

⑥ 《北史》卷一〇〇《序传·李超传》，第3341页。原标点作“后以资例，授帅都督、洛阳令。彭城刘逸人谓仲举曰（云云）”。今改正之后，不仅下文“武职”可解，亦与李超“终于洛阳永康里宅”相互印证。

复是军号具备“本阶”雏形的重要标志之一[①]。与军号相比，周隋的勋官起复成熟得多。首先，东晋南北朝以军号起复者，前后军号品秩或许相同，但不一定授予原先军号。其次，唐代官僚去官乃至致仕，文武散官仍旧保留；南北朝的军号显然不具备这个特点，而多了一失一得的环节。从周隋情况看，文武百官若非因罪免官、除名，其勋阶始终依旧，所以史书中见不到因丧、病等情况去官而后起为勋官的记述。由此可见，周隋勋官在稳定性上确实超出南北朝军号一筹。

四 勋官与职事官的联系

唐代“本品”主要指职事官所带文武散官，亦即“本品”一说主要针对职事官员而言[②]：文武散官并非单纯的位阶，它与职事官之间存在紧密联系，集中体现于入仕、考课、“行守”等制度方面。“本品”与职事之间的这种紧密联系，周隋时期已经得到明显体现。

周隋时期，以官、爵荫任子弟成为门荫制度的主体，士族门第因素虽然还在起作用，但日渐式微；唐代便基本排除门第，以官、爵作为门荫叙阶的标准。吴宗国先生对西魏北周勋贵门荫入仕的形式作了扼要概括：（一）嗣封，（二）赐爵，（三）拜勋、散官，（四）起家为千牛或其他宿卫官；同时指出，嗣封、赐爵者“一般均先授勋、散官，然后再逐步升进”[③]。事实上，周隋起家为千牛或宿卫官者，通常在同时或不久后即授予勋官。如司马偘“天和二年，授右侍上士，加都督”。阎毗，“周武帝见而悦之，命尚清都公主。宣帝即位，拜仪同三司，授千牛左右”。苏孝慈“周初为中侍上士，后拜都督”。崔弘度“年十七，周大冢宰宇文护引为亲信，寻授都督”。姬威，“天和三年，以开府子长上宿卫。建德二年，授折冲上士。三年五月，又授大都督”[④]。西魏北周身有勋官者除起家为千牛、宿卫官之外，起家其余文武职事官之途也是比较畅通。

隋政权军功贵族政治的性质有所减弱，然勋贵子弟入仕升迁仍有较强力的保障。开皇十七年夏四月壬午诏云：

> 申明公穆、郧襄公孝宽、广平王雄、蒋国公睿、楚国公勣、齐国公颎、越国公素、鲁国公庆则、新宁公长叉、宜阳公世积、赵国公罗云、陇西公询、广业公景、

---

① 陈奕玲指出，东晋南朝丁忧服丧者常以军号起复（《魏晋南朝军号散阶化的若干问题》，《燕京学报》2002年新13期）；阎步克又补充了北朝资料（《品位与职位——秦汉魏晋南北朝官阶制度研究》，中华书局2002年版，第424页）。

② 马小红：《试论唐代散官制度》，《晋阳学刊》1985年第4期。

③ 吴宗国：《唐贞观二十三年敕旨中有关三卫的几个问题——兼论唐代门荫制度》，北京大学中古史中心编《敦煌吐鲁番文书研究论文集》第3辑，北京大学出版社1986年版，第149—175页。

④ 《周书》卷三六《司马裔传》，第647页；《隋书》卷六八《阎毗传》，第1594页；《隋书》卷四六《苏孝慈传》，第1259页；《隋书》卷七四《酷吏·崔弘度传》，第1698页；《姬威墓志》，《新出魏晋南北朝墓志疏证》，第570—574页。

真昌公振、沛国公译、项城公子相、钜鹿公子干等，登庸纳揆之时，草昧经纶之日，丹诚大节，心尽帝图，茂绩殊勋，力宣王府。宜弘其门绪，与国同休。其世子世孙未经州任者，宜量才升用，庶享荣位，世禄无穷①。

对于这些最显赫功臣的世子世孙，隋文帝竟至强行划定任官底线，即需升进至刺史以上。杨素世子杨玄感“初拜郢州刺史”，即是绝好例证②。

北周对功臣武将任职未加节制。隋文帝统一天下以后，本有这方面考虑。贺若弼恃功自伐，索求相位，隋文帝为此愤愤不平，对高颎说“功臣正宜授勋官，不可豫朝政”③。侍御史柳彧上表，言上柱国和干子不宜治民，隋文帝遂中止了对和干子杞州刺史的任命④。但总体上，隋文帝仍是崇尚军功、宠渥功臣，并未采取制度性的措施来节制功臣武将任职。

在刺史这一级地方官上，北周以来多由武将出任；开皇、仁寿之际，仍然“刺史多任武将，类不称职”⑤。而《隋书·柳俭传》云：“炀帝嗣位，征之。于时以功臣任职，牧州领郡者，并带戎资，唯俭起自良吏。”⑥ 直到大业初，情况依然没有改观，“戎资”即散实官位是出任州郡的重要条件。

至于州郡佐官及县级地方官，可以推想有相当一部分是凭借勋官仕进的。《隋书·王文同传》：

开皇中，以军功拜仪同，寻授桂州司马。

唐《徐纯墓志》：

以秀才升第，调国子学生，频迁兼著作。……隋文皇问罪江陵，君乃卷帙整锐，以军功授三司仪同（志首题作“仪同三司”）。开皇九年，除兖州长史。

隋《常丑奴墓志》：

保定元年，起家右勋侍下士。……五年，转膳部下仕。……建德元年，迁天官府治中士。……皇朝缵运，宝命惟新，君养志家园，深知止足。又授郑州荥泽

① 《隋书》卷二《高祖纪》下，第41—42页。
② 《隋书》卷七〇《杨玄感传》，第1615页。
③ 《北史》卷六八《贺若弼传》，第2383页。
④ 《隋书》卷六二《柳彧传》，第1482页。
⑤ 同上书，第1481页。
⑥ 《隋书》卷七三《循吏·柳俭传》，第1683页。

县令[①]。

徐纯本是文士，父祖官位不显[②]，若由文职升进，前途恐怕不会太光明；于是投笔从戎，以仪同而得授五品职事[③]。常丑奴起家后历任文职，入隋后退而“养志家园”，至开皇十九年已经七十岁，由于隋文帝的恩典，得授都督，遂在暮年出宰百里。

又，上节举李延寿祖父李超例，超于开皇中历仕州佐、县令，而每每托疾去官，“后以资，例授帅都督”[④]，时当在开皇后期与仁寿之际。而开皇十九年常丑奴因“明诏以周代文武普加优选，授都督”，其事与李超授帅都督时间相近。推测开皇十九年前后，隋文帝出台系列政策，将都督等较低级的散实官普授与中下级文官。政策的用意是，文官皆先依资授散实官，然后擢用为职事官。这表明王朝不仅将勋位向中下层官僚尤其文官扩散，而且有意在勋位与职事官之间建构联系；勋位作为“本品”的功能由此更加突出。

炀帝大业八年，下诏严厉批评了周隋以来“班朝治人，乃由勋叙”的现象，并下令：

> 自今已后，诸授勋官者，并不得回授文武职事，庶遵彼更张，取类于调瑟，求诸名制，不伤于美锦。若吏部辄拟用者，御史即宜纠弹[⑤]。

在诏书颁布之前，授勋者回授文武职事应是普遍现象；而诏书颁布后，其执行程度也是要打上大大的问号。以下略举几例：

> 孝敏（失姓）：年甫弱冠，补四门学生。……隋大业十年，以勋授相州安阳县丞。
>
> 张云：隋大业十一年，起家授秉义尉，仍除左屯卫进德府司马。
>
> 董荣：隋大业年，勋庸克著，职列荣班，诏加正议大夫，累除泽州端氏县令。
>
> 张琮：公释褐随奋武尉。……（从炀帝征高丽）授朝散大夫。寻除新郑县令。[⑥]

① 《隋书》卷七四《酷吏·王文同传》，第1701页；《徐纯墓志》，《唐代墓志汇编》贞观055，第44页；《常丑奴墓志》，（清）张埙：《张氏吉金贞石录》卷一，《石刻史料新编》第1辑，第12册，第9311页。

② 祖雅，仕齐尚书右丞。父瑜，周龙骧将军、魏州刺史；周末龙骧纯属卑号，魏州刺史当为版授或赠官。

③ 上州长史正五品上，中州从五品上；兖州应属中州以上。

④ 《北史》卷一〇〇《序传·李超传》，第3341页。原标点作“后以资例，授帅都督、洛阳令。彭城刘逸人谓仲举曰（云云）”。今改正之后，不仅下文“武职”可解，亦与李超“终于洛阳永康里宅”相互印证。

⑤ 《隋书》卷四《炀帝纪》下大业八年九月己丑诏，第83页。

⑥ 《大唐故清淇公墓志铭》，《唐代墓志汇编》贞观044，第36页以下；《张云墓志》，《唐代墓志汇编》贞观167，第154页以下；《董荣墓志》，《唐代墓志汇编》干封034，第464页以下；《张琮碑》，（清）王昶：《金石萃编》卷四五，《石刻史料新编》第1辑，第2册，第769页。

高勋任低职者及低勋任高职者在周隋都比较罕见，而且隋代职事官的勋位升迁与考课等级直接相关。炀帝大业二年，“制百官不得计考增级，必有德行功能灼然显著者擢之”[①]。这里的“级”怎么考虑也不可能是职事官，剩下的具有普遍意义的官位序列也就只有散实官了。武威太守樊子盖治郡有称，炀帝两度下诏褒扬、加授勋官[②]，可以作为例证。反过来看这条材料，则在大业二年之前百官“计考增级”是普遍情况，不必“德行功能灼然显著”。因此，隋代已有根据官考升进勋官的制度。

但最能直观体现本品与职事官联系的类似唐代“行”、“守”的制度，周隋尚未建立。

总体而言，周隋勋官与职事官之间已经建立了密切的联系。勋官具有浓厚的军功性质，武人弓马武用是其所长，治民莅职则多半捉襟见肘；隋代两帝皆有意限制武人入仕，但最终成果极为有限。这说明勋官序列尽管有其致命弱点，但其“本品”作用难以替代；官僚行政发展到此，王朝也确实需要有这么一套位阶。到了唐代，作为本官的散阶一文一武，才最终弥补了这个弱点。

尾论

通过前四节的分析，我们认为周隋的勋官乃是官僚制度史上所产生的第一个成熟的“本品”序列。首先，从序列分布看，它在北周集中于命品的高端，到了隋代则舒展至官品中端，炀帝后期进一步覆盖了官品下端；但即便在北周，它已然成为所有中上级官员能够获得的位阶，也就是说照顾到了主要官僚群体。其次，北周勋阶除了柱国、大将军以外，在授予文官上表现出很强的开放性；隋代则更无特别限制，因此就官僚类别而言，勋官也具有普遍性。再次，附丽于勋官的权益不仅范围广泛，而且相当优厚，一般不以职事官的有无而受影响，这是其独立的一面。再次，通过除免、致仕、去官的考察，则又证明了勋官作为位阶具备远远超出职事官的稳定性。因此，本文参照唐制提出的判定“本品”的四个标准，周隋勋官基本符合。最后，勋官常用作起家位阶，依据勋位高下授予不同职事是普遍做法；仕进过程中，勋位的提高有助于职事的升迁；职事官表现优异，也可据考增级。故周隋勋官不是孤立的位阶，而是与职事官相辅相成。可以说，唐代完善的“本品”制度，其载体由勋官换作散官，其精神却基本继承周隋勋官制度。

需要强调的是，西魏北周“双授”（一文一武结对授予）的文武散官亦已发展为成熟的“本阶”序列[③]，但在官品上，文武散官大体处于勋官之下，其“本品”作用应当

① 《隋书》卷三《炀帝纪》上，第66页。

② 《隋书》卷六三《樊子盖传》，第1490页。

③ 参见阎步克《品位与职位——秦汉魏晋南北朝官阶制度研究》，第九章“西魏北周军号散官双授考”，中华书局2002年版，第481—482页。

是辅助、补充性的。隋初位于正六品以下的散号将军，性质亦大略如此。

唐代文武散官作为“本品”，是继承南北朝将军号（及文散官）和周隋勋官而来，其中也融入开皇八郎八尉的因子[①]。不过周隋勋官似乎还继承了封爵的某些特性，承揽了封爵的部分。上文考证北周以勋官荫封母妻，勋官不仅仅是侵入爵的领域，而且越俎代庖了；隋代有爵者可设立国官，国官员额及品级却主要受勋位的制约。对于这些现象，恐怕不能简单地用二者同时以军功为授予的第一原则来解释。爵位作为一种古老的位阶，其超常稳定性是任何官阶都不能比拟的；这个特点注定它不能发展成为官僚的“本品”。但是，勋官很好地吸收了爵位稳定的一面：作为位阶，它比南北朝的军号（文散官）在名称上更固定，官僚的持有度也更强。因此，勋官能够从魏晋南北朝纷繁复杂的位阶体系中脱颖而出，发展为周隋官僚的“本品”，与它充分借鉴了各种位阶的优点是分不开的。

原载于《魏晋南北朝隋唐史资料》2010年第26辑

① 陈苏镇：《北周隋唐的散官与勋官》；王德权：《试论唐代散官制度的成立过程》；阎步克：《品位与职位——秦汉魏晋南北朝官阶制度研究》，中华书局2002年版，第580—643页。

论敦煌学

郝春文

一

长期以来，中国学者一直认为敦煌学一词是陈寅恪先生在1930年首先提出的。1989年，日本学者池田温在《敦煌学与日本人》① 一文中，指出日本学者石滨纯太郎在1925年已使用“敦煌学”一词。池田先生并未直接否定中国学者的说法，只是委婉地指出在1930年以前，“敦煌学已经部分地使用了”。2000年，王冀青发表《论“敦煌学”一词的词源》一文，具体论证了石滨纯太郎使用敦煌学一词要早于陈寅恪②。没有证据表明陈寅恪先生使用敦煌学一词是否受到了石滨纯太郎的影响，其实这个问题并不重要，重要的是经过陈先生振臂一呼，敦煌学才在我国学术界广泛流传开来，并激励几代中国学人投身敦煌学研究。所以，池田先生所说在1930年陈寅恪使用敦煌学之前，敦煌学一词只是“部分地使用”（在小范围内流传），也是事实。

如果从1925年算起，敦煌学一词已经流行了85年，以后还会不以人的意志为转移地继续流行下去。八十多年来，这个名词的内涵、性质都发生了很大变化。起初，敦煌学不过是指研究敦煌文献而形成的新的学问或新的学术潮流。以后其范围逐步扩大，学术积淀也日益深厚。20世纪80年代以后，多数学者逐渐把敦煌学看作一门学科，同时有部分学者不同意把敦煌学当作一门学科，也有学者继续模糊地使用着敦煌学。

这样，我们可以把敦煌学分为两种不同属性的对象来进行讨论。一种是作为历史名词或历史概念的敦煌学，一种是作为学科概念的敦煌学。

作为一个名词或历史概念的敦煌学，其内涵具有不确定性，每个使用者在遵守命名学原则的基础上，都可以有自己的界定，每个读者也可以有自己的理解，可以见仁

---

① 池田温：《敦煌学与日本人》，1989年日文初刊；译文载《国际汉学》第1期，商务印书馆1995年版，第203—212页。

② 王冀青：《论“敦煌学”一词的词源》，《敦煌学辑刊》2000年第2期，第110—132页。

见智、人见人殊。对敦煌学而言，命名的原则就是它的空间范围必须限定在历史时期的敦煌，包括历史时期敦煌管辖的地区。如果某个地区曾经一度归敦煌管辖，这个地区在敦煌管辖的时间内可以划入敦煌学的范围。反之则不可。如果把历史时期不属于敦煌的地区划入敦煌学的范围，就违背了敦煌学因地名学的基本原则。所以，作为一个名词或历史概念的敦煌学也是有前提的，即它的空间范围不能跨越敦煌及其管辖地区。只有在这个前提下，使用者才可以对敦煌学各说各话。比如吐鲁番地区，历史上曾经隶属敦煌，在这样的时期吐鲁番地区当然可以划入敦煌学的范围。但在更长的历史时期吐鲁番并不隶属敦煌，包括吐鲁番文书所归属的主要时代。这样看来，把古代的吐鲁番和吐鲁番文书整体划入敦煌学的看法就值得重新考虑了。当然，把新疆、西藏甚至更远的地方划入敦煌学的范围就更缺乏依据了。

作为一门学科概念的敦煌学，与作为一个历史名词的敦煌学有很大区别，其内涵应该有更加明确和具体的规定，不仅要证明它能够满足一门学科概念所需要的基本条件，还要对反对者提出的理由作出合理的分析。

能否成为一门学科似需要满足以下三个基本条件：一是有无独立的研究对象；二是是否形成自成系统的知识体系；三是有无独特的理论和方法。

虽然具体表述可能有所不同，但敦煌学具有独立的研究对象似为学界共识，至少未见有人提出异议。

关于敦煌学的理论和方法，也有学者做过论述。据笔者所见，林家平、宁强、罗华庆在《试论敦煌学的概念、范围及其特点》一文中，最早提出“创立一套具有中国特色的敦煌学理论体系”，并指出探索敦煌学“各个领域之间的联系性和共同的规律是建立敦煌学理论体系的重要方面”①。当然，在今天看来，对敦煌学理论还可以有更科学的表述。20世纪90年代以来，敦煌文献学方法或敦煌学方法也常被提及。如荣新江在《敦煌学十八讲》中指出，敦煌学的研究“逐渐概括出一些有系统的研究方法”②。从整体上看，我们对敦煌学的理论和方法还缺乏深入的研究，但敦煌学具有独特的理论和方法这样一个论断，亦未见有人提出异议。

看来，争论的焦点在于敦煌学是否自成系统的知识体系。1984年，周一良先生最早提出“敦煌资料是方面异常广泛、内容无限丰富的宝藏，而不是一门有系统成体系的学科”③。此后，反对敦煌学是一门学科的学者大多采用了周先生的说法。近年，涉及敦煌学性质的论著虽多认为敦煌学是一门学科，但均未对周先生的观点和依据做直接回应，形成各说各话的局面。

---

① 见《兰州学刊》1984年第1期，第75—76页；又见《中国敦煌学史》，北京语言学院出版社1992年版，第4—5页。

② 荣新江：《敦煌学十八讲》，北京大学出版社2001年版，第3页。

③ 周一良：《〈敦煌遗书论文集〉序》，载王重民《敦煌遗书论文集》，中华书局1984年版，第3页。1985年周一良先生在《何谓“敦煌学”》（《文史知识》1985年第10期）一文中，对敦煌学又做过类似表述。

据笔者所见，直接回应周一良先生观点和依据的仍是上文提到的《试论敦煌学的概念、范围及其特点》一文。该文认为："周一良先生等人的观点，比较多地强调了敦煌资料各部分之间的差异性，否定了这些资料本身是一个有机的整体"。敦煌"文物文献资料，大都产生于古代敦煌，共同的时空范围，使它们之间必然地存在着内在的联系。遗书与遗书之间、遗书与遗画以及佛窟之间、佛窟与佛窟之间、佛窟与墓葬以及建筑之间、遗书与古城遗址之间、木简与古碑以及遗书之间紧密交错地联系在一起，形成一个不可分割的有机体，比较全面而真实地反映着古代敦煌特有的历史风貌，同时也可窥见中国古代史、中西陆上交通史、中亚史的一些侧影"①。以上论述重点强调了敦煌资料之间的联系，分析是深刻的，反驳也是有力的，但并未完全回应周先生的问题。周先生的问题是有理论预设的，即是以历史学、宗教学等依据内容分类的学科作为参照提出敦煌学不是一门有系统成体系的学科，而敦煌学的面貌确实与历史学、宗教学等学科不同，不解决这个问题，实际上还是没有正面回应周先生的观点。

以下谈谈笔者对敦煌学学科的认识。

二

总结以往有关敦煌学的各种表述，笔者对敦煌学试作如下界定，即：敦煌学是以敦煌遗书、敦煌石窟艺术、敦煌史迹和敦煌学理论等为主要研究对象，包括上述研究对象所涉及的历史、地理、社会、哲学、宗教、考古、艺术、语言、文学、民族、音乐、舞蹈、建筑、科技等诸多学科的新兴交叉学科。

以上表述说明敦煌学的研究对象主要有四个方面，即：

1. 敦煌遗书

敦煌遗书是敦煌学的主要研究对象，也是使敦煌学成为一门学科的主要因素。其主体部分是1900年敦煌藏经洞出土的五万多件古写本和少量印本，也包括古敦煌郡范围内发现的少量纸本文书和典籍以及吐鲁番地区出土的敦煌文书。

2. 敦煌石窟艺术

包括古代敦煌郡、晋昌郡范围内就岩镌凿的敦煌莫高窟、西千佛洞，安西榆林窟、东千佛洞、水峡口下洞子石窟，肃北五个庙石窟、一个庙石窟和玉门昌马石窟等佛教石窟寺。其内容包括彩塑、壁画、题记和建筑等几个部分。

3. 敦煌史迹

包括：敦煌古郡范围内的郡县、关址、长城、烽燧、塔寺、古墓葬、古代居住遗址，以及敦煌地区出土的汉晋简牍（1906年至今，敦煌地区先后出土了多批汉晋简

---

① 《兰州学刊》1984年第1期，第74页；又见《中国敦煌学史》，北京语言学院出版社1992年版，第2—3页。

陵）、文物、乡土文献等。

4. 敦煌学理论

包括敦煌学发展的历史、现状、研究方法以及这门学科的性质、概念、范围等问题的探索。

以上表述还指明了敦煌学的范围，即上述主要研究对象所涉及的十几个学科。

从学科命名的角度来看，敦煌学与历史学、宗教学等依据内容分类的学科不同，它的主体词“敦煌”二字不是学科名，而是地名。

首先应该说明：敦煌学不是其所涉及那十几个学科的简单综合，更不是把它所涉及的那十几个学科的全部内容统统包揽收容，变成一个多种学科的联合体①。

按现代学科分类，敦煌学的主要研究对象之一——敦煌遗书的内容不仅涉及宗教、历史、语言、文学、民族等文科的诸多学科，还涉及医学、数学、天文学等自然科学的一些学科。所以，多科性或多学科交叉是敦煌学的本质特征②。但是，敦煌学与我们一般所说的交叉学科也有明显的不同。一般所说的交叉学科是指不同学科在认识世界过程中，用不同的角度和方法为解决共同问题产生的学科交融，经过反复论证和试验产生的新的学科领域。其核心和实质是两门以上不同学科的理论和方法互相渗透，渗透的目的是为了解决同一问题③。如化学与物理学交叉形成了物理化学学和化学物理学，等等。而敦煌学的多学科交叉则只是不同学科的材料在同一地域空间（敦煌）的交叉。因为诸多不同学科的资料都是在敦煌发现的，所以敦煌也就成了敦煌学的特定空间范围，是敦煌学区别于其他学科的特点和标志。如历史学是一门独立的学科，从整体上看，这门学科不属于敦煌学。但如果用敦煌出土的资料或研究敦煌地区古代的历史问题，就属于敦煌学的范围；当然，用敦煌出土的资料或研究敦煌地区的古代历史问题也还仍然属于历史学的范围。这样，敦煌学就与历史学产生了交叉。其他如宗教、语言、文学等学科的情况可依此类推。所以，敦煌学是由与敦煌有关的诸多学科的相关部分组成的集合体（见图示，左图为寇志刚绘）。

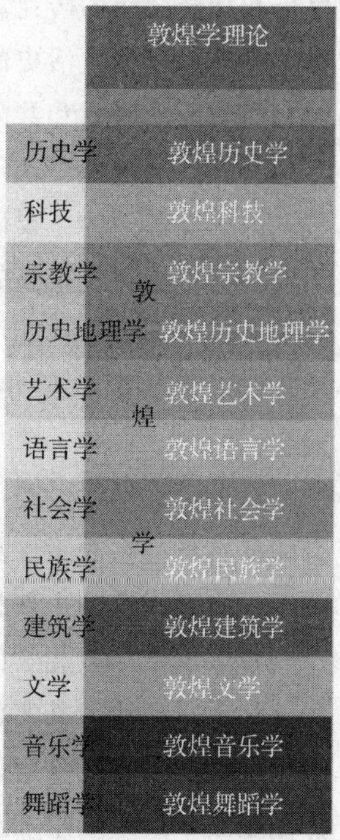

	敦煌学
	敦煌学理论
历史学	敦煌历史学
科技	敦煌科技
宗教学	敦煌宗教学
历史地理学	敦煌历史地理学
艺术学	敦煌艺术学
语言学	敦煌语言学
社会学	敦煌社会学
民族学	敦煌民族学
建筑学	敦煌建筑学
文学	敦煌文学
音乐学	敦煌音乐学
舞蹈学	敦煌舞蹈学

因这个集合体与历史学、宗教学等单体学科面貌完全

① 李正宇：《敦煌学导论》，甘肃人民出版社 2008 年版第一章“绪论”第 1 页认为敦煌学“是包容了诸多单体学科，兼有人文科学、自然科学及意识形态科学的特殊学科”；李并成主编：《敦煌学教程》，商务印书馆 2007 年版第一章第 12 页也认为敦煌学“实际上是一门包括许多学科的群体性学问”。

② 《中国敦煌学史》已指出敦煌学是“交叉学科。它不仅与其他相关学科部分地重叠交叉，而且敦煌学各部类之间也存在着交叉重叠关系”。见前引该书第 6—7 页。本文的论证角度与之不同。

③ 参看郑晓瑛《交叉学科的重要性及其发展》，《北京大学学报》2007 年第 3 期，第 143 页。

不同，所以，周一良先生等才认为敦煌学“不是有内在规律、成体系、有系统的一门科学”，希望“让它永远留在引号之中”[①]。

但是，敦煌学并不是简单集合体，而是有内在联系和规律、自成体系、自成系统的有独特理论和方法的集合体。

首先，敦煌学的研究对象虽然分为四个主要方面，但这些主要对象同时是一个以敦煌为空间范围的不可分割的整体。以敦煌遗书而论，就其内容来说虽然涉及许多学科，但这些遗书的主体部分出自同一洞窟，所以这些分属不同学科的资料同时又自成为一个系统或体系。各类文书之间存在密切的内在联系，是反映当时民众生活不同侧面的断片。另一方面，敦煌遗书也是敦煌古代文化的组成部分，包括敦煌石窟遗存以及其他敦煌发现物和古遗址统统都是敦煌古代文化的一部分。敦煌出土文献和敦煌文化遗存是近代学科分类以前的产物，它们作为复合体混杂在一起是有其内在规律、自有其体系、自有其系统的。我们在对这些遗产进行分科整理和研究的同时，也应该尊重并认真对待敦煌文化遗产的原生形态。如果我们把这些分属不同学科的资料当作整体来考察，从整体上把握它，这些分属不同学科的资料就成为了解当时民众的教育、民俗和社会生活的砖瓦。用这样的眼光来观察敦煌资料，各个学科的所有资料都可以是了解先民社会生活史的资料。长期以来，已有学者对敦煌学内部各个学科、各个领域之间的内在联系和共同规律进行了有益的探索。

其次，经过一百多年的积累，敦煌学已经形成了独特的理论和方法。

因为敦煌学的主要研究对象敦煌遗书的绝大部分为古写本，与传世印本文献性质不同，其中保存了很多的俗体字和异体字，还有不少写本使用河西方音。只有经过特殊的文献学训练，才能可能顺利地阅读、抄录和利用敦煌遗书。这种多年整理敦煌遗书逐渐形成的敦煌学方法或敦煌文献学方法包括文字辨认、文字释录、文书辨伪等内容。

可见，敦煌学虽是由与敦煌有关的诸多学科的相关部分组成的集合体，但这个集合体是具有内在联系、具有独特理论和方法的有机集合体，是一门有内在规律、自成体系、自成系统的由新材料发现而产生的新兴交叉学科[②]。

应该承认，敦煌学的学科面貌与历史学、宗教学等按门类发展起来的学科确有不同。如上文所述，其实敦煌学与一般的交叉学科的面貌也不完全一样。但这都不能成为它是一门学科的障碍。因为学科的设置本来就是方便专门研究，其他含义都是学科体系建立以后不断附加上去的。而且，学科的设置原则一直是发展变化的，学科的内涵和目录也一直是不断调整的，目前我们国家的学科设置和组成至少两套体系（教育

① 周一良：《何谓“敦煌学”》，《文史知识》1985年第10期，第54页；《魏晋南北朝史论集续编》，北京大学出版社1991年版，第300页；荣新江：《敦煌学十八讲》，北京大学出版社2001年版，第2页。

② 季羡林先生在《敦煌学大辞典》的“敦煌学”词条中，主要依据敦煌学的研究对象，确定敦煌学是“一门新兴的”“综合性的学科”（见《敦煌学大辞典》，上海辞书出版社1998年版，第17页）。

部的学科体系与国家社科基金的学科体系就不完全相同），而且是不断变化的。今年，教育部学位办重新调整了学科目录。在现有学科体系中，不仅是敦煌学，很多新兴的交叉学科和边缘学科都与老学科的面貌不同。一般情况下，新兴学科在开始时都是因为学科面貌不同得不到承认，以后逐步得到承认。所以，学科面貌不应该成为判断该学科是否一门学科的标志。

敦煌学从一门学问发展为一门学科，和我国高等院校招收和培养相关方向的研究生并开设相关课程具有重要关系。20 世纪 80 年代以来，北京大学、兰州大学、杭州大学、首都师范大学、西北师范大学等一批高校相继开设了有关敦煌学的课程，招收有关敦煌学的研究生。三十多年来，不仅在敦煌学课程建设方面积累了丰富的经验，在人才培养方面也取得了巨大的成绩。目前活跃在敦煌学研究领域的学者基本上都是 20 世纪 80 年代以后各大学培养的博士或硕士研究生。在大学开设课程、招收研究生都会遇到把敦煌学放在哪里的问题，也就会促使人们思考敦煌学的定位和性质。

目前，在各大学的研究生招生目录和课程设置中，一般将敦煌学置于历史文献学之下。其实敦煌学的很多内容如敦煌石窟艺术研究等并非历史文献学所能容纳，恰当的方法是在历史学门类中单设敦煌学一级学科。即：

历史学门类下设四个一级学科：

1. 考古学
2. 中国史
3. 世界史
4. 敦煌学

敦煌学一级学科可考虑下设四个二级学科：

1. 敦煌文献学
2. 敦煌石窟艺术学
3. 敦煌史迹
4. 敦煌学理论

当然，以上设计只是初步方案，还可以进一步完善。如能将敦煌学纳入我国现有学科体系之中，相信可以促进这一学科的健康快速发展。

本文最初发表于《光明日报》2011 年 2 月 17 日第 11 版“理论·史学”专栏，发表时有删节；完整版发表于黄正建主编《中国社会科学院敦煌学回顾与前瞻学术研讨会论文集》，上海古籍出版社 2012 年版，第 35—42 页。

敦煌写本《六十甲子纳音》相关问题补说

郝春文

笔者对《六十甲子纳音》的关注，缘自对斯1815号文书的整理。

斯1815首尾均缺，仅存不足一纸，正面所存内容是《百行章》的一部分（存第七章的后半部至第十三章标题）。背面所存内容并非一人所书写，从书法形态看似是四种笔迹。本文所要讨论的第一件文书即《六十甲子纳音》为第一种笔迹，字迹基本清楚，现存八行，文书内容也是首尾完整。第二部分是“经疏标题”，仅抄写了一行半，笔迹与《六十甲子纳音》相近。值得注意的是，“经疏标题”的一行半不是自右向左顺序书写，其尾部半行是抄写在了首行右下侧《六十甲子纳音》尾部所留下空白处。第三种笔迹是“杂字抄”，也仅抄写了一行半，字体稍大，书法稚拙，但墨迹已模糊，不易辨认。颇疑“杂字抄”抄写在前，抄写者是利用《六十甲子纳音》和“杂字抄”之间的空白来抄写经疏标题，因空间不足，故违反时人的书写习惯，改为自左向右转行。第四种笔迹或第四件文书尾部残缺，与前两件相比，字体很小，墨迹已很淡，如果依据图版，大部分文字已经无法辨识。笔者虽然查阅过原件，也未能把文字全部辨认出来。其内容为“除夕驱傩文抄”，但与已公布的几件“驱傩文”不同。以上情况表明，此卷原应是完整的一卷《百行章》，但至少在利用其背面抄写第一件文书时，首部已经残缺了，因为背面第一件文书不仅首部是完整的，而且起首还留有大约一行的空白。从背面第四件文书亦为尾部残缺来看，在背面文字抄写之后，此卷尾部又有残损。

关于斯1815背第一件文书的定名，早年刘铭恕先生在《敦煌遗书总目索引》中定名为“干支配合歌诀”[①]。1989年，邓文宽依据伯3403《雍熙三年丙戌岁具注历日一卷并序》中之“干火支土纳音土”等材料考定其为《六十甲子纳音》，一直为学界采用。因为雍熙三年岁在“丙戌”，“干火支土纳音土”与《六十甲子纳音》（释文见“附录一”）中之“丙戌、丁亥土”是一致的。邓氏所举的另外一个例子为斯1473《太平兴国七年壬午岁具注历日并序》，其中亦有“干水支火纳音木”，与《六十甲子纳音》中的“壬午、癸未木”也是一致的。所以，将以上文书定名为《六十甲子纳音》，符合这件

---

① 商务印书馆编：《敦煌遗书总目索引》，中华书局1983年版，第145页。

文书的性质。比以往将其称为"干支配合歌诀"、"干支五行配属表"更接近实际。邓文宽还指出斯 3724、伯 3984 背和伯 4711 等号中也都保存了《六十甲子纳音》，其内容与此件大同小异[①]。2001 年，黄正建在《敦煌占卜文书与唐五代占卜研究》一书中，又著录了北 8619 背（新图版编号为 BD00490，以下使用新编号）、伯 2915 背、伯 3277 背、斯 3287、斯 11415 背（与斯 3724 背可缀合）、斯 5739 背、斯 8350、Дx. 2899（99 应为 98）等号中的《六十甲子纳音》。该书在介绍"禄命类"占卜文书时，还介绍了与《六十甲子纳音》有关的文书，即伯 3175、斯 3724 背和斯 6258 中的《六十甲子纳音性行法》[②]。完整的《六十甲子纳音性行法》包括《六十甲子纳音》的全部内容，但在每对甲子的纳音后还有关于这两年的性行及与人命关系的占辞。所以，《六十甲子纳音性行法》应属与《六十甲子纳音》同类的文书，但并非《六十甲子纳音》。上述邓文宽列举的伯 3984 背，与《六十甲子纳音性行法》类似，虽亦包括《六十甲子纳音》的全部内容，但在其中注有完整的五合、五离，是供"选日定时"的占卜文书，也不能称作《六十甲子纳音》。上举黄正建书虽仍称该件文书为"六十甲子纳音"，但注意到了其中包含的"五合、五离"的内容，并将其放在"时日宜忌"类占卜文书中介绍，指出该文书是用来择日用的。该书还指出北大 D195 背有与该件相同的内容[③]。

可见，现知有 11 号敦煌写本中保存了《六十甲子纳音》，其中斯 11415 背可以和斯 3724 背缀合，而斯 3724 背抄有两通《六十甲子纳音》和一件未抄完的《六十甲子纳音性行法》。这样，我们目前所知的敦煌写本《六十甲子纳音》共有 11 件，与《六十甲子纳音》属于同类或在《六十甲子纳音》基础上添加内容的文书有五件。说明这类文书在当时颇为流行。

虽然笔者在上文肯定了邓文宽关于《六十甲子纳音》的定名是正确的，但在目前所知的 11 件"六十甲子纳音"前后都没有标题，所以这个定名仍然属于拟名。换言之，《六十甲子纳音》的定名虽然在事理或逻辑上是成立的，但还缺乏当时人具体使用的例证。所幸有三件与《六十甲子纳音》同类的文书留下了原题，似乎可以为以上拟名提供具体的旁证。斯 3724 背的原题是《六十甲子纳音性行法》，伯 3175 的原题为《纳音甲子占人姓（性）行法》，BD00490 背（洪 090 背、北 8619 背）题为《阴阳六|甲子》。这三件有原题的文书虽然都包括六十甲子纳音，但也还都包括其他内容，其中伯 3175 背和斯 3724 背属于同类，这两件文书除了包括六十甲子纳音以外，在每对甲子的纳音后还有关于这两年的性行及与人命关系的占辞。所以，只有配上六十甲子各年性行及与人命关系占辞的文书可以称为"六十甲子纳音性行法"或"纳音甲子占人姓（性）行法"。这一判断的直接证据就是在斯 3724 背中，包括两件"六十甲子纳音"和一件原未抄完的"六十甲子纳音性行法"，两件"六十甲子纳音"分别抄在"六十甲

① 参看邓文宽《敦煌古历丛识》，《敦煌学辑刊》1989 年第 1 期。

② 黄正建：《敦煌占卜文书与唐五代占卜研究》，学苑出版社 2001 年版，第 128—129、170—173 页。

③ 同上书，第 100—102 页。

子纳音性行法”前面和后面，都没有标题，“六十甲子纳音性行法”有原题，说明二者不能使用同一个名称。《英藏敦煌文献》三卷编者将斯 3287 中之“六十甲子纳音”误名为“六十甲子纳音性行法”，其依据应该就是斯 3724 背中“六十甲子纳音性行法”的原题，但忽略了二者的内容是有区别的。令人不解的是，该书编者在对该书同卷的斯 3724 背定名时，“六十甲子纳音”与“六十甲子纳音性行法”却是分别定名的，因而也是正确的[①]。该书第 10 卷对斯 6258 号的定名，又将该号之“六十甲子纳音性行法”拟名为“六十甲子推吉凶法”[②]。笔者虽然曾参与《英藏敦煌文献》的编纂工作，当时也未能发现这两处定名的问题。BD00490 背（洪 090 背、北 8619 背）的原题与上述两件不同，“阴阳六十甲子”所包括的内容有“六十甲子纳音”、“相生法”、“相克法”、“相刑法”、“十干”、“十二支”、“阴阳大数法”，“六十甲子纳音”只是其中之一种。虽然我们目前所知的有原题的文书均非纯粹的《六十甲子纳音》。但从这几个原题来看，“六十甲子纳音”的拟名是可以成立的。《六十甲子纳音性行法》和《纳音甲子占人姓（性）行法》的原题，实际上都是包括“六十甲子纳音”和“性行法”两个部分，去掉后一部分，其原题自然应该称为《六十甲子纳音》。而“阴阳六十甲子”所包括的内容较多，可以理解为“六十甲子”是“六十甲子纳音”的省略[③]。

细心的读者应该已经注意到，邓文宽所举证的历日中的甲子纳音与斯 1815 背《六十甲子纳音》虽然对应项是一致的，但表述方式是有差异的。最大的差异是，历日中是某个具体年代的甲子的纳音，而斯 1815 背则是一组六十年的六十甲子的纳音。其次，还有一个重要的差异也值得一提。这就是历日中关于纳音的表述与斯 1815 背也是完全不同的。即历日中的表述方式是“干火支土纳音土”、“干水支火纳音木”等等，把天干、地支所配五行和纳音都具体注明了，而斯 1815 背则只是分组注明了某两个年份所对应的纳音，忽略或省略了很多内容。以上分析表明，斯 1815 背《六十甲子纳音》不是依据历日中的六十甲子纳音摘抄而成的，两者应该是根据相同六十甲子纳音理论分别推导出来的。也就是说，斯 1815 背《六十甲子纳音》等文书只是与敦煌历日相关的文书。

这样，我们就有必要进一步回答这类文书的用途问题。此外，敦煌文献中为何保存如此多的《六十甲子纳音》，当时人为何要抄写这些东西？进一步考察这类写本的具体抄写情况，或许有助于回答以上问题。

以下分别介绍包含《六十甲子纳音》的各写卷的情况。

BD00490（洪 090、北 8619）正面是《大乘百法明门论开宗义决》，首尾均缺，《国家图书馆藏敦煌遗书》编者认为正面佛经为 8—9 世纪吐蕃时期写本。背面文书

---

① 中国社会科学院历史研究所、中国敦煌吐鲁番学会敦煌古文献编辑委员会、英国国家图书馆、伦敦大学亚非学院合编：《英藏敦煌文献》第五卷，四川人民出版社 1991 年版，第 29、150 页。

② 同上书，第十卷，四川人民出版社 1991 年版，第 29 页。

③ 现代人一般称其为“六十甲子配五行纳音表”，参看“百度百科”。

的内容上文已经介绍过，可以肯定《六十甲子纳音》不是独立的内容，而是作为“阴阳六十甲子”中的一种被抄写的。而且，除了第一种《六十甲子纳音》没有小标题，其他各种都有小标题。这件文书首尾完整，前后都留有空白，显然是利用已经残缺的佛经背面抄写而成，《国家图书馆藏敦煌遗书》编者认为其抄写时代在归义军时期。

伯2915首缺尾全，所存内容以斋文为主，包括《六十甲子纳音》在内的20行有关占卜的文字是夹抄在斋文之间。其前是“亡兄文”，其后是“愿文”。“愿文”后空一行有“天复四年（904）甲子岁二月廿三日，《诸杂斋文》壹卷。依愿《押座文》，又一劫，斋文本人念看（?），聪明圣惠，恐怕失却，故记自名不错”，以后接抄斋文。以上题记表明此卷文书属依愿所有，卷背的纸缝处还有依愿的骑缝签押。依愿本人把此卷文书既称为“押座文”，又称为“诸杂斋文”，包括《六十甲子纳音》在内的20行有关占卜的文字在依愿看来也属于“诸杂斋文”，至少不是独立的内容，甚至连个标题也没有。把《六十甲子纳音》等有关占卜的内容抄写在斋文中，耐人寻味。它不仅说明当时的僧人也关注这类与佛教无关的内容，还由于此卷是僧人依愿的实用文本，说明他不但经常用此文本到各种斋会上念诵斋文，还有可能从事占卜活动。此件的抄写格式也特别，六十甲子是双行小字，纳音是大字，这样两对干支纪年正好对应一个纳音。此外，这份《六十甲子纳音》是经过校对的，是唯一一件没有错误的文本。

斯3287首尾均缺，所存内容依次为《千字文》（前缺）、五言诗一首、王羲之颧书论、十五愿礼佛忏、六十甲子纳音、曲子三首（早出缠、乐入山、乐住山）、李涉法师劝善文（后缺）。此件内容庞杂，应该是某个私人使用的文本，《六十甲子纳音》虽然基本完整，但并不是独立的内容，而是抄在“十五愿礼佛忏”和三首佛曲之间。值得注意的是，此件背面为《吐蕃子年沙州百姓汜履倩等手实》，该“手实”虽无印章，但有朱笔点勘和校改，学术界一般是将其视作正式文本。如果《吐蕃子年沙州百姓汜履倩等手实》是正式文本，其抄写时间应该在前，也就是说，当时人是用废弃的手实的背面抄写《千字文》等文字的。在“手实”的空白处有后来书写的“丙寅年十一月”和《千字文》两行（倒书）都说明该“手实”已经过时。如果这个推测可以成立，包括《六十甲子纳音》等另一面的文字应该抄写于“吐蕃子年”以后。

斯3724＋斯11415正面为《大乘无量寿经》，其中斯3724为主体部分，只是尾部下方残损了一小块，这个小残片现在编号为斯11415，两者缀合，恰成完璧。正面尾部空白处有《李老君周易十二钱卜法抄》等文字六行。其中有两行是接续《大乘无量寿经》正文“闻佛所说，皆大欢喜，信受奉行”抄写的，先重抄了佛经正文“喜，信受奉行”，然后抄写“李老君周易十〔二〕钱卜法一本，缦为阴，文为阳，[阴]仰阳覆。老子易卜之法，用钱十二”。以上文字抄写于佛经正文和经题之间。经题后又接续抄写了四行。在佛经正文和经题之间抄写文字，似非佛教徒所为。此件背面的内容依次为：六十甲子纳音、十干、午（五）行及所属方位、六十甲子纳音性行法（原未抄完）、李老君周易十二钱卜法抄（其中起首部分重抄五次，第一次抄了三行、第二次抄了两行、第三次抄了四行、第四次抄了一行、第五次抄了 14 行）、六十甲子纳音（错误很多，自“甲辰乙巳火”以下，每句与正确的文本都有差异）、李老君周易十二钱卜法抄。从上述“六十甲子纳音性行法”只抄写了一部分、李老君周易十二钱卜法起首连抄多次、第二通六十甲子纳音错误很多等情况来看，斯 3724 背＋斯 11415 背所抄内容虽然都与六十甲子、五行、占卜有关，但不是一个正式的文本，抄写者对抄写内容的选择随意性比较强。此卷抄写时代不详。

伯 4711 是一本册子中的一页，存六行，起“甲子乙丑金”，讫“戊戌己亥木”，背题“走失图一本”。从这个题记来看，这本小册子应是有关占卜的内容。此件虽然仅存一页六行，却是现存为数不多的有关《六十甲子纳音》的正式文本之一。这类册子本的流行时代是晚唐五代宋初。

斯 8350 是一件残片，前缺，上半截亦缺，尾部似乎不缺。所存内容依次为：六十甲子纳音（首缺尾全）、太岁出游、推命书。六十甲子的抄写方式与伯 2915 相同，即六十甲子是双行小字，纳音是大字。《六十甲子纳音》前还抄有其他内容，虽只残存“七月、八月，不得”等几个字，仍可知其亦属占卜相关文书。此件背面有一件残便豆契抄，仅存尾部三行。此件虽残，却是一件正式的占卜文书，《六十甲子纳音》为其中之部分内容，不是独立的文本。抄写时代不详。

伯 3277 首缺尾全，正面内容为《老子德经卷下》，背面有“乙丑年二月廿四日龙勒乡百姓祝骨子与莫高乡百姓徐保子合种地契抄”、“某年二月廿一日阳愿进状抄”和数行杂写。杂写中有一行半《六十甲子纳音抄》，其前的杂写为“仲春渐暄，伏”，是《书仪抄》。背面的第一行为“显德六年（959）岁次甲子十一月六日”，其后的“乙丑年合种地契抄”当为 960 年。则此件中之《六十甲子纳音抄》的抄写时间当与上述年代相近。

斯 5739 首尾均缺，残存不足一纸。正面为《孝经赞》（存庶人章第六赞、三才章第七赞、孝治章第八赞），背面有数行时人随手所写的文字，其中一行为“六十甲子纳音抄”（只抄写了四句）。时代不详。

Дx. 2898 为残片，前后缺，上下残，仅存“丑金，丙寅丁卯火，戊辰己巳”几个字。此件虽为残片，但上一行残存的字为“所□”，可知上一行原来抄的不是《六十甲子纳音》，下一行则是空白。则此行《六十甲子纳音》亦为随手所写，仅抄一行。时代不明。

通过以上具体考察，我们可以把敦煌写本《六十甲子纳音》分为四类。第一类是正式文本，共三件。即 BD00490（洪 090、北 8619）背，虽是抄在纸背的正式文本，但所抄内容中规中矩，以“阴阳六十甲子”为题；伯 4711 是残缺的正式文本，从其背面的题记来看是占卜文书的一部分；斯 8350 也是残缺的正式文书，与太岁出游、推命书等合抄在一起。这类正式文本应该是从事占卜的专业人士所抄写，其中之《六十甲子纳音》应该是作为占卜的基础知识被抄写在其中的[①]。从与《六十甲子纳音》同类的几件文书也可以看出其具有占卜基础知识的性质。如上文提到的伯3984背和北大D195背中之"六十甲子纳音配五合、五离抄"（释文见"附录二"），伯3175、斯3724背和斯6258中的《六十甲子纳音性行法》（释文见"附录三"），只需在《六十甲子纳音》中添加文字，就变成了"选日定时"或推命的文书了。第二类不是独立的正式文本，而是与佛教文书和世俗文书合抄在一起。这类也有三件：即伯2915，与其他占卜文字20行夹抄在斋文之间，是僧人依愿个人所有的文本；斯3287，抄写在礼佛忏和佛曲之间；斯1815背，与经疏标题、驱傩文等合抄在一起，错误较多。这类写本中的《六十甲子纳音》是被当作一般知识或生活常识抄写的[②]。第三类是随手抄写的三件：即伯3277背、斯5739背和Дx.2898，这三件虽然价值不大，但也说明《六十甲子纳音》确为当时人的常识，以致随手所写也能想到它，伯3277背把书信问候语"仲春渐暄"和《六十甲子纳音》并列写出就是极佳的例证[③]。第四类是斯3724背+斯11415背中的两通，虽然是与十干、五行、卜法等文字杂抄在一起，但抄写随意性较大，应该是对阴阳五行六十甲子卜法等有兴趣的人随意抄写的结果。

以上情况表明，《六十甲子纳音》虽然保存的数量不少，但多为抄件，一般都有错误，斯1815背的脱、误多达六处，属于错误较多者。只有伯2915经过抄者校对，没有错误。这些抄本的另一特点是多为利用已经使用过的纸张的背面抄写，这些写本抄写的目的不同，有两件都只抄写了一两行，或是凭记忆随手抄写，有的可能是为巩固记忆随手抄写。这提示我们，对个体性很强的敦煌写本而言，即使是同一内容的文本，由于抄写目的的差异，其性质和用途也可能判然有别。如本文所讨论的《六十甲子纳音》，就至少有占卜基础知识和一般常识的区别。

由于《六十甲子纳音》不仅是占卜专业的人员的基础知识，还是与人们生活息息相关的历日的基础知识，同时也是古代盛行的阴阳五行学说的基础知识，因而成为当时人们的一般知识和生活常识，所以人们抄写这类文字的目的是多元的。这就是敦煌文献中保存《六十甲子纳音》数量较多的原因。

当时人为何在抄写《六十甲子纳音》时不抄标题，不得而知。鉴于敦煌写本的复杂性，没有标名的文书数量不少。但同一内容保存十件以上复本都没有原题的确实不多。最典型的是上文提到的BD00490背（洪090背、北8619背），虽有总标题"阴阳六十甲子"，但其他内容如"十干"、"十二支"都有小标题，唯独最先抄写的《六十甲

① 黄正建在上文提到的《敦煌占卜文书与唐五代占卜研究》一书中，曾指出BD00490（洪090、北8619）背"所写似皆为占卜的基础知识"，见该书第171页。

② 黄正建在同上书中指出，斯3287将"'六十甲子纳音'与'千字文'抄在一起，说明当时把它视为一种类似蒙学的普及知识"，见该书第172页。

③ 黄正建认为："单纯的六十甲子纳音属于占卜的基础知识"，同上书，第128页。根据本文对《六十甲子纳音》的分类，只有第一类中的《六十甲子纳音》属于占卜的基础知识，第三类杂写虽然都属于"单纯"的《六十甲子纳音》，但恐怕不能说这类写本是作为占卜的基础知识被抄写的。

子纳音》没有小标题。我们只能理解为这些内容对当时人来说太熟悉了，和我们今天的生肖属相一样，属于常识，无须标名。

关于《六十甲子纳音》抄写和流行的时代。从以上叙录来看，留下时代线索的有以下几件：即伯 2915，大约抄写于天复四年，公元 904 年；伯 3277 背，大约抄写于公元 960 年前后；BD00490（洪 090、北 8619）背，《国家图书馆藏敦煌遗书》编者推测抄写时代在归义军时期；斯 3287，因为是利用废弃的吐蕃子年手实抄写的，所以推测其抄写时代在吐蕃或归义军时期；伯 4711，因其为册子本，推测其时代在唐晚期五代。此外，与《六十甲子纳音》属于同类文书的伯 3175《纳音甲子占人姓（性）行法》，尾题："天福十四年（949）戊申岁十月十六日报恩寺僧愿德写记耳"（实为乾祐二年）。斯 1815 背《六十甲子纳音》后之"除夕驱傩文抄"中有"送却丁未旧岁，迎取戊申来前"，黄正建《敦煌占卜文书与唐五代占卜研究》推测"丁未"可能是宝历三年（公元 827）①。从此卷正背文字的书法水准来看，其时代在归义军时期（公元 887 或 947）的可能性更大一些。这个推测与上述有明确年代的几件（公元 904、949、960）也相接近。还有几件没有留下年代线索，即斯 3724 背＋斯 11415 背（两通）（抄写时代不详）、斯 8350（时代不详）、斯 5739 背（时代不详）、Дx. 2898（时代不明），其抄写和流行时代应在以上时间范围之内，即吐蕃、归义军时期。

本文对《六十甲子纳音》性质、用途等有关情况的认识得益于对这批写本所在写卷情况的具体考察，说明在对敦煌写本进行整理、研究时，不能仅仅孤立地关注所要利用、研究的文本，同时应该注意该文本所属写卷的情况，以及与该文本同属一卷（或一册）的所有文本的情况。

《六十甲子纳音》及其同类文书不仅在唐五代时期具有重要影响，这类文献在整个中国古代一直盛行于民间，乃至在当今仍有重要影响。本文对这批文书的考察仅限于文献学范围，至于对其所蕴含的历史文化内涵的阐发②，及其与传世文献的比较研究，都有待于来者。

附录一 《六十甲子纳音》的释文、说明和校记

一 释文

甲子、乙丑金，丙寅、丁卯火，戊辰、己巳木〔一〕，庚午、辛未土〔二〕，壬申〔三〕、癸酉金，甲戌、乙亥火，丙子、丁丑水，戊寅、己卯土〔四〕，庚辰、辛巳金〔五〕，壬午〔六〕、

① 黄正建：《敦煌占卜文书与唐五代占卜研究》，学苑出版社 2001 年版，第 172 页。

② 黄大同：《六十甲子纳音研究》（《文化艺术研究》第二卷，2009 年第 4 期），利用传世文献和秦汉简牍对"六十甲子纳音"的概念、性质、形态等问题做了深入研究，但未能利用敦煌文献中的相关资料。

癸未木[七]，甲辰（申）[八]、乙酉水，丙戌、丁亥土[九]，戍（戊）子[一〇]、己酉（丑）火[一一]，庚寅、辛卯木，壬辰、癸巳水，甲午、乙未金[一二]，丙辛（申）[一三]、丁酉火，戊戌、己亥木[一四]，庚子[一五]、辛酉（丑）土[一六]，壬寅[一七]、癸卯金[一八]，甲辰[一九]、乙巳火[二〇]，丙午、丁未水，戊辛（申）[二一]、己酉土，庚戌、辛亥金，壬子、癸酉（丑）木[二二]，甲寅、乙卯水，丙辰、丁巳土，戊午、己未火，庚［申］[二三]、辛酉木，壬戌、癸亥水。

二 说明

以上释文以斯 1815 背为底本，用斯 3287（称其为甲本）、斯 3724 背第一种＋斯 11415 背（称其为乙本）、斯 3724 背第二种（称其为丙本）、伯 3175（称其为丁本）、伯 4711（称其为戊本）、伯 2915（称其为己本）、BD00490 背（洪 090 背、北 8619 背）（称其为庚本）、斯 8350（称其为辛本）、斯 5739 背（称其为壬本）、伯 3277 背（称其为癸本）、Дx. 2898（称其为甲二本）参校。

三 校记

〔一〕“己巳木”，甲、乙、丁、戊、己、庚、壬、癸、甲二本同，丙本脱。甲二本止于此句。

〔二〕癸本止于此句。

〔三〕“申”，甲、乙、丁、戊、己、庚、辛、壬本同，丙本作“辛”，丁本作“辰”，均误。辛本始于此句，壬本止于此句。

〔四〕“己”，甲、丁、戊、己、庚、辛本同，乙本脱，丙本作“癸”，误。

〔五〕“巳”，甲、乙、丁、戊、己、庚、辛本同，丙本作“巳巳”，衍一“巳”字；“辛巳”二字之间左侧有一圆圈，中间加一墨点。

〔六〕“壬”，甲、乙、丁、戊、己、庚、辛本同，丙本作“姓任”，“姓”字衍，“任”为“壬”之借字。

〔七〕“未”，甲、乙、丁、戊、己、庚、辛本同，丙本脱。

〔八〕“辰”，当作“申”，据甲、乙、丙、丁、戊、己、庚本改。

〔九〕“土”，甲、乙、丁、戊、己、庚本同，丙本脱。

〔一〇〕“戍”，丙本同，当作“戊”，据甲、乙、丁、戊、己、庚本改。

〔一一〕“酉”，当作“丑”，据甲、乙、丙、丁、戊、己、庚本改；“子”、“己”二字右侧有“之日”二字，字较小，未录。丙本此句后衍“庚寅戊子己丑火”。

〔一二〕“未”，甲、乙、丙、丁、己、庚本同，戊本作“癸”，误。

〔一三〕“辛”，当作“申”，据甲、乙、丙、丁、戊、己、庚、辛本改。

〔一四〕戊本止于此句。

〔一五〕“庚”，甲、乙、丁、己、庚、辛本同，丙本作“辰庚”，衍一“辰”字。

〔一六〕“酉”，当作“丑”，据甲、乙、丙、丁、己、庚、辛本改。

〔一七〕“寅”，甲、乙、丁、己、庚、辛本同，丙本作“申”，误。

〔一八〕“癸”，甲、乙、丙、丁、己、辛本同，庚本作“巳”，误；“卯”，甲、乙、丁、己、庚、辛本同，丙本作“酉”，误。

〔一九〕“辰”，甲、乙、丁、己、庚、辛本同，丙本作“戌”，误。

〔二〇〕“巳”，甲、乙、丁、己、庚、辛本同，丙本作“亥”，误。丙本此句其下文字为“丙子丁丑水，戊寅癸卯土，庚辰辛巳金，壬午癸未木，甲申乙酉水，丙戌丁亥土，戊子己丑火”。因与底本和其他校本差别较大，其差异不再一一出校。

〔二一〕“辛”，当作“申”，据甲、乙、丁、己、庚本改。

〔二二〕“酉”，当作“丑”，据甲、乙、丁、己、庚本改。

〔二三〕“申”，底本、乙本均脱，据甲、丁、己、庚、辛本补。

附录二　“六十甲子纳音配五合、五离抄”的释文、说明和校记

一　释文

甲子、乙丑金，丙寅、丁卯火日月合，戊辰、己巳木，庚午、辛未土，壬申、癸酉金江河离，甲戌、乙亥火，丙子、丁丑水，戊寅、己卯土人民合，庚辰、辛巳金，壬午、癸未木，甲申〔一〕、乙酉水天地离，丙戌、丁亥土，戊子、己酉（丑）火〔二〕，庚寅、辛卯木金石合，壬辰、癸巳火（水）〔三〕，甲午、乙未金，丙申、丁酉火日月离，戊戌、己亥木，庚子、辛丑土，壬寅、癸卯金江河合〔四〕，甲辰〔五〕、乙巳火〔六〕，丙午、丁未水，戊申、己酉土人民离，庚戌、辛亥金，壬子、癸丑木，甲寅〔七〕、乙卯水天地合〔八〕，丙辰〔九〕、丁巳土〔一〇〕，戊午〔一一〕、己未火〔一二〕，庚申、辛酉木金石离，壬戌、癸亥水。

二　说明

此件存伯3984背和北大D195背两个写本，伯3984尾部略残，但保存了大部分内容。北大D195背前缺下残，尾部似未抄完，但所存之内容恰好可补伯3984背残缺的大部分。此件中之“六十甲子纳音”与其他抄本之《六十甲子纳音》完全相同，差别是在十个甲子纳音后标有“日月合、江河离”等“五合、五离”的内容，从而把《六十甲子纳音》变成了“选日定时”的文书。因此件中之“六十甲子纳音”与其他抄本之《六十甲子纳音》完全相同，所以此件之“六十甲子纳音”之缺文和错误可用他本

《六十甲子纳音》补正。

以上释文以伯 3984 背为底本，用北大 D195 背（称其为甲本）、伯 2195（称其为乙本）参校。

三 校记

〔一〕“甲”，据乙本补。

〔二〕“酉”，当作“丑”，据乙本改。

〔三〕“火”，当作“水”，据乙本改。

〔四〕“合”，据本文体例补。

〔五〕“甲辰”，据甲、乙本补。甲本始于此句。

〔六〕“乙巳”，据甲、乙本补。

〔七〕“甲寅”，据甲、乙本补。

〔八〕“乙卯水”，据甲、乙本补。

〔九〕“丙辰”，据甲、乙本补。

〔一〇〕“丁巳土”，据甲、乙本补。

〔一一〕“戊午”，据甲、乙本补。

〔一二〕“己”，据乙本补。

附录三 两种《六十甲子纳音性行法》的释文、说明和校记

一 甲种释文

甲子、乙丑金，石中金，[刚] 强〔一〕，不伏人；丙寅、丁卯火，申宿火，乍急乍缓，恶掠，妨小（少）子〔二〕；戊辰、己巳木，卧生木，无定性，患偏风，多病；庚午、辛未土，灶中土〔三〕，不畏事，熟谨，煞夫；壬辰（申）〔四〕，癸酉金，斧凿金，多相，[害] 夫妻〔五〕；甲戌、乙亥火，山头火，多损害，刚强不畏事〔六〕，麄无定，小（少）子〔七〕，煞夫；丙子、丁丑水，釜中水，淳性，温柔，慈心；戊寅、己卯土，门中土，性实，不嗔，富贵；庚辰、辛巳金，白腊金，柔软，温克，煞妻；壬午、癸未木，阳（杨）柳木〔八〕，宽怀，抱实；甲申、乙酉水，寻沟水，能顺人，有宿昔，三妇寡；丙戌、丁亥土，神石土，性急，有气意，难触犯；戊子、己丑火，霹雳火，急心性，无恶，煞夫；庚寅、辛卯木，是柏木，有岁寒，此夙昔意，守志清贞；壬辰、癸巳水，山头水，性急，无定意，心难壅塞，夫妻相克；甲午、乙未金，水下金，精熟，温克，性多相，吉；丙申丁酉火，户间火，温审，蜜（密）作事〔九〕，女煞夫；戊戌、己亥木，

黄栌木，坚罡，可长大，煞夫；庚子、辛丑土，墓中土，凶险，龟豪（?），死土；壬寅、癸卯金，炉中金，柔软，受谏；甲辰、乙巳火，天雨火，害万物，性无恶，饶罪过，夫妻［相］［克］（乙本作“煞夫煞妇”）；丙午、丁未水，天雨水，能养物，慈心；戊申、丁（己）酉土〔一〇〕，山头土，性高，大意志，煞夫；庚戌、辛亥金，盘（?）累金，温克，受人谏，自害，煞夫；壬子、癸丑木，相思木，有夙昔，受谏，思念事；甲寅、乙卯水，楼（?）中水，有始终，能长久，小（少）子孙〔一一〕；丙辰、丁巳土，坚刚土，不生万物，甚恶烈；戊午、己未火，虻流火，无定意，性急；庚申、辛酉木，桃李木，有光花，修饰；壬戌、癸亥水，海中水，咸煞万物，富贵。

二 说明

现知敦煌文献中保存了三件《六十甲子纳音性行法》，其中伯 3175 首尾完整，原题“纳音甲子占人姓（性）行法”，尾题“天福十四年戊申岁十月十六日报恩寺僧愿德写记耳”；斯 3724 背首部完整，尾部原未书完，原题《六十甲子纳音性行法》；斯 6258 首全尾缺，无题。就内容而言，伯 3175 和斯 3724 属于同一系列，除脱、误外，基本相同。斯 6258 与另两个写本出入较大，但二者的主要区别是“六十甲子纳音”后的各年性行及与人性关系的说辞详略不同，斯 6258 的说辞更具体一些。而且，两种“性行法”的说辞虽然文字区别很大，但对各纳音性行及与人性关系的说法是大体一致的。所以，可以肯定斯 6258 也是《六十甲子纳音性行法》。这里把伯 3175 和斯 3724 中之《六十甲子纳音性行法》称为甲种，斯 6258 中之《六十甲子纳音性行法》称为乙种（另出释文）。

以上的释文以伯 3175 为底本，用斯 3724（称其为甲本）、斯 6258（称其为乙本）参校。因底本与乙本“六十甲子纳音”后的占辞差别较大，凡不属脱、误的异文，不再一一出校。

三 校记

〔一〕“刚”，据甲本补。

〔二〕“妨”，甲本作“方”；“小”，甲本同，当作“少”，据乙本改。

〔三〕“中”，甲本作“忠”，“忠”为“中”之借字。

〔四〕“辰”，当作“申”，据甲本改。

〔五〕“害”，据甲本补。

〔六〕甲本止于此句。

〔七〕“小”，当作“少”，据乙本改。

〔八〕“阳”，当作“杨”，据乙本改，“阳”为“杨”之借字。

〔九〕"蜜"，当作"密"，据文义改，"蜜"为"密"之借字。

〔一〇〕"丁"，当作"己"，据《六十甲子纳音》释文改。

〔一一〕"小"，当作"少"，据文义改。

四　乙种释文

甲子、乙丑石急金〔一〕，坚急如石，未练（炼）之金〔二〕，而不柔软，人性亦如者，煞妻；丙寅、丁卯申宿火，人性乍缘乍夸（?），引焰申火不调，乍急乍煞，少子；戊辰、己巳卧生木，性志卑下，不能高秀直上，人亦如之，多病；庚午、辛未灶中土，体性刚强，不畏物，煞夫三家〔三〕；甲戌、乙亥山头火，诈作高明，无正定，身难处高，多害，少子，煞夫；丙子、丁丑釜中热水，性急，似佛好相，煎迫，性淳熟，好水，大吉；戊寅、己卯门中土，被人践踏，无真怒，不生物土，大吉；庚辰、辛巳白腊金，貌似刚，温（?）柔而（如）火〔四〕，煞妻；壬午、癸未杨柳木，本性柔软，心无毒，大吉；甲申、乙酉寻沟水，所有行事顺道理，三嫁孤寡；丙戌、丁亥神石土，心性急要，难触护难犯，妇死煞夫；戊子、己丑霹雳火，性而猛急，觅罪过，煞夫；庚寅、辛卯木松柏木〔五〕，守志清贞，不贪欲好，有岁寒，有文，煞夫；壬辰癸巳山上水〔六〕，为性急，建（?）难壅，心急，煞夫煞妇；甲午、乙未水［下］金〔七〕，肯出头，众里（?），沉生于石，多伤害；丙申丁酉户间火，虽有光，不远播，煞夫；戊戌、己亥黄庐木，皮硬，心坚，可架屋，坚罡，屋可久，煞夫；庚子、辛丑墓［中］土〔八〕，行秽浊，人共恶，墓中死土，凶；壬寅、癸卯炉中金，本性变利调柔，心性柔也，大吉；甲辰、乙巳天雨火，心中毒害，饶罪过，天火为灾，万物毁（?）尽，煞夫煞妇；丙午、丁未［天］雨水〔九〕，慈心养物，恩重累，万物承泽，煞夫；戊申、己［酉］山头土〔一〇〕，声崇高，万人视（?）（下缺）

五　说明

以上释文以斯 6258 为底本，用伯 3175（称其为甲本）参校，因底本与甲本"六十甲子纳音"后的占辞差别较大，凡不属脱、误的异文，不再一一出校。

六　校记

〔一〕"急"，甲本作"中"。

〔二〕"练"，当作"炼"，据文义改，"练"为"炼"之借字。

〔三〕底本以下脱"壬申癸酉金"及占辞。

〔四〕"而"，当作"如"，时二字可互通。

〔五〕“松”，甲本作“是”。

〔六〕“上”，甲本作“头”。

〔七〕“下”，据甲本补。

〔八〕“中”，据甲本补。

〔九〕“天”，据甲本补。

〔一〇〕“酉”，据甲本补。

附注：本文正文部分发表于《文史》2012 年第 4 期，附录部分发表于《敦煌学辑刊》2011 年第 4 期。

唐代的蝗灾

阎守诚

蝗灾和水灾、旱灾并称中国古代三大自然灾害。过去对历史上的水、旱灾害研究较多，蝗灾的研究则重视不够。本文主要对唐代蝗灾的时空分布特点、减灾救灾措施以及蝗灾对社会政治、经济诸方面的影响作一简略的探讨。

一　唐代蝗灾的时空分布

唐代（618—907）289年中，据统计，有蝗灾的年份为42个，约占总年份的14.5％[①]，平均约7年发生一次。据邓云特《中国救荒史》统计，秦汉蝗灾平均8.8年一次，唐代为8.5年，两宋为3.5年，元代为1.6年，明、清两代均为2.8年，由此可见蝗灾发生的频率有越来越快的趋势。比较唐代蝗灾的地域分布，根据有明确发生地点的资料，按照现行行政区划，以同年发生于数省则各记一次，同年发生于一省数地则只记一次为原则，统计如下：

省份	次数	省份	次数
陕西	12	河南	18
河北	16	山东	11
山西	5	甘肃	1
青海	1	安徽	5
江苏	4	浙江	2
福建	3	江西	1
湖北	1	四川	4

由此可知，唐代蝗灾多发生在北方，即今河南、河北、陕西、山东、山西数省，为黄河中下游地区，相当于唐代的京畿道、都畿道、关内道、河南道、河北道南部和河东道南部。南方发生较少，主要在今安徽和江苏北部，相当于唐代的淮南道。

① 统计资料主要是两唐书的本纪和五行志、《册府元龟》、《唐会要》等。邓云特《中国救荒史》统计唐代蝗灾年份为34个；张剑光、邹国慰《唐代的蝗灾及其防治》一文（《南都学坛》1997年第1期）统计为40个年份。

生物学家指出：我国境内的飞蝗主要有三种，亚洲飞蝗分布在新疆以及内蒙古、青海、甘肃一带；西藏飞蝗分布在西藏；东亚飞蝗分布在其余地区。从唐代发生蝗灾的地区看，成灾主体主要是东亚飞蝗。生物学家还根据地形、气候、水文、土壤、植被诸因素，将飞蝗发生地区划分为三类：1. 发生基地，又称常年发生地，具有飞蝗孳生繁殖的最佳环境，大发生时由此向外扩散迁移；2. 一般发生地，又称适生区，有适于飞蝗繁殖的条件；3. 临时发生地，也称飞蝗的扩散区或侵入区，这些地区不适于飞蝗繁殖发生。蝗区的含义与范围主要指飞蝗的发生基地和一般发生地，但我国群众习惯于把临时发生地也包括在内。

东亚飞蝗的繁殖发育要求日平均温度25℃以上的天数必须达到35天以上才能完成。冬季不能太寒冷，如日平均温度在-10℃以下超过20天，或-15℃以下超过5天，蝗卵就不能安全过冬。降水量过大会增加蝗卵死亡率，对幼蝻也有明显的机械杀伤作用。飞蝗喜食的植物有芦苇、稗草、白茅、狗牙草及蒿类，还有沿海混生的虾须草、海蓬子、盐蒿等。宜于蝗卵孵化的土壤含水量要在8%—22%。因此，适合东亚飞蝗繁殖发育的地区一般分布在低于海拔200米的平原、河谷、海滨、湖畔的低洼地带。对于东亚飞蝗蝗区类型的划分，生物学家有不同意见，如马世骏等认为，应划分为河泛蝗区、沿海蝗区、滨湖蝗区和内涝蝗区四类，并对其具体地理位置均有所指陈[①]。我们可以此反观唐代蝗区的划分与分布：

1. 河泛蝗区。分布于河流沿岸的滩地或抛荒地，在水旱交替的年代最宜于飞蝗大规模发生。唐代蝗灾最严重的地区是黄河下游沿岸，包括都畿道的河南府、陕州、怀州、郑州，河南道的滑、濮、齐、虢等州，河北道的卫、魏、博、德等州，这一地区有18个年份发生蝗灾，占发生蝗灾年份的42.8%。其次是渭河沿岸，包括京畿道的京兆府、同州、华州、岐州以及关内道的陇州，这一地区有12个年份发生蝗灾，占发生蝗灾年份的28%。此外，汾河沿岸的河中府、绛州等，运河（汴河）沿岸的宋、亳、陈、许、徐等州，长江上中游的荆州、夔州，汉江中游的襄州，巴水流域的通州、渠州，这些地区在唐代都曾有蝗灾发生。

2. 沿海蝗区。在唐代又可分为三个小区：（1）渤海湾沿岸地区，北起今秦皇岛，南到莱州湾的胶莱河口。相当于河北道的棣、沧、幽、蓟、平诸州及河南道的青州、淄州，在文宗开成年间曾发生蝗灾。（2）黄海沿岸地区，北起今江苏赣榆，南至废黄河口，相当于河南道的海州，开成年间的蝗灾也涉及这一地区。（3）东海沿岸地区，主要有江南道的台州、建州，最南到泉州，贞观二十一年（647）、长寿二年（693）这一带发生过蝗灾。

3. 滨湖蝗区。北方较大的湖泊有河南道的巨野泽，其周围的郓州、兖州、曹州，河北道的大陆泽，其周围的贝、邢、冀诸州，都曾发生蝗灾。

---

① 关于飞蝗的知识，可参阅郭郛、陈永林、卢宝廉著《中国飞蝗生物学》，山东科技出版社1991年版；马世骏等著《中国东亚飞蝗蝗区的研究》，科学出版社1965年版。

4. 内涝蝗区。此类蝗区属地势低洼的农田，有雨即涝，无雨则旱，涝时积水，旱时抛荒，宜于飞蝗孳生繁殖。我国现存蝗区中面积最大、最典型的地区如鲁西南内涝区，相当于唐曹州、郓州、宋州北部、博州南部，当时也是蝗灾多发区。

生物学家认为，各类蝗区都有次一级的结构，如内涝蝗区具备一个初级的河泛型或湖滩型的次级结构，因此蝗区呈动态变化发展的特点。由于资料所限，难以描述唐代蝗区的动态发展，只能对蝗区类型及分布作大致划分。

徐光启在论及蝗灾地域分布时指出："幽涿以南，长淮以北，青兖以西，梁宋以东诸郡之地，湖濼广衍，暵溢无常，谓之涸泽，蝗则生之。历稽前代及耳目所睹记，大都若此。"[①] 这里所说的蝗区范围，相当于现在河北燕山以南，长江、淮河以北，泰山、沂蒙山以西，太行山、伏牛山以东，正是黄淮海平原的地域，也正是唐代的主要蝗区。此外，渭河平原是唐代蝗灾的重灾区。以泰山、沂蒙山构成的鲁中南丘陵和胶东半岛山丘地带，地势较高，缺乏飞蝗繁殖的合适生态环境。这一地区在唐代为淄、齐、青州的南部，兖州的东部，沂州全部以及莱州、登州的大部，也有蝗灾的记录，当属于飞蝗的侵入区或扩散区。

蝗灾发生的时间，有记载的32次，其中夏秋两季（4—9月）共29次，春季3月2次，冬季12月1次。蝗灾发生的时间符合飞蝗的生活习性。飞蝗从卵到蝻再到成虫，称为一个生活周期或一个世代，简称一代，一般在60—200天。夏蝗为第一代，秋蝗为第二代。夏秋时节蝗虫成熟，正值农作物成长成熟，最有利于飞蝗发生猖獗，对农业的破坏也最重最广。飞蝗一年可发生一代或两代，干旱严重时甚至三代、四代。贞观三年（629）、贞元元年（785）都有发生夏秋两代蝗虫的记录。

关于蝗灾，特别是大蝗灾的发生是否有周期性，学者们有不同看法。有人认为"东亚飞蝗在我国的大发生无明显的周期现象"[②]；有人统计了黄淮海平原地区1500—1900年蝗灾情况后指出："没有发现这种蝗灾大爆发有明显的周期性。"[③] 但也有学者认为蝗灾有周期性，9—11年一遇；还有人进一步指出："大蝗灾11年周期和特大蝗灾60年周期，也许可从太阳黑子11年周期和61年周期中找到解释。"[④] 从唐代蝗灾的发生看，并无明显的周期性。唐代42次蝗灾，间隔0—5年的25次，占60%；6—15年的11次，占26%；16—25年的6次，占14%。根据蝗灾持续时间、灾情严重程度和受灾面积大小等方面综合考虑，唐代蝗灾的大爆发有六次：（1）贞观二年至四年（628—630）；（2）开元三年至四年（715—716），与前次间隔85年；（3）建中四年至贞元元年（783—785），与前次间隔65年；（4）开成元年至会昌元年（836—841），与前次间隔51年；（5）咸通三年至十年（862—869），与前代间隔21年；（6）乾符二年

① 徐光启：《徐光启集》上册，中华书局1963年版，第245页。

② 郭郛、陈永林、卢宝廉：《中国飞蝗生物学》，山东科技出版社1991年版，第53页。

③ 邹逸麟：《黄淮海平原历史地理》，安徽教育出版社1997年版，第82页。

④ 王培华：《浅论元代北方蝗灾群发性韵律性及国家减灾措施》，《北京师范大学学报》1991年第1期。

至五年（875—878），与前次间隔6年。可见蝗灾的大爆发也无明显的周期。东亚飞蝗为旱虫，性喜高温、干燥，天旱则易成灾，飞蝗成灾则必然天旱，蝗灾总是和旱灾伴生。蝗虫孳生多在洼地水边，因此水灾之后继以旱灾，蝗灾最易于发生。

二　蝗灾的社会影响

蝗灾对社会经济、政治诸方面都会产生影响。首先是对农业生产造成破坏，其破坏性有时比水、旱灾害更为严重。明代徐光启说："地有高卑，雨泽有偏被，水旱为灾，尚多幸免之处。惟旱极而蝗，数千里间草木皆尽，或牛马毛幡帜皆尽，其害尤惨，过于水旱也。"①

唐代蝗灾对农业的摧残，史料中屡见不鲜。如德宗兴元元年（784）"四月，自春大旱，麦枯死，禾无苗"，秋天蝗灾大规模发生，"历河朔而至太原，自淮沂而被雒汭，虫螟为害，雨泽衍时"②。关中灾情尤重，"关辅大蝗，田稼食尽，百姓饥，捕蝗为食，蒸曝，飏去足翅而食之"③。次年（贞元元年）正月"大风雪……寒甚，民饥冻死者踣于路"④。夏季蝗虫再度爆发，"东自海，西尽河、陇，群飞蔽日，旬日不息，所至草木叶及畜毛靡有孑遗，饥馑枕道"⑤。唐代持续时间最长、涉及范围最广的蝗灾发生在文宗时期。开成元年（836）首先在镇州和河中一带发生⑥；二年，蝗灾迅速扩大，"魏、博、泽、潞、淄、青、沧、德、兖、海、河南府等州并奏蝗害稼"⑦；三年，灾情仍然严重，夏天"河决，浸郑、滑外城，陈、许、鄜、坊、鄂、曹、濮、襄、魏、博等州大水"⑧，其他地区也有水灾发生，秋季"魏博等六州，蝗食秋苗并尽"⑨，"河南、河北、镇定等州蝗，草木叶皆尽"⑩；四年，六月"天下旱，蝗食田，祈祷无效"⑪；五年，蝗灾进一步扩大，"夏，幽、魏、博、郓、曹、濮、沧、齐、德、淄、青、兖、海、河阳、淮南、虢、陈、许、汝等州螟蝗害稼"⑫，受灾范围为整个黄淮海平原。连年的水、旱、蝗灾，使广大地区的农作物遭到严重破坏。

蝗灾使农业歉收，甚至颗粒无收，国家赋税相应减少，财政状况恶化，必然会影响对政治、军事等问题的处理。德宗实行两税法后，财政状况好转，开始削藩战争，

---

① 徐光启：《徐光启集》上册，中华书局1963年版，第243—244页。
② 王钦若：《册府元龟》卷一〇五，《帝王部·惠民二》，中华书局1960年版。
③ 刘昫：《旧唐书》卷三七，《五行志》，中华书局1975年版。
④ 《旧唐书》卷一二，《德宗纪》。
⑤ 欧阳修：《新唐书》卷三六，《五行志》，中华书局1975年版。
⑥ 同上。
⑦ 《旧唐书》卷一七，《文宗纪下》。
⑧ 《新唐书》卷三六，《五行志》。
⑨ 《旧唐书》卷三七，《五行志》。
⑩ 《新唐书》卷三六，《五行志》。
⑪ 《旧唐书》卷三七，《五行志》。
⑫ 《新唐书》卷三六，《五行志》。

但进展并不顺利，一波三折，险象环生。这时发生严重的蝗灾、旱灾，对时局是有很大影响的。如兴元元年末，朝中不少人污蔑浙江东、西节度使韩滉“聚兵修石头城，阴蓄异志”，德宗也起疑心。李泌独排众议，用身家性命担保韩滉的忠诚。他对德宗说：“今天下旱、蝗，关中米斗千钱，仓廪耗竭，而江东丰稔……今滉感激无自疑之心，速运粮储，岂非为朝廷邪！”[①] 李泌用天灾严重和国库粮食短缺说明韩滉地位的重要，促使德宗恢复了对韩滉的信任，从而保障两浙成为唐廷可靠的粮食供应基地。再如贞元元年六月，平定河中李怀光的战争正进入关键时刻，由于“连年旱蝗，度支资粮匮竭，言事者多请赦李怀光”[②]，但在李泌、李晟、马燧等人的坚持下，德宗同意继续采取军事行动，克服了灾荒带来的困难，最终平定了李怀光叛乱。

蝗灾破坏农业，更为严重的影响是使农民无法生存，不得不背井离乡，四处逃亡，如果不能及时、妥善地加以安抚和赈济，就会引起社会动荡，对政权的稳定造成威胁。当开元三年、四年连续发生严重蝗灾时，唐玄宗开始还对灭蝗有所怀疑，而宰相姚崇坚定地主张灭蝗，指出：“今山东蝗虫所在流满，仍极繁息，实所稀闻。河北、河南无多贮积，倘不收获，岂免流离，事系安危，不可胶柱。”[③] 这段意味深长的话，讲的就是蝗灾对当时经济、政治的影响。

从经济方面讲，发生蝗灾的关东河南、河北地区是传统的中原农业区，关中长安的粮食供应基地，其经济状况在全国占有举足轻重的地位。经历了隋末的社会大动乱，这一地区的经济遭到严重破坏，以致在贞观六年（632）魏徵还说：“今自伊、洛之东，暨乎海岱，萑莽巨泽，茫茫千里，人烟断绝，鸡犬不闻，道路萧条，进退艰阻。”[④] 社会经济尚未恢复。经过太宗、高宗和武则天时代，关东地区经济得到恢复和发展。中宗时，食封之家可自择封户所在地，“封户凡五十四州，皆据天下上腴，一封分食数州，随土所宜，牟取利入”[⑤]。当时的权贵武三思、宗楚客、武延秀、韦温等封户多在河南、河北，可见这一带还算富庶。但也正是他们的巧取豪夺，敲诈勒索，使刚刚富庶的河南、河北发展受阻，百姓陷于贫困。按唐制，灾区可据灾情轻重减免租调，中宗时的封家却不遵从规定，“时河北频水潦，百姓饥馁，（武）三思封邑在贝州，专使征其租赋”[⑥]，贝州刺史宋璟拒绝了武三思的无理要求，宰相韦巨源却责令以蚕丝充租调给付武三思。食封之家的掠夺，“致使河朔黎人，海隅仕女，去其乡井，鬻其子孙，饥寒切身，朝夕奔命”[⑦]。姚崇所说的“河南、河北，无多贮积，倘不收获，岂免流离”，客观地反映了这个重要经济区域面临的困境。如果蝗虫不灭，经济将进一步恶

① 司马光：《资治通鉴》卷二三一，兴元元年十月，中华书局 1995 年版。

② 《资治通鉴》卷二三一，贞元元年六月。

③ 《旧唐书》卷三七，《五行志》。

④ 吴兢：《贞观政要》卷二，《纳谏》，上海古籍出版社 1978 年版。

⑤ 《新唐书》卷一一六，《韦嗣立传》。

⑥ 《旧唐书》卷九六，《宋璟传》。

⑦ 《旧唐书》卷九二，《韦巨源传》。

化。由于灭蝗及时，成效显著，“田收有获，民不甚饥”[①]，才使这一地区的经济得以稳定并继续发展，在开元中成为人口稠密，存粮丰富，经济最为繁荣的地区之一。

从政治上讲，武则天晚年以来，频繁的政变和社会动荡，使玄宗即位后面临着政局不稳、问题成堆的局面，如机构臃肿、冗员众多、奢靡成风、吏治败坏、食封猥滥、财政匮乏等。而开元初年又遇到连年天灾，开元元年（713）秋冬，旱情严重，霜雪全无；开元二年，继续大旱，关中“人多饥乏，遣使赈给”[②]；三年、四年发生特大旱灾、蝗灾。天灾严重影响人民生活和社会安定，尤其是蝗灾发生在山东这一重要经济区域，灾情严重，受灾面积广大，如果经济的恶化引发剧烈的社会动乱，后果将不堪设想。姚崇以政治家敏锐的眼光，看到了蝗灾和政权安危的联系，抗灾救灾已成为当时稳定政局的中心问题，所以他说“事系安危”。姚崇曾批评那些反对灭蝗的人：“庸儒执文，不识通变。凡事有违经而合道者，亦有反道而适权者。”[③] 这就是所谓“不可胶柱”。唐玄宗也以政治家的敏感，听懂了姚崇话中的深意，因而对灭蝗从疑虑变为坚定。灭蝗的成功，无论在经济上，还是在政治上，都为开元盛世的出现作出了重要贡献。

三　蝗灾的救治措施

救治蝗灾与救治水、旱、地震等自然灾害有相同之处，如根据灾情，采取相应的减灾救灾措施，安抚流亡，开仓赈济，减免赋税，配给耕牛、种子，鼓励生产自救等等。但也有其独特之处。在严重的蝗灾面前，要把灾害减少到最低限度，敢不敢捕杀扑灭蝗虫，是救灾首先要解决的思想问题。

我国古代“灾异天谴说”的传统思想认为：自然灾害是现实政治的过失引起的，是上天对统治者的警示，“国家将有失道之败，而天乃先出灾害以谴告之”[④]。蝗灾同水、旱、地震等完全由于自然条件变异而形成的灾害不同，蝗虫是有生命的，被视为负有谴告天职的神虫或虫王，受到社会各阶层的敬畏。更何况“杀生”本来就为儒、佛思想所难容。因此给捕杀蝗虫带来极大的障碍。

开元初年，尽管灾情严重，“山东诸州大蝗，飞则蔽景，下则食苗稼，声如风雨”[⑤]，但百姓不敢灭蝗，“时山东百姓皆烧香礼拜，设祭祈恩，眼看食苗，手不敢近”。统治集团中也有相当多的人反对灭蝗，“朝廷喧议，皆以驱蝗为不便”[⑥]，理由是“蝗乃天灾，非人力所及，当修德以禳之”；连向来遇事不拿主意，时人称为“伴食宰相”的卢怀慎也一反常态，认为“杀虫太多，恐伤和气”，坚决反对灭蝗；汴州刺史倪若水则

---

① 《旧唐书》卷八，《玄宗纪上》。

② 同上。

③ 《旧唐书》卷九六，《姚崇传》。

④ 《汉书》卷五六，《董仲舒传》，中华书局 1962 年版。

⑤ 《旧唐书》卷八，《玄宗纪上》。

⑥ 《旧唐书》卷九六，《姚崇传》。

“拒御史，不从其命”[①]，在其辖境内抗拒灭蝗。

宰相姚崇力排众议，坚定地主张灭蝗。姚崇是具有朴素的唯物主义思想的政治家，他反对崇佛佞佛，也不信鬼神。他在批驳了种种反对灭蝗的理由后指出：“自古有讨除不得者，只是人不用命，但使齐心戮力，必是可除。”而蝗虫不除，就会“苗稼总尽，人至相食”。他还表示：“若救人杀虫，因缘致祸，崇请独受，义不仰关。”[②] 在玄宗的支持下，姚崇灭蝗取得成功，“由是连岁蝗灾，不至大饥”[③]，“蝗因此亦渐止息”[④]。

姚崇有“救时之相”的美称，主持灭蝗就是他相业中最辉煌的成就之一。姚崇坚持灭蝗并非易事，需要有胆有识，坚定无畏，因为“灾异天谴”、“修德禳灾”的传统思想有强大的势力和深远的影响。大诗人白居易就认为蝗灾是由战争引起的。他在《新乐府·捕蝗》一诗中写道：“兴元兵久伤阴阳，和气蛊蠹化为蝗。”他还写道：“捕蝗捕蝗竟何利，徒使饥人重劳费。一虫虽死百虫来，岂将人力竞天灾，我闻古之良吏有善政，以政驱蝗蝗出境。”[⑤] 显然他认为捕蝗无用，只能用德政驱蝗。文宗开成年间蝗灾连续不断，当时人认为“国多邪人，朝无忠臣，位居食禄，如虫与民争，故比年虫蝗”，也把蝗灾的发生归咎于政治腐败。文宗曾派遣使臣了解灾情，颁布《忧恤旱蝗诸州诏》，制定各种救灾政策，并且特别表彰汴州刺史李绅：“外（汴）州李绅奏蝗虫入境，不食田苗，诏书褒美，仍刻石于相国寺。”[⑥]《旧唐书·李绅传》所记略有不同：“夏秋旱，大蝗，独不入汴宋之境，诏书褒美。”汴州在当时灾区范围之内，飞蝗怎能唯独不入其境呢？既入其境，又怎能不食田苗呢？其实所谓“不食田苗”应该是李绅在汴州境内认真灭蝗，使田有收获，蝗不为灾。文宗对李绅的表彰，用意当在提倡灭蝗救灾。但文宗的表彰和李绅的奏疏都使用了溢美不实之词，可见“修德禳灾”思想影响严重。文宗救灾措施没有收到明显效果，灾情依然未减。开成四年，文宗对宰臣表示：“朕为天下主，无德及人，致此灾旱。今又彗星谪见于上，若三日内不雨，当退归南内，卿等自选贤明之君以安天下。”[⑦] 灾害发生后，皇帝引咎自责，避正殿、减供膳、停声乐、求直言、亲虑囚等，都是常见的举措，但声言退位，另选贤明却是罕见的。这既是文宗自“甘露之变”后内心极度颓唐沮丧的反映，也是“灾异天谴说”在他思想中的体现。

灭蝗除了要克服对蝗虫的敬畏，还要有正确有效的方法。传统的灭蝗方法主要是捕捉法和掘沟法，即动员百姓捕捉蝗虫或挖沟垒坎，驱赶蝗虫到沟内杀死。唐代灭蝗有新的突破。姚崇创造了用开沟和火焚相结合的灭蝗办法：“蝗既解飞，夜必趋火，火

---

① 《资治通鉴》卷二一一，开元三年三月。

② 《旧唐书》卷九六，《姚崇传》。

③ 《资治通鉴》卷二一一，开元四年。

④ 《旧唐书》卷九六，《姚崇传》。

⑤ 《白居易集》，中华书局 1979 年版，第 65 页。

⑥ 《旧唐书》卷一七下，《文宗纪下》。

⑦ 《旧唐书》卷三七，《五行志》。

边掘坑，且焚且瘗，除之可尽。”[①] 即利用飞蝗夜间趋光的习惯，在火旁挖沟，边焚边埋。开元四年蝗灾严重时，灾区各“县官或随处掘埋瘗，放火焚灭，杀百万余石”[②]。仅汴州一州，“（倪）若水乃行焚瘗之法，获蝗一十四万石，投汴渠流下者不可胜纪”[③] 灭蝗的数量相当惊人，从中亦可见出灾情的严重和灭蝗成绩的显著。

无论用哪种方法灭蝗，必然要投入大量人力。在分散的、一家一户为生产单位的农村，要动员大量人力灭蝗，关键在于充分运用国家和各级政府的权力，进行有效的发动和组织工作。姚崇主持灭蝗，派出御史任杀蝗虫使，到州县督促地方官员组织人力捕杀蝗虫。任命专职的灭蝗官员，这是前所未有的。杀蝗虫使的职责是“待虫尽，看刈禾有次序，即入京奏事”。杀蝗使回京后，“恐山泽之内，或遗子息，农隙以后，各令府州县长简较，仍告按察使，如来年巡察更令虫出，所由官量事贬降”[④]。当汴州刺史倪若水拒不灭蝗时，姚崇以宰相的身份，据理驳斥，严词训诫，迫使他不得不改变态度，积极灭蝗。这说明姚崇非常善于运用国家权力和宰相地位来推行捕灭蝗虫的工作，这也是他取得成功的关键所在。从姚崇灭蝗中可以看出：蝗灾救治的好坏成败和国家政权的强弱兴衰有密切的联系。

四　蝗灾与唐末农民起义

唐代晚期的两次大蝗灾，分别发生在懿宗咸通年间和僖宗乾符年间，并直接促成了唐末农民大起义。

懿宗咸通二年（861）夏，“淮南、河南蝗旱，民饥”[⑤]。此后直到咸通十年，九年中灾荒连年，有五个年份闹蝗灾，其余不是水灾，就是旱灾，以旱蝗为主。灾区都在河南、江淮一带。自然灾害给灾区人民生活带来极大困难，使原本已经十分尖锐的社会矛盾和阶级矛盾迅速激化。

咸通九年爆发了庞勋领导的桂林戍卒起义。九月他们回到徐州境内，正值“淮北大水，征赋不能办，人人思乱，及庞勋反，附者六七万”[⑥]。水灾使庞勋势力迅速扩大，向北攻占徐州后，“乃令群凶四出，于扬、楚、庐、寿、滁、和、兖、海、沂、密、曹、濮等州界，剽牛马运粮粮，以夜继昼”[⑦]。庞勋军队所到之处，都是旱灾、蝗灾严重的地区，许多灾民和小股起义军加入庞勋的队伍，义军迅速发展到二十多万人。因此，庞勋起义是在自然灾害日益严重的情况下得以发展、形成声势的。

---

① 《旧唐书》卷九六，《姚崇传》。

② 王钦若：《册府元龟》卷一四四，《帝王部·弭灾二》，中华书局1960年版。

③ 《旧唐书》卷九六，《姚崇传》。

④ 《册府元龟》卷一四四，《帝王部·弭灾二》。

⑤ 《旧唐书》卷一九，《懿宗纪》。

⑥ 《新唐书》卷五二，《食货志》。

⑦ 《旧唐书》卷一九，《懿宗纪》。

庞勋起义失败后，僖宗乾符元年（874）末爆发了王仙芝、黄巢起义。黄巢起义和庞勋起义是有联系的。《唐鉴》说："庞勋之乱，起于桂林之戍，黄巢之寇，本于徐方之余。"[①] 黄巢起义爆发的地区是郓、曹、濮三州，属天平军节度使管辖。这一地区既靠黄河，又有巨野泽，还是内涝区，因而河泛、滨湖、内涝三类蝗区兼有，是理想的蝗虫发生基地。从咸通二年以来，这一地区的蝗灾、旱灾、水灾连续不断。庞勋起义军曾在这里活动，当地不少灾民加入庞勋义军，即所谓"齐郊聚孽，钜野兴师"[②]。庞勋失败后，唐廷调高骈为天平军节度使，"时属庞勋始溃，郓方未宁，骈则再登帅坛，复开将幕，士绝朝乱，犬无夜惊，威加邻部，化敷蜀城"[③]。高骈是唐末悍将，他用严厉的手段将郓、曹、濮地区的反抗斗争暂时镇压下去。乾符元年底，高骈调离天平军，黄巢起义少了一个强敌，起义队伍中当然会有许多庞勋起义军旧部。

黄巢起义的直接原因是自然灾害，尤其是旱灾和蝗灾。《旧唐书·黄巢传》说："黄巢，曹州冤句人，本以贩盐为事。乾符中，仍岁凶荒，人饥为盗，河南尤甚。"在懿僖更代时期，关东地区连年水、旱、蝗灾，灾情非常严重。乾符元年初，翰林学士卢携在奏疏中描述："臣窃见关东去年旱灾，自虢至海，麦才半收，秋稼无几，冬菜至少。贫者硙蓬实为面，蓄槐叶为齑，或更衰羸，亦难收拾。"在灾民无法生活的情况下，官府还催逼租税，加派徭役。卢携说："朝廷如不存抚，百姓实无生计"，建议停征百姓所欠税钱，发义仓粮食赈济灾民，"敕从其言，而有司竟不能行，徒为空文而已"[④]。有些地方官员对灾情熟视无睹，从而激起民变。乾符中，陕州观察使"（崔）荛自持清贵，不恤人之疾苦，百姓诉旱，荛指庭树曰：此尚有叶，何旱之有？乃笞之。吏民结怨，既而为军人所逐"[⑤] 在严重的自然灾害面前，皇帝的救灾敕令徒具空文，各级政府不仅不救灾，而且"州县不以实闻，上下相蒙，百姓流殍，无所控诉，相聚为盗，所在蜂起"[⑥]，最终爆发了黄巢起义。

黄巢起义之初，乾符二年，发生蝗灾。"秋，七月，蝗自东而西，蔽日，所过赤地。京兆尹杨知至奏：蝗入京畿，不食稼，皆抱荆棘而死。宰相皆贺。"[⑦] 蝗虫竟然绝食而死，岂非咄咄怪事？显然杨知至和宰相们是在欺骗皇帝。这次蝗灾的受灾面积相当广大。因为飞蝗的发生地在沿海或平原的低洼地，我国地形总体来说西高东低，夏秋季又多东南风，因此飞蝗扩散迁移的方向是由东向西。贞元元年"夏，蝗尤甚，自东海西尽河陇"，乾符二年的蝗灾也应如是。大臣们既隐瞒灾情，也就谈不上救灾。于是飞蝗"蔽日，所过赤地"，对灾区农业破坏极大。乾符二年及四年、五年的持续严重

① 范祖禹：《唐鉴》卷一一，《懿宗》，上海古籍出版社 1984 年版。

② 崔致远：《丛书集成初编·桂苑笔耕集》卷二，《让官请致仕表》，中华书局 1985 年版。

③ 董诰：《全唐文》卷七九三，《创筑罗城记》，中华书局 1983 年版。

④ 《资治通鉴》卷二五二，乾符元年正月。

⑤ 《旧唐书》卷一一七，《崔荛传》。

⑥ 《资治通鉴》卷二五二，乾符元年十二月。

⑦ 《资治通鉴》卷二五二，乾符二年七月。

蝗灾，促进了黄巢起义的发展。中和元年（881）三月，唐京西都统郑畋在其颇有影响的讨黄巢檄文中写道："近岁螟蝗作害，旱暵延灾，因令无赖之徒，遽起乱常。虽加讨逐，犹肆猖狂。"[①] 明确把蝗灾、旱灾作为黄巢起义的原因。

统治阶级把自然灾害作为农民起义的原因，固然有为自己文过饰非、开脱罪责的意图，但中国历史上大大小小的农民起义，尤其是大规模农民起义，几乎都与自然灾害有关，却是无可否认的事实。黄巢起义并非特例。秦末陈胜、吴广起义，是因为在大泽乡天下大雨，道路不通，延误工期，只好揭竿而起。西汉新莽时"连年久旱，百姓饥穷"[②]，"荆州饥馑，民众入野泽，据凫茈而食之，更相侵夺"[③]，由此爆发了王匡、王凤兄弟领导的绿林军起义。东汉末年桓帝、灵帝时期，或连年久旱，或淫雨成灾，或蝗虫伤稼，致使百姓饥馑，流移道路，转死沟壑，从而爆发了黄巾起义。隋大业七年（611），山东、河南等地发生大水灾，漂没四十余郡；次年山东大旱，关中不仅旱，且有时疫，灾民皆以树皮草叶为生，甚至人相食，官仓虽有粮食，但"吏皆惧法，莫肯赈救，由是益困"，终于激起隋末农民大起义。两宋灾害的数量、强度、广度都超过了前代，大大小小的农民起义也就空前频繁。元末刘福通领导的红巾军起义与黄河泛滥造成的严重水灾有关，黄河两岸灾民达百万户之多，而治河工程的残暴使灾民们忍无可忍，因而有"石人一只眼，挑动黄河天下反"的民谣。明末农民大起义爆发于陕北，是因为万历以来陕北连年遭灾，崇祯元年（1628）延安府地区全年无雨，草木枯焦，灾民无以为生，地方官吏仍然催索租赋，把灾民逼上武装起义的道路。

以上史实众所周知。但是过去从阶级斗争的观点出发，认为是地主阶级对农民残酷的经济剥削和政治压迫，迫使农民多次举行起义，以反抗地主阶级的统治。这种解释并不错，但不够全面，因为没有考虑自然灾害对农民起义的影响。中国历史上农民起义次数之多，规模之大是世界历史上所仅见的；中国历史上自然灾害次数之多，规模之大也是世界历史上所仅见的。两者并非巧合，而是有必然的联系。

一方面，中国是个农业大国，农业是古代社会经济最主要的生产部门，其基本经济单位由"男耕女织"为特征的个体农民经济（亦称小农经济）构成。个体农民经济规模小，一家一户就是一个生产单位，生产能力极其有限，抵御风险的能力也极其薄弱。每当自然灾害发生时，首先遭到破坏的就是小农经济。严重的自然灾害以其无与伦比的破坏力使农业颗粒无收，赤地千里，大批农民不仅无法进行生产，生活也陷入极度的贫困饥馑。为了生存，他们不得不离开自己的土地家园，逃往能够生存的地方。如果逃亡还不能保障生存，他们便会团结起来，用武装斗争的方式去争取生存的权利。因此，农民起义最初始、最基本的动力是为了争取生存的权利，他们打击的目标自然是首先指向那些见死不救的官吏和富人，开始并没有明确的政治理想和目的。

---

① 《旧唐书》卷一七八，《郑畋传》。

② 《汉书》卷九九，《王莽传》，中华书局1975年版。

③ 《资治通鉴》卷三八，天凤四年。

另一方面，中国古代是中央集权的封建专制主义国家，幅员辽阔，人口分散，在自然灾害面前，能够担负救灾救荒职责的只能是政府。中央和各级地方政府救灾救荒的措施是否及时、得力，是否能使灾民维持基本生活，继续留在土地上从事生产，是否能妥善安置逃亡在外的灾民，是自然灾害能否引发农民起义的关键所在。因此，自然灾害也是对国家政权的稳定程度、行政效率、财力物力、吏治好坏等诸方面因素的综合考验。从唐代的蝗灾可以看出：太宗、玄宗时期，国家政权稳定，行政效率良好，姚崇可以运用国家权力，指挥大规模灭蝗，做到“田收有获，民不甚饥”。德宗、文宗时期，经过“安史之乱”，唐王朝已经由盛转衰，国家已无能力大规模灭蝗，但仍可以采取种种救灾措施，使灾民生活、生产得以继续维持。懿宗、僖宗时期，唐王朝日薄西山，临近衰亡，国家不仅不救灾救荒，反而继续横征暴敛，终于酿成大规模的农民起义。因此，从自然灾害的严重程度和国家政权的救灾状况两个方面去探究农民起义的原因，会更确切、更全面一些。这是回顾唐代蝗灾的一点启示。

原载于《首都师范大学学报》2003 年第 2 期

汉唐外来文明中的驯象*

王永平

象是陆地上现存最大的哺乳动物。很早以来，人类就有了驯象活动，将其用作骑乘、战争或劳动。后来，人们又用驯象来进行各种文娱表演活动，称为象舞。汉唐时期，在宫廷典礼和宴乐活动中经常可以见到驯象表演。驯象作为一种珍稀动物，基本上都是来自域外，尤其是东南亚地区的一些国家和民族更是经常向汉唐帝国进献驯象。象在中国传统文化中被赋予了许多吉祥的寓意，直到今天，仍然对中国人的思想观念产生着深刻的影响。学术界关于驯象的研究并不多见①，本文试图在前人研究的基础之上，对汉唐时期外来文明中的驯象进行考察，这不但可以加深了解中古时期中外文化交流的盛况，而且对于当时东亚大陆的气候、植被、水文等历史地理环境变迁的认识也大有帮助。

一　远古时期中国大陆曾广泛分布有大象

象在生物学上属于哺乳纲，长鼻目，象科，是世界上现存最大的陆栖动物。象分为亚洲象和非洲象两种。亚洲象主要分布于南亚和东南亚地区的印度、缅甸、泰国、柬埔寨、越南等国。在中国云南省的西双版纳地区也有小的野生种群。非洲象则广泛

---

* 本文为北京市哲学社会科学“十二五”规划项目：“从‘天下’到‘世界’——汉唐时期的域外探索及其对世界的认知”（项目编号为11LSB013）和教育部哲学社会科学重大课题攻关项目“世界历史进程中多元文明互动与共生研究”（项目批准号08JZD0037，合同号08JZDH037）的研究成果之一。

本文作者曾于2010年6月24—27日参加了在美国圣迭戈（San Diego）举办的世界史学会（World History Association，简称WHA）第19届年会，并在大会上宣读了该文。

① 彭杰的《“舞象”小史》一文（见朱玉麒主编《西域文史》第1辑，科学出版社2006年版）曾对古代中国的“舞象”历史做过一番简单的介绍；美国学者谢弗（E. H. Schafer）的《古代和中世纪中国的战象》（“War Elephants in Ancient and Medieval China”，*Oriens*，Vol. 10，1959）一文则介绍了驯象在古代中国战争中的应用，他还在《撒马尔罕的金桃——唐朝的舶来品研究》（*The Golden Peaches of Samarkand*，*A study of Tang Exotics*。汉译本改称《唐代的外来文明》，吴玉贵译，中国社会科学出版社1995年版）一书中的第四章“野兽”中专列有“大象”目，介绍了唐朝的外来驯象。英国学者伊懋可（Mark Elvin）的《大象的退隐：中国环境史》（*The Retreat of the Elephants*：*An Envionmental History of China*，London：Yale University Press，2004）则从中国环境的变迁角度，勾勒出了大象退隐的历史轨迹。这些成果都对本文的研究具有重要的参考价值。

分布于除撒哈拉沙漠之外的整个非洲大陆。

象的栖息环境多样，尤其喜欢生活在气候温暖湿润的丛林、草原和河谷地带。早在远古时期，野生象曾广泛分布于除澳大利亚和南极以外的几乎所有大陆。象对中国人来说并不是一种很陌生的动物。大约在距今六七十万年以前，在北京猿人生活的周口店一带，就有大象出没其间；距今约20万年的陕西大荔人生活的渭北草原、距今约10万年的山西丁村人栖息的汾水中游的草地丘陵间，也有大象活动的踪迹①。此外，在陕西蓝田人、安徽和县人、贵州桐梓人、湖北长阳人、安徽巢县人、广东马坝人、广西柳江人、内蒙古扎赉尔人生活的年代和地区，都曾发现有大象活动的遗迹②。这说明在相当长的一段历史时期内，东亚大陆的广大地区曾经广泛分布有大象。

在原始社会末期到夏商时期，从黄河流域到长江流域一带生活有许多野生大象。传说上古时期的圣君明主舜帝有一个同父异母的弟弟就叫象，象曾经屡次陷害舜，最终却被舜所驯服，“舜封象于有鼻”③。有的学者认为，这则神话曲折地反映了人与野象斗争的过程④，《楚辞·天问》中提到的“舜服阙弟”⑤，实际上讲得就是舜驯服野象的事。在后世民间流传的二十四孝故事中，又进一步演变成舜使用驯象耕田于历山的传说，“象耕鸟耘”因此还成为舜帝“孝感动天”的象征。

夏商时期，在中原和北方的广大地区还能见到大象。20世纪70年代，在河北省西北部阳原县的丁家堡水库，曾发掘出野生象的遗齿和遗骨。该地位于桑干河谷底，与北京处于同一纬度上，时代约在夏末商初（距今约三四千年前）⑥。在黄河流域，象的分布更是十分普遍。商民族擅长驯象，《吕氏春秋·古乐篇》说：“商人服象，为虐于东夷。”这说明商人已经把驯服了的象，使用到战争中去。在甲骨卜辞中也有许多狩猎“获象”的占卜记录⑦，在河南安阳殷墟考古发掘中还发现了两座象坑，其中一座埋象一头和象奴一个⑧，另一座埋一象一猪，象的项下系一铜铃，据鉴定为一头小象⑨。象奴是专门驯养象的奴隶，可知象不仅已为殷人所驯养，而且可能还用于生产劳动和战争之中。

但是，随着自然环境的变化，中原一带的气候逐渐变冷，而人口的增加和农耕的发展也使得植被覆盖面积大量减少，这就使得黄河流域变得越来越不适合野生大象的生存了，迫使象不得不南迁。到商周交替之时，在山东南部还能见到大象，《孟子·滕

① 朱绍侯等主编：《中国古代史》上册，福建人民出版社2000年版，第4—6页。

② 《中国大百科全书·生物卷》，中国大百科全书出版社1991—1992年版。

③ 《汉书》卷六三《武五子·昌邑哀王传》，中华书局1962年版，第2770页。

④ 袁珂：《中国古代神话》，中华书局1960年版，第157—172页。

⑤ 《楚辞·天问》。

⑥ 贾兰坡等：《桑干河阳原县丁家堡水库全新统中的动物化石》，《古脊椎动物与古人类》1980年第4期。

⑦ 罗振玉：《殷虚书契考释》3·31·3“获象”，东方学会石印增订本1927年版。

⑧ 胡厚宣：《殷墟发掘》，学习出版社1955年版，第89页。

⑨ 中国社会科学院考古研究所安阳工作队：《安阳武官村北地商代祭祀坑的发掘》，《考古》1987年第12期。

文公下》说："周公相武王，诛纣伐奄（今山东曲阜一带），……驱虎豹犀象而远之。"[①]但是到西周中期，在北方地区已经很难见到有大象的踪迹了[②]。到春秋时期，象已南移到淮河下游南北地区。到战国时期，大象进一步南移到秦岭、淮河一线以南的长江流域及其以南地区[③]。《韩非子·解老》说："人希见生象也，而得死象之骨，按其图以想其生也，故诸人之所以意想者，皆谓之象也。"这说明象在中原地区已经绝迹。

二　汉唐时期中国境内大象分布区域

汉唐时期，随着经济的发展和繁荣，国力日益强盛，人口增长迅速，土地被大量开垦出来，森林草地覆盖面积进一步缩小，地理环境发生了较大变化，除个别情况外[④]，人们只能在长江流域的小片区域以及长江以南地区见到大象的踪迹了。

在长江流域的许多地方都有野生大象生活的迹象。长江上流四川盆地东北部的阆州（今四川阆中）就有野生大象出没，唐人戴孚《广异记》说：武则天统治时期，阆中有莫徭樵夫，在江边打柴时，遇到一头大象领着一头小象求救，樵夫为小象医治好了足伤，为了感谢樵夫，大象送给他一支非常珍贵的象牙[⑤]。阆州地处嘉陵江中游，气候温和，植被茂盛，比较适合野生大象的生存。诗人李商隐在《送从翁从东川弘农尚书幕》诗中写道："蛮童骑象舞，江市卖鲛绡。"[⑥] 或可说明在四川盆地或更南地区居民还将野生大象驯化成舞象的事实。

在长江中游江南西道的岳州华容县（今湖南华容县）也能见到大象，据唐人张鷟《朝野佥载》卷五记载："上元中（674—676），华容县有象，入庄家中庭卧。其足下有搓，人为出之，象乃伏。令人骑入深山，以鼻扒土，得象牙数十以报之。"华容县位于长江以南洞庭湖以北，境内丘陵溪谷密布，气候温暖湿润，也是大象的理想栖息地。唐人段成式曾在《酉阳杂俎》卷一六提道："今荆地象，色黑两牙，江猪也。"荆地约相当于今长江中游的湖北、湖南一带，岳州华容县就属于此范围。

在长江下游淮南道的和州（今安徽和县）也有野生大象种群，据唐人牛肃《纪闻》载："张景伯之为和州，淮南多象。州有猎者，常逐兽山中。忽有群象来围猎者，令不得去。……俄而诸象二百余头，来至树下，皆长跪，展转猎夫下。……将猎夫至一处，

① 杨伯峻译注：《孟子译注》卷六《滕文公章句下》，中华书局 2005 年版，第 155 页。

② 朱彦民：《关于商代中原地区野生动物诸问题的考察》，《殷都学刊》2005 年第 3 期。

③ 高峻、史炎均：《万物和谐地球村——自然与人类的故事》，上海科学普及出版社 1996 年版，第 25 页。

④ 据《魏书》卷一二《孝静帝纪》载："元象元年（538）春正月，有巨象自至砀郡陂中，南兖州获送于邺。丁卯，大赦，改元。"砀郡治所在下邑（今河南夏邑），辖境在今皖北、豫东交界处的砀山、夏邑、永城、淮北一带。当时南北对峙，江淮成为战场，这势必影响到淮南江北一带野生大象的生存环境。这头大象大概就是从南边误入北方的，显然属于孤例。

⑤ 《太平广记》卷四四一《阆州莫徭》，中华书局 1961 年版，第 3600 页。

⑥ （唐）李商隐著，（清）冯浩笺注，蒋同凡校点：《玉谿生诗集笺注》卷一，上海古籍出版社 1998 年版，第 73 页。

诸象以鼻破皁，而出所藏之牙焉。凡三百余茎，以示猎夫。"① 该书所记多为开元至乾元年间（713—760）的征应及怪异之事。和州位于长江下游西北岸，气候温暖湿润，境内多丘陵、岗地，沟河港汊纵横交错，坑塘湖泊星罗棋布，很适合大象的生存。在该地生活的大象多达两百余头，看来这是一个为数不小的种群。

但是，由于长江流域在汉唐以来已经得到了有效的开发，经济发展很快，人类活动的足迹和范围越来越大，而适合野生大象生活的区域却越来越狭小，且彼此分割，非常不利于大象的繁殖，所以只是在零星记载中提到了有关大象生活的踪迹。

在钱塘江以南，直到五代十国时期还有野生大象出没的迹象。据《十国春秋·吴越武肃王世家下》载：宝正六年（931）"秋七月，有象入信安（今浙江衢州一带）境，王命兵士取之，圈而育焉。"② 词人李珣在《南乡子》词中描写道："刺桐花下越台前，……骑象背人先过水。"③ 描写的也是这一带特有的民风土俗。不过，钱塘江流域也属于开发较早、经济发达的区域，可适合野生大象生活的区域主要在浙西山地。

汉唐时期，在中国境内广泛分布有野生大象的区域主要集中在岭南、安南和云南一带地区。

岭南主要是指今天的广东、广西和海南一带。在岭南的潮州（治今广东潮州）、循州（治今广东惠州）、雷州（治今广东雷州）一带生活着许多野生大象。唐人《传奇》记载了一则"蛇吞象"的奇异故事：宝历年间（825—827），循州河源（今广东河源）人蒋武，应白象请求，射杀吞食大象的巨蟒，在蟒蛇盘踞的山洞里面，象骨与象牙，堆积如山。为了感谢蒋武，"于是有十象，以长鼻各卷其红牙一枝，跪献于武"④。唐人刘恂《岭表录异》卷上还说："广之属郡潮、循州，多野象。潮、循人或捕得象，争食其鼻，云肥脆，尤堪作炙。"这种美味唐人称之为"象鼻炙"，唐人段公路在《北户录》卷二中也提到这道美食："广之属城循州、雷州，皆产黑象，牙小而红，土人捕之……，争食其鼻，云肥脆，偏堪为炙。"潮州、循州地处粤东，雷州在今雷州半岛，当地土人捕捉野象，主要是为了炙烤象鼻而食，由此可见当地野生大象的种群与数量应当是极为可观的。

安南主要管辖今广西和越南北部、中部一带地区。安南自古以来就多象，据《吴录·地理经》载："九真郡（都）庞县多象，象生山中。郡内及日南饶之。"⑤ 九真郡（今越南清化一带）位于今越南北部、河内以南，从汉唐以来一直就属于中国管辖。《广异记》中还有一则故事说：开元年间（713—741），有白象求助于安南猎者，射杀吞食大象的巨兽，"群象五六百辈，云萃吼叫，声彻数十里。……其人归白都护。都护

---

① 《太平广记》卷四四一《淮南猎者》，第 3602 页。

② （清）吴任臣：《十国春秋》卷七十八《吴越武肃王世家下》，中华书局 1983 年版，第 1104 页。

③ （后蜀）赵崇祚编，徐国良、方红芹注析：《花间集》卷一〇，武汉出版社 1995 年版，第 179 页。

④ 《太平广记》卷四四一《蒋武》，第 3603 页。

⑤ 《太平御览》卷八九〇《兽部二·象》引，中华书局 1960 年版，第 3955 页。

发使随之，得牙数万，岭表牙为之贱。”① 这是汉唐史籍中见诸记载的最大的野生大象种群。晚唐诗人杜荀鹤在《赠友人罢举赴交趾辟命》诗中曾描写到安南驯象：“舶载海奴镮硾耳，象驼蛮女彩缠身。”② 交趾曾为安南都护府的所在地（治所在今越南河内）。在唐人眼里，安南大象不仅聪明，而且还被赋予了正直懂事的品格，《朝野佥载》就说：“安南有象，能默识人之是非曲直。其往来山中，遇人相争，有理者即过；负心者以鼻卷之，掷空中数丈，以牙接之，应时碎矣，莫敢竞者。”③ 这种人与象之间心思相通、互相帮助的传说在唐代有许多，在一定程度上也反映了当地人与动物和谐相处的社会状况。

云南在唐代属于南诏统治的区域。在滇南一带生活有许多野生大象，当地民族通常把大象当作家畜来驯养，用于生产劳动。《岭表录异》卷上就说：“恂有亲表，曾奉使云南。彼中豪族，各家养象，负重到远，如中夏之畜牛马也。”唐人樊绰《云南志》也说：“象，开南（今云南景东）已南多有之，或捉得，人家多养之，以代耕田也。”茫蛮部落据说是生活在今滇南傣族的祖先，“并是开南杂种也。……象大如水牛，土俗养象以耕田。”南诏统治者还用驯象用作仪仗，唐德宗贞元十年（794），南诏与唐订立盟约，双方恢复友好关系。当唐朝派来的使者到达时，南诏王异牟寻亲自出城迎接，“先饰大象一十二头引前，以次马军队，以次伎乐队，以次子弟持斧钺。”④ 在南诏与唐朝交往的过程中，经常可以见到南诏进贡象牙的记载。

三　张骞“凿空”之后域外驯象的输入

汉唐时期帝国的统治中心在黄河流域，野生象在这一带早已绝迹。虽然在长江流域以及以南地区还能见到大象，但驯象作为一种珍稀动物，基本上都是来自域外，尤其是东南亚地区的一些国家和民族更是经常向汉唐帝国进献驯象。

域外驯象入华是伴随着中外文化交流的开展而来的。汉武帝时，张骞奉命通西域，正式开通了丝绸之路，“自是之后，明珠、文甲、通犀、翠羽之珍盈于后宫，蒲梢、龙文、鱼目、汗血之马充于黄门，巨象、狮子、猛犬、大雀之群食于外囿。殊方异物，四面而至”⑤。元狩二年（公元前121）夏，“南越献驯象”，“能拜起周章，从人意也”⑥。这是较早见诸记载的域外贡象事例。南越国（公元前203—前111）是西汉初期在岭南地区建立的一个国家，疆域包括今两广（广东、广西）和越南北部等地，是野

① 《太平广记》卷四四一《安南猎者》，第3601页。

② 《全唐诗》卷六九二，中华书局1960年版，第7957—7958页。

③ 《太平广记》卷四四一《杂说》，第3604页。

④ （唐）樊绰著，赵吕甫校释：《云南志校释》卷四、卷七、附录一，中国社会科学出版社1985年版，第170—172、283、340页。

⑤ 《汉书》卷九六下《西域传赞》，中华书局1962年版，第3928页。

⑥ 《汉书》卷六《武帝纪》，第176页。

生大象广泛分布的地区。

东汉时期，域外驯象来华的情形有所增多。如“（明帝）永平六年（63）正月，永昌徼外夷敦忍乙王莫延慕义遣使译献犀牛、大象。”① 永昌郡相当于今天中国云南保山及缅甸北部一带地区，永昌徼外当为更远区域，正是大象和犀牛广泛分布的东南亚地区。东汉末年，“献帝建安七年（202），于阗国献驯象。”② 于阗（今新疆和田）地处西域，为沙漠绿洲国家，这一带并不产大象，那么它贡来的驯象应当是从南亚的印度转手而来的。这也是史籍中少见的有关西域国家贡象的记载。

驯象来到内地以后，经常出现在宫廷及百官宴乐百戏表演活动之中。张衡在《西京赋》中描写百戏表演的场面时说：“白象行孕，垂鼻辚囷。”③ 李尤在《平乐观赋》中描写的百戏节目中也有“白象朱首”表演④。白象是一种非常罕见的白色亚洲象，多出自古代东南亚地区，一般认为是象得了白化病所致。白象在当地被视为珍宝，通常只用来供养。经过人工驯养的白象，经常被当作珍贵礼物赠送给友好邻邦，汉代百戏表演中的这些白象应当就是来自这些地区。

在出土的东汉时期的画像石（砖）上也发现有许多驯象图像。如山东济宁出土的东汉画像石上有一幅驯象图，六人坐于象背，一人立于挺起的象鼻上；河南南阳出土了一幅胡人驯象画像石中，刻画有一虎一象，象后有一象奴，深目阔鼻，下鄂上翘，手执钢钩，跨步驭象，俨然是一副胡人形象；在陕西神木大保当出土汉墓门楣上也发现了一幅“钢钩驯象”图，图中刻有白象一头，象奴为胡人打扮，左手持钩，面象而立作驯斗状；在江苏徐州铜山洪楼汉墓画像石和山东费县潘家疃汉墓画像石上都有象奴驯象图；在江苏连云港孔望山石刻中也发现有驯象图，象奴手执钢钩、双脚戴脚铃在驯象。

钢钩驯象术是随着驯象的输入而传来的。关于“钢钩驯象”，见佛经《法句譬喻经·象品第三十一》：“佛问居士调象之法有几事乎？答曰：‘常以三事用调大象。何谓为三？一者钢钩钩口着其羁绊；二者减食常令饥瘦；三者捶杖加其楚痛。以此三事乃得调良。’又问：‘施此三事，何所摄治也？’曰：‘铁钩钩口以强制。’”王充在《论衡》中也说：“长仞之象，为越僮所钩。”⑤ 看来早在东汉时期，钢钩驯象术就已传入中国。

魏晋南北朝时期，驯象除被用作表演外，还经常被用于战争和外交馈赠的礼品。三国时期，曹操之子曹彰膂力超群，曾当着其父的面，徒手制服了南越进献来的白象⑥。东

① 《册府元龟》卷九六八《外臣部·朝贡一》，中华书局1960年版，第11378页。

② 同上书，第11379页。

③ （梁）萧统编，（唐）李善注：《文选》卷二，岳麓书社2002年版，第37页。

④ （唐）欧阳询：《艺文类聚》卷六三《居处部》，上海古籍出版社1999年版，第1134页。

⑤ （东汉）王充著，黄晖校释：《论衡校释》卷三《物势篇》，中华书局1990年版，第155页。

⑥ （前秦）王嘉撰、（梁）萧绮录，王根林校点：《拾遗记》卷七，见《汉魏六朝笔记小说大观》，上海古籍出版社1999年版，第540页。

吴大臣贺齐出任新都郡守，“孙权出祖道，作乐舞象”①。舞象用于送别官员是一种非常隆重的礼遇。孙权还曾将驯象作为礼物赠送给曹魏和蜀汉政权，历史上流传甚广的著名的曹冲称象故事中所称的象，就是孙权送来的两头驯象；魏文帝在《与王朗书》中也说：“孙权重遣使称臣，奉贡明珠百筐，黄金千镒，驯象二头，或牝或牡，扰禽鹦鹉，其他珍玩盈舟溢航，千类万品。”② 孙权还曾派遣使者送给蜀主刘禅两头驯象③。孙吴的这些驯象很有可能就是从东南亚地区输入，然后转送给魏、蜀的。

西晋统一中国以后，曾将南越进献来的驯象制成象车，用作朝会、出行之导引仪仗。据《晋书》卷二五《舆服志》载：“象车，汉卤簿最在前。武帝太康中平吴后，南越献驯象，诏作大车驾之，以载黄门鼓吹数十人，使越人骑之。元正大会，驾象入庭。”这里的南越泛指岭南以至东南亚一带地区的民族和国家。东晋成帝咸康六年(340)，临（林）邑王又进献来驯象一头，“知跪拜”④。林邑是东汉末年在今越南中部建立的一个国家，驯象在这个国家的社会生活中具有重要的作用，《梁书》卷五四《林邑国传》也载：“其王著法服，……出则乘象，吹螺击鼓。”驯象是林邑国王出行的坐驾。晋穆帝时，扶南国也贡来驯象，据《晋书》卷九七《四夷传·扶南国》载：“穆帝升平初(357)，复有竺旃檀称王，遣使贡驯象。”扶南在林邑之南，为中南半岛古国，辖境约相当于今柬埔寨以及老挝南部、越南南部和泰国东南部一带。自公元1世纪立国之后，就与中国保持有密切的联系。扶南人很早就开始捕获大象，经过驯化后，用作骑乘，据三国吴时《外国传》载：“扶南王盘况，少而雄桀，闻山林有大象，辄生捕取之，教习乘骑，诸国闻而伏之。”⑤ 万震《南州日南传》也载：“扶南王善射猎，每乘象三百头，从者四五千人。”⑥《南齐书》卷五八《东南夷·扶南国传》甚至还提到：“（扶南）国王行乘象，妇人亦能乘象。”连妇女也能乘象，可见驯象在扶南人的日常生活中起着多么重要的作用。

南朝梁简文帝大宝二年(551)，盘盘国献驯象⑦。盘盘国一般认为是在今泰国南万伦湾沿岸一带，地当古代横断马来半岛克拉地峡路线要冲。从南朝以来，一直同中国长期保持着友好关系。

从域外输入的驯象在南朝经常被用作百戏表演，江左百戏的保留节目中就有著名的《巨象行乳》⑧，这是一出从汉代流传下来的传统戏目。此外，驯象还曾用于战争，

① 《三国志》卷六〇《吴书·贺齐传》，中华书局1959年版，第1378页。

② 《太平御览》卷六二六《治道部·贡赋下》，第2806页。

③ 《艺文类聚》卷九五《兽部下·象》引《江表传》曰：“孙权遣使诣献驯象二头，魏太祖欲知其斤重，咸莫能出其理，邓王冲尚幼，乃曰：置象大舡上，刻其所至，秤物以载之，校可知也，太祖大悦。”又“蜀将诸葛亮，讨贼还成都，孙权遣劳问之，送驯象二头与刘禅”。第1643页。

④ 《艺文类聚》卷九五《兽部下·象》引《万岁历》，第1643页。

⑤ 《艺文类聚》卷九五《兽部下·象》引《外国传》，第1643页。

⑥ 《太平御览》卷八九〇《兽部二·象》引《南州日南传》，第3956页。

⑦ 《册府元龟》卷九六八《外臣部·朝贡一》，中华书局1960年版，第11386页。

⑧ （唐）杜佑著，王文锦等点校：《通典》卷一四六《乐六·散乐》，中华书局1988年版，第3727页。

据《三国典略》记载：梁元帝承圣三年（554），西魏大军大举南下，进逼江陵，“梁人率步骑开枇杷门出战。初，岭南献二象于梁。至是，梁王被之以甲，负之以楼，束刃于鼻，令昆仑奴驭之以战。杨忠射之，二像反走。”① 这两匹战象显然也是从东南亚地区进献给南梁的，所以其驾驭者“昆仑奴”，也当是随驯象进贡而来的象奴。

北朝时期，也有外域进献驯象的记载。北魏文成帝和平元年（460），居尝国献来驯象一头②。居尝国，具体方位不详，应该是南亚产像诸国，经西域丝绸之路输入北魏王朝的。孝文帝迁都洛阳之后，在洛水永桥南道东设有白象坊，安置从南亚次大陆贡献来的白象。“白象者，永平二年（509），乾陀罗国胡王所献，背设五彩屏风、七宝坐床，容数人，真是异物。常养于乘黄曹，象常坏屋败墙，走出于外，逢树即拔，遇墙亦倒。百姓惊怖，奔走交驰，太后遂徙象于此坊。”③ 乾陀罗，一作乾陀，为古代南亚印度古国，据《魏书》卷一〇二《西域传·乾陀国》载：“乾陀国，在乌苌西，本名业波，为嚈哒所破，因改焉。……好征战，与罽宾斗，三年不罢，人怨苦之。有斗象七百头，十人乘一象，皆执兵仗，象鼻缚刀以战。”《酉阳杂俎》卷一四《诺皋记上》也记载：乾陀国王伽当带领象、马兵，讨伐天竺。可见在乾陀国军队中有一支由战象组成的象军。

南亚次大陆是亚洲象的主要产地，古代印度居民很早以来就掌握了驯象技术。诞生于公元前 6 到 5 世纪的古代印度佛教，有许多宗教故事提到了驯象，如佛陀调伏醉象④、大光明王本生故事⑤等。至于利用驯象作战更是常见的现象，马其顿国王亚历山大率军东征时，曾于公元前 325 年，深入到印度境内，与波拉伐斯王国大战，这个王国就有一支特殊的兵种战象 200 头。亚历山大的随军部将阿里安还著有《亚历山大远征记》一书，记录了他在印度亲眼所见到的舞象：

> 如果说动物里有聪明的，就得算大象。……我自己也曾亲眼看见过一只大象敲钹，另一些大象跳舞。这只大象演奏家的两条腿上各拴着一个钹，鼻子上也拴着一个，它用鼻子上那个钹敲前腿上那两个，敲完这个那个，节拍十分有规律。其他大象排成一圈，随着钹的节拍跳舞，两支腿一抬一弯，一弯一抬，非常齐整。⑥

---

① 《太平御览》卷八九〇《兽部二·象》引《三国典略》，第 3955 页；又见《周书》卷一九《杨忠传》，第 317 页。

② 《册府元龟》卷九六九《外臣部·朝贡二》，第 11388 页。

③ （北魏）杨衒之著，杨勇校笺：《洛阳伽蓝记校笺》卷三，中华书局 2006 年版，第 145 页。又据《魏书》卷八《世宗纪》载：“（永平）二年春正月，……壬辰，嚈哒、薄知国遣使来朝，贡白象一。”按：乾陀罗为嚈哒所灭，此处所言乾陀罗国胡王献白象事，当与嚈哒贡白象事为同一件事。

④ （东晋）瞿昙僧伽提婆译：《增一阿含经》卷九，见《大正藏》第 2 册，第 390 页。

⑤ （北魏）慧觉等译：《贤愚经》卷一〇《大光明始发无上心品》，见《大正藏》第 4 册，第 421 页；另见《大庄严论经》卷九，《经律异相》卷二五、卷二六。

⑥ ［古希腊］阿里安：《亚历山大远征记》卷八，李活译，商务印书馆 1979 年版，第 273 页。

亚历山大东征，揭开了东西方文化碰撞的新篇章。其后，张骞通西域，进一步掀起了中西文化交流的新高潮。1982 年，新疆文物考古工作者曾在民丰县尼雅遗址中采集到一块晋代的木雕门板，上面绘有一人正牵象而行，象背上铺有绣毯①。其装束与文献记载中的驯象非常相似，这表明从南亚进献而来的驯象，正是通过丝绸之路到达中原王朝的。说明随着佛教源源不断地东传，不但那些有趣的佛教驯象故事逐渐为中国人所熟悉，而且还传来了驯象及其技术。

在北朝，从北魏到北齐，域外传来的驯象都是百戏表演的节目之一。据《魏书》卷一〇九《乐志》载：

> （天兴）六年（403）冬，诏太乐、总章、鼓吹增修杂伎，造五兵、角觝、麒麟、凤凰、仙人、长蛇、白象、白虎及诸畏兽、鱼龙、辟邪、鹿马仙车、高絙百尺、长趫、缘橦、跳丸、五案以备百戏。大飨设之于殿庭，如汉晋之旧也。

天兴为北魏道武帝拓跋珪的年号。他建立北魏政权以后，采取了几项重大措施，开始了封建化的过程，其中一项就是参照“汉晋旧制”制礼定乐。后来，北齐继承了北魏的这些文化遗产，在北齐后主武平年间（570—575），“有鱼龙烂漫、俳优、朱儒、山车、巨象、拔井、种瓜、杀马、剥驴等，奇怪异端，百有余物，名为百戏”②。北魏增修的杂伎百戏中的“白象”和北齐百戏中的“巨象”，大约都是从汉代以来流传下来的“白象行孕”之类的象舞表演节目。此外，白象在北齐还曾被文宣帝高洋用作骑乘③。

到隋朝统一中国以后，由于国力的鼎盛，百戏表演的规模更大。诗人薛道衡在《和许给事善心戏场转韵诗》中，描写了隋炀帝大业年间（605—618）东都洛阳正月十五元宵夜大开戏场表演百戏的盛大场面，其中有：“万方皆集会，百戏尽来前。临衢车不绝，夹道阁相连。……佳丽俨成行，相携入戏场。……竟夕鱼负灯，彻夜龙衔烛。欢笑无穷已，歌咏还相续。羌笛陇头吟，胡舞龟兹曲。假面饰金银，盛服摇珠玉。宵深戏未阑，兢为人所难。卧驱飞玉勒，立骑转银鞍。纵横既跃剑，挥霍复跳丸。抑扬百兽舞，盘跚五禽戏。狻猊弄斑足，巨象垂长鼻。青羊跪复跳，白马回旋骑。”④ 在这场元宵狂欢活动中，表演的百戏节目除了象舞外，还有弄丸、跳剑、鱼龙曼延、狮舞、马舞、马伎、羊舞以及五禽戏、假面戏、胡舞、胡曲等许多节目，成为展现中外文明诸因子互动共生的一场盛会。

---

① 这块门板原件收藏于和田博物馆。图版见中国历史博物馆、新疆维吾尔自治区文物局编辑《天山古道东西风——新疆丝绸之路文物特辑》，中国社会科学出版社 2002 年版，第 176 页。

②《隋书》卷一五《音乐志下》，中华书局 1973 年版，第 380 页。

③《资治通鉴》卷一六六梁敬帝太平元年（556）：“齐显祖之初立也，留心政术，务存简靖。……数年之后渐以功业自矜，遂嗜酒淫泆，肆行狂暴。……或乘牛、驴、橐驼、白象，不施鞍勒……”中华书局 1956 年版，第 5147 页。

④（唐）徐坚等辑，韩放主校点：《初学记》卷一五《乐部上·杂乐》，京华出版社 2000 年版，第 579 页。

四　唐代外来驯象的主要地区

唐代是中外文化交流的繁荣时期。域外文化通过各种渠道源源不断地输入中国内地，极大地丰富和影响了当时人们的社会生活面貌。

随着唐帝国对世界及周边民族国家的认知与了解，驯象作为一种珍稀的外来动物，也越来越多地出现在唐人的社会生活及文化视野中。不过，也许是受到生态环境及运输成本的影响，虽然古老的丝绸之路的繁荣程度远远超过前代，但是除了个别情况外，已经很难见到有来自南亚及西域各国输入内地的驯象身影。这一时期，人们对域外驯象的认识与印象主要还是来自遥远的南方边疆各族及东南亚地区。张籍在《送南迁客》诗中这样描写异乡风情："海国战骑象，蛮州市用银。"[①] 战象与市银这两项珍稀物品，成为诗人心目中对遥远的南方民族地区最深刻的文化印象。《岭表录异》卷上也记载："蛮王宴汉使于百花楼前，设舞象，曲乐动，倡优引入一象，以金羁络首，锦襜垂身，随膝腾踏，动头摇尾，皆合节奏。即舞马之类。"舞马在盛唐时期曾盛极一时，出现过"舞马四百蹄"的壮观场景。在唐人眼中，象舞类似于马舞。用象舞来招待唐朝的使者，应是当地外交礼仪中的重要活动之一。由此可见，驯象在当地人民的文化娱乐生活中扮演了重要的角色。

东南亚各国曾多次向唐王朝进献过驯象，其中最多见到的是林邑（后改称环王、占城），达 17 次之多；其次是真腊（文单）2 次、赡博 1 次、占卑 1 次；其中来自西域的仅见有波斯派遣呼慈国大城主李波达仆献象 1 次（见表 1—表 3）。

表 1　　林邑（环王、占城）贡驯象表

帝号	年　代	进　贡	出　处
唐太宗	贞观年间（627—649）	林邑国王范头黎献驯象。	《新唐书》卷二二二下《南蛮传下》。
唐高宗	永徽四年（651）	林邑国王钵迦含波摩遣使来朝，贡驯象。	《旧唐书》卷四《高宗纪上》、《册府元龟》卷九七〇《外臣部·朝贡三》。
	永徽五年（652）	林邑国献驯象。	《册府元龟》卷九七〇《外臣部·朝贡三》。
	总章年间（668—670）	其国王又献驯象。	《唐会要》卷九八。
武则天	垂拱二年（686）	林邑国遣使献驯象。	《册府元龟》卷九七〇《外臣部·朝贡三》。
	天授二年（691）	林邑国遣使献驯象。	
	证圣元年（695）	林邑国贡战象。	
	圣历二年（699）	林邑国遣使献驯象。	
唐中宗	神龙三年（707）	林邑国遣使献驯象。	
	景龙三年（709）	林邑国遣使献白象及方物。	

① 《全唐诗》卷三八四，第 4303 页。

续表

帝号	年代	进贡	出处
唐玄宗	先天年间（712—713）	其王建多达摩献驯象。	《唐会要》卷九八。
	开元元年（713）	其王建多达摩又遣使献驯象五头。	《册府元龟》卷九七一《外臣部·朝贡四》。
	开元十九年（731）	林邑国献花象。	
	开元二十三年（735）八月	林邑国遣使献驯象。	
	开元二十三年九月	林邑国遣使献白象。	
	天宝八载（749）	其王卢陀罗使献驯象20头。	《唐会要》卷九八。
唐僖宗	乾符四年（877）	占城国进驯象3头。	《岭表录异》卷上。另据《全唐文》卷八七三陈致雍《奏蕃国使朝见仪状》也提到："今月十三日，占城国献驯象使朝对。"

表2 **真腊（文单）贡驯象表**

帝号	年代	进贡	出处
唐高宗	永徽二年（649）	真腊国遣使献驯象。	《唐会要》卷九八《真腊》、《册府元龟》卷九七〇《外臣部·朝贡三》。
唐代宗	大历六年（771）	文单国王婆弥来朝，献驯象11头。	《旧唐书》卷一一《代宗纪》、《全唐文》卷九六二阙名《贺文单国进驯象表》。

表3 **其他国家贡驯象表**

帝号	年代	进贡	出处
唐高宗	显庆二年（658）	瞻国博国（即瞻博）遣使献驯象、犀牛。	《册府元龟》卷九七〇《外臣部·朝贡三》。
唐玄宗	天宝五载（746）	波斯遣呼慈国大城主李波达仆献犀牛及象各一头。	《册府元龟》卷九七一《外臣部·朝贡四》。
唐宣宗	大中六年（852）	占卑国佛邪葛等六人来朝，兼献象。	《唐会要》卷一〇〇《占卑国》。

林邑从东汉末年在今越南中部立国以来，到公元8世纪后改称环王，9世纪后期又改称占城，一直与中国保持着密切关系。林邑广泛分布有野生大象，很久以来当地人民就将驯象应用于生产劳动和生活实践当中，在《酉阳杂俎》续集卷八《支动》中说："环王国野象成群，……国人养驯，可令代樵。"在林邑国的军队中还有一支重要的兵种——象军，每当国王出行时，首先由大批战象和骑兵前后簇拥，以显示国王的威严和权势。据《旧唐书》卷一九七《南蛮传·林邑》载："林邑国，汉日南象林之地，在交州南千余里。其国延袤数千里，北与驩州接。……王之侍卫，有兵五千人，……乘象而战。王出则列象千头，马四百匹，分为前后。"在公元909年的一件梵文铭文中，也有类似的记载：

> 他——林邑之王，就如同 pandu 诸子一样，他的光芒照耀着战场……巨大而美丽的大象的吼叫声，淹没了四下里的战鼓的轰鸣，（他）登上了一头（大象），前前后后簇拥着无数的军队。他威严显赫，他本人的光辉就如同太阳的光辉一样。高悬在头顶的孔雀羽的大纛，遮住了他的光芒。①

象军在作战中有很大的威慑力，不过也大概因为其在灵活性、机动性方面不如骑兵，如果使用不当，经常达不到它在战斗中应有的效果。如隋炀帝大业元年（605），隋朝与林邑发生武装冲突，隋朝任命大将军刘方为驩州道行军总管，经略林邑，“林邑王梵志遣兵守险，刘方击走之。师渡阇黎江，林邑兵乘巨象，四面而至。方战不利，乃多掘小坑，草覆其上，以兵挑之，既战，伪北；林邑逐之，象多陷地颠踬，转相惊骇，军遂乱。方以弩射象，象却走，蹂其阵，因以锐师继之。林邑大败，俘馘万计”②。唐宪宗元和四年（809），唐朝与环王之间再起摩擦，“安南都护张舟奏破环王国伪驩、爱州都督，杀三万余人，获其王子五十九人，器械、战船、战象称之。”③ 看来这次战事，林邑又动用了象军。由于林邑与唐朝紧相毗邻，所以唐朝的驯象大都来自这个东南亚国家。

真腊是隋唐时期在中南半岛崛起的一个新兴国家。真腊原来是扶南的属国，公元 6 世纪后期，它以武力推翻了扶南王朝，建立了以吉蔑族为核心的真腊王国。约在 8 世纪初，真腊分裂为北方的陆真腊（又名文单国，约在今老挝境内）和南方的水真腊。到 9 世纪初，水陆二真腊又重归统一。真腊境内到处生活着成群的野象，真腊也建立起了一支强大的象军。据《旧唐书》卷一九七《南蛮传·真腊》载：“真腊国，在林邑西北，本扶南之属国，‘昆仑’之类。……有战象五千头，尤好者饲以饭肉。与邻国战，则象队在前，于背上以木作楼，上有四人，皆持弓箭。”真腊与林邑相邻，和中国的关系也非常密切。驯象在真腊有着悠久的传统，所以真腊也成为东南亚地区进献驯象的主要国家。诗人顾况在《杜秀才画立走水牛歌》中有：“昆仑儿，骑白象，时时锁著师子项。”④ 此处的“昆仑儿”，大约就是来自真腊及其东南亚一带地区的驯象象奴。

此外，东南亚地区进献驯象给唐王朝的还有瞻博和占卑两个国家。瞻博大概位于真腊附近，其国也多产大象，据《新唐书》卷二二二下《南蛮传下·瞻博》载：“瞻博，或曰瞻婆。北距兢伽河。多野象群行。”占卑国位于今苏门答腊，也属于亚洲象活动的传统区域。

波斯是唐代除了东南亚地区的一些国家之外仅见的贡象国，但是从时间上来看，

---

① ［美］谢弗著：《唐代的外来文明》，吴玉贵译，中国社会科学出版社 1995 年版，第 185 页。

② 《资治通鉴》卷一八〇隋炀帝大业元年，第 5619 页；又见《隋书》卷五三《刘方传》、卷八二《林邑传》。

③ 《唐会要》卷九八《林邑国》，上海古籍出版社 1991 年版，第 2077 页。

④ 《全唐诗》卷二六五，第 2946 页。

又颇为令人生疑。因为波斯萨珊王朝早在7世纪中叶就被大食（阿拉伯帝国）所灭，波斯王卑路斯及其子泥涅斯，先后定居长安，客死唐朝。到天宝五载（746），距泥涅斯病死已经有40年之久，所以谢弗认为“这次献象的所谓‘波斯’，很可能是位于呼罗珊或河中地区的某座脱离者的城市”[①]。其实，古代波斯原本不是产象的地区[②]，但在波斯军队中却保有一支象军，据《旧唐书》卷一九八《西戎传·波斯》载：“波斯国，在京师西一万五千三百里。……其国乘象而战，每一象，战士百人，有败衄者则尽杀之。”这些战象据说是从印度获取的。所以我们有理由认为，这次波斯派遣呼慈国大城主李波达仆贡献来的犀牛及象各一头，也应该是产自印度。

五 外来驯象与唐代文明

域外驯象的输入，在唐代社会引起了很大的反响。《全唐文》收录了杜甫和杜（一作许）泄的两篇同名题材的赋——《越人献驯象赋》，作者在赋题下自注曰：“以辞林邑望国门为韵”，大概是作者参加科举考试时的策赋[③]。杜甫在赋中写道：“倬彼驯象，毛群所推；……自林邑而来者，……作蛮方之贡，为上国之琛。万国标奇，名已驰于魏阙；千年表庆，价实越于南金。况乘之便习，或讹或立；动高足以巍峨，引修鼻而嘘吸。尘随踪而忽起，水将饮而回入；牙栉比而椮椮，眼星翻而熠熠。……驱之则百兽风驰，玩之则万夫云集。……执燧奔战，牵钩委觬；遇之者或惊骇而反行，觇之者或披靡而遥望。”[④] 杜泄赋也写道：“惟彼驯象，产乎南夷，……故远人得而献之，……修涂是寻，叠嶂岖嵚，或行于陆，但随山而上下；或载于舟，距涉江之浅深。既济水以次水，复出林而入林，所过之邦，徒观其肮脏之貌；所遇之众，岂识其谦柔之心。荒徼已违，王畿斯入，闻之者遐迩必至，睹之者士女咸集。人知其故，皆愕然而立。或告之曰：所驭之者越人，所出处者林邑。”[⑤] 这两篇赋都生动地描写了驯象这种庞然巨兽的体貌特征，以及因驯象的到来在社会上所产生的轰动效应。尤其难能可贵的是，杜泄赋中还提到了驯象从遥远的林邑，跋山涉水、千里迢迢来到帝京的艰辛历程，这为后人了解域外驯象的入华经过提供了非常难得的资料。

域外驯象的到来，给唐人的社会文化生活增添了许多新的乐趣。唐朝廷对这些驯象设有专门的圈养、管理机构——闲厩。据《新唐书》卷四七《百官志二》殿中省条

---

① ［美］谢弗：《唐代的外来文明》，吴玉贵译，中国社会科学出版社1995年版，第187页。

② 古代波斯本不产象，但是在《魏书》卷一〇二《西域传·波斯》、《隋书》卷八三《西域传·波斯》、《北史》卷九七《西域传·波斯》以至《旧唐书》卷一九八《西戎传·波斯》中都提到波斯出“白象”。其实波斯白象及其象军，都是来自南亚印度等地。

③ 参阅詹杭伦、沈时蓉《〈越人献驯象赋〉与杜甫关系献疑》，《杜甫研究学刊》2007年第4期。作者认为唐玄宗开元二十三年（735），林邑两次贡献驯象，次年初的进士考试就有可能以此出题，杜甫和杜泄二人也正好参加了这次考试，所以才写下了同名同题的两篇赋。

④ 《全唐文》卷三五九，中华书局1983年版，第3645页。

⑤ 《全唐文》卷四〇六，第4155页。

记载："圣历中（698—700），置闲厩使，以殿中监承恩遇者为之，分领殿中、太仆之事，而专掌舆辇牛马。……开元初，闲厩马至万余匹，骆驼、巨象皆养焉。"唐政府经常在各种朝会及宴集活动中举行象舞表演活动。在《唐会要》卷三三《散乐》中继续将《巨象行乳》列为"百戏"之一，这是延续了汉晋南北朝以来的传统戏目。

盛唐时期，象舞表演活动达到高潮。当时，唐政府在内廷驯养着许多从域外输入的舞象，这样就使得大规模的象舞表演活动成为可能。据《新唐书》卷二二《礼乐志十二》记载："每千秋节，舞于勤政楼下，后赐宴设酺，亦会勤政楼。……内闲厩使引戏马，五坊使引象、犀，入场拜舞。宫人数百衣锦绣衣，出帷中，击雷鼓，奏《小破阵乐》，岁以为常。"又据同书卷一九四《卓行·元德秀传》记载："玄宗在东都，酺五凤楼下，命三百里县令、刺史各以声乐集。是时颇言帝且第胜负，加赏黜。河内太守辇优伎数百，被锦绣，或作犀、象，瑰谲光丽。"又据唐人郑处诲《明皇杂录》卷下记载："每赐宴设酺会，则上御勤政楼。……太常陈乐，卫尉张幕后，诸蕃酋长就食。府县教坊，大陈山车旱船，寻橦走索，丸剑角抵，戏马斗鸡。……又引大象、犀牛入场，或拜舞，动中音律。"从这些记载中可以看出盛唐时期象舞表演活动不但规模很大，而且非常频繁。

"安史之乱"爆发以后，象舞表演活动也受到了很大的冲击和影响。叛军攻陷长安以后，舞象全部被掳掠驱赶到洛阳，据《资治通鉴》卷二一八肃宗至德元年八月条载：

> 初，上皇每酺宴，先设太常雅乐坐部、立部，继以鼓吹、胡乐、教坊、府县散乐、杂戏；又以山车、陆船载乐往来；又出宫人舞《霓裳羽衣》；又教舞马百匹，衔杯上寿；又引犀、象入场，或拜，或舞。安禄山见而悦之，既克长安，命搜捕乐工，运载乐器、舞衣，驱舞马、犀、象皆诣洛阳。

这批被驱赶到洛阳的舞象似乎都深通人性，不愿为安禄山欺骗外来使节而进行表演，结果被全部惨杀。据唐人姚汝能《安禄山事迹》卷下记载：

> 禄山至东都，既为僭逆，尝令设乐。禄山揣幽燕戎王、蕃胡酋长多未之见，乃诳曰："自吾得天下，犀象自南海奔来，见吾必拜舞。禽鸟尚知天命所归，况于人乎！则四海安得不从我。"于是令左右领象至，则瞪目忿怒，略无舞者。禄山大惭，怀怒命置于阱井中，以烈火烧，使力惫，俾壮士乘高而投之，洞达胸腋，流血数石。旧人乐工见之，无不掩泣。

史家以驯象的悲惨遭遇，来衬托"安史之乱"的不得人心，体现出来的是一种"春秋笔法"。

"安史之乱"被平定以后，随着东南亚地区各民族和国家持续向唐王朝赠送驯象，象舞表演活动也得以重新恢复起来。唐代宗大历六年（771），仅文单国一次就进献来驯象11头[①]。当时宰臣在《贺文单国进驯象表》中说："逾海而来，历年方至。绵邈重阻，奔波载驰，黄金饰冠，白珰充耳，服柔群象，牵致阙前，低徊驯扰，稽颡屈膝，随万国而来庭，与百兽而率舞，如知礼乐之节，益盛羽仪之容。"[②] 这些长途跋涉来到长安的驯象，其动作的确有点类似于舞马表演。当时宰相常衮在观看了舞象表演后，即兴写下了《奉和圣制麟德殿燕百僚应制》（一作卢纶诗）诗曰："云辟御筵张，山呼圣寿长。……蛮夷陪作位，犀象舞成行。"[③] 另外，卢纶在《腊日观咸宁王部曲娑勒擒豹歌》中也提到："祝尔嘉词尔无苦，献尔将随犀象舞。"[④] 这说明到中唐时期，随着局势的慢慢平定，象舞表演活动又重新开展起来。

到唐德宗即位时，当时内苑五坊饲养的各国进献来的驯象已多达42头[⑤]。新即位的皇帝为了表示维新气象，下令将这些驯象与驯犀、斗鸡、鹰犬之类全部放归山野。唐德宗还在当年所举行的制举博学宏词科考试中，以《放驯象赋》为题，以"珍异禽兽，无育家国"为韵，结果独孤授、独孤良器登第[⑥]。后来，大诗人元稹和白居易还写诗咏及此事，元诗曰："建中之初放驯象，远归林邑近交广。"[⑦] 白诗曰："君不见建中初，驯象生还放林邑。"[⑧] 经过这次事件以后，驯象表演活动逐渐减少，只是偶尔见诸于一些大型的节日文娱活动中。如李德裕在唐武宗会昌五年（845）寒食节时作的《寒食日三殿侍宴奉进诗一首》中提到"象舞严金铠"[⑨]。唐僖宗乾符四年（877），"占城国进驯象三头，当殿引对，亦能拜舞。后放还本国"[⑩]。这说明曾经盛极一时的象舞表演活动在中唐以后逐渐归于沉寂。

在传世文物中，也有表现驯象的图像资料。如西藏桑鸢寺唐代壁画上描绘有驯象情景，其中有力士与象角力，象假作摔倒状；还有令象以前足和鼻为支点，后脚凌空，作倒立动作[⑪]。在敦煌莫高窟藏经洞发现的唐代幢幡画中，有一幅举象图，画中有一人

---

① 《旧唐书》卷一一《代宗纪》，中华书局1975年版，第298页。

② 《全唐文》卷九六二阙名《贺文单国进驯象表》，第9996页。

③ 《全唐诗》卷二五四，第2858页。

④ 《全唐诗》卷二七七，第3150页。

⑤ 《资治通鉴》卷二二五代宗大历十四年五月。又据《旧唐书》卷一二《德宗纪》、《新唐书》卷七《德宗纪》及《唐会要》卷七八《五坊宫苑使》作舞象32头。

⑥ （清）徐松：《登科记考》卷一一大历十四年，中华书局1984年版，第400页。

⑦ （唐）元稹著，冀勤点校：《元稹集》卷二四《驯犀》，中华书局1980年版，第282页。按：放驯象事不是发生在德宗建中之初（780），而是在德宗即位之初，即大历十四年（779）五月。据《旧唐书》卷一二《德宗纪上》记载："大历十四年五月辛酉，代宗崩。癸亥，即位于太极殿。……丁亥，诏文单国所献舞象三十二，令放荆山之阳。"

⑧ （唐）白居易著，朱金诚笺校：《白居易集笺校》卷三《驯犀》，上海古籍出版社1988年版，第185页。按："驯象生还放林邑"句自注云："建中元年，诏尽出苑中驯象，放归南方也。"与放归荆山之阳不符。按荆山属京兆府富平县界。

⑨ （唐）李德裕著，傅璇琮、周建国校笺：《李德裕文集校笺》卷二〇，河北教育出版社2000年版，第395页。

⑩ （唐）刘恂：《岭表录异》卷下，见《中国风土志丛刊》第61册，广陵书社2003年版。

⑪ 傅起凤、傅起龙：《中国杂技史》，上海人民出版社2004年版，第140页。

正在表演举象，表演者赤裸上身，头戴黑色幞头，脚穿棕色短靴，两脚分立，右臂高举过头顶，手托大象背，象脚和象鼻朝向天空，象耳下垂；右侧还有一人，正在举手鼓掌，好像是欣赏节目。在敦煌莫高窟第 290 窟窟顶西坡绘有一幅北周时期的举象图，画中一人正面直立，两脚分开，用右臂手托大象四足，将象举起；第 61 窟西壁还绘有五代时期的两幅驯象图，其一为骑象举铁板图，其二为单手举象图[①]。这些文物图像资料都是中古时期曾经流行驯象表演活动的直观反映。

驯象除了用作象舞表演活动外，作为一种庞然巨兽还被统治者当作迷信的方法，用以镇服“妖邪”的手段。据《资治通鉴》卷二〇九唐中宗景龙四年（710）夏四月条载：“初，则天之世，长安城东隅民王纯家井溢，浸成大池数十顷，号隆庆池。相王子五五列第于其北，望气者言：‘常郁郁有帝王气，比日尤盛。’乙未，上幸隆庆池，结彩为楼，宴侍臣，泛舟戏象以厌之。”[②]

值得一提的是，驯象中的白象尤其受到唐人的重视，白象在唐朝曾被当作国之祥瑞，受到崇拜。祥瑞，又称“福瑞”、“符瑞”，是国泰民安、吉祥如意的征兆。祥瑞在中国传统文化中经常被当作表达天意、对人有益的自然现象。如河水变清、山称万岁、江河水五色、海水不扬波之类。这些现象的出现往往被看作是天对皇帝德政的赞许与表彰。据《唐六典》记载：“凡祥瑞应见，皆辨其名物。若大瑞、上瑞、中瑞、下瑞，皆有等差。若大瑞，随即表奏，文武百僚诣阙奉贺。其他并年终员外郎具表以闻，有司告庙，百僚诣阙奉贺。”其中白象被明确规定为“大瑞”，与龙、凤等神物并列[③]。唐高宗咸亨三年（672），周澄国遣使上表，称：“诃伽（迦）国有白象，首垂四牙，身运五足。象之所在，其土必丰，既有威灵，又弭灾患。力兼十象，强制百人，以水洗牙，饮之愈疾。请发兵迎取以献之。”但是高宗拒绝了这个建议，他认为：“夫作法于俭，其弊犹奢，谁能制止？故圣人越席以昭俭，茅茨以戒奢。《书》云：‘珍禽奇兽，不育于国。’方知无益之源，不可不遏。朕安用奇象，令其远献？”[④] 高宗作为一个聪明的政治家，没有仅仅因为获取“白象”这种所谓的祥瑞之物，而作军事上的冒险之举，还是值得称道的。

白象还曾被统治者当作赏赐大臣的宝物。唐玄宗天宝九载（750）秋，安禄山入朝，被赐金银珍宝、绸缎、美食无数，其中还有小狮子、白象各一对[⑤]。不过，这样的殊荣在唐史上也是仅见的。

---

① 李重申、李金梅：《丝绸之路体育图录》，甘肃教育出版社 2008 年版，图 320、324、327、328。

② 原书作唐睿宗景云元年（710）。按：此年七月才改元景云。又见《旧唐书》卷八《玄宗纪上》作“令巨象踏之”云云。

③ 《唐六典》卷四《尚书礼部郎中》，中华书局 1992 年版，第 114—115 页。

④ 《太平御览》卷八九〇《兽部二·象》引《唐书》，中华书局 1960 年版，第 3955 页；另见《全唐文》卷九九九周澄国王《请发兵取象表》，第 10352 页；（唐）段成式：《酉阳杂俎》卷一六《毛篇》，中华书局 1981 年版，第 158 页。

⑤ （唐）姚汝能：《安禄山事迹》卷上，上海古籍出版社 1983 年版，第 10 页。

白象还偶见有被用来劳作的情形。万岁通天元年（696）四月，武则天下令："铸铜为九州鼎成，置于明堂之庭，各依方位列焉。"其中蔡州鼎（又名神都鼎、永昌鼎）高一丈八尺，能容纳一千八百石，其他八州鼎各高一丈四尺，容纳一千二百石，用铜五十六万七百一十二斤。如此庞大的重器，在制造完成后，"令宰相、诸王，率南北宿卫兵十余万人，并仗内大牛、白象曳之。自玄武门外曳入，天后自制《曳鼎歌》调，令曳者唱和焉。"[①] 在如此重大的场合中，白象被派上用场，也应当看作是一种带有政治性宣示作用的表现。

总之，域外驯象的输入，从一个侧面反映了汉唐时期中外文明互动共生的发展局面。驯象的到来，不但成为汉唐帝国繁荣、开放、发达的一种重要象征，而且大象还以其憨态可掬、诚实忠厚的形象，被赋予了许多吉祥的寓意，如"太平有象"、"太平吉祥（象）"；"吉祥（象）如意"，"出将入相（象）"，等等，大都借用了"象"与"祥"、"相"字的谐音，这些内容逐渐沉淀在中华传统文化里，已经成为后世吉祥文化的重要表现。

原载于《全球史评论》第三辑

① 《通典》卷四四《礼四》，第1229页；另见《唐会要》卷一一《明堂制度》，第321页；《旧唐书》卷二二《礼仪志二》，第867页。